经济教材译丛

（第 4 版）

经济计量学精要

Essentials of Econometrics (4th Edition)

（美） 达莫达尔 N. 古扎拉蒂 (Damodar N. Gujarati)
西点军事学院
道恩 C. 波特 (Dawn C. Porter)
南加利福尼亚大学
著

张涛 译

机械工业出版社
CHINA MACHINE PRESS

本书旨在向读者介绍经济计量理论和技术，力求通过大量实例、翔实解释和丰富习题帮助学生理解经济计量技术。根据学生和教师的建议，第4版的框架进行了重新调整，增加了许多新例子，并恰如其分地给出了各种软件的计算机输出结果。

本书重点面向经济学和管理类专业本科生以及MBA学员，也适用于涉及经济计量分析，尤其是回归分析的其他社会科学和行为科学专业的学生。

Damodar N. Gujarati, Dawn C. Porter. Essentials of Econometrics, 4th edition.

ISBN 978-0-07-337584-7

Copyright © 2010, 2006, 1999, 1992 by The McGraw-Hill Companies, Inc.

This authorized Chinese translation edition is jointly published by McGraw-Hill Education (Asia) and China Machine Press. This edition is authorized for sale in the Chinese mainland (excluding Hong Kong SAR, Macao SAR and Taiwan).

Copyright © 2010 by McGraw-Hill Education (Asia), a division of the Singapore Branch of The McGraw-Hill Companies, Inc. and China Machine Press.

No part of this publication may be reproduced or transmitted in any form or by any means, electronic or mechanical, including without limitation photocopying, recording, taping, or any database, information or retrieval system, without the prior written permission of the publisher.

All rights reserved.

本书中文简体字翻译版由机械工业出版社和麦格劳-希尔教育出版公司合作出版。

版权 © 2010 由麦格劳-希尔教育出版公司与机械工业出版社所有。

此版本经授权仅限在中国大陆地区(不包括香港、澳门特别行政区及台湾地区)销售。未经出版人事先书面许可，对本出版物的任何部分不得以任何方式或途径复制或传播，包括但不限于复印、录制、录音，或通过任何数据库、信息或可检索的系统。

本书封底贴有McGraw-Hill公司防伪标签，无标签者不得销售。

封底无防伪标均为盗版

版权所有，侵权必究

北京市版权局著作权合同登记　图字：01-2009-6551号。

图书在版编目(CIP)数据

经济计量学精要(原书第4版)/(美)古扎拉蒂(Gujarati, D. N.)，(美)波特(Porter, D. C.)著；张涛译.
—北京：机械工业出版社，2010.6(2026.1重印)

(经济教材译丛)

书名原文：Essentials of Econometrics

ISBN 978-7-111-30817-1

Ⅰ.经…　Ⅱ.①古…　②波…　③张…　Ⅲ.计量经济学-教材　Ⅳ.F224.0

中国版本图书馆CIP数据核字(2010)第099430号

机械工业出版社(北京市西城区百万庄大街22号　邮政编码100037)

责任编辑：黄姗姗　　　　版式设计：刘永青

北京铭成印刷有限公司印刷

2026年1月第1版第35次印刷

184mm×260mm · 26.75印张

标准书号：ISBN 978-7-111-30817-1

定价：69.00元

客服电话：(010)88361066　68326294

前　言

与前几版一样，《经济计量学精要》第4版最主要的目的是向读者通俗易懂地介绍经济计量学的理论和技术。本书主要面向经济学和工商管理专业的本科生以及MBA学员，也适用于涉及经济计量分析，尤其是回归分析的其他社会科学和行为科学专业的学生。本书力求通过大量的实例、翔实的解释和丰富的习题帮助学生理解经济计量技术。

虽然我已年过80，但是对于经济计量学的热爱丝毫未减，并努力跟踪这个领域的最新进展。我的助手，南加州大学洛杉矶分校马歇尔商学院统计学助理教授道恩博士（也是本书的作者之一）给了我极大的支持与帮助。本书第4版凝结了我们的坚持与付出。

本版特点

在介绍本书内容变更之前，首先提醒读者关注本版的一些特点：

(1)为了直接进入线性回归这个核心内容，本版把统计学基础知识放在了附录部分，这样可以随时翻阅附录回顾统计学知识。

(2)本版案例中的数据都进行了更新。

(3)本版增加了一些新例子。

(4)在某些章节还对原版的例子进行了扩展。

(5)本版还给出了一些例子的计算机输出结果。大多数例子都是基于EViews 6、STATA和MINITAB实现的。

(6)本版还提供了一些新图形。

(7)本版引入了新的数据集。

(8)为了简约版面，本版仅罗列出一些小样本数据，大样本数据在网上教材[⊖]中给出。当然，网上教材提供了书中使用到的所有数据。

⊖ 网上教材请登录 www. mhhe. com/gujaratiess4e，本书后面提到的案例中的数据读者均可在该网址获得；也可登录 course. cmpreading. com 获得。——编者注

内容变更

第 1 章：扩充了网上数据资源。

第 2 章和第 3 章：在双变量回归模型中引入了一个新的例子：家庭收入和学生 S. A. T 分数的关系。

第 4 章：简单介绍了非随机预测元和随机预测元的概念。增加了不同国家教育支出一例，用以说明回归的假设检验。

第 5 章：利用学生数学 S. A. T 分数一例说明了各种函数形式。增加的 5.10 节介绍了标准化变量的回归。此外，本章还增加了一些习题。

第 6 章：通过一流商学院录取率一例说明了虚拟变量的作用。此外，本章还增加了一些习题。

第 8 章：本章增加了一些习题。

第 9 章：通过工资和教育水平、受教育年限一例说明了异方差的概念。

第 10 章：本章增加了一节内容，即举例说明了纽维 - 韦斯特(Newey-West)标准误校正方法。此外，在本章最后附录部分增加了用于诊断自相关的布鲁尔什 - 戈弗雷(Breusch-Godfrey)检验。

第 12 章：通过一个新例子说明了逻辑回归。

附录 A ~ 附录 D：附录是第 3 版第 2 ~ 5 章的内容。这样安排主要是考虑到了内容的连续性以及便于随时温习统计学知识。附录中的数据进行了更新。

此外，原版书中出现的一些印刷错误也进行了更正。

数学要求

本书很少用到矩阵代数和微积分。我们一直坚信应该以最直观的方式向初学者介绍经济计量学，而无须涉及大量的矩阵代数和微积分。证明过程基本省略，除非这些证明过程很容易理解。当然，教师可以根据需要，在适当的地方给出证明。

计算机与经济计量学

许多优秀的统计软件对初学者学习经济计量学大有益处，但也不必过分夸大统计软件的作用。本书的例子中使用了 EViews、Excel、MINITAB 和 STATA 等统计软件，很容易获得这些软件的学生版。网上教材中的数据是以 Excel 形式给出的，当然，其他标准的统计软件，比如 LIMDEP、RATS、SAS 和 SPSS 也能够直接读取这些数据。

附录 E 给出了使用相同数据并利用 EViews、Excel、MINITAB 和 STATA 输出的计算结果。这些软件的统计过程大致相同，但每个软件都有各自独特之处。

结语

本书的目的是以一种轻松的方式向初学者介绍经济计量学这门学科。我希望本书对读者将来的学术或专业研究有所帮助，同时也希望本书成为读者学习高级经济计量学的基础教材。在本书的最后部分给出了有关高级经济计量学的参考书目。

致谢

衷心感谢以下评论者，他们为本书提供了宝贵的修改意见。

Michael Allison *University of Missouri, St. Louis*
Giles Boothеway *Saint Bonaventure University*
Bruce Brown *California State Polytechnic University, Pomona*
Kristin Butcher *Wellesley College*
Juan Cabrera *Queens College*
Tom Chen *Saint John's University*
Joanne Doyle *James Madison University*
Barry Falk *Iowa State University*
Eric Furstenberg *University of Virginia, Charlottesville*
Steffen Habermalz *Northwestern University*
Susan He *Washington State University, Pullman*
Jerome Heavey *Lafayette College*
George Jakubson *Cornell University*
Elia Kacapyr *Ithaca College*
Janet Kohlhase *University of Houston*
Maria Kozhevnikova *Queens College*
John Krieg *Western Washington University*
William Latham *University of Delaware*
Jinman Lee *University of Illinois, Chicago*
Stephen LeRoy *University of California, Santa Barbara*
Dandan Liu *Bowling Green State University*
Fabio Milani *University of California, Irvine*
Hillar Neumann *Northern State University*
Jennifer Rice *Eastern Michigan University*
Steven Stageberg *University of Mary Washington*
Joseph Sulock *University of North Carolina, Asheville*
Mark Tendall *Stanford University*
Christopher Warburton *John Jay College*
Tiemen Woutersen *Johns Hopkins University*

此外，还要感谢 McGraw-Hill 的 Douglas Renier 为全书编辑所做的工作；感谢 McGraw-Hill 的助理编辑 Noelle Fox 全程参与本书的编辑；感谢 Manjot Singh Dodi 为编辑本书所做的精心安排；感谢 Ann Sass 为编辑本书中的公式和符号所付出的辛勤劳动。

达莫达尔 N. 古扎拉蒂
（美国西点军事学院）
道恩 C. 波特
（美国南加利福尼亚大学洛杉矶分校）

作者简介

达莫达尔 N. 古扎拉蒂(Damodar N. Gujarati)

达莫达尔 N. 古扎拉蒂曾执教于纽约城市大学(25 年多)和西点军事学院社会科学系(17 年)。古扎拉蒂博士于 1960 年获孟买大学商学硕士学位,1963 年获芝加哥大学 MBA 硕士学位,1965 年获芝加哥大学博士学位。古扎拉蒂曾在 *Review of Economics and Statistics*, *Economic Journal*, *Journal of Financial and Quantitative Analysis*, *Journal of Business* 等国际著名杂志上发表多篇论文。古扎拉蒂博士曾任 *Journal of Quantitative Economics* 和官方刊物 *Indian Econometric Society* 的编委会成员。古扎拉蒂博士代表著作有《退休金与纽约市的财政危机》(*Pensions and New York City Fiscal Crisis*, American Enterprise Institute, 1978),《政府和企业》(*Government and Business*, McGraw-Hill, 1984)和《经济计量学》(*Basic Econometrics*, 5th ed, McGraw-Hill, 2009)。古扎拉蒂博士在经济计量学领域的著作已被译成多种文字出版。

古扎拉蒂博士曾是英国谢菲尔德大学的访问教授(1970 ~ 1971 年),富布莱特项目访问教授(印度,1981 ~ 1982 年),新加坡国立大学访问教授(1985 ~ 1986 年),澳大利亚新南威尔士大学经济计量学访问教授(1988 年夏)。古扎拉蒂博士曾先后在澳大利亚、中国、孟加拉国、德国、印度、以色列、毛里求斯、韩国等讲授宏观和微观经济学专题。

道恩 C. 波特(Dawn C. Porter)

道恩 C. 波特于 2006 年秋季开始担任南加利福尼亚大学马歇尔商学院信息和运营管理系助理教授,为本科生、MBA 和研究生讲授统计学课程。此前,道恩曾任乔治敦大学麦克多诺商学院助理教授,纽约大学艺术和科学研究生院心理学系客座教授,纽约大学斯特恩商学院讲师。道恩在纽约大学斯特恩商学院获得统计学博士学位，在康奈尔大学获数学学士学位。

道恩博士的研究领域涉及范畴分析、契约度量、多变量建模以及这些方法在心理学方面的应用，现在重点关注的是从统计学角度研究在线拍卖模型。道恩博士曾在 Joint Statistical Meetings、Decision Sciences Institute Meetings、International Conference on Information Systems 会议上发表学术演讲，并参加了伦敦经济学院、纽约大学等高校，以及各种电子商务和统计研讨会。道恩博士还合著出版了《商业统计精要》(第 2 版)(*Essentials of Business Statistics*)以及《经济计量学》(第 5 版)(*Basic Econometrics*)。

此外，道恩博士还担任毕马威公司、美国政府国民抵押贷款协会、反斗城玩具公司、IBM 公司、Cosmaire 公司、纽约大学媒体中心等多家公司的统计咨询顾问。

教学建议

教学目的

本课程教学的目的在于让学生掌握经济计量学的基本知识和原理，主要包括经典假设下的经济计量学模型、放宽假设的经济计量学模型、联立方程模型的理论与应用和单方程回归模型的几个专题四个部分，要求学生不仅要熟练掌握经济计量学的基础知识，还要能够运用经济计量模型分析经济现象。

前期需要掌握的知识

微积分、线性代数、概率论与数理统计、微观经济学、宏观经济学等课程相关知识。

课时分布建议

教学内容	学习要点	课时安排
第 1 章　经济计量学的特征及研究范围	(1)了解经济计量学的概念 (2)了解学习经济计量学的必要性 (3)掌握学习经济计量学的方法论	3
第 2 章　线性回归的基本思想：双变量模型	(1)了解回归与线性回归的含义 (2)掌握总体回归函数和样本回归函数的含义及两者的区别与联系 (3)掌握随机误差项的性质 (4)掌握最小二乘法的思想	3
第 3 章　双变量模型：假设检验	(1)掌握古典线性回归模型的假设 (2)了解 OLS 估计量的方差与标准差 (3)掌握 OLS 估计量的性质 (4)掌握判定系数的概念和计算方法 (5)了解正态性检验 (6)掌握点预测和区间预测	6
第 4 章　多元回归：估计与假设检验	(1)了解三变量线性回归模型及其假设 (2)掌握多元回归参数的估计及其判定系数 (3)掌握多元回归模型的假设检验 (4)模型设定误差初探 (5)掌握判定系数的比较方法 (6)掌握新解释变量的引入原理 (7)了解受限最小二乘法	6

（续）

教学内容	学习要点	课时安排
第 5 章　回归模型的函数形式	(1)了解回归模型的各种函数形式 (2)掌握如何将非线性模型转换为线性模型 (3)掌握标准化变量回归的意义与方法	3
第 6 章　虚拟变量回归模型	(1) 理解虚拟变量的性质 (2) 掌握虚拟变量的设定规则 (3) 掌握虚拟变量的引入方式 (4) 了解线性概率模型	3
第 7 章　模型选择：标准与检验	(1)理解判断模型优劣的标准 (2)掌握模型设定误差的类型 (3)掌握各种模型设定误差的诊断方法	3
第 8 章　多重共线性：解释变量相关会有什么后果	(1)理解多重共线性的概念 (2)了解多重共线性产生的后果 (3)掌握多重共线性的诊断方法 (4)掌握多重共线性的补救措施	6
第 9 章　异方差：如果误差方差不是常数会有什么结果	(1)理解异方差的概念 (2)了解异方差产生的后果 (3)掌握异方差的诊断方法 (4)掌握异方差的补救措施	6
第 10 章　自相关：如果误差项相关会有什么结果	(1)理解自相关的概念 (2)了解自相关的后果 (3)掌握自相关的诊断方法 (4)掌握自相关的补救措施	6
第 11 章　联立方程模型	(1)理解联立方程模型的概念 (2)掌握间接最小二乘法 (3)了解联立方程模型识别的概念，掌握联立方程模型的识别规则 (4)掌握二阶段最小二乘法	3
第 12 章　单方程回归模型的几个专题	(1)掌握自回归和分布滞后模型 (2)理解伪回归现象 (3)了解平稳性检验、协整时间序列和随机游走模型 (4)掌握分对数模型	3
课时总计		51

说明

(1)本课程按照 3 学分 51 学时设计教学内容，不同的学校可根据学生的基础水平或者学时限制，在具体的教学安排中选择其中的部分或者全部内容。

(2)在具体讲解各章知识点的时候，可穿插讲解一些软件操作过程。

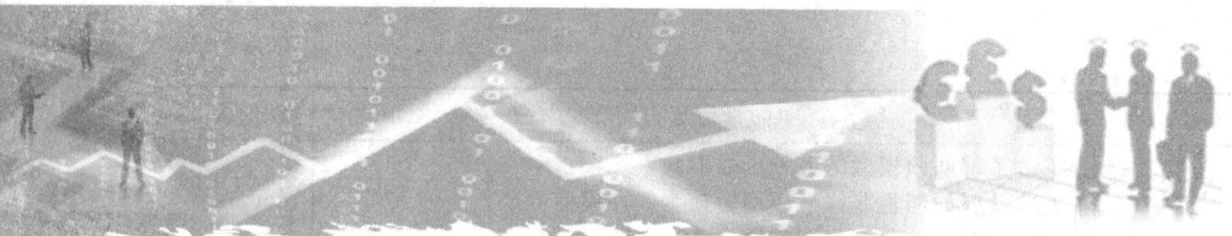

目 录

第二部分 实践中的回归分析

第三部分 经济计量学高级专题

附 录 概率论与统计学基础

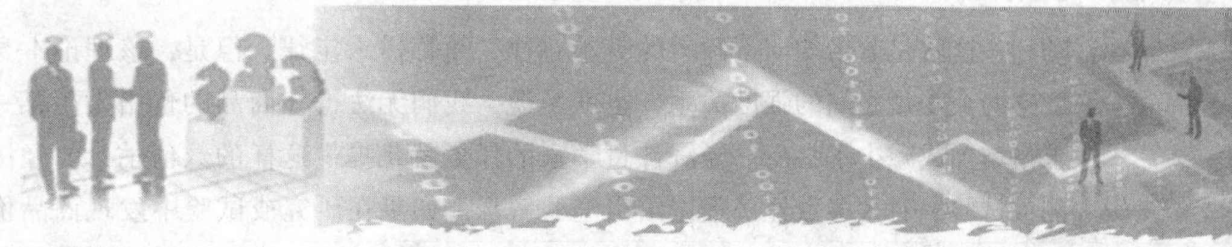

第1章 经济计量学的特征及研究范围

在经济学、金融学、管理学、营销学及其他相关学科的研究中，越来越多地使用到定量分析。对于这些领域的初学者来说，掌握一两门经济计量方面的课程是必要的——经济计量学现已成为最热门的专业之一。本章向初学者概括地介绍经济计量学。

1.1 什么是经济计量学

简单地说，**经济计量学**(econometrics)就是经济的测度。虽然对诸如国民生产总值(GDP)、失业、通货膨胀、进口、出口等经济概念的定量测度十分重要，但从下面的定义中，我们不难看出经济计量学的研究范围更为宽泛：

> 经济计量学是利用经济理论、数学、统计推断等工具对经济现象进行分析的一门社会科学。[1]
>
> 经济计量学运用数理统计学分析经济数据，对构建于数理经济学基础之上的模型进行实证分析，并得出数值结果。[2]

1.2 为什么要学习经济计量学

从上述定义可以看出，经济计量学涉及经济理论、数理经济学、经济统计学(即经济数据)以及数理统计学。然而，它又是一门有独立研究方向的学科，原因如下。

从本质上说，经济理论所提出的命题和假说，多以定性描述为主。例如，微观经济理论中提到的：在其他条件不变的情况下(经济学中著名的 ceteris paribus 从句)，一种商品价格的上升会引起该商品需求量的减少。因此，经济理论假定：商品的价格与其需求量反方向变

---

1 Arthur S. Goldberger, *Econometric Theory*, Wiley, New York, 1964, p. 1.

2 P. A. Samuelson, T. C. Koopmans, and J. R. N. Stone, "Report of the Evaluative Committee for *Econometrica*," *Econometrica*, vol. 22, No. 2, April 1954, pp. 141-146.

动——这就是著名的向下倾斜的需求定律，简称需求定律。但是，该理论本身却无法定量测度这两个变量之间的强度关系，也就是说，我们无法得知商品的价格发生某一变动时，其需求量增加或减少了多少。经济计量学家的任务就是提供这样的数值估计。经济计量学依据观测或试验，对大多数经济理论给出经验解释。如果在研究或试验中发现商品价格上涨一个单位(1美元)，引起该商品需求量下降，比如下降了100个单位，那么我们不仅验证了需求定律，而且给出了价格和需求量这两个变量之间的数值估计。

数理经济学(mathematical economics)主要是用数学形式或方程(或模型)描述经济理论，而不考虑对经济理论的测度和经验验证。而经济计量学主要关注的却是对经济理论的经验验证。在随后的内容中我们将会看到，经济计量学家通常采用数理经济学家提出的数学模型，只不过是把这些模型转换成可以用于经验验证的形式。

经济统计学主要涉及经济数据的收集、处理、绘图、制表。经济统计学家的工作是收集GDP、失业、就业、价格等数据，而不是利用这些数据来验证经济理论。但这些数据恰恰是经济计量分析的原始数据。

虽然数理统计学提供了许多分析工具，但由于经济数据独特的性质(大多数经济数据的生成并非可控试验的结果)，因此，经济计量学经常需要使用特殊方法。类似于气象学，经济计量学所依据的数据往往不能直接控制。所以，公共和私人机构收集到的消费、收入、投资、储蓄、价格等数据从本质上说都是非试验性的。经济计量学家通常把这些数据看成是给定的，这就产生了数理统计学不能正常解决的特殊问题。而且，这些数据很可能包含了测量误差、遗漏或是误计错误，这就要求经济计量学家建立特殊的分析方法来处理这些测度误差。

对于主修经济学和商学专业的学生来说，学习经济计量学还在于其实用性。毕业以后，在工作中或许会遇到需要预测销售量、利息率、货币供给量或是估计商品的需求函数、供给函数以及价格弹性等工作。经济学家通常以专家身份出现在联邦及州管制委员会面前，代表了整体公众的利益。因此，在州管制委员会决定汽油和电提价之前(汽油和电的价格是由州管制委员会规定的)，需要经济学家能够估计出提议的价格上涨对用电需求量的影响。在这种情况下，经济学家需要建立一个关于用电量的需求函数，并根据这个需求函数估计需求的价格弹性，即价格变动的百分比引起需求量改变的百分比。掌握经济计量学知识对于估计这些需求函数很有帮助。

客观地说，在经济学和商业专业培训中，经济计量学已成为不可或缺的部分。

1.3 经济计量学方法论

怎样进行经济计量研究？一般来说，经济计量分析步骤如下：

(1)建立一个理论假说。

(2)收集数据。

(3)设定数学模型。

(4)设立统计或经济计量模型。

(5)估计经济计量模型参数。

(6)核查模型的适用性：模型设定检验。

(7)检验源自模型的假设。

(8)利用模型进行预测。

为了阐明经济计量学方法论，不妨考虑这样一个问题：经济形势会影响人们进入劳动力市场的决策吗？也就是说，经济形势是否对人们的工作意愿有影响？假设用失业率(UNR)度量经济形势，用劳动力参与率(LFPR)度量劳动力参与，UNR 和 LFPR 的数据由政府按时公布。我们按上述步骤回答这个问题。

1.3.1 建立一个理论假说

首先要了解经济理论对这一问题是怎样阐述的。在劳动力经济学中，关于经济形势对人们工作意愿的影响有两个互相对立的假说。**受挫－工人假说(效应)**认为当经济形势恶化时(表现为较高的失业率)，许多失业工人放弃寻找工作的愿望并退出劳动力市场。**增加－工人假说(效应)**认为当经济形势恶化时，许多尚未进入劳动力市场的后备工人(比如带孩子的母亲)可能会由于养家的人失去工作而决定进入劳动力市场，即使这些工作的报酬很低，只要可以弥补由于养家的人失去工作而造成的收入损失就行。

总而言之，劳动力参与率的增加或减少取决于增加－工人效应和受挫－工人效应的强弱对比。如果增加－工人效应占主导，则 LFPR 将升高，即使是在失业率很高的情况下。相反，如果是受挫－工人效应占主导，那么 LFPR 将会下降。如何得到这一结果呢？这就成了一个实证问题。

1.3.2 收集数据

因此，在实证分析中需要这两个变量的定量信息。一般来说，有三类数据可用于实证分析：

(1)时间序列数据。

(2)截面数据。

(3)合并数据(时间序列数据与截面数据的组合)。

时间序列数据(times series data)是按时间跨度收集得到的。比如 GDP、失业、就业、货币供给、政府赤字等，这些数据是按照规则的时间间隔收集得到的——每天(比如股票价格)、每周(比如货币供给)、每月(比如失业率)、每季度(比如 GDP)或每年(比如政府预算)。这些数据可能是**定量的**(比如价格、收入、货币供给等)，也可能是**定性的**(比如男或女、失业或就业、已婚或未婚、白人或黑人等)。你会发现，定性变量(又称为虚拟变量或分类变量)与定量变量同样重要。

截面数据(cross-sectional data)是指一个或多个变量在某一时点上的数据集合。例如美国人口调查局每十年进行的人口普查(最近一次是在 2000 年 4 月 1 日进行的)，密执安大学进行的消费者支出调查以及 Gallup、Harris 和其他投票组织进行的民意测验等。

合并数据(pooled data)既包括时间序列数据又包括截面数据。例如，如果要收集 20 年间 10 个国家的失业率数据，那么这个数据集就是一个合并数据——每个国家 20 年间的失业率构成时间序列数据，而 10 个不同国家每年的失业率又组成截面数据。在合并数据中，共有 200 个观察值——10 个国家 20 年间的失业率数据。

面板数据(panel data)是一种特殊类型的合并数据，也称**纵向数据**(longitudinal data)或微

观面板数据(micropanel data)。即同一个横截面单位(比如某个家庭或某个公司)的跨期调查数据。例如，美国商务部在一定时间间隔内对住房供给的调查。在每一时期的调查中，调查同样的家庭(或住在相同住址的人群)，观察自上次调查以来，其住房和财务状况是否发生变化。面板数据就是在周期性时间间隔内，通过重复观察同一住户得到的，它提供了研究家庭行为动态变化的有效信息。

数据来源 任何一项成功的经济计量研究，其关键都在于数据的数量和质量。幸运的是，互联网为我们提供了大量翔实的数据。附录A1列出了一些提供各类微观和宏观经济数据的网址。学生必须熟悉这些数据资源，并学会下载数据。当然，这些数据在不断更新，读者可以得到最新数据。

为了便于分析，这里给出一组时间序列数据。表1-1给出了美国1980~2007年城市劳动力参与率(*CLFPR*)和城市失业率(*CUNR*)数据。城市失业率是指城市失业人口占城市劳动力的百分比[3]。

表1-1 1980~2007年美国城市劳动力参与率(*CLFPR*)、城市失业率(*CUNR*)与实际平均每小时工资(*AHE*82)①

年份	*CLFPR*(%)	*CUNR*(%)	*AHE*82(美元)
1980	63.8	7.1	8.00
1981	63.9	7.6	7.89
1982	64.0	9.7	7.87
1983	64.0	9.6	7.96
1984	64.4	7.5	7.96
1985	64.8	7.2	7.92
1986	65.3	7.0	7.97
1987	65.6	6.2	7.87
1988	65.9	5.5	7.82
1989	66.5	5.3	7.75
1990	66.5	5.6	7.66
1991	66.2	6.8	7.59
1992	66.4	7.5	7.55
1993	66.3	6.9	7.54
1994	66.6	6.1	7.54
1995	66.6	5.6	7.54
1996	66.8	5.4	7.57
1997	67.1	4.9	7.69
1998	67.1	4.5	7.89
1999	67.1	4.2	8.01
2000	67.1	4.0	8.04
2001	66.8	4.7	8.12
2002	66.6	5.8	8.25
2003	66.2	6.0	8.28
2004	66.0	5.5	8.24
2005	66.0	5.1	8.18
2006	66.2	4.6	8.24
2007	66.0	4.6	8.32

① *AHE*82代表以1982年美元价计算的平均每小时工资。

资料来源：*Economic Report of the President*, 2008, CLFPR from Table B-40, CUNR from Table B-43, and AHE82 from Table B-47.

3 这里我们仅考虑加总的*CLFPR*和*CUNR*，数据也可按年龄、性别和种族分类。

与物理学不同，许多收集的经济数据(比如 GDP、货币供给、道琼斯指数、汽车销售量等)是非试验性的，也就是说，数据收集机构(比如政府)并不直接监控这些数据。因而，劳动力参与率和失业率的数据来源于劳动力市场上参与者提供给政府的信息。在某种意义上，政府是数据的被动收集者。在收集数据的过程中，政府或许并不知道受挫 - 工人假说、增加 - 工人假说或者其他假说，因此，收集到的数据可能是影响个人劳动力参与率决策的若干因素综合作用的结果。也就是说，同样的数据可能适用于不同的理论。

1.3.3　设定劳动力参与率的数学模型

为了观察 *CLFPR* 与 *CUNR* 的变动关系，首先根据变量数据做**散点图**(scatter diagram)，见图 1-1。

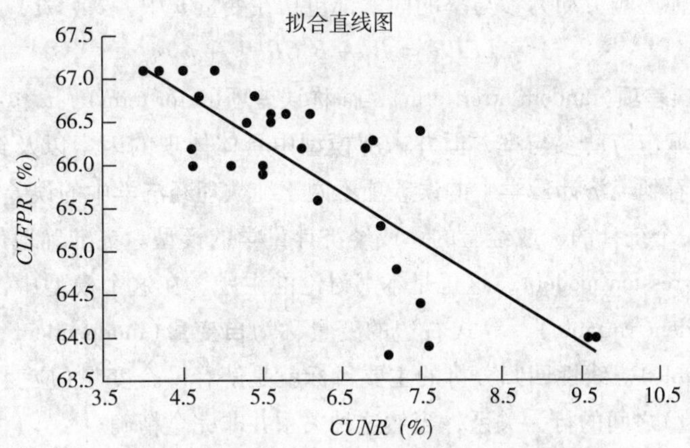

图 1-1　城市劳动力参与率(%)与城市失业率(%)回归图

从图中可以看出，*CLFPR* 与 *CUNR* 呈反方向变动，这或许表明：总体上看，受挫 - 工人效应强于增加 - 工人效应。[4]作为一次近似，可以描绘出一条穿过散点的直线，并写出 *CLFPR* 和 *CUNR* 两者之间的简单数学模型：

$$CLFPR = B_1 + B_2 CUNR \tag{1-1}$$

式(1-1)表明 *CLFPR* 与 *CUNR* 线性相关。B_1 和 B_2 为线性函数的**参数**(parameters)。[5]B_1 为**截距**(intercept)，即当 *CUNR* 为零时 *CLFPR* 的值。[6]B_2 为**斜率**(slope)，度量了单位 *CUNR* 变动引起 *CLFPR* 的变化率。更一般地，斜率度量了等式右边变量的单位变动引起的等式左边变量的变化率。斜率系数 B_2 可正(若增加 - 工人效应强于受挫 - 工人效应)可负(若受挫 - 工人效应强于增加 - 工人效应)。图 1-1 表明此例中的斜率为负。

1.3.4　设定劳动力参与率的统计或经济计量模型

式(1-1)给出了城市劳动力参与率与城市失业率关系的纯数学模型，数理经济学家或许对

4　参见 Shelly Lundberg，“The Added Worker Effect,” *Journal of Labor Economics*，vol. 3，January 1985，pp. 11-37.

5　概括说来，参数是一个未知量，可能在某个区间内变动。在统计学中，随机变量的概率密度函数(PDF)通常由其参数，比如均值和方差来描述。详细的讨论参见第 2 章和第 3 章。

6　在第 2 章回归分析内容中给出了截距更准确的定义。

它感兴趣，但它对经济计量学家的吸引力却是有限的。因为，这样一个模型设定了变量之间的精确或确定性关系；也就是说，给定一个 *CUNR* 值，有唯一一个 *CLFPR* 值与之对应。在现实中，很难发现经济变量之间存在如此精确的关系，更一般的情形是变量之间的关系往往是不确定的或是统计的。

我们可以通过图 1-1 给出的散点图清楚地看到这一点。虽然两个变量存在反方向变动关系，但是两个变量之间并非准确的或完全线性相关的，因为，如果通过这 28 个数据点做一条直线，并不是所有的数据点都准确地落在这条直线上。两点确定一条直线，[7]为什么这 28 个数据点没有准确地落在这条由数学模型设定的直线上呢？别忘了劳动力和失业数据都是非试验收集得到的。如前所述，除了增加 - 工人假说和受挫 - 工人假说外，还有其他因素影响劳动力参与率决策。因此，所观察到的城市劳动力参与率与城市失业率之间的关系很可能是不精确的。

我们把所有其他影响劳动力参与率的因素都包括在变量 u 中，式(1-1)可以写成：

$$CLFPR = B_1 + B_2 CUNR + u \tag{1-2}$$

其中，u 代表**随机误差项**(random error term)，简称**误差项**(error term)。[8]u 包括了除城市失业率以外其他所有影响城市劳动参与率，但并未在模型中具体体现的因素以及纯随机影响。在第二部分中，我们会看到经济计量学中的误差项不同于纯数理经济学中的误差项。

式(1-2)就是一个统计的，或经验的，或经济计量学的模型。更准确地说，它是一个**线性回归模型**(linear regression model)，这正是本书讨论的主题。在这个模型中，等式左边的变量称为**应变量**(dependent variable)，等式右边的变量称为**自变量**(independent variable)或**解释变量**(explanatory variable)。线性回归分析的主要目标就是解释一个变量(应变量)与其他一个或多个变量(解释变量)之间的行为关系，当然这种关系并非完全精确。

值得注意的是，式(1-2)描述的经济计量模型来自式(1-1)所表示的数学模型。这表明数理经济学和经济计量学是互相补充的学科。我们一开始给出的经济计量学定义也清楚地反映出这一点。

在继续下文之前，有一个概念值得我们注意——**因果关系**(causation)。在回归模型(1-2)中，我们说城市劳动力参与率是应变量，城市失业率是自变量或解释变量。这两个变量之间存在因果关系(即城市失业率是因，城市劳动力参与率是果)吗？换句话说，回归包含因果关系吗？并不一定。正如 Kendall 和 Stuart 所说："统计关系无论有多强，有多紧密，也决不能建立起因果关系：因果关系的概念来自统计学之外的某个理论。"[9]在本例中，是根据经济理论(比如受挫 - 工人假说)在应变量和解释变量之间建立起"因和果"这样的关系。如果不能建立起因果关系，不妨称之为预测关系：给定 *CUNR*，能够预测 *CLFPR* 吗？

1.3.5 估计经济计量模型参数

利用表 1-1 给出的 *CLFPR* 和 *CUNR* 数据如何估计模型(1-2)中的参数 B_1 和 B_2 呢？即如何

7 我们甚至试图根据图 1-1 的散点拟合出一条抛物线，但结果与线性设定并没有实质性的差别。

8 用统计语言，random error term 也称为 *stochastic error* term。

9 M. G. Kendall and A. Stuart, *The Advanced Theory of Statistics*, Charles Griffin Publishers, New York, 1961, vol. 2, Chap. 26, p. 279.

确定这些参数的具体数值(即估计值)呢？这是本书第二部分的重点——建立适当的算法，尤其是普通最小二乘法(OLS)。运用 OLS 和表 1-1 给出的数据，得到如下结果：

$$\widehat{CLFPR} = 69.4620 - 0.5814CUNR \tag{1-3}$$

注意，我们在 *CLFPR* 上加上符号 ∧(读做"*CLFPR* 帽")提示大家：式(1-3)是式(1-2)的估计值。图 1-1 是根据真实数据估计得到的回归直线。

从式(1-3)可知，B_1 的估计值≈69.5，$B_2 \approx -0.58$(符号≈表示近似)。因此，在其他条件不变的情况下，失业率每上升一个单位(比如说一个百分点)，平均而言，城市劳动力参与率将下降 0.58 个百分点；也就是说，当经济状况恶化时，劳动力参与率平均净减少 0.58 个百分点，这或许表明了受挫 - 工人效应占主导。我们讲"平均"是因为前面提到误差项 u 的存在可能导致变量之间的关系不够精确，这一点可以从图 1-1 中清楚地看到：真实数据点并未落在估计的回归线上。回归直线上的点与真实数据点的(垂直)距离就是估计的 $u's$。在第 6 章中我们会看到，估计的 $u's$ 称为残差。简言之，估计的回归直线，式(1-3)给出了平均城市劳动力参与率与城市失业率之间的关系——单位 *CUNR* 的变化所引起的 *CLFPR* 平均改变量是多少。69.5 表明当 *CUNR* 为零时 *CLFPR* 的平均值为 69.5%。也就是说，当充分就业时(即零失业)，城市适龄工作人口的 69.5% 将参与就业。[10]

1.3.6　核查模型的适用性：模型设定检验

模型(1-3)是否适当呢？人们在进入劳动力市场前，通常会根据一些因素，比如说失业率，来考虑劳动力市场的状况。例如，1982 年(不景气的一年)城市失业率约为 9.7%，而 2001 年仅为 4.7%。显然，与 5% 的失业率相比，当失业率为 9% 时，人们更不情愿进入劳动力市场。此外，还有其他一些因素影响人们进入劳动力市场的决策，比如小时工资或收入，也是重要的决策变量。至少在短期内，在其他条件不变的情况下，工资越高越能吸引工人进入劳动力市场。为了说明其重要性，表 1-1 还给出了实际平均每小时工资(*AHE*82)的数据(1982 年美元价)。考虑到 *AHE*82 的影响，得到如下模型：

$$CLFPR = B_1 + B_2CUNR + B_3AHE82 + u \tag{1-4}$$

式(1-4)是一个多元线性回归模型，而式(1-2)是一个简单(双变量)线性回归模型。在双变量模型中只有一个解释变量，而在多元回归模型中有若干个(或称多元)解释变量。值得注意的是，在多元回归模型(1-4)中，同样包括了误差项 u，因为无论模型中有多少个解释变量，都不能完全解释应变量的行为。一个多元回归模型究竟需要引入多少个解释变量，需根据具体情况而定。当然，基本的经济理论通常会告诉我们哪些变量需要包括到模型之中。但需要注意的是，正如前面所提到的：回归并不意味着存在因果关系；一个或多个解释变量是否与应变量存在因果关系，必须根据相关理论来判定。

如何估计式(1-4)中的参数呢？我们将在第 2 章和第 3 章讨论完双变量模型之后，在第 4 章中详细说明。首先考虑双变量模型，是因为它是多元回归模型的基础。在第 4 章中将会看

10　这只是截距机械的解释。在第 2 章中，我们会看到在不同情况下怎样赋予截距不同的意义。

到，在许多方面，多元回归模型是双变量模型的直接扩展。

在本例中，式(1-4)的经验估计如下(基于OLS)：

$$\widehat{CLFPR} = 81.2267 - 0.6384CUNR - 1.4449AHE82 \tag{1-5}$$

这个结果很有意思，两个斜率系数均为负数。负的 *CUNR* 表明，在其他条件不变的情况下(即 *AHE*82 为常数)，失业率每增加1%，城市劳动力参与率平均减少0.64%。这个结果再一次支持了受挫－工人假说。另一方面，当 *CUNR* 为一常数时，平均每小时工资每增加一美元，*CLFPR* 平均减少1.44个百分点。[11]负的 *AHE*82 系数有经济意义吗？为什么不预期该系数为正呢(即小时工资越高，则劳动力市场越有吸引力)？我们可以通过微观经济学的两个孪生概念——收入效应和替代效应，来验证系数为负。[12]

究竟选择哪一个模型呢，式(1-3)还是式(1-5)？既然式(1-5)包容式(1-3)，而且增加了一个分析变量(收入)，所以我们可能选择式(1-5)。毕竟，式(1-2)隐含地假定了除失业率以外其他变量均为常数。但是，我们的分析到哪儿才是尽头呢？例如，劳动力参与率可能还依赖于家庭财富、6岁以下孩子的个数(这对已婚妇女决定进入劳动力市场至关重要)、孩子日托的便利程度、宗教信仰、福利费领取便利与否、失业保险等。即使这些变量的数据都是可获得的，我们也不会把它们都引入模型，因为经济计量建模的目的不是包容全部现实，而仅仅是一些显著因素。如果试图在回归模型中引入每一个可以想象到的变量，那么这个模型将会难以处理，以致没有任何实际用处了。最终选择的模型应该是对现实的合理复制。在第7章中，我们将进一步讨论这个问题，并探讨如何着手建立模型。

1.3.7 检验源自模型的假设

模型最终确定之后，需要进行**假设检验**(hypothesis testing)，即验证估计的模型是否有经济意义，以及估计的结果是否与经济理论相符。例如，受挫－工人假说认为劳动力参与率与失业率之间负相关。这个假设与结果相符吗？统计结果看起来与假设一致，因为 *CUNR* 系数的估计值为负。

然而，假设检验可能更为复杂。在这个例子中，假定得知在先前的研究中，城市失业率的系数约为－1。这和我们的结果一致吗？如果选择模型(1-3)，则得到一个结果，但如果选择模型(1-5)，则可能得到另一个结果。怎样解决这个问题呢？这需要建立一些必要的工具解决诸如此类的问题，但需要注意的是：对某个假设的回答取决于最终选择的模型。

回归分析中很重要的一点是：我们感兴趣的不仅仅是对模型参数的估计，而且还对检验源自某个经济理论(或先验经验)的假设感兴趣。

1.3.8 利用模型进行预测

经过上述多个步骤之后，很自然地提出这样一个问题：我们利用估计的模型做什么，比

---

11 在第4章中将会看到，式(1-5)中 *CUNR* 和 *AHE*82 的系数称为偏回归系数，在那里，我们会讨论偏回归系数的准确含义。

12 参阅微观经济学标准教科书。对这一结果的直观判断是：假定夫妇双方都进入了劳动力市场，夫妇一方的工资有明显增加，在家庭收入不受实质性影响的情况下，这很可能促使另一方退出劳动力市场。

如式(1-5)?通常利用模型进行**预测**(prediction, forecasting)。例如，假设现有 2008 年 *CUNR* 和 *AHE*82 的数据，分别是 6.0 和 10。代入式(1-5)，得到 2008 年 *CLFPR* 的预测值为 62.947 3%，即如果 2008 年的失业率为 6%，实际每小时工资为 10 美元，则当年的城市劳动力参与率约为 63%。当然，当获得 2008 年城市劳动力参与率的实际值之后，可与预测值进行比较。两者之间的差距代表了预测误差。我们希望预测误差尽可能小。这是否可能呢？我们将在第 2 章和第 3 章回答这个问题。

总结一下经济计量分析的步骤：

步　骤	例　子
1. 理论陈述	增加/受挫－工人假说
2. 收集数据	表 1-1
3. 数学模型	$CLFPR = B_1 + B_2 CUNR$
4. 经济计量模型	$CLFPR = B_1 + B_2 CUNR + u$
5. 参数估计	$CLFPR = 69.4620 - 0.5814 CUNR$
6. 核查模型适用性	$CLFPR = 81.3 - 0.638 CUNR - 1.445 AHE82$
7. 检验假设	$B_2 < 0$　或 $B_2 > 0$
8. 预测	给定 *CUNR* 和 *AHE*82 的值，*CLFPR* 是多少

虽然我们只是用劳动力经济学的一个例子阐述经济计量学方法论，但可以用同样的步骤分析任何领域中不同变量之间的定量关系。事实上，回归分析已应用于政治学、国际关系学、心理学、社会学、气象学以及其他许多领域。

1.4　全书结构

以上我们概括地介绍了经济计量学的特征及研究范围。本书共分四个部分。

附录 A、附录 B、附录 C 和附录 D 帮助那些淡忘了统计知识的读者回顾概率和统计的基础知识。读者需要掌握统计学的入门知识。

第一部分介绍了经济计量学的基本分析工具——古典线性回归模型(CLRM)。读者必须对古典线性回归模型有一个完整的理解，这样才能进行经济和商业领域的研究。

第二部分介绍了回归分析在实践中的运用，并讨论了当违背古典回归模型假设时需解决的各类问题。

第三部分讨论了两个高级专题——联立方程回归模型和时间序列经济计量学。

本书主要针对的是经济计量学初学者，因此大多数专题的讨论简单明确，不牵涉数学证明和推导等。[13]我始终坚信，对初学者用这样的方法讲授看似难以接受的经济计量学，能够使他们了解这门学科的价值，而不至于卷入烦琐的数学和统计推导细节上。学生需要记住：与统计学一样，经济计量学主要讨论的也是估计和假设检验，所不同的，或者说更有意思、更有用的是，经济计量学需要估计或检验的参数并不仅仅是均值和方差，而且还有变量之间的关系，这也正是经济学和其他社会科学所关心的。

13　部分证明和推导参阅作者的《经济计量学基础》(*Basic Econometrics*, 5th ed., McGraw-Hill, New York, 2009)一书。

最后值得提出的一点是，通过使用一些价格便宜的计算机软件包，初学者可以更易于掌握经济计量学这门课程。本书主要应用了四种软件包：EViews，Excel，STATA 和 MINITAB。这些软件易于掌握，而且应用广泛。一旦熟悉了这类软件，你会发现学习经济计量学其乐无穷，并且有助于更好地理解经济学。

关键术语和概念

本章介绍的主要术语和概念有：

经济计量学

数理经济学

受挫－工人假说(效应)

增加－工人假说(效应)

时间序列数据

- a) 定量的
- b) 定性的

截面数据

合并数据

面板(或称纵向或微观面板数据)

散点图

- a) 参数
- b) 截距
- c) 斜率

随机误差项(误差项)

线性回归模型：

- 应变量
- 自变量(或解释变量)

确定性关系与统计关系

因果关系

参数估计值

假设检验

预测

问　题

1.1 假设地方政府决定在其管辖区内提高居民财产税税率。这对当地房价有何影响？按照本章讨论的八个步骤回答这一问题。

1.2 如何理解经济计量学在商业和经济学中的决策作用？

1.3 假设你是联邦储备委员会主席的经济顾问，若联邦储备委员会主席询问你对增加货币供给以刺激经济有何建议，那么你会考虑哪些因素？你如何运用经济计量学进行分析？

1.4 为了减少对外国石油供给的依赖，政府正考虑对汽油收取联邦税。假设福特汽车公司雇用你分析税收增加对汽车需求量的影响，你将如何向公司提出建议？

1.5 假设美国总统正考虑对进口钢材征收关税以保护国内钢铁行业的利益。作为总统经济顾问，你的建议是什么？你如何展开经济计量研究以分析征收关税的影响？

习　题

1.6 表 1-2 给出了美国 1980～2007 年间消费者价格指数(CPI)、标准普尔 500 股票指数(S&P 500)和 3 月期国债利率的数据。

表 1-2　消费者价格指数(CPI，1982～1984 年 =100)，标准普尔综合指数(S&P 500，1941～1943 年 =100)及 3 月期国债利率(3-m T bill,%)

年　份	CPI	S&P 500	3-m T bill
1980	82.4	118.78	12.00
1981	90.9	128.05	14.00
1982	96.5	119.71	11.00
1983	99.6	160.41	8.63
1984	103.9	160.46	9.58
1985	107.6	186.84	7.48
1986	109.6	236.34	5.98
1987	113.6	286.83	5.82
1988	118.3	265.79	6.69
1989	124.0	322.84	8.12
1990	130.7	334.59	7.51
1991	136.2	376.18	5.42
1992	140.3	415.74	3.45
1993	144.5	451.41	3.02
1994	148.2	460.42	4.29
1995	152.4	541.72	5.51
1996	156.9	670.50	5.02
1997	160.5	873.43	5.07
1998	163.0	1 085.50	4.81
1999	166.6	1 327.33	4.66
2000	172.2	1 427.22	5.85
2001	177.1	1 194.18	3.45
2002	179.9	993.94	1.62
2003	184.0	965.23	1.02
2004	188.9	1 130.65	1.38
2005	195.3	1 207.23	3.16
2006	201.6	1 310.46	4.73
2007	207.3	1 477.19	4.41

资料来源：*Economic Report of the President*，2008，Tables B-60，B-95，B-96，and B-74，respectively.

(a) 以时间为横轴，上述三个变量为纵轴作图。当然，你可以对每个变量分别作图。

(b) 你预计 CPI 与 S&P 指数之间的关系如何？CPI 与 3 月期国债利率的关系如何？为什么？

(c) 对每个变量，根据散点图目测其回归线。

1.7　表 1-3 给出了英镑与美元之间的汇率数据(1 美元兑换多少英镑)，以及两个国家 1985～2007 年间消费者价格指数。

表 1-3　英镑对美元的汇率(£/　)及 1985～2007 年英国和美国消费者价格指数(CPI)

年　份	£/$	CPI U. S.	CPI U. K.
1985	1.297 4	107.6	111.1
1986	1.467 7	109.6	114.9
1987	1.639 8	113.6	119.7
1988	1.781 3	118.3	125.6
1989	1.638 2	124.0	135.4
1990	1.784 1	130.7	148.2
1991	1.767 4	136.2	156.9

（续）

年 份	£/$	CPI U. S.	CPI U. K.
1992	1. 766 3	140. 3	162. 7
1993	1. 501 6	144. 5	165. 3
1994	1. 531 9	148. 2	169. 3
1995	1. 578 5	152. 4	175. 2
1996	1. 560 7	156. 9	179. 4
1997	1. 637 6	160. 5	185. 1
1998	1. 657 3	163. 0	191. 4
1999	1. 617 2	166. 6	194. 3
2000	1. 515 6	172. 2	200. 1
2001	1. 439 6	177. 1	203. 6
2002	1. 502 5	179. 9	207. 0
2003	1. 634 7	184. 0	213. 0
2004	1. 833 0	188. 9	219. 4
2005	1. 820 4	195. 3	225. 6
2006	1. 843 4	201. 6	232. 8
2007	2. 002 0	207. 3	242. 7

资料来源：*Economic Report of the President*, 2008. U. K. Pound/ $ from Table B-110; CPI (1982-1984 = 100) from Table B-108.

(a)以时间(年)为横轴，以汇率(ER)与两个消费者价格指数为纵轴作图。

(b)求相对价格比率(RPR)(用英国 CPI 除美国 CPI)。

(c)用 ER 对 RPR 作图。

(d)目测描绘通过散点图的回归线。

附录1A 互联网上的经济数据[14]

经济统计学情况介绍：提供了产出、收入、就业、失业、收入、生产和商业活动、价格和货币、信用和证券市场以及国际统计等方面的数据。

http://www. whitehouse. gov/fsbr/esbr. htm

联邦储备系统棕皮书：联邦储备区提供的当前经济情况概要。共有12个联邦储备区。

www. federalreserve. gov/FOMC/Beigebook/2008

国家经济研究局(NBER)主页：一个享有盛誉的经济研究机构，提供资产价格、劳动力、生产率、货币供给、商业周期指标等详实数据。NBER 还可以直接链接到许多其他网站。

http: //www. nber. org

面板研究：提供了自1968年以来每年美国个人和家庭的纵向抽样调查数据。

http: //www. umich. edu/ ~ psid

联邦网络定位器：提供联邦政府各部门信息，并提供国际链接。

www. lib. auburn. edu/madd/docs/fedolo. html

14 这里提供的不是全部网络数据资源。罗列出的数据资源会不断更新。获取信息的最好方法是利用关键词(例如失业率)进行搜索。搜索到大量相关信息也不必感到惊讶。

WebEC：经济学互联网资源，关于经济案例和数据的综合图书馆。

www. helsinke，fi/WebEc

http：//wuecon. wustl. edu/adnetec/WebEc/WebEc. html

美国股票交易所：提供在第二大股票市场上市的近700家公司的信息。

http：//www. amex. com/

经济分析局(BEA)主页：美国商务部的代理机构，发布商业调查，提供各种经济活动信息。

www. bea. gov

商业周期指标：提供256个经济时间序列数据。

http：//www. globalexposure. com/bci. html

CIA出版物：提供各国每年的基本国情(World Fact Book)。

www. cia. gov/library/publications

能源信息管理(能源部)：提供各类燃料的经济信息和数据。

http：//www. eia. doe. gov/

FRED数据库：圣路易斯联邦储备银行发布经济和社会数据，包括利率、货币和商业指标、汇率等。

http：//www. stls. frb. org/fred/

国际贸易管理机构：提供贸易统计，跨国项目等网络链接。

http：//www. ita. doc. gov/

STAT-USA数据库：国家贸易数据银行提供最全面的国际贸易和出口促销信息，以及若干国家人口统计，政治和社会经济等方面的数据。

http：//www. stat-usa. gov/

劳工统计局：主页包括就业、失业和收入相关的各种数据。

http：//www. stats. bls. gov

美国普查局主页：提供了社会、人口统计以及收入、就业、收入分配和贫困等经济数据。

http：//www. census. gov/

一般社会调查：提供从1972年开始的美国家庭个体调查数据。超过35 000人次回答了2 500个不同的问题。

www. norc. org/GCS + Website

贫困研究所：一个以大学为依托的无党派、非营利研究中心，提供与贫困和社会公平有关的数据信息。

http：//www. ssc. wisc. edu/irp/

社会保障管理机构：社会保障管理机构的官方网站，提供各种数据。

http：//www. ssa. gov/

联邦存款保险公司，银行数据和统计。

http：//www. fdic. gov/bank/statistical/

美国联邦储备委员会，经济研究和数据。

http://www.fedralreserve.gov/econresdata

美国调查局主页。

http://www.census.gov

美国商务部，经济分析局。

www.eia.doe.gov/overview_ hd.html

美国健康和人员服务部，国家健康统计中心。

http://www.cdc.gov/nchs

美国住房和城市发展部，数据集。

http://www.huduser.org/datasets/pdrdatas.html

美国劳工部，劳动统计局。

http://www.bls.gov

美国交通部。

http://www.transtats.bts.gov

美国财政部，国内税收统计。

http://www.irs.gov/taxstats

洛克菲勒政府协会，州和地方财政数据。

www.rockinst.org/research/sl_finance

美国经济协会，经济学家资源库。

http://www.rfe.org

美国统计协会，商业和经济统计。

www.amstat.org/sections/sis/

欧洲中央银行。

http://www.ecb.int/stats

世界银行，数据和统计。

http://www.worldbank.org/data

国际货币基金，统计专题。

http://www.imf.org/external/np/sta

Penn 世界表。

http://pwt.econ.upenn.edu

人口调查。

http://www.bls.census.gov/cps/

消费者支出调查。

http://www.bls.gov/cex/

消费者财务调查。

http://www.federalreserve.gov/pubs/oss/

城市和农村数据。

http://www.census.gov/prod/www/ccdb.html

收入变动的面板研究。

http：//psidonline. isr. umich. edu

国家纵向调查。

http：//www. bls. gob/nls/

美国房屋建造协会，经济和住房供给数据。

http：//www. nahb. org/page. aspx/category sectionID = 113

国家科学基金，科学资源分类统计。

http：//www. nsf. gov/sbe/srs/

总统经济报告。

http：//www. gpoaccess. gov/eop/

各类经济数据集。

http：//www. econonmy. com/freelunch/

经济学家市场指数。

http：//www. economist. com/markets/indicators

军事统计资源。

http：www. lib. umich. edu/govdocs/stmil. html

世界经济指数。

http：//devdata. worldbank. org/

经济时间序列数据。

http：//www. economagic. com/

第一部分

线性回归模型

第一部分包括5章内容，介绍了经济计量学的基础工具——线性回归模型。

第2章通过最简单的线性回归模型——双变量模型探讨了线性回归的基本思想。区别了总体回归模型与样本回归模型(用后者估计前者)，并介绍了最常用的估计方法——最小二乘法。

第3章讨论了假设检验。在统计学中，假设检验用来探求回归模型中参数的估计值是否与其假设值相一致。我们是在古典线性回归模型(CLRM)的框架下进行假设检验的。本章讨论了为什么要用古典线性回归模型，并进一步指出CLRM是研究其他回归模型的起点。在本书的第二部分中，还将介绍当古典线性回归模型的一个或若干个基本假设不满足时会有什么样的后果。

第4章把前两章讨论的双变量回归模型的思想推广到多元回归模型，即模型中的解释变量不只一个。虽然在许多方面，多元回归模型是双变量模型的直接推广，但关于模型系数的解释以及假设检验还是存在一些差异的。

线性回归模型，无论是双变量模型还是多变量模型，仅仅要求模型的参数是线性的，而进入模型的变量并不要求是线性的。

第5章讨论了若干类型的参数线性(或能够转化成线性)但变量非线性的模型，并通过一些具体实例说明了什么时候以及如何使用这些模型。

有些时候，进入模型的解释变量是定性的，比如性别、颜色、宗教信仰等。

第6章讨论如何使这些变量“定量化”，以及在线性回归模型中如何考虑这类变量的影响。

整个第一部分都力求理论联系实际。虽然用户界面友好回归软件使得我们无须掌握太多的理论就可以对回归模型进行估计，但别忘了，“一知半解是危险的”。因此，即便理论很枯燥，但它们对于理解和解释回归结果是不可或缺的。此外，我们省略了所有的数学推导，这将会使理论变得简单一些。

第 2 章

线性回归的基本思想：双变量模型

第 1 章曾提到，在对经济现象(例如需求法则)建立经济计量模型时，经济计量学家大量地使用了**回归分析**(regression analysis)这一统计技术，本章和下一章将通过最简单的线性回归模型——双变量模型，来介绍回归分析的基本思想。随后几章将讨论双变量模型的修正及其扩展。

2.1 回归的含义

回归分析用于研究一个变量(称为**被解释变量**或**应变量**)与另一个或多个变量(称为**解释变量**或**自变量**)之间的关系。

我们或许对商品的需求量与该商品价格、消费者收入以及其他竞争性商品价格之间的关系感兴趣；或许对产品的销售量(比如，汽车)与广告宣传费之间的关系感兴趣；或许对国防开支与国内生产总值(GDP)之间的关系感兴趣。在上述各例中，相关的经济理论可能表明某个变量与其他一个或多个变量有关。例如，在第一个例子中，需求定律就提供了这样一个理论基础——产品的需求量依赖于该产品的价格以及上面提到的其他几个变量。

为了统一符号，从现在起，用 Y 代表应变量，X 代表自变量或解释变量。如果有多个解释变量，则用适当的下标表示各个不同的 X(例如 X_1，X_2，X_3 等)。

时刻记住第 1 章中给出的警示：回归分析研究的是一个应变量与另一个或多个自变量之间的关系，但它并不一定表明存在因果关系；即它并不意味着自变量是因，应变量是果。如果两者之间存在因果关系，则一定建立在某个经济理论基础之上。例如，需求定律表明：当所有其他变量保持不变时，一种商品的需求量(反向)依赖于该商品的价格。这里，微观经济理论表明价格是因，需求量是果。总之，回归并不意味着存在因果关系，因果关系的判定或推断必须建立在经实践检验的相关理论基础之上。

回归分析有如下目的：

(1)根据自变量的取值，估计应变量的均值。

(2)检验(建立在经济理论基础之上的)假设。例如，对于需求函数，现在检验假设：需求

的价格弹性为 -1.0，即需求曲线具有单一价格弹性。在其他影响因素保持不变的情况下，如果商品的价格上涨1%，商品的需求量平均减少1%。

(3)根据样本外自变量的取值，预测应变量的均值。例如，附录C讨论的S.A.T一例，可以根据学生数学成绩预测语文平均成绩(见表2-15)。

(4)可同时进行上述各项分析。

2.2　总体回归函数(PRF)：假想一例

我们通过一个具体例子说明回归分析。在高中的最后两年，大部分美国学生都要参加S.A.T大学入学考试。测试包括三部分内容：逻辑(以前叫词汇部分)、数学和作文，每部分的满分都是800分。由于作文部分比较难计分，因此主要关注数学分数。假定我们感兴趣的是学生的家庭年收入与其数学分数有怎样的关系。令 Y 表示数学S.A.T分数，X 代表家庭年收入。收入变量分为10组：(<10 000美元)，(10 000~20 000美元)，(20 000~30 000美元)，…，(80 000~10 0000美元)和(>100 000美元)。为简便起见，我们用每一组的中点代表该收入组别，最后一组用150 000美元表示其中点。表2-1给出了由100个高中生组成的假想总体。

表2-1　不同家庭年收入水平下的数学S.A.T分数

学生分数 / 学生	家庭收入(美元)									
	5 000	15 000	25 000	35 000	45 000	55 000	65 000	75 000	90 000	150 000
1	460	480	460	520	500	450	560	530	560	570
2	470	510	450	510	470	540	480	540	500	560
3	460	450	530	440	450	460	530	540	470	540
4	420	420	430	540	530	480	520	500	570	550
5	440	430	520	490	550	530	510	480	580	560
6	500	450	490	460	510	480	550	580	480	510
7	420	510	440	460	530	510	480	560	530	520
8	410	500	480	520	440	540	500	490	520	520
9	450	480	510	490	510	510	520	560	540	590
10	490	520	470	450	470	550	470	500	550	600
均值	452	475	478	488	496	505	512	528	530	552

注：表中第一行的数字为家庭收入。

表2-1说明如下：一个家庭年收入5 000美元的学生，其数学S.A.T是460分。另外9个家庭年收入5 000美元的学生，加上第一个学生，他们的数学S.A.T平均得分是452分。一个家庭收入15 000美元的学生，其数学S.A.T是480分。在这个收入水平上，数学S.A.T平均得分是475分。表中的其他数据可类似解释。

根据上面的数据做**散点图**(scattergram)，见图2-1。图中，纵轴为家庭年收入(Y)，横轴为学生的数学S.A.T分数(X)。对应于每类收入水平，有若干个S.A.T分数(本例中是10个)。[1]连线中的数据点是每组收入水平下的数学平均分，看上去数学分数呈现出总体向上的趋

1　为简便起见，这里仅仅假定对应于每个收入水平有10个数学分数。现实中，对应于每个 X(收入)，Y 的取值可能很多，而且每一组观察值的个数也不一定相同。

势，即收入越高，数学分数就越高。如果注意图中的圆圈点，这种趋势就更加明显。这些圆圈点称为**条件均值**(conditional mean)或**条件期望值**(conditional expected values)(详细讨论参见附录B)。由于假设这些数据代表的是数学分数的总体，因此条件均值的连线称为**总体回归线**(population regression line，PRL)。总体回归线给出了对应于自变量(家庭年收入)的每个取值相应的应变量(数学S. A. T分数)的均值。因此，如果家庭年收入为25 000美元，则数学S. A. T的平均分为478分。如果家庭年收入为45 000美元，则数学S. A. T的平均分为496分。简言之，总体回归线表明了Y(应变量)的均值与每个X(自变量)的变动关系。

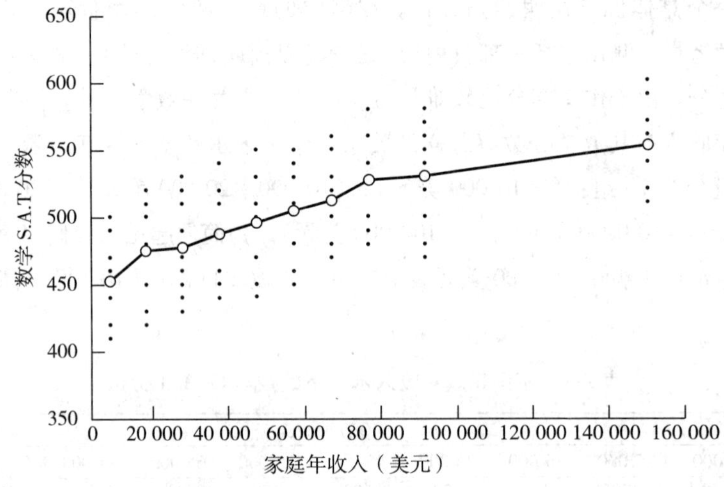

图2-1 家庭年收入与数学S. A. T分数

由于图2-1的总体回归线近似线性，因此可以表示成如下函数形式：

$$E(Y \mid X_i) = B_1 + B_2 X_i \tag{2-1}$$

这是直线的数学表达式。在式(2-1)中，$E(Y \mid X_i)$表示与给定X值相对应的Y的均值。下标i代表第i个子总体。因而，在表2-1中，$E(Y \mid X_i = 5\,000) = 452$，即在第1个子总体中，$Y$的期望值或均值为452。

表2-1的最后一列给出了Y的条件均值。需要指出的是，$E(Y \mid X_i)$是X_i的函数(本例中是线性函数)。这意味着Y依赖于X，更专业地称为Y对X的回归，即给定X条件下，Y分布的均值。换句话说，总体回归线穿过Y的条件期望值。式(2-1)是总体回归线的数学表达式，称为**总体回归函数**(population regression function，PRF)。本例中的总体回归函数是线性的(2.6节将讨论线性更准确的含义)。

在式(2-1)中，B_1、B_2称为**参数**(parameters)，也称为**回归系数**(regression coefficients)。B_1称为**截距**(intercept)，B_2称为**斜率**(slope)。斜率系数度量了X每变动一单位，Y(条件)均值的变化率。例如，如果斜率系数为0.001，则表明家庭年收入每增加1美元，Y的(条件)均值增加0.001分，考虑到量纲的问题，单位用千美元表述更容易理解，即家庭年收入每增加1千美元，预期数学S. A. T分数平均提高1分。B_1是当X为0时Y的(条件)均值，即表明家庭年收入为0时，数学S. A. T的平均分。在随后的章节中还将进一步解释截距的意义。

如何求斜率和截距的估计值(或数值)呢？我们将在2.8节回答这个问题。

在继续新内容之前，首先对一个术语做出说明。第 1 章曾指出：回归分析关注的是在给定自变量取值条件下应变量的变化。因此，严格地说，回归分析是**条件回归分析**(conditional regression analysis)。[2]所以，无须每时每刻都加上“条件”二字。表达式 $E(Y \mid X_i)$ 可以简写为 $E(Y)$，但需要明确后者是前者的简略写法。当然，在容易混淆的地方，仍将沿用完整的符号。

2.3　总体回归函数的统计或随机设定

总体回归函数给出了自变量每个取值相应的应变量的平均值。再来看表 2-1，当 $X =$ 75 000美元时，Y 的均值为 528 分。但是，如果从 10 个学生中随机抽取一个，则他的数学 S. A. T 并不一定是 528 分。例如，从这一组中取最后一个学生，其数学分数是 500 分，低于平均值。同样地，从这一组中选取第一个学生，其分数是 530 分，高于平均值。

如何解释个体学生分数与收入的关系呢？最好的解释是个人数学 S. A. T 分数等于这一组的平均值加上或减去某个值。用数学公式表示为：

$$Y_i = B_1 + B_2X_i + u_i \tag{2-2}$$

其中，u_i 表示**随机误差项**(stochastic random error term)，或简称为误差项。[3]在第 1 章中曾遇到过这个概念。误差项是一个随机变量，其值无法先验确定，通常用概率分布(例如正态分布或 t 分布)描述随机变量。

如何解释式(2-2)呢？可以认为，在某个家庭收入水平上，第 i 个学生的数学 S. A. T 表示为两部分之和：一是$(B_1 + B_2X_i)$，即第 i 个子总体的数学分数(总体回归线上对应于某收入水平上的点)。这一部分称为系统或确定性成分。二是 u_i，称为非系统或随机成分(即由收入之外的因素决定)。随机项 u_i 也称为**噪声**(noise component)。我们来看图 2-2(根据表 2-1 的数据)。

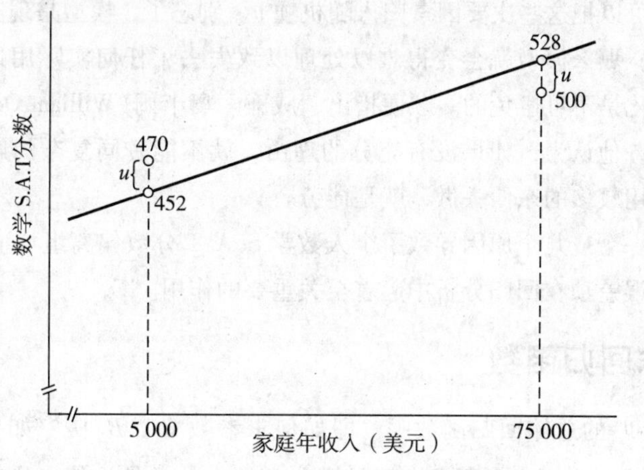

图 2-2　数学 S. A. T 分数与家庭收入的关系

2　条件回归分析并不意味着 X 是 Y 的原因，其目的在于观察变量 Y 的变化与变量 X 的关系。例如，当联邦储备银行改变利率时，它关注的是经济如何变化。2008 年经济危机期间，联储几次降低利率以刺激经济复苏。决定住房需求的一个重要因素是贷款利率，因此潜在房主非常关注贷款利率的变动。当联储降低利率时，其他利率也随之调整。

3　随机“stochastic”一词来源于希腊词“stokhos”，意思是牛眼。投掷飞镖就是一个随机过程(一个有可能脱靶的过程)。在统计学中，随机一词意味着随机变量(即其结果由偶发试验确定)的存在。

从图中可以看出，当家庭收入 =5 000 美元时，某个学生的数学分数是470 分，但在该收入水平下的数学平均分是452 分。因而，这个学生的数学分数超出系统成分(即组均值)18 分，即他的随机成分 u 为 18 分；当家庭收入 =75 000 美元时，随机抽取的第二个学生的数学分数是500 分，但在此收入水平下的数学平均分是 528 分，即该学生的数学分数低于系统成分 28 分，因而随机成分 u 为 -28 分。

式(2-2)称为**随机**(stochastic)或**统计总体回归函数**(statistical PRF)，而式(2-1)称为**确定**(deterministic)或**非随机总体回归函数**(nonstochastic PRF)。后者表示给定收入水平下各个 Y 的平均值。而前者表示由于误差项 u 的存在，个人数学分数在均值附近是如何变动的。

误差项 u 有哪些性质呢?

2.4 随机误差项的性质

(1)误差项代表了未纳入模型变量的影响。例如数学 S. A. T 分数一例中，它可能代表了个人健康状况、居住区域、高中 GPA、学校开设的数学课程等因素的影响。

(2)即使模型中包括了决定数学分数的所有变量，其内在随机性也不可避免，这是做任何努力都无法解释的。毕竟，人类行为并不是完全可预测的或完全理性的。因而，u 反映了人类行为的这种内在随机性。

(3)u 还代表了度量误差，例如，家庭年收入的数据可能经过了四舍五入，而数学分数的数据也值得怀疑，因为一些地方很少有学生想上大学，因而也就不参加考试。

(4)“奥卡姆剃刀原则”，即描述应该尽可能简单，只要不遗漏重要的信息。这表明回归模型应尽量简单。因此，即使知道其他变量可能会对 Y 有影响，这些变量的综合影响也是有限的、非确定性的，可以把这些次要因素归入随机项 u。别忘了，模型是现实的简化。如果要让模型完全拟合现实，那么模型就会变得难以处理以致失去了任何实际用处。因此，在建模过程中，现实的抽象化是不可避免的。顺便指出，威廉 · 奥卡姆(William Ockham，1285—1349)是一位英国哲学家，他认为，如果没有充分的理由，就不能赞同复杂的解释，能用较少的东西做到的事，如果用较多的东西去做，就是徒劳。

正是由于上述一个或几个原因导致了个人数学 S. A. T 分数偏离组均值(即系统部分)。随后将会看到，随机误差项在回归分析中起着至关重要的作用。

2.5 样本回归函数

如何估计式(2-1)的总体回归函数呢？即如何求参数 B_1、B_2 呢？如果已知表 2-1 的数据(整个总体)，则很容易做到。只要求出相对每个 X 的 Y 的条件均值，然后再把这些均值连接起来，就得到了总体回归线。遗憾的是，实际中很少能够获得整个总体的数据。通常，仅仅有来自总体的一个样本(回顾第 1 章和附录 A 有关总体和样本的讨论)。我们的任务就是根据样本信息估计总体回归函数。如何实现呢？

假设从未见过表 2-1，仅有表 2-2 的数据，并假设这些数据是从表 2-1 中随机抽取得到的。

表 2-2 来自表 2-1 的随机样本

Y	X
410	5 000
420	15 000
440	25 000
490	35 000
530	45 000
530	55 000
550	65 000
540	75 000
570	90 000
590	150 000

表 2-3 来自表 2-1 的另一随机样本

Y	X
420	5 000
520	15 000
470	25 000
450	35 000
470	45 000
550	55 000
470	65 000
500	75 000
550	90 000
600	150 000

与表 2-1 不同的是，每个 X 值只有一个 Y 值与之对应。现在的问题是：根据表 2-2 的样本数据，能否估计出对应于每个 X 值的总体 Y 的均值？换句话说，能否根据样本数据估计总体回归函数？由于抽样波动或抽样误差的存在(参见附录 C)，或许不能"准确地"估计出总体回归函数。为了更清晰地回答这个问题，假设有另一个来自表 2-1 的随机样本，见表 2-3。根据表 2-2、表 2-3 的数据作图，得到散点图 2-3。

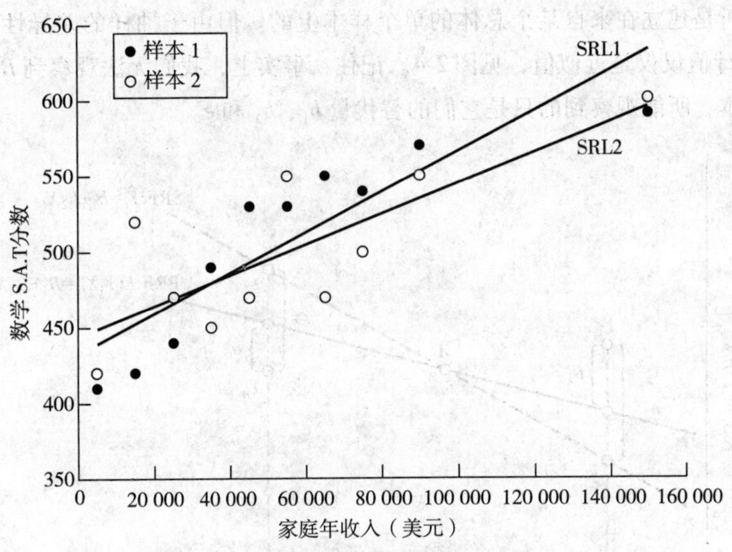

图 2-3 两个独立样本的样本回归线

通过散点，可以清晰地得到两条直线很好地"拟合"了样本数据，称为**样本回归线**(sample regression lines，SRLs)。哪条直线代表了"真实的"PRL 呢？如果不看图 2-1，则无法确定图 2-3 中哪条 SRL 代表了真实的 PRL。如果再有一个样本，还可以得到第三条 SRL。恐怕每一条样本回归线都代表了总体回归线，但由于抽样不同，每条直线至多是对真实总体回归线的近似。K 个不同的样本得到 K 条不同的 SRL，所有的 SRL 不可能相同。

与总体回归函数类似，可用**样本回归函数**(sample regression function，SRF)表示样本回归线。式(2-1)的样本形式表示为

$$\hat{Y}_i = b_1 + b_2 X_i \tag{2-3}$$

其中，∧读作“帽”，$\hat{Y}_i$ = 总体条件均值 $E(Y \mid X_i)$ 的估计量；$b_1 = B_1$ 的估计量；$b_2 = B_2$ 的估计量。

前面曾讲过，**估计量**(estimator)或**样本统计量**(sample statistic)是总体参数的估计公式。估计量的某一取值称为估计值(参见附录D有关点估计量和区间估计量的讨论)。

从散点图2-3中不难看出：并非所有的样本数据都准确地落在各个样本回归线上。因此，与建立随机总体回归函数式(2-2)一样，需要建立随机样本回归函数：

$$Y_i = b_1 + b_2X_i + e_i \tag{2-4}$$

其中，e_i 是 u_i 的估计量。

e_i 称为**残差项**(residual term)，简称**残差**(residual)。从概念上讲，它与 u_i 类似，可作为 u_i 的估计量，SRF中 e_i 的产生原因与PRF中 u_i 的产生原因相同。简单地说，e_i 表示了 Y 的实际值与根据样本回归得到的估计值的差。

$$e_i = Y_i - \hat{Y}_i \tag{2-5}$$

总之，回归分析的主要目的是根据样本回归函数

$$Y_i = b_1 + b_2X_i + e_i$$

估计总体回归函数

$$Y_i = B_1 + B_2X_i + u_i$$

因为通常的分析是建立在来自某个总体的单个样本上的。但由于抽样的差异性，根据SRF得到的PRF的估计值仅仅是近似值，见图2-4。记住：事实上，我们无法观察到 B_1、B_2 和 u。一旦得到某个样本，所能观察到的只是它们的替代量 b_1、b_2 和 e。

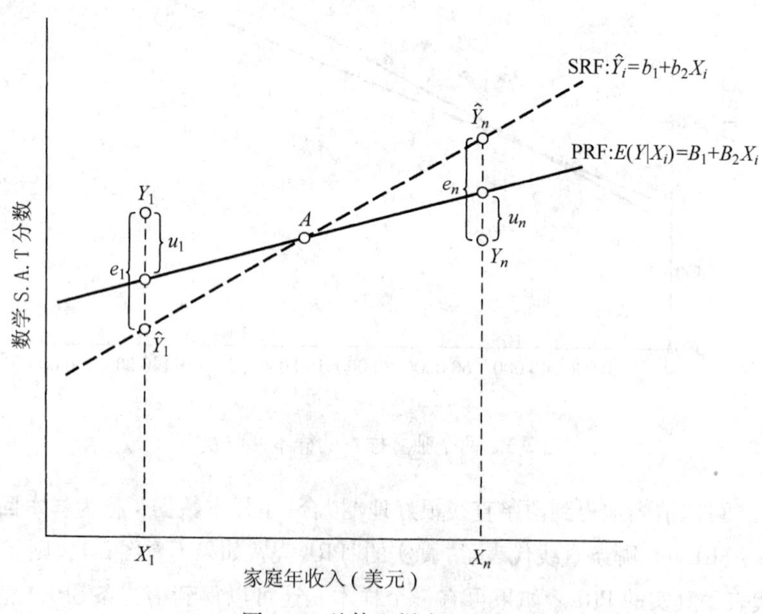

图2-4 总体和样本回归线

从图中可以看到：给定 X_i，有一个(样本)观察值 Y_i 与之对应。根据样本回归函数，可观察到的 Y_i 表示为

$$Y_i = \hat{Y}_i + e_i \tag{2-6}$$

根据总体回归函数，可观察到的 Y_i 表示为

$$Y_i = E(Y \mid X_i) + u_i \tag{2-7}$$

从图 2-4 中可以明显看到，在 X_1 这点上，$\hat{Y}_1$ 低估了真实均值 $E(Y \mid X_1)$。同样的原因，对图中点 A 右侧的任意 Y 值，SRF 高估了真实的 PRF。但是，读者很容易发现：由于抽样的差异性，高估或低估是不可避免的。

现在的一个重要问题是：既然 SRF 仅仅是 PRF 的近似，那么，能否找到一种方法使这种近似尽可能接近真实值呢？换句话说，由于很难获得整个总体的数据，那么如何建立 SRF，使得 b_1、b_2 尽可能接近 B_1、B_2 呢？在 2.8 节中将会看到，的确可以找到一个"最适合"的 SRF，从而尽可能忠实地反映 PRF。即便实际上无法确定真实的 PRF，能够做到这样也是很吸引人的。

2.6 "线性"回归的特殊含义

本书主要关注形如式(2-1)的线性模型。因此，弄清楚线性的确切含义是非常必要的。对"线性"这一概念有两种不同的解释。

2.6.1 变量线性

线性的第一种，也是最"本质"的含义是，应变量的条件均值是自变量的线性函数。例如式(2-1)或式(2-2)以及相应的样本形式式(2-3)或式(2-4)。[4]按照这种解释，下面的函数不是线性的：

$$E(Y) = B_1 + B_2 X_i^2 \tag{2-8}$$

$$E(Y) = B_1 + B_2 \frac{1}{X_i} \tag{2-9}$$

因为在式(2-8)中 X 以平方形式出现，而在式(2-9)中 X 以倒数形式出现。对于解释变量线性的回归模型，解释变量的单位变动引起的应变量的变化率为一常数，也就是说，斜率保持不变。但对于解释变量非线性的回归模型，斜率是变化的。参见图 2-5。

图 2-5 表明，对于回归方程式(2-1)，无论 X 值如何变化，斜率 B_2，即 $E(Y)$ 的变化率保持不变。但对于回归方程式(2-8)，Y 均值的变化率随回归线上的不同点而变化，实际上，它是一条曲线。[5]

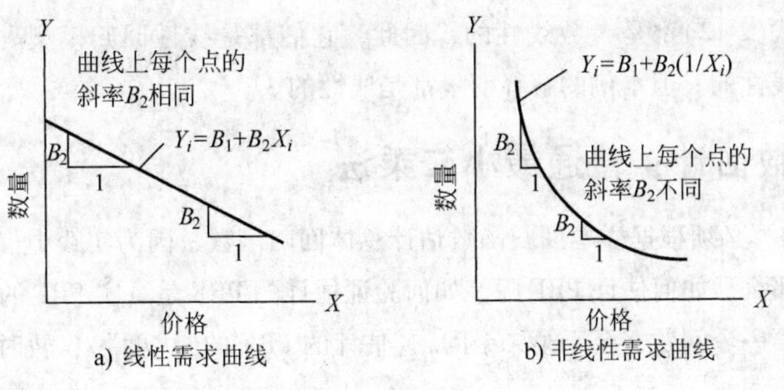

图 2-5

4　函数 $Y=f(X)$ 称为 X 线性的，如果：①X 仅以一次方的形式出现，即不出现 X^2、$\sqrt{X}$ 等形式；②不出现 X 乘以或除以其他变量的形式(例如，$X \cdot Z$，X/Z，Z 是另一个变量)。

5　根据微积分知识，线性模型的斜率，即 Y 对 X 的导数是一个常数 B_2，但在非线性模型(2-8)中，斜率等于 $-B_2(1/X_i^2)$，显然斜率与 X 有关，不是一个常数。

2.6.2 参数线性

线性的第二种解释是，应变量的条件均值是参数 B 的线性函数，而变量之间并不一定是线性的。与变量线性函数类似，如果参数 B_2 仅以一次方的形式出现，则称函数为参数线性的。按照这个定义，模型(2-8)和式(2-9)都是线性模型，因为 B_1、B_2 以线性形式进入模型，变量 X 以非线性进入模型则无关紧要。但下面的模型是参数非线性的，因为 B_2 以平方形式出现：

$$E(Y) = B_1 + B_2^2 X_i \tag{2-10}$$

本书主要关注参数线性模型。因此，从现在起，**线性回归**(linear regression)是指参数线性的回归(即参数仅以一次方的形式出现在模型中)，而解释变量并不一定是线性的。[6]

2.7 从双变量回归到多元线性回归

到目前为止，我们仅考虑了**双变量回归模型**(two-variable regression)，或称简单回归模型。即应变量仅是一个解释变量的函数。通过双变量模型介绍了回归分析的基本思想。很容易将回归的概念推广到应变量是多个解释变量函数的情形。例如，如果数学 S. A. T 分数是收入(X_2)、选修数学的课程数(X_3)和年龄(X_4)的函数，扩展的数学 S. A. T 分数的函数如下：

$$E(Y) = B_1 + B_2X_{2i} + B_3X_{3i} + B_4X_{4i} \tag{2-11}$$

注：$E(Y) = E(Y \mid X_{2i}, X_{3i}, X_{4i})$

式(2-11)就是**多元线性回归**(multiple linear regression)的一个例子。回归方程中包含了不止一个的自变量或解释变量。模型(2-11)表明：数学 S. A. T 分数的(条件)均值是收入、选修数学的课程数、年龄的线性函数。个体学生分数的函数(即随机 PRF)表示为

$$\begin{aligned} Y_i &= B_1 + B_2X_{2i} + B_3X_{3i} + B_4X_{4i} + u_i \\ &= E(Y) + u_i \end{aligned} \tag{2-12}$$

由于随机误差项 u 的存在，个人数学分数不同于组均值。即使在多元回归分析中，也需引入误差项，因为不能把所有影响因素都纳入模型。

式(2-11)和式(2-12)都是参数线性的，因此，它们都是线性回归模型。而进入模型的解释变量不需要是线性的。但本例的解释变量都是线性的。

2.8 参数估计：普通最小二乘法

2.5 节曾指出，必须根据样本回归函数估计总体回归函数，因为实践中仅有来自某个总体的一两个样本。那么，如何估计 PRF 呢？如何验证估计的 PRF 是真实 PRF 的一个“好”的估计值呢？本章回答第一个问题，至于第二个问题(估计的 PRF 的“优度”)，暂时放一放，留在下一章解答。

为了介绍 PRF 估计的基本思想，考虑最简单的线性回归模型，即双变量线性回归模型(即应变量 Y 与单个解释变量 X 之间的关系)。第 4 章将把分析扩展到多元回归模型，即研究应变

---

6 这并不意味着无法估计或不能使用形如式(2-10)的(参数)非线性模型。在高等经济计量课程中深入讨论了这类模型。

量与多个解释变量之间的关系。

普通最小二乘法

虽然有若干不同的方法可获得SRF(即真实PRF的估计量)，但在回归分析中，使用最广泛的方法是**最小二乘法**，一般称为**普通最小二乘法**(method of ordinary least squares，OLS)。[7]我们将交替使用术语“最小二乘法”与“普通最小二乘法”。在介绍这种方法之前，首先解释**最小二乘原理**(least squares principle)。

最小二乘原理　回顾双变量PRF式(2-2)：

$$Y_i = B_1 + B_2 X_i + u_i$$

由于不能直接观察PRF(为什么?)，所以用下面的SRF来估计它：

$$Y_i = b_1 + b_2 X_i + e_i$$

因而，

$$\begin{aligned} e_i &= \text{实际的 } Y_i - \text{估计的 } Y_i \\ &= Y_i - \hat{Y}_i \\ &= Y_i - b_1 - b_2 X_i \quad [\text{利用式(2-3)}] \end{aligned}$$

上式表明：残差是Y的真实值与估计值之差，而后者可以根据式(2-3)得到。参见图2-4。

估计PRF最好的方法是，选择B_1、B_2的估计量b_1、b_2，使得残差e_i尽可能小。普通最小二乘法就是要选择参数b_1、b_2，使得**残差平方和**(residual sum of squares，RSS)$\sum e_i^2$最小。[8]

用数学公式表示为

$$\begin{aligned} \text{Min} \sum e_i^2 &= \sum (Y_i - \hat{Y})^2 \\ &= \sum (Y_i - b_1 - b_2 X_i)^2 \end{aligned} \tag{2-13}$$

从式(2-13)可以看出，一旦给出Y和X的样本值，RSS就是估计量b_1、b_2的函数。选择不同的b_1、b_2，就能够得到不同的残差e，进而得到不同的RSS值。旋转图2-4中的SRF，每次旋转，得到一个不同的截距b_1和一个不同的斜率b_2。所要选择的是使RSS最小的估计值。

如何确定这些值呢？这仅仅是一个数学问题，需要用到微分知识。这里不再详细讨论，可以证明，通过求解下面的两个联立方程得到使式(2-13)中RSS最小化的b_1、b_2值(详细证明见本章最后的附录2A)。

$$\sum Y_i = n b_1 + b_2 \sum X_i \tag{2-14}$$

$$\sum Y_i X_i = b_1 \sum X_i + b_2 \sum X_i^2 \tag{2-15}$$

其中，n为样本容量，这些联立方程称为(最小二乘的)**正规方程**(normal equation)。

在式(2-14)和式(2-15)中，参数b是未知的，变量Y和X的和、平方和、交叉乘积和是已知的。求解联立方程(运用代数运算)，求得b_1、b_2。

7　除了名称之外，这种方法并不普通。随后将会看到，普通最小二乘法具有良好的统计性质。之所以称为普通最小二乘法，是因为还有一种方法称为广义最小二乘法，普通最小二乘法只是它的一个特例。

8　e_i越小，$\sum e_i^2$就越小。之所以考虑$\sum e_i^2$而不是e_i，主要是为了避免残差的符号问题，因为e_i可能为负，也可能为正。

$$b_1 = \overline{Y} - b_2\overline{X} \tag{2-16}$$

它是总体截距 B_1 的估计量。样本截距就是 Y 的样本均值减去估计的斜率系数乘以 X 的样本均值。

$$b_2 = \frac{\sum x_i y_i}{\sum x_i^2} = \frac{\sum (X_i - \overline{X})(Y_i - \overline{Y})}{\sum (X_i - \overline{X})^2} = \frac{\sum X_i Y_i - n\overline{X}\,\overline{Y}}{\sum X_i^2 - n\overline{X}^2} \tag{2-17}$$

它是总体斜率 B_2 的估计量。注意：

$$x_i = (X_i - \overline{X}),\quad y_i = (Y_i - \overline{Y})$$

即小写字母代表了变量与其均值的离差。从 b_2 的计算公式可以看出，用估计量的离差形式更简便。变量的离差形式并不改变原有的排列顺序，因为这里减去了相同的值。此时的 b_1、b_2 表示成了可以通过样本值计算得到的表达式。当然，所有这些计算都可以通过计算机实现。

式(2-16)和式(2-17)给出的估计量称为 **OLS 估计量**(OLS estimators)，因为它们是通过 OLS 法得到的。

在继续下面的内容之前，首先给出普通最小二乘估计量的一些重要性质。

(1)用 OLS 法得出的样本回归线经过样本均值点，即

$$\overline{Y} = b_1 + b_2\overline{X} \tag{2-18}$$

(2)残差的均值 $\bar{e}(\sum e_i/n)$ 总为 0。可以利用这条性质检验计算是否准确(见表 2-4)。

(3)对残差与解释变量的积求和，其值为零；即这两个变量不相关(参见附录 B 相关的定义)。

$$\sum e_i X_i = 0 \tag{2-19}$$

这个性质也可用来检查最小二乘法计算结果。

(4)对残差与 $\hat{Y}_i$(估计的 Y_i)的积求和，其值为 0；即 $\sum e_i\hat{Y}_i$ 为 0(见习题 2.25)。

2.9 综合

利用表 2-2 中的样本数据计算 b_1 和 b_2 的值。表 2-4 给出了必要的计算结果。别忘了，表 2-2 的数据是来自总体(表 2-1)的一个随机样本。

表 2-4 数学 S. A. T 分数一例的原始数据(来自表 2-2)

Y_i	X_i	$\sum Y_iX_i$	X_i^2	x_i	y_i	x_i^2	y_i^2	$\sum y_ix_i$	$\hat{Y}_i$	e_i	e_i^2	$\sum e_ix_i$
410	5 000	2 050 000	25 000 000	-51 000	-97	2 601 000 000	9 409	4 947 000	439.073	-29.073 3	845.255	1 482 737.069
420	15 000	6 300 000	225 000 000	-41 000	-87	168 000 000	7 569	3 567 000	452.392	-32.392 2	1 049.257	1 328 081.897
440	25 000	11 000 000	625 000 000	-31 000	-67	961 000 000	4 489	2 077 000	465.711	-25.711 2	661.066	797 047.4138
490	35 000	17 150 000	1 225 000 000	-21 000	-17	441 000 000	289	357 000	479.030	10.969 8	120.337	-230 366.379 3
530	45 000	23 850 000	2 025 000 000	-11 000	23	121 000 000	529	-253 000	492.349	37.650 9	1 417.587	-414 159.482 8
530	55 000	29 150 000	3 025 000 000	-1 000	23	1 000 000	529	-23 000	550.668	24.331 9	592.041 2	-24 331.896 55
550	65 000	35 750 000	4 225 000 000	9 000	43	81 000 000	1 849	387 000	518.987	31.012 9	961.801 9	279 116.379 3
540	75 000	40 500 000	5 625 000 000	19 000	33	361 000 000	1 089	627 000	532.306	7.693 97	59.197 1	146 185.344 8
570	90 000	51 300 000	8 100 000 000	34 000	63	1 156 000 000	3 969	2 142 000	552.284	17.715 5	313.839 6	602 327.586 2
590	150 000	88 500 000	22 500 000 000	94 000	83	8 836 000 000	6 889	7 802 000	632.198	-42.198 2	1 780.694	-3 966 637.931
5 070	560 000	305 550 000	47 600 000 000	0	0	1 6240 000 000	36 610	21 630 000	5 070	0	7 801.077 6	0

注：$x_i = (X_i - \overline{X})$；$y_i = (Y_i - \overline{Y})$；$\overline{X} = 56\ 000$；$\overline{Y} = 507$.

根据表 2-4 的计算，得到数学 S. A. T 分数回归结果如下：

$$\hat{Y}_i = 432.4138 + 0.0013X_i \tag{2-20}$$

其中，Y 表示数学 S. A. T 分数，X 表示家庭年收入。在 Y 上加了一个“∧”，表示给定 X 水平下真实总体均值的估计量。图 2-6 给出了估计的回归线。

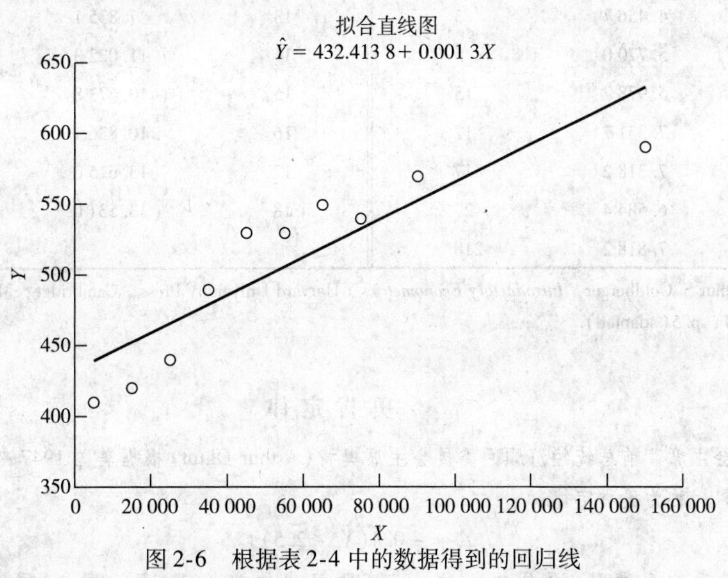

图 2-6　根据表 2-4 中的数据得到的回归线

对数学 S. A. T 分数回归结果的解释

对数学 S. A. T 分数的估计结果解释如下：斜率系数 0.001 3 表示在其他条件保持不变的情况下，家庭年收入每增加 1 美元，数学 S. A. T 分数平均提高 0.001 3 分。截距 432.413 8 表示，当家庭年收入为 0 时，数学平均分大约为 432.413 8。这样的解释没有什么经济意义。例如，我们没有家庭年收入为 0 时的数据。通览本书，你会发现，截距通常没有什么经济意义，因为很多时候，样本取值并不包括 0（例如，本例中的家庭年收入）。对截距最好的解释是，它代表了回归模型中所有省略变量对 Y 的平均影响。

2.10　一些例子

以上讨论了 OLS 法，以及如何估计 PRF。下面列举几个回归分析的例子。

受教育年限与平均小时工资

根据由 528 个观察值组成的样本，表 2-5 给出了平均小时工资（Y）和受教育年限的数据（X）。

现求 Y 如何随 X 发生变化。根据劳动经济学中的人力资本理论，预期平均工资随受教育年限的增加而增加，即两个变量之间正相关。

根据表 2-5 中的数据得到如下回归结果：

$$\hat{Y}_i = -0.0144 + 0.7241X_i \tag{2-21}$$

结果表明：与先验预期一致，教育和收入之间存在正向关系。受教育年限每增加一年，平均小时工资增

加 72 美分。[9] 负的截距没有特殊的经济含义。■

表 2-5 不同教育水平下的平均小时工资

受教育年限	平均小时工资(美元)	人数	受教育年限	平均小时工资(美元)	人数
6	4.456 7	3	13	7.835 1	37
7	5.770 0	5	14	11.022 3	56
8	5.978 7	15	15	10.673 8	13
9	7.331 7	12	16	10.836 1	70
10	7.318 2	17	17	13.615 0	24
11	6.584 4	27	18	13.531 0	31
12	7.818 2	218			

资料来源：Arthur S. Goldberger, *Introductory Econometrics*, Harvard University Press, Cambridge, Mass., 1998, Table 1.1, p. 5(adapted).

例 2-2
Example

奥肯定律

布鲁金斯学会主席、前总统经济顾问委员会主席奥肯(Arthur Okun)根据美国 1947 ~ 1960 年的数据，得到如下回归结果，称为奥肯定律：

$$Y_t = -0.4(X_t - 2.5) \tag{2-22}$$

其中，Y_t——失业率的变动率(百分数)；X_t——实际产出的增长率(百分数)，用实际 GDP 度量；2.5——美国长期产出增长率。

在这个回归方程中，截距为 0，斜率为 -0.4。奥肯定律表明，实际 GDP 增长每超过 2.5%，失业率将降低 0.4 个百分点。

奥肯定律用来预测为了使失业率减少到某个目标水平，实际 GDP 增长率应该达到多少。因而，如果实际 GDP 的增长率为 5%，则使失业率减少 1 个百分点，或者如果要使增长率达到 7.5%，则需减少失业率 2 个百分点。习题 2.17 给出了最近的相关数据，这些数据是否仍然支持奥肯定律？■

通过这个例子，我们可以了解回归结果是如何用于政策分析的。

例 2-3
Example

股票价格与利率

股票价格和利率是重要的经济指标。股票市场上的投资者——个人或机构，非常注意观察利率的变动。由于利率代表了借款成本，因此对投资有很大的影响，进而影响到公司的利润。宏观经济理论表明，股票价格和利率之间存在反向关系。

利用 S&P 500 综合指数(1941 ~ 1943 年 = 10)度量股票价格，3 月期国债利率(%)度量利率。表 2-6 给出了 1980 ~ 2007 年这些变量的数据(参见网上教材)。

从散点图 2-7 中可以看出，与理论一致，两个变量之间存在反向变动关系。但是两个变量之间的关

9 由于表 2.5 中的数据表示的是不同分类下小时工资的平均值，因此，对斜率严格的解释是，平均小时工资的平均变化。

系不是线性的(即不是直线)，而与图 2-5b 更接近。因此，假设实际关系如下：

$$Y_t = B_1 + B_2(1/X_i) + u_i \tag{2-23}$$

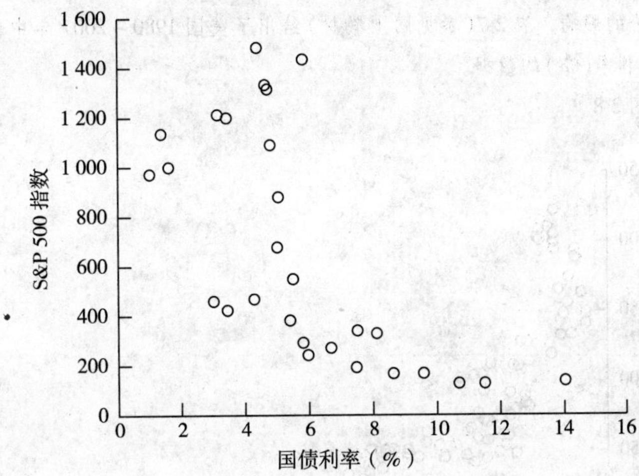

图 2-7 S&P 500 综合指数与 3 月期国债利率

方程(2-23)是一个线性回归模型，因为参数是线性的，但变量是非线性的。如果令 $Z=1/X$，则模型既是参数线性的，又是变量线性的。

利用 EViews 统计软件，得到 OLS 回归结果如下：

$$\hat{Y}_t = 404.4067 + 996.866(1/X_t) \tag{2-24}$$

如何解释回归结果呢？负的截距值没有实际的经济意义。(1/X) 系数的解释也是一个难题。按照字面上的意思，斜率系数表明如果 3 月期国债利率的倒数上升一个单位，则 S&P 500 指数的平均值将上升 967 个单位。然而这不是一个清楚的解释。如果要度量 Y 对 X 的变化率(即 Y 对 X 的导数)，则根据脚注 5，求得变化率为 $-B_2(1/X_i^2)$，与 X 取值有关。假定 $X=2$，估计的 B_2 为 996.866，在 X 这个水平上的变化率是 −249.22(近似值)。即假定初始的国债利率为 2%，如果国债利率上升 1 个百分点，则 S&P 500 指数平均降低 249 个单位。当然，国债利率从 2% 提高到 3% 是一个相当大的变化。

有意思的是，如果不考虑图 2-5，根据表 2-13 中的数据简单拟合一条回归直线，则得到如下回归结果：

$$\hat{Y}_t = 1229.3414 - 99.4014X_t \tag{2-25}$$

这里的截距表示如果国债利率为 0，则 S&P 500 指数平均值约为 1 229。截距可能没有什么具体的经济意义。斜率系数表明，如果国债利率提高 1 个单位，则 S&P 500 指数将降低约 99 个单位。■

回归模型(2-24)和(2-25)引发了实证分析中的一个重要问题。哪一个模型更好呢？如何进行判断？在模型抉择中使用哪些检验呢？在后面的章节中将逐一回答这些问题(见第 5 章)。现在需要思考的一个问题是：模型(2-24)的斜率符号为正，而模型(2-25)的斜率符号为负。这两个结果矛盾吗？

例 2-4
Example

美国中等房价与贷款利率(1980 ~ 2007 年)

在过去的几年里，美国房价出现了明显的波动。造成波动的原因被认为是贷款利率的急剧下滑。为了研究贷款利率对房价的影响，表 2-7(参见网上教材)给出了美国 1980 ~ 2007 年中值房价(1 000 美元)和 30 年固定抵押贷款利率(%)的数据。

数据的散点图见图 2-8。

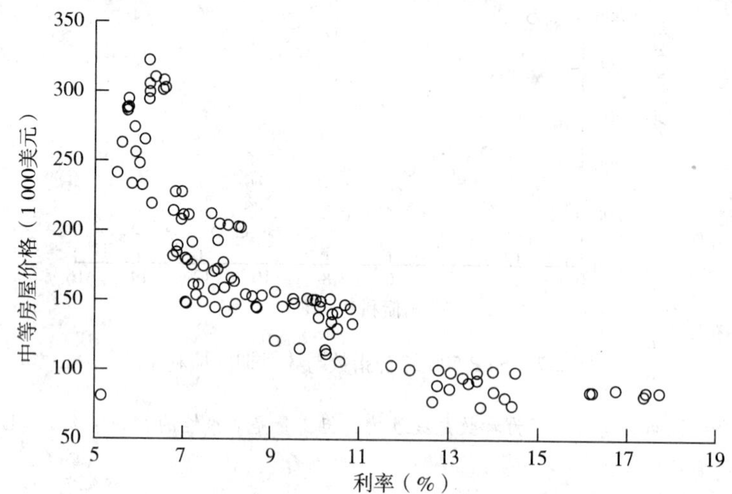

图 2-8 中等房价与贷款利率(1980 ~ 2007 年)

作为一次近似，我们拟合一条直线回归，则得到如下结果：

$$\hat{Y}_t = 329.0041 - 17.3694X_t \tag{2-26}$$

其中，Y——中等房价(1 000 美元)；X——30 年固定贷款利率(%)。

回归结果表明，如果贷款利率提高 1 个百分点，则中等房价平均降低 17.4 个单位或 17 400 美元(Y 的单位是 1 000 美元)。截距系数 329 从字面上解释是，当贷款利率为 0 时，平均中等房价为 329 000 美元，截距的解释听起来有些离谱。■

看来降低利率的确对房价有显著的影响。问题是：如果考虑到中等家庭收入水平的影响，这个结论还成立吗？

例 2-5
Example

古董钟与拍卖价格

德国 Triberg 钟表公司每年都举行钟表拍卖会。习题 2.19 中的表 2-14 给出了 32 个钟表的信息数据(钟表的年代、投标人的个数、中标的价格)。这是 20 年前的一场拍卖会。

如果认为中标价格与钟表的年代有关——钟表越古老，价格越高，则在其他条件不变的情况下，预期两个变量正相关。类似地，如果认为投标人越多，拍卖价格越高(因为投标人越多，表明钟表越稀有)，则预期两个变量正相关。

利用表 2-14 的数据，得到 OLS 回归结果如下：

$$\text{Price} = -191.6662 + 10.4856\ \text{Age} \tag{2-27}$$

$$\text{Price} = 807.9501 + 54.5724\ \text{Bidders} \tag{2-28}$$

回归结果表明，拍卖价格与钟表的年代正相关，也与投标人数正相关。■

第 4 章将给出钟表价格对钟表年代以及投标人数的多元回归结果。

利用上述各例提供的数据，根据 OLS 式(2-16)和式(2-17)就能够计算出回归结果。当然，手工计算将会非常烦琐，而且很耗费时间。幸运的是，多种统计软件都能迅速地估计出回归模型。本书主要使用了 EViews 和 MINITAB 统计软件估计回归模型，这两个软件易于理解，也便于使用(Excel 也能够进行简单回归和多元回归)。我们将给出这些软件的输出结果。还有其他的软件也能进行各种回归，例如 LIMDEP、MICROFIT、PC-GIVE、RATS、SAS、SHAZAM、SPSS 和 STATA。

2.11　小结

本章介绍了回归分析的基本思想。首先介绍了总体回归函数(PRF)的概念，并讨论了线性总体回归函数，这也是本书关注的主要内容。线性回归指的是参数线性，而不考虑变量是否线性。我们还介绍了随机总体回归函数，并详细讨论了随机误差项 u 的一些性质及作用。当然，总体回归函数只是理论，或者说是理想化的概念，因为实践中仅仅可能从某个总体中获得一个或若干样本。这也正是讨论样本回归函数(SRF)的意义所在。

本章还讨论了如何获得样本回归函数，介绍了最常用的普通最小二乘法，并给出了估计总体回归函数参数的相应计算公式。我们用一个数值例子及若干具体实例说明了普通最小二乘法。

下一步工作是如何判定利用 OLS 法得到的样本回归函数的优度，这是第 3 章所要讨论的内容。

关键术语和概念

本章介绍的关键术语和概念有：

回归分析

　a)被解释变量或应变量

　b)解释变量或自变量

散点图

总体回归线(PRL)

　条件均值或条件期望值

总体回归函数(PRF)

回归系数；参数

　a)截距

　b)斜率

条件回归分析

随机误差项；误差项

　a)噪声

　b)随机或统计 PRF

　c)确定或非随机 PRF

样本回归线(SRL)

样本回归函数(SRF)

估计量；样本统计量

估计值

残差项 e；残差

变量线性

参数线性

　线性回归

双变量或简单回归与多元线性回归
参数的估计值
a)普通最小二乘法(OLS)
b)最小二乘原理
c)残差平方和(RSS)
d)正规方程
e)OLS 估计量

问 题

2.1 解释概念

a. 总体回归函数(PRF)

b. 样本回归函数(SRF)

c. 随机总体回归函数

d. 线性回归模型

e. 随机误差项(u_i)

f. 残差项(e_i)

g. 条件期望

h. 非条件期望

i. 回归系数或回归参数

j. 回归系数的估计量

2.2 随机总体回归函数与随机样本回归函数有何区别?

2.3 讨论:“既然不能观察到总体回归函数,为什么还要研究它呢?”

2.4 判断正误并说明理由。

a. 随机误差项 u_i 与残差项 e_i 是一回事。

b. 总体回归函数给出了与自变量每个取值相对应的应变量的值。

c. 线性回归模型意味着模型变量是线性的。

d. 在线性回归模型中,解释变量是因,应变量是果。

e. 随机变量的条件均值与非条件均值是一回事。

f. 式(2-2)中的回归系数 B 是随机变量,但式(2-4)中的回归系数 b 是参数。

g. 式(2-1)中的斜率 B_2 度量了 X 的单位变动引起的 Y 的倾斜度。

h. 实践中双变量回归模型没有什么用,因为应变量的变化不可能仅由一个解释变量来解释。

2.5 下面两者之间有什么关系?

a. B_1 和 b_1　　b. B_2 和 b_2　　c. u_i 和 e_i

上述哪些量可以观察得到?如何观察得到?

2.6 能否把式(2-22)改写成 X 对 Y 的函数?如何解释变换后的方程?

2.7 下表列出了若干对自变量与应变量。对每一对变量,它们之间的关系如何?是正的?负的?还是无法确定?也就是说,其斜率是正还是负,或都不是?说明理由。

应变量	自变量	应变量	自变量
(a)GDP	利率	(f)总统声誉	任职时间
(b)个人储蓄	利率	(g)学生第一年 GPA 分数	S. A. T 分数
(c)小麦产出	降雨量	(h)学生经济计量学成绩	统计学成绩
(d)美国国防开支	苏联国防开支	(i)日本汽车的进口量	美国人均国民收入
(e)棒球明星本垒打的次数	年薪		

习 题

2.8 判别下列模型是否为线性回归模型：

a. $Y_i = B_1 + B_2(1/X_i)$ b. $Y_i = B_1 + B_2 \ln X_i + u_i$ c. $\ln Y_i = B_1 + B_2 X_i + u_i$

d. $\ln Y_i = B_1 + B_2 \ln X_i + u_i$ e. $Y_i = B_1 + B_2 B_3 X_i + u_i$ f. $Y_i = B_1 + B_2^3 X_i + u_i$

注：自然对数表示以 e 为底的常用对数(详细讨论见第 4 章)。

2.9 表 2-8 给出了每周家庭的消费支出 Y(美元)与每周家庭收入 X(美元)的数据。

表 2-8 每周消费支出与每周收入的假想数据

每周收入(美元)(X)	每周消费支出(美元)(Y)	每周收入(美元)(X)	每周消费支出(美元)(Y)
80	55, 60, 65, 70, 75	180	110, 115, 120, 130, 135, 140
100	65, 70, 74, 80, 85, 88	200	120, 136, 140, 144, 145
120	79, 84, 90, 94, 98	220	135, 137, 140, 152, 157, 160, 162
140	80, 93, 95, 103, 108, 113, 115	240	137, 145, 155, 165, 175, 189
160	102, 107, 110, 116, 118, 125	260	150, 152, 175, 178, 180, 185, 191

a. 对每一收入水平，计算平均的消费支出 $E(Y \mid X_i)$，即条件期望值。

b. 以收入为横轴，消费支出为纵轴作散点图。

c. 在该散点图上，做出(a)中的条件均值点。

d. 你认为 X 与 Y 之间，X 与 Y 的均值之间的关系如何？

e. 写出总体回归函数及样本回归函数。

f. 总体回归函数是线性的还是非线性的？

2.10 根据上题中给出的数据，对每个 X，随机抽取一个 Y，结果如下：

Y	70	65	90	95	110	115	120	140	155	150
X	80	100	120	140	160	180	200	220	240	260

a. 以 Y 为纵轴，X 为横轴作图。

b. Y 与 X 之间是怎样的关系？

c. 求样本回归函数？按照表 2-4 的形式写出计算步骤。

d. 在同一个图中，做出 SRF 和 PRF。

e. SRF 与 PRF 相同吗？为什么？

2.11 假定有如下的回归结果：

$$\hat{Y}_t = 2.6911 - 0.4795 X_t$$

其中，Y 是美国的咖啡消费量(每天每人消费的杯数)，X 是咖啡的零售价格(美元/磅)，t 是时间。

a. 这是一个时间序列回归还是截面序列回归？

b. 画出回归线。

c. 如何解释截距？它有经济含义吗？

d. 如何解释斜率？

e. 能否求出真实的总体回归函数？

f. 需求的价格弹性定义为：价格每变动百分之一引起的需求量变动的百分比，用数学形式表示为：

$$弹性 = 斜率 \times \left(\frac{X}{Y}\right)$$

即弹性等于斜率乘以 X 与 Y 比值的乘积，其中 X 表示价格，Y 表示需求量。根据上述回归结果，能否求出咖啡需求的价格弹性？如果不能，计算此弹性还需要其他什么信息？

2.12 表 2-9 给出了消费者价格指数(CPI)(1982~1984 年 =100)及标准普尔 500 指数(S&P)(基准指数：1941~1943 年 =10)。

表 2-9 美国 1978~1989 年消费者价格指数(CPI)和 S&P 500 指数

年 份	CPI	S&P	年 份	CPI	S&P
1978	65.2	96.02	1984	103.9	160.46
1979	72.6	103.01	1985	107.6	186.84
1980	82.4	118.78	1986	109.6	236.34
1981	90.9	128.05	1987	113.6	286.83
1982	96.5	119.71	1988	118.3	265.79
1983	99.6	160.41	1989	124.0	322.84

资料来源：*Economic Report of the President*, 1990, Table C-58, for CPI and Table C-93 for the S&P index.

a. 以 CPI 为横轴，S&P 500 指数为纵轴作图。

b. CPI 与 S&P 500 指数之间关系如何？

c. 考虑下面的回归模型：

$$(\text{S\&P})_t = B_1 + B_2\text{CPI}_t + u_t$$

根据表中的数据，运用普通最小二乘法估计上述方程并解释回归结果。

d. (c)中的回归结果有经济意义吗？

e. 你知道为什么 1988 年 S&P 500 指数下降了吗？

2.13 表 2-10 给出了 1988 年 9 个工业国家的名义利率(Y)与通货膨胀率(X)的数据。

表 2-10 1988 年 9 个工业国家的名义利率(Y)与通货膨胀率(X)

国 家	Y(%)	X(%)	国 家	Y(%)	X(%)
澳大利亚	11.9	7.7	墨西哥	66.3	51.7
加拿大	9.4	4.0	瑞典	2.2	2.0
法国	7.5	3.1	英国	10.3	6.8
德国	4.0	1.6	美国	7.6	4.4
意大利	11.3	4.8			

资料来源：Rudiger Dornbusch and Stanley Fischer, *Macroeconomics*, 5th ed., McGraw-Hill, New York, 1990, p. 652. The original data are from various issues of the *International Financial Statistics*, published by the International Monetary Fund(IMF).

a. 以利率为纵轴，通货膨胀率为横轴作图。

b. 用 OLS 法进行回归分析，写出求解步骤。

c. 如果实际利率不变，则名义利率与通胀率的关系如何？即在 Y 对 X 的回归中，斜率和截距如何？回归结果与预期一致吗？对名义利率与通胀率及实际利率之间关系的讨论可参见有关的宏观经济学教材，还可查阅以美国著名经济学家费舍尔(Irving Fisher)命名的费舍尔方程。

2.14　实际汇率(RE)定义为名义汇率(NE)与本国价格与外国价格之比的乘积。因而，美国对德国的实际汇率为：

$$\text{RE}_{\text{美国}} = \text{NE}_{\text{美国}}(\text{美国}_{\text{CPI}}/\text{德国}_{\text{CPI}})$$

a. 利用习题 1.7 中表 1-3 给出的数据，计算 $\text{RE}_{\text{美国}}$。

b. 利用你熟悉的回归分析软件，对下面的回归模型进行估计。

$$\text{NE}_{\text{美国}} = B_1 + B_2\text{RE}_{\text{美国}} + u \tag{1}$$

c. 先验地，你预期名义汇率与真实汇率的关系如何？你可以从有关国际贸易和宏观经济学教材中查阅购买力平价理论。

d. 回归的结果验证了你的先验预期吗？如果没有，可能的原因是什么呢？

*e. 估计如下形式的回归方程：

$$\ln \text{NE}_{\text{美国}} = A_1 + A_2\ln \text{RE}_{\text{美国}} + u \tag{2}$$

其中，ln 表示自然对数，即以 e 为底的常用对数。解释回归结果。式(1)的回归结果和式(2)的回归结果相同吗？

2.15　参考题 2.12。表 2-11 给出了美国 1990 ~ 2007 年 CPI 指数与 S&P 500 指数的数据。

表 2-11　美国 1990 ~ 2007 年 CPI 指数与 S&P 500 指数数据

年　份	CPI	S&P	年　份	CPI	S&P
1990	130.7	334.59	1999	166.6	1 327.33
1991	136.2	376.18	2000	172.2	1 427.22
1992	140.3	415.74	2001	177.1	1 194.18
1993	144.5	451.41	2002	179.9	993.94
1994	148.2	460.42	2003	184.0	965.23
1995	152.4	541.72	2004	188.9	1 130.65
1996	156.9	670.50	2005	195.3	1 207.23
1997	160.5	873.43	2006	201.6	1 310.46
1998	163.0	1 085.50	2007	207.3	1 477.19

资料来源：*Economic Report of the President*, 2008.

a. 重复习题 2.12(a)至(e)的各个问题。

b. 估计的回归模型有什么不同？

c. 现将两组数据联合起来，估计 S&P 500 指数对 CPI 的回归。

d. 三个回归模型存在显著差异吗？

2.16　表 2-12(参见网上教材)给出了美国 47 所知名商业学校 2007 ~ 2008 年基本年薪(ASP)、GPA 分数(从 1 到 4 共四个等级)、GMAT 分数、每年学费、毕业生就业率、入学评价得分(5.0 最高)，研究生申请接受率等数据。注：西北大学排名第 4，但是由于缺乏研究生申请接受率数据，因此在给出的数据中不包括该大学。

a. 用双变量回归模型分析 GPA 是否对 ASP 有影响？

b. 用合适的回归模型分析 GMAT 分数是否与 ASP 有关系？

c. 每年学费与 ASP 有关吗？你是如何知道的？如果两变量之间正相关，是否意味着到最贵的学校上学是值得的。

d. 入学等级与 ASP 有关吗？

2.17 表 2-13(参见网上教材)给出了美国 1960 ~ 2006 年实际 GDP(Y)与城市失业率(X)的数据。

a. 估计形如式(2-22)的奥肯定律。回归结果与式(2-22)类似吗？这是否表明奥肯定律广泛有效？

b. 做实际 GDP 变化率对城市失业率变化率的回归，并解释回归结果。

c. 如果失业率保持不变，预期实际 GDP 增长率是多少？如何解释这个增长率？

2.18 参考习题 2.3，数据见表 2-6(参见网上教材)。

a. 利用统计软件，验证式(2-24)和式(2-25)的回归结果。

b. 对于每个回归，求 Y 的估计值($\hat{Y}_i$)，并与样本实际 Y 值进行比较。求残差值 e_i，根据残差值能否说明模型(2-24)和模型(2-25)哪个更好？

2.19 参考习题 2.5。表 2-14 给出了基本数据。

a. 用钟表价格对钟表年代和投标人数作图。散点图表明线性回归模型(2-27)和式(2-28)是否适合？

b. 用投标人数对钟表年代作图是否有意义？散点图说明了什么？

表 2-14 拍卖数据(钟表价格、钟表年代和投标人数)

观察值	价格	年代	投标人数	观察值	价格	年代	投标人数
1	1 235	127	13	17	854	143	6
2	1 080	115	12	18	1 483	159	9
3	845	127	7	19	1 055	108	14
4	1 552	150	9	20	1 545	175	8
5	1 047	156	6	21	729	108	6
6	1 979	182	11	22	1 792	179	9
7	1 822	156	12	23	1 175	111	15
8	1 253	132	10	24	1 593	187	8
9	1 297	137	9	25	1 147	137	8
10	946	113	9	26	1 092	153	6
11	1 713	137	15	27	1 152	117	13
12	1 024	117	11	28	1 336	126	10
13	2 131	170	14	29	785	111	7
14	1 550	182	8	30	744	115	7
15	1 884	162	11	31	1 356	194	5
16	2 041	184	10	32	1 262	168	7

2.20 参考本章讨论的数学 S. A. T 分数一例。表 2-4 给出了计算 OLS 估计量必需的原始数据。观察 Y(实际值)和 $\hat{Y}$(估计值)，并作图。散点图说明了什么？如果认为拟合的模型(方程(2-20))是“好的”模型，散点图的形状应该是怎样的？下一章将讨论“好的”模型看起来是什么样子。

2. 21 表 2-15(参见网上教材)给出了 1972 ~ 2007 年男、女生 S. A. T 词汇和数学分数。

a. 假设想要根据男生的词汇分数(X)预测其数学分数(Y)，建立合适的线性回归模型并估计参数。

b. 解释回归结果。

c. 颠倒一下 Y 和 X 的角色，做词汇分数对数学分数的回归，解释回归结果。

d. 令 a_2 为数学对词汇分数回归中的斜率系数，b_2 为词汇对数学分数回归中的斜率系数。把这两个系数相乘，并与两个回归方程的 r^2 值进行比较。得出什么样的结论?

2. 22 表 2-16(参见网上教材)给出了不同国家 1960 ~ 1974 年间投资率(ipergdp)和储蓄率(spergdp)的数据，两个指标都是用其占 GDP 的比重来度量。[10]

(a)以投资率为纵轴，储蓄率为横轴作图。

(b)通过上图，观察出一条合适的曲线。

(c)估计下面的模型：

$$\text{ipergdp}_i = B_1 + B_2 \text{ spergdp}_i + u_i$$

(d)解释回归系数。

(e)从分析中你能得出什么结论?

注：保存好你的结果留在第 3 章进一步分析。

选 作 题

2. 23 证明：$\sum e_i = 0$，从而证明：$\bar{e} = 0$。

2. 24 证明：$\sum e_i x_i = 0$。

2. 25 证明：$\sum e_i \hat{Y}_i = 0$，即对残差 e_i 与 Y_i 估计值之积求和为零。

2. 26 证明：$\bar{Y} = \bar{\hat{Y}}$，即 Y 的实际均值与 Y 估计值的均值相同。

2. 27 证明：$\sum x_i y_i = \sum x_i Y_i = \sum X_i y_i$，其中，$x_i = (X_i - \bar{X})$，$y_i = (Y_i - \bar{Y})$。

2. 28 证明：$\sum x_i = \sum y_i = 0$，其中，$x_i = (X_i - \bar{X})$，$y_i = (Y_i - \bar{Y})$。

2. 29 利用数学 S. A. T 分数一例的数据验证习题 2. 22(保留舍入误差)。

附录 2A 最小二乘估计值的推导

从式(2-13)开始：

$$\sum e_i^2 = \sum (Y_i - b_1 - b_2 X_1)^2 \tag{2A-1}$$

利用偏微分，得：

$$\partial \sum e_i^2 / \partial b_1 = 2 \sum (Y_i - b_1 - b_2 X_i)(-1) \tag{2A-2}$$

$$\partial \sum e_i^2 / \partial b_2 = 2 \sum (Y_i - b_1 - b_2 X_i)(-X_i) \tag{2A-3}$$

10 Martin Feldstein and Charles Horoka, "Domestic Savings and International Capital Flows," *Economic Journal*, vol. 90, June 1980, pp. 314-329.

根据最优化的一阶条件，令上述两式为零，于是有：

$$\sum Y_i = nb_1 + b_2 \sum X_i \tag{2A-4}$$

$$\sum Y_i X_i = b_1 \sum X_i + b_2 \sum X_i^2 \tag{2A-5}$$

即为式(2-14)和式(2-15)。

联立求解这两个方程，即得式(2-16)和式(2-17)。

第3章

双变量模型：假设检验

第2章主要介绍了最小二乘法，根据表2-2给出的数学S. A. T分数样本数据，运用最小二乘法，得到下面的函数：

$$\hat{Y}_i = 432.4138 + 0.0013X_i$$

其中，Y表示数学S. A. T分数，X表示家庭年收入(美元)。

这是统计推断的估计阶段。现在转向统计推断的另一个阶段——假设检验。一个重要问题是：式(2-20)估计的回归直线“优度”如何？换句话说，怎样判别它确实是真实总体回归函数的一个好的估计量呢？如何仅仅根据表2-2给出的一个样本，确定估计的回归函数(即样本回归函数)确实是真实总体回归函数的一个好的近似呢？

我们无法明确回答这个问题，除非获知总体回归函数更多的信息。式(2-2)表明，Y_i依赖于X_i与u_i。假设X_i是给定的或是已知的——回顾第2章讨论的条件回归分析，即给定X下的回归分析。简言之，X被看做是非随机的。当然，随机误差项u是随机的。(为什么?)随机误差项u加上一个非随机项X生成了Y，因而Y也是随机变量。这意味着：只有假定了随机误差项的生成过程，才能判定SRF对PRF拟合得是好是坏。到目前为止，在普通最小二乘估计量的推导过程中，没有涉及u_i的生成过程，因为OLS估计量的推导与随机误差项的假定无关。但是，在根据SRF进行检验假设时，如果不对u_i的生成做一些特殊的假定，则无法进行假设检验。这正是讨论**古典线性回归模型**(classical linear regression model，CLRM)的原因所在。本章仍将沿用第2章介绍的双变量回归模型来解释其基本思想。第4章还将把这一思想推广到多元回归模型。

3.1 古典线性回归模型

古典线性回归模型假定如下：

假定3.1 回归模型是参数线性的，但不一定是变量线性的。回归模型形式如下：

$$Y_i = B_1 + B_2X_i + u_i$$

这个模型可以扩展到多个解释变量的情形(见第4章)。

假定 3.2 解释变量(X)与扰动误差项 u 不相关。但是，如果 X 是非随机的(即为固定值)，则该假定自动满足。即使 X 值是随机的，如果样本容量足够大，也不会对分析产生严重影响。[1]

这并不是一个新假定。在第 2 章中已经明确指出，回归分析是条件回归分析，即给定 X 下的回归分析。事实上，我们一直假定 X 是非随机的，这个假定主要是为了处理第 11 章联立方程回归模型中遇到的问题。

假定 3.3 给定 X_i，扰动项的期望或均值为零。即

$$E(u \mid X_i) = 0 \tag{3-1}$$

回顾第 2 章讨论的随机项 u_i 的性质，它代表了所有未纳入模型的影响因素。假定式(3-1)表明随机扰动项(其他影响因素)与 X_i(纳入模型的变量)不相关，因此，给定 X_i，随机扰动项的均值为零。[2]见图 3-1。

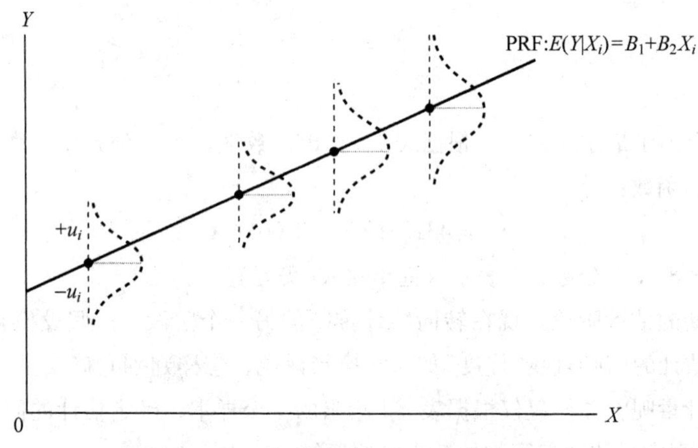

图 3-1 扰动项 u_i 的条件分布

假定 3.4 u_i 的方差为常数，或**同方差**(homoscedastic)。即

$$\operatorname{var}(u_i) = \sigma^2 \tag{3-2}$$

图 3-2a 给出了这一假定的几何图形。该假定表明，与给定 X 相对应的每个 Y 的条件分布具有同方差，即每个 Y 值以相同的方差分布在其均值周围。[3]如果不是这种情况，则称为**异方差**(heteroscedasticity 或者 unequal variance)，见图 3-2b。[4]图形表明，每个 Y 总体具有不同的方差。CLRM对方差的假定见图 3-2a。

假定 3.5 无自相关(no autocorrelation)假定，即两个误差项之间不相关。

1 详细讨论参阅：Gujarati and Porter，*Basic Econometrics*，5th ed.，McGraw-Hill，New York，2009。

2 假定 3.2 仅表明 X 与 u 不相关。假定 3.3 不仅表明 X 与 u 不相关，而且表明给定 X，u 的均值为零。

3 由于假定了 X 值是给定的或非随机的，Y 的变异仅来源于 u。因此，给定 X_i，Y_i 的方差与 u_i 的方差相同。简言之，Y_i 与 u_i 的条件方差相同，即 σ^2。但 Y_i 的非条件方差为 $E[Y_i - E(Y)]^2$(见附录 B)。随后将会看到，如果变量 X 对 Y 有影响，则 Y 的条件方差小于其非条件方差。顺便指出，Y 的样本非条件方差为 $\sum(Y_i - \bar{Y})^2/(n-1)$。

4 文献中对同方差和异方差的拼写有争议，是“homoscedasticity”还是“homoskedasticity”，是“heteroscedasticity”还是“heteroskedasticty”？两种写法都是可以的。

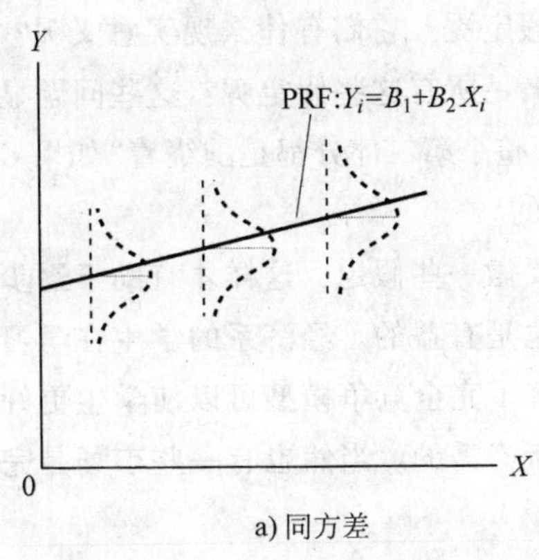

a) 同方差

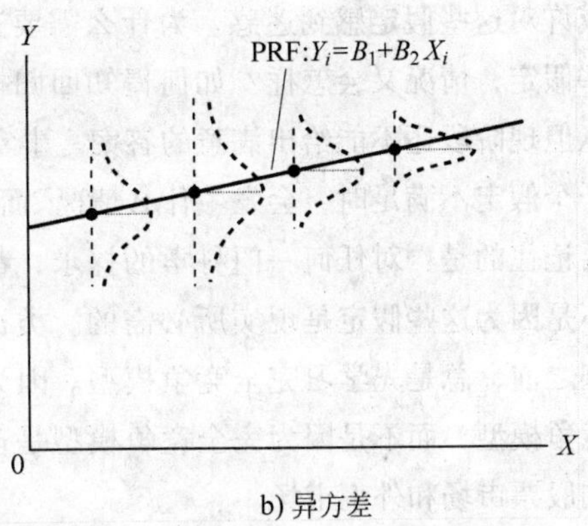

b) 异方差

图 3-2

$$\operatorname{cov}(u_i, u_j) = 0 \quad i \neq j \tag{3-3}$$

这里，cov 表示协方差(见附录 B)，i 和 j 表示任意两个误差项。(注：如果 $i=j$，则为 u 的方差，即式(3-2))。

图 3-3 给出自相关的几种图形。

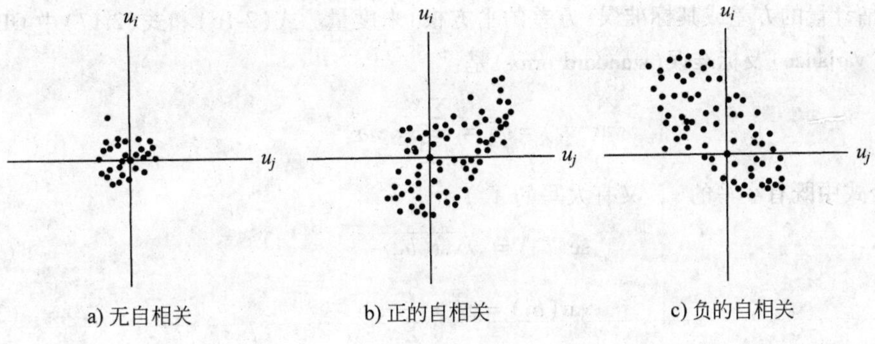

a) 无自相关　b) 正的自相关　c) 负的自相关

图 3-3　自相关图形

假定 3.5 表明：两个误差项之间没有系统关系。如果某个误差项 u 大于其均值，并不意味着另一个误差项也在均值之上(对正相关而言)；或者，如果某个误差项低于其均值，并不意味着另一个误差项在均值之上，反之亦然(对于负相关而言)。简言之，无自相关假定表明误差 u_i 是随机的。

由于假定任何两个误差项不相关，所以任何两个 Y 值也是不相关的，即 $\operatorname{cov}(Y_i, Y_j)=0$。由于 $Y_i = B_1 + B_2X_i + u_i$，则给定 B 值和 X 值，Y 随 u 的变化而变化。因此，如果 u 是不相关的，则 Y 也是不相关的。

假定 3.6　回归模型是正确设定的。换句话说，实证分析的模型不存在设定偏差或设定误差。

这一假定表明，模型中包括了所有影响变量。因此，如果在汽车需求模型中只包含了汽车价格和消费者收入，而没有考虑广告、融资成本和汽油价格等变量，就犯了模型设定错误。当然，对于“正确”模型的判定并非易事。第 7 章将给出一些判定准则。

你或许对这些假定感到迷惑。为什么需要这些假定呢？它们有什么现实意义呢？如果不满足这些假定，情况又会怎样？如何得知回归模型满足所有这些假定呢？这些问题显然是很重要的，但现阶段还不能给出满意的答案。事实上，整个第二部分都是围绕着"如果 CLRM 一个或若干个假定不满足时，会发生什么情况"而展开的。

需要记住的是：对任何一门科学的探求，都需要做一些假定，这样才有助于逐步明确问题，而不是因为这些假定是现实所必需的。类比法也是有益的。经济系的学生在学习不完全竞争模型之前，总是先学习完全竞争模型。因为了解了完全竞争模型可以使学生更好地理解不完全竞争模型，而不是因为完全竞争模型是现实所必需的。当然也有一些市场是完全竞争的，例如股票市场和外汇市场。

3.2 普通最小二乘估计量的方差与标准误

有了上述这些假定就能够估计出由式(2-16)和式(2-17)OLS 估计量的方差和标准误。附录 D 讨论了基本的估计理论，包括(点)估计量、抽样分布以及估计量的方差及标准误。由此可知，式(2-16)和式(2-17)给出的 OLS 估计量是随机变量，因为其值随样本的不同而变化。我们很自然地想了解这些估计量的抽样变异性，即它们是如何随样本变化而变化的。这种抽样变异性通常由估计量的方差或其标准误(方差的平方根)来度量。式(2-16)和式(2-17)中 OLS 估计量的**方差**(variance)及**标准误**(standard error)是：[5]

$$\operatorname{var}(b_1)=\sigma_{b_1}^2=\frac{\sum X_i^2}{n\sum x_i^2}\cdot\sigma^2 \tag{3-4}$$

(注：这个公式中既有小写的 x，又有大写的 X。)

$$\operatorname{se}(b_1)=\sqrt{\operatorname{var}(b_1)} \tag{3-5}$$

$$\operatorname{var}(b_2)=\sigma_{b_2}^2=\frac{\sigma^2}{\sum x_i^2} \tag{3-6}$$

$$\operatorname{se}(b_2)=\sqrt{\operatorname{var}(b_2)} \tag{3-7}$$

其中，var 表示方差，se 表示标准误，σ^2 是扰动项 u_i 的方差。根据同方差假定，每一个 u_i 具有相同的方差 σ^2。

一旦知道了 σ^2，就很容易计算等式右边的项，从而求得 OLS 估计量的方差和标准误。根据下式估计 σ^2：

$$\hat{\sigma}^2=\frac{\sum e_i^2}{n-2} \tag{3-8}$$

其中，$\hat{\sigma}^2$ 是 σ^2 的估计量(回顾一下，用符号∧表示一个估计量)，$\sum e_i^2$ 是**残差平方和**(residual sum of squares，RSS)，即 Y 的真实值与估计值差的平方和，$\sum(Y_i-\hat{Y}_i)^2$。

$(n-2)$称为自由度(参见附录 C)，可以简单地看做是独立观察值的个数。[6]

5 证明参见 Gujarati and Porter, *Basic Econometrics*, 5th ed., McGraw-Hill, New York, 2009, pp. 93-94.

6 只有计算出了 $\hat{Y}_i$，才能计算 e_i。但要计算 $\hat{Y}_i$，必须首先求得 b_1 和 b_2。在计算这两个未知参数时，失去了两个自由度。因此，虽然有 n 个观察值，但自由度仅为$(n-2)$。

一旦计算出 e_i，就很容易求得 $\sum e_i^2$，顺便指出，

$$\hat{\sigma} = \sqrt{\hat{\sigma}^2} \tag{3-9}$$

$\hat{\sigma}$($\hat{\sigma}^2$ 的正平方根)称为**回归标准误**(standard error of the regression，SER)，即 Y 值偏离估计回归线的标准差。[7]回归的标准误常用于度量估计回归线的**拟合优度**(goodness of fit)，3.6 节将详细讨论。$\hat{\sigma}$ 值越小，Y 的实际值越接近根据回归模型得到的估计值。

3.2.1 数学 S. A. T 一例的方差和标准误

利用上述公式，计算数学 S. A. T 一例的方差和标准误，计算结果见表 3-1。

表 3-1　数学 S. A. T 一例的计算结果

估计量	公式	答案	方程
$\hat{\sigma}^2$	$\sum\left(\frac{e_i^2}{n-2}\right)$	975.134 7	(3-10)
$\hat{\sigma}$	$\sqrt{\hat{\sigma}^2} = \sqrt{975.1347}$	31.227 1	(3-11)
$\operatorname{var}(b_1)$	$\left(\frac{\sum X_i^2}{n\sum x_i^2}\right)\sigma^2 = \frac{4.76\times10^{10}}{10(1.624\times10^{11})}(975.1347)$	285.815 3	(3-12)
$\operatorname{se}(b_1)$	$\sqrt{\operatorname{var}(b_1)} = \sqrt{285.8153}$	16.906 1	(3-13)
$\operatorname{var}(b_2)$	$\frac{\sigma^2}{\sum x_i^2} = \frac{975.1347}{1.624\times10^{11}}$	6.0045×10^{-9}	(3-14)
$\operatorname{se}(b_2)$	$\sqrt{\operatorname{var}(b_2)} = \sqrt{6.0045\times10^{-9}}$	0.000 077 5	(3-15)

注：计算的原始数据见表 2-4。方差 σ^2 用其估计量 $\hat{\sigma}^2$ 代替。

3.2.2 数学 S. A. T 一例小结

估计的数学 S. A. T 函数如下：

$$\begin{aligned} \hat{Y}_i &= 432.4138 + 0.0013X_i \\ \text{se} &= (16.9061)(0.000245) \end{aligned} \tag{3-16}$$

其中，括号内的数字表示估计的标准误。有时候，回归结果是以上面的形式给出(但更常见的输出形式见 3.8 节)，估计的参数及其标准误一目了然。例如，数学 S. A. T 一例估计的斜率(即家庭年收入变量的系数)为 0.001 3，其标准误为 0.000 245——度量了不同样本 b_2 的变异性。这一结果说明什么问题呢？比如，能否说明计算的 b_2 位于真实 B_2 的几个标准差范围内？如果可以，那么能在多大程度上说(即多大的概率)SRF(式(3-16))是真实 PRF 的一个好的估计值呢？这就是假设检验的内容。

但在讨论假设检验之前，需要了解更多的理论。既然 b_1 和 b_2 是随机变量，就必须求得它

7　注意回归标准误 $\hat{\sigma}$ 与 Y 的标准差之间的区别。后者度量了真实值与其均值的离差，即 $s_y = \sqrt{\frac{\sum(Y_i-\bar{Y})^2}{n-1}}$，而前者度量了真实值与其估计值($\hat{Y}_i$)的离差。

们的**抽样分布**(sampling distribution)或**概率分布**(probability distribution):附录C和附录D讨论了随机变量的概率密度。在3.4节将会看到,一旦确定了这两个估计量的抽样分布,那么假设检验就是举手之劳的事情了。首先需要回答的一个重要问题是:为什么要用OLS法?

3.3 为什么使用OLS? OLS估计量的性质

OLS法得到广泛使用,不仅因为它简单易行,还因为它具有很强的理论性质,可以概括为**高斯－马尔柯夫定理**(Gauss-Markov theorem)。

如果满足古典线性回归模型的基本假定,则在所有线性估计量中,OLS估计量具有最小方差性,即OLS估计是**最优线性无偏**估计量(BLUE)。

附录D详细讨论了BLUE的性质。简言之,OLS估计量具有如下性质:[8]

(1)b_1 和 b_2 是线性估计量,即它们是随机变量 Y 的线性函数。见式(2-16)和式(2-17)。

(2)b_1 和 b_2 是无偏估计量;即 $E(b_1)=B_1$,$E(b_2)=B_2$。因此,平均而言,b_1 和 b_2 与其真实值 B_1 和 B_2 一致。

(3)$E(\hat{\sigma}^2)=\sigma^2$;即误差方差的OLS估计量是无偏的。平均而言,误差方差的估计值收敛于其真实值。

(4)b_1 和 b_2 是有效估计量。即 $\mathrm{var}(b_1)$ 小于 B_1 的任意一个线性无偏估计量的方差,$\mathrm{var}(b_2)$ 小于 B_2 的任意一个线性无偏估计量的方差。因此,与其他能够得到真实参数无偏估计量的方法相比,OLS法更准确地估计了 B_1 和 B_2。

由此可见,OLS估计量具有许多理想的统计性质。正因为如此,在回归分析中,OLS才会得到广泛应用,当然,简单易行也是一个重要原因。

蒙特卡洛试验

OLS估计量理论上是无偏的,但在实际中又如何得知呢?可以通过如下的蒙特卡洛试验验证。

假定有如下信息:

$$
\begin{aligned}
Y_i &= B_1 + B_2 X_i + u_i \\
&= 1.5 + 2.0X_i + u_i
\end{aligned}
$$

其中,$u_i \sim N(0, 4)$。即已知真实的截距和斜率系数分别为1.5和2.0,随机误差服从均值为0,方差为4的正态分布。现假定 X 有10个给定值:1,2,3,4,5,6,7,8,9,10。

利用这些信息,可进行如下分析。利用统计软件,从 $N(0, 4)$ 正态分布中生成10个 u_i 值。根据给定的 B_1 和 B_2,以及10个 X 值和生成的10个 u_i 值,利用上面的方程可以得到10个 Y 值,记为试验或样本1。再根据正态分布表,生成另外10个 u_i 值,得到另外10个 Y 值,记为样本2。按此方式,得到21个样本。

对每个样本进行回归,得到 b_1、b_2 以及 $\hat{\sigma}^2$。因此,可得到21个不同的 b_1、b_2 和 $\hat{\sigma}^2$。试验结果见表3-2。

---

8 证明参见 Damondar N. Gujarati, *Basic Econometrics*, 5th ed., McGraw-Hill, New York, 2009, pp. 95-96.

表 3-2 蒙特卡洛试验：$Y_i = 1.5 + 2X_i + u_i$；$u \sim N(0, 4)$

b_1	b_2	$\hat{\sigma}^2$
2.247	1.840	2.7159
0.360	2.090	7.1663
−2.483	2.558	3.3306
0.220	2.180	2.0794
3.070	1.620	4.3932
2.570	1.830	7.1770
2.551	1.928	5.7552
0.060	2.070	3.6176
−2.170	2.537	3.4708
1.470	2.020	4.4479
2.540	1.970	2.1756
2.340	1.960	2.8291
0.775	2.050	1.5252
3.020	1.740	1.5104
0.810	1.940	4.7830
1.890	1.890	7.3658
2.760	1.820	1.8036
−0.136	2.130	1.8796
0.950	2.030	4.9908
2.960	1.840	4.5514
3.430	1.740	5.2258
$\bar{b}_1 = 1.4526$	$\bar{b}_2 = 1.9665$	$\bar{\hat{\sigma}}^2 = 4.4743$

根据表 3-2 的数据，计算出平均的 b_1、b_2 和 $\hat{\sigma}^2$ 分别为 1.4526、1.9665 和 4.4743，而相应的真实值分别为 1.5、2.0 和 4。

从这个试验可以得出什么结论呢？如果反复运用最小二乘法，则平均地看，估计值将等于（总体参数）真实值。即 OLS 估计量是无偏的。本例中，如果做更多次抽样试验（多于 21 次），则会得到更接近于真实值的估计值。

3.4 OLS 估计量的抽样分布或概率分布

了解了如何计算 OLS 估计量及其标准误，以及估计量的统计性质之后，接下来就需要求出这些估计量的抽样分布。如果不具备上述知识，就不能够进行假设检验。附录 C 讨论了估计量抽样分布的一般定义。

为了推导 OLS 估计量 b_1 和 b_2 的抽样分布，需要在 CLRM 基本假定上再增加一条假定。

假定 3.7 在总体回归函数 $Y_i = B_1 + B_2X_i + u_i$ 中，误差项 u_i 服从均值为 0，方差为 σ^2 的正态分布。即

$$u_i \sim N(0, \sigma^2) \tag{3-17}$$

这个假定的理论基础是什么呢？统计学中有一个非常著名的定理——**中心极限定理**（central limit theorem，CLT）（参见附录 C）。

中心极限定理

随着变量个数的无限增加，独立同分布随机变量的总和近似服从正态分布[9]。

回顾第 2 章讨论过的误差项 u_i 的性质。2.4 节曾指出，误差项代表了未纳入回归模型的其他所有因素的影响。因为在这些影响因素中，每种因素对 Y 的影响都很微弱。如果所有这些影响因素都是随机的，用 u 代表所有这些影响因素之和，那么根据中心极限定理，可以假定误差项服从正态分布。之前已经假定了 u_i 的均值为 0，方差为 σ^2（满足同方差性假定），因此得到式(3-17)。

但是，u 服从正态分布的假定如何帮助我们求得 b_1 和 b_2 的概率分布呢？这里，要用到附录 C 讨论的正态分布的另一条性质，即正态变量的线性函数仍服从正态分布。这是否意味着：如果证明了 b_1 和 b_2 是正态变量的线性函数，那么 b_1 和 b_2 就服从正态分布？答案是肯定的，可以证明这两个 OLS 估计量是 u_i 的线性函数(证明见习题 3.23)。[10]

正态分布随机变量有两个特征数，均值和方差。那么，b_1 和 b_2 的均值和方差是什么呢？

$$b_1 \sim N(B_1, \sigma^2_{b_1}) \tag{3-18}$$

$$b_2 \sim N(B_2, \sigma^2_{b_2}) \tag{3-19}$$

其中，b_1 和 b_2 的方差由式(3-4)和式(3-6)给出。

简言之，b_1 和 b_2 分别服从均值为 B_1 和 B_2、方差为式(3-4)和式(3-6)的正态分布。图 3-4 给出了这些估计量分布的几何图形。

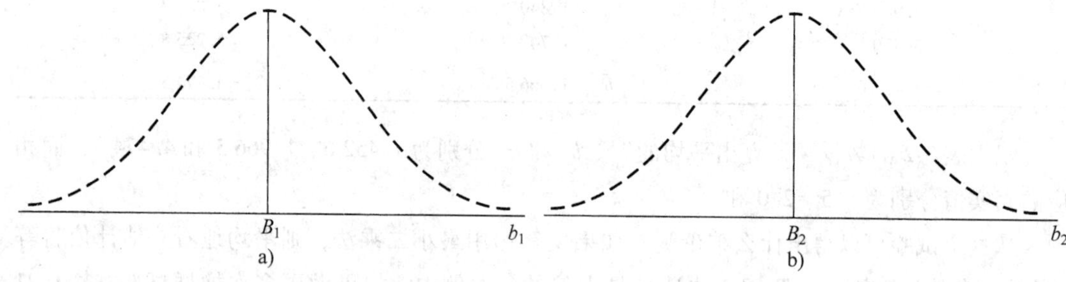

图 3-4 b_1 和 b_2 的(正态)抽样分布

3.5 假设检验

估计和假设检验是统计推断的两个分支。第 2 章讨论了如何利用 OLS 法估计回归模型的参数，接下来将讨论如何在古典框架下检验 OLS 估计量的性质。在附加的假定——u_i 服从正态分布下，能够求得 OLS 估计量的抽样(或概率)分布，即正态分布。具备了这些知识，就能够进行回归分析中的假设检验。

回到数学 S. A. T 一例。式(2-20)给出了估计的数学 S. A. T 函数。假定家庭年收入对学生的数学 S. A. T 没有影响，

9 也有少数例外，比如柯西概率分布，其均值和方差无极限。

10 由于 $Y_i = B_1 + B_2X_i + u_i$，如果 $u_i \sim N(0, \sigma^2)$，则 $Y_i \sim N(B_1 + B_2X_i, \sigma^2)$，因为 Y_i 是 u_i 的线性组合(B_1，B_2 是常数，X_i 是固定的)。

$$H_0: B_2 = 0$$

在回归分析中，这样一个**零假设**（“zero” null hypothesis）也称为**稻草人假设**（straw man hypothesis）。之所以选择这样一个假设是为了确认 Y 是否与 X 有关。如果一开始 X 就与 Y 无关，那么再检验假设 $B_2 = -2$ 或等于其他值就没有意义了。当然，如果零假设为真，就没有必要把 X 纳入模型了。因此，如果 X 确实属于模型，则拒绝零假设 H_0，接受备择假设 H_1，比如说 $B_2 \neq 0$，即斜率系数不为零，可正可负。

数值结果表明：$b_2 = 0.0013$。因此本例中的零假设是靠不住的。但是，不能仅看数值结果，因为由于抽样波动性，数值结果会因样本的变化而不同。显然，需要正规的检验过程拒绝或接受零假设。如何进行呢？

现在这已不成什么问题，根据式(3-19)，b_2 服从均值为 B_2，方差为 $\sigma^2/\sum x_i^2$ 的正态分布。那么，根据附录 D 关于假设检验的讨论，可以选择两种方法对 B_2 和 B_1 的参数进行假设检验。

(1)置信区间法。

(2)显著性检验法。

由于 b_2 服从正态分布，见式(3-19)，则变量 Z 服从标准正态分布，即

$$\begin{aligned} Z &= \frac{b_2 - B_2}{\text{se}(b_2)} \\ &= \frac{b_2 - B_2}{\sigma / \sqrt{\sum x_i^2}} \sim N(0,\ 1) \end{aligned} \tag{3-20}$$

根据附录 C 介绍的标准正态分布的性质，即正态分布下约 95% 的面积位于 $(u-2\sigma,\ u+2\sigma)$ 之间。因此，如果零假设为 $B_2 = 0$，计算得到的 $b_2 = 0.0013$，那么根据标准正态分布 Z(附录 E，表 E-1)，能够求得获此 b_2 值的概率。如果这个概率非常小，则拒绝零假设，但如果这个概率值较大，比如大于 10%，则不能拒绝零假设。相关内容参见附录 C 和附录 D。

但有一个困难！要使用式(3-20)，必须知道真实的 σ^2。而 σ^2 是未知的，但可以根据式(3-8)给出的 $\hat{\sigma}^2$ 来估计它。如果用 $\hat{\sigma}$ 代替式(3-20)中的 σ，则式(3-20)的右边服从自由度为 $(n-2)$ 的 t 分布(参见附录 C)，而不是标准正态分布，即

$$\frac{b_2 - B_2}{\hat{\sigma} / \sqrt{\sum x_i^2}} \sim t_{n-2} \tag{3-21}$$

或更一般地，

$$\frac{b_2 - B_2}{\text{se}(b_2)} \sim t_{n-2} \tag{3-22}$$

注意，在计算 $\hat{\sigma}^2$ 时失去了两个自由度。

因此，在这种情况下，检验零假设需用 t 分布来代替(标准)正态分布。但假设检验的过程不变，参见附录 D。

3.5.1 检验 H_0：$B_2 = 0$，H_1：$B_2 \neq 0$：置信区间法

在数学 S. A. T 一例中，共有 10 个观察值，因而自由度为 $(10-2)=8$。假定 α，显著水平或犯第一类错误的概率为 5%。由于备择假设是双边的，根据附录 E 中表 E-2 的 t 分布表得

$$P(-2.306 \leqslant t \leqslant 2.306) = 0.95 \tag{3-23}$$

即 t 值(自由度为8)位于上、下限(−2.306，2.306)之间的概率为95%；这个上、下限就是临界 t 值。把式(3-21)代入上式，得

$$P\left(-2.306 \leqslant \frac{b_2 - B_2}{\hat{\sigma}/\sqrt{\sum x_i^2}} \leqslant 2.306\right) = 0.95 \tag{3-24}$$

重新整理式(3-24)，得

$$P\left(b_2 - 2.306\frac{\hat{\sigma}}{\sqrt{\sum x_i^2}} \leqslant B_2 \leqslant b_2 + 2.306\frac{\hat{\sigma}}{\sqrt{\sum x_i^2}}\right) = 0.95 \tag{3-25}$$

或

$$P[b_2 - 2.306\mathrm{se}(b_2) \leqslant B_2 \leqslant b_2 + 2.306\mathrm{se}(b_2)] = 0.95 \tag{3-26}$$

式(3-26)给出了 B_2 的一个95%的置信区间。重复上述过程，100个这样的区间中将有95个包括真实 B_2。用假设检验的语言，把这样的置信区间称为(H_0 的)接受区域，把置信区间以外的区域称为(H_0 的)拒绝区域。

图3-5a给出了95%置信区间的几何图形。

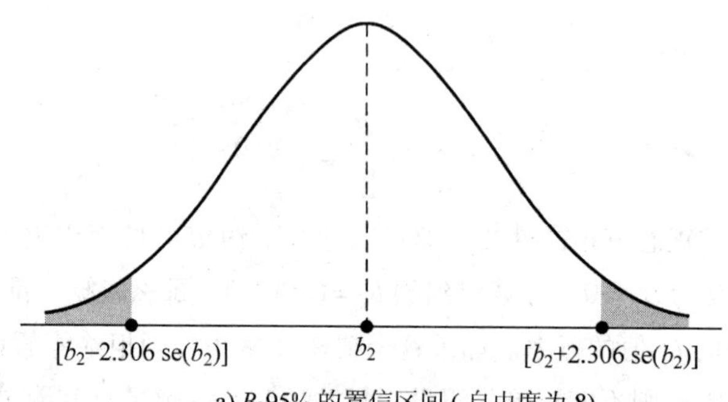

a) $B_2$95%的置信区间(自由度为8)

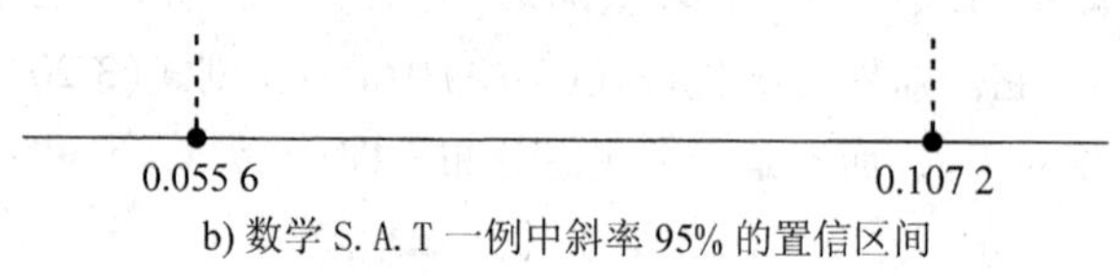

b) 数学S. A. T一例中斜率95%的置信区间

图 3-5

根据附录D的讨论，如果区间(即接受区域)包括零假设值 B_2，则不拒绝零假设。但如果零假设值落在置信区间以外(即拒绝区域)，则拒绝零假设。别忘了，无论做何种决定，都会以一定的概率(比如说5%)犯错误。

剩下的工作就是求数学S. A. T一例的具体数值了。把 $\mathrm{se}(b_2) = 0.000\,245$ 代入式(3-26)，得到一个95%的置信区间，见图3-5b。

$$0.001\,3 - 2.306(0.000\,245) \leqslant B_2 \leqslant 0.0013 + 2.306(0.000\,245)$$

即

$$0.000\,74 \leqslant B_2 \leqslant 0.001\,87 \tag{3-27}$$

由于这个区间没有包括零假设值0，所以拒绝零假设：家庭年收入对数学S. A. T没有影响。换言之，收入确实与数学S. A. T有关系。

需要注意的是：附录 D 指出，虽然式(3-26)为真，但不能说某个特定区间式(3-27)包括真实 B_2 的概率为 95%，因为与式(3-26)不同，式(3-27)是固定的，而不是一个随机区间。所以，区间式(3-27)包括 B_2 的概率为 1 或 0。我们只能说，如果建立 100 个像式(3-27)这样的区间，则有 95 个区间包括 B_2，并不能保证某个特定区间一定包括 B_2。

按照上述过程，读者可以验证，截距 $B_1$95% 的置信区间为

$$393.4283 \leqslant B_1 \leqslant 471.3993 \tag{3-28}$$

如果 H_0：$B_1=0$，H_1：$B_1 \neq 0$，则显然拒绝零假设，因为上述 95% 的置信区间不包括 0。但如果零假设为：真实的截距为 400，则不能拒绝该假设，因为 95% 的置信区间包括了这个值。

3.5.2　假设检验的显著性检验法

这种假设检验方法涉及两个重要概念检验统计量(参见附录 D)和零假设下检验统计量的抽样分布。其核心思想是根据从样本数据求得的检验统计量的值决定接受或拒绝零假设。

前面曾介绍

$$t=\frac{b_2-B_2}{\mathrm{se}(b_2)}$$

服从自由度为$(n-2)$的 t 分布。如果令

$$H_0: B_2=B_2^*$$

其中，B_2^* 是 B_2 的某个给定数值(例如，$B_2^*=0$)，则根据样本数据很容易求得

$$t=\frac{b_2-B_2^*}{\mathrm{se}(b_2)} = \frac{\text{估计量}-\text{假设值}}{\text{估计量的标准误}} \tag{3-29}$$

式(3-29)右边各项都是已知的，因此，可用计算出的 t 值作为检验统计量，它服从自由度为$(n-2)$的 t 分布。相应的检验过程称为 ***t* 检验**(t test)。[11]

在具体进行 t 检验时，需要知道：

(1)对于双变量模型，自由度为$(n-2)$。

(2)在经验分析中，常用的显著水平 α 有 1%、5% 或 10%。为了避免选择显著水平的随意性，通常求出 p 值(精确的显著水平，见附录 D)，如果计算的 p 值充分小，则拒绝零假设。

(3)可用单边或双边检验(参见表 D-2 及图 D-7)。

3.5.3　继续数学 S. A. T 一例

1. 双边检验(two-tailed test)　假设 H_0：$B_2=0$，H_1：$B_2 \neq 0$。利用式(3-29)，得

$$t=\frac{0.0013}{0.000245}=5.4354 \tag{3-30}$$

11　置信区间和显著性检验方法的区别在于，前者不知道真实的 B_2 值，因此要建立它的一个$(1-\alpha)$的置信区间。而在显著性检验方法中，假设一个真实的 B_2 值($=B_2^*$)，看看样本值 b_2 是否接近假设值 B_2^*。

根据附录 E 中表 E-2 的 t 分布表得到 t 的(双边)临界值(自由度为 8)为(见图 3-6)。

显著性水平	临界值 t
0. 01	3. 355
0. 05	2. 306
0. 10	1. 860

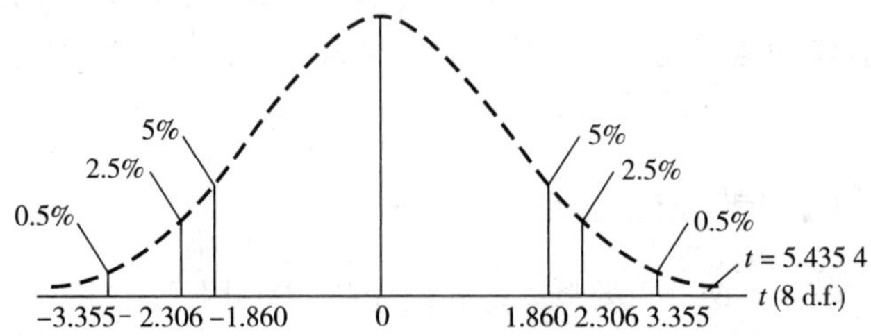

图 3-6 自由度为 8 的 t 分布

附录 D 中表 D-2 给出了双边 t 检验的情况，如果计算得到的 $|t|$ 值超过临界 t 值，则拒绝零假设。因此，本例中拒绝零假设，真实的 B_2(即收入系数)为零，因为计算的 $|t|$ 值为 5. 435 4，甚至在 1% 的显著水平下，也远远超过了临界 t 值。我们得到了与置信区间法相同的结论。这并不足为奇，假设检验的置信区间法和显著性检验法只不过是“同一枚硬币的正反两面”。

顺便指出，本例 t 统计量(5. 435 4)的 p 值(概率值)约为 0. 000 6。如果在这个 p 值水平上拒绝零假设：真实的斜率系数为 0，则犯错误的机会只有万分之六。

2. 单边检验(one-tailed test) 由于预期数学 S. A. T 函数中的收入系数为正，因此实际的假设为 H_0：$B_2 \leqslant 0$，H_1：$B_2 > 0$。这里的备择假设是单边的。

t 检验过程与前面相同，只是犯第一类错误的概率不是均等地分布在 t 分布的两侧，而是仅集中于一侧，左侧或右侧。本例中为右侧(为什么?)，从 t 分布表得到，当自由度为 8 时，临界 t 值(右边)为

显著水平	临界值 t
0. 01	2. 896
0. 05	1. 860
0. 10	1. 397

对于数学 S. A. T 一例，首先计算在零假设 $B_2 = 0$ 下的 t 值。

$$t = 5.435\,4 \tag{3-30}$$

t 值大于上表给出的任何临界值，根据附录 D 表 D-2 列出的规则，拒绝零假设：家庭年收入对数学 S. A. T 没有影响。事实上，有正向影响(即 $B_2 > 0$)(参见图 3-7)。

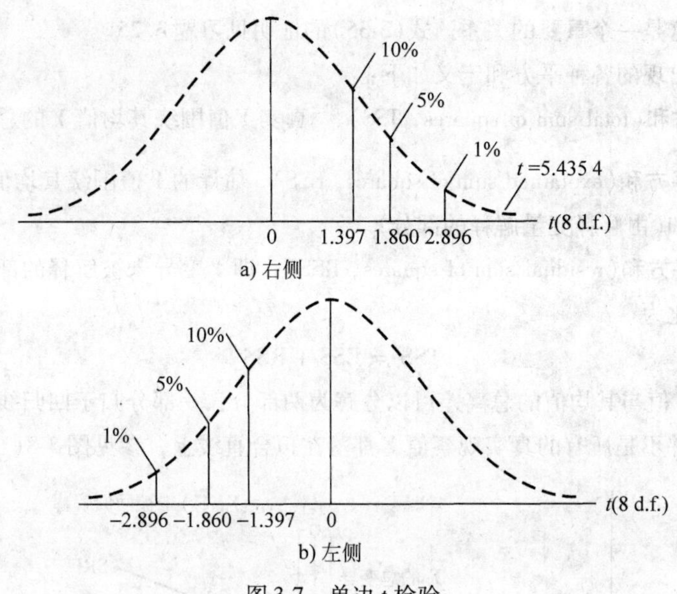

图 3-7　单边 t 检验

3.6　拟合回归直线的优度：判定系数 r^2

3.5 节分析表明，根据 t 检验，估计的斜率和截距都是统计显著的，这说明样本回归函数式(3-16)很好地拟合了样本数据。当然，并非每一个 Y 值都准确地落在了估计的 PRF 上，即并非所有的 $e_i = Y_i - \hat{Y}_i$ 都为 0；从表 2-4 可以看出，有些 e 值为正，有些为负。能否建立一个“拟合优度”的判定规则，从而辨别估计的回归线拟合真实 Y 值的优劣程度呢？的确可以，称之为**判定系数**(coefficient of determination)，用符号 r^2 表示。下面来看如何计算 r^2。

前面曾讲到，

$$Y_i = \hat{Y}_i + e_i$$

把上式恒等变化，得(见图 3-8)

$$\underset{(Y_i\text{ 的变异})}{(Y_i - \bar{Y})} = \underset{(\text{由 } X \text{ 变异所解释的部分})}{(\hat{Y}_i - \bar{Y})} + \underset{(\text{未解释部分或残差的变异})}{(Y_i - \hat{Y}_i)(\text{即 } e_i)} \tag{3-31}$$

用小写字母表示与均值的离差，得

$$y_i = \hat{y}_i + e_i \tag{3-32}$$

(注：$y_i = Y_i - \bar{Y}$，等等。)由于 $\bar{Y} = \bar{\hat{Y}}$，即真实 Y 的均值等于估计 Y 的均值，因此 $\bar{e} = 0$。或写为

$$y_i = b_2 x_i + e_i \tag{3-33}$$

(注：$\hat{y}_i = b_2 x_i$。)

对式(3-33)两边同时平方再求和，经过简单数学变换，得

$$\sum y_i^2 = \sum \hat{y}_i^2 + \sum e_i^2 \tag{3-34}$$

或等价地，

$$\sum y_i^2 = b_2^2 \sum x_i^2 + \sum e_i^2 \tag{3-35}$$

随后将会看到，这是一个重要的关系。式(3-35)的证明见习题3.25。

式(3-35)中出现的各种平方和定义如下：

$\sum y_i^2$ = **总平方和**(total sum of squares，TSS)，[12]真实 Y 值围绕其均值 $\bar{Y}$ 的总变异。

$\sum \hat{y}_i^2$ = **解释平方和**(explained sum of squares，ESS)，估计的 Y 值围绕其均值($\bar{\hat{Y}} = \bar{Y}$)的变异，也称为回归平方和(由解释变量解释的部分)。

$\sum e_i^2$ = **残差平方和**(residual sum of squares，RSS)，即 Y 变异未被解释的部分。

则式(3-35)可简化为

$$\text{TSS} = \text{ESS} + \text{RSS} \tag{3-36}$$

式(3-36)表明，Y 值与其均值的总离差可以分解为两部分：一部分归于回归线，另一部分归于随机因素，因为并不是所有的真实观察值 Y 都落在拟合直线上，参见图3-8(也可见图2-6)。

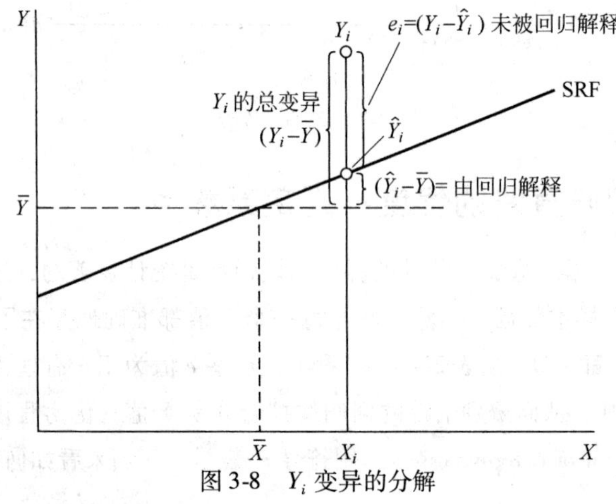

图3-8 Y_i 变异的分解

如果选择的SRF很好地拟合了样本数据，则ESS远大于RSS。如果所有真实的 Y 值都落在拟合的SRF上，则ESS等于TSS，RSS为0；另一方面，如果SRF拟合得不好，则RSS远大于ESS。如果 X 不能解释 Y 的变异，则ESS为0，而RSS等于TSS。当然，这是极端情形。一般的情形是：ESS和RSS均不为零，如果ESS远大于RSS，则SRF在很大程度上解释了 Y 的变异；如果RSS远大于ESS，则SRF只能部分解释 Y 的变异。所有这些定性分析从直观上很容易理解，但能否定量化呢？如果把式(3-36)的两边同除以TSS，得

$$1 = \frac{\text{ESS}}{\text{TSS}} + \frac{\text{RSS}}{\text{TSS}} \tag{3-37}$$

定义，

$$r^2 = \frac{\text{ESS}}{\text{TSS}} \tag{3-38}$$

称 r^2 为(样本)判定系数，通常用来度量回归线的拟合优度。用文字表述为，判定系数度量了回归模型对 Y 变异的解释比例(或百分比)。

---

12 变异(variation)与方差(variance)不同。变异表示变量与其均值的总离差平方和。方差则是总离差平方和除以相应的自由度。即，方差=变异/自由度。

r^2 有两个重要性质：

(1)非负性(为什么?)

(2)$0 \leqslant r^2 \leqslant 1$，因为部分(ESS)不可能大于整体(TSS)。[13]若 $r^2=1$，则表示“完全拟合”，即线性模型完全解释 Y 的变异。若 $r^2=0$，则表示 Y 与 X 之间无任何关系。

3.6.1　r^2 的计算公式

根据式(3-38)，式(3-37)可改写为

$$\begin{aligned} 1 &= r^2 + \frac{\text{RSS}}{\text{TSS}} \\ &= r^2 + \frac{\sum e_i^2}{\sum y_i^2} \end{aligned} \tag{3-39}$$

因此，

$$r^2 = 1 - \frac{\sum e_i^2}{\sum y_i^2} \tag{3-40}$$

还有几个等价的公式可以用来计算 r^2，参见习题 3.5。

3.6.2　数学 S. A. T 一例中的 r^2

根据表 2-4 中的数据，利用式(3-40)，得到数学 S. A. T 一例的 r^2 值：

$$\begin{aligned} r^2 &= 1 - \frac{7\,801.077\,6}{36\,610} \\ &= 0.786\,9 \end{aligned} \tag{3-41}$$

由于 r^2 的最大值为 1，因此本例计算的 r^2 值已经相当大了。收入变量 X 解释了数学 S. A. T 分数 79% 的变异。因此，可以认为样本回归式(3-16)很好地拟合了总体回归函数。

$(1-r^2)$ 表示了未被 X 解释的 Y 的变异比例，称之为**余相关系数**(coefficient of alienation)。

3.6.3　相关系数 r

附录 D 介绍了**样本相关系数**(sample coefficient of correlation)r，它度量了两个变量 X 与 Y 之间的线性相关程度，r 可由公式(B-46)计算得到，也可写为

$$r = \frac{\sum (X_i - \bar{X})(Y_i - \bar{Y})}{\sqrt{(X_i - \bar{X})^2 (Y_i - \bar{Y})^2}} \tag{3-42}$$

$$= \frac{\sum x_i y_i}{\sqrt{\sum x_i^2 \sum y_i^2}} \tag{3-43}$$

相关系数也能够通过判定系数 r^2 计算得到

$$r = \pm \sqrt{r^2} \tag{3-44}$$

13　要求回归模型包含截距项。更详细的讨论参见第 9 章。

由于许多回归软件都能计算 r^2，因此很容易求得 r。唯一的问题是 r 的符号。但根据问题的性质很容易决定 r 的符号。在数学 S. A. T 一例中，预期收入与数学 S. A. T 分数正相关，因此 r 值为正。一般而言，r 与斜率同号，这一点可以从式(2-17)和式(3-43)中清楚地看到。

因此，在数学 S. A. T 一例中，

$$r = \sqrt{0.7869} = 0.8871 \tag{3-45}$$

由此可见，数学 S. A. T 分数与家庭年收入高度正相关，这与预期一致。

顺便指出，如果利用式(3-43)计算 Y 的实际值与估计值($\hat{Y}$)的相关系数 r，则 r 的平方恰好等于利用式(3-42)计算得到的 r^2，证明见习题 3. 5。可以利用表 2-4 中的数据加以验证。一般而言，估计的 Y 值越接近真实 Y 值，r^2 值就越高。

3. 7 回归分析结果的报告

回归分析结果的报告有多种形式。在没有使用统计软件之前，回归结果的报告通常采用式(3-46)的形式。许多学术论文仍沿用这一模式。对于数学 S. A. T 一例：

$$\begin{aligned} \hat{Y}_i &= 432.4138 + 0.0013X_i \\ \text{se} &= (16.9061) \quad (0.000245) \\ t &= (25.5774) \quad (5.4354) \qquad r^2 = 0.7849 \\ p\text{值} &= (5.85 \times 10^{-9})(0.0006) \qquad \text{d.f.} = 8 \end{aligned} \tag{3-46}$$

在式(3-46)中，第一行括号内的数值表示估计回归系数的标准误，第二行括号内的数值表示在零假设下(每个回归系数的真实值为零)，根据式(3-22)估计的 t 值(即估计的系数与其标准误之比)。第三行括号内的数值表示获得 t 值的 p 值。[14]从现在起，如果没有设定特殊的零假设，习惯地规定零假设为：总体参数为零。如果拒绝零假设(即检验统计量是显著的)，则表示真实的总体参数值不为零。

用上述形式报告回归结果的一个优点是，可以一目了然地看到每个估计系数是否是统计显著的，即是否显著不为零。通过列出的 p 值能够确定 t 值的精确显著水平。斜率系数的 t 值为 5. 435 4，其 p 值几乎为 0。正如附录 D 所指出的，p 值越低，拒绝零假设的证据就越充分。

需要注意的是，当判定拒绝或不拒绝零假设时，需要预先确定一个可以接受的 p 值水平(即临界 p 值)，然后把计算的 p 值与临界 p 值进行比较。如果计算的 p 值小于临界 p 值，则拒绝零假设，如果计算的 p 值大于临界 p 值，则不能拒绝零假设。当然，如果为了方便，使用固定的 p 值(比如说常用的 1%、5% 或 10%)也是可以的。在式(3-46)中，获得 t 值为5. 435 4的实际 p 值为 0. 000 6(即精确的显著水平)，显然能够拒绝零假设，计算的 p 值 0. 000 6 比 5% 小得多。

当然，可以根据 t 检验对任何其他零假设进行检验。例如，如果零假设为真实的截距为

14 附录中的 t 表(附录 E，表 E-2)现在可以用电子表替代了，它给出了精确的 p 值。同样地，表 E-3 和表 E-4 给出的 χ^2 分布表和正态分布表也可以用相应的电子表替代。

450，备择假设 $H_1 \neq 10$，则 t 值为

$$t = \frac{432.4138 - 450}{16.9061} = -1.0402$$

获此 t 值的 p 值约为 0.328 7。如果设定的临界 p 值为 10%，则不能拒绝零假设，因为计算的 p 值远大于临界 p 值。

零假设就好比我们所要攻击的稻草人。估计系数显著水平的选择往往依据研究问题而定。

3.8 数学 S. A. T 一例的计算机输出结果

由于现在很少进行徒手回归分析，因此有必要介绍一下统计软件输出的回归分析结果。下面给出了数学 S. A. T 一例的 EViews 输出结果：

应变量：Y

方法：最小二乘

样本：1 10

观察值：10

变量	系数	标准误	t 统计量	概率
C	432.413 8	16.906 07	25.577 42	0.000 0
X	0.001 332	0.000 245	5.435 396	0.000 6
R^2		0.786 914		
回归 S. E.		31.227 15		
残差平方和		7 801.078		

其中，C 代表常数项（即截距）；概率就是 p 值；残差平方和是 RSS（$=\sum e_i^2$）；回归 S. E. 是回归标准误。表中给出的 t 值是在零假设下（总体回归系数为零）得到的。

图 3-9 给出了 EViews 输出的实际 Y 值、估计 Y 值以及残差图。

实际值 Y_i	拟合值 $\hat{Y}_i$	残差 e_i	残差图 (−) (0) (+)
410.000	439.073	−29.073 3	
420.000	452.392	−32.392 2	
440.000	465.711	−25.711 2	
490.000	479.030	10.969 8	
530.000	492.349	37.650 9	
530.000	505.668	24.331 9	
550.000	518.987	31.012 9	
540.000	532.306	7.693 97	
570.000	552.284	17.715 5	
590.000	632.198	−42.198 3	

图 3-9　数学 S. A. T 一例的实际 Y 值、估计 Y 值以及残差值

3.9 正态性检验

在结束数学 S. A. T 一例之前，再来看式(3-46)给出的回归结果。这一统计检验过程是建立在误差项 u_i 服从正态分布基础之上的。由于不能直接观察真实的误差项 u_i，那么如何证实本例中的 u_i 确实服从正态分布呢？可以得到 u_i 的替代量——残差 e_i，因此，能够通过 e_i 来获悉 u_i 的正态性。正态性的检验方法有若干种，这里仅介绍三种相对简单的检验方法。[15]

3.9.1 残差直方图

残差直方图是用于获知随机变量概率密度函数(PDF)形状的一种简单图形工具。在横轴上，把变量值(例如 OLS 残差)划分为若干适当的区间，在每一个区间，建立高度与观察值个数(即频率)相一致的长方形。

如果把钟形正态曲线叠加在直方图上，就会对变量的概率分布有一直观了解。

在实践中，常常通过回归残差的直方图粗略地了解其概率分布的形状。

3.9.2 正态概率图

另一种研究随机变量 PDF 的简单图形工具是**正态概率图**(normal probability plot, NPP)，这需要在专用的正态概率纸上作图。在横轴上(X 轴)标出变量值(例如 OLS 残差值，e_i)，在纵轴上(Y 轴)标出如果服从正态分布变量所对应的期望值。因此，如果变量来自正态总体，则正态概率近似一条直线。MINITAB 可以画出随机变量的正态概率图。MINITAB 还可以进行**安德森 - 达林正态性检验**(Anderson-Darling normality test)，也称为 A^2 检验(A^2 test)。默认的零假设为：变量服从正态分布。如果计算的 A^2 不是统计显著的，则支持零假设。

3.9.3 雅克-贝拉检验

现在常用的正态性检验方法是**雅克 - 贝拉检验**(Jarque -Bera, JB test),[16]许多统计软件都包括了这种检验方法。它是建立在 OLS 残差基础上的一种渐近(或大样本)检验方法。首先计算出随机变量(例如 OLS 残差)的偏度系数 S(PDF 对称性的度量)和峰度系数 K(PDF“胖瘦”的度量)(参见附录 B)。对于正态分布变量，偏度为 0，峰度为 3(见附录 B 中的图 B-4)。

雅克和贝拉建立了如下检验统计量：

$$\mathrm{JB} = \frac{n}{6}\left[S^2 + \frac{(K-3)^2}{4}\right] \tag{3-47}$$

其中，n 为样本容量，S 为偏度，K 为峰度。

雅克和贝拉证明了：在正态性假设下，式(3-47)给出的 JB 统计量渐近服从自由度为 2 的

15 有关正态性检验方法的详细讨论参见，G. Barrie Wetherhill, *Regression Analysis with Applications*, Chapman and Hall, London, 1986, Chap. 8.

16 参见，C. M. Jarque and A. K. Bera, “A Test for Normality of Observations and Regression Residuals,” *International Statistical Review*, vol. 55, 1987, pp. 163-172.

χ^2 分布，用符号表示为

$$JB_{asy} \sim \chi^2_{(2)} \tag{3-48}$$

其中，asy 表示“渐近地”。

从式(3-47)可以看出，如果变量服从正态分布，则 S 为 0，$(K-3)$ 为 0，因而 JB 统计量为零。但是如果变量不服从正态分布，则 JB 统计量为一个逐渐增大值。根据 χ^2 分布表很容易计算出 JB 统计量的值(附录 E 表 E-4)。如果在选定的显著水平下，根据式(3-47)计算的 χ^2 值超过临界的 χ^2 值，则拒绝正态分布的零假设；如果没有超过临界的 χ^2 值，则不能拒绝零假设。当然，如果能够计算出 χ^2 值的 p 值，则可以得知获此 χ^2 值的精确概率。

我们通过下面的例子说明这些正态性检验方法。

3.10　综合实例：美国商业部门工资和生产率的关系(1959 ~ 2006 年)

根据微观经济学的边际生产力理论可知，工资和工人生产率之间存在正向关系。表 3-3 (参见网上教材)给出了美国商业部门 1959 ~ 2006 年劳动生产率(所有工人每小时产出)和工资(每小时实际工资)的数据。指标的基年是 1992 年，每小时实际工资等于每小时工资除以消费者价格指数。

令 *Compensation*(Y) = 实际工资指数，*Productivity*(X) = 所有工人每小时产出指数。图 3-10 给出了数据的散点图。

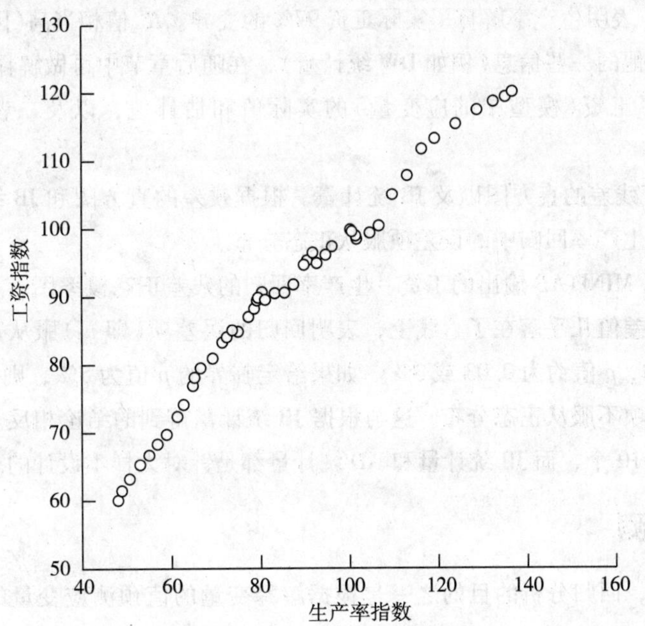

图 3-10　美国商业部门 1959 ~ 2006 年工资和劳动生产率的关系

从图中可以看出，劳动生产率与实际工资之间非常接近线性关系。因此，可以利用双变量线性回归模型拟合表 3-3 中的数据。下面给出 EViews 输出结果。

应变量：Compensation
方法：最小二乘
样本(经过调整)：1959 2006
观察值：48(经过调整)

变量	系数	标准误	t 统计量	概率
C	33.636 03	1.400 085	24.024 28	0.000 0
Productivity	0.661 444	0.015 640	42.291 78	0.000 0
R^2	0.974 926			
校正的 R^2	0.974 381			
回归 S. E.	2.571 761			
残差平方和	304.242 0			
DW 统计量	0.146 315			

对回归结果解释如下。斜率系数 0.66 表明，如果生产率提高 1 个单位，则实际工资平均提高 0.66 个单位。斜率系数是高度显著的，t 值约为 42.3(零假设为真实总体系数为 0)，获此 t 值的 p 值几乎为零。截距系数 C 也是高度显著的，t 值约为 24，获此 t 值的 p 值接近 0。

R^2 约为 0.97，表明生产率解释了实际工资 97% 的变异。R^2 值相当高(因为 R^2 至多为 1)。先暂时忽略表中其他的一些信息(例如 DW 统计量)，在随后章节中再做解释。

图 3-11 给出了工资(模型中的应变量)的实际值和估计值，以及二者之间的差，即残差 e_i。

图 3-12 给出了残差的直方图以及 JB 统计量。根据残差的直方图和 JB 统计量，没有理由拒绝假设：工资 - 生产率回归中的误差项服从正态分布。

图 3-13 给出了 MINITAB 输出的工资 - 生产率回归的残差正态概率图。从图形中可以清晰地看出，估计的残差值几乎落在了直线上，表明回归的误差项(即 u_i)服从正态分布。估计的 AD 统计量为 0.813，p 值约为 0.03 或 3%。如果给定临界的 p 值为 5%，则 AD 统计量是统计显著的，表明误差项不服从正态分布。这与根据 JB 统计量得到的结论相反。原因在于样本的观察值太小，只有 10 个，而 JB 统计量和 AD 统计量都是针对大样本设计的。

3.11 预测

第 2 章曾指出，回归分析的目的之一是根据解释变量的值预测应变量的均值。再来看数学 S. A. T 一例。式(3-46)给出了根据表 2-2 中的数据得到的数学 S. A. T 回归结果。假定想要知道给定家庭年收入水平下的数学 S. A. T 的平均分。

假定 X(收入)取值 X_0，X_0 是某个给定值，比如 $X_0 = 78\ 000$ 美元。现在需要估计 $E(Y/X_0 = 78\ 000)$，即当家庭年收入 = 78 000 美元时数学 S. A. T 的实际均值。

实际值(Y_i)	拟合值 $\hat{Y}_i$	残差(e_i)	残差图 (－)(0)(＋)
59.871 0	65.402 5	－5.531 55	
61.318 0	65.957 5	－4.639 50	
63.054 0	67.083 3	－4.029 28	
65.192 0	68.614 5	－3.422 52	
66.633 0	69.982 4	－3.349 39	
68.257 0	71.211 3	－2.954 35	
69.676 0	72.540 2	－2.864 19	
72.300 0	74.119 1	－1.819 06	
74.121 0	75.004 1	－0.883 07	
76.895 0	76.416 3	0.478 75	
78.008 0	76.625 3	1.382 73	
79.452 0	77.479 9	1.972 14	
80.886 0	79.285 6	1.600 40	
83.328 0	80.759 3	2.568 70	
85.062 0	82.192 6	2.869 36	
83.988 0	81.430 0	2.558 00	
84.843 0	83.106 8	1.736 24	
87.148 0	84.663 1	2.484 86	
88.335 0	85.529 6	2.805 37	
89.736 0	86.101 8	3.634 22	
89.863 0	86.091 9	3.771 14	
89.592 0	85.990 0	3.602 00	
89.645 0	87.066 2	2.578 84	
90.637 0	86.649 5	3.987 55	
90.591 0	88.536 6	2.054 45	
90.712 0	90.000 3	0.711 67	
91.910 0	91.268 3	0.641 68	
94.869 0	92.949 7	1.919 29	
95.207 0	93.254 0	1.953 03	
96.527 0	94.162 1	2.364 86	
95.005 0	94.758 8	0.246 24	
96.219 0	96.066 4	0.152 57	
97.465 0	97.070 5	0.394 49	
100.000 0	99.780 4	0.219 56	
99.712 0	100.036 0	－0.323 76	
99.024 0	100.673 0	－1.648 73	
98.690 0	100.769 0	－2.079 30	
99.478 0	102.752 0	－3.273 65	
100.512 0	104.065 0	－3.553 28	
105.173 0	106.047 0	－0.873 96	
108.044 0	108.265 0	－0.221 45	
111.992 0	110.441 0	1.551 06	
113.536 0	112.402 0	1.133 88	
115.694 0	115.621 0	0.073 29	
117.709 0	118.767 0	－1.058 20	
118.949 0	121.205 0	－2.255 62	
119.692 0	122.945 0	－3.252 88	
120.447 0	123.860 0	－3.412 65	

注：Y_i——实际工资。

$\hat{Y}_i$——估计的工资。

图 3-11 实际的 Y、估计的 Y 和回归残差

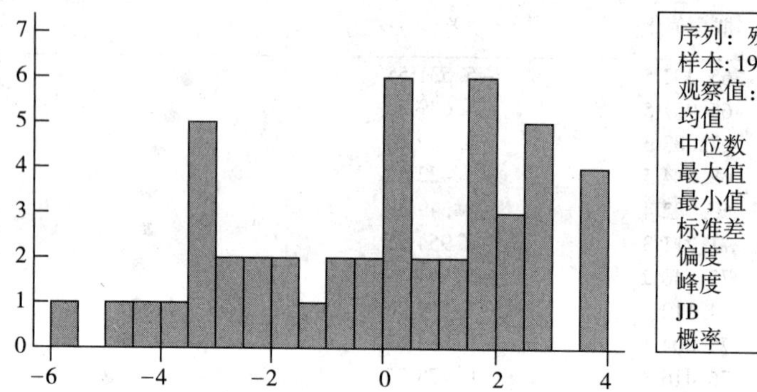

图 3-12 工资 - 生产率回归的残差直方图

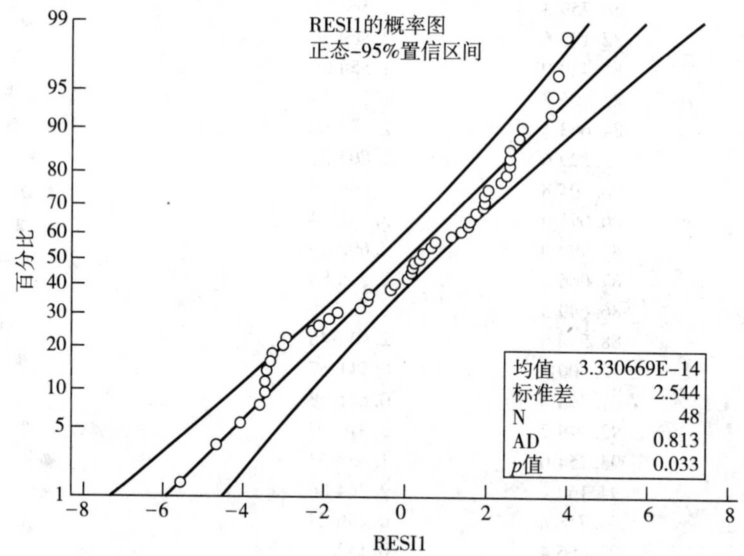

图 3-13 工资 - 生产率回归的残差正态概率图

令

$$\hat{Y}_0 = E(Y \mid X_0)\text{的估计量} \tag{3-49}$$

如何得到这个估计值呢？在 CLRM 假定下，把 X_0 代入式(3-46)，就可以得到

$$\begin{aligned}\hat{Y}_{X=78\,000} &= 432.413\,8 + 0.001\,3(78\,000)\\ &= 533.813\,8\end{aligned} \tag{3-50}$$

即当家庭年收入为 78 000 美元时，预测的数学 S. A. T 平均分数为 534 分。

虽然经济计量理论表明在 CLRM 的假定下，$\hat{Y}_{\hat{X}=78\,000}$（或 $\hat{Y}_0$）是真实均值的无偏估计量（即总体回归线上的一个点），但对任一给定样本，$\hat{Y}_0$ 不可能等于其真实均值。（为什么？）两者之差称为**预测误差**（prediction error 或 forecasting error）。为了估计这个误差，需要求出 $\hat{Y}_0$ 的抽样分布。[17]在 CLRM 假定下，可以证明 $\hat{Y}_0$ 服从正态分布，其均值、方差分别为

17 $\hat{Y}_0$ 是一个估计量，因而它有一个抽样分布。

$$均值 = E(Y \mid X_0) = B_1 + B_2X_0$$

$$方差 = \sigma^2\left[\frac{1}{n} + \frac{(X_0 - \overline{X})^2}{\sum x_i^2}\right] \quad (3\text{-}51)$$

其中，$\overline{X}$——回归函数式(3-46)中 X 的样本均值；

$\sum x_i^2$——X 与 $\overline{X}$ 离差平方和；

σ^2——u_i 的方差；

n——样本容量。

式(3-51)的正平方根为 $\hat{Y}_0$ 的标准误，se($\hat{Y}_0$)。

由于实践中 σ^2 是未知的，如果用其无偏估计量 $\hat{\sigma}^2$ 代替，则 $\hat{Y}_0$ 服从自由度为($n-2$)的 t 分布(为什么?)。因此，对于给定的 X_0，能够利用 t 分布建立一个 Y 的真实(总体)均值 100($1-\alpha$)% 的置信区间：

$$P[b_1 + b_2X_0 - t_{\alpha/2}\mathrm{se}(\hat{Y}_0) \leqslant B_1 + B_2X_0 \leqslant b_1 + b_2X_0 + t_{\alpha/2}\mathrm{se}(\hat{Y}_0)] = (1-\alpha) \quad (3\text{-}52)$$

继续数学 S. A. T 一例。首先，由式(3-51)计算出 $\hat{Y}_{X=78\,000}$的方差为

$$\mathrm{var}\hat{Y}_{X=78\,000} = 975.134\,7\left[\frac{1}{10} + \frac{(78\,000 - 56\,000)^2}{16\,240\,000\,000}\right]$$
$$= 126.575\,4 \quad (3\text{-}53)$$

因此，

$$\mathrm{se}(\hat{Y}_{X=78\,000}) = \sqrt{126.575\,4} = 11.250\,6 \quad (3\text{-}54)$$

注：本例中，$\overline{X} = 56\,000$，$\sum x_i^2 = 16\,240\,000\,000$，$\hat{\sigma}^2 = 975.134\,7$(见表 2-4)。

上述结果表明：若家庭年收入为 78 000 美元，则根据式(3-50)，预测的数学 S. A. T 平均分为 533. 813 8。这个预测值的标准误为 11. 250 6 分。

给定家庭年收入为 78 000 美元，想要对总体数学 S. A. T 平均分建立一个 95% 的置信区间，根据式(3-52)，则有：

$$533.813\,8 - 2.306(11.250\,6) \leqslant E(Y \mid X = 78\,000) \leqslant 533.813\,8 + 2.306(11.250\,6)$$

即

$$507.869\,9 \leqslant E(Y \mid X = 78\,000) \leqslant 559.757\,7 \quad (3\text{-}55)$$

当自由度为 8，在 5% 显著水平上，双边 t 临界值为 2. 306。

如果家庭年收入为 78 000 美元，式(3-55)表明：虽然数学 S. A. T 平均分唯一的一个最优估计值或点估计值为 533. 813 8 分，但它以 95% 的置信度落在区间 507. 869 9 ~ 559. 757 7(即 508 ~ 560)之间。因此，预测误差在 -25. 943 9 与 25. 943 9 之间。

如果对表 2-2 中的每个 X 值建立诸如式(3-55)的一个 95% 的置信区间，则可以得到对应于每个家庭年收入水平下的真实数学 S. A. T 分数的**置信区间**(confidence interval)或**置信带**(confidence band)，即整个总体回归线的置信带。图 3-14 给出了 EViews 软件输出的置信区间。

从图 3-14 中，还可发现其他一些有趣的事实。当 $X_0 = \overline{X}$ 时，置信带的宽度最小，这一点很容易从方差的计算式(3-51)中得以证明。但是，随着 X_0 逐渐远离 $\overline{X}$，置信带将迅速变宽(即预测误差将会增加)，这表明随着 X_0 逐渐远离 $\overline{X}$，历史回归(例如式(3-46))的预测能力将显著减弱。因此，在用历史回归线"外推"预测 Y 的均值时，需要格外谨慎，事实上，不能用数

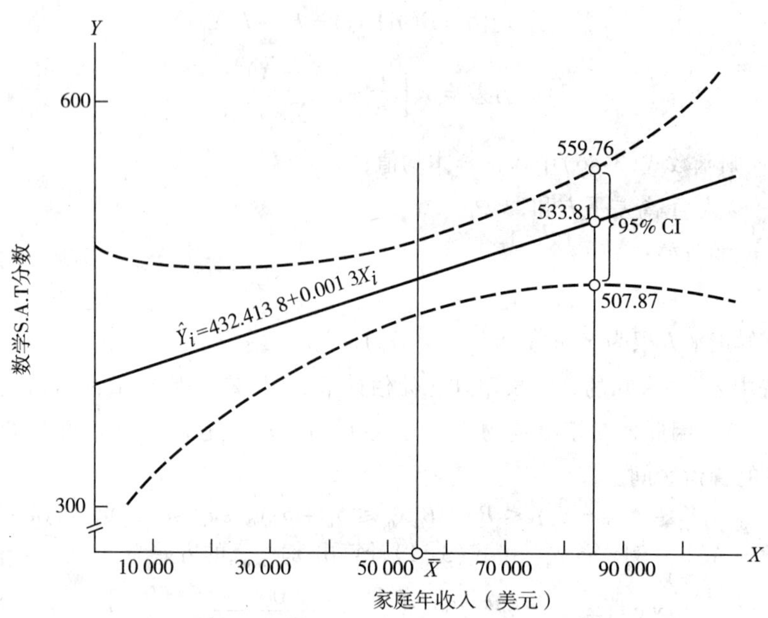

图 3-14 真实数学 S. A. T 分数函数 95% 的置信带

学 S. A. T 分数回归模型(3-46)预测样本外收入水平下的平均数学 S. A. T 分数。

3.12 小结

第 2 章讨论了如何估计双变量线性回归模型的参数。本章主要讨论了如何利用估计的模型对真实总体回归模型进行推断。虽然双变量模型是最简单的线性回归模型，但这两章介绍的基本思想则是多元回归模型的基础。随后将会看到，在许多方面，多元回归模型是双变量模型的直接推广。

关键术语和概念

本章介绍的主要术语和概念有：

- 古典线性回归模型(CLRM)
- 同方差或等方差
- 异方差
- 自相关和无自相关
- OLS 估计量的方差
- OLS 估计量的标准误
- 残差平方和(RSS)
- 回归标准误
- OLS 估计量的抽样分布或概率分布
- 高斯 - 马尔柯夫定理
- BLUE 性质
- 中心极限定理(CLT)
- 零假设；稻草人假设
- 显著性 t 检验
  - a) 双边 t 检验
  - b) 单边 t 检验
- 判定系数 r^2
- 总平方和(TSS)
- 解释平方和(ESS)
- 余相关系数
- 相关系数 r

正态概率图(NPP)
安德森－达林正态性检验(A^2 统计量)
雅克－贝拉(JB)正态性检验
预测误差
置信区间；置信带

问 题

3.1 解释概念

a. 最小二乘　b. OLS 估计量　c. 估计量的方差
d. 估计量的标准误　e. 同方差性　f. 异方差性
g. 自相关　h. 总平方和(TSS)　i. 解释平方和(ESS)
j. 残差平方和(RSS)　k. 判定系数 r^2　l. 估计值的标准误
m. BLUE　n. 显著性检验　o. t 检验
p. 单边检验　q. 双边检验　r. 统计显著

3.2 判断正误并说明理由。

a. OLS 就是使误差平方和最小化的估计过程。
b. 计算 OLS 估计量无须古典线性回归模型的基本假定。
c. 高斯－马尔柯夫定理是 OLS 的理论依据。
d. 在双变量回归模型中，若扰动项 u_i 服从正态分布，则 b_2 是 B_2 更准确的估计值。
e. 只有当 u_i 服从正态分布时，OLS 估计量 b_1、b_2 才服从正态分布。
f. r^2 是 TSS/ESS 的比值。
g. 给定显著水平 α 及自由度，若计算得到的 $|t|$ 值超过临界的 t 值，则接受零假设。
h. 相关系数 r 与斜率 b_2 同号。
i. p 值和显著水平 α 是一回事儿。

3.3 填空。

a. 若 $B_2=0$，则 $b_2/\text{se}(b_2)=$ ________
b. 若 $B_2=0$，则 $t=b_2/$ ________
c. r^2 位于________与________之间
d. r 位于________与________之间
e. TSS = RSS + ________
f. TSS 的自由度 =________的自由度 + RSS 的自由度
g. $\hat{\sigma}$ 称为________
h. $\sum y_i^2=\sum(Y_i-$ ________ $)^2$
i. $\sum y_i^2=b_2($ ________ $)$

3.4 考虑下面的回归模型：

$$\hat{Y}_i=-66.1058+0.0650X_i \qquad r^2=0.9460$$
$$\text{se}=(10.7509) \qquad (\quad) \qquad n=20$$
$$t=(\quad) \qquad (18.73)$$

完成空缺。如果 $\alpha=5\%$，能否接受假设：真实的 B_2 为零？你是用单边检验还是双边检验，为什么？

3.5 证明下列 r^2 的计算公式是恒等的：

$$r^2=1-\frac{\sum e_i^2}{\sum y_i^2}=\frac{\sum \hat{y}_i^2}{\sum y_i^2}=\frac{b_2^2\sum x_i^2}{\sum y_i^2}=\frac{(\sum y_i\hat{y}_i)^2}{(\sum y_i^2)(\sum \hat{y}_i^2)}$$

3.6 证明：$\sum e_i=n\overline{Y}-nb_1-nb_2\overline{X}=0$。

习 题

3.7 戴尔(Dale Bails)和拉里(Larry Peppers)[18]根据美国1962～1977年的数据，得到如下汽车需求函数：

$$\hat{Y}_t = 5\,807 + 3.24X_t \qquad r^2 = 0.22$$
$$\text{se} = \qquad (1.634)$$

其中，Y=私家车零售数量(千辆)，X=实际可支配收入(1972年美元价，10亿美元)。

注：未给出 b_1 的标准差。

a. 对 B_2 建立一个95%的置信区间。

b. 检验假设：该置信区间包括 $B_2=0$。如果不包括，那么接受零假设吗？

c. 在 H_0：$B_2=0$ 下，计算 t 值，在5%的显著水平下，它是统计显著的吗？选择双边 t 检验还是单边 t 检验？为什么？

3.8 现代投资分析的特征线涉及如下回归方程：

$$r_t = B_1 + B_2 r_{mt} + u_t$$

其中，r——股票或债券的收益率；

r_m——市场有价证券的收益率(用市场指数表示，比如S&P 500)；

t——时间。

在投资分析中，B_2 称为债券的 *beta* 系数，用于度量市场的风险程度，即市场对公司财富的影响。

福格勒(Fogler)和加纳帕希(Ganapathy)根据1956～1976年240个月度数据，得到IBM股票的回归方程，市场指数采用的是作者在芝加哥大学建立的市场有价证券指数：[19]

$$\hat{r}_t = 0.726\,4 + 1.059\,8 r_{mt}$$
$$\text{se} = (0.300\,1)(0.072\,8) \quad r^2 = 0.471\,0$$

a. 解释估计的斜率与截距。

b. 如何解释 r^2？

c. *beta* 系数大于1的证券称为不稳定证券。建立适当的零假设及备择假设，并用 t 检验

18 参见 Dale G. Bails and Larry C. Peppers, *Business Fluctuations: Forecasting Techniques and Applications*, Prentice-Hall, Englewood Cliffs, N. J., 1982, p. 147。

19 H. Russell Fogler and Sundaram Ganapathy, *Financial Econometrics*, Prentice-Hall, Englewood-Cliffs, N. J., 1982, p. 13.

进行假设检验（$\alpha=5\%$）。

3.9 根据 X 和 Y 的 10 组观察值得到如下数据。

$$\sum Y_i = 1\,110;\ \sum X_i = 1\,680;\ \sum X_iY_i = 204\,200$$

$$\sum X_i^2 = 315\,400;\ \sum Y_i^2 = 133\,300$$

假定满足 CLRM 的所有假定，求

a. b_1 和 b_2。

b. b_1 和 b_2 的标准误。

c. r^2。

d. 对 B_1、B_2 分别建立 95% 的置信区间。

e. 根据(d)建立的置信区间，能否接受零假设：$B_2=0$？

3.10 根据美国 1970 ~ 1983 年的数据（参见网上教材表 3-4），得到如下回归结果：

$$\text{GNP}_t = -995.518\,3 + 8.750\,3M_{1t} \qquad r^2 = 0.948\,8$$

$$\text{se} = (\qquad) \qquad\qquad (0.321\,4)$$

$$t = (-3.825\,8) \qquad (\qquad)$$

其中，GNP 是国民生产总值（10 亿美元），M_1 是货币供给（10 亿美元）。

注：M_1 包括现金、活期存款、旅游支票等。

a. 填充括号内缺省的数值。

b. 货币学家认为：货币供给对 GNP 有显著的正面影响，如何检验这个假设？

c. 负的截距有什么意义？

d. 假定 2007 年 M_1 为 7 500 亿美元，预测该年平均的 GNP？

3.11 政治的经济周期：经济事件会影响总统选举吗？为了检验政治周期理论，格雷（Gary Smith）[20]根据 1928 ~ 1980 年每四年（即 1928，1932，…）总统选举的数据得到如下回归结果：

$$\hat{Y}_t = 53.10 - 1.70X_t$$

$$t = (34.10)(-2.67) \qquad r^2 = 0.37$$

其中，Y 表示在职总统收到的公众投票（%），X 表示失业的变化率——选取当年的失业率减去上一年的失业率。

a. 先验地，预期 X 的符号为正还是负？

b. 该回归结果证实了政治周期理论吗？写出求证过程。

c. 1984 ~ 1988 年总统选举的结果是否验证了该理论？

d. 如何计算 b_1 和 b_2 的标准误？

3.12 为了研究美国制造业设备利用率与通货膨胀之间的关系，得到表 3-5 的数据（参见网上教材）。其中，Y = 通胀率（用 GDP 价格平减指数的变化率来度量），X = 制造业设备利

---

20 Gray Smith, *Statistical Reasoning*, Allyn & Bacon, Boston, Mass., 1985, p. 488. 其中的符号做了修改。原始数据来自 Ray C. Fair, "The Effect of Economic Events on Votes for President," *The Review of Economics and Statistics*, May 1978, pp. 159-173.

用率。

a. 先验地，预期设备利用率与通货膨胀之间有怎样的关系？理论基础是什么？

b. 做 Y 对 X 的回归，并按照式(3-46)的形式报告回归结果。

c. 回归方程中的斜率是统计显著的吗？

d. 它是否显著不为1？

e. 设备自然利用率定义为当 Y 为零时的值。求样本期内设备自然利用率？

3.13 反向回归。[21]继续习题3.12，但现在做 X 对 Y 的回归。

a. 报告回归结果，并解释回归结果。

b. 如果把两个回归的斜率系数相乘，得到什么结果？

c. 习题3.12中的回归称为直接回归。什么时候采取反向回归是适合的？

d. 假定 X 与 Y 的 r^2 为1。是否意味着 Y 对 X 的回归与 X 对 Y 的回归没什么差别？

3.14 表3-6给出了1974～1986年美国制造业税后利润 X(100万美元)以及3月期现金利息 Y(100万美元)的数据。

表3-6 美国制造业现金利息(Y)与税后利润(X)

年份	Y	X	年份	Y	X
1974	19 467	58 747	1981	40 317	101 302
1975	19 968	49 135	1982	41 259	71 028
1976	22 763	64 519	1983	41 624	85 834
1977	26 585	70 366	1984	45 102	107 648
1978	28 932	81 148	1985	45 517	87 648
1979	32 491	98 698	1986	46 044	83 121
1980	36 495	92 579			

资料来源：*Business Statistics*, 1986, U. S. Department of Commerce, Bureau of Economic Analysis, December 1987, p. 72.

a. 预期现金利息与税后利润的关系如何？

b. 做 Y 对 X 的散点图。

c. 该散点图是否与预期相符？

d. 如果是，做 Y 对 X 的OLS回归，并给出常用统计量。

e. 对斜率建立一个99%置信区间，并检验假设：真实的斜率为零；即现金利息与税后利润之间不相关。

3.15 参考表2-15给出的S. A. T数据(参见网上教材)。根据如下回归方程，通过女生的数学分数来预测男生的数学分数：

$$Y_t = B_1 + B_2X_t + u_t$$

其中，Y 和 X 分别代表男、女生的数学分数。

a. 估计上述回归方程，给出常用的统计量。

b. 检验假设：Y 与 X 不相关。

c. 假定2008年女生的数学分数为490，预测该年男生的数学平均分数。

21 参见 G. S. Maddala, *Introduction to Econometrics*, 3rd ed., Wiley, New York, 2001, pp. 71-75。

d. 对(c)的预测值建立一个95%的置信区间。

3.16　重复习题3.15，但令 Y 和 X 分别代表男、女生逻辑分数，并假定2008年女生的逻辑分数为505。

3.17　考虑下面的回归结果：[22]

$$\hat{Y}_t = -0.17 + 5.26X_t \qquad \overline{R^2} = 0.10 \qquad \text{DW} = 2.01$$
$$t = (-1.73)(2.71)$$

其中，Y——当年1月份到次年1月份股票价格指数的实际收益；X——去年总股息与去年股票价格指数之比；t——时间。

注：DW统计量参见第10章。

时间从1926～1982年。

$\overline{R^2}$表示经过校正的判定系数。DW统计量是自相关的度量指标，将在随后章节中进一步解释。

a. 如何解释上述回归方程？

b. 如果接受了上面的结论，是不是意味着：当股息/价格比很高时，最好的投资策略是投资股票？

c. 如果想知道(b)的答案，参阅希勒的分析。

3.18　参考例2-1(受教育年限与平均小时收入)。表2-5给出了相应数据，式(2-21)给出了回归结果。

a. 求截距和斜率的标准误以及 r^2。

b. 检验假设：受教育年限对平均小时工资没有影响？你使用哪种检验？为什么？

c. 如果拒绝(b)中的零假设，那么是否也拒绝假设：式(2-21)中的斜率系数显著不为1？给出必要的计算。

3.19　例2-2讨论了奥肯定律，见式(2-22)。这个方程还可以写成 $X_t = B_1 + B_2Y_t$，其中，X = 实际产出增长率(即GDP增长率)，Y = 失业率的变化率(%)。利用表2-13中的数据(见网上教材)。

a. 估计上述回归，并按照式(3-46)的形式报告回归结果。

b. 失业率的变化是实际GDP增长率的一个决定因素吗？为什么？

c. 如何解释回归中的截距系数？它是否有经济意义？

3.20　例2-3讨论了股票价格与利率之间的关系。式(2-24)给出的回归结果是统计显著的吗？给出必要的计算。

3.21　例2-5讨论了古董钟和它的价格。根据表2-14，得到了回归结果式(2-27)和式(2-28)。求每个回归结果的标准误、t 值和 r^2。检验两个回归的斜率系数是否是统计显著的。

3.22　参考习题3.22。利用OLS回归回答问题(a)、(b)和(c)。[⊖]

22　参见 Robert J. Shiller, *Market Volatility*, MIT Press, Cambridge, Mass., 1989, pp. 32-36。

⊖　这道问题有误。——译者注

3.23 表3-7给出了美国1959~2006年进口货物支出(Y)和个人可支配收入(X)的数据(见网上教材)。根据表中的数据,估计进口支出函数,给出常用的统计量,并检验假设:进口支出与个人可支配收入不相关。

3.24 证明OLS估计量b_1和b_2是线性估计量,并证明这些估计量是误差项u_i的线性函数。(提示:$b_2 = \sum x_i y_i / \sum x_i^2 = \sum w_i y_i$,其中,$w_i = x_i / \sum x_i^2$,注意$X$是非随机的。)

3.25 证明式(3-35)。(提示:把式(3-33)平方,然后利用OLS的性质。)

第 4 章

多元回归：估计与假设检验

在双变量线性回归模型中，仅仅考虑了一个自变量或解释变量。本章我们把模型扩展到多个解释变量的情形。包含多个解释变量的回归模型，称为**多元回归模型**(multiple regression model)。多元是指有多种因素(即变量)对应变量有影响。

举个例子，考虑20世纪80年代在美国某些州出现了由于存贷款机构破产所导致的存贷危机。2008年秋季，同样的事件再次上演。在反思这些事件的时候，需要考虑哪些因素呢？有没有能够尽可能减少类似事件发生的办法呢？假定想要建立一个模型来解释破产这个应变量。像破产这样的现象非常复杂，很难只用一个变量来解释它，需要多个解释变量，比如原始资本占总资产的比率，超过90天的贷款占总资产的比率，非自然增加贷款占总资产的比率，重议价贷款占总资产的比率，净收入占总资产的比率等。[1]如果要在回归模型中纳入所有这些变量以反映多种因素对破产的影响，就需要建立多元回归模型。

毋庸赘言，我们可以举出许多多元回归的例子。实际上，很多回归模型都是多元回归模型，因为很少有经济现象能够仅用一个解释变量就解释清楚。

本章重点讨论多元回归模型旨在回答下列问题：

(1)如何估计多元回归模型？多元回归模型的估计过程与双变量模型有何不同？

(2)多元回归模型的假设检验与双变量模型有何不同？

(3)多元回归模型有没有一些在双变量模型中未曾遇到的特性？

(4)既然一个多元回归模型能够包括任意多个解释变量，那么如何决定解释变量的个数？

为了回答上述以及与此相关的问题，首先考虑最简单的多元回归模型，三变量模型，即模型包括一个应变量 Y，两个自变量 X_2，X_3。一旦掌握了三变量模型，就很容易将模型扩展到四个、五个或更多变量的情形，只不过计算复杂了一些(但在计算机时代，这并不是一个难

1　事实上，联储管理委员会在破产银行的内部研究中还考虑了其他一些变量。

题）。事实上，三变量模型本身就是双变量模型的直接扩展，从下面的讨论中不难看出这一点。

4.1 三变量线性回归模型

把双变量总体回归函数(PRF)一般化，即可写出三变量PRF的非随机形式：

$$E(Y_t)=B_1+B_2X_{2t}+B_3X_{3t} \tag{4-1}$$ [2]

随机形式为

$$Y_t=B_1+B_2X_{2t}+B_3X_{3t}+u_t \tag{4-2}$$

$$=E(Y_t)+u_t \tag{4-3}$$

其中，Y——应变量；X_2、X_3——解释变量；u——随机扰动项；t——第t个观察值。

在截面数据的情形下，下标i表示了第i个观察值。在三变量模型或多元回归模型中，引入u的原因与双变量模型相同。

B_1是截距，表示了当X_2、X_3为零时得Y的平均值。B_2、B_3称为偏回归系数，随后解释它们的含义。

根据第2章的讨论可知，式(4-1)给出了给定X_2、X_3取值下Y的条件均值。因此，与双变量情形相同，多元回归分析也是条件回归分析，是在给定解释变量X取值条件下，得到的Y的均值；回顾PRF的定义，它给出了在给定解释变量X_2、X_3取值下，相应Y的总体(条件)均值。[3]

多元回归模型的随机形式式(4-2)表明，任何一个Y值可以表示成为两部分之和：

(1)系统成分或确定性成分($B_1+B_2X_{2t}+B_3X_{3t}$)，也就是Y的均值$E(Y_t)$(即总体回归线上的点)[4]。

(2)非系统成分或随机成分u_t，由除X_2、X_3以外其他因素决定。

所有这些都与双变量情形类似，唯一需要强调的是：现在的解释变量有两个而不是一个。

模型式(4-1)或相对应的随机形式式(4-2)是一个线性回归模型，即模型是参数线性的。第2章曾指出，本书关注的是参数线性的情形；而在这类线性模型中，变量之间可能是线性的，也可能不是(详细讨论见第5章)。

偏回归系数的含义

前面讲到，B_2、B_3称为**偏回归系数**(partial regression coefficients)或**偏斜率系数**(partial slope coefficients)。B_2度量了在X_3保持不变的情况下，X_2单位变动引起Y均值$E(Y)$的变化量。同样的，B_3度量了在X_2保持不变的情况下，X_3单位变动引起Y均值$E(Y)$的变化量。这

---

2 式(4-1)可以写为：$E(Y_t)=B_1X_{1t}+B_2X_{2t}+B_3X_{3t}$，对于每个观察值，$X_{1t}=1$。写成式(4-1)主要是为了记数的方便，参数或估计量的下标与变量的下标相匹配。

3 与双变量情形不同，这里无法给出图形解释。因为在三变量模型中，有Y、X_2和X_3三个变量，需要三维图形，很难用二维图形表示，但是可以想象为类似于图2-6的形式。

4 从几何上看，这种情形下的PRL是一个平面。

是多元回归的一条特殊性质；在双变量情形下，由于仅有一个解释变量，因而无须担心模型出现其他解释变量。而在多元回归中，我们想要知道的是 Y 均值的变动有多大比例“直接”来源于 X_2，多大比例“直接”来源于 X_3。这对于理解多元回归的内在逻辑十分重要。下面用一个简单例子来具体说明，假定有如下总体回归函数：

$$E(Y_t) = 15 - 1.2X_{2t} + 0.8X_{3t} \tag{4-4}$$

令 X_3 取值为 10，代入式(4-4)，得

$$E(Y_t) = 15 - 1.2X_{2t} + 0.8(10) = (15 + 8) - 1.2X_{2t} = 23 - 1.2X_{2t} \tag{4-5}$$

这里，斜率 $B_2 = -1.2$，表示当 X_3 为常数时，X_2 每增加 1 个单位，Y 的均值将减少 1.2 个单位——本例中，X_3 为常数 10(若取其他常数也一样)。[5]这个斜率就称为偏回归系数。[6]同样地，如果 X_2 为常数，比如说 $X_2 = 5$，得

$$E(Y_t) = 15 - 1.2(5) + 0.8X_{3t} = 9 + 0.8X_{3t} \tag{4-6}$$

这里，斜率 $B_3 = 0.8$，表示当 X_2 为常量时，X_3 每增加 1 个单位，Y 的平均值增加 0.8 个单位，如果 X_2 取其他常数，结果一样。这个斜率系数也是偏回归系数。

简言之，偏回归系数反映了当模型中其他解释变量为常量时，某个解释变量对应变量均值的影响。多元回归的这个独特性质不但能够引入多个解释变量，而且能够“分离”出每个解释变量 X 对应变量 Y 的影响。

4.5 节将给出一个具体实例。

4.2　多元线性回归模型的若干假定

与双变量模型相同，首先要对多元回归模型的参数进行估计。为了达到这个目标，我们仍然沿用第 3 章介绍的古典线性回归模型的基本框架，并利用普通最小二乘法(OLS)进行参数估计。

对模型式(4-2)做如下假定(与 3.1 节做比较)：

假定 4.1　回归模型是参数线性的(如式(4-1))，并且是正确设定的。

假定 4.2　X_2、X_3 与扰动项 u 不相关。如果 X_2、X_3 是非随机的(即 X_2、X_3 在重复抽样中取固定值)，则这个假定将自动满足。

但是，如果变量 X 是随机的，那么它们必须独立分布于误差项 u，否则无法得到回归系数的无偏估计值。详细讨论参见第 11 章。

假定 4.3　误差项均值为零，即

$$E(u_i) = 0 \tag{4-7}$$

假定 4.4　同方差假定，即 u 的方差为一常量：

$$\mathrm{var}(u_i) = \sigma^2 \tag{4-8}$$

假定 4.5　误差项 u_i 和 u_j 无自相关，即

$$\mathrm{cov}(u_i, u_j) = 0 \quad i \neq j \tag{4-9}$$

假定 4.6　解释变量 X_2 和 X_3 之间不存在完全共线性，即两个解释变量之间无严格的线性

5　从式(4-5)可以看出，与 X_3 取什么固定值无关，因为常数乘以系数仍然是一个常数，只是截距有所不同。

6　实际上，B_2 是 $E(Y)$ 对 X_2 的偏导数，B_3 是 $E(Y)$ 对 X_3 的偏导数。

关系，这是一个新假定，随后再做解释。

假定 4.7 为了进行假设检验，假定随机误差 u 服从均值为零，（同）方差为 σ^2 的正态分布。即

$$u_i \sim N(0,\sigma^2) \tag{4-10}$$

除了假定 4.6 外，其他假定的基本原理都与前面讨论的双变量模型相同。第 3 章曾指出，这些假定是为了确保能够使用 OLS 法估计模型的参数。在本书第二部分中，将重新考虑这些假定，看看其中一条或几条假定不满足时会发生什么情况。

根据假定 4.6，解释变量 X_2 和 X_3 之间不存在严格的共线性，这个假定也称为**无共线性**或**无多重共线性**（no multicollinearity）假定。

无完全共线性通俗的解释是，变量 X_2 不能表示为另一变量 X_3 的线性函数。因而，如果有：

$$X_{2i} = 3 + 2X_{3i}$$

或

$$X_{2i} = 4X_{3i}$$

则这两个变量之间是**共线性的**（collinear），因为 X_2 和 X_3 之间存在**严格的线性关系**（exact linear relationship）。假定 4.6 表明不存在共线性。逻辑很简单，举个例子，如果 $X_2 = 4X_3$，将其代入式(4-1)，则会发现：

$$E(Y_i) = B_1 + B_2(4X_{3i}) + B_3X_{3i} = B_1 + (4B_2 + B_3)X_{3i} = B_1 + AX_{3i} \tag{4-11}$$

其中，

$$A = 4B_2 + B_3 \tag{4-12}$$

式(4-11)是一个双变量模型，而非三变量模型。即使能够对模型(4-11)进行估计，得到 A 的估计值，也无法根据估计的 A 得到 B_2 和 B_3 的估计值。因为式(4-12)是一个方程，但有两个未知数，而要求 B_2 和 B_3 的估计值需要两个（独立）方程。

因此，在存在完全共线性的情况下，不能估计偏回归系数 B_2 和 B_3 的值；换句话说，不能估计解释变量 X_2 和 X_3 各自对应变量 Y 的影响。这也没有什么奇怪的，因为在模型中确实没有两个独立的解释变量。

虽然在实践中很少遇到完全共线性的情况，但是**高度共线性**（high perfect collinearity）或**近似完全共性线**（near perfect collinearity）的情况还是很常见的。在后面的章节中（参见第 8 章）将详细讨论这类情况，现在仅考虑两个或多个解释变量之间不存在完全线性关系的情形。

4.3 多元回归参数的估计

利用 OLS 法估计模型式(4-2)的参数，有关 OLS 法的一些性质已在第 2 章和第 3 章中讨论过。

4.3.1 普通最小二乘估计量

要求 OLS 估计量，首先写出与 PRF 式(4-2)相应的样本回归函数（SRF），

$$Y_t = b_1 + b_2X_{2t} + b_3X_{3t} + e_t \tag{4-13}$$

按照惯例，e 为残差项，简称残差（与总体回归模型中的误差项 u 相对应），b 是总体系数 B 的估计量。更具体地，

$b_1 = B_1$ 的估计量，$b_2 = B_2$ 的估计量，$b_3 = B_3$ 的估计量

样本回归方程为

$$\hat{Y}_t = b_1 + b_2X_{2t} + b_3X_{3t} \tag{4-14}$$

即估计的总体回归线（实际上是一个平面）。

第 2 章曾指出，OLS 原则是选择未知参数值使得残差平方和（RSS）$\sum e_t^2$ 尽可能小。首先，把模型(4-13)写为

$$e_t = Y_t - b_1 - b_2X_{2t} - b_3X_{3t} \tag{4-15}$$

将方程两边平方再求和，得

$$\text{RSS}:\ \sum e_t^2 = \sum (Y_t - b_1 - b_2X_{2t} - b_3X_{3t})^2 \tag{4-16}$$

最小二乘法就是使 RSS（Y_t 真实值与估计值之差的平方和）最小化。

式(4-16)最小化过程需要用到偏微分技术。这里不再详细推导，得到如下（最小二乘）正规方程：[7]（与双变量模型的正规方程(2-14)和(2-15)做比较。）

$$\overline{Y} = b_1 + b_2\overline{X}_2 + b_3\overline{X}_3 \tag{4-17}$$

$$\sum YX_{2t} = b_1\sum X_{2t} + b_2\sum X_{2t}^2 + b_3\sum X_{2t}X_{3t} \tag{4-18}$$

$$\sum Y_tX_{3t} = b_1\sum X_{3t} + b_2\sum X_{2t}X_{3t} + b_3\sum X_{3t}^2 \tag{4-19}$$

其中，求和符号表示是从第 1 个样本到第 n 个样本。这里有三个方程、三个未知数。应变量 Y 和两个解释变量 X 是已知的，b 是未知的。通常可由三个方程求解三个未知数。对上面方程做简单的代数变换，得到如下三个 OLS 估计量：

$$b_1 = \overline{Y} - b_2\overline{X}_2 - b_3\overline{X}_3 \tag{4-20}$$

$$b_2 = \frac{(\sum y_t x_{2t})(\sum x_{3t}^2) - (\sum y_t x_{3t})(\sum x_{2t} x_{3t})}{(\sum x_{2t}^2)(\sum x_{3t}^2) - (\sum x_{2t} x_{3t})^2} \tag{4-21}$$

$$b_3 = \frac{(\sum y_t x_{3t})(\sum x_{2t}^2) - (\sum y_t x_{2t})(\sum x_{2t} x_{3t})}{(\sum x_{2t}^2)(\sum x_{3t}^2) - (\sum x_{2t} x_{3t})^2} \tag{4-22}$$

其中，小写字母表示与其样本均值的离差（例如，$y_t = Y_t - \overline{Y}$）。

读者可能会注意到上述表达式与双变量模型的式(2-16)和式(2-17)相类似。同样地，上述方程有如下特征：①式(4-21)和式(4-22)是对称的，即将 X_2 和 X_3 互换即得相应的表达式；②两个方程的分母相同。

4.3.2　OLS 估计量的方差与标准误

得到截距及偏回归系数的 OLS 估计量之后，就可以按照双变量模型的方法推导出这些估计量的方差及标准误。根据这些方差或标准误获知不同样本估计量的变异性。与双变量模型相同，需要标准误主要有两个目的：①建立真实参数的置信区间；②检验统计假设。下面给

7　数学推导参见附录 4A. 1。

出相关公式，证明省略：

$$\operatorname{var}(b_1)=\left[\frac{1}{n}+\frac{\overline{X}_2^2\sum x_{3t}^2+\bar{x}_3^2\sum x_{2t}^2-2\overline{X}_2\overline{X}_3\sum x_{2t}x_{3t}}{\sum x_{2t}^2\sum x_{3t}^2-(\sum x_{2t}x_{3t})^2}\right]\cdot\sigma^2 \tag{4-23}$$

$$\operatorname{se}(b_1)=\sqrt{\operatorname{var}(b_1)} \tag{4-24}$$

$$\operatorname{var}(b_2)=\frac{\sum x_{3t}^2}{(\sum x_{2t}^2)(\sum x_{3t}^2)-(\sum x_{2t}x_{3t})^2}\cdot\sigma^2 \tag{4-25}$$

$$\operatorname{se}(b_2)=\sqrt{\operatorname{var}(b_2)} \tag{4-26}$$

$$\operatorname{var}(b_3)=\frac{\sum x_{2t}^2}{(\sum x_{2t}^2)(\sum x_{3t}^2)-(\sum x_{2t}x_{3t})^2}\cdot\sigma^2 \tag{4-27}$$

$$\operatorname{se}(b_3)=\sqrt{\operatorname{var}(b_3)} \tag{4-28}$$

在所有这些表达式中，σ^2 表示总体误差项 u_t 的(同)方差，这个未知方差的 OLS 估计量是

$$\hat{\sigma}^2=\frac{\sum e_t^2}{n-3} \tag{4-29}$$

这个公式是双变量模型式(3-8)的直接扩展，只不过此时的自由度为$(n-3)$。这是因为在估计 RSS，$\sum e_t^2$ 时，必须先求出 b_1、b_2、b_3，即消耗了 3 个自由度。以此类推，在 4 个解释变量的情形下，自由度为$(n-4)$；当有 5 个解释变量时，自由度为$(n-5)$，等等。$\hat{\sigma}^2$ 的正平方根是估计值的标准误或称回归的标准误(即 Y 偏离估计回归线的标准差)：

$$\hat{\sigma}=\sqrt{\hat{\sigma}^2} \tag{4-30}$$

如何计算 $\sum e_t^2$ 呢？由于 $\sum e_t^2=\sum(Y_t-\hat{Y}_t)^2$，因此在计算 $\sum e_t^2$ 时，首先要求 $\hat{Y}_t$，计算机很容易实现。但计算 RSS 有一个更简便的方法(见附录 4A.2)，即

$$\sum e_t^2=\sum y_t^2-b_2\sum y_t x_{2t}-b_3\sum y_t x_{3t} \tag{4-31}$$

也就是说，一旦估计出偏斜率的值，就很容易求得 $\sum e_t^2$。

4.3.3 多元回归 OLS 估计量的性质

在古典线性回归模型的基本假定下，双变量模型的 OLS 估计量是最优线性无偏估计量。这个性质对于多元回归同样成立。因此，根据 OLS 估计的每一个回归系数都是线性的和无偏的——平均而言，它与真实值一致。在所有线性无偏估计量中，OLS 估计量具有最小方差性，所以，OLS 估计量比其他线性无偏估计量更准确地估计了真实的参数值。简言之，OLS 估计量是有效的。

从上面的讨论中不难发现，三变量模型在许多方面是双变量模型的直接推广，只不过估计公式略显复杂。如果解释变量的个数多于三个，那么计算公式将更复杂。在这种情况下，必须使用矩阵代数，以便更简洁地表示各种估计式。本书不再涉及矩阵代数。此外，现在很少有人手工计算了，还是让计算机做这些复杂的工作吧！

4.4 估计多元回归的拟合优度：多元判定系数 R^2

在双变量模型中，式(3-38)定义的 r^2 度量了样本回归直线(SRL)的拟合优度即单个解释

变量 X 对应变量 Y 变动的解释比例或解释百分比。r^2 的概念可以推广到包含多个解释变量的回归模型。因此，在三变量模型中，我们用**多元判定系数**(multiple coefficient of determination)度量 X_2 和 X_3 对应变量 Y 变动的联合解释比例，用符号 R^2 表示；从概念上讲，它与 r^2 类似。

与双变量模型相同，有如下恒等式(与式(3-36)做比较)：

$$\text{TSS} = \text{ESS} + \text{RSS} \tag{4-32}$$

其中，TSS——应变量 Y 的总平方和($=\sum y_t^2$)；ESS——回归平方和(即解释平方和)；RSS——残差平方和。

与双变量模型相同，R^2 定义为

$$R^2 = \frac{\text{ESS}}{\text{TSS}} \tag{4-33}$$

即 R^2 是解释平方和与总平方和的比值；与双变量模型唯一不同的是，现在的 ESS 与多个解释变量有关。

可以证明：[8]

$$\text{ESS} = b_2 \sum y_t x_{2t} + b_3 \sum y_t x_{3t} \tag{4-34}$$

前面已经证明：

$$\text{RSS} = \sum y_t^2 - b_2 \sum y_t x_{2t} - b_3 \sum y_t x_{3t} \tag{4-35}$$

因此，

$$R^2 = \frac{b_2 \sum y_t x_{2t} + b_3 \sum y_t x_{3t}}{\sum y_t^2} \tag{4-36}$$ [9]

顺便指出，R^2 的正平方根 R 称为**多元相关系数**(coefficient of multiple correlation)，与双变量模型的 r 类似。r 度量了 Y 与 X 的线性相关程度，R 度量了 Y 与所有解释变量的线性相关程度。虽然 r 可正可负，但 R 总取正值。但在实际中，很少用到 R。

4.5 古董钟拍卖价格一例

我们用第 2 章讨论的古董钟拍卖价格一例(见表 2-14)说明上述理论。令 Y = 拍卖价格，X_2 = 钟表年代，X_3 = 竞标人数。先验地，预期 Y 与两个解释变量正相关。回归结果如下：(EViews 输出结果见附录 4A.4)

$$\begin{aligned}
\hat{Y}_i &= -1\,336.049 + 12.741\,3X_{2i} + 85.764\,0X_{3i} \\
\text{se} &= (175.272\,5) \quad (0.912\,3) \quad (8.801\,9) \\
t &= (-7.622\,6) \quad (13.965\,3) \quad (9.743\,7) \\
p &= (0.000\,0)^* \quad (0.000\,0)^* \quad (0.000\,0)^* \\
R^2 &= 0.890\,6; \quad F = 118.058\,5
\end{aligned} \tag{4-37}$$

* 表示值很小。

回归结果的解释

与预期相同，拍卖价格与钟表年代和竞标人数正相关。斜率系数 12.74 表示，在其他变量

8　参见附录 4A.2。

9　R^2 也可以表示为，$1 - \frac{\text{RSS}}{\text{TSS}} = 1 - \frac{\sum e_t^2}{\sum y_t^2}$。

保持不变的条件下，钟表年代每增加1年，则钟表价格平均上升12.74马克。同样地，在其他变量保持不变的条件下，竞标人数每增加1个，则钟表价格平均上升85.76马克。负的截距项没有实际意义。R^2 值相当高，约为0.89，表示两个变量解释了拍卖价格89%的变异。式(4-37)中的 F 值将稍后解释。

4.6 多元回归的假设检验

虽然 R^2 度量了估计回归直线的拟合优度，但是 R^2 本身却不能判定估计的回归系数是否统计显著，即是否显著不为零。有的回归系数可能是显著的，有的则可能不是。如何判断呢?

假定想要检验假设：钟表年代对拍卖价格没有影响。换句话说，想要检验零假设：H_0：$B_2=0$。如何进行呢？根据第3章讨论的双变量假设检验，要回答这个问题，需要求 B_2 估计量 b_2 的抽样分布。那么 b_2 的抽样分布是什么呢？b_1 和 b_3 的抽样分布又是什么呢?

在双变量模型中，如果假定误差项 u 服从正态分布，则OLS估计量 b_1、b_2 服从正态分布。假定4.7已经规定了多元回归中的 u 服从均值为0，方差为 σ^2 的正态分布。在此假定以及4.2节列出的其他基本假定下，可以证明 b_1、b_2 和 b_3 均服从均值分别为 B_1、B_2 和 B_3 的正态分布，式(4-23)、式(4-25)和式(4-27)分别给出了它们的方差。

与双变量模型相同，如果用真实的但不可观察的 σ^2 的无偏估计量 $\hat{\sigma}^2$ 代替 σ^2，则OLS估计量服从自由度为$(n-3)$的 t 分布，而不是正态分布。即

$$t=\frac{b_1-B_1}{\mathrm{se}(b_1)}\sim t_{n-3} \tag{4-38}$$

$$t=\frac{b_2-B_2}{\mathrm{se}(b_2)}\sim t_{n-3} \tag{4-39}$$

$$t=\frac{b_3-B_3}{\mathrm{se}(b_3)}\sim t_{n-3} \tag{4-40}$$

此时的自由度为$(n-3)$，因为在计算RSS，$\sum e_t^2$ 和 $\hat{\sigma}^2$ 时，首先需要估计截距及两个偏斜率系数，即失去了3个自由度。

如果用 $\hat{\sigma}^2$ 代替 σ^2，OLS估计量则服从 t 分布。可以利用这个信息对真实的偏斜率系数建立置信区间，并进行假设检验，其内在机制与双变量模型类似，我们用下面一例加以说明。

4.7 对偏回归系数进行假设检验

假定有如下假设：

$$H_0:B_2=0,\quad H_1:B_2\neq 0$$

即零假设：钟表年代对拍卖价格没有影响。备择假设：钟表年代对拍卖价格有正或负的影响。备择假设是双边假设。

在上述零假设下，

$$\begin{aligned} t&=\frac{b_2-B_2}{\mathrm{se}(b_2)}\\ &=\frac{b_2}{\mathrm{se}(b_2)}\quad (\text{注}:B_2=0) \end{aligned} \tag{4-41}$$

服从自由度为$(n-3)=29$的t分布。

根据式(4-37)回归结果，得

$$t=\frac{12.7413}{0.9123}\approx 13.9653 \tag{4-42}$$

服从自由度为 29 的t分布。

根据计算的t值，能否拒绝零假设：钟表年代对拍卖价格没有影响？要回答这个问题，可用显著性检验法或置信区间法。

4.7.1　显著性检验法

在显著性检验方法中，需要建立一个统计量，求其抽样分布，选择一个显著水平α，并决定在所选显著水平下检验统计量的临界值。然后将从样本得到的检验统计量与其临界值比较，如果统计量的值超过临界值，则拒绝零假设。[10]还可以求得统计量的p值，如果p值小于显著水平α，则拒绝零假设。我们可以将这种检验方法推广到多元回归模型。

回到上面的例子，本例中的检验统计量是t统计量，它服从自由度为$(n-3)$的t分布，因而选择t显著性检验。假定选择$\alpha=0.05$或5%。由于备择假设是双边的，因此需要求得在$\alpha/2=2.5\%$（为什么?）显著水平下自由度为$(n-3)$（本例中的自由度为 29）的临界t值。根据t分布表得，当自由度为 29 时，

$$(-2.045\leqslant t\leqslant 2.045)=0.95 \tag{4-43}$$

即t值位于临界值-2.045与 2.045（即临界t值）之间的概率为 95%。

根据式(4-42)可知，在零假设H_0：$B_2=0$下，计算的t值接近 14，显然超过临界t值 2.045。因此，拒绝零假设并得出结论：钟表年代对拍卖价格有影响。根据式(4-37)给出的p值（几乎为零），再一次验证了我们的结论。即如果零假设$B_2=0$为真，获得t值等于或大于 14 的机会几乎为零。因此，比之选择的α值（1%或 5%），根据p值能够更充分地拒绝零假设。

单边或双边t检验由于先验地预期钟表年代的系数为正，因此，这里实际上用的是单边t检验。在 5%的显著水平下，当自由度为 29 时，单边检验的t值为 1.699。计算的t值约为 14，仍远大于 1.699，因此拒绝零假设并得出结论：钟表年代对拍卖价格有正向影响。而双边检验的结果只是表明钟表价格对拍卖价格可能有正向或反向的影响。因此，在设定零假设和备择假设时需要谨慎，在选择这些假设时要以经济理论为依据。

4.7.2　假设检验的置信区间法

假设检验的置信区间法的基本思想在第 3 章中已经讨论过。这里，仅以一个数值例子说明。前面已经证明了：

$$P(-2.045\leqslant t\leqslant 2.045)=0.95$$

根据式(4-39)有

10　如果检验统计量为负，则考虑其绝对值，即如果检验统计量的绝对值大于临界值，则拒绝零假设。

$$t=\frac{b_2-B_2}{\mathrm{se}(b_2)}$$

如果把这个 t 值代入到式(4-43)，得

$$P\left(-2.045\leqslant\frac{b_2-B_2}{\mathrm{se}(b_2)}\leqslant 2.045\right)=0.95$$

整理得

$$P[b_2-2.045\mathrm{se}(b_2)\leqslant B_2\leqslant b_2+2.045\mathrm{se}(b_2)]=0.95 \tag{4-44}$$

即为5%显著水平下 B_2 的置信区间。回顾一下置信区间法，如果置信区间(也称接受区域)包括了零假设值，则不能拒绝零假设。如果零假设值在置信区间之外，则拒绝零假设。但需要注意的是，无论做何种决定，犯错误的概率为5%。

将相应的值代入式(4-44)得

$$12.7413-2.045(0.9123)\leqslant B_2\leqslant 12.7413+2.045(0.9123)$$

即

$$10.8757\leqslant B_2\leqslant 14.6069 \tag{4-45}$$

即为真实 $B_2$95%的置信区间。由于该置信区间不包括零假设值，所以拒绝零假设：如果建立类似式(4-45)的置信区间100个，则有95个区间包括真实的 B_2 值。但不能说某个特定区间包括或不包括真实 B_2 的概率为95%。

毋庸赘言，有两种不同的假设检验方法可以对本例中模型的任何系数进行检验。从回归结果可以看出，竞标人数的系数也是统计显著的(即显著不为零)，估计的 t 值约为8，获此 t 值的 p 值几乎为零。p 值越低，拒绝零假设的证据就越充分。

4.8 检验联合假设：$B_2=B_3=0$ 或 $R^2=0$

从本例中可以看出：偏斜率系数 b_2 和 b_3 都是统计显著的，即偏斜率系数都显著不为零。但现在考虑下面的零假设：

$$\mathrm{H}_0: B_2=B_3=0 \tag{4-46}$$

这个零假设称为**联合假设**(joint hypothesis)，即 B_2、B_3 联合或同时为零(而不是单独为零)。这个假设表明两个解释变量联合对应变量 Y 无影响，等同于

$$\mathrm{H}_0: R^2=0 \tag{4-47}$$

即两个解释变量对应变量变化的解释比例为零(回顾 R^2 的定义)。因此，假设式(4-46)与假设式(4-47)是等价的，称为**多元回归的总体显著性检验**(test of the overall significance of the estimated multiple regression)，即 Y 是否与 X_2 和 X_3 线性相关。

如何对式(4-46)的假设进行检验呢？这里潜在的逻辑是，既然 b_2、b_3 各自均显著不为零，那么它们一定也联合或集体显著不为零，即拒绝式(4-46)这个零假设。换句话说，既然钟表年代和竞标人数各自都对拍卖价格有显著影响，那么它们一起也一定会对拍卖价格有显著影响。但这里必须谨慎。在随后的第12章有关多重共线性的讨论中将会看到，在多元回归模型中，一个或多个解释变量各自对应变量没有影响，但却联合对应变量有影响。这意味着前面讨论的 t 检验虽然对于检验单个回归系数的统计显著性是有效的，但对于联合假设却是无

效的。

如何对形如式(4-46)的假设进行检验呢？可以采用**方差分析技术**(analysis of variance, ANOVA)。首先看下列恒等式：

$$\mathrm{TSS} = \mathrm{ESS} + \mathrm{RSS}$$

即

$$\sum y_t^2 = b_2 \sum y_t x_{2t} + b_3 \sum y_t x_{3t} + \sum e_t^2 \tag{4-48}$$ [11]

式(4-48)将 TSS 分解为两个部分，一部分(ESS)由回归模型来解释，另一部分(RSS)不能由模型解释。对 TSS 各个组成部分进行研究称为方差分析。

附录 C 指出，每个平方和都与其自由度(即独立观察值的个数)有关联，上述平方和的自由度分别为

平方和	自由度
TSS	$n-1$(总成立，为什么?)
RSS	$n-3$(三变量模型)
ESS	2(三变量模型)①

① 求 ESS 自由度的一个简单方法是用 TSS 的自由度减去 RSS 的自由度。

表 4-1 给出了方差分析表。

表 4-1　三变量回归模型的方差分析表

变异来源	平方和	自由度	$\mathrm{MSS}=\frac{\mathrm{ss}}{\mathrm{d.f.}}$
来自回归 (ESS)	$b_2 \sum y_t x_{2t} + b_3 \sum y_t x_{3t}$	2	$\frac{b_2 \sum y_t x_{2t} + b_3 \sum y_t x_{3t}}{2}$
来自残差(RSS)	$\sum e_t^2$	$n-3$	$\frac{\sum e_t^2}{n-3}$
总计(TSS)	$\sum y_t^2$	$n-1$	

注：MSS = 平方和的均值。

如果满足 CLRM 基本假定(以及假定 4.7)，在零假设下：H_0: $B_2 = B_3 = 0$，可以证明变量：

$$F=\frac{\mathrm{ESS/d.f.}}{\mathrm{RSS/d.f.}}=\frac{\text{由 } X_2 \text{ 和 } X_3 \text{ 解释的变异}}{\text{未解释的变异}}=\frac{(b_2 \sum y_t x_{2t} + b_3 \sum y_t x_{3t})/2}{\sum e_t^2/(n-3)} \tag{4-49}$$

服从分子自由度为 2，分母自由度为$(n-3)$的 F 分布(参见附录 C 和附录 D 有关 F 分布的讨论)。一般地，如果回归模型有 k 个解释变量(包括截距)，则 F 值的分子自由度为$(k-1)$，分母自由度为$(n-k)$。[12]

如何利用式(4-49)给出的 F 值检验联合假设：X_2 和 X_3 对 Y 没有影响呢？可以从式(4-49)中得到答案。如果式(4-49)中的分子比分母大，即如果 Y 由回归解释的部分(即由 X_2 和 X_3 解释部分)比未被回归解释的部分大，则 F 值将大于 1。因此，随着解释变量对应变量 Y 变异的

11　这是式(4-35)的另一种表达形式。

12　一种简单的记忆方法是，F 值的分子自由度等于模型中偏斜率系数的个数，分母自由度等于 n 减去估计参数的个数，(即斜率加上截距)。

解释比例逐渐增大，F 值也将逐渐增大。因此，F 值越大，则拒绝零假设的理由越充分：两个(或多个)解释变量对应变量 Y 无影响。

当然，这种直观的原因也可以用假设检验的语言表述。正如附录 C4.4 曾指出的那样，根据式(4-49)计算出 F 值，并在所选显著水平下(犯第一类错误的概率)将其与临界 F 值(分子自由度为2，分母自由度为 $n-3$)做比较。如果计算的 F 值超过临界 F 值，则拒绝零假设：所有的解释变量同时为零。如果 F 值不超过临界 F 值，则不能拒绝零假设：解释变量对应变量无任何影响。

我们仍用古董钟拍卖价格一例来说明如何进行假设检验。表 4-2 给出了对应于表 4-1 的具体数值。

该结果是用 EViews 软件计算得到的(见附录 4A.4)。[13]从表中计算结果可知，估计的 F 值为 118.058 5，约为 119，在零假设 $B_2=B_3=0$，以及古典线性回归模型的基本框架下，F 值服从分子自由度为2，分母自由度为29 的 F 分布。如果零假设为真，则获此 F 值大于或等于 118 的概率是多少呢？计算结果表明，获此 F 值的 p 值为 0.000 00，几乎为零。因此，能够拒绝零假设：钟表年代和竞标人数联合对古董钟竞标价格没有影响。[14]

表 4-2 钟表拍卖价格一例的方差分析表

变异来源	平方和	自由度	$MSS=\frac{ss}{d.f.}$
来自回归(ESS)	4 278 295.3	2	4 278 295.3/2
来自残差(RSS)	525 462.2	29	525 462.2/29
总和(TSS)	4 803 757.5	31	
$F=2\,139\,147.6/18\,119.386=118.058\,5$①			

① 数值经过四舍五入。

在这个例子中，不仅拒绝零假设：B_2 和 B_3 各自是统计不显著的，而且拒绝零假设：B_2 和 B_3 是联合不显著的。然而，这种情况并不总是发生。通常的情形是，并非所有的解释变量各自都对应变量有影响(也就是，有的 t 值可能是统计不显著的)，但却联合对应变量有影响(即 F 检验将拒绝零假设：所有斜率系数同时为零)。随后将会看到，当存在多重共线性时，就会发生上述情况。有关多重共线性的详细讨论参见第 8 章。

F 与 R^2 之间的重要关系

判定系数 R^2 与方差分析中用到的 F 值之间有如下重要关系：

$$F=\frac{R^2/(k-1)}{(1-R^2)/(n-k)} \tag{4-50}$$

其中，n 为观察值的个数，k 为包括截距在内的解释变量的个数。

式(4-50)表明了 F 与 R^2 之间的关系。这两个统计量同方向变动。当 $R^2=0$(即 Y 与解释变

---

13 与其他软件不同，EViews 没有给出方差分析表，但给出了 F 值。很容易建立方差分析表，EViews 给出了 TSS 和 RSS，因而很容易求得 ESS。

14 如果选择的显著水平 $\alpha=1\%$，则当自由度为2 和30(接近29)时，临界的 F 值为5.39。F 值为118，显然远大于临界值。

量 X 不相关）时，F 为 0。R^2 值越大，F 值也越大。当 R^2 取其极限值 1 时，F 值趋于无穷大。

因此，F 检验（用于度量总体回归直线的显著性）也可用于检验 R^2 的显著性——R^2 是否显著不为零。换句话说，检验零假设式（4-46）与检验零假设（总体的）R^2 为零是等价的（式（4-47））。

用 R^2 的形式进行 F 检验的优点在于便于计算。仅仅需要知道 R^2 值即可，许多统计软件都给出了 R^2 值。因此，对总体回归方程显著性的 F 检验（式（4-49））可以采用 R^2 的形式（式（4-50））。方差分析表 4-1 也可等价地表示为表 4-3。

表 4-3　R^2 形式的方差分析表

变异来源	平方和	自由度	$MSS = \frac{ss}{d.f.}$
来源于回归（ESS）	$R^2(\sum y_i^2)$	2	$\frac{R^2(\sum y_i^2)}{2}$
来源于残差（RSS）	$(1-R^2)(\sum y_i^2)$	$n-3$	$\frac{(1-R^2)(\sum y_i^2)}{(n-3)}$
总和（TSS）	$\sum y_i^2$	$n-1$	

注：在计算 F 值时，无须用 $\sum y_i^2$ 乘以 R^2 或 $(1-R^2)$，因为它被约减掉了，从式（4-49）中可以看出。
在 k 个变量的模型中，分子、分母自由度分别为 $(k-1)$ 和 $(n-k)$。

本例中的 $R^2=0.8906$。因此，

$$F=\frac{0.8906/2}{(1-0.8906)/29}\approx 118.12 \tag{4-51}$$

与表 4-2 中的 F 值相同。

读者可以按照表 4-3 的形式建立本例的方差分析表。

4.9　从多元回归模型到双变量模型：设定误差

再来看古典钟拍卖价格一例。在例 2-5 中，分别做了拍卖价格对钟表年代和竞标人数的回归，见方程（2-27）和方程（2-28）。这里再次给出回归结果：

$$\begin{aligned}\hat{Y}_i &= -191.6662+10.4856Age_i\\ se &= (264.4393)+(1.7937)\\ t &= (-0.7248)\quad (5.8457)\quad r^2=0.5325;\quad F=34.1723\end{aligned} \tag{4-52}$$

$$\begin{aligned}\hat{Y}_i &= 807.9501+54.5724Bidders\\ se &= (231.9501)\quad (23.5724)\\ t &= (3.4962)\quad (2.3455)\quad r^2=0.1549;\quad F=5.5017\end{aligned} \tag{4-53}$$

如果把这些回归结果与三变量回归结果式（4-37）做比较，则会发现有几个不同：

（1）方程（4-52）和方程（4-53）的斜率系数与多元回归方程（4-37）的系数不同，尤其是竞标人数的系数。

（2）三个方程的截距也不相同。

（3）多元回归中的 R^2 值也与两个双变量回归中的 r^2 值明显不同。

可以证明，有些差异是统计显著的，有些则不是。

两个回归结果为什么不同呢？在式(4-37)推导钟表年代对拍卖价格的影响时，假设了竞标人数保持不变；而在式(4-52)中，只是简单地略去了竞标人数这个变量。换句话说，式(4-37)中钟表年代对拍卖价格的影响是净影响或净效果，而在式(4-52)中，竞标人数的影响并未略掉。因而，式(4-52)中钟表年代的系数反映了总效果——钟表年代的直接影响和竞标人数的间接影响。式(4-37)和式(4-52)的这种差异很好地反映了“偏”回归系数的含义。

从式(4-37)回归结果中可以看出，钟表年代和竞标人数无论是单独地，还是联合地都对拍卖价格有重要影响。因此，从回归模型(4-32)中省略竞标人数这个变量，会导致(模型的)**设定偏差**(specification bias)或**设定误差**(specification error)，更具体来说，导致了模型中遗漏相关变量的设定误差。类似地，从回归方程(4-53)中删除钟表年代这个变量，也会导致设定误差。

第7章将详细讨论模型的设定误差，但这里需要特别指出的是：在建立用于实证分析的回归模型时需格外谨慎。在建模过程中，要以经济理论为依据，并充分利用以往的工作经验。一旦建立起模型，就不要随意地从模型中删除某个解释变量。

4.10 比较两个 R^2 值：校正的判定系数

检查双变量回归模型(式(4-52)或式(4-53))与三变量回归模型(式(4-37))的 R^2 值，不难发现，前一个方程的 R^2 值(0.5325 或 0.1549)比后一个方程的 R^2 值(0.8906)小得多。结果总是这样的吗？是的！判定系数 R^2 的一个重要性质就是模型中解释变量的个数越多，R^2 值就越大。看来要想用更大的比例解释应变量的变异，只需要不断地增加解释变量的个数就可以了！

但是，不能完全照搬这个“建议”。因为在 R^2 的定义中($R^2=\text{ESS}/\text{TSS}$)并没有考虑到自由度。在有 k 个变量的模型中(包括截距)，ESS 的自由度为$(k-1)$。因此，如果模型中有5个解释变量(包括截距)，则 ESS 的自由度为4，如果模型有10个解释变量(包括截距)，则 ESS 的自由度为9。但是，在 R^2 的惯用计算公式中并未考虑不同模型中自由度的差异。TSS 的自由度总为$(n-1)$。(为什么?)因此，比较相同应变量，但不同个数解释变量的两个回归模型的样本判定系数 R^2，就像是拿苹果和橘子比。

因此，需要这样一个拟合优度的度量指标，它能根据模型中解释变量的个数进行调整。校正的**判定系数** R^2(adjusted R^2)就是这样一个度量指标，用符号 $\bar{R}^2$ 表示。可以根据 R^2 推导出 $\bar{R}^2$(参见附录4A.3)

$$\bar{R}^2 = 1-(1-R^2)\frac{n-1}{n-k} \tag{4-54}$$

前面讨论的判定系数 R^2 也称为未校正的判定系数。

校正的判定系数 $\bar{R}^2$ 有如下性质：

(1)如果 $k>1$，则 $\bar{R}^2 \leqslant R^2$。即随着模型中解释变量个数的增加，校正判定系数 $\bar{R}^2$ 越来越小于未校正判定系数 R^2，这似乎是对增加解释变量的“惩罚”。

(2)虽然未校正判定系数 R^2 总为正，但校正判定系数 $\bar{R}^2$ 可能为负。例如，在回归模型中，$k=3$，$n=30$，如果 $R^2=0.06$，则 $\bar{R}^2$ 为负数(-0.0096)。

许多统计软件都可以计算 R^2 和 $\bar{R}^2$。校正判定系数可以对相同应变量、不同解释变量(个数不同)的两个回归模型进行比较。[15]即使不能够比较两个回归模型，求出校正的判定系数 $\bar{R}^2$ 也是有益的，因为它考虑了纳入模型变量个数的影响。

在古董钟拍卖价格一例中，可以验证校正的判定系数 $\bar{R}^2$ 为 0.883 0，与预期相同，比未校正的判定系数 R^2 0.890 6 略小。回归方程(4-52)和(4-53)的 $\bar{R}^2$ 分别为 0.516 9 和 0.126 8，也比各自相应的 R^2 略小。

4.11　什么时候增加新的解释变量

在实践中，为了解释某个现象，往往面临着在若干解释变量间进行取舍的问题。通常的做法是：只要校正判定系数 $\bar{R}^2$ 值增加(即使 $\bar{R}^2$ 值小于 R^2 的值)，就可以增加新的解释变量。但是，什么时候 $\bar{R}^2$ 值开始增加呢？可以证明：如果增加变量系数的 $|t|$ 值大于 1，$\bar{R}^2$ 就会增加，这里的 t 值是在零假设“真实系数为零”下计算得到的。[16]

在古董钟拍卖价格一例中，首先做拍卖价格对常数的回归，然后做拍卖价格对常数和钟表年代的回归，最后再做拍卖价格对常数、钟表年代和竞标人数的回归。回归结果见表 4-4。

表 4-4　古董钟拍卖价格的四个模型比较

应变量	截距	年代	投标人数	R^2	$\bar{R}^2$	F	
拍卖价格	1 328.094 (19.085 0)	—	—	0.00	0.00	0	(1)
拍卖价格	−191.666 2 (−0.724 8)	10.485 6 (5.845 7)	—	0.532 5	0.516 9	34.172 3	(2)
拍卖价格	807.950 1 (3.496 2)	—	54.572 4 (2.345 5)	0.154 9	0.126 8	5.501 7	(3)
拍卖价格	−1 336.049 (−7.622 6)	12.741 3 (13.965 3)	85.764 0 (9.743 7)	0.890 6	0.883 0	118.058 5	(4)

注：括号中的参数是在零假设“每个总体回归系数的真实值为零”下估计的 t 值。

从本例中可以看到一些有趣的事实：

(1)当仅做拍卖价格对截距的回归时，与预期一致，R^2、$\bar{R}^2$ 和 F 值均为零。但这里的截距有什么含义呢？只不过是拍卖价格的(样本)均值。可以通过方程(2-16)验证这一点。如果在这个方程中没有 X 变量，则截距等于应变量的均值。

(2)当做拍卖价格对截距和钟表年代的回归时，年代变量的 t 值不仅大于 1，而且是统计显著的。R^2 和 $\bar{R}^2$ 都增加了(虽然后者比前者略小)。但注意一个有趣的事实，如果将 t 值 5.845 7 平方，得 $5.845\,7^2 = 34.172\,2$，与 F 值 34.172 3 几乎相等。这很奇怪吗？不，因为方程(C-15)表明：

$$t_k^2 = F_{1,k} \tag{4-55}$$

即自由度为 k 的 t 统计量的平方等于分子自由度为 1，分母自由度为 k 的 F 统计量。本例中，

15　在第 5 章中将会看到，如果两个回归模型的应变量不同，则不能直接比较它们的 R^2 和 $\bar{R}^2$。

16　无论 t 值是否是显著的，只要增加变量系数的 $|t|$ 值大于 1，$\bar{R}^2$ 值就会增加。

$k=30$(32 个观察值 -2，模型(2)需要估计两个系数)。分子自由度为 1，因为这个模型只有一个解释变量。

(3)当做拍卖价格对常数项和竞标人数的回归时，竞标人数的 t 值为 2.345 5。如果把这个 t 值平方，得 $2.3455^2=5.5013$，与表 4-4 中的 F 值相同，可以根据式(4-55)再次得到验证。由于 t 值大于 1，R^2 和 $\bar{R}^2$ 都增加了。计算的 t 值也是统计显著的，表明竞标人数这个变量应该纳入模型(1)。同样的结论也适合于模型(2)。

(4)如何判定在模型(1)中同时纳入钟表年代和竞标人数两个变量是否合适呢？利用方差分析表和 F 检验回答了这个问题。表 4-2 表明，能够拒绝假设，$B_2=B_3=0$，即解释变量联合对拍卖价格没有影响。[17]

4.12 受限最小二乘

再来看表 4-4 给出的回归结果，我们看到了遗漏相关变量的后果。表中的回归模型(1)仅仅是钟表拍卖价格对截距的回归，得到 R^2 值为 0，这也不足为奇。在回归模型(4)中，是拍卖价格对钟表年代和竞标人数的回归，得到 R^2 值为 0.890 6。根据 F 检验得出结论：模型存在设定误差，两个解释变量都应该纳入模型。

回归模型(1)称为**受限模型**(restricted model)，因为它隐含地假定了钟表年代和竞标人数的系数为零，即这些变量不属于模型(即 $B_2=B_3=0$)。回归模型(4)称为**非受限模型**(unrestricted model)，因为它包含了所有相关变量。由于模型(1)是受限模型，所以当用 OLS 估计参数时，称为**受限最小二乘法**(restricted least squares，RLS)。由于模型(4)是非受限模型，所以当用 OLS 估计参数时，称为**非受限最小二乘法**(unrestricted least squares，URLS)。到目前为止，估计的所有模型用的都是非受限最小二乘法，因为假设待估模型是正确设定的，模型已经包括了所有相关变量。第 7 章将讨论违背这一假定的后果。

现在的问题是：如何在 RLS 和 URLS 之间进行选择呢？即如何判定对模型施加限制条件是有效的呢？比如本例中的模型(1)。可以利用 F 检验回答这个问题。用 R_r^2 表示从受限模型得到的 R^2，R_{ur}^2 表示从非受限模型得到的 R^2。现假定误差项 u_i 服从正态分布，可以证明，

$$F=\frac{(R_{ur}^2-R_r^2)/m}{(1-R_{ur}^2)/(n-k)}\sim F_{m,n-k} \tag{4-56}$$

服从分子自由度为 m，分母自由度为 $(n-k)$ 的 F 分布，其中 $R_r^2=$ 从受限模型得到的 R^2，$R_{ur}^2=$ 从非受限模型得到的 R^2，$m=$ 受限回归的限制个数(本例中是两个)，$n=$ 样本观察值的个数，$k=$ 非受限模型待估参数的个数(包括截距项)。检验的零假设为：受限模型的约束是有效的。如果从方程(4-56)估计的 F 值大于所选显著水平下的临界 F 值，则拒绝受限回归。在这种情形下，受限模型的约束是无效的。

回到古董钟拍卖价格一例，把表 4-4 中相应的值代入式(4-56)，得

---

17 假定一个有四个解释变量的模型。开始时回归模型仅包括了其中的两个解释变量，但后来需要判定是否有必要再增加另外两个解释变量。可以用扩展的 F 检验处理这类问题。详细的讨论参见 Gujarati and Porter, *Basic Econometrics*, 5th ed. , McGraw-Hill, New York, 2009, pp. 243-246。

$$F = \frac{(0.890 - 0)/2}{(1 - 0.890)/(32 - 3)} = \frac{0.445}{0.00379} = 117.414 \tag{4-57}$$

获此 F 值的概率非常小。因此，拒绝受限回归。即钟表年代和竞标人数对拍卖价格有显著影响。

式(4-56)是一个正规表达式。在应用中唯一需要提醒注意的是：在比较受限回归和非受限回归时，应变量必须相同。如果不相同，则需要利用第 5 章讨论的方法(参见习题 5.16)或习题 4.20 讨论的方法进行修正。

4.13　若干实例

在结束本章之前，我们来看多元回归的几个例子，通过这些例子说明多元回归的不同用途。

税收政策会影响公司的资本结构吗

为了解释哪种税收政策导致了美国制造业中不断增加的债务/产权资本比率(即用债务资本替代产权资本，在金融学文献中称之为杠杆利率)，波兹德纳(Pozdena)估计了下面的回归方程：[18]

$$Y_t = B_1 + B_2X_{2t} + B_3X_{3t} + B_4X_{4t} + B_5BX_{5t} + B_6X_{6t} + u_t \tag{4-58}$$

其中，Y——杠杆利率(债务/产权)(%)；X_2——公司税率；X_3——个人税率；X_4——资本所得税；X_5——非债务避税；X_6——通货膨胀率。

经济理论表明，系数 B_2、B_4、B_6 为正，B_3、B_5 为负。[19]根据 1935～1982 年间美国制造企业的数据，波兹德纳给出了 OLS 回归结果。(这里，回归结果未采用常用的格式(例如式(4-37))，而是用形如表 4-5 的形式给出，以便阅读。)

表 4-5　制造企业中的杠杆利率

解释变量	系数 (参数 t 值)	解释变量	系数 (参数 t 值)
公司税率	2.4	通货膨胀率	1.4
	(10.5)		(3.0)
个人税率	-1.2	n = 48(观察值个数)	
	(-4.8)	R^2 = 0.87	
资本所得税	0.3	$\bar{R}^2$ = 0.85	
	(1.3)		
非债务避税	-2.4		
	(-4.8)		

注：1. 作者没有给出估计的截距。

2. 根据式(4-54)计算出校正的 R^2。

3. 各种系数的标准误可由系数值除以其 t 值得到(例如，公司税率系数的标准误为 2.4/10.5 = 0.228 6)。

资料来源：Randall Johnston Pozdena, "Tax Policy and Corporate Capital Structure," *Economic Review*, Federal Reserve Bank of San Francisco, Fall 1987, Table 1, p. 45 (经过调整)。■

18　Randall Johnston Pozdena, "Tax Policy and Corporate Capital Structure," *Economic Review*, Federal Reserve Bank of San Francisco, Fall 1987, pp. 37-51.

19　参见波兹德纳的文章(脚注 18)，文章从理论上讨论了各种系数的预期符号。在美国，债务资本的利息是免税的，而股息收入则不是。这就是公司为什么愿意选择债务而非产权资本的原因之一。

对回归结果的讨论

首先需要指出的是：上述回归中所有系数的符号与先验预期一致。举个例子，公司税率对杠杆率有正的影响。在其他条件保持不变的情况下，公司税率每增加一个百分点，杠杆率(即债务/产权的比率)平均上升2.4个百分点。同样地，在其他条件不变时，如果通货膨胀率每上升1个百分点，杠杆利率平均上升1.4个百分点。(为什么预期杠杆利率与通货膨胀率正相关呢?)其他的偏回归系数可类似解释。

根据每个偏回归系数的t值，很容易对零假设(每一个总体偏回归系数分别为零)或备择假设(每一个真实的总体系数不为零)进行检验。本例中利用的是双边t检验。自由度为42，即48个样本观察值减去6个待估参数(注：虽然估计了截距值，但表4-5并未给出)。如果选择显著水平$\alpha=5\%$，则双边临界t值约为2.021(自由度为40)(注：t分布表并未给出自由度为42的精确的t值，这是一个很好的近似值)。如果选择显著水平$\alpha=1\%$，则双边的临界t值为2.704(自由度为40)。根据表4-5给出的t值，在1%的显著水平下，除了资本所得税的系数以外，其他每个偏回归系数都显著不为零。在1%或5%的显著水平下，资本所得税的系数都是不显著的。因此，除了这个变量以外，我们能够拒绝零假设：每个偏回归系数为零。换句话说，除了一个解释变量之外，其他所有解释变量各自都对债务/产权比例有影响。顺便指出：如果估计的系数在1%显著水平下是统计显著的，则它在5%的显著水平下同样是统计显著的，反之则不成立。

估计的回归直线整体显著性如何呢？即能否接受零假设：所有的偏斜率系数同时为零，或等价地，$R^2=0$？利用式(4-50)很容易检验这个假设，在本例中，

$$F=\frac{R^2/(k-1)}{(1-R^2)/(n-k)}=\frac{0.87/5}{0.13/42}=56.22 \tag{4-59}$$

它服从自由度为5和42的F分布。如果$\alpha=0.05$，从F分布表(附录E，表E-3)可知，当自由度为5和40时，临界F值为2.45。(在F分布表中，没有分母自由度为42时相应的F值)。在$\alpha=0.01$时，相应的F临界值为3.51。计算的F值56远远大于上面任何一个临界F值。因此，拒绝零假设：所有的偏斜率同时为零，或等价地，$R^2=0$。所有5个变量联合影响应变量。但单独地看，只有4个变量对应变量有影响。例4-1再次强调了(单个)t检验与(联合)F检验完全不同。[20]

例 4-2
Example

牙买加的进口需求

为了解释牙买加的进口需求，加法(J. Gafar)[21]根据19年的年度数据得到下面的回归结果：

$$\hat{Y}_t=-58.9+0.20X_{2t}-0.10X_{3t}$$

20 在双变量线性回归模型中，$t_k^2=F_{1,k}$。即自由度为k的t值的平方与分子自由度为1，分母自由度为k的F值相等。

21 J. Gafar, "Devaluation and the Balance of Payments Adjustment in a Developing Economy: An Analysis Relating to Jamaica," *Applied Economics*, vol. 13, 1981, pp. 151-165. 符号做了调整，并给出了R^2。

$$\text{se} = \quad (0.0092)\ (0.084)\quad R^2 = 0.96 \tag{4-60}$$
$$t = \quad (21.74)\ (-1.1904)\quad \bar{R}^2 = 0.955$$

其中，Y——进口量；X_2——个人消费支出；X_3——进口价格/国内价格。

经济理论表明 Y 与 X_2 正相关，Y 与 X_3 负相关，这与回归结果相符。在5%的显著水平下，X_2 的回归系数是统计显著的，但 X_3 的系数却不是。但是，由于 X_3 的 t 值的绝对值大于1，因此如果把 X_3 从模型中略去，校正的判定系数 $\bar{R}^2$ 将减少（为什么？）X_2 和 X_3 联合解释了牙买加进口量96%的变异。■

例 4-3
Example

英国对酒精饮料的需求

为了解释英国对酒精饮料的需求，吉尼斯（T. McGuinness）[22]根据20年的年度数据得到了下面的回归结果：

$$\begin{aligned}
\hat{Y}_t &= -0.014 - 0.354X_{2t} + 0.0018X_{3t} + 0.657X_{4t} + 0.0059X_{5t} \\
\text{se} &= (0.012)\quad (0.2688)\quad (0.0005)\quad (0.266)\quad (0.0034) \\
t &= (-1.16)\quad (1.32)\quad (3.39)\quad (2.47)\quad (1.73) \\
R^2 &= 0.689
\end{aligned} \tag{4-61}$$

其中，Y——每个成年人酒精饮料消费的年变化；X_2——酒精饮料真实价格指数的年变化；X_3——个人真实可支配收入的年变化；X_4——$\dfrac{\text{许可证发放数量的年变化}}{\text{成年人口}}$；$X_5$——每人广告支出费用的年变化。

理论表明，除了变量 X_2 以外，所有解释变量都与应变量 Y 正相关。这也与回归结果一致，虽然有的回归系数是统计不显著的。在5%的显著水平下，自由度为15时（为什么？）的临界 t 值为1.753（单边）和2.131（双边）。考虑广告支出 X_5 的系数，由于预期广告支出与酒精饮料需求正相关（不然的话，这对广告业就是一个坏消息），因而建立假设：$H_0: B_5 = 0$，$H_1: B_5 > 0$。可以用单边 t 检验。在5%的显著水平下，计算的 t 值为1.73，很接近5%的显著水平下的 t 临界值。■

留给读者计算本例的 F 值，并检验假设：所有的偏斜率系数同时为零。

例 4-4
Example

城市劳动力参与率、失业率以及平均小时工资

第1章曾给出了回归方程式(1-5)，但并未对回归结果的统计显著性进行讨论，现在已经具备了必要的工具。完整的回归结果如下：

$$\begin{aligned}
\widehat{CLFPR_t} &= 81.2267 - 0.6384CUNR_t - 1.4449AHE82_t \\
\text{se} &= (3.4040)\quad (0.0715)\quad (0.4148) \\
t &= (23.88)\ (-8.94)\ (-3.50) \\
p\text{ 值} &= (0.000)^*\quad (0.000)^*\quad (0.002) \\
R^2 &= 0.767;\quad \bar{R}^2 = 0.748;\quad F = 41.09
\end{aligned} \tag{4-62}$$

*表示值很小。

22　T. McGuinness, "An Econometric Analysis of Total Demand for Alcoholic Beverages in the United Kingdom," *Journal of Industrial Economics*, vol. 29, 1980, pp. 85-109. 符号经过调整。

回归结果表明，每个估计的回归系数都是高度统计显著的，因为计算的 p 值很小，即每个系数显著不为零。*CUNR* 和 *AHE*82 也是联合统计显著的，因为获得 F 值为 41.09(自由度为 2 和 25)的 p 值非常小。

与预期相同，城市失业率对城市劳动力参与率有负的影响，表明受挫－工人效应占主导地位。回归结果隐含的经济理论已经在第 1 章中解释过。*AHE*82 的系数为负，表明在收入效应和替代效应中，前者占主导地位。■

例 4-5 Example

38 个国家的教育支出[23]

根据 38 个国家的样本数据(参见网上教材表 4-6)，得到如下回归：

$$
\begin{aligned}
Educ_i &= 414.4583 + 0.0523GDP_i - 50.0476Pop \\
se &= (266.4583) \quad (0.0018) \quad (9.9581) \\
t &= (1.5538) \quad (28.2742) \quad (-5.0257) \\
p\text{ 值} &= (0.1292) \quad (0.0000) \quad (0.0000) \\
R^2 &= 0.9616; \quad \bar{R}^2 = 0.9549; \quad F = 439.22(p = 0.000)
\end{aligned}
$$

其中，*Educ*——教育支出(百万美元)；GDP——国内总产出(百万美元)；Pop——人口(百万)。

样本数据涉及不同经济发展阶段的众多国家。

回归结果表明：变量 GDP 和 Pop 各自都是统计显著的，但是人口符号的系数为负，多少令人有些费解。F 值也是高度统计显著的，因此，GDP 和 Pop 联合对教育支出有显著影响。R^2 和校正的 $\bar{R}^2$ 相当大，这对于不同国家的截面数据还是比较少见的。■

在随后的章节中，我们将进一步分析这些数据。

4.14 小结

本章讨论了最简单的多元回归模型，三变量线性回归模型——一个应变量，两个解释变量。在许多方面，三变量模型是双变量线性回归模型的直接扩展。我们通过三变量模型介绍了一些新的概念，比如偏回归系数、校正的和未校正的多元判定系数、多重共线性等。

本章仍然是在古典线性回归模型的框架下，利用普通最小二乘法对多元回归系数进行参数估计。与双变量模型相同，多元回归的 OLS 估计量也具有很好的统计性质——最优线性无偏(BLUE)的高斯－马尔柯夫性质。

在扰动项服从均值为零，方差为 σ^2 的正态分布假定下，与双变量模型相同，每个估计的系数都服从正态分布(均值等于真实的总体值，方差见文中给出的计算公式)。在具体实践中，σ^2 往往是未知的，需要估计求出，而这个未知参数的 OLS 估计量是 $\hat{\sigma}^2$。如果用 $\hat{\sigma}^2$ 代替 σ^2，那么与双变量模型相同，每个估计的回归系数服从 t 分布，而不是正态分布。

多元回归系数服从自由度为($n-k$)的 t 分布(其中 k 是包括截距在内的待估参数的个

---

23 数据来自 Gray Koop, *Introduction to Econometrics*, John Wiley & Sons, England, 2008. www.wileyeurope.com/college/koop。

数)，这意味着能够利用 t 分布对每个多元回归系数的统计显著性进行假设检验。可以选择两种不同的检验方法——t 显著性检验法和建立在 t 分布上的置信区间法。在这方面，多元回归模型与双变量模型并没有什么不同，只是自由度有所限制(自由度取决于待估参数的个数)。

但是，当检验假设：所有偏斜率系数同时为零时，前面提到的单个 t 检验就不再适用。这里需要用到方差分析表及 F 检验。顺便指出，检验假设“所有的偏斜率系数同时为零”与检验假设“样本判定系数 R^2 为零”是等价的。

本章还讨论了利用 t 检验和 F 检验决定什么时候在模型中增加新变量的问题。我们还介绍了受限最小二乘法。

本章通过一些数值例子和具体实例说明了上述概念。

关键术语和概念

本章介绍的关键术语和概念有：

多元回归模型

偏回归系数

偏斜率系数

多元判定系数，R^2

多元相关系数，R

单个假设检验

联合假设检验或估计的多元回归整体显著性检验

a)方差分析

b)F 检验

多重共线性

共线性；完全线性关系

a)高度或近似共线性

模型设定误差(设定错误)

校正的 $R^2(\bar{R}^2)$

受限最小二乘法(RLS)

非受限最小二乘法(URLS)

t 检验与 F 检验的关系

问　题

4.1　解释概念

a. 偏回归系数　b. 多元判定系数，R^2　c. 完全共线性　d. 完全多重共线性

e. 单个假设检验　f. 联合假设检验　g. 校正判定系数 $\bar{R}^2$

4.2　按步骤解释下列过程：

a. 单个多元回归系数的显著性检验

b. 所有偏斜率系数的显著性检验

4.3　判断正误并说明理由

a. 仅当非校正判定系数为1时，校正的判定系数和非校正的判定系数才相等。

b. 判定所有解释变量是否对应变量有显著影响的方法是，看看是否每个解释变量都有显著 t 统计量；如果不是，则解释变量整体是统计不显著的。

c. 当 $R^2=1$，$F=0$；当 $R^2=0$，$F=\infty$。

d. 当自由度大于120时，在5%显著水平下，(双边检验的)t 临界值与在5%显著水平下

的(标准正态变量)Z临界值相同，均为1.96。

*e. 在模型$Y_i = B_1 + B_2X_{2i} + B_3X_{3i} + u_i$中，如果$X_2$和$X_3$负相关，且$B_3 > 0$，则从模型中略去解释变量$X_3$将使$b_{12}$的值下偏(即，$E(b_{12}) < B_2$)。其中，$b_{12}$是$Y$对$X_2$回归方程中的斜率系数。

f. 估计的回归系数是统计显著的，意思是说它显著不为1。

g. 要计算t临界值，仅需知道自由度。

h. 多元回归模型的总体显著性意味着模型中任何一个变量都是统计显著的。

i. 就估计和假设检验而言，单方程回归与多元回归没有什么区别。

j. 无论模型中包括多少个解释变量，总平方和的自由度总为$(n-1)$。

4.4 求下列情形下的$\hat{\sigma}^2$：

a. $\sum e_i^2 = 880$，$n = 25$，$k = 4$(包括截距)。

b. $\sum e_i^2 = 1\,220$，$n = 14$，$k = 3$(不包括截距)。

4.5 求下列情形下的临界t值：

自由度(d. f.)	显著水平(%)	H_0
12	5	双边
20	1	右边
30	5	左边
200	5	双边

4.6 求下列情形下的临界F值：

分子自由度	分母自由度	显著水平
5	5	5
4	19	1
20	200	5

习题

4.7 已知下列数据：

Y	X_2	X_3
1	1	2
3	2	1
8	3	−3

根据上表数据，估计下列回归方程(注：不必担心估计标准误)：

a. $Y_i = A_1 + A_2X_{2i} + u_i$

* 选作题。

b. $Y_i = C_1 + C_3X_{3i} + u_i$

c. $Y_i = B_1 + B_2X_{2i} + B_3X_{3i} + u_i$

d. $A_2 = B_2$？为什么？

e. $C_3 = B_3$？为什么？

从这个习题中，你能得出什么样的结论？

4.8　下面给出了根据 15 个观察值计算得到的数据：

$$\bar{Y} = 367.693;\quad \bar{X}_2 = 402.760;\quad \bar{X}_3 = 8.0;\quad \sum y_i^2 = 66\,042.269$$

$$\sum x_{2i}^2 = 84\,855.096;\quad \sum x_{3i}^2 = 280.0;\quad \sum y_i x_{2i} = 74\,778.346$$

$$\sum y_i x_{3i} = 4\,250.9;\quad \sum x_{2i}x_{3i} = 4\,796.0$$

其中，小写字母表示了各值与其样本均值的离差。

a. 估计三个多元回归系数。

b. 估计它们的标准误。

c. 求 R^2 与 $\bar{R}^2$。

d. 估计 B_2、B_3 95% 的置信区间。

e. 在 $\alpha = 5\%$ 下，检验估计的每个回归系数的统计显著性（双边检验）。

f. 检验在 $\alpha = 5\%$ 下所有的偏斜率系数都为零。给出方差分析表。

4.9　下表给出了三变量模型的回归结果：

变异来源	平方和(SS)	自由度	平方和均值(MSS)
来自回归(ESS)	65 965	—	—
来自残差(RSS)	—	—	
总和(TSS)	66 042	14	

a. 样本容量是多少？

b. 求 RSS。

c. ESS 与 RSS 的自由度各是多少？

d. 求 R^2 与 $\bar{R}^2$。

e. 检验假设：X_2 和 X_3 对 Y 无影响。使用什么假设检验？为什么？

f. 根据以上信息，能否确定 X_2 和 X_3 各自对 Y 的贡献？

4.10　用 R^2 形式重写习题 4.9 的方差分析表。

4.11　为了确定影响空调价格的因素，拉奇福德（B. T. Ratchford）[24] 根据 19 个样本数据得到如下回归结果：

$$\hat{Y}_i = -68.236 + 0.023X_{2i} + 19.729X_{3i} + 7.653X_{4i}\quad R^2 = 0.84$$

$$\text{se} = \qquad (0.005)\quad (8.992)\quad (3.082)$$

24　B. T. Ratchford, "The Value of Information for Selected Appliances," *Journal of Marketing Research*, vol. 17, 1980, pp. 14-25. 符号略做修改。

其中，Y——空调价格(美元)；X_2——空调的 BTU 比率；X_3——能量效率；X_4——设定数；se——标准误。

a. 解释回归结果。

b. 该回归结果有经济意义吗？

c. 在显著水平 $\alpha = 5\%$ 下，检验零假设：BTU 比率对空调的价格无影响；备择假设：BTU 比率对价格有正向影响。

d. 你会接受零假设：三个解释变量在很大程度上解释了空调价格的变动吗？详细写出计算过程。

4.12 根据美国1965年第1季度至1983年第4季度的数据($n = 76$)，詹姆斯(James Doti)和埃斯马尔(Esmael Adibi)[25]得到下面的回归方程，用以解释美国的个人消费支出(PCE)：

$$\hat{Y}_t = -10.96 + 0.93X_{2t} - 2.09X_{3t}$$

$$t = (-3.33) \quad (249.06) \quad (-3.09) \quad R^2 = 0.9996$$

$$F = 83\,753.7$$

其中，Y——个人消费支出(10亿美元)；X_2——(税后)可支配收入(10亿美元)；X_3——银行支付利率(%)。

a. 求边际消费倾向(MPC)——每额外增加1美元个人可支配收入所增加的消费支出。

b. MPC 显著不为1吗？给出检验过程。

c. 模型中包括主要利率变量的理论基础是什么？先验地预期这个变量的符号为负吗？

d. b_3 显著不为零吗？

e. 检验假设 $R^2 = 0$。

f. 计算每个系数的标准误。

4.13 在例4-2中，假设检验：X_2 和 X_3 联合对 Y 无影响。使用了什么检验？在此检验下有哪些假定条件？

4.14 表4-7(参见网上教材)给出了64个国家婴儿死亡率(CM)、女性文盲率(FLR)、人均GNP(PGNP)和总生育率(TFR)的数据。

a. 先验地预期 CM 和各个变量之间的关系。

b. 做 CM 对 FLR 的回归。

c. 做 CM 对 FLR 和 PGNP 的回归。

d. 做 CM 对 FLR，PGNP 和 TFR 的回归，并给出 ANOVA 表。

e. 根据各种回归结果，选择哪个模型？为什么？

f. 如果回归模型(d)是正确的模型，但却估计了(a)或(b)或(c)，会有什么后果？

g. 假定做回归(b)，如何决定增加变量 PGNP 和 TFR？使用了哪种检验？给出必要的计算结果。

---

25 James Doti and Esmael Adibi, *Econometric Analysis : An Applications Approach*, Prentice-Hall, Englewood Cliffs, N. J., 1988, p. 188. 符号略做调整。

4.15　利用式(4-54)回答如下问题：

R^2	n	k	$\bar{R}^2$
0.83	50	6	—
0.55	18	9	—
0.33	16	12	—
0.12	1 200	32	—

R^2 和 $\bar{R}^2$ 之间的关系如何？

4.16　计算例 4-3 中的 F 值。如果 F 值是显著的，则意味着什么？

4.17　建立例 4-2 中的 ANOVA 表，并检验 $R^2=0(\alpha=1\%)$。

4.18　根据表 2-12(参考网上教材)给出的数据，回答以下问题：

a. 建立一个多元回归模型，解释 MBA 毕业生的平均初职工资，并写出回归结果。

b. 如果模型中包括了 GPA 和 GMAT 这两个解释变量，先验地，可能会遇到什么问题？为什么？

c. 如果学费变量的系数为正，并且是统计显著的，是否意味着进入最昂贵的商业学校学习是值得的。学费这个变量代替了什么？

d. 假定做 GMAT 分数对 GPA 的回归分析，并且发现两变量之间显著正相关，那么你对多重共线性有何看法？

e. 对(a)建立 ANOVA 表，并检验假设，所有偏回归系数均为零。

f. 用 R^2 值对(e)建立 ANOVA 表。

4.19　图 4-1 给出了例 4-4 的正态概率图。

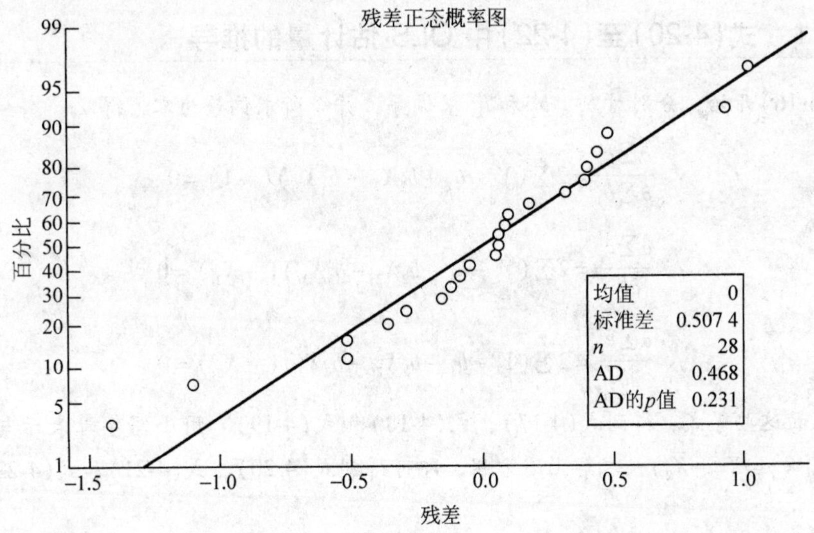

图 4-1　例 4-4 的正态概率图

AD = 安德森 – 达林统计量

a. 根据图 4-1，能否判定式(4-62)中的误差项服从正态分布？为什么？

b. 观察到的安德森－达林(Anderson-Darling)A^2 值 0.468 是统计显著的吗？如果是，有什么意义？如果不是，能够得出什么结论？

c. 根据给出的数据，能否确定误差项的均值与方差。

4.20 受限最小二乘(RLS)。如果受限和非受限回归中的应变量不相同，可以根据如下变形的 F 检验

$$F = \frac{(\text{RSS}_r - \text{RSS}_{ur})/m}{\text{RSS}_{ur}/(n-k)} \sim F_{m,n-k}$$

其中，RSS_r——受限回归的残差平方和；RSS_{ur}——非受限回归的残差平方和；m——限制个数；$(n-k)$——非受限回归的自由度。

利用表 4-4 给出的模型熟悉上述公式。

4.21 参考习题 4.5。

a. 利用受限最小二乘法判断模型是否应该引入人口这个变量。

b. 把 Educ 和 GDP 同除以 Pop 得到人均 Educ 和人均 GDP。做人均 Educ 对人均 GDP 的回归，并与例 4-5 的结果进行比较。从中得到什么结论？

4.22 表 4-8(参见网上教材)中的变量摘自《洛杉矶 2008 年的查格美食指南》，涉及被调查餐厅的四类数据：食物、风格、服务和单餐平均价格。

a. 建立一个多元回归模型，用食物、风格和服务三个变量预测价格。所有的解释变量各自都是统计显著的吗？

b. 正态分布图说明了什么问题？

c. 根据回归模型的残差以及价格的拟合值做散点图，残差图呈现出常方差吗？

附录 4A.1 式(4-20)至(4-22)中 OLS 估计量的推导

从式(4-16)开始，分别对 b_1、b_2 和 b_3 求偏导，并令所求偏导为零，得

$$\frac{\partial \sum e_i^2}{\partial \sum b_1} = 2\sum(Y_i - b_1 - b_2X_{2i} - b_3X_{3i})(-1) = 0$$

$$\frac{\partial \sum e_i^2}{\partial b_2} = 2\sum(Y_i - b_1 - b_2X_2 - b_3X_{3i})(-X_{2i}) = 0$$

$$\frac{\partial \sum e_i^2}{\partial b_3} = 2\sum(Y_i - b_1 - b_2X_{2i} - b_3X_3)(-X_{3i}) = 0$$

简化上面这些等式，得到式(4-17)、式(4-18)和式(4-19)。用小写字母表示与其均值的离差(例如，$x_{2i} = X_{2i} - \overline{X}_2$)，求解上述方程，即可得到式(4-20)、式(4-21)和式(4-22)。

附录 4A.2 式(4-31)的推导

三变量样本回归模型：

$$Y_i = b_1 + b_2X_{2i} + b_3X_{3i} + e_i \tag{4A.2-1}$$

表示成离差形式：

$$y_i = b_2x_{2i} + b_3x_{3i} + e_i \tag{4A.2-2}$$

因此，

$$e_i = y_i - b_2x_{2i} - b_3x_{3i} \tag{4A.2-3}$$

则有，

$$\begin{aligned}
\sum e_i^2 &= \sum(e_ie_i)\\
&= \sum e_i(y_i - b_2x_{2i} - b_3x_{3i})\\
&= \sum e_iy_i - b_2\sum e_ix_{2i} - b_3\sum e_ix_{3i}\\
&= \sum e_iy_i \quad \text{因为后两项为零(为什么?)}\\
&= \sum(y_i - b_2x_{2i} - b_3x_{3i})(y_i)\\
&= \sum y_i^2 - b_2\sum y_ix_{2i} - b_3\sum y_ix_{3i}\\
&= \sum y_i^2 - (b_2\sum y_ix_{2i} + b_3\sum y_ix_{3i})\\
&= \text{TSS} - \text{ESS}
\end{aligned}$$

附录 4A.3　式(4-50)的推导

回顾(参见脚注 9)

$$R^2 = 1 - \frac{\text{RSS}}{\text{TSS}} \tag{4A.3-1}$$

$\bar{R}^2$ 定义如下：

$$\begin{aligned}
\bar{R}^2 &= 1 - \frac{\text{RSS}/(n-k)}{\text{TSS}/(n-1)}\\
&= 1 - \frac{\text{RSS}(n-1)}{\text{TSS}(n-k)}
\end{aligned} \tag{4A.3-2}$$

注意这里的自由度。

现将式(4A.3-1)代入式(4A.3-2)中，经过代数运算，得

$$\bar{R}^2 = 1 - (1 - R^2)\frac{n-1}{n-k}$$

注意：如果不考虑 RSS 的自由度($=n-k$)和 TSS 的自由度($=n-1$)，则显然有 $\bar{R}^2 = R^2$。

附录 4A.4　古董钟拍卖价格一例的 EViews 输出结果

方法：最小二乘
样本：1　32
观察值：32

变量	系数	标准误	t 统计量	概率
C	−1 336.049	175.272 5	−7.622 698	0.000 0
AGE	12.741 38	0.912 356	13.965 37	0.000 0
NOBID	85.764 07	8.801 995	9.743 708	0.000 0

（续）

R^2	0.890 614	应变量均值	1 328.094
校正 R^2	0.883 070	应变量标准差	393.649 5
回归标准误	134.608 3	赤池信息准则	12.731 67
残差平方和	525 462.2	施瓦茨信息准则	12.869 09
极大似然	−200.706 8	F 统计量	118.058 5
DW 统计量	1.864 656	概率（F 统计量）	0.000 000

实际值 Y	拟合值 $(\hat{Y})$	残差 e_i	残差图
1 235.00	1 397.04	−162.039	
1 080.00	1 158.38	−78.378 6	
845.000	882.455	−37.454 9	
1 552.00	1 347.03	204.965	
1 047.00	1 166.19	−119.191	
1 979.00	1 926.29	52.712 7	
1 822.00	1 680.78	141.225	
1 253.00	1 203.45	49.546 0	
1 297.00	1 181.40	115.603	
946.000	875.604	70.396 3	
1 713.00	1 695.98	17.018 7	
1 024.00	1 098.10	−74.097 3	
2 131.00	2 030.68	100.317	
1 550.00	1 669.00	−118.995	
1 884.00	1 671.46	212.540	
2 041.00	1 866.01	174.994	
854.000	1 000.55	−146.553	
1 483.00	1 461.71	21.292 7	
1 055.00	1 240.72	−185.717	
1 545.00	1 579.81	−34.805 4	
729.000	554.605	174.395	
1 792.00	1 716.53	75.465 0	
1 175.00	1 364.71	−189.705	
1 593.00	1 732.70	−139.702	
1 147.00	1 095.63	51.367 2	
1 092.00	1 127.97	−35.966 8	
1 152.00	1 269.63	−117.625	
1 336.00	1 127.01	208.994	
785.000	678.593	106.407	
744.000	729.558	14.441 7	
1 356.00	1 564.60	−208.599	
1 262.00	1 404.85	−142.852	− 0 +

第 5 章

回归模型的函数形式

到目前为止，我们考虑的都是参数线性，同时也是变量线性的模型。本书重点关注的是参数线性模型，并不要求变量 Y 与 X 是线性的。本章将会看到，对于许多经济现象，参数线性/变量线性(LIP/LIV)回归模型并不适合。

例如，在数学 S. A. T 分数函数一例中，假定要估计式(2-20)中数学 S. A. T 分数的弹性，即家庭年收入每变动 1%，数学 S. A. T 分数变动的百分比。根据式(2-20)，无法直接估计出这个弹性，因为模型中的斜率度量的是家庭年收入单位变动(比如 1 美元)引起(平均)数学 S. A. T 分数的绝对变化量，这并不是弹性。随后将会看到，根据 5. 1 节讨论的双对数模型，很容易计算出这个弹性。双对数模型虽然是参数线性的，但却不是变量线性的。

再来看一个例子，假定要求一段时间内某个经济变量的增长率，[1]比如国内生产总值(GDP)、货币供给、失业率等。5. 4 节介绍的半对数模型(参数线性，变量非线性)可以度量这个增长率。

需要指出的是，即使在参数线性回归模型的约束下，回归模型也可以有多种形式。本章讨论以下几种回归模型：

(1)双对数模型或不变弹性模型(5. 1 节)。

(2)半对数模型(5. 4 节和 5. 5 节)。

(3)倒数模型(5. 6 节)。

(4)多项式回归模型(5. 7 节)。

(5)过原点的回归模型，或零截距模型(5. 8 节)。

所有这些模型的一个重要特征是：它们都是参数线性模型(或者通过简单的代数处理转化

1　如果 Y_t 和 Y_{t-1} 是变量 GDP 在时间 t 和 $(t-1)$ 内的两个值，比如 2009 年和 2008 年，则 Y 在两个时间段内的增长率为 $\frac{Y_t - Y_{t-1}}{Y_t} \cdot 100$，即相对或比例变化乘以 100。5. 4 节将讨论如何利用半对数模型度量增长率。

成参数线性模型)，但变量却不一定是线性的。第2章曾讨论过参数和变量都是线性模型的含义。扼要地说，如果解释变量的单位变动引起应变量的变化率(即斜率)是一个常数，则回归模型就是(解释)变量线性的，如果斜率不能保持不变，则回归模型就是(解释)变量非线性的。

为了介绍这些基本概念，也为了图示的方便，首先考虑双变量模型，然后扩展到多元回归的情形。

5.1 如何度量弹性：双对数模型

再来看第2章、第3章讨论的数学S. A. T函数一例，但现在考虑如下形式的数学S. A. T函数(为了使代数形式更简洁，随后再引入随机误差项 u_t)

$$Y_i = AX_i^{B_2} \tag{5-1}$$

其中，Y 是数学S. A. T分数，X 是家庭年收入。

在这个模型中，变量 X 是非线性的。[2]但可以把式(5-1)恒等变换成另一种形式：

$$\ln Y_i = \ln A + B_2 \ln X_i \tag{5-2}$$

其中，ln表示自然对数，即以e为底的对数。[3]如果令

$$B_1 = \ln A \tag{5-3}$$

式(5-2)写为：

$$\ln Y_i = B_1 + B_2 \ln X_i \tag{5-4}$$

为了进行估计，可将模型式(5-4)写为：

$$\ln Y_i = B_1 + B_2 \ln X_i + u_i \tag{5-5}$$

这是一个线性模型，因为参数 B_1 和 B_2 是以线性形式进入模型的。[4]有趣的是，这个模型还是对数形式变量的线性模型(注：原始模型式(5-1)中变量 X 是非线性的)。因此，形如式(5-5)的模型称为**双对数**(double-log)模型(因为两个变量都以对数形式出现)或**双对数线性**(log-linear)模型[5](因为以对数形式出现的变量之间是线性的)。

这样一个非线性模型是如何通过适当变换成为线性(参数线性)模型的呢？这里的变换是对数变换。令 $Y_i^* = \ln Y_i$，$X_i^* = \ln X_i$，则模型式(5-5)可写为：

$$Y_i^* = B_1 + B_2 X_i^* + u_i \tag{5-6}$$

这与前面讨论的模型相似；它不仅是参数线性的，而且 Y^* 与 X^* 之间也是变量线性的。

如果变化后的模型满足古典线性回归模型的基本假定，则很容易用普通最小二乘法估计

---

2 利用微积分，可以证明：$\frac{dY}{dX} = AB_2X^{(B_2-1)}$，表明 Y 对 X 的变化率并不独立于 X，即不是常数。根据定义，模型(5-1)不是变量线性的。

3 附录5A讨论了对数及其性质。

4 由于 $B_1 = \ln A$，A 可以表示为 $A = \text{antilog}(B_1)$，用数学语言表述，这是一个非线性变化。但在实践中，截距 A 通常没有什么经济意义。

5 为了与后面的“log-lin”模型区别，这里“log-linear”翻译为双对数线性模型，“log-lin”翻译为对数－线性模型。——译者注

模型式(5-6)，而且得到的估计量具有最优线性无偏估计量的性质。[6]

在实践中，双对数模型(或对数线性模型)应用得非常广泛，它具有一个非常吸引人的特性：斜率 B_2 度量了 Y 对 X 的弹性，即 X 的一个(微小)变动引起 Y 变动的百分比。

如果用符号 ΔY 代表 Y 的一个微小变动，ΔX 代表 X 的一个微小变动，弹性 E 定义为：

$$E=\frac{Y\text{变动的百分数}}{X\text{变动的百分数}}=\frac{\Delta Y/Y\cdot 100}{\Delta X/X\cdot 100}=\frac{\Delta Y}{\Delta X}\cdot\frac{X}{Y}=\text{slope}\left(\frac{X}{Y}\right) \tag{5-7}$$ [7]

因此，如果 Y 代表了商品的需求量，X 代表了单位价格，则 E 就是需求的价格弹性。

我们还可用图形说明。图 5-1a 代表了函数(5-1)，图 5-1b 代表了对数变换。图 5-1b 直线的斜率就是价格弹性($-B_2$)的估计值。从图 5-1b 中可以明显地看出双对数线性模型的这个重要特性。由于回归线是一条直线(Y 和 X 都是对数形式)，所以它的斜率($-B_2$)为一常数。由于这个模型的斜率等于其弹性，所以弹性为一常数——与 X 的取值无关。[8]

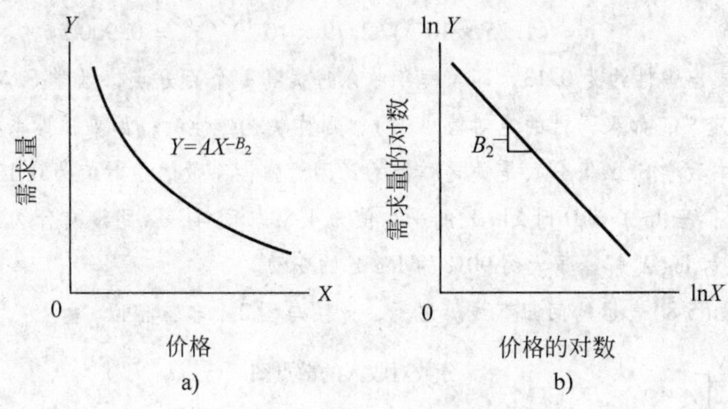

图 5-1　不变弹性模型

由于这个特殊的性质，双对数模型(或双对数线性模型)又称为**不变弹性模型**(constant elasticity model)。本书将交替使用这些术语。

例 5-1
Example

数学 S. A. T 分数函数

式(3-46)给出了数学 S. A. T 分数的(变量)线性函数。但是回顾一下散点图，数学 S. A. T 分数与家庭年收入之间是近似线性的，并不是所有的样本点都恰好落在直线上。当然，式(3-46)只是一个教学案例。如果用双对数模型拟合表 2-2 中的数据，情况又会怎样呢？为了便于阅读，这里再次列出了数据，见表 5-1。

6　任何回归软件都能计算数值的对数值。所以，对数运算并不增加计算量。

7　用微积分符号：$E=\frac{dY}{dX}\cdot\frac{Y}{X}$，其中，$dY/dX$ 表示 Y 对 X 的导数，即 Y 对 X 的变化率。$\Delta Y/\Delta X$ 是 dY/dX 的近似。对于变化后的模型式(5-6)，$B_2=\frac{\Delta Y^*}{\Delta X^*}=\frac{\Delta \ln Y}{\Delta \ln X}=\frac{\Delta Y/Y}{\Delta X/X}=\frac{\Delta Y}{\Delta X}\cdot\frac{X}{Y}$，即 Y 对 X 的弹性，如方程(5-7)。在附录 5A 中可以看到，对数值的变化相当于相对变化(或比例变化)，例如，$\Delta \ln Y=\frac{\Delta Y}{Y}$。

8　一般来说，斜率和弹性是两个不同的概念。从方程(5-7)可以清楚地看出，弹性等于斜率乘以 X/Y。只有在双对数模型中，弹性才等于斜率。

表 5-1 数学 S. A. T 分数(Y)与家庭年收入(X)

Y	X	Y	X
410	5 000	530	55 000
420	15 000	550	65 000
440	25 000	540	75 000
490	35 000	570	90 000
530	45 000	590	150 000

OLS 回归结果如下：

$$\widehat{\ln Y_i} = 4.8877 + 0.1258 \ln X_i$$
$$se = (0.1573) \quad (0.0148) \qquad (5\text{-}8)$$
$$t = (31.0740) \quad (8.5095)$$
$$p = (1.25 \times 10^{-9})(2.79 \times 10^{-5}) \quad r^2 = 0.9005$$

回归结果表明，支出弹性约为 0.13，即家庭年收入每提高 1 个百分点，数学 S. A. T 分数平均增加约 0.13 个百分点。根据定义，如果弹性的绝对值小于 1，则称缺乏弹性的；如果弹性系数大于 1，则称富有弹性的。因此，本例中数学 S. A. T 分数是缺乏弹性的，因为弹性系数的绝对值为 0.13，小于 1。

截距值 4.89 表明，当 $\ln X$ 为 0 时，$\ln Y$ 的平均值为 4.89。同样，截距没有什么经济含义。[9]

$r^2 = 0.9005$，表示 $\log X$ 解释了大约 90% 的 $\log Y$ 的变动。

图 5-2 描绘了方程(5-8)表示的回归直线。注意，此图与图 2-1 非常相似。■

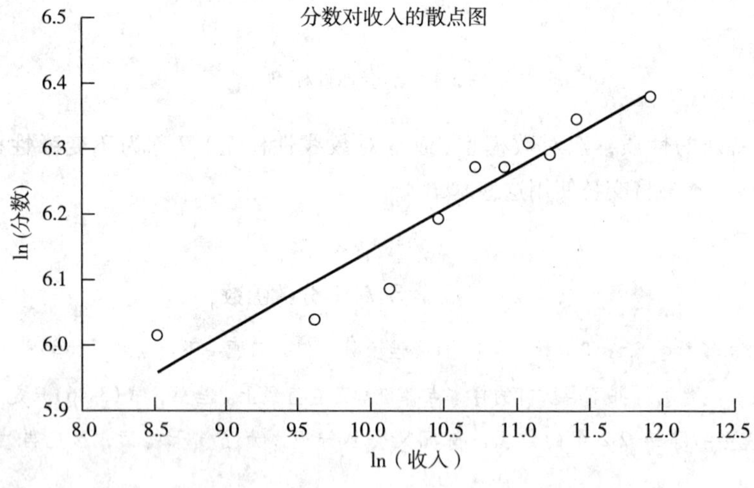

图 5-2 数学 S. A. T 分数的双对数模型

双对数模型的假设检验

就假设检验而言，线性模型与双对数模型并没有什么不同。在随机误差项服从正态分布

9 由于当 $\ln X$ 为零时，$\ln Y = 4.8877$，如果取反对数，约为 132.94。因此，如果家庭年收入的对数为 0，则平均的数学 S. A. T 分数约为 133 分。在线性模型式(3-46)中，如果家庭年收入为0，则平均的数学 S. A. T 分数约为 432.41 分。

(均值为0，方差为σ^2)的假设下，估计的回归系数服从正态分布。或者，如果用其无偏估计量$\hat{\sigma}^2$代替σ^2，则每个估计量服从自由度为$(n-k)$的t分布，其中k为包括截距在内的参数个数。在双变量模型中，k为2，在三变量模型中，k为3，等等。

根据式(5-8)的回归结果，读者很容易验证斜率系数显著不为零。因为在5%的显著水平下，t值(约为8.51)的概率(即p值)非常小，只有2.79×10^{-5}。如果零假设"家庭年收入对数学S.A.T分数没有影响"为真，则得此t值(大于或等于8.51)的概率为3/100 000。截距值4.887 7也是统计显著的，因为p值约为1.25×10^{-9}。

5.2 比较线性和双对数回归模型

下面讨论一个实证中非常重要的问题。我们拟合了一个线性S.A.T分数函数式(3-46)和一个双对数线性需求函数式(5-8)。究竟选择哪个模型呢？虽然从逻辑上讲，家庭年收入越高，学生的S.A.T分数就越高，[10]但无法得知两者之间具体的**函数形式**(functional form)。究竟是线性模型、双对数模型还是其他形式的模型。因此，回归模型的函数形式就成为一个经验性问题。在模型选择过程中，要遵循哪些经验规律呢？

规律之一就是根据数据作图。如果散点图表明两个变量之间的关系近似线性(即是一条直线)，那么线性设定就比较合适。但如果散点图表明是非线性的，则需要做$\log Y$对$\log X$的图形，如果这个图形表明是近似线性的，则双对数模型就比较合适。遗憾的是，这条规律只适用于双变量情形，对于多个变量就不太合适。因为在多维空间中做散点图比较困难，因而需要其他规则。

为什么不根据r^2选择模型呢？即选择r^2值较高的模型。虽然直观感觉是可行的，但这个标准有其自身的问题。首先，第4章中曾指出，要比较两个模型的r^2值，应变量的形式必须是相同的。[11]在模型式(3-46)中，应变量是Y，而在模型式(5-8)中，应变量是$\ln Y$，显然不同。因此，线性模型中的$r^2=0.786\,9$和双对数模型中的$r^2=0.900\,5$不能直接比较，即使这里它们大致相同。

为什么不能比较这两个r^2值呢？原因也不难理解。根据定义，r^2度量了解释变量对应变量变化解释的比例。线性模型式(3-46)的r^2度量了X对Y变动解释的比例，但双对数模型式(5-8)的r^2度量了$\log X$对$\log Y$变动解释的比例。Y的变动与$\log Y$的变动从概念上说是不同的。数值的对数变化度量了相对或比例变化(如果乘以100，则是百分比变化)，而数值变化则度量了绝对变化。[12]因此，在线性模型式(3-46)中，X大约解释了Y变化的79%，而在对数线性模型式(5-8)中，$\log X$解释了大约90% $\log Y$的变化。如果比较这两个r^2值，可以用习题5.16讨论的方法。

即使两个模型中的应变量相同，两个r^2值可以直接比较，我们也建议不要根据较高r^2值

---

10 回归模型并不意味着因果关系，因此这里不能认为较高的家庭年收入是较高S.A.T分数的原因，可能还有其他的原因。例如，家庭收入较高的学生能够负担得起S.A.T预科班的费用，或者是参加了学校组织的考试辅导班等。

11 解释变量采取什么形式无关紧要，可以是线性的，也可以不是。

12 如果数值从45变化到50，绝对变化是5，但相对变化是$(50-45)/45\approx0.111\,1$或11.11%。

这一标准(high r^2 value criterion)来选择模型。正如第4章所指出的那样，$r^2(=R^2)$值可以通过增加解释变量的个数而不断增大。模型选择的重点并不在 r^2 值上，而是考虑进入模型中的解释变量之间的相关性(即理论基础)、解释变量系数的预期符号、统计显著性以及类似弹性系数这样的度量工具。这些应该成为选择模型的基本准则。如果按照这些标准，所选模型比其他模型更好，并且恰好有较高的 r^2 值，则认为模型是合适的。切记避免仅仅根据 r^2 值选择模型。

比较双对数模型(5-8)与线性模型(3-46)，两个模型的斜率均为正，与预期相同。而且，这两个斜率都是统计显著的。但却不能直接比较这两个斜率，因为LIV模型的斜率度量了应变量的绝对变化率，而双对数模型的斜率度量了 Y 对 X 的弹性。

如果能够计算出LIV模型弹性，那么就可以比较这两个斜率系数。式(5-7)表明弹性等于斜率乘以 X 与 Y 的比值。虽然线性模型的斜率是一个常数(为什么?)，本例中为0.001 3，但是线上不同点之间的弹性是不同的，因为不同点之间 X 与 Y 的比值不同。从表5-1中可以看到，有10组不同的数学S. A. T分数和家庭年收入，因此原则上可以计算出10个不同的弹性系数。但在实践中，线性模型的弹性系数通常是通过 X 与 Y 的样本均值得到平均弹性，即

$$\text{平均弹性} = \frac{\Delta Y}{\Delta X} \cdot \frac{\bar{X}}{\bar{Y}} \tag{5-9}$$

其中，$\bar{X}$ 和 $\bar{Y}$ 是样本均值。根据表5-1的数据，$\bar{X}=56\ 000$，$\bar{Y}=507$。因而，本例的平均弹性为

$$\text{平均分数弹性} = 0.001\ 3 \times \frac{56\ 000}{507} = 0.143\ 6$$

有趣的是，双对数模型的弹性系数是0.125 6，无论收入水平如何，弹性保持不变(参见图5-1b)。这正是为什么双对数模型称为不变弹性模型的原因。而LIV模型的弹性系数却随着分数－家庭收入线上的不同点而发生变化。[13]

线性模型的弹性系数随着不同点而变化，而双对数模型在任何一点上的弹性系数都相同。因此，在这两个模型之间进行选择时，可以根据这个特点进行判断。因为，在实践中这些假定都是极端的。很可能支出曲线一小段上的弹性是不变的，而其他部分的弹性却又是个变量。

5.3 多元对数线性回归模型

双变量对数线性回归模型很容易推广到多个解释变量的情形。例如，考虑如下三变量对数线性模型：

$$\ln Y_i = B_1 + B_2 \ln X_{2i} + B_3 \ln X_{3i} + u_i \tag{5-10}$$

模型中的偏斜率系数 B_2、B_3 又称为偏弹性系数。[14]因此，B_2 度量了 X_3 不变条件下，Y 对 X_2 的

---

13 注意：LIV模型的斜率系数是常数，但弹性系数却是一个变量。而对数线性模型的斜率系数是一个变量，弹性系数却是一个常数，参见脚注2给出的公式。

14 根据微积分的知识，$\ln Y$ 对 $\ln X_2$ 的偏导数为 $B_2=\frac{\partial \ln Y}{\partial \ln X_2}=\frac{\partial Y/Y}{\partial X_2/X_2}=\frac{\partial Y}{\partial X_2}\cdot\frac{X_2}{Y}$，根据弹性的定义，即 Y 对 X_2 的弹性；同样地，B_3 是 Y 对 X_3 的弹性。

弹性，即在 X_3 为常量时，X_2 每变动 1%，Y 变化的百分比。由于 X_3 的影响保持不变，所以称此弹性为偏弹性。类似地，B_3 度量了 X_2 不变条件下 Y 对 X_3 的(偏)弹性。简言之，在多元对数线性模型中，每一个偏斜率系数度量了在其他变量保持不变的条件下应变量对某一解释变量的偏弹性。

例 5-2 Example

柯布－道格拉斯生产函数

在模型(5-10)中，令 Y 表示产出，X_2 表示劳动投入，X_3 表示资本投入。这样，模型(5-10)就是一个生产函数——反映产出与劳动力和资本投入之间的关系函数，这就是著名的**柯布－道格拉斯生产函数**(Cobb-Douglas (C-D) production function)。表 5-2 给出了 1955 ~ 1974 年墨西哥产出 Y(国内生产总值 GDP，1960 年不变价，百万比索)、劳动投入 X_2(总就业人数，千人)以及资本投入 X_3(固定资本存量，1960 年不变价，百万比索)的数据。

表 5-2　墨西哥 1955 ~ 1974 年实际 GDP，就业和实际固定资本

年份	GDP①	就业②	固定资本③
1955	114 043	8 310	182 113
1956	120 410	8 529	193 745
1957	129 187	8 738	205 192
1958	134 705	8 952	215 130
1959	139 960	9 171	225 021
1960	150 511	9 569	237 026
1961	157 897	9 527	248 897
1962	165 286	9 662	260 661
1963	178 491	10 334	275 466
1964	199 457	10 981	295 378
1965	212 323	11 746	315 715
1966	226 977	11 521	337 642
1967	241 194	11 540	363 599
1968	260 881	12 066	391 847
1969	277 498	12 297	422 382
1970	296 530	12 955	455 049
1971	306 712	13 338	484 677
1972	329 030	13 738	520 553
1973	354 057	15 924	561 531
1974	374 977	14 154	609 825

① 1960 年不变价格，百万比索。

②千人。

③ 1960 年不变价格，百万比索。

资料来源：Victor J. Elias, *Sources of Growth : A Study of Seven Latin American Economies*, International Center for Economic Growth, ICS Press, San Francisco, 1992. Data from Tables E5, E12, and E14.

根据表 5-2 中的数据，利用 MINITAB 统计软件得到如下回归结果：

$$
\begin{aligned}
\ln Y_t &= -1.6524 + 0.3397\ln X_{2t} + 0.8460\ln X_{3t} \\
se &= (0.6062)\quad (0.1857)\quad (0.09343) \\
t &= (-2.73)\quad (1.83)\quad (9.06) \\
p\text{值} &= (0.014)\quad (0.085)\quad (0.000)^{*} \\
&\qquad R^2 = 0.995 \\
&\qquad F = 1\,719.23\quad (0.000)^{**}
\end{aligned}
\tag{5-11}
$$

* 表示值很小。

** F 的 p 值也非常小。

回归结果解释如下：偏斜率系数 0.339 7 度量了产出对劳动投入的弹性，即在资本投入保持不变的条件下，劳动投入每增加一个百分点，产出平均增加 0.34%。类似地，在劳动投入保持不变的条件下，资本投入每增加一个百分点，产出平均增加 0.85%。如果将两个弹性系数相加，得到一个重要的经济参数——**规模报酬参数**(returns to scale parameter)，它反映了产出对投入的比例变动。如果两个系数之和为 1，则称**规模报酬不变**(constant returns to scale)(例如，同时两倍增加劳动和资本，则产出也是原来的两倍)；如果两个系数之和大于 1，则称**规模报酬递增**(increasing returns to scale)(例如，同时增加两倍的投入，则产出大于原产出的两倍)；如果两个系数之和小于 1，则称**规模报酬递减**(decreasing returns to scale)(例如，同时增加两倍的投入，则产出小于原产出的两倍)。■

本例中的两个弹性系数之和为 1.185 7，表明 1955 ~ 1974 年间墨西哥经济是规模报酬递增的。

本例中虽然资本对产出的影响大于劳动力对产出的影响，但是根据单边检验的结果，这两个系数都是统计显著的。(注：这里用单边检验，因为预期劳动力和资本对产出的影响都是正向的)。

估计的 F 值也是高度显著的(因为 p 值几乎为零)，因此能够拒绝零假设：劳动力与资本对产出没有影响。

R^2 值为 0.995，表明(对数)劳动力和资本解释了大约 99.5% 的(对数)产出的变动，表明了模型式(5-11)很好地拟合了样本数据。

例 5-3 Example

对能源的需求

表 5-3 给出了 1960 ~ 1982 年 7 个 OECD 国家(美国、加拿大、德国、英国、意大利、日本、法国)的最终能源需求(Y)、实际 GDP(X_2)、实际能源价格(X_3)的数据。所有指数均以 1970 年为基准(1970 = 100)。根据表 5-3 中的数据，利用 MINITAB 统计软件得到下面的多元对数线性需求函数：

表 5-3 OECD 国家的能源需求(1960 ~ 1982 年)

年份	最终能源需求	实际 GDP	实际能源价格
1960	54.1	54.1	111.9
1961	55.4	56.4	112.4
1962	58.5	59.4	111.1
1963	61.7	62.1	110.2
1964	63.6	65.9	109.0
1965	66.8	69.5	108.3
1966	70.3	73.2	105.3
1967	73.5	75.7	105.4
1968	78.3	79.9	104.3
1969	83.8	83.8	101.7
1970	88.9	86.2	97.7
1971	91.8	89.8	100.3
1972	97.2	94.3	98.6
1973	100.0	100.0	100.0
1974	97.4	101.4	120.1

（续）

年份	最终能源需求	实际 GDP	实际能源价格
1975	93.5	100.5	131.0
1976	99.1	105.3	129.6
1977	100.9	109.9	137.7
1978	103.9	114.4	133.7
1979	106.9	118.3	144.5
1980	101.2	119.6	179.0
1981	98.1	121.1	189.4
1982	95.6	120.6	190.9

资料来源：Richard D. Prosser, "Demand Elasticities in OECD: Dynamic Aspects," *Energy Economics*, January 1985. p. 10.

$$\ln Y_t = 1.5495 + 0.9972 \ln X_{2t} - 0.3315 \ln X_{3t}$$

$$\text{se} = (0.0903) \quad (0.0191) \quad (0.0243)$$

$$t = (17.17) \quad (52.09) \quad (13.61)$$

$$p\text{值} = (0.000)^* \quad (0.000)^* \quad (0.000)^* \tag{5-12}$$

$$R^2 = 0.994$$

$$\bar{R}^2 = 0.994$$

$$F = 1688$$

* 表示值很小。

回归结果表明，能源需求与收入（用实际 GDP 度量）正相关，与实际价格负相关；这与经济理论相符。收入弹性的估计值约为 0.99，表明在其他变量保持不变的条件下，实际收入每增加一个百分点，对能源的平均需求量增加 0.99%（近 1%）。同样地，在其他变量保持不变的条件下，能源价格每上涨 1%，则对能源的平均需求降低 0.33 个百分点。由于这个系数的绝对值小于 1，因此，可以认为能源需求对价格是缺乏弹性的，这并没有什么可奇怪的，因为能源是最基本的消费品。

校正的和未校正的 R^2 值都很高。F 值约为 1 688；如果 $B_2 = B_3 = 0$ 为真，则获此 F 值的概率几乎为零。因此，认为收入和能源价格对能源的需求有很强的影响。■

5.4 如何测度增长率：半对数模型

在本章前言中曾指出，经济学家、企业家和政府部门很关注经济变量的增长率，比如，政府预算赤字规划就是依据 GDP 预期增长率这个指标确定的。类似地，联储根据未偿付消费信贷的增长率（汽车贷款、分期偿还贷款等）这个指标监视货币政策的运行效果。

本节介绍如何利用回归分析度量这些增长率。

例 5-4 Example

1975～2007 年美国人口增长率

表 5-4 给出了 1975～2007 年美国人口（百万）数据，现在要求这个期间的人口增长率（Y）。考虑如下复利计算公式（货币、银行及金融课程中经常使用这个公式）：

$$Y_t = Y_0(1+r)^t \tag{5-13}$$ [15]

式中，Y_0——Y的初始值；Y_t——第t期的Y值；r——Y的复合增长率。

表5-4 1975~2007年美国人口(百万)

美国人口	时间	美国人口	时间
215.973	1	256.894	18
218.035	2	260.255	19
220.239	3	263.436	20
222.585	4	266.557	21
225.055	5	269.667	22
227.726	6	272.912	23
229.966	7	276.115	24
232.188	8	279.295	25
234.307	9	282.430	26
236.348	10	285.454	27
238.466	11	288.427	28
240.651	12	291.289	29
242.804	13	294.056	30
245.021	14	296.940	31
247.342	15	299.801	32
250.132	16	302.045	33
253.493	17		

注：1975年=1；2007年=33。

资料来源：*Economic Report of the President*, 2008, Table B34.

将式(5-13)做如下变形，等式两边取对数，得：

$$\ln Y_t = \ln Y_0 + t\ln(1+r) \tag{5-14}$$

令

$$B_1 = \ln Y_0 \tag{5-15}$$

$$B_2 = \ln(1+r) \tag{5-16}$$

因此，模型式(5-14)可表示为：

$$\ln Y_t = B_1 + B_2 t \tag{5-17}$$

如果模型式(5-17)中纳入随机误差项，得到：[16]

$$\ln Y_t = B_1 + B_2 t + u_t \tag{5-18}$$

与其他线性回归模型一样，参数B_1和B_2是线性的。唯一的差别是应变量Y是对数形式，解释变量是“时间”，取值1，2，3等。

形如式(5-18)的回归模型称为**半对数模型**(semilog models)，因为仅有一个变量以对数形式出现(本例中是应变量)。如何解释这类模型呢？在满足OLS基本假设的条件下，能够用OLS法估计模型式(5-18)，根据表5-4中的数据，得到如下回归结果：

$$\ln(Uspop) = 5.3593 + 0.0107t$$

---

15 假定银行存款账户上的存款$Y_0=100$美元，年利率是6%，即$r=6\%$。第一年末存款增加到$Y_1=100(1+0.06)=106$；第二年末存款为$Y_2=106(1+0.06)=112.36$，因为第二年末不仅有初始100美元的利息，还有第一年利息的利息；第三年末存款增加到$100(1+0.06)^3=119.1016$，等等。

16 加入误差项的原因在于复利公式不能准确地拟合表5-4中的数据。

$$t = (3\ 321.13)(129.779) \quad r^2 = 0.998\ 2 \tag{5-19}$$

方程(5-19)中仅仅给出了 t 值。图 5-3 描绘了估计的回归直线。

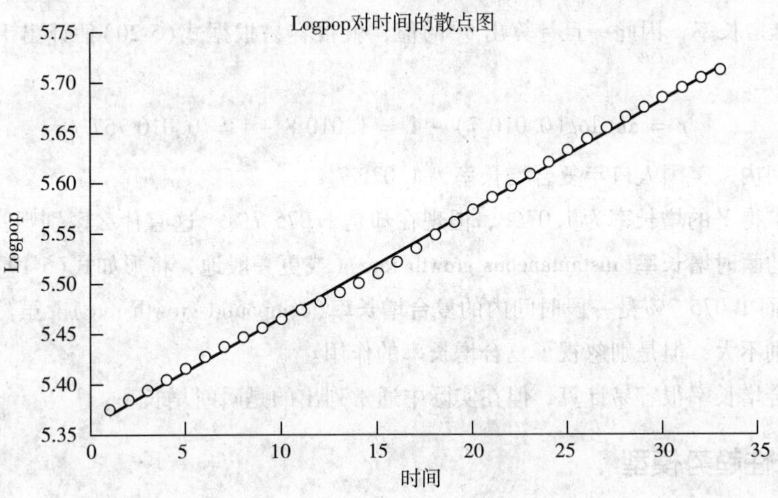

图 5-3　半对数模型

回归结果解释如下：斜率 0.010 7 表示，平均而言，log$Y$(美国人口)的年增长率为0.010 7，即 Y 以每年 1.07% 的速率增长，因为，在形如式(5-19)的半对数模型中，斜率度量了解释变量(本例是时间)的绝对变化引起 Y 的比例变动或相对变动。[17] 把这个相对改变量乘以 100，就得到增长率(参见本章脚注 1)。本例中的相对变化率为 0.010 7，因而增长率为 1.07%。

正因为如此，形如式(5-19)的半对数模型又称为增长率模型，可以用这类模型度量变量的增长率，包括经济和其他非经济变量。

对截距 5.359 3 解释如下。根据式(5-15)有：

$$b_1 = \ln Y_0 \text{ 的估计值} = 5.359\ 3$$

因此，如果取 5.359 3 的反对数，得：

$$\text{antilog}(5.359\ 3) \approx 212.576\ 1$$

即当 $t=0$ 时的 Y 值，也即 Y 的初期值。本例中的样本始于 1975 年，所以 213(百万)可以解释为 1974 年末的人口值。但别忘了，通常截距没有特殊意义。■

5.4.1　瞬时增长率与复合增长率

注意式(5-16)：

$$b_2 = B_2 \text{ 的估计值} = \ln(1 + r)$$

因此，

$$\text{antilog}(b_2) = (1 + r)$$

17　利用微积分可以证明：$B_2 = \frac{\mathrm{d}\ln Y}{\mathrm{d}t} = \left(\frac{1}{Y}\right)\left(\frac{\mathrm{d}Y}{\mathrm{d}t}\right) = \frac{\frac{\mathrm{d}Y}{Y}}{\mathrm{d}t} = \frac{Y\text{ 的相对变动}}{t\text{ 的绝对变动}}$。

于是，

$$r = \text{antilog}(b_2) - 1 \tag{5-20}$$

由于 r 是复合增长率，因此一旦计算出 b_2 的值，就很容易根据式(5-20)估计出 Y 的复合增长率。本例中，

$$r = \text{antilog}(0.010\,7) - 1 = 1.010\,8 - 1 = 0.010\,757 \tag{5-21}$$

即在样本区间内，美国人口年复合增长率为 1.075 7%。

在前面求得 Y 的增长率为 1.07%，但现在却是 1.075 7%。这有什么区别呢？1.07% 是某个时间点上的**瞬时增长率**(instantaneous growth rate)(或更一般地，将形如式(5-19)的斜率系数乘以 100)，而 1.075 7% 是一段时间内的**复合增长率**(compound growth rate)。虽然本例中的两个增长率差别不大，但是别忽视了复合增长率的作用。

虽然复合增长率很容易计算，但在实际中通常列出的是瞬时增长率。

5.4.2 线性趋势模型

有时为了计算的简便，常常估计如下模型：

$$Y_t = B_1 + B_2 t + u_t \tag{5-22}$$

即 Y 对时间 t 的回归，t 按时间顺序度量。这类模型称为**线性趋势模型**(linear trend model)，时间 t 称为**趋势变量**(trend variable)。[18]若上式中的斜率为正，则称 Y 有向上的趋势；若斜率为负，则称 Y 有向下的趋势。

根据表 5-4 中的数据，拟合回归模型式(5-22)，结果如下：

$$\begin{aligned} USpop_t &= 209.673\,1 + 2.757\,0t \\ t &= (287.437\,6)(73.645\,0) \quad r^2 = 0.994\,3 \end{aligned} \tag{5-23}$$

回归结果表明，在样本区间内，美国人口每年以 2.757(百万)的绝对速度增长。因此，美国人口表现出向上的趋势。截距表示了美国 1974 年的人口数，210(百万)。

实践中，线性趋势模型和增长模型应用得十分广泛。但相对而言，增长模型更实用些。人们通常关注的是经济变量的相对变化而不是绝对变化，比如说 GDP、货币供给等。

顺便指出：不能比较两个模型的 r^2 值，因为两个模型的应变量不同(参见习题 5.16)。用统计语言来讲，根据 t 显著性检验，两个模型的回归结果都很好。

双对数线性模型的斜率度量了 Y 对解释变量的弹性系数。对于增长模型和线性趋势模型，也可以度量弹性系数。事实上，一旦确定了回归模型的函数形式，就能够根据式(5-7)的弹性定义计算弹性系数。表 5-11 总结了各种模型的弹性系数。

新一代时间序列经济计量学家对模型式(5-18)和(5-22)引入趋势变量 t 提出了质疑。他们认为，只有在随机项 u_t 是平稳的条件下，引入趋势变量才是合理的。如果 u_t 的均值和方差不随时间而变，则 u_t 就是平稳的。平稳性的准确含义将在随后章节中详细讨论(第 12 章)。在古

---

18 趋势是指变量表现出持续的向上或向下的运动。

典线性回归模型中，已经假定了 u_t 的均值为零，方差为一常数 σ^2。当然，在实际应用中，需要检查这些假定是否有效。随后将讨论这个问题。

5.5　线性-对数模型：解释变量是对数形式

5.4 节讨论了应变量是对数形式而解释变量是线性形式的增长模型。为了描述的方便，称之为**对数-线性模型**(log-lin model)或**增长模型**(growth model)。本节考虑应变量是线性形式而解释变量是对数形式的模型。相应地，称之为**线性-对数模型**(lin-log model)。

我们通过一个具体例子介绍这个模型。

 例 5-5 Example　**个人总消费支出与服务支出的关系(1975~2006 年，1992 年美元价，10 亿美元)**

表 5-5 给出了消费者各类支出与个人总消费支出的年度数据(参见网上教材)。

假定要求个人总消费支出(X)的变动对服务支出(Y)的影响，考虑下面的模型：

$$Y_t = B_1 + B_2 \ln X_{2t} + u_t \tag{5-24}$$

与双对数线性模型式(5-18)相比(应变量是对数形式)，这里的解释变量是对数形式。在解释这个模型之前，首先给出利用 MINITAB 估计得到的回归结果：

$$\begin{aligned}\hat{Y}_t &= -12\ 564.8 + 1\ 844.22\ln X_t \\ \text{se} &= (916.351)\quad (114.32) \\ t &= (-13.71)\quad (16.13) \\ p &= (0.00)\qquad (0.00)\quad r^2 = 0.881\end{aligned} \tag{5-25}$$

按照通常的解释，斜率系数 1 844 度量了个人总消费支出的对数每增加一个单位，个人服务支出的绝对变化量约为 1 844(10 亿)美元。这是什么意思呢？

由于对数变化是相对变化，因而模型式(5-25)的斜率系数度量了：[19]

$$B_2 = \frac{Y\text{ 的绝对变化量}}{X\text{ 的相对变化量}} = \frac{\Delta Y}{\Delta X / X} \tag{5-26}$$

其中，ΔY 和 ΔX 表示了 Y 和 X 的一个小的改变量。式(5-26)可以等价地写为：

$$\Delta Y = B_2\left(\frac{\Delta X}{X}\right) \tag{5-27}$$

式(5-27)表明，Y 的绝对变化量(ΔY)等于 B_2 乘以 X 的相对变化量。若将后者乘以 100，则式(5-27)给出了 X 每百分比变动引起的 Y 的绝对变化量。因而，若 $\Delta X/X$ 每变化 0.01 个单位(或 1%)，则 Y 的绝对变化量为 $0.01(B_2)$。若求得实际的 $B_2 = 674$，则 Y 绝对变化量为 $0.01 \times 674 = 6.74$。因此，在用 OLS 方法估计出形如式(5-24)的回归方程后，将估计的斜率系数 B_2 乘以 0.01，或除以 100。

再来看模型式(5-25)，如果个人总消费支出增加 1 个百分点，则平均服务支出将增加 18.44(10 亿美元)。(注：将估计的斜率值除以 100。)■

因此，形如式(5-24)的线性 - 对数模型常用于研究解释变量每百分比变动引起应变量的

19　如果 $Y = B_1 + B_2 \ln X$，利用微积分可以证明$\frac{dY}{dX} = B_2\left(\frac{1}{X}\right)$。因此，$B_2 = X\frac{dY}{dX} = \frac{dY}{dX/X} =$ 式(5-26)。

绝对变化量。模型(5-24)可以引入多个对数形式的解释变量。每一个偏斜率系数度量了在其他变量保持不变的条件下，变量 X 每变动 1% 引起应变量的绝对改变量。

5.6 倒数模型

形如下式的模型称为**倒数模型**(reciprocal model)：

$$Y_i = B_1 + B_2\left(\frac{1}{X_i}\right) + u_i \tag{5-28}$$

这是一个变量非线性模型，因为 X 是以倒数形式进入模型的，但却是参数线性模型，因为模型中的参数是线性的。[20]

倒数模型的一个显著特征是，随着 X 的无限增大，$(1/X_i)$ 趋于零(为什么?)，Y 接近**渐近值**(asymptotic value)或极限值 B_1。因此，当变量 X 无限增大时，形如式(5-28)的回归模型将逐渐靠近其渐近线或极值。

图 5-4 描绘了模型式(5-28)的一些曲线形状。

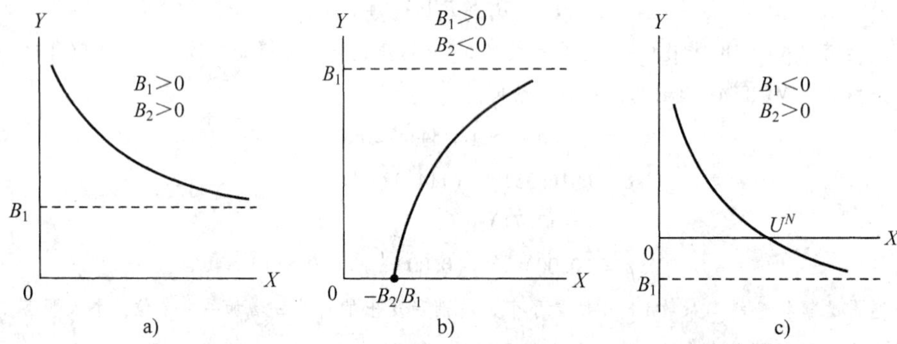

图 5-4 倒数模型：$Y_i = B_1 + B_2(1/X_i)$

在图 5-4a 中，若 Y 表示生产的平均固定成本(AFC)，即总固定成本除以产出，X 代表产出，则根据经济理论，随着产出的不断增加，AFC 将逐渐降低(因为总固定成本不变)，最终接近 B_1 产出轴。

图 5-4b 的一个重要应用就是**恩格尔消费曲线**(Engel expenditure curve)(以德国统计学家恩格尔的名字命名，1821—1896)。该曲线表明了消费者在某一商品上的支出与其总收入或总消费支出的关系。若 Y 表示消费者在某一商品上的消费支出，X 表示消费者的总收入，则该商品具有如下特征：①收入有一个临界值或阀值，在此临界值下，不能购买某商品(比如汽车)。在图 5-4b 中，收入的临界水平是 $-(B_2/B_1)$。②消费有一个满足水平，在此水平之上，无论消费者的收入有多高，也不会再有任何消费(即使是百万富翁通常也不会在同一时间内拥有两辆以上的汽车)。在图 5-4b 中，消费的满足水平为渐近线 B_1。图中的倒数模型最适合描述这类商品。

图 5-4c 的一个重要应用就是**菲利普斯曲线**(Phillips curve)。菲利普斯根据英国货币工资变

---

20 如果令 $X^* = (1/X)$，则方程(5-28)既是参数线性模型，又是变量线性模型。

化的百分比(Y)与失业率(X)的数据，得到了形如图 5-4c 的一条曲线。[21]从图中可以看出，工资随失业水平的变化是不对称的：当失业率低于 U^N 时，工资随失业率单位变化而上升比失业率高于 U^N 时工资随失业率单位变化而下降得更快，经济学家称 U^N 为自然失业率。B_1 表明了工资变化的渐近线(参见图 5-5)。菲利普斯曲线的这条特殊性质可能是由于制度因素，比如工会谈判能力、最低工资、失业保险等造成的。

例 5-6
Example

1958～1969 年美国的菲利普斯曲线

由于菲利普斯曲线的历史重要性，也为了说明倒数模型，我们来看一个具体实例。表 5-6 给出了美国 1958～1969 年小时收入指数(Y)和城市失业率(X)的数据。[22]

表 5-6　美国 1958～1969 年小时收入指数的年变化率(Y)和城市失业率(X)

年份	Y	X	年份	Y	X
1958	4.2	6.8	1964	2.8	5.2
1959	3.5	5.5	1965	3.6	4.5
1960	3.4	5.5	1966	4.3	3.8
1961	3.0	6.7	1967	5.0	3.8
1962	3.4	5.5	1968	6.1	3.6
1963	2.8	5.7	1969	6.7	3.5

资料来源：*Economic Report of the President*, 1989. Data on X from Table B-39, p. 352, and data on Y from Table B-44, p. 358.

利用表 5-6 中的数据拟合模型(5-28)，回归结果如下：

$$\hat{Y}_t = -0.2594 + 20.5880\left(\frac{1}{X_t}\right)$$
$$t = (-0.2572) \quad (4.3996) \quad r^2 = 0.6594 \tag{5-29}$$

图 5-5a 给出了这条回归线。

从图中可以看出，工资底线为 −0.26%，不是显著不为零(为什么?)。因此，无论失业率有多高，工资的增长率至少为零。

为了比较，下面给出利用相同数据得到的线性回归结果(见图 5-5b)：

$$\hat{Y}_t = 8.0147 - 0.7883X_t$$
$$t = (6.4625)(-3.2605) \quad r^2 = 0.5153 \tag{5-30}$$

观察这两个模型。线性模型(5-30)的斜率为负，因为在其他条件不变时，失业率越高，收入的增长率越低。而倒数模型的斜率却为正，因为 X 是以倒数形式进入模型的(也就是说，负负为正)。换句话说，倒数模型中的正斜率与线性模型中的负斜率作用相同。线性模型表明，失业率每上升 1%，收入变化率的变化幅度为一常数，约为 −0.79。而在倒数模型中，收入变化率的变化幅度却不是常数，依赖于 X 的水平

21　A. W. Phillips, "The Relationship between Unemployment and the Rate of Change of Money Wages in the United Kingdom, 1861-1957," *Economica*, November 1958, pp. 283-299.

22　选择这个样本期的原因在于直到 1969 年菲利普斯曲线还是有效的，但此后菲利普斯曲线被打破了。为了恢复菲利普斯曲线曾进行了很多尝试，也取得了不同程度的成功。

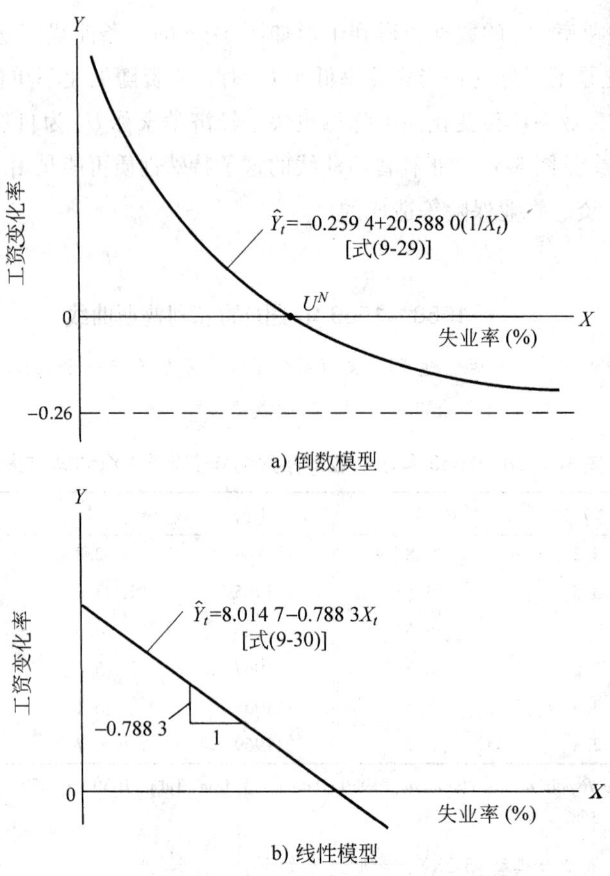

图 5-5 1958～1969 年美国的菲利普斯曲线

(即失业率)(参见表 5-11)。[23]后一种模型的假设更符合经济理论。由于这两个模型中的应变量相同，因此可以比较 r^2 值。倒数模型的 r^2 值更大，这表明倒数模型更好地拟合了样本数据。■

这个例子表明，一旦遇到的不是 LIV/LIP 模型，而是参数线性而变量不一定是线性的模型，则需要根据具体情况选择合适的模型。经济理论对选择适当的模型有很大的帮助。当然，建立模型不仅需要经济理论，还需要工作经验，而后者来源于不断地实践。

我们用下面一个例子结束有关倒数模型的讨论。

例 5-7
Example

共同基金收取的咨询费

表 5-7 给出了美国共同基金支付给投资顾问管理资产的费用。支付的费用与基金的净资产有关。从图 5-6 可以看出，基金的净资产越高，咨询费用就越低。

---

23 从表 5-11 中可知，倒数模型的斜率是 $-B_2(1/X^2)$。

表 5-7　共同基金的管理费用

费(%) Y	净资产(10 亿美元) X	费(%) Y	净资产(10 亿美元) X
0. 520 0	0. 5	0. 411 5	30. 0
0. 508 0	5. 0	0. 402 0	35. 0
0. 484 0	10. 0	0. 394 4	40. 0
0. 460 0	15. 0	0. 388 0	45. 0
0. 439 8	20. 0	0. 382 5	55. 0
0. 423 8	25. 0	0. 373 8	60. 0

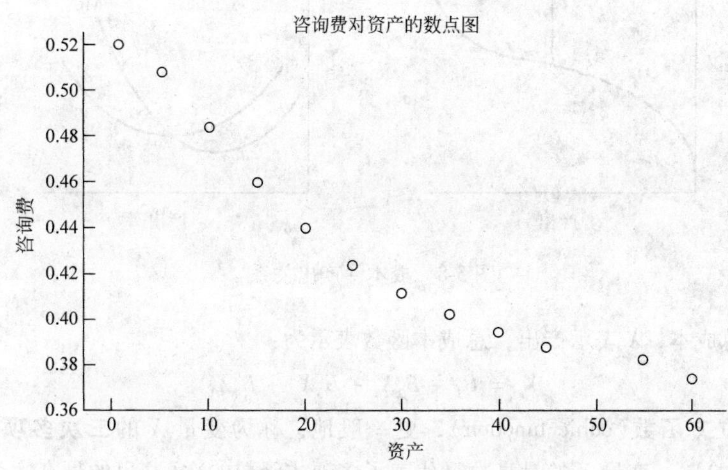

图 5-6　管理费与资产规模

图形表明两个变量之间是非线性的。因此，选择模型如下：

$$咨询费 = B_1 + B_2\left(\frac{1}{资产}\right) + u_i \tag{5-31}$$

根据表 5-7 中的数据，利用 EViews 软件得到如下回归结果：

应变量：咨询费
方法：最小二乘

样本：1　12
包括的观察值：12

变量	系数	标准误	t 统计量	概率
C	0. 420 412	0. 012 858	32. 697 15	0. 000 0
1/资产	0. 054 930	0. 022 099	2. 485 610	0. 032 2
R^2	0. 381 886	应变量的均值		0. 432 317
校正的 R^2	0. 320 075	应变量的标准差		0. 050 129
回归的标准误	0. 041 335			
残差平方和	0. 017 086			
		F 统计量		6. 178 255
		概率(F 统计量)		0. 032 232

图 5-7　方程(5-31)的 EViews 输出

对回归结果的解释留做练习(参见习题 5. 20)。■

5.7 多项式回归模型

本节讨论的这类回归模型在生产与成本函数的经济计量分析中有着广泛的应用。图 5-8 描绘了总成本(TC)对产出的函数以及相应的边际成本(MC)及平均成本(AC)曲线。

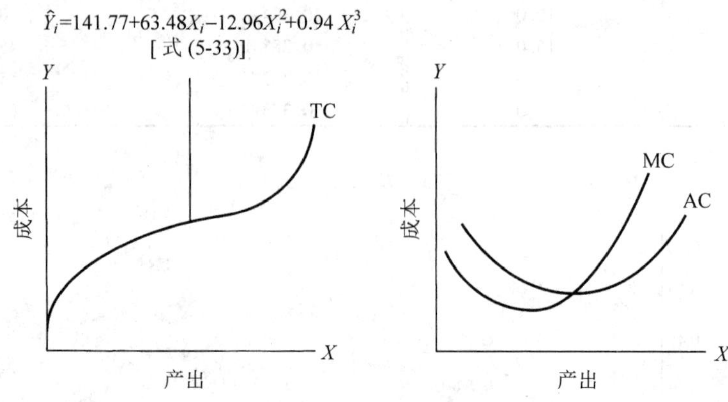

图 5-8 成本－产出关系

令 Y 表示总成本，X 表示产出，总成本函数表示为：

$$Y_i = B_1 + B_2X_i + B_3X_i^2 + B_4X_i^3 \qquad (5\text{-}32)$$

式(5-32)称为**立方函数**(cubic function)，更一般地，称为变量 X 的**三次多项式函数**(third-degree polynomial)——变量 X 的最高次幂代表了多项式函数的次(这里的最高次为 3)。

在这类多项式函数中，等式右边只有一个解释变量，但却以不同的次幂出现，因而可看做多元回归模型。[24](注：引入随机误差项，模型(5-32)就是一个回归模型。)

虽然模型(5-32)是变量非线性的，但却是参数线性的，因而是一个线性回归模型。可以用 OLS 估计形如式(5-32)的模型。唯一担心的是可能出现共线性问题，因为 X 的不同次方项之间是函数相关的。但这种担心没什么必要，因为 X^2 和 X^3 是 X 的非线性函数，因而并未违背不完全共线性的假定。简言之，可以用 OLS 估计多项式回归模型，并且不会导致任何特殊的估计问题。

例 5-8 Example

假想的总成本函数

为了说明多项式模型，考虑表 5-8 给出的成本－产出假想数据。根据数据，得到 OLS 回归结果如下：

$$\hat{Y}_i = 141.7667 + 63.4776X_i - 12.9615X_i^2 + 0.9396X_i^3$$

$$\text{se} = (6.3753) \quad (4.7786) \quad (0.9857) \quad (0.0591) \qquad (5\text{-}33)$$

$$R^2 = 0.9983$$

24 当然，根据需要可以纳入其他解释变量及其高次幂。

表 5-8 假想的成本–产出数据

Y($)	193	226	240	244	257	260	274	297	350	420	总成本
X	1	2	3	4	5	6	7	8	9	10	产出

根据价格理论，如果边际成本曲线和平均成本曲线为 U 型，则模型式(5-32)中的系数有如下先验值：[25]

1. B_1、B_2 和 B_4 都大于零。

2. $B_3 < 0$。

3. $B_3^2 < 3B_2B_4$。

回归结果式(5-33)与预期一致。■

考虑多项式模型的一个具体实例。

例 5-9 Example

吸烟与肺癌

表 5-9(参见网上教材)给出了 1960 年华盛顿特区和 43 个州的吸烟与各种癌症的数据。

现在考虑吸烟与肺癌之间的关系，看看吸烟对肺癌是递增效应还是递减效应。考虑如下回归模型：

$$Y_i = B_1 + B_2X_i + B_3X_i^2 + u_i \tag{5-34}$$

其中，Y 是肺癌死亡人数，X 是吸烟人数。利用 MINITAB 得到如下回归结果：

预测变量	系数	标准误	T		P
常数	−6.910	6.193	−1.12		0.271
CIG	1.5765	0.4560	3.46		0.001
CIGSQ	−0.019179	0.008168	−2.35		0.024
S=2.75720　R 平方=56.4%　校正的 R 平方=54.3%					
方差分析					
来源	自由度	SS	MS	F	P
回归	2	403.89	201.94	26.56	0.000
残差误差	41	311.69	7.60		
合计	43	715.58			

图 5-9 回归(5-34)的 MINITAB 输出

回归结果表明：吸烟的斜率系数为正，但吸烟平方项的系数为负，表明吸烟对肺癌有不利的影响，并以递减的速度增加。[26]根据单边 t 检验，所有的斜率系数都是统计显著的。采用单边检验的原因在于预期吸烟对肺癌及其他癌症有不利影响。F 值为 26.56，也是高度显著的，因为对应的 p 值几乎为零，表明两个变量都属于模型。■

---

25 相关的经济学知识参见 Alpha C. Chiang, *Fundamental Methods of Mathematical Economics*, 3rd ed., McGraw-Hill, New York, 1984, pp. 205-252. 这些约束是为了保证回归结果有经济意义。总成本曲线一定是向上倾斜的(产出越大，总成本越高)，边际成本一定是正的。

26 忽略误差项。在方程(5-34)中，如果取 Y 对 X 的导数，得到 $\frac{\partial Y}{\partial X} = B_2 + 2B_3X$，即 $1.57 - 2(0.0192)X = 1.57 - 0.0384X$，表明肺癌的变化率随吸烟递减。如果变量 CIGSQ 的系数为正，则吸烟对肺癌的影响以递增的速度增加。这里，Y 是肺癌的发生率，X 是吸烟人数。

5.8 过原点的回归

有些时候假设回归模型的形式如下(仍以双变量模型为例，可以直接推广到多元情形)：

$$Y_i = B_2X_i + u_i \tag{5-35}$$

这个模型中截距为零，因此称为**过原点的回归**(regression through the origin)。在式(2-22)的奥肯定律中，曾遇到过原点回归的例子。根据式(5-35)可以证明：[27]

$$b_2 = \frac{\sum X_iY_i}{\sum X_i^2} \tag{5-36}$$

$$\text{var}(b_2) = \frac{\sigma^2}{\sum X_i^2} \tag{5-37}$$

$$\hat{\sigma}^2 = \frac{\sum e_i^2}{n-1} \tag{5-38}$$

把这些公式与包括截距的双变量模型公式(2-17)、(3-6)和(3-8)相比较，可以发现若干不同。第一，无截距模型使用了原始的平方和以及交叉乘积，而有截距模型则使用了均值调整后的平方和以及交叉乘积。第二，现在计算 $\hat{\sigma}^2$ 的自由度是$(n-1)$，而不是$(n-2)$，因为式(5-35)中只有一个未知参数。第三，r^2 计算公式通常假定了模型中存在截距项。因此，无截距模型不能使用这个公式，如果使用了这个公式，则得到的结果可能没有意义，因为计算的 r^2 可能是负数。最后，有截距模型的残差和，$\sum \hat{u}_i = \sum e_i$ 总为零，但无截距模型不一定为零。

因此，只有在充分理论保证下才能使用零截距模型，比如奥肯定律或其他经济和金融理论。习题 5. 22 给出了零截距模型的一个例子。现在利用表 2-13 的数据(1960～2006 年美国实际 GDP 和失业率)说明零截距模型。与方程(2-22)相似，这里引入一个时间变量(年)，得到如下回归结果：

$$\begin{aligned} \hat{Y}_t &= 0.000\,05Year - 3.070X_{t-1} \\ t &= (2.55) \qquad (-2.92) \end{aligned} \tag{5-39}$$

其中，Y 是失业率变化的百分比，X 是上年实际 GDP 的增长率。

为了比较，重新估计了包括截距的式(5-39)，得到如下回归结果：

$$\begin{aligned} \hat{Y}_t &= 3.128 - 0.001\,5Year - 3.294X_{t-1} \\ t &= (3.354)(-0.90) \qquad (-3.05) \qquad R^2 = 0.182 \end{aligned} \tag{5-40}$$

式(5-40)的截距项是统计显著的，但时间变量却是不显著的。方程(5-40)给出了 r^2 值，但在方程(5-39)中并未给出。[28]

5.9 关于度量比例和单位的说明

变量，无论是不是经济变量，都有各种度量单位。例如，温度可以用华氏温度或摄氏温

---

27 证明见 Damodar Gujarati, *Basic Econometrics*, 4th ed., McGraw-Hill, New York, 2003, pp. 198-199.

28 对于方程(5-39)，可以计算“原始”r^2，详细讨论参见习题 5. 23。

度度量，GDP 可以用百万或 10 亿美元度量。回归结果对度量单位敏感吗？有时候是，有时候不是。我们用表 5-10 中的数据加以说明。

表中给出的私人总投资的度量单位是 10 亿美元(GDIB)和百万美元(GDIM)，国内总产出的度量单位是 10 亿美元(GDPB)和百万美元(GDPM)。假定要求 GDI 对 GDP 的变动关系，估计如下回归：

表 5-10　美国私人国内总投资和国内总产出(1997 ~2006 年)

年份	GDPB	GDPM	GDIB	GDIM
1997	1 389. 8	1 389 800	8 304. 3	8 304 300
1998	1 509. 1	1 509 100	8 747. 0	8 747 000
1999	1 625. 7	1 625 700	9 268. 4	9 268 400
2000	1 735. 5	1 735 500	9 817. 0	9 817 000
2001	1 614. 3	1 614 300	10 128. 0	10 128 000
2002	1 582. 1	1 582 100	10 469. 6	10 469 600
2003	1 664. 1	1 664 100	10 960. 8	10 960 800
2004	1 888. 6	1 888 600	11 685. 9	11 685 900
2005	2 077. 2	2 077 200	12 433. 9	12 433 900
2006	2 209. 2	2 209 200	13 194. 7	13 194 700

变量：GDIB——国内私人总投资(10 亿美元)
GDIM——国内私人总投资(百万美元)
GDPB——国内私人总产出(10 亿美元)
GDPM——国内私人总产出(百万美元)

$$\begin{aligned} GDIB_t &= 461.511 + 5.8046 GDPB_t \\ se &= (1\,331.451)\quad (0.762) \\ t &= (0.3466)\quad (7.6143)\quad r^2 = 0.8787 \end{aligned} \tag{5-41}$$

$$\begin{aligned} GDIM_t &= 461\,511.076 + 5.8046 GDPM_t \\ se &= (1\,331\,451)\quad (0.762) \\ t &= (0.3466)\quad (7.6143)\quad r^2 = 0.8787 \end{aligned} \tag{5-42}$$

$$\begin{aligned} GDIB_t &= 461.511 + 0.0058 GDPM_t \\ se &= (1\,331.451)\quad (0.00076) \\ t &= (0.3466)\quad (7.6143)\quad r^2 = 0.8787 \end{aligned} \tag{5-43}$$

$$\begin{aligned} GDIM_t &= 461\,511.076 + 5\,804.626 GDPB_t \\ se &= (1\,331\,451)\quad (762.335) \\ t &= (0.3466)\quad (7.6143)\quad r^2 = 0.8787 \end{aligned} \tag{5-44}$$

乍一看，这些结果不同。但如果注意到 10 亿美元等于 1 000 百万美元的话，结果则是相同的。所有这些回归中，只是变量的度量单位不同。注意这些事实：第一，所有回归的 r^2 相同，这也不足为奇，因为 r^2 是一个纯数值，无须考虑应变量(Y)和解释变量(X)的度量单位。第二，截距的单位总是与应变量的单位一致。因为截距是当解释变量为零时应变量的取值。第三，如果 Y 和 X 的度量单位相同，则斜率系数及其标准误相同(比较式(5-41)和(5-42))，但截距及其标准误不同。第四，如果 Y 和 X 的度量单位不同，则斜率系数不同，但截距不变。因而，在方程(5-43)中，如果 GDP 变化1(百万)美元，则 GDI 变化0.005 8(10 亿美元)，即5.8(百万美元)。同样地，在方程(5-44)中，如果 GDP 增加10 亿美元，则 GDI 增加5 804.6(百万美元)。这些结果都与基本常识吻合。

5.10 标准化变量的回归

5.9 节内容表明，回归系数的解释可能因度量单位不同而不同，但如果所有变量都是标准化变量，就可以避免这个问题。变量标准化就是用变量与其均值的差除以变量的标准差。

因此，在 Y 对 X 的回归中，如果定义，

$$Y_i^* = \frac{Y - \bar{Y}}{S_Y} \tag{5-45}$$

$$X_i^* = \frac{X_i - \bar{X}}{S_X} \tag{5-46}$$

其中，$\bar{Y}$—— Y 的样本均值；S_Y—— Y 的样本标准差；$\bar{X}$—— X 的样本均值；S_X—— X 的样本标准差。Y_i^* 和 X_i^* 称为**标准化变量**(standardized variables)。标准化变量有一个重要性质：均值为0，方差为1。[29]

标准的(双变量)回归模型如下，

$$Y_i = B_1 + B_2 X_i + u_i \tag{5-47}$$

而对标准化变量进行回归的模型是

$$Y_i^* = B_1^* + B_2^* X_i^* + u_i^* = B_2^* X_i^* + u_i^* \tag{5-48}$$

很容易证明，在标准化变量的回归方程中，截距总为0。[30]标准化解释变量的回归系数，用符号 B^* 表示，称之为 **beta 系数**(beta coeeficient)。注意，式(5-48)是一个过原点的回归。

如何解释 beta 系数呢？beta 系数表示，标准化回归元每增加一个标准差，被解释标准化变量的均值将增加 B^* 倍的标准差。因此，与传统的式(5-47)不同，这里度量的不是解释变量原始单位变化引起的被解释变量的改变量，而是与原始单位无关的标准化后的变化量。

如果解释变量不只一个，那么可以把每个变量都转化成标准化形式。再来看柯布 - 道格拉斯生产函数。表5-2 给出了 1955 ~ 1974 年墨西哥实际 GDP、就业和实际资本形成的数据。式(5-11)给出了对数生产函数的拟合结果。下面给出了利用 EViews 估计的变量标准化后的回归结果。

---

29 证明参见，Gujarati and Porter，op. cit.，pp. 183-184.

30 在式(2-16)中，截距 = Y 的均值 - 斜率 × X 的均值。但对于标准化变量，均值总为0。很容易推广到多个解释变量的情形。

应变量：SLGDP 方法：最小二乘 样本：1955　1974 包括观察值：20				
变量	系数	标准误	t 统计量	概率
SLE	0.167 964	0.089 220	1.882 590	0.076 0
SLK	0.831 995	0.089 220	9.325 223	0.000 0
R 平方	0.995 080		应变量均值	6.29E-06
校正的 R 平方	0.994 907		应变量标准差	0.999 999
回归标准误	0.072 603		残差平方和	0.093 475

回归系数解释如下：在资本形成保持不变的条件下，就业每增加一个标准差，GDP 平均增加 0.17 个标准差。同样地，在就业保持不变的条件下，资本形成每增加一个标准差，GDP 平均增加 0.83 个标准差(注：所有变量都采用对数形式)。由此看来，资本形成对产出的影响要大于就业对产出的影响。通过这个例子可以看出标准化变量回归的优点：每个变量都处于平等地位，因为它们的均值为 0，方差为 1。

为什么回归模型中没有引入截距呢？如果模型包含了截距，那么其值为 0。

5.11　函数形式小结

本章讨论了几种回归模型，尽管这些模型都是参数线性的，但却不一定是变量线性的。我们指出了每种模型的特殊性质，并强调其适用条件。表 5-11 总结了不同函数形式的特征，比如斜率系数和弹性系数。双对数模型的斜率系数与弹性系数相同，但其他模型的情况却不是如此。可以根据弹性系数的基本定义(见式(5-7))计算各个模型的弹性。

表 5-11　不同函数形式的总结

模型	形式	斜率 $=\frac{dY}{dX}$	弹性 $=\frac{dY}{dX}\cdot\frac{X}{Y}$
线性	$Y=B_1+B_2X$	B_2	$B_2\left(\frac{X}{Y}\right)$ ①
双对数	$\ln Y=B_1+B_2\ln X$	$B_2\left(\frac{Y}{X}\right)$	B_2
对数 - 线性	$\ln Y=B_1+B_2X$	$B_2(Y)$	$B_2(X)$ ①
线性 - 对数	$Y=B_1+B_2\ln X$	$B_2\left(\frac{1}{X}\right)$	$B_2\left(\frac{1}{Y}\right)$ ①
倒数	$Y=B_1+B_2\left(\frac{1}{X}\right)$	$-B_2\left(\frac{1}{X^2}\right)$	$-B_2\left(\frac{1}{XY}\right)$ ①
逆对数	$\ln(Y)=B_1-B_2\left(\frac{1}{X}\right)$	$B_2\left(\frac{Y}{X^2}\right)$	$B_2\left(\frac{1}{X}\right)$

① 表示弹性系数是一个变量，依赖于 X 或 Y，或 X 与 Y 两者。如果没有给出具体的 X、Y，则用 $\bar{X}$、$\bar{Y}$ 测度弹性系数。

从表 5-11 可以看出，LIV 模型的斜率为一常数，而弹性系数是一个变量，但双对数模型的弹性系数是一个常数，而斜率却是一个变量。表 5-11 列出的其他模型的斜率和弹性系数都是变量。

5.12 小结

本章讨论了几种参数线性模型或是可以通过适当变换成为参数线性的模型，但不一定是变量线性的。这些模型都有其特殊的性质。主要考虑了5种变量非线性，但参数线性的模型：

1. 双对数模型。应变量和解释变量都是对数形式。
2. 对数 - 线性模型。应变量是对数形式，但解释变量是线性形式。
3. 线性 - 对数模型。解释变量是对数形式，但应变量是线性形式。
4. 倒数模型。应变量是线性形式，但解释变量却不是。[31]
5. 多项式模型。解释变量以不同次幂进入模型。

当然，可以将上述不同形式的模型组合起来。因此，可以得到这样的多元回归模型，其应变量是对数形式，解释变量部分是对数形式，部分是线性形式。

本章研究了这些不同模型的性质，并给出适用条件。在本书随后的章节中将遇到更多这样的模型。

本章还讨论了过原点回归模型及其性质。

不应过分强调，或者仅仅根据一个统计量，比如 R^2 来甄选模型。模型的建立需要正确的理论、合适可用的数据、对各种模型统计性质的完整理解以及经验判断。由于理论本身不是完美的，因而也就没有完美的模型，只是期望选择的模型能够合理平衡各项标准。

无论实践中选择什么样的模型，必须注意应变量和解释变量的度量单位，因为回归系数的解释可能因度量单位不同而不同。

关键术语和概念

本章介绍的关键术语和概念有：

双对数模型，双对数线性模型或不变弹性模型

线性回归模型与双对数回归模型
- a）函数形式
- b）r^2 值标准

柯布 - 道格拉斯（C-D）生产函数
- a）规模收益参数
- b）不变规模收益
- c）规模收益递增和规模收益递减

半对数模型
- a）瞬时增长率
- b）复合增长率

线性趋势模型
- a）趋势变量

对数 - 线性模型或增长模型

线性 - 对数模型

倒数模型
- a）渐近值
- b）恩格尔消费曲线
- c）菲利普斯曲线

多项式回归模型
- a）立方函数或三次幂多项式

过原点的回归

31 应变量可以是倒数形式，解释变量是线性形式，参见习题5.15和5.20。

度量比例和单位　　　　　　　　a) 标准化变量

标准化变量的回归　　　　　　　b) beta 系数

问　题

5.1　简要解释下列概念

a. 双对数模型　b. 对数 - 线性模型　c. 线性 - 对数模型　d. 弹性系数　e. 均值的弹性

5.2　什么是斜率系数和弹性系数？两者之间有什么联系？

5.3　填充下表：

模型	适合条件	模型	适合条件
$\ln Y_i = B_1 + B_2 \ln X_i$	—	$Y_i = B_1 + B_2 \ln X_i$	—
$\ln Y_i = B_1 + B_2 X_i$	—	$Y_i = B_1 + B_2\left(\frac{1}{X_i}\right)$	—

5.4　完成下列各句：

a. 在双对数模型中，斜率度量了________

b. 在线性 - 对数模型中，斜率度量了________

c. 在对数 - 线性模型中，斜率度量了________

d. Y 对 X 的弹性定义为________

e. 价格弹性的定义为________

f. 需求称为富有弹性的，如果价格弹性的绝对值________；需求称为缺乏弹性的，如果价格弹性的绝对值________

5.5　判断正误并说明理由。

a. 双对数模型的斜率和弹性系数相同。

b. LIV 模型的斜率系数是一个常数，弹性系数是一个变量。但双对数模型的弹性系数是一个常数，而斜率系数是一个变量。

c. 双对数模型的 R^2 值可以与对数 - 线性模型的相比较，但不能与线性 - 对数模型的相比较。

d. 线性 - 对数模型的 R^2 值可以与线性模型的相比较，但不能与双对数模型或对数 - 线性模型的相比较。

e. 模型 A：$\ln Y = -0.6 + 0.4X$；$r^2 = 0.85$；模型 B：$\hat{Y} = 1.3 + 2.2X$；$r^2 = 0.73$。模型 A 更好一些，因为它的 r^2 大。

5.6　恩格尔曲线表明了消费者对某一商品的消费支出占总收入的比重。令 Y 表示某一商品上的消费支出，X 表示消费者收入，考虑下面模型：

a. $Y_i = B_1 + B_2 X_i + u_i$

b. $Y_i = B_1 + B_2(1/X_i) + u_i$

c. $\ln Y_i = B_1 + B_2 \ln X_i + u_i$

d. $\ln Y_i = B_1 + B_2(1/X_i) + u_i$

e. $Y_i = B_1 + B_2 \ln X_i + u_i$

f. $\ln(Y) = B_1 - B_2\left(\frac{1}{X}\right)$（反对数模型）

你将选择哪个模型？（提示：解释各个斜率，求出各个支出对收入的弹性系数的表达式）

5.7 利用增长模型式(5-18)估计了美国经济时间序列数据，得到如下回归结果：

时间序列(时期)	B_1	B_2	r^2
真实 GNP(1954～1987) (1982 美元价)	7.249 2 $t=(529.29)$	0.030 2 (44.318)	0.983 9
劳动力参与率 (1973～1987)	4.105 6 $t=(1\,290.8)$	0.053 (15.149)	0.946 4
S&P 500 指数 (1954～1987)	3.696 0 $t=(57.408)$	0.045 6 (14.219)	0.863 3
S&P 500 指数 (1954～1987 季度数据)	3.711 5 $t=(114.615)$	0.011 4 (27.819)	0.852 4

a. 求各个瞬时增长率。

b. 求各个复合增长率。

c. S&P 数据的两个斜率为什么不相同？如何协调这个差距？

习 题

5.8 参考式(5-32)给出的立方总成本函数(TC)，

a. 边际成本函数(MC)是指产出每单位变化引起的总成本(TC)的改变量，即总成本对产出的变化率(总成本对产出的导数)。根据式(5-32)推导边际成本函数。

b. 平均变动成本(AVC)是总变动成本(TVC)除以总产出。根据式(5-32)推导平均变动成本函数。

c. 平均成本(AC)是总成本除以总产出。根据式(5-32)推导平均成本函数。

d. 做出上述各种成本曲线，并验证这些成本曲线与教科书上的标准成本曲线相类似。

5.9 下面的模型是参数线性的吗？如果不是，用什么方法可以使它们成为参数线性模型？

a. $Y_i = \dfrac{1}{B_1 + B_2 X_i}$　　b. $Y_i = \dfrac{X_i}{B_1 + B_2 X_i^2}$

5.10 根据 11 年的观察值，得到如下回归模型：

模型 A：$\hat{Y}_t = 2.691\,1 - 0.479\,5X_t$

$\text{se} = (0.121\,6) \quad (0.114\,0) \quad r^2 = 0.662\,8$

模型 B：$\ln\hat{Y}_t = 0.777\,4 - 0.253\,0\ln X_t$

$\text{se} = (0.015\,2) \quad (0.049\,4) \quad r^2 = 0.744\,8$

其中，Y 是每人每天消费咖啡的杯数，X 是咖啡的价格(美元/磅)。

a. 解释这两个模型的斜率系数。

b. 已知 $\bar{Y}=2.43$，$\bar{X}=1.11$。根据这些值估计模型 A 的价格弹性。

c. 求模型 B 的价格弹性？

d. 从估计的弹性看，是否能说咖啡的需求对价格是缺乏弹性的？

e. 如何解释模型 B 的截距？（提示：取反对数）

f. “由于模型 B 的 r^2 值比模型 A 的大，所以模型 B 比 A 好。”这句话对吗？为什么？

5.11 参考式(5-11)给出的 C-D 生产函数。

a. 解释劳动投入(X_2)的系数。它显著不为 1 吗？

b. 解释资本投入(X_1)的系数。它显著不为 0 还是 1？

c. 截距 −1.652 4 有什么意义？

d. 检验假设：$B_2 = B_3 = 0$。

5.12 穆赫森(Mohsen Bahami-Oskooee)和玛格丽特(Margaret Malixi)[32]在研究 28 个不发达国家(LDC)对国际储备(即外汇储备，例如美元或国际货币基金组织的特别提款权)的需求时，得到下面的回归结果：

$$\ln(R/P) = 0.1223 + 0.4079\ln(Y/P) + 0.5040\ln\sigma_{BP} - 0.0918\ln\sigma_{EX}$$

$$t = (2.5128) \quad (17.6377) \quad (15.2437) \quad (-2.7449)$$

$$R^2 = 0.8268$$

$$F = 1\,151$$

$$n = 1\,120$$

其中，R——美元的名义储备水平；P——美国 GNP 价格平减指数；Y——名义 GNP(美元)；σ_{BP}——收支平衡的变化；σ_{EX}——汇率的变化。

(注：括号内是 t 值。回归分析采用了 28 个国家从 1976 ~ 1985 年 40 个季度的数据，总样本容量为 1 120。)

a. 先验地，各个系数的符号如何？预期与结果一致吗？

b. 解释各个偏斜率系数的意义？

c. 检验各个偏回归系数的统计显著性。

d. 如何检验假设：所有的偏斜率系数同时为零？

5.13 根据英国 1950 ~ 1966 年年工资百分比变化(Y)以及年失业率(X)的数据，得到下面的回归结果：

$$\hat{Y}_t = -1.4282 + 8.7243\left(\frac{1}{X_t}\right)$$

$$\text{se} = (2.0675) \quad (2.8478) \quad r^2 = 0.3849$$

$$F(1,15) = 9.39$$

a. 解释系数 8.724 3 的意义。

b. 检验假设：估计的斜率系数不为零。你用什么假设？

c. 如何利用 F 检验来检验上述假设？

---

32 See Mohsen Bahami-Oskooee and Margaret Malixi, “Exchange Rate Flexibility and the LDCs Demand for International Reserves,” *Journal of Quantitative Economics*, vol. 4, no. 2, July 1988, pp. 317-328.

d. 已知$\overline{Y}=4.8\%$，$\overline{X}=1.5\%$，求 Y 的变化率？

e. 如何检验假设：真实的 r^2 为零。

f. 求 Y 对 X 的均值斜率。

5.14 表5-13 给出了德国1971～1980 年消费者价格指数 Y(1980 年 =100)及货币供给 X(10 亿德国马克)的数据。

a. 做如下回归：

1. Y 对 X　　2. $\ln Y$ 对 $\ln X$　　3. $\ln Y$ 对 X　　4. Y 对 $\ln X$

b. 解释各回归结果。

c. 对每一个模型求 Y 对 X 的变化率。

d. 对每一个模型求 Y 对 X 的弹性，对其中的一些模型，求 Y 对 X 的均值弹性。

e. 根据这些回归结果，你将选择哪个模型？为什么？

表5-13 德国1971～1987 年消费者价格指数(Y) (1980 年 =100) 与货币供给 (X)

年份	Y	X	年份	Y	X
1971	64.1	110.02	1980	100.0	237.97
1972	67.7	125.02	1981	106.3	240.77
1973	72.4	132.27	1982	111.9	249.25
1974	77.5	137.17	1983	115.6	275.08
1975	82.0	159.51	1984	118.4	283.89
1976	85.6	176.16	1985	121.0	296.05
1977	88.7	190.80	1986	120.7	325.73
1978	91.1	216.20	1987	121.1	354.93
1979	94.9	232.41			

资料来源：*International Economic Conditions*, annual ed., June 1988, The Federal Reserve Bank of St. Louis, p. 24.

5.15 根据下面的数据估计模型：

Y	86	79	76	69	65	62	52	51	51	48
X	3	7	12	17	25	35	45	55	70	120

$$\left(\frac{1}{Y_i}\right) = B_1 + B_2 X_i + u_i$$

a. 解释 B_2 的含义。

b. 求 Y 对 X 的变化率。

c. 求 Y 对 X 的弹性。

d. 用相同的数据，估计下面的回归模型：

$$Y_i = B_1 + B_2\left(\frac{1}{X_i}\right) + u_i$$

e. 能否比较两个模型的 r^2 值？为什么？

f. 如何判定哪一个模型更好？

5.16　比较应变量不同时的 r^2 值。[33]假定要比较增长模型式(5-19)与线性趋势模型式(5-23)的 r^2 值。具体过程如下：

a. 求 $\ln Y_t$，即从模型式(5-19)中求出每个观察值的对数。

b. 求步骤(a)得到的值的反对数。

c. 根据步骤(b)得到 r^2 值，并与习题 3.5 定义的 r^2 值相比较。

d. 这个 r^2 值就可以与线性模型式(3-23)的 r^2 值相比较。

5.17　根据表 5-14 的 GNP/货币供给数据(参见网上教材)，得到下面的回归结果(Y = GNP，X = 货币供给)：

模型	截距	斜率	r^2
双对数	0.782 6	0.853 9	0.997
	$t=11.40$	$t=108.93$	
对数 - 线性(增长模型)			
线性	7.239 2	0.000 1	0.832
	$t=80.85$	$t=14.07$	
- 对数	-24 299	3 382.4	0.899
	$t=-15.45$	$t=18.84$	
线性(LIV 模型)	703.28	0.471 8	0.991
	$t=8.04$	$t=65.58$	

a. 解释每个模型斜率的意义。

b. 估计每个模型 GNP 对货币供给的弹性

c. 所有的 r^2 值可直接比较吗？如果不能，哪些可以直接比较？

d. 你选择哪个模型？在选择模型时，考虑了哪些标准？

e. 货币学家认为，货币供给的变化率与 GDP 之间存在一一对应的关系。上述结果证实了这个观点吗？如何验证？

5.18　参考表 5-3 给出的能源需求数据。用线性模型而不是双对数模型拟合模型：

$$Y_t = B_1 + B_2X_{2t} + B_3X_{3t} + u_t$$

a. 估计回归系数及其标准误，R^2 以及校正的 R^2。

b. 解释各个回归系数。

c. 估计的各个偏回归系数是统计显著的吗？用 p 值回答这个问题。

d. 建立 ANOVA 表，并检验假设：$B_2=B_3=0$。

e. 计算收入弹性和价格弹性(用 Y，X_2，X_3 的均值)。这些弹性如何才能与回归模型式(5-12)给出的收入和价格弹性相比较？

f. 按照习题 5.16 的步骤，比较线性模型和双对数模型的 R^2 值。

g. 做 LIV 模型残差的正态概率图。得出什么结论？

h. 做双对数模型残差的正态概率图，判断残差是否近似正态分布。

33　详细讨论和数值计算参见 Gujarati and Porter，*Basic Econometrics*，5th ed.，McGraw-Hill，New York，2009，pp. 203-205。

i. 如果(g)和(h)的结论不同，你将选择哪个回归模型，为什么？

5.19 为了解释商业银行的商业贷款行为，布鲁斯(Bruce J. Summers)运用下面的模型：[34]

$$Y_t = \frac{1}{A + Bt} \tag{A}$$

其中，Y 表示商业或工业贷款(C&I)，单位为百万美元，t 表示时间(月)。数据是从1966～1967年的月度数据，共有24个观察值。

但是为了估计，布鲁斯使用了下面模型：

$$\frac{1}{Y_t} = A + Bt \tag{B}$$

分别对包括纽约城市银行和不包括纽约城市银行的样本进行了回归，回归结果如下：

$$\frac{1}{Y_t} = 52.00 - 0.20t$$

$$t = (96.13)(-24.52) \qquad \bar{R}^2 = 0.84 \tag{1}$$

$$\widehat{\frac{1}{Y_t}} = 26.79 - 0.14t \qquad \text{DW} = 0.04^*$$

$$t = (196.70)(-66.52) \qquad \bar{R}^2 = 0.97 \tag{2}$$

$$\text{DW} = 0.03^*$$

* 表示杜宾－沃森(D-W)统计量(参见第10章)。

a. 为什么用模型(B)而不用模型(A)？

b. 这两个模型有什么性质？

c. 解释模型(1)和模型(2)斜率的含义。它们是统计显著的吗？

d. 如何求这两个回归方程截距和斜率的标准误？

e. 纽约城市银行和非纽约城市银行的商业贷款行为有所不同吗？如何检验这种差别，如果可以的话，写出正规的检验步骤。

5.20 参考回归模型式(5-31)。

a. 解释斜率系数。

b. 利用表5-11的数据，计算模型的弹性。这个弹性是常数还是一个变量？

5.21 参考表5-5中的数据(参见网上教材)，拟合各类支出对个人消费支出的恩格尔曲线，并解释统计结果。

5.22 表5-15给出了共同基金的年收益率(Y)和有价证券收益率(X，用费希尔指数表示，%)。考虑如下模型，即金融领域中非常著名的特征线。

$$Y_t = B_1 + B_2 X_i + u_i \tag{1}$$

文献中对于 B_1 的先验值没有统一的答案。有些研究表明 B_1 为正，并且是统计显著的，有些研究则表明是统计不显著的。在后一种情形下，模型1成为过原点的回归模型，即

---

34 See his article, "A Time Series Analysis of Business Loans at Large Commercial Banks," *Economic Review*, Federal Reserve Bank of St. Louis, May/June, 1975, pp. 8-14.

$$Y_t = B_2X_t + u_t \tag{2}$$

利用表5-15中的数据估计这些方程，并判断哪个模型拟合得更好。

表5-15　共同基金的年收益率(%，Y)和费希尔指数(X)

年　份	Y	X	年　份	Y	X
1971	67.5	19.5	1976	19.3	45.5
1972	19.2	8.5	1977	3.6	9.5
1973	-35.2	-29.3	1978	20.0	14.0
1974	-42.0	-26.5	1979	40.3	35.3
1975	63.7	61.9	1980	37.5	31.0

资料来源：Haim Levy and Marshall Sarnat, *Portfolio and Investment Selection: Theory and Practice*, Prentice-Hall International. Englewood Cliffs, N. J., 1984, pp. 730, 738.

5.23　过原点回归的原始R^2。前面曾指出，对于过原点的回归模型，常用的R^2可能没有意义。计算这类模型的另一种方法称为"原始"的R^2，定义如下(双变量情形)，

$$\text{原始的 } r^2 = \frac{(\sum X_iY_i)^2}{\sum X_i^2 \sum Y_i^2}$$

如果与式(3-43)计算的传统的r^2相比较，则可以看出，原始r^2的平方和以及交叉乘积项未经过均值校正。

计算习题5.22的模型(2)的原始r^2。与习题5.22的模型(1)的r^2比较。你得出什么结论？

5.24　计算回归模型式(5-39)中的原始r^2，并与方程(5-40)中的r^2比较。

5.25　网上教材表5-16给出了1995~2000年间Qualcom公司(数字无线电信设计和制造公司)每周股票价格的数据。

a. 做收盘价格对时间的散点图。散点图呈现出什么样的模式？

b. 建立一个线性模型预测Qualcomm股票的收盘价。

c. 建立一个二次模型，解释变量包括时间和时间的平方。模型的拟合效果如何？

d. 建立一个立方(或三次)模型：

$$Y_i = B_0 + B_1X_i + B_2X_i^2 + B_3X_i^3 + u_i$$

其中，Y是股票价格，X是时间。哪一个模型更好地拟合了数据。

5.26　网上教材表5-17给出了有关杂志的数据。变量包括杂志名称、整版广告费用、发行量、男性读者比例、读者家庭中位数收入等。目标是预测广告费用。

a. 分别做广告费用对其他各个变量的散点图。图形展示出变量之间怎样的关系？

b. 估计一个包括所有变量的线性回归模型，并对残差做图。残差图是否呈现出常方差？

c. 估计如下模型：

$$\ln Y_i = B_0 + B_1\ln Circ + B_2PercMale + B_3MedIncome + u_i$$

做残差图。这个模型的拟合效果是否比模型(b)好？

5.27　参考例4-5。表4-6给出了38个国家的教育、GDP和人口的数据。

a. 利用数据拟合一个LIV模型，并解释回归结果。

b. 估计一个对数－线性模型(解释变量和被解释变量都是对数形式)。

c. 在对数 - 线性模型中，GDP 和人口的回归系数说明了什么？

d. 哪一个模型更适合？

5.28 网上教材表 5-18 给出了 40 个国家平均寿命(Y)的数据。数据来自《世界年鉴》(1993)。解释变量是电视机普及率(X_1)和医生覆盖率(X_2)。

a. 利用数据拟合一个 LIV 模型。模型拟合的效果如何？

b. 分别做 $\ln Y$ 对 $\ln X_1$ 和 $\ln Y$ 对 $\ln X_2$ 的散点图。散点图是否呈现出线性模式？

c. 估计一个对数 - 线性模型。模型拟合的效果如何？

d. 解释对数 - 线性模型中的回归系数？这些回归系数是否合理？

5.29 参考本章例 5-6。回归结果表明，1958 ~ 1969 年的小时工资变化率和失业率与传统的菲利普斯曲线吻合。现考虑 1965 ~ 2007 年的数据(参见网上教材表 5-19)。

a. 做小时工资变化率(Y)对失业率(X)的散点图。图形是否呈现线性模式？

b. 做 Y 和$\frac{1}{X}$的散点图。与(a)相比，图形是否呈现出更明显的线性模式？

c. 利用新数据拟合式(5-29)。模型的拟合效果如何？建立一个形如式(5-30)的 LIV 模型。哪一个模型更好？为什么？

附录 5A 对数

考虑数字 5 和 25。我们知道

$$25 = 5^2 \tag{5A-1}$$

称指数 2 是以 5 为底 25 的对数。更正规地，以给定基数(比如 5)为底某个数值的对数(比如 25)等于得到这个数值(25)的基数(5)的次幂(2)。

更一般地，如果

$$Y = b^x \quad (b > 0) \tag{5A-2}$$

则

$$\log_b Y = X \tag{5A-3}$$

函数(5A-2)称为指数函数，函数(5A-3)称为对数函数。因此，指数函数和对数函数可以相互转换。

虽然任何一个正数都可以做底数，但实际中用得最为广泛的是以 10 和 e = 2.718 28… 为底数。

以 10 为底的对数称为常用对数。因而

$$\log_{10}100 = 2, \quad \log_{10}30 \approx 1.48$$

即 $100 = 10^2$，$30 \approx 10^{1.48}$。

以 e 为底的对数称为自然对数。

$$\log_e 100 \approx 4.6051, \quad \log_e 30 \approx 3.4012$$

所有这些都可用计算器计算。

按照惯例，以 10 为底的对数常用符号 log 表示，以 e 为底的对数常用符号 ln 表示。因此，上面各例，可以写为 log100，log30 或 ln100，ln30。

常用对数和自然对数之间有一个固定的关系：

$$\ln X = 2.3026\log X \tag{5A-4}$$

即 X 的自然对数等于常用对数乘以 2.302 6。因而，

$$\ln 30 = 2.3026\log 30 = 2.3026(1.48) = 3.4012(\text{近似值})$$

因此，是用常用对数还是自然对数并没有什么关系。但在数学中，常用以 e 为底的自然对数。因此，本书出现的对数均为自然对数，除非有特殊说明。当然，可以根据式(5A-4)做相应转换。

需要注意的是：没有定义负数的对数。因而，log(−5)，ln(−5)没有意义。

对数性质如下：若 A，B 是任意两个正数，可以证明：

1.
$$\ln(A \times B) = \ln A + \ln B \tag{5A-5}$$

即 A 与 B 乘积的对数等于 A 的对数与 B 的对数之和。

2.
$$\ln(A/B) = \ln A - \ln B \tag{5A-6}$$

即 A 与 B 商的对数等于 A 的对数与 B 的对数之差。

3.
$$\ln(A \pm B) \neq \ln A \pm \ln B \tag{5A-7}$$

即 A 与 B 的和或差的对数不等于 A 的对数与 B 的对数的和或差。

4.
$$\ln(A^k) = k\ln A \tag{5A-8}$$

即 A 的 k 次方的对数等于 A 的对数的 k 倍。

5.
$$\ln e = 1 \tag{5A-9}$$

即 e 的自然对数为 1(就像 10 的常用对数为 1 一样)。

6.
$$\ln 1 = 0 \tag{5A-10}$$

即 1 的自然对数为 0(1 的常用对数也为 0)。

7.
$$\text{若 } Y = \ln X, \text{则} \frac{dY}{dX} = \frac{1}{X} \tag{5A-11}$$

即 Y 对 X 的变化率(即导数)等于$\frac{1}{X}$。图 5A-1 描绘了指数函数和对数函数。

虽然只有正数才有对数，但是对数值可正可负。很容易证明：

$$0<Y<1, \text{ 那么 } \ln Y<0$$

$$Y=1, \text{ 那么 } \ln Y=0$$

$$Y>1, \text{ 那么 } \ln Y>0$$

虽然图 5A-1b 中的对数曲线向上倾斜(表明数值越大，对数值越大)，但是曲线却以一个递减的比率增长(用数学语言，其二阶导数为负)。因而，ln(10) =2.302 6(近似值)，ln(20) =2.995 7(近似值)。也就是说，数值变为两倍，但对数值并不是原来的两倍。

这就是为什么把对数变换称为非线性变换的原因。这也可以从式(5A-11)中得到证明，如果 $Y=\ln X$，$dY/dX=1/X$，表明对数函数的斜率与 X 有关，它不是一个常数(回顾变量线性的定义)。

对数和百分比：由于$\frac{d(\ln X)}{dX}=\frac{1}{X}$，或 $d(\ln X)=\frac{dX}{X}$，因此 $\ln X$ 的一个微小变化等于 X 的相

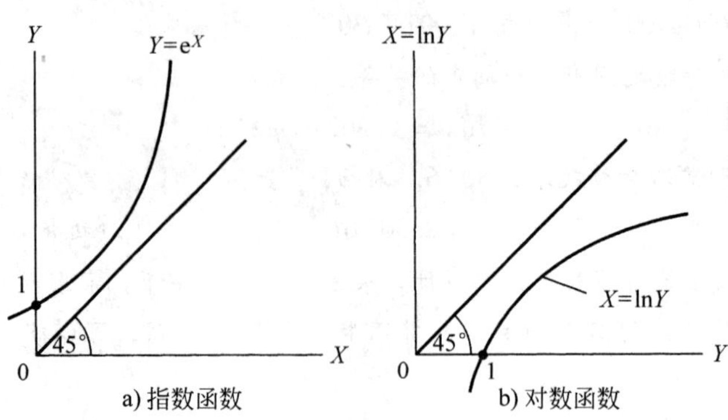

图 5A-1 指数函数和对数函数

对或百分比变化。实践中如果 X 的变化非常小，则上述关系可以写为，ln$X$ 的变化≈X 的相对变化，“≈”表示近似。

因此，对于一个微小变化，

$$(\ln X_t - \ln X_{t-1}) \approx \frac{(X_t - X_{t-1})}{X_{t-1}} = X \text{ 的相对变化}$$

第 6 章

虚拟变量回归模型

到目前为止，在所考虑的线性回归模型中，解释变量都是数值变量或定量变量。但有些时候，解释变量可能是定性变量。这类**定性变量**(qualitative variables)称为**虚拟变量**(dummy variables)，文献中也称为指标变量、二元变量、分类变量和二分变量。本章将介绍如何将虚拟变量引入模型，从而使模型更加丰富和完善。在本章大部分内容里，仍然假定应变量是数值变量。

6.1 虚拟变量的性质

在回归分析中，应变量不仅受定量变量的影响(比如收入、产出、成本、价格、重量、温度等)，而且还受定性变量的影响(比如性别、种族、肤色、宗教、民族、罢工、政团关系、婚姻状况等)。举个例子，有研究报告指出，在其他条件不变的情况下，大学女教师的收入比男教师低，类似地，女生 S. A. T 数学平均分比男生低(参见网上教材表 2-15)。无论造成这种差别的原因如何，都应该把性别这个定性变量作为解释变量纳入模型。当然，还可以列举其他一些例子。

这样的定性变量通常表明具备或不具备某种性质，比如男性或女性，黑人或白人，天主教徒或非天主教徒，公民或非公民。把这些定性因素“定量化”的一个方法是建立人工变量，并赋值 0 和 1，0 表示变量不具备某种性质，1 表示变量具备某种性质。例如，1 代表男性，0 代表女性；1 代表大学毕业生，0 代表非大学毕业生；1 代表民主党成员，0 代表共和党成员，等等。这类取值为 0，1 的变量称为虚拟变量。通常用符号 D 表示虚拟变量，而不是常用的符号 X。

虚拟变量与定量变量一样可用于回归分析。事实上，回归模型可以只包括虚拟变量。仅仅包含定性变量或虚拟变量的回归模型称为**方差分析模型**(analysis-of-variance models, ANOVA)。考虑下面的 ANOVA 模型：

$$Y_i = B_1 + B_2 D_i + u_i \tag{6-1}$$

其中，Y——每年食品支出(美元)；D_i——1，女性；——0，男性。

模型式(6-1)与前面讨论过的双变量模型类似，只是这里的解释变量不是定量变量 X，而是虚拟变量 D；从现在起，用 D 表示虚拟变量。

假定模型式(6-1)的随机扰动项满足古典线性回归模型(CLRM)的基本假定，根据模型式(6-1)得到：[1]

男性食品支出的期望：

$$\begin{aligned} E(Y_i \mid D_i = 0) &= B_1 + B_2(0) \\ &= B_1 \end{aligned} \tag{6-2}$$

女性食品支出的期望：

$$\begin{aligned} E(Y_i \mid D_i = 1) &= B_1 + B_2(1) \\ &= B_1 + B_2 \end{aligned} \tag{6-3}$$

从这些回归中可以看出，截距 B_1 表示了男性平均食品支出(即虚拟变量取值为0)，“斜率”系数 B_2 表示了女性平均食品支出与男性的差异；(B_1+B_2)表示了女性平均食品支出。由于虚拟变量取值为0和1，因此称 B_2 为斜率是不合适的，这里没有(连续的)回归线。B_2 称为**差别截距系数**(differential intercept coefficient)，它表示了两类截距值的差异。本例中，差别截距表明了女性平均食品支出与男性的差异。

很容易检验零假设：男女平均食品支出无差异(即 $B_2=0$)。用OLS法回归模型式(6-1)，根据 t 检验判定 b_2 是否是统计显著的。

例 6-1
Example

男、女个体消费者每年的食品指出

表6-1给出了2000～2001年男、女年食品支出(美元)和税后收入(美元)的数据。

根据表6-1的数据，建立表6-2。

表6-1 食品支出与税后收入、性别和年龄的关系

年龄	女性食品支出(美元)	女性税后收入(美元)	男性食品支出(美元)	男性税后收入(美元)
<25	1 983	11 557	2 230	11 589
25～34	2 987	29 387	3 757	33 328
35～44	2 993	31 463	3 821	36 151
45～54	3 156	29 554	3 291	35 448
55～64	2 706	25 137	3 429	32 988
>65	2 217	14 952	2 533	20 437

注：食品支出与税后收入数据按照年龄分组的实际人数进行平均后得到的均值，实际数字达到千以上。

资料来源：*Consumer Expenditure Survey*，*Bureau of Labor Statistics*，http://Stats.bls.gov/Cex/CSXcross.htm.

表6-2 食品支出与税后收入和性别的关系

观察值	食品支出	税后收入	性别
1	1 983.000	11 557.00	1
2	2 987.000	29 387.00	1
3	2 993.000	31 463.00	1

1 由于虚拟变量取值为1或0，因此它是非随机的，即虚拟变量取值是固定的。由于一直假定在重复抽样中，变量 X 是固定的，因此当对形如式(6-1)的模型进行估计时，一个或多个变量 X 是虚拟变量并不会带来新的问题。简言之，虚拟解释变量并不会造成新的估计问题，可以利用常用的OLS法对包含虚拟解释变量的回归模型进行参数估计。

（续）

观察值	食品支出	税后收入	性别
4	3 156.000	29 554.00	1
5	2 706.000	25 137.00	1
6	2 217.000	14 952.00	1
7	2 230.000	11 589.00	0
8	3 757.000	33 328.00	0
9	3 821.000	36 151.00	0
10	3 291.000	35 448.00	0
11	3 429.000	32 988.00	0
12	2 533.000	20 437.00	0

注：食品支出(美元)。
税后收入(美元)。
女性=1，男性=0
资料来源：表6-1。

食品支出对性别虚拟变量回归的结果如下：

$$\hat{Y}_i = 3\,176.833 - 503.166\,7D_i$$
$$\text{se} = (233.044\,6)\,(329.574\,9)$$
$$t = (13.631\,8) \quad (-1.526\,7) \quad r^2 = 0.189\,0 \tag{6-4}$$

其中，Y——食品支出(美元)；D——1(女)和0(男)。

回归结果表明，男性平均食品支出约为3 177美元，女性平均食品支出为(3 176.833 - 503.166 7) = 2 673.666 3美元，或约为2 674美元。但有趣的是，估计的 D_i 不是统计显著的，因为其 t 值仅为 -1.52，获此 t 值的 p 值约为15%。这意味着，虽然男、女食品支出的数值存在差异，但差异并不显著。这一结果有实际意义吗？我们稍后解释。■

可以从不同的角度看待这个问题。如果取男、女平均消费支出的均值，则分别为3 176.833美元和2 673.666 3美元。这些数值与从回归模型式(6-4)中得到的数值相同。这表明虚拟变量回归式(6-4)是判断两组均值是否不同的一个简单工具。换句话说，判定两组均值是否不同的一种简单方法就是对截距和虚拟变量进行回归。如果虚拟变量的系数 B_2 是统计显著的(在所选显著水平下)，则认为两个均值显著不同。如果虚拟变量的系数不是统计显著的，则认为两个均值不是显著不同的。本例中，两个均值不是显著不同的。

本例中的虚拟变量"性别"有两种分类，女性赋值为1，男性赋值为0。因此，本例中的截距表示了取值为0的一类(或男性)的均值。我们通常把取值为0的一类称为**基准类、基础类、参照类或比较类**。要计算女性平均食品支出，必须在截距值上加上虚拟变量的系数值。

很自然会提出一个问题：为什么选择男性为基准类，而不选择女性？如果仅有两种分类(例如本例)，则哪类赋值为1，哪类赋值为0并没有什么关系。如果把女性作为基准类(即女性赋值为0)，则式(6-4)变为

$$\hat{Y}_i = 2\,673.667 + 503.166\,7D_i$$
$$\text{se} = (233.044\,6)\,(329.574\,9)$$
$$t = (11.422\,7) \quad (1.526\,7) \quad r^2 = 0.189\,0 \tag{6-5}$$

其中，D_i——1(男)，0(女)。

不论虚拟变量的赋值如何，男、女平均食品消费支出是相同的。比较式(6-4)与(6-5)，r^2值相同，虚拟变量系数的绝对值及其标准误也相同，所不同的只是截距值和 t 值。

另一个问题是：既然有两种分类，为什么不引入两个虚拟变量呢？通过下面的模型，我们来看看为什么不这么做。

$$Y_i = B_1 + B_2 D_{2i} + B_3 D_{3i} + u_i \tag{6-6}$$

其中，Y——食品支出，D_2——1(女)和0(男)，D_3——1(男)和0(女)。我们无法估计这个模型，因为 D_2 和 D_3 之间存在完全共线性(即完全的线性关系)。为了更清楚地理解，假定有如下样本，样本包括2女3男。数据矩阵形式如下：

	截 距	D_2	D_3
男性 Y_1	1	0	1
男性 Y_2	1	0	1
女性 Y_3	1	1	0
男性 Y_4	1	0	1
女性 Y_5	1	1	0

数据矩阵的第一列表示了共同的截距 B_1。很容易验证，$D_2=(1-D_3)$或 $D_3=(1-D_2)$；即两个虚拟变量完全共线性。如果把 D_2 列和 D_3 列相加，则得到数据矩阵的第一列。总之，存在完全共线性。第3章曾指出，在解释变量存在完全共线性的情形下，不可能得到参数的唯一估计值。

有多种改善完全共线性的方法。如果模型包括(共同)截距项，则最简单的方法就是按照模型式(6-4)那样设置一个虚拟变量；如果定性变量有两类(例如性别)，则只能引入一个虚拟变量。在上面的数据矩阵中，省略 D_2 列或 D_3 列。一般的原则是：如果模型有共同的截距项 B_1，且定性变量有 m 种分类，则需引入$(m-1)$个虚拟变量。本例中，性别有两种分类，因而仅引入一个虚拟变量。如果不符合这条原则，则会陷入**虚拟变量陷阱**(dummy variable trap)，即**完全共线性**(perfect collinearity)或**多重共线性**(multicollinearity)。[2]

例 6-2
Example

工会会员与工作权利法

美国一些州已经通过了工作权利法，该法禁止利用工会会员身份作为雇用和集体谈判的先决条件。因此，预期通过工作权利法的州比未通过的州申报会员人数要低。为了验证这一预期，收集得到数据表6-3。变量 PVT 表示2006年私营部门工会会员的比例(%)，RWL 是虚拟变量，通过工作权利法的州赋值为1，未通过的州赋值为0。注意，为了避免虚拟变量陷阱，这里用一个虚拟变量区分了通过或未通过工作权利法的州。

根据50个州和哥伦比亚特区的数据得到如下回归结果：

$$\begin{aligned} PVT_i &= 15.480 - 7.161 RWL_i \\ se &= (0.758) \qquad (1.181) \\ t &= (20.421)^* \qquad (-6.062)^* \qquad r^2 = 0.429 \end{aligned} \tag{6-7}$$

2 另一种解决完全共线性的方法是虚拟变量的个数与变量分类数相同，但从模型中省略共同的截距项 B_1，即做过原点的回归。在第5章已经指出了这类回归的问题。

p 值很小。

注：$RWL=1$，表示通过工作权利法的州。

表 6-3　私营部门工会会员与工作权利法

PVT	RWL	PVT	RWL	PVT	RWL
10.6	1	11.1	0	7.6	1
24.7	0	6.5	1	15.4	0
9.7	0	13.8	0	8.5	1
6.5	1	14.5	0	15.4	0
17.8	0	14.0	0	16.6	0
9.2	0	20.6	0	15.8	0
16.6	0	17.0	0	5.9	1
12.8	0	8.9	1	7.7	1
13.6	0	11.9	0	6.4	1
7.3	1	15.6	0	5.7	0
5.4	1	9.7	1	6.8	1
24.2	0	17.7	1	12.2	0
6.4	1	11.2	0	4.8	1
15.2	0	20.6	0	21.4	0
12.9	1	11.4	0	14.7	0
13.1	1	26.3	0	15.4	0
8.7	1	3.9	1	9.4	1

注：PVT——私营部门的工会会员比例(%)

RWL = 1(通过工作权利法的州)，0(未通过工作权利法的州)。

资料来源：http：//www.dol.gov/esa/whd/state/righttowork.htm.

http：//www.bls.gov/news.release/union2.t05.htm.

未通过工作权利法的州，其工会会员比例平均约为 15.5%；通过工作权利法的州，其工会会员比例平均约为 8.319%(15.48% − 7.161%)。由于虚拟变量的系数是统计显著的，所以通过工作权利法的州与未通过的州，其工会会员比例确实有差异。

图 6-1 给出了 PVT 和 RWL 的散点图。从图中可以看出，观察值集中在两个极端，0(未通过 RWL 的州)和 1(通过 RWL 的州)。为了进行比较，图中还给出了两组工会会员比例的平均水平(%)。个体观察值散布在各自均值的附近。■

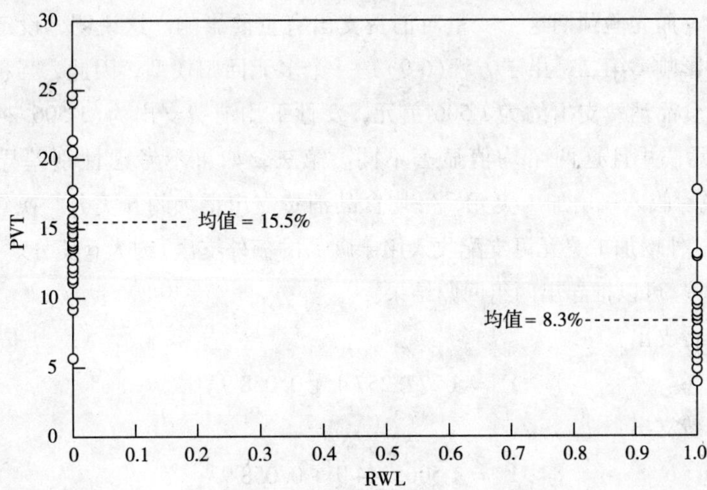

图 6-1　私营部门的工会会员与通过工作权利法的州

在社会学、心理学、教育学及市场研究等领域，形如式(6-4)和式(6-7)的ANOVA模型应用得非常广泛，但在经济学中一般很少涉及。在经济研究中，回归模型往往既包括定量解释变量，又包括定性解释变量。我们把这种回归模型称为**协方差分析模型**(analysis-of-covariance models，ANCOVA)，本章随后将重点讨论这类模型。ANCOVA模型是ANOVA模型的扩展，在一个包括定性和定量解释变量的模型中，ANCOVA模型能够反映定量解释变量(称为控制变量或协变量)的控制效果。我们随后将会看到，如果从模型中去掉了协变量，则很可能导致模型设定误差。

6.2 ANCOVA模型：包含一个定量变量、一个两分定性变量的回归

下面来看ANCOVA一例，重新考虑例6-1，现在把可支配收入(即税后收入)这个协变量作为解释变量纳入模型。

$$Y_i = B_1 + B_2D_i + B_3X_i + u_i \tag{6-8}$$

式中，Y——食品支出(美元)；X——税后收入(美元)；D——1(女性)和0(男性)。

利用表6-2给出的数据，得到如下回归结果：

$$\begin{aligned}\hat{Y}_i &= 1\,506.244 - 228.986\,8D_i + 0.058\,9X_i \\ se &= (188.009\,6)(107.058\,2)(0.006\,1) \\ t &= (8.011\,5)(-2.138\,8)(9.641\,7) \\ p &= (0.000)^*(0.061\,1)\quad(0.000)^* \\ R^2 &= 0.928\,4\end{aligned} \tag{6-9}$$

*表示值很小。

回归结果表明：第一，在方程(6-2)中，虚拟变量的系数是统计不显著的，但这里却是显著的。(为什么?)看来在方程(6-2)的估计过程中，犯了模型设定错误，因为模型省略了税后收入这个协变量，而先验预期这个变量对消费支出有重要影响。这说明，设定误差对回归结果产生了戏剧性影响。第二，由于方程(6-9)是一个多元回归模型，因此，当税后收入保持不变时，男性平均食品消费支出约为1 506美元，女性平均消费支出为(1 506.244－228.986 6)或约为1 277美元，并且这两个均值显著不同。第三，如果不考虑性别差异，则收入系数0.058 9表示了税后收入每增加1美元，平均食品消费支出增加约6美分。换句话说，边际食品消费倾向(每额外增加1美元可支配收入用于食品的额外支出)约为6美分。

根据方程(6-9)可以推导出两组回归结果：

女性平均食品消费支出：

$$\hat{Y}_i = 1\,277.257\,4 + 0.058\,9X_i \tag{6-10}$$

男性平均食品消费支出：

$$\hat{Y}_i = 1\,506.244\,0 + 0.058\,9X_i \tag{6-11}$$

图6-2描绘了这两条回归线。

从图中可以看出，两条回归线只是截距不同，但斜率相同。换句话说，两条回归线是平行的。

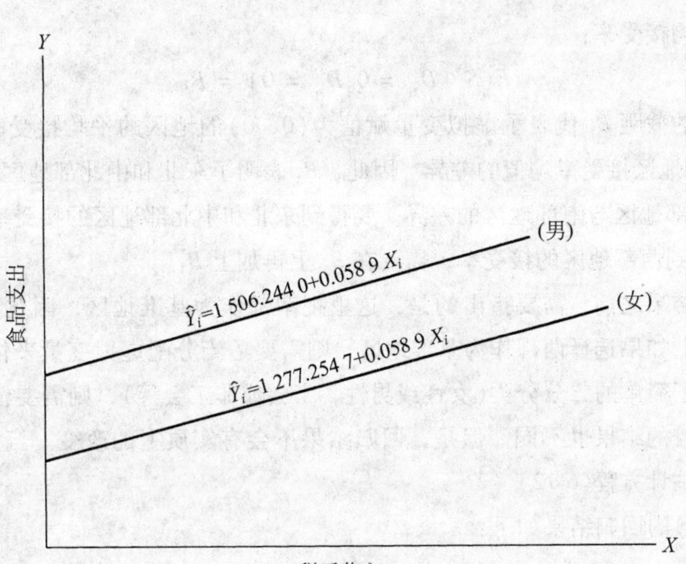

图 6-2　税后食品支出

问题是：如果不考虑性别的影响，食品消费边际倾向约为 6 美分，那么，男女的边际食品消费倾向之间有差异吗？换句话说，方程(6-8)的斜率系数 B_3 会显著不同吗？如果证明了显著不同，则方程(6-8)和根据它得到的回归结果(6-9)是值得怀疑的，即可能犯了另一个设定误差。我们将在 6.5 节回答这个问题。

6.3　包含一个定量变量、一个多分定性变量的回归

到目前为止，所考虑的都是两分定性变量的例子——男性或女性，通过工作权利法或未通过工作权利法，等等。但是，虚拟变量技术完全可以处理多分定性变量的模型。

考虑表 6-4(参见网上教材)提供的数据。该表给出了美国综合排名前 65 所大学研究生接受率及其他方面的数据。现在只关注研究生接受率这个指标。这 65 所大学的研究生接受率有显著差异吗？为了研究这个问题，我们把学校分为三个地区：(1)南部(22 个州)；(2)东北和中北部(32 个州)；(3)西部(10 个州)。这里的定性变量是“地区”，共有三个分类。

现在考虑如下模型：

$$Accept_i = B_1 + B_2 D_{2i} + B_3 D_{3i} + u_i \tag{6-12}$$

其中，D_2——1，东北和中北部地区；0，其他地区；D_3——1，西部地区；0，其他地区。

由于定性变量“地区”有三个分类，所以需要引入两个虚拟变量。这里把南部作为基准类。表 6-4 给出了这些虚拟变量。

根据方程(6-12)很容易得到三个地区的平均接受率：

东北和中北部地区的平均接受率：

$$E(S_i \mid D_{2i} = 1, D_{3i} = 0) = B_1 + B_2 \tag{6-13}$$

西部地区的平均接受率：

$$E(S_i \mid D_{2i} = 0, D_{3i} = 1) = B_1 + B_3 \tag{6-14}$$

南部地区平均接受率：

$$E(S_i \mid D_{2i}=0, D_{3i}=0) = B_1 \tag{6-15}$$

可以看出，共同的截距 B_1 代表了虚拟变量赋值为(0，0)的地区的平均接受率。差别斜率 B_2 和 B_3 表明了不同地区接受率均值的差异。因此，B_2 表明了东北和中北部地区与南部地区的差异，B_3 表明了西部地区与南部地区的差异。要得到东北和中北部地区的接受率，需要在 B_1 上再加上 B_2；要得到西部地区的接受率，需要在 B_1 上再加上 B_3。

在给出统计结果之前，需要指出的是，这里把南部作为基准地区，因此所有接受率的比较都与南部有关。如果选择西部作为基准地区，则需要适当分配虚拟变量来估计方程(6-12)。因此，一旦超出了简单的二分分类(女性或男性，工会或非工会等)，则需要慎重设定基准类。基准类不同，比较的结果也不同。但是，回归结果不会有实质上的改变。当然，可以根据任何一种基准分类估计方程(6-12)。

模型式(6-12)的回归结果如下：

$$\begin{aligned} Accept_i &= 44.541 - 10.680D_{2i} - 12.501D_{3i} \\ t &= (14.38) \quad (-2.67) \quad (-2.26) \\ p &= (0.000) \quad (0.010) \quad (0.028) \\ & R^2 = 0.122 \end{aligned} \tag{6-16}$$

回归结果表明，南部(基准类)平均接受率约为45%。差别截距系数 D_{2i} 和 D_{3i} 是统计显著的(为什么?)。因此，东北部/中北部平均接受率与南部学校是显著统计不同的，西部地区与南部地区也显著不同。

需要说明的是，虚拟变量仅仅指出了存在差异性，但并未表明导致差异性的原因。南部地区接受率较高可能是多种因素作用的结果。

模型(6-12)和它的实证估计结果(6-16)是ANOVA模型。如果考虑ANCOVA模型(引入一个定量解释变量，即协变量，例如每个学校的年学费)，情况又会怎样呢？表6-4提供了相关数据。估计得到回归结果如下(参见图6-3)：

$$\begin{aligned} Accept_i &= 79.033 - 5.670D_{2i} - 11.14D_{3i} - 0.0011Tuition \\ t &= (15.53) \quad (-1.91) \quad (-2.79) \quad (-7.55) \\ p &= (0.000)^{*} \quad (0.061)^{**} \quad (0.007)^{*} \quad (0.000)^{*} \\ & R^2 = 0.546 \end{aligned} \tag{6-17}$$

* 在5%水平下是统计显著的，** 在5%的水平下是统计不显著的，但在10%的水平下是统计显著的。

比较回归结果式(6-16)和式(6-17)，我们有新的发现。如果学费保持不变，在5%的显著水平下，东北部/中北部地区与南部地区的接受率没有显著不同(为什么?)。但是，西部和南部地区的接受率仍显著不同。也就是说，考虑到学费因素以后，西部地区大学接受率比南部低11个百分点。这说明，在前面那个没包括学费变量的模型中可能犯了设定误差的错误。这个结果与食品支出函数一例类似。正如前面指出的那样，模型中遗漏协变量会导致模型设定误差。

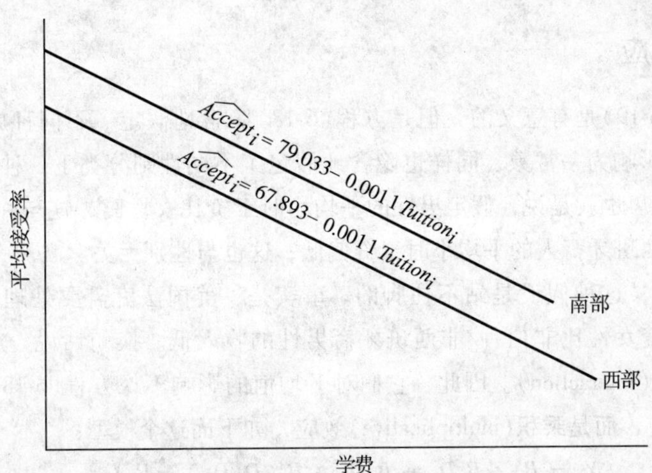

图 6-3 平均接受率与学费

斜率系数 -0.0011 表明，学费每增加 1 美元，学校接受率平均降低 0.0011 个百分点。

与食品支出一例相同，我们提出同样的问题：不同地区学费的斜率系数相同吗？6.5 节将回答这个问题。

6.4 包含一个定量变量和多个定性变量的回归

虚拟变量技术可以推广到解释变量中包含多个定性变量的情形。考虑如下回归模型：

$$Y_i = B_1 + B_2 D_{2i} + B_3 D_{3i} + B_4 X_i + u_i \tag{6-18}$$

其中，Y——小时工资（美元）；X——教育（受教育年限）；D_2——1（女性），0（男性）；D_3——1（非白种人和非西班牙裔人），0（其他）。

在这个模型中，性别和种族是定性解释变量，教育是定量解释变量。[3]

利用 528 个个体数据，得到的回归结果如下：[4]

$$\hat{Y}_i = -0.2610 - 2.3606 D_{2i} - 1.7327 D_{3i} + 0.8028 X_i$$
$$t = (-0.2357)^{**}\ (-5.4873)^{*}\ (-2.1803)^{*}\ (9.9094)^{*}$$
$$R^2 = 0.2032; n = 528 \tag{6-19}$$

*表示 p 值小于 5%；**表示 p 值大于 5%。

回归结果解释如下：第一，这里的基准类是什么，因为这里有两个定性变量？基准类是白种和/或西班牙裔男性。第二，如果教育水平和种族为常量，则女性小时收入比男性大约少 2.36 美元。类似地，如果教育水平和性别为常量，则非白种人/非西班牙裔人小时收入平均比基准类大约少 1.73 美元。第三，如果不考虑性别和种族的影响，则受教育年限每增加一年，平均小时工资提高约 80 美分。

---

3 如果把教育定义为高中以下，高中和高中以上 3 个水平，那么教育就是一个有三种分类的虚拟变量，这就意味着要用两个虚拟变量表示这三种分类。

4 原始数据来自 Ernst Bernd，参见 Arthur S. Goldberger，*Introductory Econometrics*，Harvard University Press，Cambridge，Mass，1998，Table 1.1. 这些数据来自 1985 年进行的人口普查。

6.4.1 交互效应

回归结果式(6-19)是有意义的，但是方程(6-18)隐含地假定了不同种族分类下，性别虚拟变量 D_2 的差别影响为一常数，同样也隐含地假定了不同性别分类下，种族虚拟变量 D_3 的差别影响也是常数。也就是说，假定男性的平均小时工资比女性高，这与种族无关。同样地，如果非白种人/非西班牙裔人的平均小时工资偏低，这也与性别无关。

在许多情形下，这种假设是站不住脚的。事实是，美国法庭需要处理各类歧视的案件。非白种/非西班牙裔女性比非白种/非西班牙裔男性的收入低。换句话说，定性变量 D_2 和 D_3 之间存在**交互作用**(interaction)。因此，它们对 Y 均值的影响不像方程(6-18)那样只是简单的**累加**(additive)效应，而是**乘积**(multiplicative)效应，如下面这个模型：

$$Y_i = B_1 + B_2 D_{2i} + B_3 D_{3i} + B_4 (D_{2i} D_{3i}) + B_5 X_i + u \tag{6-20}$$

虚拟变量 $D_{2i}D_{3i}$，即两个虚拟变量的乘积，称为**交互作用虚拟变量**(interaction dummy)，表示两个定性变量的联合或联立影响。

根据方程(6-20)可得：

$$E(Y_i \mid D_{2i} = 1, D_{3i} = 1, X_i) = (B_1 + B_2 + B_3 + B_4) + B_5 X_i \tag{6-21}$$

这是非白种/非西班牙裔女性的平均小时工资函数。式中，B_2——女性的差别效应；B_3——非白种/非西班牙裔的差别效应；B_4——非白种/非西班牙裔女性的差别效应。

这表明，非白种/非西班牙裔女性的平均小时工资(B_4)与女性的平均小时工资不同，也与非白种/非西班牙裔的平均小时工资不同。根据各种虚拟变量系数的统计显著性，可以得到具体验证。

利用方程(6-19)的数据，估计得到如下回归结果：

$$\begin{aligned} \hat{Y}_i &= -0.2610 - 2.3606 D_{2i} - 1.7327 D_{3i} + 2.1289 D_{2i} D_{3i} + 0.8028 X_i \\ t &= (-0.2357)^{**} (-5.4873)^{*} (-2.1803)^{*} (1.7420)^{***} (9.9095)^{*} \\ & R^2 = 0.2032, \quad n = 528 \end{aligned} \tag{6-22}$$

*表示 p 值低于5%；**表示 p 值大于5%；***表示 p 值约为8%。

假定教育水平保持不变，如果把所有虚拟变量的系数相加，得到(−2.3605 − 1.7327 + 2.1289) = −1.964。这表明，非白种/非西班牙裔女性的平均小时工资偏低约1.96美元，介于2.3605(单独的性别差异)和1.7327(单独的种族差异)之间，从中可以看出交互作用虚拟变量是如何对两个单独效应进行修正的。

顺便指出，如果选择5%的显著水平，则交互作用虚拟变量是统计不显著的，即两个虚拟变量之间不存在交互作用，则又回到了模型(6-18)。

6.4.2 模型的一般化

可以把模型扩展到包括多个定量变量和多个定性变量的情形。但需要注意的是：对于每个定性变量，虚拟变量的个数要比该变量的分类数少一。我们来看下面的一个例子。

例 6-3
Example

政党对竞选活动的资助

威尔海特(Wilhite)和约翰(Theilmann)在研究 1982 年政党对国会选举的资助中，得到如下回归结果，见表 6-5。在这个回归方程中，应变量是 PARTY $(政党对当地候选人的资助)，$ GAP，VGAP 和 PU 是三个定量变量，OPEN、DEMOCRAT 和 COMM 是三个定性变量，每一个定性变量分为两类。

回归结果说明什么呢？$GAP 越大(即竞争对手有巨额资助)，政党对当地候选人的资助就越少。VGAP 越大(即竞争对手在以前的竞选中获胜的次数越多)，则国会对该候选人的资助就越少(这个预期并不是建立在 1982 年的选举结果之上的)。公开的竞争可能从国会中吸引更多的资助以确保在国会中的席位，该预期与回归结果一致。政党越忠诚(PU)，得到国会的资助就越多，这个结果也符合预期。由于民主党的竞选财力比共和党少，因此预期虚拟变量 DEMOCRAT 的符号为负，事实也的确如此(共和党的竞选资助回归方程的截距比其竞争对手的小)。虚拟变量 COMM 的符号预期为正，如果你也投票选举，而且有幸成为国会中分发竞选资金的一员，那么你很可能将资金更多地拨给你所投票的那个政党。

表 6-5　美国政党的总资助

解释变量	系数	解释变量	系数
$ GAP	-8.189①	DEMOCRAT	-9.986①
	(1.863)		(0.557)
VGAP	0.032 1	COMM	1.734①
	(0.022 3)		(0.746)
OPEN	3.582①	R^2	0.70
	(0.729 3)	F	188.4
PU	18.189①		
	(0.849)		

注：括号内是标准误
①表示在 0.01 的显著水平下。
$GAP——候选人财力；
VGAP——以前选举中的投票差异；
OPEN——1(公开竞争)，0(其他)；
PU——政党联盟指数(由 Congressional Quarterly 计算)；
DEMOCRAT——1(民主党成员)，0(其他)；
COMM——1(共和党成员)，0(其他)。
资料来源：Al Wilhite and John Theilmann，"Campaign Contributions by Political Parties：Ideology versus Winning，" *Atlantic Economic Journal*，vol. XVII，June 1989，pp. 11-20. Table 2，p. 15. ■

6.5　比较两个回归[5]

6.2 节曾提出，不同分类之间，不仅截距可能不同，斜率也有可能不同。因此，在食品支出一例中，男、女税后收入的系数相同吗？为了进一步说明，来看下面的模型：

$$Y_i = B_1 + B_2 D_i + B_3 X_i + B_4 (D_i X_i) + u_i \qquad (6\text{-}23)$$

这是模型式(6-8)的修正形式，即增加了另一个变量 $D_i X_i$。

根据上述回归可以推导出如下回归：

5　比较两个或多个回归的另一种方法，称为邹检验(Chow test)，由著名经济计量学家邹(Gregory Chow)提出，它与下面讨论的虚拟变量法得到的结果类似。事实上，邹检验是第 4 章讨论的受限最小二乘方法的一个应用。详细的讨论参见，Gujarati and Porter，*Basic Econometrics*，5th ed.，McGraw-Hill，New York，2009，pp. 256-259.

平均食品支出函数，男性($D_i=0$)

给定 D 和 X，取方程(6-23)的条件期望，得到：

$$E(Y_i \mid D=0, X_i) = B_1 + B_3 X_i \tag{6-24}$$

平均食品支出函数，女性($D_i=1$)

取方程(6-23)的条件期望，得到：

$$\begin{aligned} E(Y_i \mid D_i = 1, X_i) &= (B_1 + B_2 D_i) + (B_3 + B_4 D_i) X_i \\ &= (B_1 + B_2) + (B_3 + B_4) X_i, \quad \text{since} D_i = 1 \end{aligned} \tag{6-25}$$

正如 B_2 称为差别截距系数一样，B_4 称为**差别斜率系数**(也称为**斜率飘移**(slope drifter))，它表示了不同性别或两种分类下收入变量系数的差异。正如(B_1+B_2)给出了当 $X=0$ 时，赋值为 1 的那类变量对应的 Y 的均值，(B_3+B_4)给出了赋值为 1 的那类变量的斜率系数。注意，如何通过引入累加形式的虚拟变量来区分两组截距系数的差异，如何通过引入交互或乘积形式(用 X 乘以 D)的虚拟变量来区分两组斜率系数的差异。[6]

根据差别截距系数 B_2 和差别斜率系数 B_4 的统计显著性，可以辨别出女性和男性食品支出函数是截距不同还是斜率不同，或是都不同。这里有四种可能性，见图 6-4。

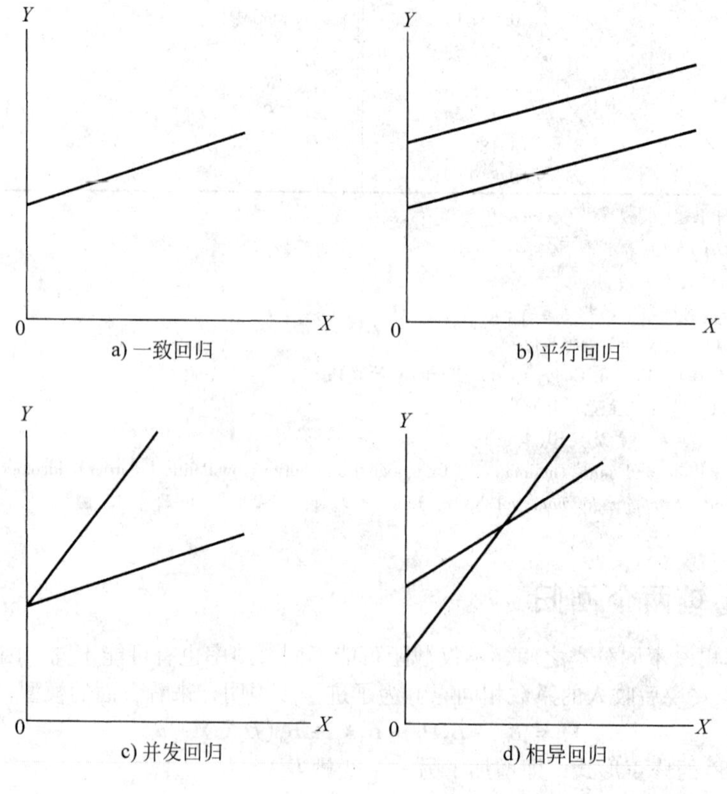

图 6-4 比较两个回归

6 在方程(6-20)中考虑了交互作用虚拟变量。但是，虚拟变量与定量变量也可以有交互影响。

图 6-4a 表明，两类食品支出回归的截距和斜率没有差异，即两类回归是相等的。这种情形称为**一致回归**(coincident regressions)。

图 6-4b 表明，两类回归的斜率系数相同，但截距不同。这种情形称为**平行回归**(parallel regression)。

图 6-4c 表明，两类回归的截距相同，但斜率不同。这种情形称为**并发回归**(concurrent regression)。

图 6-4d 表明，两类回归的截距和斜率不同。这种情形称为**相异回归**(dissimilar regression)。

回到我们的这个例子中来，首先估计式(6-23)，看看它属于图 6-4 描绘的哪一类。根据表 6-2 的数据，利用 EViews 得到回归结果见表 6-6。

表 6-6 式(6-23)的回归结果

变量	系数	标准误	t 统计量	概率
C	1 432.577	248.478 2	5.765 404	0.000 4
D	-67.893 22	350.764 5	-0.193 558	0.851 3
X	0.061 583	0.008 349	7.376 091	0.000 1
$D.X$	-0.006 294	0.012 988	-0.484 595	0.641 0
R^2	0.930 459	应变量均值		2 925.250
校正 R^2	0.904 381	应变量标准差		604.386 9
回归标准误	186.890 3	F 统计量		35.680 03
残差平方和	279 423.9	概率 F 统计量		0.000 056

注：应变量：FOODEXP；样本：1 ~ 12；观察值：12。

从回归结果可以清楚地看到，差别截距和差别斜率都不是统计显著的，表明可能是一致回归，如图 6-4a。这些结果与回归结果式(6-8)冲突吗？那里的两个截距是显著不同的。如果接受回归结果式(6-8)，则就是平行回归的情形，如图 10-4b。面对这种情况，经济计量学家该怎么办呢？

从方程(6-8)到(6-23)，我们犯了设定误差错误，即模型包括了不必要的变量，D_iX_i。在第 7 章中将会看到，回归模型中包括或遗漏变量可能导致严重后果，严重程度视具体情形而定。实践中，应该考虑最全面的模型(例如模型式(6-23))，再经过适当的诊断检验后，简化成较小的模型(例如模型式(6-8))。第 7 章将详细讨论这个专题。

现在究竟支持哪个模型呢？考虑回归结果式(6-1)，(6-8)和(6-23)，在食品支出一例中，看来模型式(6-8)可能是最合适的模型。这里遇到了平行回归的情形：女性和男性食品支出回归仅仅截距存在差异。如果不考虑性别的影响，则男女食品消费支出与税后收入的关系无差异。但需要指出，我们的样本非常小，如果样本容量很大，结果可能会有所不同。

例 6-4 Example 美国储蓄-收入关系

为了进一步说明如何利用虚拟变量评估定性变量的影响，考虑表 6-7 中的数据，包括了美国 1970 ~ 1995 年个人可支配收入(即税后收入)和个人储蓄，单位是 10 亿美元。目标是估计上述时期储蓄(Y)与个人可支配收入(X)的函数关系。

表 6-7 美国个人储蓄和个人可支配收入(1970～1995 年)

年份	个人储蓄	可支配个人收入	虚拟变量	虚拟变量与 DPI 的乘积
1970	61.0	727.1	0	0.0
1971	68.6	790.2	0	0.0
1972	63.6	855.3	0	0.0
1973	89.6	965.0	0	0.0
1974	97.6	1 054.2	0	0.0
1975	104.4	1 159.2	0	0.0
1976	96.4	1 273.0	0	0.0
1977	92.5	1 401.4	0	0.0
1978	112.6	1 580.1	0	0.0
1979	130.1	1 769.5	0	0.0
1980	161.8	1 973.3	0	0.0
1981	199.1	2 200.2	0	0.0
1982	205.5	2 347.3	1①	2 347.3
1983	167.0	2 522.4	1	2 522.4
1984	235.7	2 810.0	1	2 810.0
1985	206.2	3 002.0	1	3 002.0
1986	196.5	3 187.6	1	3 187.6
1987	168.4	3 363.1	1	3 363.1
1988	189.1	3 640.8	1	3 640.8
1989	187.8	3 894.5	1	3 894.5
1990	208.7	4 166.8	1	4 166.8
1991	246.4	4 343.7	1	4 343.7
1992	272.6	4 613.7	1	4 613.7
1993	214.4	4 790.2	1	4 790.2
1994	189.4	5 021.7	1	5 021.7
1995	249.3	5 320.8	1	5 320.8

①虚拟变量 =1，1982 年以后的观察值。

资料来源：*Economic Report of the President*，1997，data are in billions of dollars and are from Table B-28，p. 332.

为了估计储蓄函数，需要在整个区间上做 Y 对 X 的回归。如果做这样的回归，则储蓄和 PDI 在整个样本区间内保持同样的关系。但这是一个不切实际的假设。众所周知，1982 年美国经历了和平时期最严重的经济衰退。当年的失业率达 9.7%，创下自 1948 年以来的最高纪录。类似这样的事件可能会打破储蓄和 PDI 之间的关系。为了验证，我们把样本数据分为两个时期，1970～1981 年和 1982～1995 年，即萧条前时期和萧条后时期。

原则上说，能够分别估计出两个时期的回归。但我们可以仅估计一个形如式(6-23)的回归，只是在模型中引入一个虚拟变量，1982 年以前赋值为 0，1982 年以后赋值为 1。表 6-8 给出了回归结果。

回归结果表明，差别截距和差别斜率都是统计显著的，说明两个时期的储蓄收入关系发生了改变。回归结果类似图 6-4d。根据表 6-8 的结果，可以推导出两个时期的储蓄回归方程：

表 6-8 储蓄 – 收入关系的回归结果

变量	系数	标准误	t 统计量	概率
C	1.016 117	20.164 83	0.050 391	0.960 3
DUM	152.478 6	33.082 37	4.609 058	0.000 1
INCOME	0.080 332	0.014 497	5.541 347	0.000 0
DUM * INCOME	–0.065 469	0.015 982	–4.096 340	0.000 5
R^2	0.881 944	应变量均值		162.088 5
校正 R^2	0.865 846	应变量标准差		63.204 46
回归标准误	23.149 96			

注：应变量：储蓄；样本：1970 ~ 1995 年；观察值个数：26。

储蓄 – 收入回归：1970 ~ 1981 年

$$Savings_t = 1.0161 + 0.0803\ Income_t \tag{6-26}$$

储蓄 – 收入回归：1982 ~ 1995 年

$$\begin{aligned} Savings_t &= (1.0161 + 152.4786) + (0.0803 - 0.0655) Income_t \\ &= 153.4947 + 0.0148 Income_t \end{aligned} \tag{6-27}$$

如果不考虑 1982 年的经济衰退对储蓄 – 收入的影响，对 1970 ~ 1995 年整个区间样本进行估计，得到回归结果如下：

$$\begin{aligned} Savings_t &= 62.4226 + 0.0376\ Income_t \\ t &= (4.8917)(8.8937) \quad r^2 = 0.7672 \end{aligned} \tag{6-28}$$

可以看出，这些回归结果的**边际储蓄倾向**(marginal propensity to save，MPS)(即收入每增加 1 美元而增加的额外储蓄)存在显著差异。1970 ~ 1981 年的 MPS 为 8 美分，而 1982 ~ 1995 年的 MPS 仅为 1 美分。难怪经常听到这样的抱怨：美国人是最穷的储蓄者。或许这些结果支持了这种抱怨。■

6.6 虚拟变量在季节分析中的应用

月度或季度经济时间序列往往呈现出**季节模式**(seasonal patterns)，例如圣诞节商店的销售量，节假日期间家庭的货币需求，夏天对冰激凌、饮料的需求，假期对旅游的需求，等等。通常可以从时间序列中将季节因素或成分剔除，这样就可以把注意力集中在时间序列的其他成分上，比如说趋势，[7]即表现出的长期趋于稳定增加或减少的态势。把季节成分从时间序列中剔除的过程称为消除季节成分或季节调整，得到的时间序列称为消除季节性因素的时间序列或经季节调整的时间序列。美国政府公布的一些重要的经济时间序列数据都是经季节调整的数据。

7 一个时间序列可能包括四种成分：季节成分、周期成分、趋势成分(或长期成分)和随机成分。

从时间序列中消除季节成分的方法有多种，但这里仅介绍其中的一种方法——虚拟变量法。[8] 我们用下面的一个例子来说明。

例 6-5
Example

冰箱的销售量与季节性

为了说明虚拟变量如何应用于季节分析，考虑表 6-9(参见网上教材)提供的数据。该表给出了美国 1978 年第一季度到 1985 年第四季度共 32 个季度的冰箱销售量(千台)。图 6-5 描绘了冰箱的销售量。

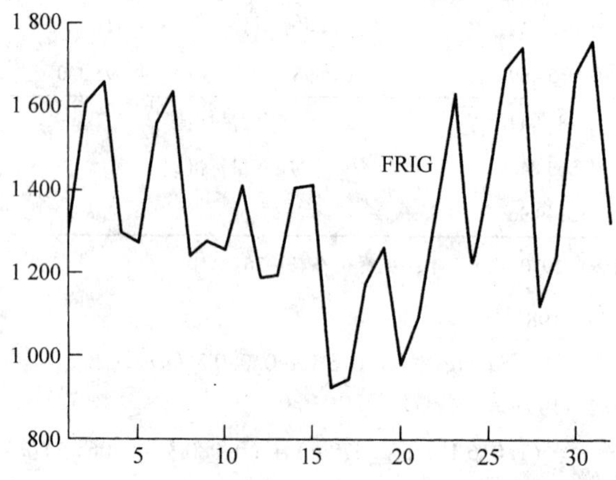

图 6-5 美国冰箱销售量，1978 年 1 月 ~1985 年 4 月

图 6-5 表明冰箱销售量序列中可能存在季节模式。为了进一步验证，考虑如下模型：

$$Y_t = B_1 + B_2 D_{2t} + B_3 D_{3t} + B_4 D_{4t} + u_t \tag{6-29}$$

其中，Y 是冰箱销售量(千台)，D_2、D_3 和 D_4 是虚拟变量，每年第二、第三和第四相应的季度取值为 1，第一季度取值为 0。把第一季度作为基准季度，当然也可以选任何季度为基准季度。由于共有四个季度(或四个季节)，所以需要设定三个虚拟变量以避免虚拟变量陷阱。表 6-9 列出了这些虚拟变量。注意，这里把冰箱归类于耐用品，因为它的使用寿命较长。

回归结果如下：

$$\begin{aligned} \hat{Y}_t &= 1\,222.125\,0 + 245.375\,0D_{2t} + 347.625\,0D_{3t} - 62.125\,0D_{4t} \\ t &= (20.372\,0)^{*}\ (2.892\,2)^{*}\quad (4.097\,4)^{*}\quad (-0.732\,2)^{**} \\ R^2 &= 0.531\,8 \end{aligned} \tag{6-30}$$

*表示 p 值小于 5%。** 表示 p 值大于 5%。

由于把第一季度作为基准，因此偏截距系数(即季节虚拟变量的系数)给出了相对于基准季节 Y 均值的季节增加或减少。245 表示在第二季度冰箱的平均销售量比第一季度(1 222)多 245，则第二季度冰箱平均销售量为(1 222 + 245) = 1 467(千台)。其他季度虚拟变量的系数可类似解释。

从方程(6-30)可以看出，第二季度和第三季度虚拟变量是统计显著的，但第四季度虚拟变量不是统计显著的。因此，第一季度的冰箱销售量与第四季度相同，但是与第二季度和第三季度不同。看来第二季度和第三季度存在季节效应，而第四季度则没有。这或许是因为在春、夏两季买冰箱的人更多。当然

8 其他季节调整的方法参阅，Paul Newbold，*Statistics for Business and Economics*，latest edition，Prentice-Hall，Englewood Cliffs，N. J.

别忘了，所有这些比较都与基准季度(第一季度)有关。

如何得到经季节调整后冰箱销售量的时间序列呢？这很容易实现。用实际的 Y 减去从方程(6-30)估计得到的 Y，即回归式(6-30)的残差，然后再把这个残差加上 Y 的均值，得到的序列就是经季节调整后的序列。这个序列可能表现出时间序列的其他成分(周期、趋势和随机)。[9]表 6-9 给出了经季节调整后的序列。■

本例时间序列使用的是季度数据，但许多经济时间序列使用的是月度数据，而且在月度数据中也很可能存在季节成分。为了识别，需要引入 11 个虚拟变量代表 12 个月份。这是一个一般规则，如果是日数据，则需要使用 364 个虚拟变量。当然，在引入虚拟变量的时候需要一定的判定规则，如果无限制引入虚拟变量，则会很快地消耗自由度，估计一个虚拟变量需要消耗一个自由度。

6.7　应变量也是虚拟变量的情形：线性概率模型(LPM)

到目前为止，在所考虑的回归模型中，应变量 Y 都是定量变量，而解释变量或是定性变量(即虚拟变量)或是定量变量，或是两者兼而有之。本节主要讨论应变量也是虚拟变量，或二分变量的回归模型。

假定想要研究成年男性劳动力参与率与失业率、平均工资率、家庭收入和教育水平等的关系，则应变量有两种情形，即进入或未进入劳动力市场。如果进入劳动力市场则赋值为 1，否则为 0。类似的例子还有：某个国家是否是欧共体国家；学生是否被西点军校录取；棒球运动员是主力还是替补，等等。

上述这些例子的一个特点是，应变量的回答只有两种：“是”或“不是”，即这些应变量具有二分性。[10]如何估计这类模型呢？能否直接使用 OLS 法？回答是肯定的，但在具体应用中可能会遇到一些问题。在讨论这些问题之前，先来看一个例子。

表 6-10(参见网上教材)给出了 40 个人申请房贷和年收入的假想数据。随后再考虑一个实际例子。

$Y=1$，表示申请到了房贷，否则为 0；X 表示年家庭收入。考虑如下模型：

$$Y_i = B_1 + B_2 X_i + u_i \tag{6-31}$$

模型(6-31)看似一个典型的线性回归模型，但实际上却不是，由于 Y 只能取两个值，0 或 1，所以不能把斜率系数 B_2 解释为单位 X 变动所引起的 Y 的变动率。形如式(6-31)的模型称为**线性概率模型**(linear probability model，LPM)，因为给定 X 下 Y_i 的条件期望，$E(Y_i \mid X_i)$ 可以解释为给定 X_i 下，事件发生的条件概率，即 $P(Y_i=1 \mid X_i)$。而且，这个条件概率随 X 线性

9　当然，这里假定了虚拟变量技术是消除时间序列(TS)季节性的一个适当方法。一个时间序列可以表示成：$TS = s + c + t + u$，其中，s 表示季节成分，c 表示周期成分，t 表示趋势成分，u 表示随机成分。消除季节性的其他方法可以参阅，Francis X. Diebold, *Elements of Forecasting*, 4rd ed., South-Western Publishing, Cincinnati, Ohio, 2007.

10　如果应变量的分类多于两类，情况又会怎样呢？例如，某人可能是民主党成员，或是共和党成员，或是独立党成员。这里，党派是一个三分变量。处理这类多分应变量模型的方法也有许多种，本书不再涉及。

变化。本例中，$E(Y_i \mid X_i)$给出了不同收入水平 X_i 下(例如年收入 60 000 美元)申请到房贷的概率。

因此，斜率系数 B_2 可以解释为 X 单位变动引起的 $Y=1$ 概率的变化。根据式(6-31)得到的 Y_i 的估计值 $\hat{Y}_i$ 就是预测的 $Y=1$ 的概率，b_2 是 B_2 的估计值。

当 Y 是二分变量时，如果按照上述理解来解释回归方程(6-31)，那么用 OLS 估计是否合适呢？答案则是肯定的，但也存在一些问题。第一，虽然 Y 取值为 1 或 0，但无法保证估计的 Y 值介于 0，1 之间。而在实际中，$\hat{Y}_i$ 可能为负或大于 1。第二，由于 Y 是一个二分变量，所以误差项也是一个二分变量。[11]这意味着不能假设 u_i 服从正态分布，它实际上服从**二项概率分布**(binomial probability distribution)。第三，可以证明误差项是异方差的。而到目前为止，一直假设误差项是同方差的。第四，由于 Y 仅仅取值 0 和 1，所以惯用的 R^2 就没有实际意义了(一种替代方法参见习题 6. 24)。

当然，不是所有问题都难以克服。例如，如果样本容量足够大，二项分布收敛于正态分布。第 9 章将会介绍解决异方差的一些方法。现在剩下的问题就是，估计的 Y 值有可能为负或是大于 1。实践中，如果估计的 Y 值为负，则取 0，如果估计的 Y 值大于 1，则取 1。如果负值或大于 1 的值不太多的话，则采用这种方法比较合适。

但是，LPM 主要的问题是：假设概率随 X 值线性变化，即 X 始终保持恒定的递增效应。因此，如果 Y 表示房屋所有权，X 表示收入，则 LPM 假设了，无论 $X=1\,000$ 或 $X=10\,000$，随着 X 的增加，Y 的概率都线性增加。而事实上，我们预期 $Y=1$ 的概率随 X 是非线性增加的。在收入水平较低时，一个家庭不可能拥有自己的房子，但对于收入水平相对较高的家庭，他们很可能拥有住房。收入超过了这个水平，再增加收入对拥有住房的概率就没什么影响了。因此，在收入分布的两端，收入水平的稍许增加不会对拥有住房的概率产生实质性影响。

许多文献都涉及了 LPM 的替代模型，比如分对数模型(logit model)和概率单位模型(probit model)。对这些模型的讨论超出了本书的范围，有兴趣的读者可以参阅相关文献。[12]此外，在本书第 12 章的专题讨论中对这些模型有所涉及。

尽管 LPM 模型存在许多困难，其中一些困难还是可以解决的，尤其是当样本容量足够大时。由于 LPM 相对简单，因此在实践中得到了广泛应用。通常它可以作为一个基准模型，用于和更复杂的模型进行比较，比如分对数模型和概率单位模型。

我们用表 6-10 的数据说明 LPM 模型。回归结果如下：

$$\hat{Y}_i = -0.945\,6 + 0.025\,5X_i$$

$$t = (-7.698\,4)(12.515\,3) \quad r^2 = 0.804\,7 \tag{6-32}$$

对回归模型解释如下：收入每增加 1 美元，获得房贷的概率大约增加 0. 03。截距值没有实际意义。需要特别注意的是 LPM 模型的 r^2。本例中 r^2 值较高，但并不表示有重要的意义。因为如果观察值比较集中地聚集在 0 或 1 附近，就会得到一个较高的 r^2 值。

表 6-10 给出了 Y 的实际值以及根据 LPM 模型式(6-31)得到的估计值。可以看出，在 40 个

---

11 根据式(6-31)显然有，当 $Y_i=1$ 时，$u_i=1-B_1-B_2X_i$，当 $Y_i=0$ 时，$u_i=-B_1-B_2X_i$。

12 参阅 Damodar N. Gujarati and Porter, 5th ed. , McGraw-Hill, New York, 2009, Chapter 15.

值中，有 6 个值为负数，6 个值大于 1，再一次说明了 LPM 模型的问题。我们还发现，获得房贷的概率随收入水平以固定增速(0.03)线性增加，这显然与实际不符。

我们用一个具体实例结束有关 LPM 的讨论

例 6-6 Example

借贷市场上的歧视

为了验证在获得抵押贷款过程中是否存在歧视，马达拉(Maddala)和特罗斯特(Trost)对哥伦比亚、南卡罗来纳以及大城市地区的 750 个贷款申请者进行了研究。[13]其中，500 个申请成功，250 个被拒。为了研究哪些因素决定了通过贷款申请，他们建立了一个 LPM，并得到如下回归结果。在这个模型中，应变量 Y 是一个二分变量，通过贷款申请赋值为 1，否则为 0。研究的目的是为了判断是否由于性别、种族和其他一些定性因素导致了贷款市场上的歧视行为。

解释变量	系数	t 值
截距	0.501	未给出
AI	1.489	4.69*
XMD	−1.509	−5.74*
DF	0.140	0.78**
DR	−0.266	−1.84*
DS	−0.238	−1.75*
DA	−1.426	−3.52*
NNWP	−1.762	0.74**
NMFI	0.150	0.23**
NA	−0.393	−0.134

注：AI——申请人和共同申请人的收入(千美元)；
XMD——债务减去抵押贷款支出(千美元)；
DF——1(女性)，0(男性)；
DR——1(非白种人)，0(白种人)；
DS——1(单身)，0(其他)；
DA——房屋年限(100 年)；
NNWP——同一地区非白种人的比例($\times 10^3$)；
NMFI——同一地区平均家庭收入($\times 10^5$)；
NA——同一地区抵押住宅平均屋龄(100 年)。
* p 值等于或低于 5%，单边检验。
** p 值大于 5%。

马达拉和特罗斯特模型的一个有趣特点是，一些解释变量也是虚拟变量。虚拟变量 DR 的系数可以解释为，在其他变量不变的条件下，非白种人获得抵押贷款的概率比基准类低 0.266，或 26.6%。本例中的基准类是已婚白种男性。类似地，在其他变量不变的条件下，单身获得抵押贷款的概率比基准类低 0.238，或 23.8%。■

但是，在做出“家庭抵押贷款市场上存在种族歧视或单身歧视”这样的结论时需要非常慎

13　G. S. Maddala and R. P. Trost, “On Measuring Discrimination in Loan Markets,” *Housing Finance Review*, 1982, pp. 245-268.

重，因为影响家庭贷款的因素还有很多。

6.8 小结

本章介绍了如何把取值0、1的定性变量或虚拟变量引入回归模型。各种例子表明：从本质上说，虚拟变量是一个“数据分类器”，它根据样本的属性(性别、婚姻状况、种族、宗教等)将样本分为各个不同的子群体，并对每个子群体进行回归分析。各个子群体的应变量对解释变量(定性变量)的不同反应表现为各子群体的截距或斜率系数的差异。

虽然虚拟变量技术非常有用，但在使用时仍需谨慎。第一，如果回归模型包含了一个常数项(大多数模型都包含常数项)，那么虚拟变量的个数必须比每个定性变量的分类数少一；第二，虚拟变量系数的解释与基准类(取值为0的一类)有关；第三，若模型包含多个定性变量，而且每个定性变量有多种分类，则引入模型的虚拟变量将消耗大量的自由度。因此，应当根据样本观察值的个数权衡进入模型中虚拟变量的个数。

本章讨论了模型设定误差，即用错误的模型拟合了样本数据。如果各个子群体的截距和斜率都不同，那么应当建立一个斜率和截距均不同的模型。在这种情况下，如果设定的模型仅仅是截距不同将很可能导致设定误差。当然，先验地选择正确模型并非易事。因此，在具体分析中，经验是至关重要的，尤其是在缺乏足够经济理论指导的情况下。有关设定误差的详细讨论见第7章。

本章还简单讨论了线性概率模型(LPM)，即应变量本身是个二分变量。虽然可以用普通最小二乘法(OLS)估计LPM，但还是存在一些问题。有些问题容易解决，有些则很难解决，因此需要其他估计方法。我们提到了两种选择，分对数模型和概率单位模型，但考虑到这些模型相对复杂，本章并没有展开讨论(有关讨论参见第12章)。

关键术语和概念

定性变量与定量变量
虚拟变量
方差分析模型
差别截矩系数
基础类，基准类，参考类或比较类
数据矩阵
虚拟变量陷阱；完全共线性，多重共线性
协方差分析模型
协变量；控制变量
比较两个回归
交互或乘法作用
累加
交互作用虚拟变量
差别斜率系数或斜率漂移
一致回归
平行回归
并行回归
相异回归
边际储蓄倾向
季节模式
线性概率模型
二项概率分布

问　题

6.1　简要解释下列概念

a. 分类变量　b. 定性变量　c. 方差分析模型(ANOVA)

d. 协方差分析模型(ANOCVA)　e. 虚拟变量陷阱

f. 差别截距虚拟变量　g. 差别斜率虚拟变量

6.2　下面的变量是定性变量还是定量变量?

a. 美国国际收支差额　b. 政党联盟　c. 美国对中国的出口

d. 联合国会员　e. CPI(消费者价格指数)　f. 教育

g. 欧共体公民　h. 关贸组织成员　i. 美国国会成员

j. 社会保障受益者

6.3　如果现有若干年月度数据，检验如下假设需要引入几个虚拟变量?

a. 一年中的 12 个月均呈现季节模式。

b. 只有 2 月、4 月、6 月、8 月、10 月、12 月呈现季节模式。

6.4　在估计下面的模型时，预计会出现什么问题?

a. $Y_t = B_0 + B_1D_{1t} + B_2D_{2t} + B_3D_{3t} + B_4D_{4t} + u_t$

其中，$D_{it} = \begin{cases} 1，第\ i\ 季的观察值，i=1，2，3，4 \\ 0，其他 \end{cases}$

b. $GNP_t = B_1 + B_2M_t + B_3M_{t-1} + B_4(M_t - M_{t-1}) + u_t$

其中，GNP_t——第 t 期国民生产总值；M_t——第 t 期的货币供给；M_{t-1}——第 $t-1$ 期的货币供给。

6.5　判断正误并说明理由

a. 在模型 $Y_i = B_1 + B_2D_i + u_i$ 中，令 D_i 取值(0，2)而不是(0，1)，那么 B_2 的值将二等分，t 值也将二等分。

b. 引入虚拟变量后，普通最小二乘估计量只有当大样本时才是无偏的。

6.6　考虑下面的模型：

$$Y_i = B_0 + B_1X_i + B_2D_{2i} + B_3D_{3i} + u_i$$

其中，Y——MBA 毕业生年收入；X——工龄；

$D_2 = \begin{cases} 1，哈佛\ MBA \\ 0，其他 \end{cases}$　$D_3 = \begin{cases} 1，沃顿\ MBA \\ 0，其他 \end{cases}$

a. 预期各个系数的符号如何?

b. 如何解释 B_2、B_3?

c. 如果 $B_2 > B_3$，则得出什么结论?

6.7　继续上题，但考虑下面的模型：

$$Y_i = B_0 + B_1X_i + B_2D_{2i} + B_3D_{3i} + B_4(D_{2i}X_i) + B_5(D_{3i}X_i) + u_i$$

a. 这个模型与习题 6.6 中的模型有什么区别?

b. 如何解释截距 B_4、B_5?

c. 如果 B_4、B_5 均是统计显著的，则选择这个模型还是习题 6.6 的模型？如果不是，则会犯哪类偏差或错误？

d. 如何检验假设：$B_4 = B_5 = 0$？

习 题

6.8 H. C. Huang，J. J. Siegfried 和 F. Zardoshty[14]根据美国 1961 年第一季度～1977 年第二季度的季度数据估计了咖啡的需求函数如下：（括号内的数值为 t 值）

$$\ln Q_t = 1.2789 - 0.1647\ln P_t + 0.5115\ln I_t + 0.1483\ln P'_t$$

$$t = \quad (-2.14) \quad (1.23) \quad (0.55)$$

$$- 0.0089T - 0.0961D_{1t} - 0.1570D_{2t} - 0.0097D_{3t} \quad R^2 = 0.80$$

$$t = (-3.36) \quad (-3.74) \quad (-6.03) \quad (-0.37)$$

其中，Q——人均咖啡消费量；P——每磅咖啡的价格(1967 年价)；I——人均 PDI(1967 年价，美元)；P'——每磅茶的价格(1967 年价)；T——时间趋势，$T=1$(1961 年第一季度)至$T=66$(1977 年第二季度)；D_1——1，第一季度；D_2——1，第二季度；D_3——3，第三季度；ln——自然对数。

a. 如何解释 P、I、P'的系数？

b. 咖啡的需求价格是富有弹性的吗？

c. 咖啡和茶是互补品还是替代品？

d. 如何解释 T 的系数？

e. 求美国咖啡消费的增长率或衰减率？如果对咖啡的消费有一个下降的趋势，则如何解释？

f. 求对咖啡需求的收入弹性？

g. 如何检验假设：对咖啡需求的收入弹性显著不为 1？

h. 本例中的虚拟变量代表了什么？

i. 如何解释模型中的虚拟变量？

j. 哪些虚拟变量是统计显著的？

k. 美国的咖啡消费是否存在明显的季节模式？如果存在，如何解释？

l. 本例中的基准类是什么？如果选择其他基准类，结果会有什么变化？

m. 上述模型仅仅引入了差别斜率虚拟变量，这里隐含的假定是什么？

n. 假定有人认为这个模型是错误设定的，因为该模型假定了各个变量的斜率在不同季节保持不变。你将如何修正这个模型？考虑引入差别斜率虚拟变量。

o. 如果你掌握了具体数据，则如何重新估计咖啡的需求函数？

6.9 保罗(Paul W. Bauer)和托马斯(Thomas J. Zlatoper)在研究直飞克利夫兰机票价格的决定因素中得到下面的回归结果，被解释变量是单程机票价格(头等舱、经济舱以及折扣机

14 H. C. Huang, J. J. Siegfried, and F. Zardonshty, "The Demand for Coffee in the United States, 1963-1977," *Quarterly Review of Economics and Business*, Summer 1980, pp. 36-50.

票)。解释变量定义如下：

Carriers——载客人数；

Pass——航线总乘客人数；

Miles——从出发地到克利夫兰的英里数；

Pop——出发地人口；

Inc——出发地人均收入；

Corp——出发地的其他商业运输工具；

Slot——1(出发城市机场受限航区), 0, (其他)；

Stop——航班停留次数, 0(其他)；

Meal——1(供餐), 0(其他)；

Hub——1(出发地有中转站), 0(其他)；

EA——1(东方航空公司的乘客), 0(其他)；

CO——1(大陆航空公司的乘客), 0(其他)。

回归结果见表 6-11。

a. 在这个模型中，引入载客人数和载客人数平方的理论依据是什么？载客人数符号为负和载客人数平方符号为正表明了什么？

b. 引入距离和距离平方作为解释变量的理论依据是什么？观察到的这些变量符号有经济意义吗？

c. 人口变量的符号为负，这有什么含义？

d. 为什么在所有回归结果中人均收入变量的符号均为负？

e. 为什么“航班停留次数”在“头等舱机票”和“经济舱机票”回归方程中的符号为正，而在“折扣机票”回归方程中的符号为负。

f. 虚拟变量“大陆航空公司”的符号始终为负。这说明了什么？

g. 估计每个回归系数的显著性。注：由于观察值的个数足够大，因此，在 5% 的显著水平下，可用正态分布近似 t 分布。分别利用单边和双边检验。

h. 为什么虚拟变量“限航区”仅仅在“经济舱”回归方程中是统计显著的？

i. 由于“头等舱机票”和“经济舱机票”的观察值个数相同，均为 323 个，能否将它们加总起来(646 个)进行回归，得到一个回归方程？如果可以，如何区分“经济舱机票”和“折扣机票”的观察值(提示：用虚拟变量)。

j. 评价回归结果。

表 6-11　直飞克利夫兰票价的影响因素

解释变量	头等舱	经济舱	折扣机票
Carriers	−19.50	−23.00	−17.50
	* t = (−0.878)	(−1.99)	(−3.67)
$Carriers^2$	2.79	4.00	2.19
	(0.632)	(1.83)	(2.42)
Miles	0.233	0.277	0.0791
	(5.13)	(12.00)	(8.24)

（续）

解释变量	头等舱	经济舱	折扣机票
$Miles^2$	-0.000 009 7	-0.000 052	-0.000 014
	(-0.495)	(-4.98)	(-3.23)
Pop	-0.005 98	-0.001 14	-0.000 868
	(-1.67)	(-4.98)	(-1.05)
Inc	-0.001 95	-0.001 78	-0.004 11
	(-0.686)	(-1.06)	(-6.05)
Corp	3.62	1.22	-1.06
	(3.45)	(2.51)	(-5.22)
Pass	-0.000 818	-0.000 275	0.853
	(-0.771)	(-0.527)	(3.93)
Stop	12.50	7.64	-3.85
	(1.36)	(2.13)	(-2.60)
Slot	7.13	-0.746	17.70
	(0.299)	(-0.067)	(3.82)
Hub	11.30	4.18	-3.50
	(0.90)	(0.81)	(-1.62)
Meal	11.20	0.945	1.80
	(1.07)	(0.177)	(0.813)
EA	-18.30	5.80	-10.60
	(-1.60)	(0.775)	(-3.49)
CO	-66.40	-56.50	-4.17
	(-5.72)	(-7.61)	(-1.35)
Constant term	212.00	126.00	113.00
	(5.21)	(5.75)	(12.40)
R^2	0.863	0.871	0.799
观察值个数	163	323	323

* 括号内的数据表示 t 值。

资料来源：Paul W. Bauer and Thomas J. Zlatoper, *Economic Review*, Federal Reserve Bank of Cleveland, vol. 25, no. 1, 1989, Tables 2, 3, and 4, pp. 6-7.

6.10 在对51个学生（其中男生36人，女生15人）的体重（W）对身高（H）的回归分析中，得到下面结果：[15]

1. $\text{Weight}_i = -232.065\,51 + 5.566\,2\text{height}_i$

   $t = (-5.206\,6) \quad (8.624\,6)$

2. $\text{Weight}_i = -122.962\,1 + 23.823\,8\text{dumsex}_i + 3.740\,2\text{height}_i$

   $t = (-2.588\,4) \quad (4.014\,9) \quad (5.161\,3)$

3. $\text{Weight}_i = -107.950\,8 + 3.510\,5\text{height}_i + 2.007\,3\text{dumsex}_i + 0.326\,3\text{dumht.}$

   $t = (-1.226\,6) \quad (2.608\,7) \quad (0.018\,7) \quad (0.203\,5)$

其中，体重的单位为磅，身高的单位为英寸。

Dumsex——1（男性），0（女性）；

Dumht.——交互或差别斜率虚拟变量。

a. 你将选择哪个回归，1还是2，为什么？

b. 如果较为理想的回归是2，却选择了1，则犯了哪类错误？

15 我以前的同事 Albert Zucker 收集了数据并估计了各种回归。

c. 在模型 2 中，性别这个虚拟变量表明了什么？

d. 在模型 2 中，差别截距是统计显著的，但在模型 3 中，差别斜率却是统计不显著的，如何解释这种变化？

e. 在模型 2 与模型 3 之间，你选择哪一个？为什么？

f. 在模型 2 与模型 3 中，身高的系数几乎相等，但性别这一虚拟变量的系数相差很大。对此你有什么想法？

为了回答问题(d)，(e)，(f)，给出了下面的相关矩阵。例如，身高和性别的相关系数是 0.627 6，性别和交互虚拟变量的相关系数是 0.997 1。

	Height	Dumsex	Dumht.
Height	1	0.627 6	0.675 2
Dumsex	0.627 6	1	0.997 1
Dumht.	0.675 2	0.997 1	1

6.11　表 6-12(参见网上教材)给出了未经季节调整的饰品、玩具和游戏的零售季度数据(1992 年第一季度 ~2008 年第二季度)：

考虑下面的模型：

$$\text{Sales}_t = B_1 + B_2D_{2t} + B_3D_{3t} + B_4D_{4t} + u_t$$

其中，D_2——1(第二季度)，0(其他)；D_3——1(第三季度)，0(其他)；D_4——1(第四季度)，0(其他)。

a. 估计上述回归。

b. 解释各个系数的含义。

c. 给出回归结果符合逻辑的解释。

d. 如何利用估计的回归结果消除季节模式？

6.12　利用习题 6.11 的数据，估计下面的模型：

$$\text{Sales}_t = B_1D_{1t} + B_2D_{2t} + B_3D_{3t} + B_4D_{4t} + u_t$$

在这个模型中，每个季度都赋予一个虚拟变量。

a. 这个模型与习题 6.11 的模型有何区别？

b. 要估计这个模型，是否需要略去截距项？换句话说，是否做通过原点的回归？

c. 比较本题与上题的回归结果，你决定选择哪个模型？为什么？

6.13　参考方程(6-17)。如何调整模型从而考虑到不同地区学费系数的差异？

6.14　如何检查方程(6-19)中 X 的斜率系数因性别和种族的不同而不同？

6.15　赋予每个季度一个虚拟变量，然后重估方程(6-30)，并与(6-30)的回归结果进行比较。在估计这类模型中，需要注意什么？

6.16　考虑下面的模型：

$$Y_i = B_1 + B_2D_{2i} + B_3D_{3i} + B_4(D_{2i}D_{3i}) + B_5X_i + u_i$$

其中，Y——大学教师的年薪；X——教龄；

$$D_2=\begin{cases}1，男教师\\0，女教师\end{cases}\quad D_3=\begin{cases}1，白种人\\0，其他\end{cases}$$

a. $(D_{2i}D_{3i})$表示了交互影响。它有什么意义？

b. B_4 有什么意义？

c. 求 $E(Y_i \mid D_2=1, D_3=1, X_i)$，并做出解释。

6.17 在模型式(6-1)中，假定

$$D_i = 1，\quad 女性$$
$$= -1，\quad 男性$$

利用表 6-2 给出的数据，估计回归模型式(6-1)，并与(6-4)做比较，你能得出什么结论？

6.18 继续上题，现在假定

$$D_i = 2，\quad 女性$$
$$= 1，\quad 男性$$

再对模型式(6-1)进行估计，并对回归结果进行比较，你得出什么结论？

6.19 表 6-13(参见网上教材)给出了美国 1997 年第一季度～2008 年第二季度的公司税后利润和股息支付(10 亿美元)的季度数据，

a. 做股息支付(Y)对税后利润(X)的回归，看看两者之间是否相关？

b. 如果股息支付呈现出季节模式，那么引入一个适当的虚拟变量，并对模型进行估计。在建立模型时，如何考虑不同季节截距和斜率的差异？

c. 如果不考虑季节变动，那么什么时候做 Y 对 X 的回归？

d. 根据回归结果，是否表明美国私企的股息支付政策存在季节模式？这与先验预期一致吗？

6.20 参考例 6-6。未婚白种男性的回归方程是什么？是否与未婚白种女性显著不同？

6.21 继续习题 6.20。如果模型引入三个定性变量的交互影响虚拟变量，则回归结果是怎样的？

6.22 产品差异化对股本回报率的影响。为了验证出售差异产品的公司是否具有较高的股本回报率，道尔顿(J. A. Dalton) 和列文(S. L. Levin)[16]根据 48 个公司的样本得到如下回归结果：

$$\hat{Y}_i = 1.399 + 1.490D_i + 0.246X_{2i} - 9.507X_{3i} - 0.016X_{4i}$$
$$\text{se} = \quad (1.380)\ (0.056)\quad (4.244)\quad (0.017)\quad R^2 = 0.26$$
$$t = \quad (1.079)\ (4.285)\quad (-2.240)\quad (-0.941)$$
$$p\text{ 值} = \quad (0.1433)\ (0.000)\quad (0.0151)\quad (0.1759)$$

其中，Y——股本回报率；D——1(较高或适度产品差异化的公司)；X_2——市场份额；X_3——公司规模；X_4——行业增长率。

16 J. A. Dalton and S. L. Levin, "Market Power: Concentration and Market Share," *Industrial Organization Review*, vol. 5, 1977, pp. 27-36. 符号做了修改。

a. 具有产品差异性的公司获得了较高的回报率吗?

b. 具有差异产品和不具有差异产品的公司的股本收益率之间的差异是统计显著的吗?给出必要的计算。

c. 如果使用了差别斜率系数,(b)的答案会有变化吗?

d. 写出包含差别斜率和差别截距虚拟变量的回归方程。

6.23 美国的菲利普斯曲线发生了什么变化?参考例5-6。把样本延长至1977年,并估计如下模型:

$$Y_t = B_1 + B_2D_t + B_3\left(\frac{1}{X_t}\right) + B_4D_t\left(\frac{1}{X_t}\right) + u_t$$

其中,Y——小时工资年变化率;X——失业率;D_t——1,1969 年以前的观察值;——0,1970~1977 年的观察值。

回归结果如下:

$$\hat{Y}_t = 10.078 - 10.337D_t - 17.549\left(\frac{1}{X_t}\right) + 38.137D_t\left(\frac{1}{X_t}\right)$$

$$\text{se} = (1.4024)\quad(1.6859)\quad(8.3373)\quad(9.3999)$$

$$t = (7.1860)\quad(-6.1314)\quad(-2.1049)\quad(4.0572)\quad R^2 = 0.8787$$

$$p\text{值} = (0.000)\quad(0.000)\quad(0.026)\quad(0.000)$$

与例 5-6 的回归结果进行比较。

a. 差别斜率和差别截距系数是统计显著的吗?如果是,说明了什么?分别画出两个时期的菲利普斯曲线。

b. 根据回归结果,能否说菲利普斯曲线失灵了?

6.24 **计数 R^2**(count R^2)。由于常规的 R^2 不适合线性概率模型,因而建议使用计数 R^2,定义如下:

$$\text{计数 } R^2 = \frac{\text{正确预测的个数}}{\text{观察值总个数}}$$

在 LPM 中,由于应变量取值为 1 或 0,所以如果预测的概率大于 0.5,则归类于 1,如果预测的概率小于 0.5,则归类于 0。然后可以计数正确预测的个数,进而根据上面的公式计算出计数 R^2。

求模型式(6-32)的计数 R^2,并与常规的 R^2 进行比较。

6.25 表 6-14(参见网上教材)给出了美国 2001 年第一季度到 2008 年第三季度个人实际支出(PCE),耐用品实际支出(EXPDUR),非耐用品实际支出(EXPNONDUR),实际服务支出(EXPSER)的季度数据。数据根据年增长率进行了季节调整。

a. 分别用 EXPDUR,EXPNONDUR 和 EXPSER 对 PCE 作图。

b. 假定做每类支出对 PCE 和三个虚拟变量的回归。预计虚拟变量系数是统计显著的吗?为什么?给出计算过程。

c. 如果预期虚拟变量是统计不显著的,但仍纳入模型,则会有什么后果?

6.26 菲利普斯曲线。习题5.6和习题5.29的结果表明，1958～1969年小时收入百分比变化与失业率之间符合传统的菲利普斯曲线。表5-19(参见网上教材)给出了1965～2007年更新后的数据。

a. 引入虚拟变量用以表示1982年前后数据可能出现的变动。换句话说，1965～1982年间虚拟变量赋值为0，1983～2007年间赋值为1。

b. 引入虚拟变量用以表示1/X（失业率倒数)与(a)中虚拟变量之间的交互作用。

c. 建立回归模型预测小时收入百分比变化(Y)，解释变量包括虚拟变量、交互影响项以及1/X。

d. 哪些变量是统计显著的?

e. 对回归结果给出合理的经济解释。

6.27 表6-15(参见网上教材)给出了46个中产阶级个人收入及其他相关信息的数据，自变量包括：

Experience——工作年限；

Management——1，经理；0，非经理；

Education——1，高中；

——2，大学；

——3，研究生。

a. 利用表中列出的教育数据进行回归分析有意义吗? 会导致什么样的问题?

b. 利用Experience、Management以及变化后的Education教育变量进行线性回归。所有变量是统计显著的吗?

c. 建立一个新的模型，从而考虑到经理人和非经理人因工作经历差异可能导致的收入增加差异。回归结果是怎样的?

d. 建立一个新的模型，从而考虑到不同员工之间由于教育水平的差异可能导致的收入增加差异?

6.28 根据1995年3月当期人口调查(CPS)的数据，保罗(Paul Rudd)从中抽取了18～65岁年龄段的1 289名工人，具体信息如下：

Wage——小时工资(美元)；

Age——年龄；

Female——1，女工；

Nonwhite——1，非白人；

Union——1，工会会员；

Education——受教育年限；

Experience——工作年限[17]。

a. 根据这些数据，估计下面的模型：

---

17 Paul R. Rudd, An Introduction to Classical Econoetric Theory, Oxford University Press, New York, 2000, pp. 17-18. 这些数据来自人口调查局DES系统：http：//www. census. gov/DES/www/welcome. html.

$$\ln Wage_i = B_1 + B_2 Age + B_3 Female + B_4 Nonwhite + B_5 Union + B_6 Education + B_7 Experience + u_i$$

其中，lnWage 表示 Wage 的自然对数。

b. 如何解释每个回归系数？

c. 在5%的水平下，哪些系数是显著的？

d. 平均而言，工会会员的小时工资收入相对较高吗？

e. 平均而言，男工比女工收入高吗？

f. 非白人女工的平均小时工资比白人女工的低吗？为什么？

g. 女工会会员的小时平均工资比女非工会会员的小时工资高吗？为什么？

h. 利用数据重新设定工资函数，考虑虚拟变量之间、虚拟变量与定量变量之间的交互影响。

第二部分

实践中的回归分析

本部分包括 4 章内容(从第 7 章到第 10 章),讨论了线性回归模型在实践中存在的若干问题。第一部分讨论的古典线性回归模型(CLRM)是建立在若干假设基础之上的,但在实践中这些假设并不一定能够满足。本部分重点讨论放松 CLRM 一个或若干个假设产生的后果。

第 7 章讨论了模型选择问题。CLRM 假设之一:所选模型是正确设定的。本章讨论了模型错误设定导致的后果及其补救措施。

第 8 章讨论了多重共线性问题,即两个或多个解释变量相关导致的后果。CLRM 假设之一:解释变量之间不存在完全线性相关。本章指出:只要解释变量不完全线性相关,普通最小二乘估计量(OLS)仍然是最优线性无偏估计量(BLUE)。

第 9 章讨论了异方差问题,即违背 CLRM 假设之一:误差项方差为常数。本章指出:如果违背误差项方差为常数这一假定,OLS 估计量虽然是无偏的,却不是有效的。简言之,OLS 估计量不是最优线性无偏估计量。本章还讨论了如何通过简单变换消除异方差问题。

第 10 章讨论了自相关问题,即违背 CLRM 假设之一:误差项之间不相关。与异方差情形相同,如果存在自相关,OLS 估计量虽然是无偏的,却不是有效的,所以 OLS 估计量也不是最优线性无偏估计量。本章还讨论了如何通过数据变换最大程度地解决自相关问题。

第 7 章

模型选择：标准与检验

在前面几章中我们考虑了若干单方程线性回归模型，例如数学 S. A. T 分数函数、菲利普斯曲线、柯布 - 道格拉斯生产函数。这些模型都隐含地假定了模型是“对现实的真实反映”，即模型正确地反映了研究对象。更专业地说，假定模型不存在设定偏差或者设定误差。设定误差的产生是由于估计了“不正确的”模型。然而在实践中，寻找一个真正正确的模型非常不容易。我们或许永远都无法得知真实的模型是什么，但却希望能够找到一个“相对”精确反映现实的模型。

正是由于实践的重要性，因此需要深入探讨如何建立一个经济计量模型。重点考虑以下问题：

(1)“好的”或者“正确的”模型具有哪些性质?

(2)假定一个无所不知的经济计量学家建立了一个“正确”的模型用于分析某种经济现象。然而，由于数据的可获得性(出于对成本的考虑，或是疏忽等其他原因)，研究人员使用了另一个模型，因此比之“正确”模型，就犯了设定误差的错误。在实践中可能会犯哪几类设定误差呢?

(3)各种设定误差的后果是什么?

(4)如何诊断设定误差?

(5)如果已经犯了设定误差，可以采取哪些补救措施?

7.1 “好的”模型具有的性质

离开了参考标准，就无法确定实证分析中的模型是不是“好的”、“恰当的”或“正确的”。著名经济计量学家哈维(A. C. Harvey)[1]列出了模型判断的一些标准：

---

1 A. C. Harvey, *The Economic Analysis of Time Series*, Wiley, New York, 1981, pp. 5-7. The following discussion leans heavily on this material. See also D. F. Hendry and J. F. Richard, “On the Formulation of Empirical Models in Dynamic Econometrics,” *Journal of Econometrics*, vol. 20, October 1982, pp. 3-33.

简约性(parsimony)　模型永远无法完全把握现实；在建模过程中，一定程度的抽象或简化是不可避免的。简单优于复杂或者**简约原则**(principle of parsimony)表明模型应尽可能简单。

可识别性(identifiability)　对于给定的一组数据，估计的参数值必须是唯一的，或者说，每个参数只有一个估计值。

拟合优度(goodness of fit)　回归分析的基本思想是用模型中所包含的解释变量来尽可能地解释应变量的变化。例如，可用校正的 $\bar{R}^2$ 度量拟合优度，[2] $\bar{R}^2$ 越高，模型越好。

理论一致性(theoretical consistency)　无论拟合优度有多高，一旦模型中的一个或多个系数的符号有误，就不能说是一个好的模型。因而，在商品的需求函数中，如果价格系数为正(需求曲线的斜率为正)，或者收入系数为负(除非这一商品是劣等品)，那么回归结果就值得怀疑，即使模型的 R^2 值很高，比如说 0.92。简言之，在构建模型时，必须有一定的理论基础，"没有理论的度量"经常导致令人失望的结果。

预测能力(predictive power)　正如诺贝尔奖得主米尔顿·弗里德曼(Milton Friedman)所说："对假设(模型)有效性的唯一检验就是将预测值与经验值相比较。"[3]因而，在货币主义模型和凯恩斯模型两者之间选择时，需要依据这一标准，选择理论预测与实践吻合的模型。

虽然建立"好的"模型没有一个统一的方法，但是建议读者在建模时牢记这些标准。

7.2　设定误差的类型

模型应尽可能简单，即包括理论上建议的关键变量(核心变量，core variables)，把那些次要影响因素(边缘变量，peripheral variables)纳入误差项 u 中。本节主要讨论几种导致模型失效的**设定误差**(specification errors)。

模型设定误差涉及的内容十分丰富，本章主要介绍一些实践中经常遇到的设定误差：

- 遗漏相关变量；
- 包括不必要变量；
- 采用了错误的函数形式；
- 度量误差。

为了使讨论尽可能简单(避免运用矩阵代数)，我们通过双变量和三变量模型介绍模型设定误差的基本性质，并分别讨论上述各种设定误差。

在讨论之前，需要指出的是：到目前为止考虑的古典线性回归模型(CLRM)都做了一些简单化的假设，违背这些假设本身就可能带来设定误差。例如，在实践中，误差项 u_i 不相关(无自相关假设)，或误差方差是常数的假设就很难满足。详细讨论参见第 9 章和第 10 章。

7.3　遗漏相关变量："过低拟合"模型

在本章引言中曾指出，由于种种原因，研究者可能会遗漏一个或多个本应纳入模型的解

2　除了 R^2 以外，还有其他判断模型拟合优度的准则。有关讨论参见，G. S. Maddala, *Introduction to Econometrics*, Macmillan, New York, 1988, pp. 425-429。

3　Milton Friedman, "The Methodology of Positive Economics," *Essays in Positive Economics*, University of Chicago Press, 1953, p. 7.

释变量。这会对常用的普通最小二乘(OLS)估计有什么影响呢？

考虑习题4.14中的数据，并考虑如下回归：

$$Y_i = B_1 + B_2X_{2i} + B_3X_{3i} + u_i \tag{7-1}$$

其中，Y——婴儿死亡率，X_2——人均GNP，X_3——女性识字率。习题4.14定义了各个变量。

这里不是估计式(7-1)，而是估计如下函数：

$$Y_t = A_1 + A_2X_t + v_t \tag{7-2}$$

式(7-2)与式(7-1)类似，只是排除了“相关”变量X_3。v与u一样，也是一个随机误差项。我们用B代表“真实”回归方程(11-1)的参数，用A表示“不正确设定”回归方程(7-2)的参数：与式(7-1)相比，式(7-2)就错误地设定了模型。它会产生什么后果呢？我们称之为**遗漏变量偏差**(omitted variable bias)。

我们首先表述遗漏变量的后果，然后再用婴儿死亡率数据加以说明。

遗漏变量X_3可能会产生如下后果：

(1)如果遗漏变量X_3与模型中的变量X_2相关，则a_1和a_2是有偏的；也就是说，其均值或期望值与真实值不一致。[4]用符号表示，

$$E(a_1) \neq B_1 \quad E(a_2) \neq B_2$$

其中E是期望算子。事实上，可以证明：[5]

$$E(a_2) = B_2 + B_3b_{32} \tag{7-3}$$

$$E(a_1) = B_1 + B_3(\bar{X}_3 - b_{32}\bar{X}_2) \tag{7-4}$$

其中，b_{32}是遗漏变量X_3对变量X_2作回归时的斜率系数。显然，除非式(7-3)中的最后一项为零，否则a_2将是有偏估计量，偏差的程度取决于最后一项。如果B_3和b_{32}都是正的，则a_2将会有一个向上的偏差——平均而言，它高估了真实的B_2。这也不足为奇，因为X_2不仅代表了对Y的直接影响，还代表了对Y的间接影响(经由X_3)。简言之，本应归功于X_3的影响却体现在了X_2上(见图7-1)。

而另一方面，如果B_3是正的，b_{32}是负的，或者B_3为负，b_{32}为正，则a_2将会有一个向下的偏差——平均而言，它低估了真实的B_2。类似地，如果式(7-4)中的最后一项为正，则a_1将有一个向上的偏差；如果它是负的，则有一个向下的偏差。

(2)a_1和a_2也是不一致的，即无论样本容量有多大，偏差也不会消失。

(3)如果X_2与X_3不相关，则b_{32}为零。根据式(7-3)可以看出a_2是无偏的，也是一致的。(附录D指出，如果估计量是无偏的(这是一个小样本性质)，它也是一致的(这是一个大样本性质。)反之却不一定成立，估计量可以是一致的却不一定是无偏的。)但a_1仍然是有偏的，除非式(7-4)中的$\bar{X}_3$等于零。即使在这种情况下，下面给出的(4)和(6)结论仍然成立。

(4)根据式(7-2)得到的误差方差是真实误差方差σ^2的有偏估计量。换言之，从真实模型(7-1)中估计得到的误差方差与从错误设定模型(7-2)中得到的误差方差不同；前者是真实σ^2

4 技术要点：根据“不存在多重共线性”的假定就能得到X_2和X_3之间不相关吗？第4章曾指出，X变量之间不存在完全共线性的假设仅仅针对的是总体回归函数(PRF)，对于某个给定样本，不能确保X之间不相关。

5 证明参见，Gujarati and Porter, *Basic Econometrics*, 5th ed., McGraw-Hill, New York, 2009, pp. 519-520.

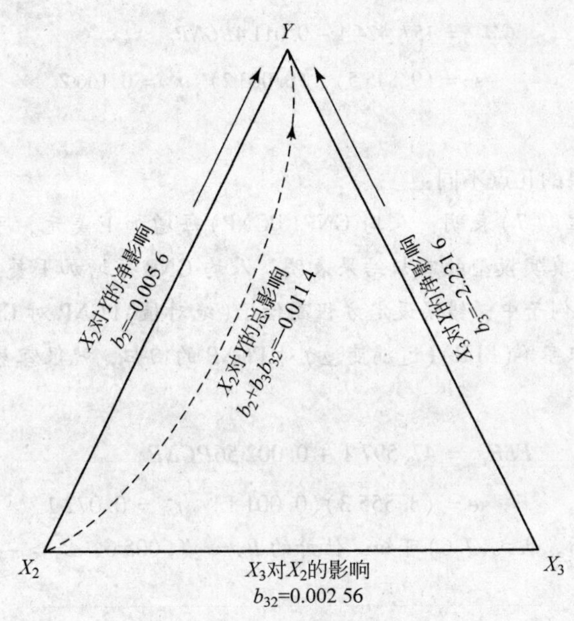

图 7-1　X_2 对 Y 的净影响和总影响

注："净影响"指的是控制了其他变量的影响；"总影响"指的是不控制其他变量的影响。

的无偏估计量，而后者不是。

(5)此外，通常估计的 a_2 的方差 ($=\hat{\sigma}^2/\sum x_2^2$) 是真实估计量 b_2 方差的有偏估计量。即使 b_{32} 等于零(即 X_2 与 X_3 不相关)，这一方差仍然是有偏的，可以证明：[6]

$$E[\operatorname{var}(a_2)] = \operatorname{var}(b_2) + \frac{B_3^2 \sum x_{3i}^2}{(n-2)\sum x_{2i}^2} \tag{7-5}$$

即 a_2 方差的期望值并不等于 b_2 的方差，因为式(7-5)的第二项总为正(为什么?)因此，平均而言，var(a_2)高估了 b_2 的真实方差。这意味着它有一个正的偏差。

(6)通常的置信区间和假设检验过程不再可靠。就式(7-5)而言，置信区间将会变宽，因此可能会"更频繁地"接受零假设：系数的真实值为零(或者其他零假设)。

这里不再给出上述各个结论的证明，我们用婴儿死亡率一例说明错误设定模型的后果。

例 7-1
Example

婴儿死亡率的决定因素

利用表 4-7 给出的数据(参见网上教材)，式(7-1)的实证结果如下：

$$\begin{aligned} CM_i &= 263.641\,6 - 0.005\,6PGNP_i - 2.231\,6FLR_i \\ \text{se} &= (11.593\,2)(0.001\,9) \quad (0.209\,9) \quad R^2 = 0.707\,7 \end{aligned} \tag{7-6}$$

而错误设定方程(7-2)的实证结果如下：

6　证明参见 Jan Kmenta, *Elements of Econometrics*, 2nd ed., Macmillan, New York, 1986, pp. 444-445。注：当 $b_{32}=0$ 时才成立。从方程(7-8)中可以看出，本例不是这种情况。

$$CM_i = 157.4244 - 0.0114PGNP_i$$
$$se = (9.8455) \quad (0.0032) \quad r^2 = 0.1662 \qquad (7\text{-}7)$$ ■

注意两个回归结果的几点不同：

(1)错误设定方程(7-7)表明：人均 GNP(PGNP)每增加1美元，平均而言婴儿死亡率(CM)降低约0.01。而真实模型的回归结果表明：人均 GNP 每增加1美元，婴儿死亡率平均降低约0.006。在这个例子中，错误设定方程高估了(绝对值)PGNP 对 CM 的真实影响，它是上偏的。如果做女性识字率(FLR)(遗漏变量)对 PGNP 的回归，就很容易观察到偏差的性质，回归结果如下：

$$FLR_i = 47.5971 + 0.00256PGNP$$
$$se = (3.5553)(0.0011) \quad r^2 = 0.0721 \qquad (7\text{-}8)$$

斜率系数 $b_{32} = 0.00256$。从式(7-6)可知，估计的 $B_2 = -0.0056$，$B_3 = -2.2316$。因此，根据式(7-3)，得到：

$$\hat{B}_2 + \hat{B}_3 b_{32} = -0.0056 + (-2.2316)(0.00256) \approx -0.0114$$

与从错误设定方程(7-7)中得到的值大致相等。注意：B_3(遗漏变量的真实值)和 B_{32}(遗漏变量对纳入模型变量的回归系数)的乘积决定了偏差的性质，是向上或是向下。因而，错误地从模型中舍弃变量 FLR，如方程(7-2)和实证方程(7-7)，不仅忽略了 FLR 对 CM 的影响(B_3)，而且也忽略了 FLR 对 PGNP 的影响(b_{32})。因此，"单独的"变量 PGNP 就不得不负担起遗漏变量对 CM 的影响，从而无法表现 PGNP 对 CM 的真实影响(-0.0056 对 -0.0114)。从图7-1可以很清楚地看到这一点。

(2)截距也是有偏的，这里它低估了真实的截距值(157.42 对 263.64)。

(3)两个回归的标准误和 r^2 也明显不同。

所有这些结果都与前面讨论的错误设定的理论后果一致。如果根据错误设定方程(7-7)进行假设检验，那么得出的结论将是令人质疑的。毫无疑问，从模型中略去相关变量可能产生非常严重的后果。因此，在建立模型时，需要对研究现象所蕴含的经济理论做深入了解，从而把相关变量都纳入模型。如果模型中未包括这些相关变量，则会"过低拟合"或者"过低设定"模型；换言之，我们遗漏了一些重要的变量。

7.4 包括不相关变量："过度拟合"模型

有时候，研究者也会采取"大杂烩"的方式将各类变量都纳入模型中，而不考虑理论上是否需要。**过度拟合**(overfitting)或者过度设定模型(即包括非必须变量)的逻辑就是既然要包括相关变量，那么增加一个或多个"不必要"的或"无意义"的变量也不会有太大的影响——"不必要"是指没有理论支撑应该纳入模型的变量。由于无法确定它们在模型中的作用，所以这类不相关变量常常会不经意地纳入模型。如果经济理论不完善，这种现象就时有发生。纳入这些变量当然会提高 R^2 的值(若增加变量系数的 t 值的绝对值大于1，则校正后的 R^2 也会增加)，进而提高模型的预测能力。

模型中包括不必要的变量会导致什么后果呢？会导致**不相关变量偏差**(irrelevant variable bias)。我们仍用简单的双变量和三变量模型加以说明。假定：

$$Y_i = B_1 + B_2X_{2i} + u_i \tag{7-9}$$

是正确设定的模型，但研究者却加入了多余的变量 X_3，即

$$Y_i = A_1 + A_2X_{2i} + A_3X_{3i} + v_i \tag{7-10}$$

这里的设定误差是过度拟合了模型，即模型包括了不必要的变量 X_3，"不必要"是指先验地看，X_3 对 Y 没有任何影响。回归模型(7-10)的估计后果如下：

(1)"不正确"模型(7-10)的 OLS 估计量是无偏的(也是一致的)。即 $E(a_1)=B_1$，$E(a_2)=B_2$ 和 $E(a_3)=0$。这一点不难理解。如果 X_3 不属于模型，则预期 B_3 为 0。因而在式(7-3)和(7-4)中将去掉 B_3 项。

(2)从回归方程(7-10)中得到的 σ^2 的估计量是正确的。

(3)建立在 t 检验和 F 检验基础上的标准的置信区间和假设检验仍然是有效的。

(4)但是，从回归方程(7-10)中估计的 a 却是无效的——其方差比从真实模型(7-9)中估计的 b 的方差大。因此，建立在 a 的标准误上的置信区间比建立在 b 的标准误上的置信区间宽，尽管前者的假设检验是有效的。估计的系数值没有根据正确模型估计的真实值精确。简言之，OLS 估计量是线性无偏估计量，但不是最优线性无偏估计量。

注意上述两类设定误差的不同。如果遗漏某个相关变量(过低拟合的情形)，则模型中剩余变量的系数通常是有偏的和不一致的，误差方差的估计是不正确的，估计量的标准误也是有偏的，因此，常用的假设检验是无效的。而另一方面，如果包括了一个无关变量(过度拟合的情形)，则仍可以得到真实模型系数无偏和一致估计值，估计的误差方差是正确的，标准的假设检验仍然是有效的。模型中包括多余变量的主要问题是估计系数的方差会变大，因而对真实参数的概率推断就没那么精确了，因为置信区间更宽了，也就更容易接受零假设；因而无法辨别应变量与解释变量之间的显著关系。

从上面的讨论中似乎可以得到这样一个结论：包括不相关变量比遗漏相关变量要好。但并不鼓励这样做，因为增加不必要的变量会损失估计量的有效性(即更大的标准误)，也可能导致多重共线性问题(为什么?)，更不用说对自由度的消耗了。

总之，最优的方法是仅仅包括在理论上对应变量有直接影响的解释变量，并且这些变量不能够由模型中其他变量解释。

例 7-2
Example

第 6 章曾考虑过食品支出(Y)对税后收入(X)和性别虚拟变量(D)(女性为 1，男性为 0)回归一例。回归结果见式(6-9)。后来我们考虑了差别截距和差别斜率虚拟变量，回归结果见表 6-6。在后一个回归中，差别截距和差别斜率的系数都不是统计显著的，而在回归(6-9)中，差别截距的系数是显著的。差别斜率虚拟变量很可能是多余的。也就是说，虽然男女食品支出的平均水平不同，但食品支出对税后收入的变化率很可能是相同的。■

7.5 不正确的函数形式

现在考虑另一种设定误差。假设模型包括的变量 Y，X_2，X_3 都是理论上正确的变量。考虑如下两种模型设定：

$$Y_t = B_1 + B_2X_{2t} + B_3X_{3t} + u_t \tag{7-11}$$

$$\ln Y_t = A_1 + A_2\ln X_{2t} + A_3\ln X_{3t} + v_t \tag{7-12}$$

方程(7-11)中的变量也纳入到方程(7-12)中，只是变量之间的函数关系不同；在回归方程(7-12)中，Y 的(自然)对数是 X_2 和 X_3(自然)对数的线性函数，即式(7-12)是一个对数线性模型。在方程(7-12)中，A_2 度量了 Y 对 X_2 的弹性，而在方程(7-11)中，B_2 度量的仅仅是 Y 对 X_2 的变化率(斜率)。类似地，A_3 度量了 Y 对 X_3 的弹性，B_3 度量了 Y 对 X_3 的变化率。需要指出的是，方程(7-12)中的变量无须都是对数形式，有些变量可以用对数形式，有些则不必，见方程(7-14)。

现在的问题是：如何在模型(7-11)和(7-12)中进行选择？经济理论并没有明确应变量与解释变量之间的函数形式。因此，如果回归方程(7-12)是真实模型，却用方程(7-11)来拟合数据，则很可能导致模型设定误差，反之亦然。由于缺乏很好的理论基础，因此如果选择了错误的函数形式，则估计的系数可能是真实系数的有偏估计值。

例 7-3
Example

美国进口商品支出

为了说明这个问题，网上教材表 3-7 给出了 1959～2006 年美国进口商品支出(Y)和个人可支配收入(X)数据(10 亿美元)的数据。

利用这些数据得到如下回归结果：

$$\begin{aligned}\hat{Y}_t &= 36\,295.316\,8 + 0.297\,5X_t - 18.525\,3Year \\ t &= (6.379\,0)^* \quad (20.520\,3)^* \quad (-6.403\,0)^* \\ & R^2 = 0.983\,9;\bar{R}^2 = 0.983\,2;F = 1\,376.780\,2\end{aligned} \tag{7-13}$$

$^*p$ 值小于 1%。

模型中年份代表了趋势变量。

$$\begin{aligned}\ln Y_t &= 10.932\,7 + 1.485\,7\ln X_t - 0.008\,5Year \\ t &= (0.701\,4) \quad (13.650\,1)^* \quad (-1.021\,5) \\ & R^2 = 0.995\,9;\bar{R}^2 = 0.995\,7;F = 5\,421.793\,2\end{aligned} \tag{7-14}$$

$^*p$ 值小于 5%。

在选择模型之前，首先简单地分析一下回归结果。在方程(7-13)中，所有的回归系数以及整个方程都是统计显著的。斜率系数 0.297 5 表明，在其他条件不变的情况下，个人可支配收入(PDI)每增加 1 美元，平均进口商品支出将增加 30 美分。类似地，斜率系数 −18.53 表明，在其他条件不变的情况下(PDI 不变)，样本期间内进口商品支出平均每年减少 185 亿美元，即有一个下降的趋势。回归得到的 R^2 值很高。

在模型(7-14)中，进口商品支出对 PDI 的弹性约为 1.49。−0.008 5 表明在其他变量保持不变的条件下，进口支出年均以 0.85% 的速率降低(回顾第 5 章讨论的对数和半对数模型)。回归得到的 R^2 值也很高。

如何在模型(7-13)和(7-14)之间选择呢？尽管两个模型的 R^2 不能直接比较(为什么?)，但它们都很高。两个模型也都是统计显著的。对于线性模型，可以根据两个变量的均值计算出进口商品支出对 PDI 的弹性，约为 1.780 7。[7]而从对数线性模型得到的弹性为 1.485 7。当然，前一个弹性系数是一个平均值，而后一个弹性系数则与 X 取值无关。因此，不能直接对两个模型进行比较。■

我们的立场究竟是怎样的呢？能否设计一种用于模型选择的检验呢？7.7 节将介绍这样一种检验方法，到时候再详细讨论这个问题。

7.6 度量误差

我们一直隐含地假定应变量 Y 和解释变量 X 不存在度量误差。因而，在消费支出对收入和财富的回归中，假定这些变量的数据是准确的，而不是臆断的、外推的、内插的或是以某个系统样式波动的。但在实践中，由于种种原因(比如无响应误差、报告误差、计算误差等)，这种假定往往难以满足。

度量误差的后果取决于误差是产生于应变量还是解释变量。

7.6.1 应变量中的度量误差

如果仅仅是应变量中的度量误差，则导致如下后果(证明从略)：[8]

- OLS 估计量是无偏的。
- OLS 估计量的方差也是无偏的。
- 但是，估计量的估计方差比没有度量误差时的大。因为应变量中的误差加入到了误差项 u_i 中。

不难看出，实践中应变量中的度量误差引起的后果不太严重。

7.6.2 解释变量中的度量误差

这种情况下的后果如下：

- OLS 估计量是有偏的。
- OLS 估计量也是不一致的。即使样本容量足够大，OLS 估计量仍然是有偏的。

显然，解释变量中的度量误差是一个严重问题。当然，如果应变量和解释变量中都存在度量误差，则问题更为严重。

指出度量误差的后果是一回事，找到适当的补救措施则是另外一回事，因为诊断这些度量误差并非易事。例如，财富的数据就很难获得。同样地，非法售卖毒品和赌博收入的数据也很难获得。这种情形下，要诊断度量误差就非常困难了。

如果解释变量中存在度量误差，则建议使用**工具**(instrumental)或**替代**(proxy)变量。这些变量与原始变量 X 高度相关，但与回归误差项 u_i 无关，也不存在度量误差。有些时候可以找

---

7 弹性 $=\frac{\partial Y}{\partial X}\cdot\frac{\bar{X}}{\bar{Y}}=0.2975\,\frac{3\,306.688}{552.447}=1.780\,7$。

8 详细讨论参见 Gujarati and Porter, *Basic Econometrics*, 5th ed., McGraw-Hill, New York, 2009, pp. 428-486.

到这些替代变量，但大多数时候很难找到合适的替代变量。

实践中最重要的一则建议是：确保变量 X 的数据尽可能准确，避免记录、舍入和遗漏误差。如果不同时期变量的定义不同，则需要确保数据的可比性。

7.7 诊断设定误差：设定误差的检验

知道设定误差的后果是一回事，而诊断出这些误差则是另一回事，因为我们并不是故意犯这类错误。设定误差是不经意产生的，或是由于理论的薄弱使得无法建立准确的模型，或是由于没有合适的数据来验证理论上正确的模型，或是由于应变量与解释变量之间的函数形式理论上就不明确。实际的问题并不在于犯了这些错误，而在于如何诊断出犯了这些错误。一旦诊断出犯了这些设定误差，则补救措施也就不言自明了。例如，如果发现模型中遗漏了某个解释变量，显然，有效的补救措施就是将这一变量重新纳入模型，当然要求变量的数据是可获得的。下面我们讨论几种设定误差的检验方法。

7.7.1 诊断非相关变量的存在

假定模型包括 4 个变量：

$$Y_i = B_1 + B_2X_{2i} + B_3X_{3i} + B_4X_{4i} + u_i \tag{7-15}$$

如果经济理论表明所有这 3 个变量 X 都对 Y 有影响，那么就应该把它们全都纳入模型，即便实证检验发现一个或多个解释变量的系数是统计不显著的。这种情况下不会产生非相关变量问题。但有时候，仅仅是为了避免遗漏变量偏差，模型中也会纳入一些控制变量。如果控制变量是统计不显著的，则从模型中删除这些变量并不会显著改变点估计值或假设检验的结果，而模型也变得更清楚。但需提醒注意的是：舍弃控制变量是可以的，但必须验证舍弃它们对模型没有影响。[9]

假定模型(7-15)中的 X_4 是这类控制变量，即无法确定它是否属于模型。一个简单的方法就是估计回归方程(7-15)，并检验 b_4(B_4 的估计量)的显著性。在 $B_4=0$ 的零假设下，$t=b_4/se(b_4)$服从自由度为$(n-4)$的 t 分布(为什么?)因此，如果计算的 t 值没有超过给定显著水平下的 t 临界值，则不拒绝零假设，即 X_4 就是一个多余变量。[10]当然，如果拒绝零假设，则该变量很可能属于模型。

但如果不确定 X_3 和 X_4 是否是相关变量，则需检验假设 $B_3=B_4=0$。利用第 4 章讨论的 F 检验很容易实现(详细讨论参见 4.12 节的有约束的最小二乘法)。

例 7-4 Example

85 个国家的生命预期

为了评估收入和获得保健对生命预期的影响，我们收集了 85 个国家的数据(见网上数据库表 9-6)，回归结果见表 7-1。应变量是生命预期(度量单位是年)。

---

9 这种情况下，研究者需要向读者报告包括舍弃变量的回归结果。

10 我们说“可能”是因为如果变量 X 之间存在共线性，则估计参数的标准误趋于膨胀，从而使估计的 t 值变小(参见第 8 章)。

表 7-1 生命预期模型

解释变量	模型 1	模型 2	模型 3
Intercept	39.438 0(20.239 2)	40.508 2(20.820 4)	43.166 2(10.017 2)
Income	0.005 4(4.441 7)	0.001 6(3.484 8)	0.001 4(2.683 6)
Access	0.283 3(9.959 9)	0.249 9(8.080 3)	0.149 1(1.001 0)
Income Squared	—	−6.28E-08(−2.406 0)	−5.54E-08(−1.961 2)
Access Squared	—	—	0.000 8(0.691 8)
R^2	0.774 1	0.789 2	0.790 4
F 值	140.533 2	101.090 6	75.449 6

注：Income——人均收入，美元；

Access——获得保健指标；

括号内为估计的 t 值；

−6.28E-08 = −0.000 000 062 8。

这些模型的差别在于模型 3 包括了所有变量，其他两个模型删除了一个或多个变量。

我们先验地认为，收入和生命预期、获得保健和生命预期之间正相关。模型 1 验证了这一预期。模型 2 增加了收入平方变量，目的在于验证生命预期对收入是以递增的速率变化（收入平方的系数为正）还是以递减的速率变化（收入平方的系数为负）。[11] 本例结果表明是递减速率变化。模型 3 增加了获得保健平方变量，目的在于验证生命周期对获得保健是以递增的速率变化还是以递减的速率变化。结果表明是以递增速率变化。但是，系数却不是统计显著的。不仅如此，当增加这个变量时，获得保健变量的系数也不再是统计显著的。这是否意味着获得保健平方这个变量是多余的呢？

为了验证这一点，利用式(4-56)的 F 检验，结果如下：

$$F = \frac{(R_{ur}^2 - R_r^2)/m}{(1 - R_{ur}^2)/(n-k)} \sim F_{2,80} = \frac{(0.790\,4 - 0.619\,3)/2}{(1 - 0.790\,4)/(85 - 5)} = 32.652\,7$$

本例中 $m=2$，$R_{ur}^2=0.790\,4$，$R_r^2=0.619\,3$，$k=5$。当分子自由度为 2，分母自由度为 80 时，获得 F 值（大于等于 3.11）的概率约为 5%。因此，获得保健和获得保健平方不是多余变量。获得保健平方有可能是一个多余变量吗？去掉这个变量得到模型 2，回归结果表明，获得保健对生命预期有显著影响，这并不在意料之外。■

因此，诊断是否存在非相关变量并不困难。但重要的一点是，在设定检验时，头脑中要有一个"真正"的模型。有了这个模型，就能够利用 t 检验和 F 检验判定一个或多个变量是否真正相关。然而需要注意的是：在建模过程中不能够重复使用 t 检验和 F 检验；也就是说，不能说最开始 Y 与 X_2 相关，因为 b_2 在统计上是显著的，接着将模型加入变量 X_3，如果 b_3 是统计显著的，就把这个变量保留在模型中。这样的过程称为**逐步回归**(stepwise regression)。

不建议采用这种**数据挖掘**(data mining)的策略，因为如果说从一开始 X_3 就属于模型的话，则早应该纳入模型。在初始回归中排除 X_3 将会犯遗漏相关变量的错误，并且会带来严重的后果。记住：建模必须以理论为指导，否则会陷入死胡同。

在生命预期一例中，虽然无法确信变量进入模型的函数形式，但收入和获得保健是决定

11 对于一般形式的二次方程：$Y = a + bX + cX^2$，当 X 变化时，Y 是以递增还是以递减的速度变化取决于 a，b，c 的符号以及 X 的值。参见，Alpha C. Chang, *Fundamental Methods of Mathematical Economics*, 3rd ed., McGraw-Hill, New York, 1984, Chapter 9.

生命预期的重要变量。因此，从某种程度上说，某些实验过程(比如数据挖掘)有助于决定应变量和解释变量之间的函数形式。尤其当模型中包含若干解释变量，而且又无法通过作图直观观察这些变量与应变量关系的时候。

7.7.2 对遗漏变量和不正确函数形式的检验

理论应该成为模型的基础，这就产生了一个问题：什么是理论上正确的模型呢？在前面讨论的菲利普斯曲线一例，尽管预期工资变化率(Y)与失业率(X)负相关，但究竟是下面哪种函数关系呢？

$$Y_t = B_1 + B_2 X_t + u_t \quad B_2 < 0 \tag{7-16}$$

$$\ln Y_t = B_1 + B_2 \ln X_t + u_t \quad B_2 < 0 \tag{7-17}$$

$$Y_t = B_1 + B_2 \frac{1}{X_t} + u_t \quad B_2 > 0 \tag{7-18}$$

或者是其他的函数关系。

正如本章引言所说，我们无法明确回答这个问题。实践中通常按照如下步骤进行判断：首先根据理论或调查以及实践经验，建立一个自认为抓住了问题本质的模型。然后对这个模型进行实证检验。得到回归结果之后，再根据前面讨论的“好”的模型衡量标准进行事后分析。到了这个阶段，才能知道所选模型是否恰当。通常，判定模型是否恰当主要根据以下一些参数：

- R^2 和校正后的 $R^2(\bar{R}^2)$；
- 估计的 t 值；
- 与先验预期相比，估计系数的符号。

如果这些结果都很好，则可以接受所选模型，认为它较好地代表了现实。如果结果并不令人满意，或许是 R^2 值太低，或是只有几个系数是统计显著的，或是符号与预期有误，那么就要考虑模型是否恰当，并寻求补救措施。或许是遗漏了某个重要变量，或许是使用了错误的函数形式。为了究其“病因”，可以采用以下方法。

残差检验 实践中，残差图是一个好的工具，它可以显示模型中的设定误差，比如遗漏了某个重要变量或使用了不正确的函数形式。在第 9 章和第 10 章中，我们将会看到残差图是诊断异方差和自相关的重要工具。

为了理解这一点，回到模型(7-13)，进口支出对 PDI 和时间的回归。假定我们错误地去掉了时间或趋势变量，估计了如下回归：

$$\hat{Y}_t = B_1 + B_2 X_t + v_t \tag{7-19}$$

回归结果如下：

$$\hat{Y}_t = -136.1649 + 0.2082 X_t$$
$$t = (-5.7782) \quad (38.0911); \quad r^2 = 0.9693 \tag{7-20}$$

如果方程(7-13)是正确的模型，即趋势变量 X_3 确实属于模型，却使用了模型(7-19)，则隐含地认为模型(7-19)的误差项为：

$$v_t = B_3 X_{3t} + u_t \tag{7-21}$$

因为它不仅要反映出真实的随机项 u，而且还要反映出变量 X_3。难怪这种情形下根据方程(7-19)估计的残差会显示出一些系统模式(就是因为排除了变量 X_3)。可以从图 7-2 中清楚地看到这一点，它描绘了不恰当回归方程(7-19)的残差(S_1)，同时还给出了正确模型(7-13)的残差(S_2)。

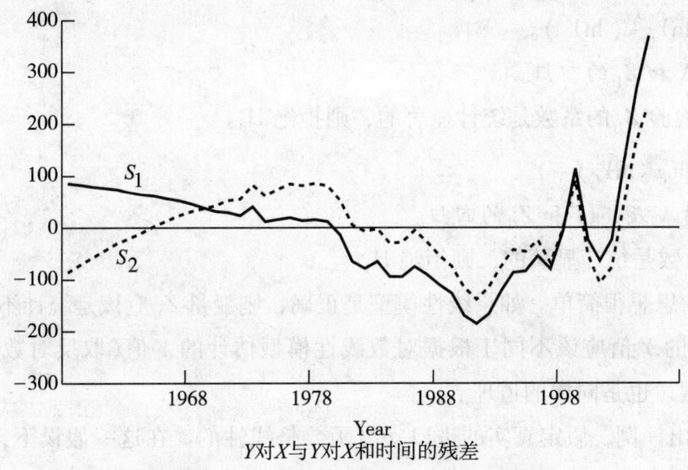

图 7-2　回归式(7-13)和(7-20)的残差

注：S_1 是模型式(7-20)的残差，S_2 是模型式(7-13)的残差。

图中的两个残差序列图有明显的差异。残差序列 S_2 表明，即使在进口支出函数中增加了趋势变量，残差也不完全是随机分布的，这说明模型(7-13)本身设定不正确。或许是遗漏了与国内价格有关的进口价格指数，或许是遗漏了趋势变量的平方项。

在任何情况下，对估计模型的残差图进行检查都是建模过程中不可或缺的重要内容。

除了检查残差之外，还可以运用检验模型设定的其他正规方法，比如：①**麦克金农-怀特-戴维森检验**(MWD 检验)；②**拉姆齐 RESET**(回归误差设定)**检验**；③沃尔德检验；④拉格朗日乘子检验；⑤豪斯曼检验；⑥博克斯 - 考克斯变换(确定回归模型的函数形式)。详细的讨论超出了本书的范围。[12]这里我们讨论其中两种检验，MWD 和 RESET。

7.7.3　在线性模型和对数线性模型之间选择：MWD 检验

再来看方程(7-13)和(7-14)给出的线性和对数线性进口支出函数。表面上看两个模型都不错。下面利用 MWD 检验哪种模型设定更好。[13]

我们用进口支出一例说明 MWD 检验：

H_0：线性模型：Y 是 X 的线性函数。

H_1：对数线性模型：$\ln Y$ 是 X 或 $\ln X$ 的线性函数。

12　这些检验的相关讨论参见 Gujarati and Porter, *Basic Econometrics*, 5th ed., McGraw-Hill, New York, 2009, Chapter 13.

13　J. MacKinnon, H. White, and R. Davidson "Tests for Model Specification in the Presence of Alternative Hypotheses; Some Further Results," *Journal of Econometrics*, vol. 21, 1983.

与通常一样，H_0 是零假设，H_1 是备择假设。

MWD 检验步骤如下：

(1)估计线性模型，得到 Y 的估计值 $\hat{Y}_i$。

(2)估计线性对数模型，得到 $\ln Y$ 的估计值($\ln Y_i$)。

(3)求 $Z_{1i}=\ln\hat{Y}_i-(\ln Y_i)$。

(4)做 Y 对 X 和 Z_{1i} 的回归。

如果根据 t 检验 Z_{1i} 的系数是统计显著的，则拒绝 H_0。

(5)$Z_{2i}=\text{antilog}(\ln Y_i)-\hat{Y}_i$。

(6)做 $\ln Y$ 对 X 或 $\log X$ 和 Z_{2i} 的回归。

如果 Z_{2i} 的系数是统计显著的，则拒绝 H_1。

MWD 检验的思想很简单。如果线性模型是正确，则变量 Z_{1i} 应该是统计不显著的，因为根据线性模型估计的 Y 值应该不同于根据对数线性模型估计的 Y 值(取反对数就是为了进行比较)。对于备择假设也是同样的道理。

回到进口支出一例，假定真实的进口支出函数是线性的。在这一假设下，按照上述步骤，得到的结果见表 7-2。

表 7-2 MWD 检验的说明：线性设定

变量	系数	标准误	t 统计量	P 值
Intercept	49 707.456 1	5 867.954 8	8.471 0	0.000 0
X	0.331 4	0.014 9	22.213 7	0.000 0
Year	−25.349 8	2.984 4	−8.494 0	0.000 0
Z_1	−81.793 3	19.820 1	−4.126 8	0.000 2
R^2	0.988 4	F 统计量	1 250.497 8	

注：应变量是 Y。

结果表明拒绝零假设 H_0。

如果假定真实的进口支出函数是对数线性的。在这一假设下，按照上述步骤，得到的结果见表 7-3。

表 7-3 MWD 检验的说明：对数线性设定

变量	系数	标准误	t 统计量	P 值
Intercept	3.965 3	14.022 9	0.282 8	0.778 7
$\ln(X)$	1.443 4	0.097 7	14.774 8	0.000 0
Year	−0.004 8	0.007 4	−0.641 7	0.524 4
Z_2	0.001 3	0.000 4	3.563 0	0.000 9
R^2	0.996 8	F 统计量	4 558.105 8	

注：应变量是 $\ln Y$。

由于 Z_2 的系数是统计显著的，所以拒绝 H_1。

根据上述结果，看来本例中两个模型都是合理的，只是在对数线性模型中，时间趋势变量不是统计显著的。

7.7.4　回归误差设定检验：RESET

为了诊断出遗漏变量或不正确的函数形式，拉姆齐建立了模型设定检验的一般方法。[14]我们仍用进口支出一例说明这一方法的思想，但现在仅做进口支出(Y)对个人可支配收入(X)的回归，回归结果如下：

$$\hat{Y}_t = -136.1649 + 0.2082X_t$$
$$t = (-5.7782) \quad (38.0911); \qquad r^2 = 0.9693 \tag{7-22}$$

将残差对 $\hat{Y}_t$ 作图，见图 7-3。

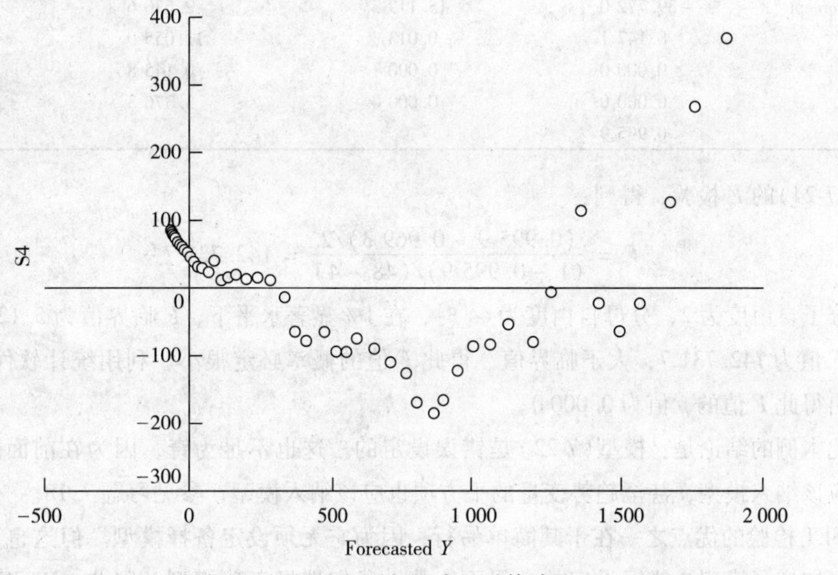

图 7-3　Y 对 X 回归的残差对估计的 Y

注：S_4 = 残差；预测的 Y 值 = $\hat{Y}$

根据第 2 章讨论的 OLS 估计量的性质，$\sum e_i$ 和 $\sum e_i\hat{Y}_i$ 一定为 0，但是图中却显示，随估计的 Y 值呈现某种变动样式(很可能是曲线形式)。这说明在回归(7-22)中，如果把 $\hat{Y}_i$ 以某种形式的解释变量纳入模型，则会提高 R^2。如果增加的 R^2 是统计显著的(根据第 4 章讨论的 F 检验)，则表明原始模型是错误设定的。这就是 RESET 的核心思想。RESET 检验步骤如下：

(1)根据模型(比如式(7-22))估计出 Y 值，记为 $\hat{Y}_i$。

(2)回到模型，把 $\hat{Y}_i$ 的高次幂，$\hat{Y}_i^2$，$\hat{Y}_i^3$ 等纳入模型以获取残差和 $\hat{Y}_i$ 之间的系统关系。由于图 7-3 表明残差和估计的 Y 值之间可能存在曲线关系，因而考虑如下模型：

$$Y_t = B_1 + B_2X_t + B_3\hat{Y}_t^2 + B_4\hat{Y}_t^3 + v_t \tag{7-23}$$

其中，v 是模型误差项。

(3)令从方程(7-23)得到的 R^2 为 R^2_{new}，从方程(7-22)得到的 R^2 为 R^2_{old}。然后利用

14　J. B. Ramsey, "Tests of Specification Errors in Classical Linear Least Squares Regression Analysis," *Journal of the Royal Statistical Society*, Series B, vol. 31, 1969, pp. 350-371.

式(4-56)的 F 检验判别从方程(7-23)中增加的 R^2 是否是统计显著的。

$$F=\frac{(R_{new}^2-R_{old}^2)/\text{新回归量个数}}{(1-R_{new}^2)/(n-\text{新模型中参数个数})} \tag{7-24}$$

(4)如果在所选显著水平下计算的 F 值是统计显著的，则认为原始模型(比如模型(7-22))是错误设定的。

对于进口支出一例，方程(7-23)的实证分析结果见表7-4。

表7-4 拉姆齐RESET检验的说明

变量	系数	标准误	t 统计量	p 值
Intercept	-39.772 0	15.119 3	-2.630 6	0.011 7
X	0.147 1	0.013 3	11.055 0	0.000 0
$\hat{Y}^2$	0.000 0	0.000 1	-0.145 8	0.884 8
$\hat{Y}^3$	0.000 0	0.000 0	3.376 3	0.001 5
R^2	0.995 9			

利用式(7-24)的 F 检验，得到：

$$F=\frac{(0.9959-0.9693)/2}{(1-0.9959)/(48-4)}=142.7317 \tag{7-25}$$

当分子自由度为2，分母自由度为44时，在1%显著水平下，F 临界值为5.122 63。由于计算的 F 值为142.731 7，大于临界值，得此 F 值的概率必定很小。利用统计软件或电子表，可以看出得此 F 值的 p 值为0.000 0。

因此本例的结论是：模型(7-22)是错误设定的。这也不足为奇，因为在前面已经看到趋势变量应该纳入模型，甚至趋势变量的平方项也应该纳入模型，参见习题7.18。

RESET检验的优点之一在于其简单易行，因为它无须设定备择模型。但这也正是它的缺点所在，知道了模型是错误设定的，但不能帮助我们选择正确模型。因此，RESET检验主要是用做诊断工具。[15]

7.8 小结

本章讨论的要点如下：

1. 古典线性回归模型假定实证分析中所使用的模型是“正确设定的”。

2. 模型的正确设定有几种含义：

a. 模型没有排除理论上的相关变量。

b. 模型没有包括非相关变量。

c. 模型的函数形式是正确的。

d. 没有度量误差。

3. 如果理论上的相关变量被排除在模型之外，则模型中剩余解释变量的系数是有偏的和不一致的，OLS估计量的误差方差和标准误也都是有偏的。因此，传统的 t 检验和 F 检验的结

---

15 注意技术要点。因为 $\hat{Y}_t$ 是随机变量，所有它以解释变量出现在方程(7-23)中，意味着只有当样本容量足够大时，使用 t 检验和 F 检验才是合理的。

果是不可靠的。

4. 如果使用了错误的函数形式，则会有类似后果。

5. 相对而言，如果模型中包括了非相关变量，则后果没那么严重，主要表现在：估计的系数仍然是无偏的和一致的，估计量的误差方差和标准误也是正确估计的，而且，传统的假设检验过程仍然是有效的。但估计的标准误会相对变大，这意味着模型中的参数估计值不很精确，从而导致置信区间变宽。

6. 本章讨论了几种诊断工具以确定实践中是否存在设定误差。这些工具包括残差的图形检验和一些正规检验，例如，MWD检验和RESET检验。

寻找理论上正确的模型可能相当麻烦，本章介绍了几条实践标准：①简约；②可识别；③拟合优度；④理论一致性；⑤预测能力。

正如格兰杰所说："建模既是一门艺术也是一门科学，仅靠经济计量学知识和计算机统计软件并不足以确保能够成功。"[16]

关键术语和概念

好的模型的性质

- a)简约(简约原则)
- b)可识别
- c)拟合优度
- d)理论一致性
- e)预测能力

设定误差和模型错误设定误差

- a)核心变量
- b)边缘变量
- c)过低拟合模型(遗漏变量)
- d)过度拟合模型(包括不相关变量)
- e)不正确(错误)函数形式偏差
- f)工具或替代变量

设定误差检验

- a)不必要变量(逐步回归；数据挖掘)
- b)遗漏变量和不正确函数形式的检验
- c)麦克金农-怀特-戴维森检验(MWD检验)
- d)拉姆齐回归误差设定检验(RESET)

问 题

7.1 设定误差的含义是什么？

7.2 设定误差产生的原因是什么？

7.3 "好的"经济计量模型有哪些性质？

7.4 设定误差有哪些类型？它们是否可能同时发生？

7.5 模型遗漏相关变量的后果是什么？

7.6 一个变量是"相关的"或者"不相关的"，这意味着什么？

7.7 模型中包括不相关变量的后果是什么？

7.8 模型中遗漏一个或多个相关变量比模型中包括一个或多个非相关变量的后果更严重。你

16 参见，C. W. J. Granger (ed.), *Modelling Economic Time Series: Readings in Econometric Methodology*, Clanrendon, Oxford, U. K., 1990, p. 2.

同意此观点吗？为什么？

7.9 在求简单凯恩斯乘数的过程中，做 GNP 对投资的回归，发现它们之间存在着某种关系。假定在模型中纳入“非相关”变量“国家和地方税收”。出乎意料的是，投资变量却不显著了。一个非相关变量是如何产生这样的后果的？

7.10 如果一个模型满足所有的统计标准却与经济理论不符，而另一个模型符合经济理论，却不满足很多统计标准，你会选择哪个模型？

习 题

7.11 表 7-5（参见网上教材）给出了中国台湾地区制造业 1958～1972 年实际总产出、劳动投入、实际资本投入的数据。假定理论上正确的函数形式是柯布－道格拉斯生产函数：

$$\ln Y_t = B_1 + B_2 \ln X_{2t} + B_3 \ln X_{3t} + u_t$$

其中，ln 表示自然对数。

a. 估计样本期间内台湾的柯布－道格拉斯生产函数，并解释回归结果。

b. 假定一开始无法获得资本数据，因而估计了以下生产函数：

$$\ln Y_t = C_1 + C_2 \ln X_{3t} + v_t$$

其中 v 为误差项。这种情形下存在什么样的设定误差？后果是什么？用数据说明。

c. 假定一开始无法获得劳动力数据，因而估计了以下模型：

$$\ln Y_t = C_1 + C_2 \ln X_{3t} + w_t$$

其中 w 为误差项。这种情形下设定误差的后果是什么？用数据说明。

7.12 考虑如下模型：

模型Ⅰ：消费$_i = B_1 + B_2$ 收入$_i + u_i$

模型Ⅱ：消费$_i = A_1 + A_2$ 财富$_i + v_i$

a. 如何确定哪个模型是“正确的”模型？

b. 假定同时做消费对收入和财富的回归。这有助于模型选择吗？

7.13 参考第 5 章式 5-40，即经过原点的回归（也就是说零截距）模型。如果真实的模型存在截距项，却使用了通过原点的回归模型，这会导致什么样的设定误差？用第 2 章表 2-13（参见网上教材）中的数据加以说明。

7.14 表 7-6（参见网上教材）给出了 1954～1981 年美国普通股实际收益率（Y）、产出增长率（X_2）和通货膨胀（X_3）的数据。

a. 做 Y 对 X_3 的回归。

b. 做 Y 对 X_2 和 X_3 的回归。

c. 尤金（Eugene Fama）教授指出：“实际股票收益和通货膨胀之间的简单负相关关系是虚假的（或者说是错误的），它是两个结构关系的结果：一个是当前实际股票收益和预期产出增长率之间的正相关关系，另一个是预期产出增长率和当前通货膨胀之间的负相关关系。”根据这个观点评论以上两个回归结果。

d. 利用 1956～1976 年的数据进行（b）部分的回归，略去 1954 年和 1955 年的数据（这两年的股票收益行为异常）。将回归结果与(b)部分的回归结果比较，如果两者存在差异的话，简单分析产生差异的原因。

e. 假定根据1956~1981年的数据进行回归，但区分为1956~1976年和1977~1981年两个阶段，如何进行这样的回归？（提示：考虑虚拟变量。）

7.15 表7-7(参见网上教材)给出了1960~1982年美国、加拿大、德国、法国、英国、意大利和日本等OECD国家的最终能源总需求(Y)，实际国内生产总值，GDP(X_2)和实际能源价格(X_3)的数据。（所有变量都是指数形式，以1973年为100）

a. 估计以下模型：

模型A：$\ln Y_t = B_1 + B_2 \ln X_{2t} + B_3 \ln X_{3t} + u_{1t}$

模型B：$\ln Y_t = A_1 + A_2 \ln X_{2t} + A_3 \ln X_{2(t-1)} + A_4 \ln X_{3t} + u_{2t}$

模型C：$\ln Y_t = C_1 + C_2 \ln X_{2t} + C_3 \ln X_{3t} + C_4 \ln X_{(3t-1)} + u_{3t}$

模型D：$\ln Y_t = D_1 + D_2 \ln X_{2t} + D_3 \ln X_{3t} + D_4 \ln Y_{(t-1)} + u_{4t}$

其中u为误差项。模型B和C称为动态模型——考虑了变量的跨期变化。模型B和C称为分布滞后模型，因为解释变量对于应变量的影响扩散到了多个时期，这里是两个时期。模型D称为自回归模型，因为其中的一个解释变量是应变量的一期滞后。

b. 如果只估计了模型A，而真实模型是B、C或D，则会犯什么样的设定误差？

c. 由于以上模型都是线性对数形式的，因此斜率系数代表了弹性系数。模型A的收入弹性和价格弹性是多少？如何估计其他三个模型的弹性？

d. 由于在模型D中滞后的Y变量以解释变量的形式出现，在对模型D进行OLS估计时预计出现什么问题？（提示：回顾CLRM的假定条件）

7.16 参考习题7.11。假定模型中引入代表技术的趋势变量X_4，得到扩展的柯布-道格拉斯函数。进一步假定X_4是统计显著的。在这种情形下，犯了哪种设定误差？如果X_4是统计不显著的，则又犯了哪种设定误差？给出必要的计算。

7.17 表7-8(参见网上教材)给出了影响美国鸡肉需求的变量数据。应变量是人均鸡肉消费量，解释变量包括人均真实可支配收入，鸡肉的价格和其他替代品的价格(猪肉和牛肉)。

a. 利用这些数据估计对数线性模型。

b. 利用这些数据估计线性模型。

c. 如何在这两个模型中选择？使用了什么检验？给出必要的计算过程。

7.18 假定对模型(7-13)做如下修正：

$$Y_t = B_1 + B_2 X_t + B_3 Time + B_4 \, Time^2 + u_t$$

a. 估计这个模型。

b. 如果$Time^2$是统计显著的，那么对回归(7-13)有什么评论？

c. 这里是否存在设定误差？如果是，是什么类型的设定误差？这类设定误差有什么后果？

7.19 资金有助于学校提高水平吗？为了回答这个问题，Rube'n Hern'adez-Murillo和Deborah Roisman提供了1999~2000学年圣·路易斯地区学校的投入和产出数据，见表7-9(参见网上教材)。[17]

a. 令 MAP(密苏里州评估项目)测验分数为应变量，建立一个适当的模型解释 MAP 的变化?

b. 哪些是决定 MAP 的关键变量——是经济变量还是社会变量?

c. 虚拟变量的理论依据是什么?

d. 根据分析是否可以认为：学生经费和较小的学生/教师比不是重要的决定因素。

7.20 在 Bazemore 星期五，478 美国 385(1986 年)宗案卷中，一宗涉及北卡罗来纳服务分部工资歧视的案卷，原告为一群黑人工人，他们呈交的一个多元回归模型表明：黑人工人平均薪水低于白人工人薪水。当案卷到达地区法院时，法院却拒绝了原告的申诉，理由是在他们的回归中并没有包括影响工资的所有变量。然而高级法院却重新扭转了地区法院的判决，高级法院认为：[18]

> 地区法院错误地认为，上诉者们的回归分析"作为歧视的证明是无法接受的"，因为它们并没有包括影响工资的所有变量。地区法院关于回归分析的判断显然是不正确的。尽管从模型中遗漏变量会使分析的检验能力比不遗漏变量要低一些，但很难说由于缺少一些次要因素，用于分析的主要因素就"一定不能作为歧视的证据"。未能包括所有变量会影响分析的检验能力，却不会影响作为证据的资格。

你认为高级法院的判决是正确的吗? 详细地说明你的观点，注意设定误差的理论和实际后果。

7.21 表 7-10(参见网上教材)给出了 50 个州以及哥伦比亚特区制造业数据。应变量是产出(用增加值度量，单位是千美元)，自变量是工作小时以及资本支出。

a. 利用标准的线性模型预测产出。函数形式是怎样的?

b. 建立一个对数线性模型。函数形式是怎样的?

c. 利用 MWD 检验哪一个模型是合适的。

---

17 参见他们的文章，"Tough Lesson: More Money Doesn't Help Schools; Accountability Does," *The Regional Economist*, Federal Reserve Bank of St. Louis, April 2004, pp. 12-13.

18 来自，Michael O. Finkelstein and Bruce Levin, *Statistics for Lawyers*, Springer-Verlag, New York, 1989, p. 374.

第8章

多重共线性：解释变量相关会有什么后果

在第4章中曾指出，古典线性回归模型(CLRM)的假设之一是不存在完全多重共线性(perfect multicollinearity)——即多元回归中的解释变量 X 之间不存在完全的线性关系。我们还直观地解释了完全多重共线性的含义，以及在总体回归函数(PRF)中为什么假定不存在完全多重共线性的原因。本章进一步讨论多重共线性问题。事实上，在实践中很少遇到完全多重共线性的情形，常常是**近似**(near)或**高度多重共线性**(very high multicollinearity)，即解释变量是近似线性相关的。在多元回归模型中这些相关变量会给普通最小二乘估计带来什么样的问题呢？本章试图回答以下问题：

- 多重共线性的性质是什么？
- 多重共线性是否是一个严重的问题？
- 多重共线性的理论后果是什么？
- 多重共线性的实际后果是什么？
- 实践中如何诊断多重共线性？
- 消除多重共线性的补救措施有哪些？

8.1 多重共线性的性质：完全多重共线性的情形

为了回答这些问题，首先构造了一个简单的数值例子，用以强调多重共线性的一些要点。考虑表8-1中的数据。

表8-1给出了饰品需求(Y)、价格(X_2)以及消费者收入 X_3 和 X_4 的数据。为了对消费者收入加以区分，X_3 称为收入，X_4 称为工资。

对于大多数商品而言，除了价格以外，消费者收入也是决定需求量的一个重要因素，把需求函数扩展成如下形式：

$$Y_i = A_1 + A_2X_{2i} + A_3X_{3i} + u_i \tag{8-1}$$

$$Y_i = B_1 + B_2X_{2i} + B_3X_{4i} + u_i \tag{8-2}$$

表 8-1 对饰品的需求

Y （需求量）	X_2 （价格）	X_3 （每周收入，美元）	X_4 （每周工资，美元）
49	1	298	297.5
45	2	296	294.9
44	3	294	293.5
39	4	292	292.8
38	5	290	290.2
37	6	288	289.7
34	7	286	285.8
33	8	284	284.6
30	9	282	281.1
29	10	280	278.8

这两个需求函数的不同之处在于对收入的度量不同。先验地，或依据理论，预计 A_2 和 B_2 为负（为什么？），而 A_3 和 B_3 为正（为什么？）。[1]

当用表 8-1 中的数据拟合回归式（8-1）时，计算机“拒绝”估计回归。[2]为什么呢？做价格（X_2）对收入（X_3）的关系图，见图 8-1。

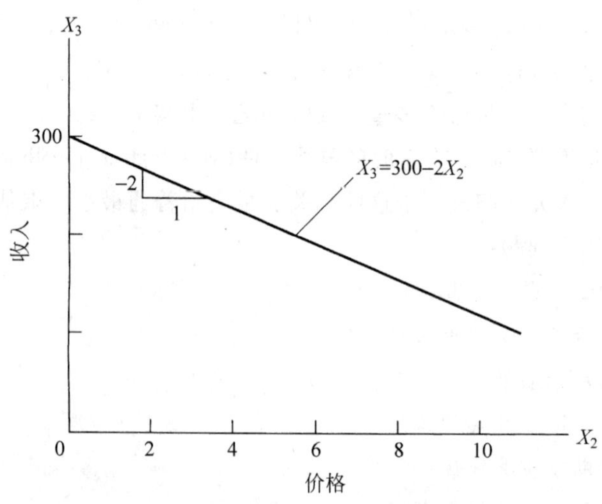

图 8-1 收入（X_3）与价格（X_2）散点图

如果做 X_3 对 X_2 的回归，得到如下结果：

$$X_{3i} = 300 - 2X_{2i} \quad R^2(=r^2) = 1.00 \tag{8-3}$$

换句话说，收入变量（X_3）与价格变量（X_2）**完全线性相关**（perfectly linearly related），即**完全共线性**（perfect collinearity）（或者说是**多重共线性**（multicollinearity））。[3]

---

1 根据经济理论，大多数正常商品的收入系数为正。对于“劣等品”，收入系数为负。

2 通常你会得到这样一个信息：X 或数据矩阵不是正定的，即不可逆的。在矩阵代数中，这样一个矩阵称为奇异矩阵。简单地说，计算机不能进行计算。

3 虽然术语“共线性”是指变量之间单一的完全线性关系，术语“多重共线性”是指不止一种这样的关系，但从现在起，“多重共线性”涵盖这两种意思。我们会在具体例子中指出是有一个还是多个严格的线性关系。

由于式(8-3)中存在完全共线性，所以不能对方程(8-1)进行回归。如果把方程(8-3)代入式(8-1)中，得到：

$$\begin{aligned} Y_i &= A_1 + A_2X_{2i} + A_3(300 - 2X_{2i}) + u_i \\ &= (A_1 + 300A_3) + (A_2 - 2A_3)X_{2i} + u_i \\ &= C_1 + C_2X_{2i} + u_i \end{aligned} \tag{8-4}$$

其中，

$$C_1 = A_1 + 300A_3 \tag{8-5}$$

$$C_2 = A_2 - 2A_3 \tag{8-6}$$

难怪不能估计方程(8-1)，从式(8-4)可以看出，这并不是多元回归，而是 Y 对 X_2 的一个简单双变量回归。虽然可以估计方程(8-4)并得到 C_1 和 C_2 的估计值，但根据这些变量无法求得原始参数 A_1、A_2 和 A_3 的估计值，因为这里只有两个方程(8-5)和(8-6)，却有 3 个未知参数(根据初等代数的知识，估计 3 个变量通常需要 3 个方程)。

回归式(8-4)的估计结果如下：

$$\begin{aligned} \hat{Y}_i &= 49.667 - 2.1576X_{2i} \\ \text{se} &= (0.746)(0.1203) \\ t &= (66.538)(-17.935) \quad r^2 = 0.9757 \end{aligned} \tag{8-7}$$

$C_1 = 49.667$，$C_2 = -2.1576$。无法根据这两个值推出 3 个未知变量 A_1、A_2 和 A_3 的值。[4]

以上讨论的结论是：当解释变量之间完全线性相关或者完全多重共线性时，不可能获得所有参数的唯一估计值，因而也就不能根据样本进行任何统计推断(即假设检验)。

在完全多重共线性情况下，不可能对多元回归模型中的单个回归系数进行估计和假设检验。这是一个死胡同。当然，正如方程(8-5)、(8-6)所示，可以得到原始系数线性组合(例如和或者差)的一个估计值，但无法获得每个系数的估计值。

8.2　近似或者不完全多重共线性的情形

完全多重共线性是一个极端情形。在用经济数据进行分析时，两个或多个解释变量之间常常表现出不完全线性相关，但近似线性相关，即共线性程度很高，但不是完全共线性。这就是**近似**(near)，**或不完全(imperfect)**，或**高度多重共线性**(high multicollinearity)的情形。关于“高度”共线性的含义稍后解释。从现在起所说的多重共线性是指不完全多重共线性。正如 8.1 节所看到的，完全多重共线性是一个“死胡同”。

为了弄清楚近似(不完全)多重共线性的含义，再来看表 8-1，但这一次用工资作为收入变量进行回归，结果如下：

$$\begin{aligned} \hat{Y}_i &= 145.37 - 2.7975X_{2i} - 0.3191X_{4i} \\ \text{se} &= (120.06) \quad (0.8122) \quad (0.4003) \\ t &= (1.2107) \quad (-3.4444) \quad (-0.7971) \quad R^2 = 0.9778 \end{aligned} \tag{8-8}$$

4　当然，如果知道了 A_1、A_2 和 A_3 中的任何一个的值，则根据估计的 C 值可以推导出剩余两个 A 值。

这些结果比较有意思：

(1)虽然不能估计回归方程(8-1)，但能够估计回归方程(8-2)，尽管两种收入变量之间的差别很小(见表8-1最后两列)。[5]

(2)与预期相同，方程(8-7)和(8-8)中的价格系数都是负的，并且两者之间的数值差异不大。每一价格系数都显著不为零。(为什么?)但相对而言，方程(8-7)中价格系数的$|t|$值略高于方程(8-8)。等价地，方程(8-7)中价格系数的标准误也略高于方程(8-8)。

(3)方程(8-7)中的R^2值为0.975 7，而方程(8-8)中的R^2值为0.977 8，只增加0.002 1，并不明显。可以证明R^2的增加是统计不显著的。[6]

(4)收入(工资)的系数是统计不显著的，但更重要的是它的符号是错误的：对于大多数商品来说，收入对于商品的需求量具有正向影响，劣等品除外。

(5)尽管收入变量是不显著的，但若假设：$B_2 = B_3 = 0$(即假设$R^2 = 0$)，则根据式(4-49)或(4-50)的F检验很容易拒绝假设。换句话说，价格和工资同时对商品的需求有显著影响。

如何解释这些“奇怪”的结果呢？做价格X_2对工资X_4的关系图(参见图8-2)。与图8-1不同，尽管价格和工资并不完全线性相关，但两个变量之间却存在高度依赖关系。

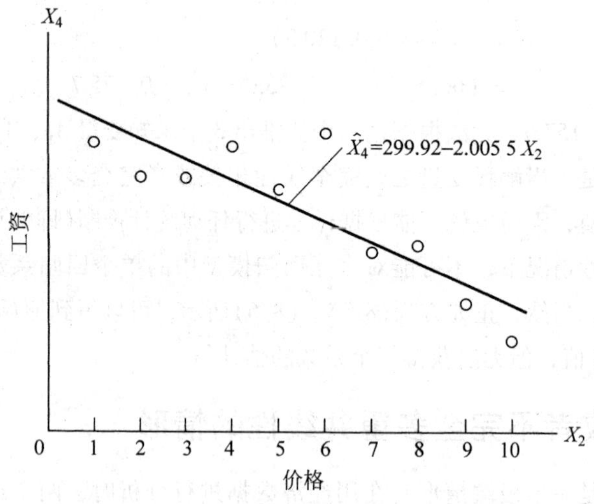

图8-2 工资X_4和价格X_2关系

这一点可以从下面的回归方程中更清楚地看出：

$$\begin{aligned} X_{4i} &= 299.92 - 2.005\,5 X_{2i} + e_i \\ \text{se} &= (0.674\,8)(0.108\,8) \\ t &= (444.44)(-18.44) \quad r^2 = 0.977\,0 \end{aligned} \tag{8-9}$$

回归结果表明：价格和工资高度相关，相关系数为-0.988 4(即r^2的负平方根)。即近似

5 现在是泄露“天机”的时候了，表8-1中第4列工资的数据构建于如下回归：$X_{4i} = X_{3i} + u_i$，其中u是来自随机数表的随机扰动项。u分别取以下10个值：-0.5，-1.1，-0.5，0.8，0.2，1.7，-0.2，0.6，-0.9和-1.2。

6 可以根据第4章讨论的F检验加以证明。

完全线性关系(neat perfect linear relationship)，或者接近完全多重共线性。如果相关系数为 -1，如方程(8-3)，则是完全多重共线性的情形。特别需要注意的是：在方程(8-3)中，没有加上 e_i 这一项，因为 X_{2i} 和 X_{3i} 之间是完全线性关系，但在方程(8-9)中加上了 e_i 这一项，表明 X_{4i} 和 X_{2i} 之间线性关系是不完全的。

顺便指出：在只有两个解释变量的情形下，相关系数可用于共线性程度的度量。但当解释变量多于两个时，相关系数则不适合用于度量共线性程度。

8.3　多重共线性的理论后果

介绍了完全和不完全多重共线性的性质之后，接下来讨论多重共线性的后果。从现在起仅考虑不完全多重共线性的情形，毕竟完全多重共线性在实际中很少出现。

在古典线性回归模型(CLRM)的假定下，普通最小二乘(OLS)估计量是最优线性无偏估计量(BLUE)。在所有线性无偏估计中，OLS 估计量具有最小方差性。有意思的是，只要共线性是不完全的，OLS 估计量仍然是最优线性无偏估计量，即使多元回归方程的一个或多个偏回归系数是统计不显著的。因而，在方程(8-8)中，虽然价格系数是统计显著的，但收入系数却是统计不显著的，方程(8-8)中的 OLS 估计量仍保持 BLUE 性质。[7]既然如此，那为什么还小题大做地讨论多重共线性呢？原因如下：

(1)在近似共线性的情形下，OLS 估计量仍然是无偏的。但要记住无偏性是一个重复抽样性质。即变量 X 取值不变，抽取若干样本，并计算这些样本的 OLS 估计值，这些估计值的均值收敛于真实总体的参数估计值。但这并不是单个样本估计值的性质。实践中往往无法得到大量的重复样本。

(2)近似共线性并未破坏 OLS 估计量的最小方差性。在所有线性无偏估计量中，OLS 估计量的方差最小。但这并不意味着任何一个样本的 OLS 估计量的方差会很小，这一点在方程(8-8)中表现得非常清楚。工资系数的估计量是最优线性无偏估计量，但与估计值相比，样本方差很大，以至于计算的 t 值(在真实收入系数为零的零假设下)仅有 -0.797 1。因而接受假设，即收入对于产品需求没有任何影响。简言之，最小方差并不意味着方差值也较小。

(3)即使在总体回归方程中变量 X 之间不是线性相关的，但在某个样本中，X 变量之间可能线性相关(例如表 8-1)。从这个意义上说，多重共线性本质上是一个样本(回归)现象。在假定 PRF 时，一般认为模型中所有变量 X 都对应变量 Y 有独立的或单独的影响。但也有可能出现这种情形，即在用某个样本估计总体 PRF 时，部分或者所有变量 X 高度共线以至于无法区分它们各自对应变量 Y 的影响。也就是说，虽然理论表明所有的 X 都是重要的，但样本却令人失望。之所以如此是因为大多数经济数据都不是通过实验获得的。有些数据，比如国内生产总值、价格、失业率、利润、红利等，是以其实际发生值为依据，并非实验所得。如果这些数据能够通过实验获得，那么从一开始就不会允许共线性的存在。既然数据是非实验所得，因此如果两个或者多个解释变量之间存在近似共线性，那么陷入“巧妇难为无米之炊”的局面

7　由于不完全多重共线性上并不违背第 4 章列出的任何假定，所以 OLS 估计量仍保持 BLUE 性质。

也就不足为奇了。[8]

尽管(不完全)多重共线性令人烦恼，但 OLS 估计量却是 BLUE 的。因此，对于给定的某个样本，需要探求多重共线性会导致或可能产生什么后果。共线性通常是一个样本现象。

8.4 多重共线性的实际后果

在近似或者高度多重共线性情形下，例如在饰品需求回归方程(8-8)中，可能遇到如下一个或多个后果：

(1)OLS 估计量的方差和标准误较大。这一点可以从回归方程(8-7)和(8-8)中清楚地看到。由于价格(X_2)和工资(X_4)之间高度共线性，当方程(8-8)同时包括这两个变量时，与方程(8-7)相比，价格系数的标准误显著增大。如果估计量的标准误增加了，则估计其真实值也就困难了，即 OLS 估计量的精确度下降了。

(2)置信区间变宽。由于标准误较大，所以总体参数的置信区间也就变宽了。

(3)t 值不显著。在回归方程(8-8)中，检验假设：真实的 $B_3=0$，计算出 t 值，$b_3/\text{se}(b_3)$，并与 t 临界值比较。但是，当存在高度共线性时，由于估计的标准误急剧增加，因而使得 t 值变小。因此，在这种情况下，很自然地接受零假设，即真实的总体系数为零。在回归方程(8-8)中，由于 t 值为 -0.7971，则很容易断然得出结论：在饰品需求一例中，工资对于需求量没有任何影响。

(4)R^2 值较高，但 t 值并不都是统计显著的。从回归方程(8-8)中可以清楚地看到：R^2 值很高，约为 0.98，但只有价格变量的 t 值是统计显著的。然而，根据 F(检验)值能够拒绝假设：价格和工资同时对产品需求没有影响。

(5)OLS 估计量及其标准误对数据的微小变化非常敏感，即它们很不稳定。回到表 8-1。假设稍微改变一下工资变量 X_4 的数据。现在，第一、第五和第十个观察值分别为 295、287 和 274，其他数据不变。回归结果如下：

$$
\begin{aligned}
\hat{Y}_i &= 100.56 - 2.5164X_{2i} - 0.16995X_{4i} \\
\text{se} &= (48.030)\,(0.35906)\quad(0.1604) \\
t &= (2.0936)\,(-7.0083)\,(-1.0597)\quad R^2=0.9791
\end{aligned}
\tag{8-10}
$$

比较方程(8-8)和方程(8-10)，可以看到，数据的一个微小变化导致了回归结果较大的变化。相对而言，方程(8-10)的标准误变小了，从而导致 t 值的绝对值变大了；工资系数的绝对值也变小了。

为什么会有这样的变化呢？在方程(8-8)中，X_2 和 X_4 的相关系数为 -0.9884，而在方程(8-10)中相关系数为 -0.9431。换句话说，从方程(8-8)到方程(8-10)，X_2 和 X_4 之间的共线性降低了。尽管相关系数降低的程度不大，但回归结果的变化却是值得注意的。这正是近似完全共线性的后果。

(6)回归系数符号有误。如回归方程(8-8)和(8-10)，工资变量的符号是“错误”的，因为

---

8 J. Johnston, *Econometric Methods*, 2nd ed., McGraw-Hill, New York, 1972, p. 164.

根据经济理论，大多数商品的收入效应是正的。当然，对于劣等品，这并不是"错误"的符号。

(7)难以评估各个解释变量对回归平方和(ESS)或者 R^2 的贡献。仍用饰品需求一例说明。在方程(8-7)中，仅用价格(X_2)拟合需求量(Y)，得到 R^2 为 0.975 7。而在方程(8-8)中，用价格和工资拟合 Y，得到 R^2 为 0.977 8。如果仅用 X_4 拟合 Y，得到如下结果：

$$\hat{Y}_i = -263.74 + 1.0438X_{4i}$$

$$\text{se} = (26.929) \quad (0.0932) \qquad (8\text{-}11)$$

$$t = (-9.794) \quad (11.200) \quad R^2 = 0.9400$$

仅工资 X_4 就解释了需求量94%的变化。此外，工资系数不仅是统计显著的，而且符号也为正，与理论预期一致！

如前所述，在多元回归方程(8-8)中，R^2 值为 0.977 8。哪一部分归于 X_2，哪一部分归于 X_4 呢？我们并不能精确地加以区分，因为这两个变量高度共线性，以至于当一个变量变化时，另一个变量也自动随之变化，回归方程(8-9)清楚地表明了这一点。因此，在高度共线性下，很难衡量每一个解释变量对总体 R^2 的贡献。

问题是，能否严格地证明上述这些多重共线性的后果呢？当然可以！这里略去了证明，感兴趣的同学可以参阅有关文献。[9]

8.5 多重共线性的诊断

尽管多重共线性不影响估计量的BLUE性质，但其后果还是相当广泛的。那么，如何解决多重共线性问题呢？在解决这一问题之前，首先需要确定是否存在共线性问题。简言之，如何诊断多重共线性及其严重程度呢？前面曾指出，多重共线性是一个**样本特性**(sample specific)，它是一个样本现象。因此，需要注意：[10]

(1)多重共线性是一个程度问题而不是存在与否问题。

(2)由于多重共线性针对的是非随机解释变量，因而它是一个样本特征，而不是总体特征。

鉴于此，我们不是要做"多重共线性的检验"，而是要度量样本多重共线性的程度。

需要补充的是：并没有度量多重共线性的单一方法，这是因为对于非实验数据，无法确定共线性的性质和程度。我们所具有的是一些经验法则，或者说是在具体应用中能够提供判断存在多重共线性的一些线索。比如：

(1) R^2 较高但解释变量 t 值统计显著的不多。这是多重共线性的"典型"特征。如果 R^2 较高，比如说超过了 0.8，则 F 检验通常会拒绝零假设，即偏斜率系数联合或同时为零。但 t 检验却表明，没有或很少有斜率系数是统计显著不为零的。式(8-8)的饰品需求回归结果就充分说明了这一点。

(2)解释变量两两高度相关。如果在多元回归方程中包含6个解释变量，运用附录 B 中的公式(B.46)计算这些变量两两之间的相关系数，如果有些相关系数很高，比方说超过 0.8，

9　证明参见 Gujarati and Porter, *Basic Econometrics*, 5th ed., McGraw-Hill, New York, 2009。

10　Jan Kmenta, *Elements of Econometrics*, 2nd ed., Macmillan, New York, 1986, p. 431.

则可能存在较为严重的共线性。遗憾的是，这一标准并不十分可靠，有时候，两两相关系数可能较低(表明没有严重共线性)，但仍可能存在共线性。[11]

(3)检查偏相关系数。假设有三个解释变量 X_2、X_3 和 X_4。用 r_{23}、r_{24} 和 r_{34} 分别表示 X_2 与 X_3、X_2 与 X_4 以及 X_3 与 X_4 之间的相关系数。假设 $r_{23}=0.90$，表明 X_2 和 X_3 之间高度共线性。现在考虑**偏相关系数**(partial correlation coefficient)$r_{23.4}$，即在变量 X_4 的影响恒定条件下，X_2 和 X_3 之间的相关系数(这一概念类似于第4章讨论的偏回归系数)。假设 $r_{23.4}=0.43$，即在变量 X_4 的影响保持不变的条件下，X_2 和 X_3 之间的相关系数仅为0.43，但是若不考虑 X_4 的影响，这一相关系数为0.9。那么，根据偏相关系数不能判断 X_2 和 X_3 之间的共线性程度一定很高。

因此，在存在多个解释变量的情况下，依赖简单的两两相关系数来判断多重共线性可能会“误入歧途”。不幸的是，用偏相关系数代替简单的相关系数也不能提供一个检验多重共线性存在与否的准确标准。而后者仅仅是检验多重共线性的另一手段。[12]

(4)从属回归或者辅助回归。既然多重共线性是由于一个或多个解释变量是其他解释变量的线性(或近似线性)组合所引起的，那么检验模型中哪个变量与其他变量高度共线性的方法之一就是做每个变量对其他剩余变量的回归并计算出相应的 R^2 值。这些回归称为**从属**(subsidiary)或者**辅助回归**(auxiliary regression)，从属于 Y 对所有变量 X 的主回归。

例如，考虑 Y 对 X_2、X_3、X_4、X_5、X_6、X_7 这6个解释变量的回归。如果回归结果表明存在多重共线性，比方说 R^2 值很高，但解释变量的系数很少是统计显著的，那么，究其根源，找出哪些变量可能是其他变量的线性(或近似线性)组合。具体步骤如下：

(a)做 X_2 对其他剩余变量的回归，并求样本判定系数，记为 R_2^2。

(b)做 X_3 对其他剩余变量的回归，并求样本判定系数，记为 R_3^2。

对模型中剩余解释变量继续以上步骤。在这个例子中，总共有6个这样的辅助回归。

如何判断哪些解释变量是共线性的呢？估计的 R_i^2 值应该介于0和1之间。(为什么？)如果某个解释变量不是其他变量的线性组合，则回归得到的 R_i^2 值不会显著不为零。根据第4章公式(4-50)，我们知道如何检验假设：某个样本判定系数显著为零。

如果要检验假设：$R_2^2=0$，即 X_2 与剩余5个变量不存在共线性。根据式(4-50)，即

$$F=\frac{R^2/(k-1)}{(1-R^2)/(n-k)}$$

其中 n 是观察值的个数，k 是包括截距在内的解释变量的个数。

在这个例子中，共包括6个解释变量，假设有一个容量为50的样本，对每个解释变量做剩余变量的回归。各辅助回归的 R^2 如下：

$R_2^2=0.90$ (X_2 对于其他变量的回归)

$R_3^2=0.18$ (X_3 对于其他变量的回归)

$R_4^2=0.36$ (X_4 对于其他变量的回归)

---

11 技术细节参见 Gujarati and Porter, *Basic Econometrics*, 5th ed., McGraw-Hill, New York, 2009, Chapter 10。

12 详细讨论参阅 Gujarati and Porter, op. cit。

$$R_5^2 = 0.86 \quad (X_5 \text{ 对于其他变量的回归})$$

$$R_6^2 = 0.09 \quad (X_6 \text{ 对于其他变量的回归})$$

$$R_7^2 = 0.24 \quad (X_7 \text{ 对于其他变量的回归})$$

表 8-2 给出了 F 检验的结果。

表 8-2　检验 R^2 的显著性(式(4-50))

R^2 值	F 值	F 显著吗
0.90	79.20	是①
0.18	1.93	否
0.36	4.95	是①
0.86	54.06	是①
0.09	0.87	否
0.24	2.78	是②

注：①表示 1% 的显著水平。

②表示 5% 的显著水平。

本例中，$n=50$，$k=6$。

从表 8-2 可以看出，变量 X_2、X_4、X_5 和 X_7 与其他变量共线性，尽管共线程度(用 R^2 度量)差别很大。由此得出的一个重要结论是："看似"较低的 R^2，比如 0.36，却可能是统计显著不为零的。8.7 节将给出辅助回归的一个具体经济实例。

辅助回归技术的一个缺陷是计算烦琐。如果一个回归方程中包含若干个解释变量，则不得不计算多个辅助回归方程，因此，也就失去了实用价值。不过现在的许多统计软件都可以用来计算辅助回归。

(5)方差膨胀因子。即使模型并未包括太多的解释变量，从各个辅助回归方程中得到的 R^2 值也未必可以用于诊断共线性。这一点可以从第 4 章中讨论过的三变量回归方程中更清楚地看到。方程(4-25)和(4-27)给出了两个斜率系数 b_2 和 b_3 的方差计算公式。通过简单的代数变换，这些方差公式可以写为：

$$\text{var}(b_2) = \frac{\sigma^2}{\sum x_{2i}^2 (1 - R_2^2)} = \frac{\sigma^2}{\sum x_{2i}^2} VIF \tag{8-12}$$

$$\text{var}(b_3) = \frac{\sigma^2}{\sum x_{3i}^2 (1 - R_2^2)} = \frac{\sigma^2}{\sum x_{3i}^2} VIF \tag{8-13}$$

(证明见习题 8.21。)在这些公式中，R_2^2 是 X_2 对 X_3(辅助)回归方程的样本判定系数(注：X_2 与 X_3 之间的 R^2 值等于 X_3 与 X_2 之间的 R^2 值)

在上述公式中，

$$VIF = \frac{1}{(1 - R_2^2)} \tag{8-14}$$

公式(8-14)右边的表达式形象地称为**方差膨胀因子**(variance inflation factor，VIF)，因为随着 R^2 的增加，b_2 和 b_3 的方差(因而导致了标准误)也增加了或者说膨胀了。更极端地，如果样本判定系数为 1(即完全多重共线性)，则这些方差和标准误就没有意义了(为什么?)，因而也就不必担心由于方差(标准误)较大而带来的问题。

现在一个重要的问题是：假设在辅助回归中 R_i^2 值很高(但小于1)，则根据第4条准则表明存在较高程度的共线性。但方程(8-12)，(8-13)和(8-14)却清楚地表明，b_2 的方差不仅取决于VIF，而且与 u_i 的方差 σ^2 和 X_2 的变化 $\sum x_{2i}^2$ 有关。因而有可能出现：R_i^2 值很高，比如说0.91，但是 σ^2 较低或者 $\sum x_{2i}^2$ 较高，或是两种情况同时出现，以至于 b_2 的方差较低，t 值较高。换句话说，较高的 R^2 可能被一个较低的 σ^2 或者较高的 $\sum x_{2i}^2$ 值所抵消。当然，高和低仅是相对而言。

所有这些表明，辅助回归中的 R_i^2 只是多重共线性的一个表面指标。它并不一定增大估计量的标准误。更规范的表述是，“较高的 R_i^2 既不是较高标准误的必要条件也不是充分条件。多重共线性本身并不必然导致较高的标准误。”[13]

从上面讨论的各种多重共线性的诊断方法中，能够得出哪些结论呢？诊断多重共线性的方法有多种，但没有哪一种方法能够彻底诊断多重共线性问题。记住一点：多重共线性是一个程度问题，它是一种样本现象。有些时候，可以“容易”地诊断出多重共线性，但有些时候，必须综合运用上面讨论的各种手段来诊断这一问题的严重程度。总之，没有一个简单的方法解决这个问题。

对多重共线性诊断的研究还将继续。现在已经出现了一些新方法，比如**条件指数**(condition index)等。对这些方法的讨论已超出本书研究的范围，有兴趣的同学可参阅有关参考书。[14]

8.6 多重共线性必定不好吗

在讨论多重共线性补救措施之前，需要回答一个重要的问题：多重共线性必定是个“恶魔”吗？答案取决于研究的目的。如果是为了利用模型预测应变量的未来均值，则多重共线性未必是一件坏事。

回到饰品需求函数式(8-8)，尽管工资不是统计显著的，但总体 R^2 值，0.977 8，还是略高于删除工资变量方程(8-7)中的 R^2 值。因此，如果是进行预测，方程(8-8)优于方程(8-7)。预测者通常都是根据解释能力(用 R^2 度量)来选择模型。这是一个好的策略吗？如果认为表8-1中价格和工资数据之间的共线性一直保持下去，就是一个好的策略。方程(8-9)表明了 X_4 与 X_2(收益与工资)的关系。如果这种关系一直持续下去，则方程(8-8)可用于预测。但这仅仅是如果。如果在另一个样本中两个变量的共线性关系并没有那么高，那么根据方程(8-8)进行预测就没有什么价值了。

而另一方面，如果研究的目的不仅仅是预测，而且还要可靠地估计出模型的参数，则严重的共线性就是一件“坏事”，因为它导致了估计量的标准误增大。但如果目标是为了相对准确地估计出一组系数(例如，两个系数的和或差)，那么即使存在多重共线性也无大

---

13 G. S. Maddala, *Introduction to Econometrics*, Macmillan, New York, 1988, p. 226. 但是，马达拉还指出：“如果 R_i^2 很低，那么情况就比较好。”

14 条件指数的简单讨论参见 Gujarati and Porter, *Basic Econometrics*, 5th ed., McGraw-Hill, New York, 2009, pp. 339-340。

碍。在这种情形下，多重共线性不是什么问题。因而，在方程(8-7)中，可以用 OLS 准确估计出斜率系数$(A_2 - 2A_3)$的值为 -2.157 6(参见方程(8-6))，但却不能单独地估计出 A_2 和 A_3 的值。

当然，也可能出现"令人愉快"的情形：尽管存在高度共线性，但在常用的显著水平下(比如5%)，根据 t 检验，估计的 R^2 和大多数单个回归系数都是统计显著的。正如约翰斯顿(Johnston)指出的那样：

> 这是有可能的，如果各个系数值都正好超过真实值，那么尽管标准误扩大了，但依然是统计显著的，而且(或者)由于真实值本身很大，以至于即使估计值过低，仍然表现出是统计显著的。[15]

在继续下面的讨论之前，我们通过一个个具体实例说明上述讨论的若干要点。

8.7 扩展一例：1960～1982 年期间美国的鸡肉需求

习题 7.17 中的表 7-8(参见网上教材)给出了美国 1960～1982 年人均鸡肉消费量(Y)，人均实际(即通货膨胀调整后的)可支配收入(X_2)，鸡肉的实际零售价格(X_3)，猪肉的实际零售价格(X_4)，牛肉的实际零售价格(X_5)等数据。

从理论上说，商品的需求量通常是消费者实际收入、该商品实际价格以及竞争商品和互补商品实际价格的函数。估计的需求函数如下(应变量(Y)是人均鸡肉消费量的自然对数)：

解释变量	系数	标准误(se)	t 值	p 值
常数	2.189 8	0.155 7	14.063	0.000 0
$\ln X_2$	0.342 6	0.083 3	4.114 0	0.000 3
$\ln X_3$	-0.504 6	0.110 9	-4.550	0.000 1
$\ln X_4$	0.148 6	0.099 7	1.490 3	0.076 7
$\ln X_5$	0.091 1	0.100 7	0.904 6	0.187 8
$R^2 = 0.982\ 3$	$\bar{R}^2 = 0.978\ 4$			

(8-15)

由于拟合的是对数 - 线性需求函数，因此所有的系数都是 Y 对相应 X 变量的偏弹性。因而，需求的收入弹性约为 0.34，需求的自价格弹性约为 -0.50，需求(猪肉)的交叉价格弹性约为 0.15，需求(牛肉)的交叉价格弹性约为 0.09。

回归结果表明：需求的收入和自价格弹性都是统计显著的，但两个交叉弹性则是统计不显著的。顺便指出：由于收入弹性小于 1，所以鸡肉不是奢侈品。鸡肉的需求对其自身价格是缺乏弹性的，因为弹性系数的绝对值小于 1。

两个交叉价格弹性是正的，表明其他两种肉类与鸡肉是互为竞争的，但不是统计显著的。看来鸡肉的需求并不受猪肉和牛肉价格的影响。但这也许是一个草率的结论，因为必须防止多重共线性问题。接下来考虑 8.5 节中讨论的多重共线性的诊断方法。

---

15 J. Johnston, *Econometric Methods*, 3rd ed., McGraw-Hill, New York, 1984, p. 249.

鸡肉需求函数(式(8-15))的共线性诊断

1. 相关矩阵

表8-3给出了4个(对数形式)解释变量两两之间的相关系数。从表中可以看出，解释变量之间的相关系数都很高，实际收入与牛肉价格之间的相关系数约为0.98；猪肉价格与牛肉价格之间的相关系数约为0.95；实际收入与猪肉价格之间的相关系数约为0.91，等等。尽管相关系数很高，但并不表明需求函数中一定存在着共线性，只是有存在的可能。

表8-3 方程(8-15)中解释变量的两两相关系数

	$\ln X_2$	$\ln X_3$	$\ln X_4$	$\ln X_5$
$\ln X_2$	1	0.9072	0.9725	0.9790
$\ln X_3$	0.9072	1	0.9468	0.9331
$\ln X_4$	0.9725	0.9468	1	0.9543
$\ln X_5$	0.9790	0.9331	0.9543	1

注：相关矩阵是对称的。因此，$\ln X_4$ 和 $\ln X_2$ 的相关系数与 $\ln X_2$ 和 $\ln X_4$ 的相关系数相同。

2. 辅助回归

对每个解释变量与其他剩余解释变量进行回归，回归结果见表8-4，结果发现存在共线性问题。表中所有回归的 R^2 值都超过了0.94；根据式(4-50)的 F 检验，所有这些 R^2 都是统计显著的(参见习题8.24)，表明回归方程(8-15)中的每个解释变量都与其他解释变量高度共线。

因此，很有可能出现这样的情况，即在方程(8-15)中没有发现猪肉和牛肉价格系数是统计显著的，但是这与先前讨论过的高度多重共线性的理论后果是一致的。有意思的是，尽管存在高度多重共线性，但实际收入和自身价格的系数都是统计显著的。这与约翰斯顿指出的现象(参见脚注15)相吻合。

这个例子表明，在存在高度共线性的情形下，判断一个解释变量是否显著时需特别谨慎。在下一节多重共线性补救措施的讨论中，将继续使用这个例子。

表8-4 辅助回归

$$\ln X_2 = 0.9460 - 0.8324\ \ln X_3 + 0.9483\ \ln X_4 + 1.0176\ \ln X_5$$
$$t = (2.5564) \quad (-3.4903) \quad (5.6590) \quad (6.7847)$$
$$R^2 = 0.9846$$

$$\ln X_3 = 1.2332 - 0.4692\ \ln X_2 + 0.6694\ \ln X_4 + 0.5955\ \ln X_5$$
$$t = (8.0053) \quad (-3.4903) \quad (4.8652) \quad (3.7848)$$
$$R^2 = 0.9428$$

$$\ln X_4 = -1.0127 + 0.6618\ \ln X_2 + 0.8286\ \ln X_3 - 0.4695\ \ln X_5$$
$$t = (-3.7107) \quad (5.6590) \quad (4.8652) \quad (-2.2879)$$
$$R^2 = 0.9759$$

$$\ln X_5 = -0.7057 + 0.6956\ \ln X_2 + 0.7219\ \ln X_3 - 0.4598\ \ln X_4$$
$$t = (-2.2362) \quad (6.7847) \quad (3.7848) \quad (-2.2870)$$
$$R^2 = 0.9764$$

8.8　如何解决多重共线性：补救措施

假定根据 8.5 节中讨论的一种或者多种诊断方法发现存在多重共线性问题，当无法彻底消除共线性时，需要采取什么方法减少共线程度呢？遗憾的是，与共线性诊断一样，没有万无一失的补救措施，只有一些经验法则。这是因为多重共线性是样本特征，而不一定是总体特征。此外，尽管存在着共线性，但 OLS 估计量仍保持 BLUE 性质。当存在多重共线性的时候，的确可能存在这样的情况：一个或者多个回归系数是统计不显著的，或者它们中的一些系数的符号是错误的。如果致力于削弱共线性的严重程度，则可以尝试下面介绍的一种或多种方法。但如果样本是“病态”的，则没有太多的补救措施。接下来介绍经济计量学文献中讨论过的各种补救措施。

8.8.1　从模型中删掉一个变量

如果多重共线性问题很严重，最简单的解决办法就是删掉一个或者多个共线性变量。例如，在鸡肉的需求函数(8-15)中，既然三个价格变量高度相关，为什么不从模型中删掉猪肉价格和牛肉价格呢？

但是这一补救措施或许比“疾病”(多重共线性)本身还糟糕。在构建一个经济模型时，总是以一定的经济理论为基础。在回归方程(8-15)中，依据经济理论，预期所有这三个价格对鸡肉需求都有一定影响，因为这三种肉类产品在某种程度上是竞争性产品。因此，从经济学上说，回归方程(8-15)是一个恰当的需求函数。遗憾的是，根据表 7-8 中的样本得出的回归结果并不能确定猪肉和牛肉价格对鸡肉需求数量的影响。但是，从模型中删除这些变量又会导致**模型设定错误**(model specification error)(参见第 7 章)。如果为了消除共线性问题而从模型中删除了一个解释变量，则对简化模型估计得到的参数可能是有偏的。为了理解这个偏误，下面给出删除猪肉和牛肉价格之后的回归结果：

$$
\begin{aligned}
\ln Y &= 2.0328 + 0.4515\ln X_2 - 0.3722\ln X_3 \\
t &= (17.497)\quad(18.284)\qquad(-5.8647) \\
R^2 &= 0.9801;\quad \bar{R}^2 = 0.9781
\end{aligned}
\tag{8-16}
$$

回归结果表明：与方程(8-15)相比，收入弹性增大了，但是鸡肉的价格弹性的绝对值却下降了。换句话说，简化模型的估计系数是有偏的。

上述讨论表明存在着一个两难的问题：为了削弱共线性的严重程度，得到的系数估计值可能是有偏的。建议不要仅仅因为共线性很严重就从一个经济意义上可行的模型中删除变量。模型是否符合经济理论当然是一个重要问题，第 7 章中曾讲到一个好的模型具备的性质。顺便指出：回归方程(8-15)中猪肉价格系数的 t 值大于 1。因此，根据第 4 章讨论的内容，如果从模型中删除这一变量，调整后的 R^2 将会下降，实际情况也是这样。

8.8.2　获取额外的数据或新的样本

既然多重共线性是一个样本特征，那么在包括同样变量的另一个样本中，共线性也许不像第一个那么高。问题的关键在于能否得到另一个样本，因为收集数据的成本或许很高。

有时候，仅仅获得额外的数据(增加样本的容量)就能够削减共线性程度。这一点可以从公式(8-12)和(8-13)中很容易看出来。例如，在公式

$$\operatorname{var}(b_3)=\frac{\sigma^2}{\sum x_{3i}^2(1-R_2^2)}$$

中，对于给定的 σ^2 和 R^2，如果 X_3 样本容量增加了，则 $\sum x_{3i}^2$ 通常会增加(为什么?)，结果 b_3 的方差会减小，标准误也随之减小。

考虑下面的消费支出(Y)对于收入(X_2)和财富(X_3)的回归方程(这里有 10 个观测值)：[16]

$$\begin{aligned}\hat{Y}_i &= 24.337 + 0.87164X_{2i} - 0.0349X_{3i}\\ se &= (6.2801)(0.31438)\quad(0.0301)\\ t &= (3.875)\quad(2.7726)\quad(-1.1595)\quad R^2=0.9682\end{aligned}\tag{8-17}$$

回归结果表明：在 5% 的显著水平下，财富系数不是统计显著的。

但是，当样本容量增加到 40 个观察值时，得到如下回归结果：

$$\begin{aligned}\hat{Y}_i &= 2.0907 + 0.7299X_{2i} + 0.0605X_{3i}\\ t &= (0.8713)(6.0014)\quad(2.0641)\quad R^2=0.9672\end{aligned}\tag{8-18}$$

在 5% 的显著水平下，财富系数是统计显著的。

当然，与获得一个新样本一样，出于成本和其他一些因素的考虑，获取变量的额外数据或许并不可行。但是，如果不存在这些限制，那么毫无疑问，这一补救措施肯定是可行的。

8.8.3 重新考虑模型

有些时候，用于实证分析的模型考虑得并不充分——或许是省略了一些重要变量，或许是没有选择正确的函数形式。比如，在鸡肉的需求函数中，需求函数可能是 LIV 的，而不是对数线性的。在 LIV 模型中，共线性程度可能不像在对数线性模型中那么高。

再来看鸡肉的需求函数，根据表 7-8 中的数据拟合 LIV 模型，得到如下结果：

$$\begin{aligned}\hat{Y} &= 37.232 - 0.00501X_2 - 0.6112X_3 + 0.1984X_4 + 0.0695X_5\\ t &= (10.015)(1.0241)\quad(-3.7530)\quad(3.1137)\quad(1.3631)\\ &\qquad R^2=0.9426;\quad \bar{R}^2=0.9298\end{aligned}\tag{8-19}$$

与回归(8-15)相比，在 LIV 模型中，收入系数是统计不显著的，但猪肉价格系数却是显著的。如何解释这一变化呢？也许是收入和价格变量之间存在高度共线性。事实上，表 8-4 支持了这一判断。在前面曾经指出：在存在高度共线性的情形下，不可能准确(即标准误较小)地估计出单个回归系数。

8.8.4 参数的先验信息

有些时候，对某一个特定现象(如需求函数)需要反复调查。根据先验研究可以了解有关参

16 感谢 Albert Zucker 提供了式(8-17)和(8-18)的回归结果。

数的某些信息，而这些信息适用于当前样本。例如，假定以往在对饰品需求函数的估计中，得到收入系数为 0.9，并且是统计显著的。但根据表 8-1 的数据无法估计出工资（收入的一种度量）对需求量的影响。如果认为收入系数（0.9）没有太多改变，则可以重新估计方程（8-8），结果如下：

$$\text{需求量} = B_1 + B_2\ \text{价格} + B_3\ \text{工资} + u_i$$
$$= B_1 + B_2\ \text{价格} + 0.9\ \text{工资} + u_i \tag{8-20}$$
$$\text{需求量} - 0.9\ \text{工资} = B_1 + B_2\ \text{价格} + u_i$$

其中利用了先验信息 $B_3 = 0.9$。

假定先验信息是“正确的”，那么就已经“解决”了共线性问题，因为方程（8-20）的右边仅有一个解释变量，因此也就不会有共线性问题。为了估计方程（8-20），只需将需求量的观察值减去 0.9 乘以相应的工资观察值，并将所得的差作为应变量，用它对价格进行回归。[17]

直觉上看，这的确是一个好的方法，其缺陷在于外生的或先验的信息并不总是可获得的。更致命的是，即使能够获得这一信息，但要假设先验信息在当前样本中仍然有效，这样的要求未免显得“太高”。当然，如果各个样本之间的收入效应预期变化不大，并且得知有关收入系数的先验信息，那么这一补救措施则是行之有效的。

8.8.5 变量变换

有些时候，通过对模型中的变量进行变换也能够降低共线性程度。例如，在对美国总消费支出的研究中，通常是把总消费支出看做总收入和总财富的函数。我们也可以采取人均的形式，即人均消费支出看做人均收入和人均财富的函数。在总消费函数中存在的严重共线性问题，可能在人均消费函数中没有那么严重。当然，谁也不能保证这样的一种变换总是有助于问题的解决。

为了说明简单变量变换是如何减少共线性程度的，考虑如下回归结果：（根据美国 1965 ~ 1980 年的数据）：[18]

$$\hat{Y}_t = -108.20 + 0.045X_{2t} + 0.931X_{3t}$$
$$t = \text{N. A.} \quad (1.232) \quad (1.844) \quad R^2 = 0.9894 \tag{8-21}$$

其中，N. A. ——不是有效的；Y——进口（10 亿美元）；X_2——国民生产总值（GNP，10 亿美元）；X_3——消费者价格指数（CPI）。

从理论上说，进口与 GNP（收入的度量）和国内价格正相关。

回归结果表明：在 5% 的显著水平下（双边检验），收入和价格系数都不是统计显著的。[19]但是根据 F 检验，很容易拒绝零假设：两个斜率系数联合为零，表明回归方程（8-21）存在共线性问题。为了解决这一问题，萨尔瓦多（Salvatore）得到以下回归方程：

17　时间序列中常常遇到多重共线性问题，这是因为经济变量常常受经济周期的影响。在时间序列模型的参数估计中常常利用到截面研究的信息。

18　参见 Dominick Salvatore，*Managerial Economics*，McGraw-Hill，New York，1989，pp. 156-157. 符号略做调整。

19　在 5% 的显著水平下，根据单边 t 检验，价格系数是显著的。

$$\frac{\hat{Y}_t}{X_{3t}} = -1.39 + 0.202\frac{X_{2t}}{X_{3t}} \tag{8-22}$$

$$t = \text{N. A.} \quad (12.22) \qquad R^2 = 0.9142$$

式中，N. A. 表示不是有效的。

式(8-22)表明实际进口与实际收入显著正相关。这样，通过将名义变量转换为实际变量削弱了共线性问题。[20]

8.8.6 其他补救措施

在文献中还有其他一些"补救措施"，例如时间序列数据和截面数据的组合，**因子**(factor)或者**主成分分析**(principal component analysis)和**岭回归**(ridge regression)。这些技术涉及了本书之外的统计学知识，这里不再详细讨论。

8.9 小结

古典线性回归模型的一个重要假定是：解释变量之间不存在完全的线性关系，或称多重共线性。尽管在实践中很少有完全多重共线性，但近似或者高度多重共线性的情形却经常发生。因此，在实践中，多重共线性是指两个或者多个变量高度线性相关。

多重共线性的后果有：在存在完全多重共线性时，无法估计单个回归系数及其标准误。在高度多重共线性时，可以估计单个回归系数，并且 OLS 估计量仍保持 BLUE 性质，但是一个或多个系数的标准误会很大，从而导致 t 值变小。因此，根据估计的 t 值，会认为较小 t 值的系数不显著不为零。换句话说，无法估计那些 t 值较小的变量的边际或者单独贡献。在多元回归模型中，解释变量的斜率是偏回归系数，度量了在其他解释变量保持不变下，解释变量对应变量的边际效应。然而，如果只是为了比较精确地估计一组系数，只要不是完全共线性，就无大碍。

本章介绍了诊断多重共线性的几种方法，并指出它们各自的优缺点，讨论了用来"解决"多重共线性问题的补救措施，指出了它们各自的优劣之处。

由于多重共线性是一个样本特征，因此无法预知哪种诊断方法或补救措施在任何情况下都是适用的。

关键术语和概念

完全和不完全共线性
- a)近似或高度多重共线性
- b)完全线性相关
- c)完全共线性或多重共线性

偏回归系数

辅助回归

方差膨胀因子(VIF)

多重共线性的补救措施
- a)去掉一个变量；模型设定错误
- b)获得新样本(或额外数据)

20 有些学者反对这种变量变换方法。详细讨论参见 E. Kun and J. R. Meyer, "Correlation and Regression Estimates When the Data Are Ratios," *Econometrica*, pp. 400-416, October 1955. 还可参见 G. S. Maddala, *Introduction to Econometrics*, Macmillan, New York, 1988, pp. 172-174.

c) 重新考虑模型

d) 外生或先验信息

e) 变量变换

f) 其他——主成分分析；岭回归

问　题

8.1　什么是共线性？什么是多重共线性？

8.2　完全和不完全多重共线性的区别是什么？

8.3　在体重对身高的回归模型中(身高分别用英尺和英寸度量)，直观地解释为什么普通最小二乘法无法估计该回归方程中的系数。

8.4　考虑模型：

$$Y_i = B_1 + B_2X_i + B_3X_i^2 + B_4X_i^3 + u_i$$

其中，Y——总成本；X——产出。“由于 X^2 和 X^3 是 X 的函数，则该模型中存在共线性。”你认为对吗？为什么？

8.5　参考方程(4-21)，(4-22)，(4-25)和(4-27)。令 $x_{3i} = 2x_{2i}$，说明为什么无法估计这些方程。

8.6　不完全多重共线性的理论后果是什么？

8.7　不完全多重共线性的实际后果是什么？

8.8　什么是方差膨胀因子(VIF)？根据式(8-14)，VIF 的最小可能值与最大可能值是多少？

8.9　填空。

a. 在接近多重共线性的情况下，回归系数的标准误趋于________，t 值趋于________。

b. 在完全多重共线性的情况下，普通最小二乘估计量是________，其方差是________。

c. 在其他情况不变的条件下，VIF 越高，则普通最小二乘估计量的________越高。

8.10　判断正误并说明理由。

a. 尽管存在完全多重共线性，但普通最小二乘估计量仍然是最优线性无偏估计量(BLUE)。

b. 在高度多重共线性的情况下，无法评估一个或多个偏回归系数的显著性。

c. 如果辅助回归表明某一 R_i^2 较高，则表明一定存在高度共线性。

d. 较高的相关系数并不一定表明存在高度多重共线性。

e. 如果分析的目的仅仅是为了预测，则多重共线性并无大碍。

8.11　在用失业、货币供给、利率、消费支出等经济时间序列数据进行回归分析时，常常怀疑存在多重共线性，为什么？

8.12　考虑下面模型：

$$Y_t = B_1 + B_2X_t + B_3X_{t-1} + B_4X_{t-2} + B_3X_{t-3} + u_t$$

其中，Y——消费；X——收入；t——时间。

模型表明：t 期的消费支出是同期收入以及前两期收入的线性函数。这类模型称为分布滞后模型，也称为动态模型(即模型涉及时间变化)。

a. 是否预期这类模型中存在多重共线性，为什么？

b. 如果怀疑存在多重共线性，那么如何“消除”？

习 题

8.13 考虑如下假想数据集：

Y:	−10	−8	−6	−4	−2	0	2	4	6	8	10
X_2:	1	2	3	4	5	6	7	8	9	10	11
X_3:	1	3	5	7	9	11	13	15	17	19	21

假定要做 Y 对 X_2 和 X_3 的多元回归，

a. 能否估计模型的参数？为什么？

b. 如果不能，能够估计哪个参数或者参数的组合？

8.14 表 8-5 给出了美国 1971 ~ 1986 年的年度数据。

表 8-5 美国对新轿车的需求

年份	Y	X_2	X_3	X_4	X_5	X_6
1971	10 227	112.0	121.3	776.8	4.89	79 367
1972	10 872	111.0	125.3	839.6	4.55	82 153
1973	11 350	111.1	133.1	949.8	7.38	85 064
1974	8 775	117.5	147.7	1 038.4	8.61	86 794
1975	8 539	127.6	161.2	1 142.8	6.16	85 846
1976	9 994	135.7	170.5	1 252.6	5.22	88 752
1977	11 046	142.9	181.5	1 379.3	5.50	92 017
1978	11 164	153.8	195.4	1 551.2	7.78	96 048
1979	10 559	166.0	217.4	1 729.3	10.25	98 824
1980	8 979	179.3	246.8	1 918.0	11.28	99 303
1981	8 535	190.2	272.4	2 127.6	13.73	100 397
1982	7 980	197.6	289.1	2 261.4	11.20	99 526
1983	9 179	202.6	298.4	2 428.1	8.69	100 834
1984	10 394	208.5	311.1	2 670.6	9.65	105 005
1985	11 039	215.2	322.2	2 841.1	7.75	107 150
1986	11 450	224.4	328.4	3 022.1	6.31	109 597

注：Y——新轿车的销售量（千辆），未做季节调整；

X_2——新车消费者价格指数，1967 年 = 100，未做季节调整；

X_3——城市居民消费者价格指数，1967 年 = 100，未做季节调整；

X_4——个人可支配收入（PDI）（10 亿美元），未做季节调整；

X_5——利率（%），金融公司直接支付的票据利率；

X_6——城市就业劳动力（千人），未做季节调整。

资料来源：*Business Statistics*，1986，a Supplement to the *Current Survey of Business*，U. S. Department of Commerce.

考虑下面的轿车总需求函数：

$$\ln Y_i = B_1 + B_2 \ln X_{2t} + B_3 \ln X_{3t} + B_4 \ln X_{4t} + B_5 \ln X_{5t} + B_6 \ln X_{6t} + u_t$$

其中，ln 表示自然对数。

a. 同时引入价格指数 X_2 和 X_3 的理论根据是什么？

b. 为什么在需求函数中引入“城市就业劳动力”？

c. 如何解释各偏斜率系数的经济意义？

d. 求上述模型的 OLS 估计值。

8.15 习题 8.14 中是否存在多重共线性？你是如何知道的？

8.16 如果习题 8.14 中存在共线性问题，估计各辅助回归方程，并找出哪些变量是高度共线性的。

8.17　如果习题 8.14 存在严重的共线性，你会删除哪个变量？为什么？删除一个或多个变量，可能会犯哪类错误？

8.18　删除一个或多个解释变量后，最终的轿车需求函数是什么？这个模型在哪些方面好于包括所有解释变量的原始模型？

8.19　是否还有其他变量可以更好地解释美国的汽车需求？

8.20　莱顿·托马斯（R. Leighton Thomas）在研究英国 1961～1981 年间砖、瓷、玻璃和水泥行业的生产函数时，得到如下结果：[21]

1. $\log Q = -5.04 + 0.887\log K + 0.893\log H$

$\text{se} = (1.40)\quad(0.087)\quad(0.137)\qquad R^2 = 0.878$

2. $\log Q = -8.57 + 0.0272t + 0.460\log K + 1.285\log H$

$\text{se} = (2.99)\quad(0.0204)\quad(0.333)\quad(0.324)\qquad R^2 = 0.889$

其中，Q——生产指数(不变要素成本)；K——总资本存量(1975 年重置成本)；H——工作小时数；t——时间趋势(技术进步的替代量)。

括号中的数字是估计的标准差。

a. 解释这两个回归方程。

b. 在回归方程 1 中验证在 5% 的显著性水平下，偏斜率系数是统计显著的。

c. 在回归方程 2 中验证在 5% 的显著性水平下，t 和 $\log K$ 的系数是统计不显著的。

d. 如何解释模型 2 中变量 $\log K$ 的不显著性？

e. 如果得知 t 和 K 之间的相关系数为 0.980，那么能够得出什么结论？

f. 如果在模型 2 中 t 和 K 都是不显著的，那么，是接受还是拒绝假设：模型 2 中所有偏斜率系数同时为零，使用哪种检验？

g. 在模型 1 中，规模收益是多少？

8.21　推导方程(8-12)和(8-13)。(提示：求出 X_2 和 X_3 之间的相关系数，r_{23}^2。)

8.22　表 8-6 给出了以美元计算的每周消费支出(Y)，每周收入(X_2)和财富(X_3)等的假想数据。

表 8-6　每周消费支出(Y)，每周收入(X_2)和财富(X_3)的假想数据

Y	X_2	X_3
70	80	810
65	100	1 009
90	120	1 273
95	140	1 425
110	160	1 633
115	180	1 876
120	200	2 252
140	220	2 201
155	240	2 435
150	260	2 686

21　参见 R. Leighton Thomas, *Introductory Econometrics*: *Theory and Applications*, Longman, London, 1985, pp. 244-246.

a. 做 Y 对 X_2 和 X_3 的普通最小二乘回归。

b. 这一回归方程中是否存在着共线性？你是如何知道的？

c. 分别做 Y 对 X_2 和 X_3 的回归，这些回归结果说明什么？

d. 做 X_3 对 X_2 的回归，回归结果说明了什么？

e. 如果存在严重的共线性，是否会删除一个解释变量？为什么？

8.23 利用表 8-1 的数据估计方程(8-20)，并对结果进行比较。

8.24 验证表 8-4 中所有 R^2 值是统计显著的。

8.25 参考习题 7.19 和表 7-9 中的数据。在已知存在多重共线性的情形下，结果会有什么改变？给出必要的回归结果。

8.26 参考习题 2.16。做 ASP 对 GPA，GMAT，接受率，学费，入学评估等级的回归。先验地判断是否会遇到多重共线性问题？如果是，如何解决？给出必要的回归结果。

8.27 艾斯特里欧(Asteriou)和霍尔(Hall)根据英国 1990 年第一季度至 1998 年第二季度的季度数据得到如下回归结果。[22]应变量是 log(IM) = 出口的对数(括号内的是 t 值)。

解释变量	模型 1	模型 2	模型 3
Intercept	0.631 8	0.213 9	0.685 7
	(1.834 8)	(0.596 7)	(1.850 0)
Log(GDP)	1.926 9	1.969 7	2.093 8
	(11.411 7)	(12.561 9)	(12.132 2)
Log(CPI)	0.274 2	1.025 4	—
	(1.996 1)	(3.170 6)	0.119 5
Log(PPI)	—	−0.770 6	0.119 5
		(−2.524 8)	(0.878 7)
Adjusted − R^2	0.963 8	0.969 2	0.960 2

a. 解释每个方程。

b. 在模型 1 中(去掉变量 log(PPI))，在 5% 的显著水平下，log(CPI) 的系数为正，并且是统计显著的，这是否有经济意义？

c. 在模型 3 中(去掉变量 log(CPI))，log(PPI) 的系数为正，但不是统计显著的，这是否有经济意义？

d. 在模型 2 中，两个价格变量的系数各自都是统计显著的，但是 log(CPI) 的系数为正，log(PPI) 的系数为负。如何解释这个结果？

e. 出现这样矛盾的结果是不是因为多重共线性？证明你的结论。

f. 如果 CPI 和 PPI 的相关系数为 0.9819，那么是否表明存在多重共线性问题？

g. 你将选择上述三个模型中的哪一个？为什么？

8.28 表 8-7(参见网上教材)给出了 1975 ~ 2005 年间美国出口、GDP 以及消费者价格指数(CPI)的数据。考虑如下回归模型：

22 参见 Dimitrios Asteriou and Stephen Hall, Applied Econometrics: A Modern Approach, Palgrave/Macmillan, New York, 2007, Chapter 6. 经过整理得到回归结果。

$$\ln Imports_t = \beta_1 + \beta_2 \ln GDP_t + \beta_3 \ln CPI_t + u_t$$

a. 利用表中的数据估计模型的参数。

b. 数据中是否存在多重共线性？

c. 回归：

(1) $\ln Imports_t = A_1 + A_2 \ln GDP_t$

(2) $\ln Imports_t = B_1 + B_2 \ln CPI_t$

(3) $\ln GDP_t = C_1 + C_2 \ln CPI_t$

根据回归结果，判断数据中的共线性问题。

d. 假定数据中存在多重共线性问题，但是在5%的显著水平下，β_2和β_3各自都是统计显著的，而且整体的 F 检验也是统计显著的。在这种情形下，还担心共线性问题吗？

8.29 表 8-8(参见网上教材)给出了美国新轿车需求量以及其他变量的数据。

a. 建立线性或对数线性模型估计美国新轿车的需求函数。

b. 如果模型包括表中给出的所有变量，那么是否会遇到多重共线性问题？为什么？

c. 如果存在多重共线性，那么如何解决这个问题？给出计算结果。

8.30 奶酪会随时间发生化学反应，既而决定了奶酪的味道。表 8-9(参见网上教材)给出了切达奶酪(30 个样本)中各种化学成分浓度的数据，以及对每个样本味道的主观评价。变量 *Acetic* 和 *H2S* 分别表示乙酸浓度(取自然对数)和硫化氢浓度(取自然对数)，变量 *Latic* 表示左旋乳酸浓度(没有取对数)。

a. 对 4 个变量做散点图。

b. 分别做味道对 *Acetic* 和 *H2S* 的双变量回归，并解释回归结果。

c. 分别做味道对 *Latic* 和 *H2S* 的双变量回归，并解释回归结果。

d. 做味道对 *Acetic*、*H2S* 和 *Latic* 的多元回归，并解释回归结果。

e. 是否存在多重共线性？如何在这些回归模型中进行取舍？

d. 从上述分析中能得出什么结论？

8.31 表 8-10(参见网上教材)给出了荷兰 84 家大型公司经理平均薪水(1 000 荷兰盾)，公司利润(100 万荷兰盾)以及营业额(100 万荷兰盾)的数据。令 Y = 薪水，X_2 = 利润，X_3 = 营业额。

a. 估计如下回归：

$$\ln Y_i = B_1 + B_2 \ln X_2 + B_3 \ln X_3 + u_i$$

b. 在5%的显著水平下，每个斜率系数各自都是统计显著的吗？

c. 在5%的显著水平下，斜率系数是联合统计显著的吗？使用什么检验？为什么？

d. 如果(c)成立，(b)不成立，那么可能的原因是什么？

e. 如果怀疑存在共线性问题，那么将如何验证？使用什么检验？给出计算结果。

第 9 章

异方差：如果误差方差不是常数会有什么结果

古典线性回归模型(CLRM)的一个重要假定是进入总体回归函数(PRF)的随机扰动项 u_i 是同方差的，即具有相同的方差 σ^2。如果 u_i 的方差为 σ_i^2，即方差随观察值不同而发生变化(注意 σ^2 的下标)——这就是异方差情形，或称非同方差、非恒定方差。

虽然古典线性模型强调了同方差假定，但在实践中无法保证总能够满足这一假定。因此，本章主要讨论同方差假定不满足时会发生什么情况，并重点回答以下问题：

(1)异方差有什么性质?

(2)异方差的后果是什么?

(3)如何诊断存在异方差?

(4)如果存在异方差，有哪些补救措施?

9.1 异方差的性质

为了更好地解释同方差和异方差的区别，考虑一个双变量线性回归模型，其中，应变量 Y 是个人储蓄，解释变量 X 是个人可支配收入或税后收入(PDI)。先来看图 9-1(与图 3-2a 和图 3-2b 比较)。

图 9-1a 表明，随着 PDI 的增加，储蓄的平均水平也随之增加，但对于不同的 PDI，储蓄的方差保持不变。在前面曾指出，总体回归函数给出了解释变量给定水平下应变量的均值。这是**同方差**(homoscedasticity)或者**等方差**(equal variance)情形。另一方面，图 9-1b 表明，随着个人可支配收入的增加，平均储蓄水平也随之增加，但对于不同的 PDI，储蓄的方差并不相同——随个人可支配收入增加而变大。这就是**异方差**(heteroscedasticity)或者**非等方差**(unequal variance)情形。换句话说，图 9-1b 表明，平均而言，高收入者比低收入者储蓄得更多，但高收入者的储蓄变动也较大。在现实中的确可能出现这种情况，只要稍微留意美国储蓄与收入的统计数据，就很容易发现这一点。毕竟，对低收入者而言，他们能够剩下用于储蓄的收入是非常有限的。因此，在收入对储蓄的回归分析中，高收入家庭的误差方差(也就是 u_i 的方差)比低收入家庭的误差方差要大一些。

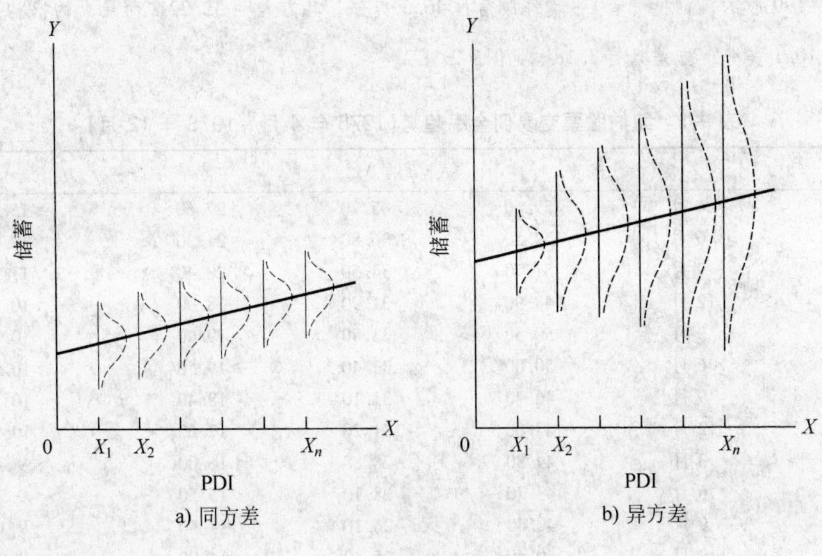

图　9-1

异方差用符号表示为：

$$E(u_i^2) = \sigma_i^2 \tag{9-1}$$

再次提醒注意 σ^2 的下标，表明 u_i 的方差不再是固定的，而是随观察值的不同而变化。

研究发现，异方差问题多存在于**截面数据**(cross-sectional data)而非时间序列数据。[1]在截面数据中，通常处理的是某个时点上的样本，例如个体消费者或其家庭、企业、行业，或按区域划分的州、县、市等。而且，这些样本规模不同，如小公司、中等公司或者大公司，或者是低收入、中等收入或高收入。换言之，可能存在规模效应(scale effect)。而在时间序列数据中，变量具有相似的数量等级，因为研究者通常收集的是某个时期同一变量的数据。例如，1960～2008年国民生产总值、储蓄、失业率等。

下面用两个例子具体说明异方差问题。

例 9-1
Example

放松管制后纽约股票交易所的经纪人佣金

1975年四五月间，债券交易委员会(SEC)废除了纽约股票交易所股票交易固定佣金率的规定，允许股票经纪人在竞争的基础上收取佣金。表9-1给出了从1975年4月到1978年12月间经纪人对机构投资者收取的平均每股佣金数据(美分)。

注意表中两个有趣的特征。放松管制以来，佣金率有下降的趋势。然而，更令人感兴趣的是，四类机构投资者需付的平均佣金率存在着显著不同，并且方差也存在着显著差异。最小的机构投资者(股票交

1　严格地说，这种说法并不正确。在ARCH自回归条件异方差模型中，时间序列中就存在异方差性。这是一个复杂问题，本书并未涉及。有关ARCH模型讨论，参阅 Damodar N. Gujarati，*Basic Econometrics*，McGraw-Hill，4th ed.，New York，2003，pp. 856-862。

易量介于0~199股的机构投资者)平均每股需付46.5美分，其方差为32.22，而最大的机构投资者平均每股只需付10.1美分，方差只有3.18。见图9-2。

表9-1 纽约股票交易佣金率趋势(1975年4月~1978年12月)

年份		X_1	X_2	X_3	X_4
1975年	4月	59.60	45.70	27.60	15.00
	6月	54.50	36.80	21.30	12.10
	9月	51.70	34.50	20.40	11.50
	12月	48.90	31.90	18.90	10.40
1976年	3月	50.30	33.80	19.00	10.80
	6月	50.00	33.40	19.50	10.90
	9月	46.70	31.10	18.40	10.20
	12月	47.00	31.20	17.60	10.00
1977年	3月	44.30	28.80	16.00	9.80
	6月	43.70	28.10	15.50	9.70
	9月	40.40	26.10	14.50	9.10
	12月	40.40	25.40	14.00	8.90
1978年	3月	40.20	25.00	13.90	8.10
	6月	43.10	27.00	14.40	8.50
	9月	42.50	26.90	14.40	8.70
	12月	40.70	24.50	13.70	7.80

变量	n	均值	标准差	方差	最小值	最大值
X_1	16	46.500	5.676 7	32.225	40.200	59.600
X_2	16	30.637	5.501 6	30.268	24.500	45.700
X_3	16	17.444	3.723 4	13.864	13.700	27.600
X_4	16	10.094	1.783 4	3.180 6	7.800 0	15.000

注：X_1——佣金率，美分/股(0~199股)；

X_2——佣金率，美分/股(200~299股)；

X_3——佣金率，美分/股(1 000~9 999股)；

X_4——佣金率，美分/股(10 000股以上)。

资料来源：S. Tinic and R. West, "The Securities Industry Under Negotiated Brokerage Commissions: Changes in the Structure and Performance of NYSE Member Firms", *The Bell Journal of Economics*, vol. 11, no. 1, Spring 1980.

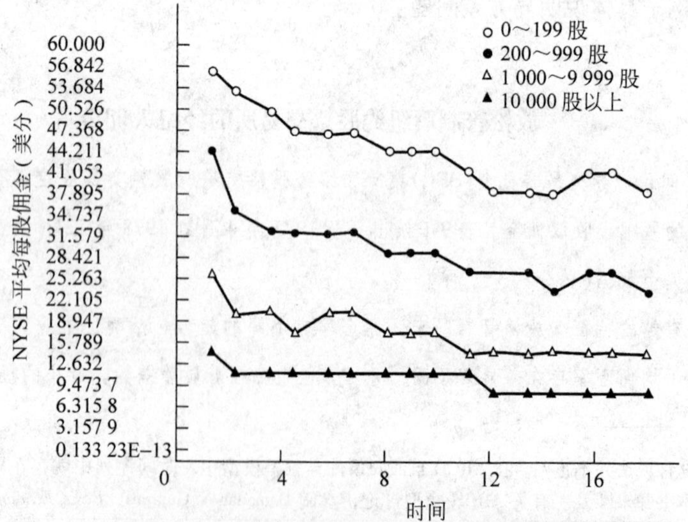

图9-2 NYSE平均每股佣金(美分)，1975年4月~1978年12月(数据来自表9-1)

如何解释这种差异呢？显然，这里存在规模效应——交易量越大，交易总成本就越低，因而平均成本也越低。经济学家们会说表 9-1 中的经纪人行业数据中存在着规模经济（但这也不一定，参见例 9-8 和 9.6 节）。即使经纪行业中存在规模经济，为什么四类机构投资者佣金率的方差会不同呢？换句话说，为什么存在异方差呢？为了吸引大机构投资业务，比如养老基金、共同基金等，经纪公司相互之间竞争激烈，因而它们收取的佣金率并没有多大差异。小的机构投资者也许就没有大机构投资者那样的谈判能力，因而其支付的佣金率也就存在着较大的差异。这或许能够解释表 9-1 数据中的异方差性（当然，也许还有其他的原因）。

如果要建立一个回归模型，即佣金率对股票交易量（和其他变量）的函数，那么大交易量客户的误差方差将会低于小交易量客户的误差方差。■

523 个工人的工资等数据

表 9-2（网上教材）给出一个纯截面数据的例子（可能存在异方差）。[2]表中收集了 523 个工人的若干变量数据，但这里只考虑工资（每小时，美元）与教育（受教育年限）和经验（工龄）的关系。假定其他变量保持不变，考虑如下模型：

$$Wage_i = B_1 + B_2 Edu_i + B_3 Exper + u_i \tag{9-2}$$

先验地预期工资与两个解释变量正相关。回归结果如下：

Dependent Variable：WAGE
Method：Least Squares　　　　(9-3)
Sample：1 523
Included observations：523

	Coefficient	Std. Error	t-Statistic	Prob.
C	−4.524 472	1.239 348	−3.650 687	0.000 3
EDUC	0.913 018	0.082 190	11.108 68	0.000 0
EXPER	0.096 810	0.017 719	5.463 513	0.000 0
R-squared	0.194 953	Mean dependent var		9.118 623
Adjusted R-squared	0.191 856	S. D. dependent var		5.143 200
S. E. of regression	4.623 573	F-statistic		62.962 35
Sum squared resid	11 116.26	Prob(F-statistic)		0.000 000
Durbin-Watson stat	1.867 684			

注：The Durbin-Watson statistic is discussed fully in Chapter 10. It is routinely produced as a part of standard regression output.

回归结果与先验预期一致：工资与教育和工龄高度正相关。在古典假定条件下，两个回归元系数都是高度显著的。

但是，这 523 个工人的背景大不相同，因此很可能不满足同方差假定。如果情况果真如此，估计的标准误和 t 值就不再可靠。为了验证我们的猜测，首先做回归残差平方图，见图 9-3，然后再做残差平方对各回归元的散点图（见图 9-4）。

2　与表 9-2 不同，表 9-1 同时给出了时间序列和截面数据。某个月份 4 个交易机构的数据组成截面数据，而任意交易机构从 1975 年 4 月到 1978 年 12 月的数据则是时间序列数据。

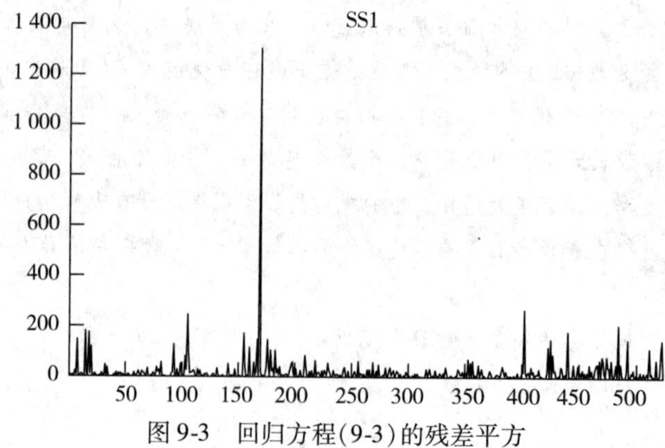

图 9-3 回归方程(9-3)的残差平方

图 9-4a 和图 9-4b 表明，数据存在相当大的变异性，表明回归模型很可能存在异方差。

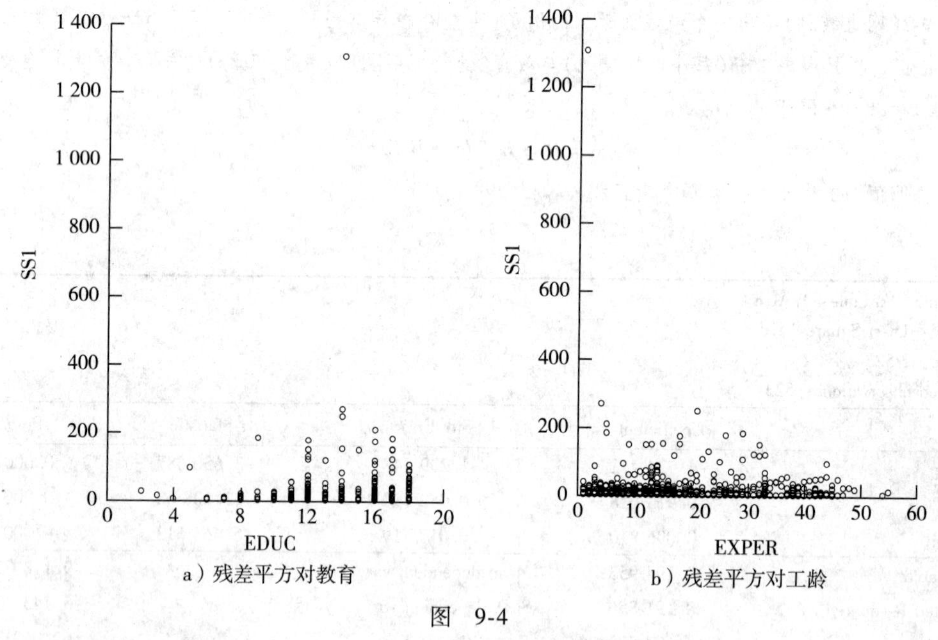

a）残差平方对教育

b）残差平方对工龄

图 9-4

特别需要指出的是，尽管残差 e_i 与扰动项 u_i 很相像，但二者并不相同。因此，根据 e_i 的变化，并不能断言 u_i 的方差也是变化的。[3]但是随后将会看到，实践中很难观察到 u_i，因而只能够利用 e_i。因此，通过检验 e_i^2 的模式来推断 u_i^2 的变化模式。还要记住的是，u_i 的方差（$=\sigma_u^2$）估计值是 $\frac{\sum e_i^2}{n-k}$，其中 n 是样本容量，k 是待估系数的个数，它是 σ_u^2 的一个无偏估计量。

假设在工资回归方程中，根据图 9-3 和图 9-4 判定出现了异方差情形。那么，接下来该怎么办呢？是不是同方差假定下模型(9-3)的回归结果毫无用处呢？[4]为了回答这一问题，必须知道异方差情况下使用普通最小二乘法会出现什么后果。■

3 e_i 和 u_i 的关系参见，E. Malinvaud, Statistical Methods of Econometrics, North-Holland, Amsterdam, 1970, pp, 88-89。

4 在进行回归分析时，通常假设满足 CLRM 的所有假定。只有当检查回归结果时，才会寻找一些表明 CLRM 的一条或若干假设不成立的线索。这也并不非是个下策，没必要太吹毛求疵。

9.2 异方差的后果

在古典线性回归模型的假设下，OLS 估计量是最优线性无偏估计量。即在线性无偏估计量中，最小二乘估计量具有最小方差性——它是有效的。如果 CLRM 其他假定保持不变，放松同方差假定，允许扰动项方差随观察值而变化，异方差则有如下后果，证明从略：[5]

(1) OLS 估计量仍是线性的。

(2) OLS 估计量仍是无偏的。

(3) OLS 估计量不再具有最小方差性，即不再是有效的。即使对大样本也是如此。简言之，无论是小样本还是大样本，OLS 估计量都不再是最优线性无偏估计量。

(4) OLS 估计量的方差通常是有偏的。无法先验地辨别偏差是正的(上偏)还是负的(下偏)。如果 OLS 高估了估计量的真实方差，则产生正的偏差，如果 OLS 低估了估计量的真实方差，则产生负的偏差。

(5) 偏差的产生是由于 $\hat{\sigma}^2$，即 $\sum e_i^2/\text{d.f.}$，不再是真实 σ^2 的无偏估计量(注：d.f.(自由度)在双变量模型中是$(n-2)$，在三变量模型中是$(n-3)$，等等)。在计算 OLS 估计量的方差时用到了 $\hat{\sigma}^2$。

(6) 因此，建立在 t 分布和 F 分布之上的置信区间和假设检验是不可靠的。如果沿用传统的假设检验方法，则很可能得出错误的结论。

简言之，在存在异方差的情况下，常用的假设检验不再可靠，有可能得出错误的结论。

再来看工资模型(9-3)。如果有迹象表明存在异方差(异方差的正规检验方法将在 9.3 节讨论)，那么，在解释回归结果时必须非常谨慎。根据式(9-3)的回归：教育系数的 t 值约为 11，经验系数的 t 值约为 5，都是“高度”显著的。但这是在古典假定下得到的 t 值。如果存在异方差，情况又会怎样呢？前面曾经指出，在异方差情形下，惯用的假设检验不再可靠，可能得出误导性的结论。

上述讨论表明：异方差是一个潜在的严重问题，它可能破坏常用的 OLS 估计以及假设检验过程。因此，在具体研究中，尤其是涉及截面数据时，很重要的一点是要判断是否存在异方差。

在讨论异方差的诊断之前，直观了解一下为什么异方差下 OLS 估计量是无效的。

考虑双变量回归模型。在第 2 章中曾指出，OLS 要求残差平方和(RSS)最小：

$$\sum e_i^2 = \sum (Y_i - b_1 - b_2 X_i)^2$$

现在考虑图 9-5。

该图描绘了某一假想总体 Y 对变量 X 取值之间的关系。从图中可以看出，给定 X，对应每一(子)总体 Y 的方差是不同的，这表明存在异方差。对应于每一个 X 值，随机抽取得到一个 Y 值。式(2-13)表明，在 OLS 过程中，无论是来自较大方差的总体还是较小方差的总体(比较点 Y_n 和点 Y_1)，每一个 e_i^2 都有同样的权重。这么做似乎并不合理，理想的做法是赋予来自较

5 证明参阅 Damodar N. Gujarati, *Basic Econometrics*, McGraw-Hill, 4th ed., New York, 2003, Chapter 11。

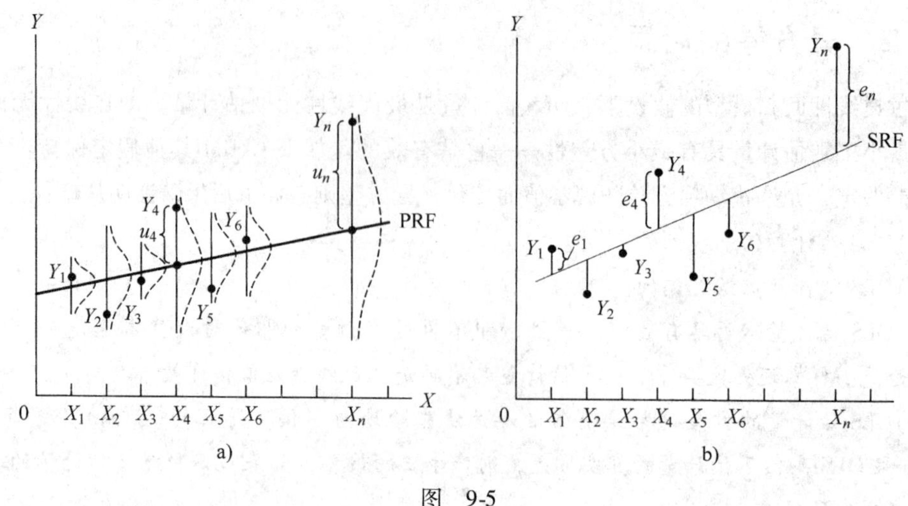

图 9-5

小方差总体的观察值更大的权重。这样能够更精确地估计 PRF。这就是**加权最小二乘法**(weighted least squares, WLS),我们随后讨论。

9.3 异方差的诊断:如何知道存在异方差问题

尽管理论上容易列举异方差的后果,但在实践中诊断异方差并非易事。这一点容易理解,因为只有知道了与 X 相对应的整个 Y 的总体时,才能知道 σ_i^2(如表 2-1 给出的 S. A. T 分数的假想总体)。然而不幸的是,通常总体是未知的,仅仅知道来自总体的某个样本,更典型的情形是知道与变量 X 相对应的 Y 的一个值。而根据单独的这个 Y 值无法确定 Y 的条件分布的方差。[6]

现在我们处于"进退维谷"的地步。如果存在异方差,但却假定了不存在,那么根据普通最小二乘法可能得出误导性的结论,因为 OLS 估计量不是最优线性无偏估计量。但是由于数据主要来自同一个样本,因而无法求出对应于每个观察值的真实误差方差。如果能够求出真实的 σ_i^2,就可能解决异方差问题(参见 9.4 节)。我们该怎么办呢?

与多重共线性的情形相同,并没有诊断异方差的确定方法,只能借助一些诊断工具判断异方差的存在。下面介绍其中的一些诊断工具。

9.3.1 问题的性质

通常可以根据问题的性质判断是否存在异方差。例如,普雷斯(Prais)和霍撒克(Houthakker)[7]在对家庭预算的研究中发现,在消费对收入的回归中,残差方差随收入的增加而增加。因而,类似的研究一般都假设扰动项存在异方差。事实上,在异质性截面数据中,异方差时常发生,并不例外。例如,投资对销售、利率等截面分析中,如果把小、中和大型

6 对于给定的 X, u 的方差和 Y 的方差相同。换句话说,u 的条件方差(给定 X 条件下)和 Y 的条件方差相同。参见第 3 章脚注 3。

7 S. J. Prais and H. S. Houthakker, *The Analysis of Family Budgets*, Cambridge University Press, New York, 1955.

公司放在一起抽样，就很可能存在异方差。类似地，在平均成本对产出的截面研究中，如果样本包括了小、中和大型公司，也很可能存在异方差。（参见 9.6 节例 9-8）

9.3.2　残差的图形检验

在回归分析中，常常根据拟合回归线（或面）检查残差，用以判断模型拟合得是否充分。有时候，通过残差平方图（残差图）来判断异方差性。可以用残差平方对一个或多个解释变量作图，如图 9-4a 和 9-4b 所示。

图 9-6 考虑了实践中残差平方的几种模式。

在图 9-6a 中，e_i^2 与 X 之间没有可识别的系统模式，表明数据中可能不存在异方差。从图 9-6b 到 e 可以看出残差平方与解释变量 X 之间呈现出系统关系；例如，图 9-6c 表明，两者之间存在线性关系，而图 9-6d 和图 9-6e 则表明存在二次关系。因此，在实践中，如果残差平方呈现出图 9-6b 到 9-6e 中的任意一种样式，则表明数据中很可能存在异方差。

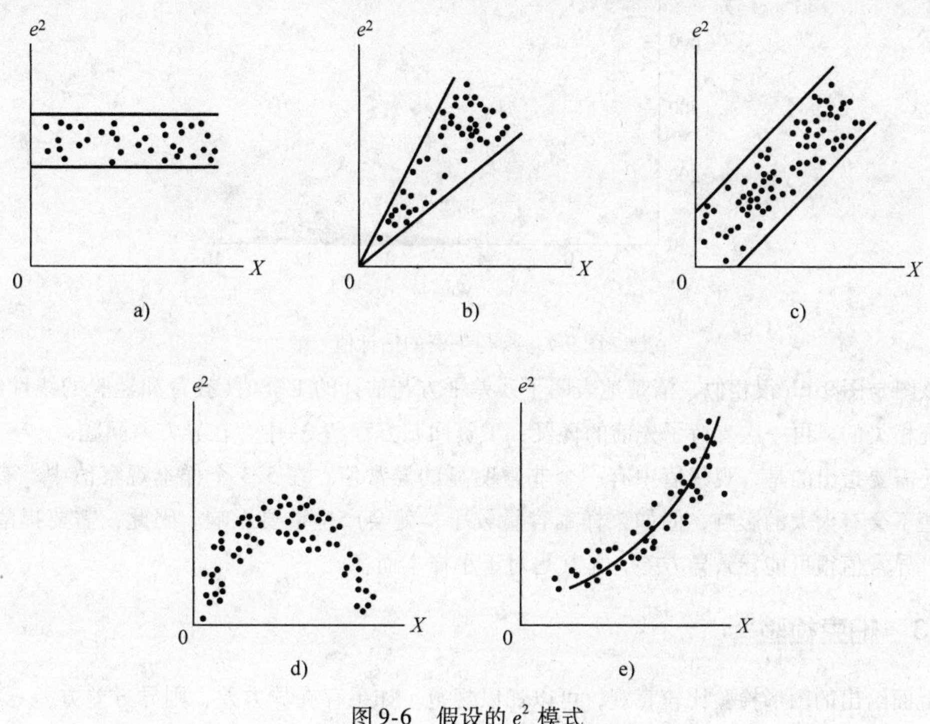

图 9-6　假设的 e^2 模式

注意，上述散点图只是一个简单的诊断工具，一旦怀疑存在异方差，则需谨慎对待，用更正规的方法加以验证。随后将介绍诊断异方差的一些正规方法。

同时，我们提出一些实际问题。比方说，假设现有一个包括四个变量的多元回归方程，那么如何利用图形诊断异方差呢？最直观的方法就是用 e_i^2 对每个变量作图。可能只有一个变量表现出图 9-6 中的某种模式。比较便捷的方法是用 e_i^2 对 Y 的估计值 $\hat{Y}_i$ 作图，而不是对每个解释变量作图。由于 $\hat{Y}_i$ 是 X_s 的线性组合（为什么？），因此，如果 e_i^2 对 $\hat{Y}_i$ 的散点图可能呈现出图 9-6b 到 9-6e 的某种模式，则表明数据中可能存在异方差。这就避免了将残差平方对单个变量作图的烦琐过程，尤其是当模型中有多个解释变量的时候。

用 e_i^2 对一个或多个解释变量或 $\hat{Y}_i$ 作图，假定图形表明存在异方差，那么接下来该怎么办呢？在9.4节中将介绍在已知 e_i^2 与解释变量或 $\hat{Y}_i$ 相关的情形下，如何通过对原始数据进行变换消除异方差。

再回到工资回归一例。图9-7描绘了回归方程(9-3)的残差平方和对工资估计值(Wagef)的散点图。[8]

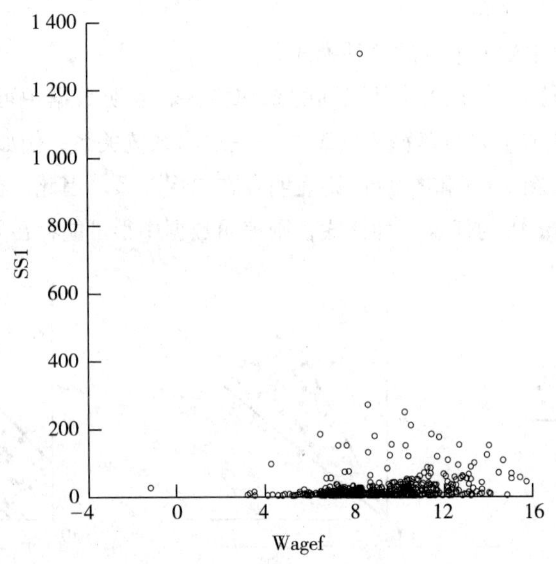

图9-7 e_i^2 与工资的估计值

该图与图9-6b很相似，清楚地表明了残差平方与估计的工资值(教育和经验的线性组合)是系统相关的。再一次支持了先前的怀疑：工资回归方程(9-3)中存在异方差问题。

还需要指出的是，观察值中有一个非常明显的异常值。在523个样本观察值中，有一个异常值不会有太大的影响，但如果样本容量较小，就会产生重要影响。因此，需要提醒注意的是，异常值很可能导致异方差，尤其是对于小样本而言。

9.3.3 帕克检验[9]

上面给出的图形检验比较直观，可以加以规范。如果存在异方差，则异方差方差 σ_i^2 可能与一个或者多个解释变量系统相关。为了确认这一点，可以做 σ_i^2 对一个或者多个解释变量 X 的回归。例如，在双变量模型中进行如下回归：

$$\ln\sigma_i^2 = B_1 + B_2\ln X_i + v_i \tag{9-4}$$

其中，v_i 是残差项。这就是帕克检验。方便起见，这里选择了式(9-4)的函数形式。

不幸的是，回归方程(9-4)是不可操作的，因为异方差方差 σ_i^2 是未知的。如果知道了 σ_i^2，

8 这里是用 e_i^2，而不是 e_i 对 X_i 或 $\hat{Y}_i$ 做图，因为在第2章和第3章曾指出，e_i 与 X_i 和 $\hat{Y}_i$ 零相关。

9 R. E. Park, "Estimation with Heteroscedastic Error Terms," *Econometrica*, vol. 34. no. 4, October 1966, p. 888.

就很容易解决异方差问题了(参见9.4节)。帕克建议用 e_i 代替 u_i，进行如下回归：

$$\ln e_i^2 = B_1 + B_2 \ln X_i + v_i \tag{9-5}$$

当然，也可以不用对数形式的回归，尤其当 X 有负值的时候，直接做残差平方对 X 的回归。

如何获得 e_i^2 呢？可以从原始回归中得到，以模型(9-3)为例。

帕克检验的步骤如下：

(1)做普通最小二乘回归，不考虑异方差问题。

(2)从原始回归方程中求得残差 e_i，并求其平方，再取对数形式(计算机程序都能实现)。

(3)利用原始模型中的一个解释变量做形如式(9-5)的回归，如果有多个解释变量，则对每个解释变量做形如式(9-5)的回归，或者做 e_i^2 对 Y 的估计值 $\hat{Y}_i$ 的回归。[10]

(4)检验零假设 $B_2=0$，即不存在异方差。如果 $\ln e_i^2$ 和 $\ln X_i$ 之间是统计显著的，则拒绝零假设：不存在异方差，这种情况下需要采取一些补救措施，我们将在9.4节中讨论。

(5)如果接受零假设，则回归方程中的 B_1 可以理解为同方差 σ^2 的一个给定值。

例 9-3
Example

工资回归与帕克检验

我们用工资回归一例说明帕克检验。这里有两个回归元，即教育和经验。因而有三种选择：可以做工资对教育的回归，工资对经验的回归，或者工资对教育和经验的回归。然后做各个残差平方对教育、工资或教育和工资的回归。这里选择第三个方案，前两个方案留做本章的习题。

把从回归方程(9-3)中得到的残差对估计的工资值(Wagef)进行回归，得到如下结果[11]：

Dependent Variable：SS1
Method：Least Squares　　(9-6)
Included observations：523

	系数	标准误	t统计量	概率
C	−10.359 65	11.794 90	−0.878 316	0.380 2
WAGEF	3.467 020	1.255 228	2.762 063	0.005 9

R-squared	0.014 432	Mean dependent var	21.254 80
Adjusted R-squared	0.012 540	S. D. dependent var	65.538 46
S. E. of regression	65.126 24	F-statistic	7.628 992
Sum squared resid	2 209 783	Prob(F-statistic)	0.005 947
Durbin-Watson stat	2.026 039		

注：SS1 are squared residuals from regression(9-3) and Wagef are the forecast values of wage from regression(9-3).

由于 Wagef 的系数是统计显著的，因此帕克检验表明，回归模型存在异方差。

在接受帕克检验的结果之前，需要指出与检验有关的一些问题：回归方程(9-6)中的误差项 v_i 本身可

10　在运行回归式(9-5)时，需要选择合适的函数形式。有时候选择 e_i^2 对 X_i 回归比较适合，有时候则选择 $\ln e_i^2$ 对 $\ln X_i$ 回归。

11　由于根据式(9-3)得到的一个工资预测值为负，所以不能使用对数形式。因此，采用残差平方和作为应变量。

能是异方差的。[12]在这种情形下，需要重新回到问题的起点。因此，在确认工资回归方程(9-3)中存在异方差之前，需要进行更多的检验。■

9.3.4 格莱泽检验[13]

格莱泽检验(Glejser test)实质上与帕克检验类似。从原始模型中获得残差 e_i 之后，格莱泽建议做 e_i 的绝对值 $|e_i|$ 对 X 的回归。格莱泽建议采用以下函数形式：

$$|e_i| = B_1 + B_2 X_i + v_i \tag{9-7}$$

$$|e_i| = B_1 + B_2 \sqrt{X_i} + v_i \tag{9-8}$$

$$|e_i| = B_1 + B_2 \left(\frac{1}{X_i}\right) + v_i \tag{9-9}$$

每种情形下的零假设都不存在异方差，即 $B_2 = 0$。如果拒绝零假设，则表明可能存在异方差。

例 9-4
Example

工资回归与格莱泽检验

根据回归方程(9-3)的残差估计如下这些模型，结果如下：

$$\begin{aligned} |e_i| &= -0.3208 + 0.2829 Educ_i \\ t &= (-0.4739)(5.5483) \qquad r^2 = 0.0557 \end{aligned} \tag{9-10}$$

$$\begin{aligned} |e_i| &= -3.1905 + 1.8263 \sqrt{Educ_i} \\ t &= (-2.5068)(5.1764) \qquad r^2 = 0.0489 \end{aligned} \tag{9-11}$$

$$\begin{aligned} |e_i| &= 4.3879 - 12.6224 \frac{1}{Educ_i} \\ t &= (10.6923)(-2.6561) \qquad r^2 = 0.133 \end{aligned} \tag{9-12}$$

这里利用 Educ 作为回归元(注：在习题(9.22)中，将使用 Exper 和 Wagef 作为回归元，并与式(9-10)~式(9-12)做比较)。各种形式的格莱泽检验表明，工资回归模型(9-3)中存在异方差。■

对于格莱泽检验，需要特别注意的是，与帕克检验一样，在格莱泽建议的回归方程中，误差项 v_i 本身可能存在异方差和序列相关问题(参见第 10 章)。但是，对于大样本来说，格莱泽检验是诊断异方差的一个理想工具。由于残差平方(而不是残差绝对值)"抓住了"方差的本质，因此，建立残差平方的检验(例如帕尔检验，怀特检验，布鲁尔什 - 培甘检验)比格莱泽检验更适合。在随后的例子中将会看到这一点。

---

12 检验回归模型(9-6)残差的异方差性。根据布鲁尔什 - 培甘检验，表明不存在异方差。但根据怀特检验，却表明存在异方差。

13 H. Glejser, "A New Test for Heteroscedasticity," *Journal of the American Statistical Association* (JASA), vol. 64, pp. 316-323.

9.3.5 怀特的一般异方差检验[14]

怀特的一般异方差检验(White's general test of heteroscedasticity)方法很容易应用。假定有如下模型：

$$Y_i = B_1 + B_2X_{2i} + B_3X_{3i} + u_i \tag{9-13}$$

怀特检验步骤如下：

(1)首先用普通最小二乘法估计回归方程(9-13)，得到残差 e_i。

(2)然后做如下辅助回归：

$$e_i^2 = A_1 + A_2X_{2i} + A_3X_{3i} + A_4X_{2i}^2 + A_5X_{3i}^2 + A_6X_{2i}X_{3i} + v_i \tag{9-14}$$

即做残差平方 e_i^2 对所有原始变量、变量平方以及变量交叉乘积的回归。也可以加入原始变量的更高次幂。v_i 是辅助回归方程中的残差项。

(3)求辅助回归方程(9-14)的 R^2 值。在不存在异方差(即式(9-14)中所有斜率系数都为零)的零假设下，怀特证明了从方程(9-14)中得到的 R^2 值与样本容量($=n$)的积服从χ^2分布，自由度等于方程(9-14)中解释变量的个数(不包括截距项)。

$$n \cdot R^2 \sim \chi_{k-1}^2 \tag{9-15}$$

其中，$k-1$ 表示自由度。在模型(9-14)中，自由度 d. f 为 5。

(4)如果从方程(9-15)中得到的χ^2值超过了所选显著水平下的χ^2 临界值，或者说计算得到的χ^2值的 p 值很低，则拒绝零假设：不存在异方差。如果计算的χ^2值的 p 值很大，则不能拒绝零假设。

例 9-5
Example

工资回归与怀特的一般异方差检验

为了说明怀特检验，继续看工资回归模型(9-3)。式(9-14)的回归结果如下：

Heteroscedasticity Test：White

F-statistic	2.269 163	Prob. F(5, 517)	0.046 5
Obs*R-squared	11.231 02	Prob. Chi-Square(5)	0.047 0
Scaled explained SS	52.679 24	Prob. Chi-Square(5)	0.000 0

Test Equation：
Dependent Variable：RESID^2　　(9-16)
Method：Least Squares
Included observations：523

	系数	标准误	t 统计量	概率
C	14.382 96	71.347 26	0.201 591	0.840 3
EDUC	−1.183 296	9.137 968	−0.129 492	0.897 0
EDUC^2	0.168 639	0.300 676	0.560 865	0.575 1
EDUC*EXPER	0.022 239	0.104 117	0.213 591	0.830 9
EXPER	−1.401 130	1.912 126	−0.732 760	0.464 0
EXPER^2	0.027 113	0.020 969	1.293 039	0.196 6

14　H. White, "A Heteroscedasticity Consistent Covariance Matrix Estimator and a Direct Test of Heteroscedasticity," *Econometrica*, vol. 48, no. 4, 1980, pp. 817-818.

（续）

	系数	标准误	t 统计量	概率
R-squared	0.0214 74	Mean dependent var		21.254 80
Adjusted R-squared	0.012 011	S. D. dependent var		65.538 46
S. E. of regression	65.143 69	F-statistic		2.269 163
Sum squared resid	2 193 993	Prob(F-statistic)		0.046 542
Durbin-Watson stat	2.016 101			

本例中根据式(9-15)计算得到的统计量的值为11.231 0。在5%的显著水平下是统计显著的，再次表明工资回归中存在异方差。

如果在怀特检验中不包括交叉乘积项，得到的 $n \cdot R^2 \approx 9.69$(自由度为2)。这个 χ^2 值的 p 约为0.007 8，表明工资回归中存在异方差。■

各种异方差检验结果表明，工资回归中存在异方差问题。这个结论并不令人吃惊，因为在异质截面数据中很难保证同方差性。

以上详细讨论了各种异方差检验方法。事实上，利用STATA和EViews等统计软件很容易进行异方差检验。例如，在使用EViews软件时，一旦估计出回归方程，就可以点击"View"命令，选择残差检验方法。EViews给出了异方差检验的若干方法。选择其中的一种或几种，EViews立即输出检验结果。

9.3.6 异方差的其他检验方法

以上介绍了异方差检验的一些常用方法。下面列出其他一些异方差检验方法，这里不再详细讨论。

(1) Spearman秩相关检验(参见习题9.13)。

(2) Goldfeld-Quandt检验。

(3) Bartlett方差齐性检验。

(4) Peak检验。

(5) Breusch-Pagan检验。

(6) CUSUMSQ检验。

详细讨论可以查阅有关文献。[15]

9.4 观察到异方差该怎么办：补救措施

异方差并不破坏OLS估计量的无偏性，但估计量却不再是有效的，即使对大样本也是如此。失去了有效性，通常的OLS假设检验程序就不再可靠。因此，如果怀疑存在异方差或者已经诊断到异方差，则寻求补救措施就很重要。

---

15 The Spearman's rank correlation, the Goldfeld-Quandt, and the Breusch-Pagan tests are discussed in Damodar N. Gujarati, *Basic Econometrics*, 4th ed., McGraw-Hill, New York, 2009, Chapter 11. This text also gives references to the other tests mentioned earlier. 习题9.13也提供了部分参考文献。

在工资–教育一例中，图9-7表明工资回归方程(9-3)中可能存在异方差问题。根据帕克检验、格莱泽检验和怀特检验，也都验证了异方差的存在。如何解决这一问题呢？是否存在这样的方法，将模型(9-3)加以“变换”，使得“变换”后的模型具有同方差性？那么，采取什么样的变换呢？答案取决于真实误差方差 σ_i^2 是已知的还是未知的。

9.4.1　当 σ_i^2 已知时：加权最小二乘法

考虑双变量PRF：

$$Y_i = B_1 + B_2 X_i + u_i \tag{9-17}$$

其中，Y 表示小时工资收入，X 表示教育(受教育年限)。假设误差方差 σ_i^2 是已知的，即对应每个观察值的误差方差是已知的。对模型(9-17)考虑如下“变换”：

$$\frac{Y_i}{\sigma_i} = B_1\left(\frac{1}{\sigma_i}\right) + B_2\left(\frac{X_i}{\sigma_i}\right) + \frac{u_i}{\sigma_i} \tag{9-18}$$

即把回归方程(9-17)的两边都除以或“缩减”σ_i，σ_i 是方差 σ_i^2 的平方根。

令
$$v_i = \frac{u_i}{\sigma_i} \tag{9-19}$$

v_i 称为“变换后”的误差项。v_i 满足同方差吗？如果是，则变换后的回归方程(9-18)就不存在异方差问题了。在CLMR的其他假定都满足的条件下，式(9-18)中各参数的OLS估计量是最优线性无偏估计量，继而可以按照常规的方法进行统计分析。

证明误差项 v_i 同方差性并不困难。根据方程(9-19)有：

$$v_i^2 = \frac{u_i^2}{\sigma_i^2} \tag{9-20}$$

$$E(v_i^2) = E\left(\frac{u_i^2}{\sigma_i^2}\right) = \frac{1}{\sigma_i^2}E(u_i^2)$$

由于 σ_i^2 是已知的，因此，

$$= \left(\frac{1}{\sigma_i^2}\right)(\sigma_i^2) = 1 \tag{9-21}$$

显然它是一个常数。简言之，变换后的误差项 v_i 是同方差的。因此，变换后的模型(9-18)不存在异方差问题，因而可以用常规的OLS方法进行估计。

在实际估计回归方程(9-18)中，只需要给计算机一个指令，把 Y 和 X 的每个观察值都除以“已知”的 σ_i，然后再对这些变换后的数据进行OLS回归(大多数计算机软件都能实现)。由此得到 B_1、B_2 的OLS估计量称为**加权最小二乘估计量**(weighted least squares (WLS) estimators)；Y 和 X 的每个观察值都以其标准差 σ_i 为权数(即除以 σ_i)。由于这种加权过程，所以这种情形下的OLS被称为**加权最小二乘法**(WLS)。[16](参见习题9.14)

16　注意回归式(9-18)的这个技术要点。在估计方程时，指令计算机进行通过原点的回归，因为式(9-18)中没有“显式”截距——回归中的第一项 $B_1(1/\sigma_i)$。但是，“斜率”系数 $(1/\sigma_i)$ 是截距系数 B_1。过原点的回归参见第5章。

9.4.2 当σ_i^2未知时

加权最小二乘法简单易行，但有一个重要问题：如何知道真实的误差方差σ_i^2？事实上很难获知真实误差方差的信息。因此，要使用WLS法，必须对σ_i^2进行特殊、合理的假设，通过对原始模型变换，使得变化后的模型满足同方差假定，然后运用OLS法。WLS只不过是对变换后的数据使用OLS法。[17]

当真实σ_i^2未知时，对这个未知的误差方差做何假设呢？怎样才能应用WLS法？这里考虑双变量模型可能出现的几种情况，很容易把它推广到多元回归的情形。

情形1：误差方差与X_i成比例：平方根变换

用OLS法进行估计，把回归的残差对解释变量X作图，如果观察到图形与图9-8相似，则表明误差方差与解释变量X线性相关，或者说与X成比例。即，

$$E(u_i^2)=\sigma^2 X_i \tag{9-22}$$

表明误差方差与X_i成比例，或者说与X_i线性相关；常数σ^2（注意σ^2没有下标）是比例因子。在式(9-22)的假定下，将模型(9-17)做如下变换：

$$\frac{Y_i}{\sqrt{X_i}}=B_1\frac{1}{\sqrt{X_i}}+B_2\frac{X_i}{\sqrt{X_i}}+\frac{u_i}{\sqrt{X_i}}=B_1\frac{1}{\sqrt{X_i}}+B_2\sqrt{X_i}+v_i \tag{9-23}$$

其中$v_i=u_i/\sqrt{X_i}$。即把模型(9-17)的两边同时除以X_i的平方根。式(9-23)就是**平方根变换**（square root transformation）的一个例子。

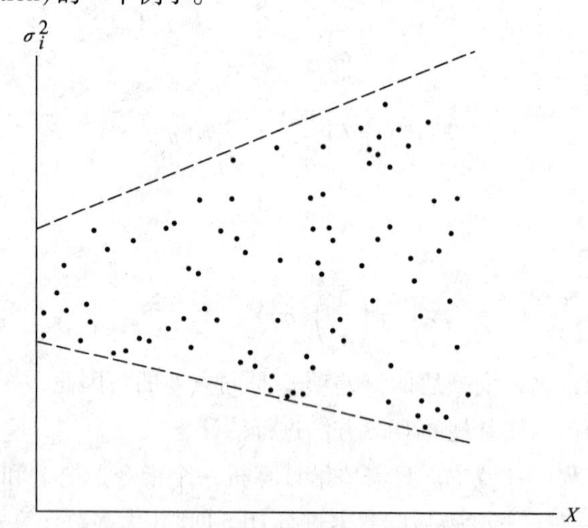

图9-8 误差方差与X成比例

---

17 在OLS过程中，最小化的是

$$\Sigma e_i^2=\Sigma(Y_i-b_1-b_2X_i)^2,$$

但在WLS过程中，最小化

$$\Sigma\left(\frac{e_i}{\sigma_i}\right)^2=\Sigma\left[\frac{Y_i-b_1-b_2X_i}{\sigma_i}\right]^2$$

σ_i已知。可以清楚地看出，WLS过程如何“缩减”较大方差观察值的影响，即误差方差越大，除数也越大。

根据式(9-21)的思路，很容易证明变形后回归方程的误差 v_i 是同方差的，因此，可以应用 OLS 法估计式(9-23)。事实上，这里使用了 WLS 法。(为什么?)[18]需要特别指出的是，为了估计式(9-23)，必须使用过原点的回归。大多数标准回归软件都能够实现。

例 9-6
Example

变换后的工资回归

我们用工资回归模型(9-3)加以说明。式(9-23)的回归结果如下：

Dependent Variable：WAGE/(@SQRT(EDUC))
Method：Least Squares　　(9-24)
Included observations：523

	系数	标准误	t 统计量	概率
1/@SQRT(EDUC)	−2. 645 605	1. 076 890	−2. 456 708	0. 014 3
@SQRT(EDUC)	0. 781 380	0. 071 763	10. 888 40	0. 000 0
EXPER/(@SQRT(EDUC))	0. 087 698	0. 016 368	5. 357 896	0. 000 0
R-squared	0. 084 405	Mean dependent var		2. 517 214
Adjusted R-squared	0. 080 884	S. D. dependent var		1. 316 767
S. E. of regression	1. 262 392	Durbin-Watson stat		1. 819 673
Sum squared resid	828. 689 3			

要得到原始的(未经变换)工资方程，只需将式(9-24)两边同乘以 $\sqrt{Educ_i}$，即

$$Wage_i = -2.6456 + 0.7813 Educ_i + 0.0876 Exper_i \tag{9-25}$$

如果把回归结果与原始回归(9-3)相比较，可以看出估计的回归系数是不同的。原因在于使用了缩减因子 $\sqrt{Educ}$。

检查式(9-24)的残差平方，根据布鲁尔什－培甘检验和怀特检验，表明不存在异方差，但格莱泽检验的结果却表明存在异方差。■

问题是，如果模型中的解释变量不止一个会发生什么情况呢？在这种情形下，可以根据图形选择最适合的解释变量(参见习题 9.7)做形如式(9-23)的变换。但是，当有多个可选解释变量时又该怎么办呢？在这种情形下，可以把估计的 $\hat{Y}_i$ 作为变换变量，而不是选择某一个解释变量，因为 $\hat{Y}_i$ 是 X 的线性组合。

情形 2：误差方差与 X_i^2 成比例

如果估计的残差呈现类似图 9-9 的模式，则表明误差方差不是与 X 线性相关，而是与 X 平方成比例增加。用符号表示

$$E(u_i^2) = \sigma^2 X_i^2 \tag{9-26}$$

在这种情况下，把方程两边同除以 X_i，而不是 X_i 的平方根，变换如下：

18　由于 $v_i = u_i/\sqrt{X_i}$，$v_i^2 = u_i^2/X_i$。因此，

$$E(v_i^2) = \frac{E(u_i^2)}{X_i} = \sigma^2\left(\frac{X_i}{X_i}\right) = \sigma^2$$，即同方差。注意变量 X 是非随机的。

$$\frac{Y_i}{X_i}=B_1\left(\frac{1}{X_i}\right)+B_2+\left(\frac{u_i}{X_i}\right)=B_1\left(\frac{1}{X_i}\right)+B_2+v_i \tag{9-27}$$

其中，$v_i=u_i/X_i$。

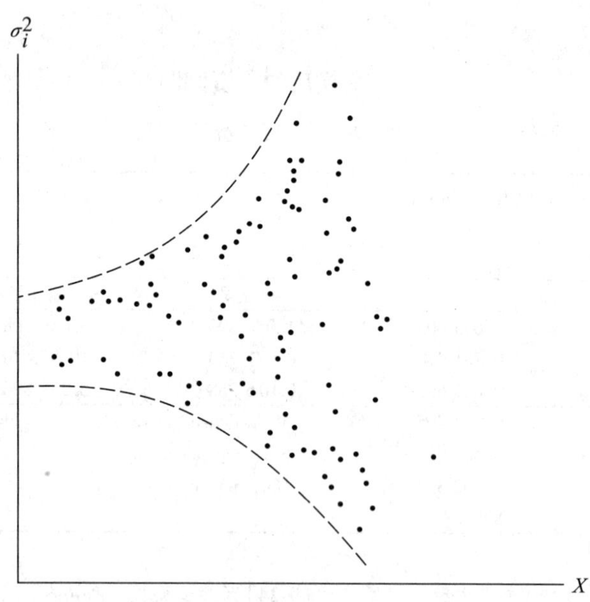

图 9-9 误差方差与 X^2 成比例

很容易证明方程(9-27)中的误差项 v_i 是同方差的。因此，用 OLS 法估计方程(9-27)(实际上是 WLS 估计)，可以得到最优线性无偏估计量(CLRM 其他假定保持不变)。

方程(9-27)的一个有趣特性是：原始方程中的斜率系数现在变成了"截距"，而原始方程中的截距却成了"斜率"系数。但这一变化仅仅是为了估计，一旦估计出方程(9-27)，将方程两边同时乘以 X_i，则又回到了原始模型。

利用式(9-27)对工资一例进行回归，结果如下：

Dependent Variable：WAGE/EDUC
Method：Least Squares (9-27)
Included observations：523

	系数	标准误	t 统计量	概率
C	0.585 431	0.051 284	11.415 51	0.000 0
1/EDUC	0.090 268	0.762 246	0.118 424	0.905 8
EXPER/EDUC	0.070 930	0.013 836	5.126 660	0.000 0
R-squared	0.095 542	Mean dependent var		0.705 677
Adjusted R-squared	0.092 063	S. D. dependent var		0.371 773
S. E. of regression	0.354 247	F-statistic		27.464 92
Sum squared resid	65.255 27	Prob(F-statistic)		0.000 000
Durbin-Watson stat	1.755 325			

方程两边同乘以 *Educ*，得到

$$Wage_i=0.090\,2+0.584Educ_i+0.070\,9Exper_i$$

检查这个回归模型的异方差性，根据布鲁尔什－培甘检验和怀特检验，表明不存在异方差，但格莱泽检验的结果却表明存在异方差。

把回归结果与式(9-3)进行比较，两个方程的回归系数也是不同的。这很可能是由于变换过程中缩减因子的影响。这个例子表明，寻找正确的缩减因子并非易事。有时错误在所难免。

习题 9. 24 用 Wagef 作为缩减因子，看看结果有什么不同。由于 Wagef 考虑到了 Educ 和 Exper 两个变量，因此用 Wagef 作为缩减因子更适合。

9. 4. 3　重新设定模型

除了推测 σ_i^2 以外，有时也可以通过重新设定 PRF 消除异方差，即选择一个不同的函数形式(参见第 5 章)。例如，如果选择对数形式估计模型，而不是变量线性模型(LIV)，也能达到消除异方差的目的。即估计：

$$\ln Y_i = B_1 + B_2 \ln X_i + u_i \tag{9-28}$$

这个变换式中的异方差问题也许就没那么严重了，因为对数变换压缩了变量的度量规模，把两个变量值间的 10 倍差异缩小为 2 倍差异。例如，90 是 9 的 10 倍，但 ln90(= 4. 499 8)只有 ln2(= 2. 197 2)的 2 倍。

第 5 章曾指出，对数线性或者双对数模型的一个显著优点是斜率系数 B_2 度量了 Y 对 X 的弹性，即 X 变化 1% 引起的 Y 变化的百分比。

实践中需要根据理论和具体情况选择线性变量模型或是对数线性模型。但如果没有明显的证据支持选择哪类模型，并且在 LIV 模型中异方差问题比较严重的情况下，则不妨试一试双对数模型。

例 9-7
Example

工资数据的双对数模型

对工资－教育数据，采用双对数回归模型得到如下结果：

Dependent Variable：LOG(WAGE)
Method：Least Squares　　(9-29)
Included observations：523

	系数	标准误	t 统计量	概率
C	−0. 794 552	0. 259 204	−3. 065 354	0. 002 3
LOG(EDUC)	0. 957 322	0. 091 702	10. 439 48	0. 000 0
LOG(EXPER)	0. 166 189	0. 024 690	6. 731 001	0. 000 0
R-squared	0. 193 841	Mean dependent var		2. 072 301
Adjusted R-squared	0. 190 740	S. D. dependent var		0. 522 545
S. E. of regression	0. 470 076	F-statistic		62. 516 99
Sum squared resid	114. 905 0	Prob(F-statistic)		0. 000 000
Durbin-Watson stat	1. 772 461			

由于是双对数模型，因此 log(*Educ*) 和 log(*Exper*) 的系数分别表示了教育对工资的弹性和经验对工资的弹性。根据 p 值，这些弹性系数都是统计显著的。

在接受这些结果之前，需要检查回归模型(9-29)是否存在异方差。布鲁尔什－培甘检验，格莱泽检验和怀特检验都表明模型中不存在异方差。但是，在 LIV 模型中却存在异方差问题。这说明选择正确的模型形式对于解决异方差问题至关重要。■

在习题9.9中，要求读者验证上述回归结果，并检查是否存在异方差。如果回归方程(9-29)不存在异方差问题，则该模型显然优于 LIV 模型，因为后者存在异方差问题，需要对变量进行变换。

顺便指出：此前所讨论的消除异方差的变换方法也称为**方差稳定变换**(variance stabilizing transformations)。

在结束本节讨论之前，仍需重申的是，以上讨论过的变换都是特殊形式的变换；在真实 σ_i^2 未知的情况下，通常的做法是推测它会是什么样的。究竟选择前面讨论的哪种变换，取决于问题的性质和异方差的严重程度。还需指出的是，误差方差可能与模型中任何一个解释变量都不相关，而是与某个未纳入模型的候选变量相关。在这种情形下，可以用这个变量对模型进行变换。当然，如果一个变量在逻辑上是属于模型的，那么最开始就应引入模型(参见第7章)。

9.5 怀特异方差校正后的标准误和 t 统计量

前面指出，在存在异方差的情况下，OLS 估计量尽管是无偏的，但却是无效的。因此，按常规方法计算得到的估计量的标准误和 t 统计量都值得怀疑。怀特建立了一种估计方法，由于利用这种方法得到的回归系数的标准误考虑到了异方差的存在，因此可以继续使用 t 检验和 F 检验，只不过这时的 OLS 估计量是渐近有效的，即对大样本是有效的。

需要指出的是，怀特过程并没有改变回归系数的值，仅仅改变了标准误。[19]

为了说明异方差情形下利用常规的 OLS 法计算的标准误和 t 统计量会导致什么样的后果，再来看工资回归方程(9-3)。利用 Eviews 软件得到如下结果：

Dependent Variable: WAGE
Method: Least Squares (9-30)
Sample: 1 533
Included observations: 533
White's Heteroscedasticity-Consistent Standard Errors and Covariance

	系数	标准误	t 统计量	概率
C	-4.857 541	1.259 182	-3.857 695	0.000 1
EDUC	0.923 849	0.088 110	10.485 17	0.000 0
EXPER	0.104 346	0.018 083	5.770 424	0.000 0

R-squared	0.200 778	Mean dependent var	9.034 709
Adjusted R-squared	0.197 762	S. D. dependent var	5.138 028
S. E. of regression	4.602 016	F-statistic	66.572 32
Sum squared resid	112 24.63	Prob(F-statistic)	0.000 000
Durbin-Watson stat	1.839 859		

19 怀特异方差修正后标准误的推导超出了本书研究范围。感兴趣的读者可以参阅 Jack Johnston and John DiNardo, *Econometrics Methods*, 4th ed., McGraw-Hill, New York, 1997, Chapter 6。

方程(9-3)与方程(9-30)的回归系数相同。唯一不同的是，估计的标准误不同，因而两个 t 值也不相同。由于怀特过程下的斜率系数的标准误较大（t 值较小），因此，看来式(9-3)低估了真实的标准误。尽管如此，怀特过程下的 t 值仍是高度统计显著的，因为 p 值几乎为0。

这个例子说明，异方差并不一定破坏回归系数的统计显著性。一旦发现了异方差问题，就要对标准误进行修正。

9.6 若干异方差实例

我们通过三个具体实例结束本章的讨论，并以此说明实际中异方差的重要性。

例 9-8
Example

规模经济或异方差

纽约股票交易所(NYSE)最初极力反对对经纪人佣金率放松管制。在引入放松管制以前(1975年5月1日)，NYSE向股票交易委员会(SEC)提交了一份经济计量研究报告，认为在经纪人行业中存在规模经济，因此(由垄断决定的)固定佣金率是公正的。[20]NYSE提交的经济计量分析基于以下回归：[21]

$$\hat{Y}_i = 476\,000 + 31.348X_i - (1.083 \times 10^{-6})X_i^2$$

$$t = (2.98) \quad (40.39) \quad (-6.54) \quad R^2 = 0.934 \tag{9-31}$$

其中，Y 是总成本，X 是股票交易数量。从模型(9-31)可以看出：总成本和交易量正相关。但是由于交易量的二次项系数为负，并且是“统计显著的”，这意味着总成本是以一个递减的速率增加。因此，NYSE认为在经纪人行业中存在规模经济，从而佐证了NYSE的垄断地位。

然而美国司法部反托拉斯局却认为模型(9-31)所声称的规模经济只是一个幻想，因为回归方程(9-31)中存在异方差问题。因为在估计成本函数(9-31)时，NYSE并未考虑样本中大、小公司的差异，即NYSE并没有考虑到规模因素。假设误差项与交易量呈比例变动(参见方程(9-22))，反托拉斯局重新估计了方程(9-31)，得到如下回归结果：[22]

$$\hat{Y}_i = 342\,000 + 25.57X_i + (4.34 \times 10^{-6})X_i^2$$

$$t = (32.3) \quad (7.07) \quad (0.503) \tag{9-32}$$

回归结果表明，二次项不仅是统计不显著的，而且符号也是错的。[23]因此，在经纪人行业中并不存在规模经济，这就推翻了NYSE垄断佣金的论点。■

上述例子表明：方程(9-31)中隐含的同方差假定的潜在危害有多大！设想一下，如果SEC接受了方程(9-31)的结果并允许NYSE像1975年5月1日以前那样垄断地确定佣金率，情况

---

20 有些时候，经济学家提出规模经济是为了证明某些行业中存在垄断，尤其是那些自然垄断行业(比如电力和煤气等公用事业)。

21 式(9-31)和(9-32)的回归结果来自 H. Michael Mann，“The New York Stock Exchange：A Cartel at the End of Its Reign ”in Almarin Phillips (ed.)，*Promoting Competition in Regulated Industries*，Brookings Institution，Washington D.C.，1975，p.324。

22 实际上是对式(9-23)进行估计。一旦估计出方程，两边同乘以 $\sqrt{X_i}$，则回到原始方程，即方程(9-32)。

23 NYSE回应说，反托拉斯局假设特殊形式的异方差是无效的。但是其他假设同样支持了反托拉斯局的结论：经纪人行业不存在规模经济。详细讨论参考脚注21中Mann的文章。

会是怎样！

例 9-9
Example

公路容量与经济增长

戴维·阿肖尔(David A. Aschauer)根据表 9-3 提供的结果证明了：高等级交通基础设施的改善有利于生产率的提高和人均收入的增长。[24] 由于研究涉及美国 48 个州，所以假定误差项不满足同方差性。[25]

表 9-3 人均收入增长与公路容量

解释变量	OLS	WLS^1	WLS^2	WLS^3
Constant	-7.69	-7.94	-8.19	-7.62
	se = (1.08)	(1.08)	(1.09)	(1.08)
$\ln X_2$ (in 1960)	-1.59	-1.64	-1.69	-1.58
	se = (0.18)	(0.19)	(0.19)	(0.18)
$\ln X_3$	0.30	0.30	0.31	0.30
	se = (0.06)	(0.06)	(0.06)	(0.06)
X_4	-0.009	-0.100	-0.011	-0.008
	se = (0.003)	(0.003)	(0.003)	(0.003)
D	-31.00	-32.00	-33.00	-31.00
	se = (0.08)	(0.08)	(0.08)	(0.08)
	R^2 = 0.67	0.49	0.46	0.73

注：应变量 Y——1960～1980 年人均收入(按 1972 年的美元价计算)年均增长率；
X_2——以 1960 年为基年的人均收入水平(按 1972 年的美元价计算)；
X_3——公路总英里(1960～1980 年的平均水平)；
X_4——1982 年低质量公路比例；
D——虚拟变量，中西部地区为 1，其他为 0；
WLS^1——以 X_2 平方根为权数的加权最小二乘法(参见方程(9-23))；
WLS^2——以 X_2 为权数的加权最小二乘法(参见方程(9-27))；
WLS^3——以 $\ln X_2$ 为权数的加权最小二乘法。

资料来源：David A. Aschauer, "Highway Capacity and Economic Growth," *Economic Perspectives*, Federal Reserve Bank of Chicago, September/October 1990, Table 1, p. 18，符号略做调整。■

本例中假设存在异方差是合适的，因为通过各种方法校正异方差对 OLS 结果影响不大。这个例子表明，如果存在异方差，那么就应该对这个问题进行深入研究，而不是假定这个问题不存在。正如 NYSE 规模经济一例，异方差是一个潜在的严重问题，决不能掉以轻心。在安全的一边犯错误更好一些！

例 9-10
Example

扩展的工资模型

前面介绍的工资模型非常简单，主要是为了教学的目的。现在利用表 9-2 中的数据，估计一个更为复杂的工资模型。

---

24 本例和表 9-3 的统计结果来自 David A. Aschauer, "Highway Capacity and Economic Growth," *Economic Perspectives*, Federal Reserve Bank of Chicago, pp. 14-23, September/October 1990。

25 注：是"heteroscedasticity"还是"heteroskedasticity"？应该是后者，但在有的文献中也使用前面这个单词。

Dependent Variable：LOG(WAGE)
Method：Least Squares
Included observations：523

	Coefficient	Std. Error	t-Statistic	Prob.
C	0.773 947	0.123 314	6.276 238	0.000 0
EDUC	0.091 251	0.007 923	11.517 48	0.000 0
EXPER	0.009 712	0.001 757	5.528 884	0.000 0
SEX	-0.244 064	0.039 288	-6.212 101	0.000 0
MARSTAT	0.069 315	0.042 214	1.641 993	0.101 2
REGION	-0.115 626	0.042 945	-2.692 413	0.007 3
UNION	0.183 644	0.050 956	3.603 982	0.000 3
R-squared	0.301 086	Mean dependent var		2.072 301
Adjusted R-squared	0.292 959	S. D. dependent var		0.522 545
S. E. of regression	0.439 386	F-statistic		37.048 03
Sum squared resid	99.618 94	Prob(F-statistic)		0.000 000
Durbin-Watson stat	1.861 383			

注：SEX = 1，女性；Marstat = 1，已婚；Region = 1，南部；Union = 1，工会会员。

方程(9-33)是一个半对数模型，工资变量是对数形式，回归元是线性形式。在文献中出现的工资模型，通常工资变量都采用对数形式。变量 *Educ* 和 *Exper* 的系数表示了半弹性。例如，*Educ* 系数 0.091 表明，在其他变量保持不变的条件下，受教育年限每增加一年，工资平均增加 9.1 个百分点。虚拟变量的解释参见习题 9.25。■

对回归方程进行异方差检验。根据布鲁尔什－培甘检验和怀特检验(包括交叉乘积项)，表明不存在异方差。用怀特异方差矫正标准误检验方程(9-33)可以得到同样的结论。事实上，OLS 结果与怀特方法的结果没有什么差别。

9.7　小结

古典线性回归模型的一个重要假定是扰动项 u_i 具有同方差(即同方差假定)。如果该假定不能满足，则出现异方差问题。异方差并不破坏 OLS 估计量的无偏性，但这些估计量不再是有效的。换言之，OLS 估计量不再是最优线性无偏估计量。如果异方差 σ_i^2 已知，则使用加权最小二乘法(WLS)可以得到最优线性无偏估计量。

忽视异方差的存在，而继续使用 OLS 法进行参数估计(依然是无偏的)、建立置信区间和进行假设检验，则很可能得出错误的结论，正如 NYSE 一例(例 9-8)。这是因为估计的标准误很可能是有偏的，从而导致了 t 值也可能是有偏的。因此，实践中确定是否存在异方差至关重要。有多种诊断异方差的方法，例如用估计的残差对一个或者多个解释变量作图，帕克检验，格莱泽检验，秩相关检验(参见习题 9.13)，等等。

如果一种或者多种检验表明存在异方差问题，则需要补救措施。如果误差 σ_i^2 是已知的，则可以使用 WLS 法得到最优线性无偏估计量。不幸的是，实践中很难获知真实的误差方差，所以不得不通过一些合理可行的假设对数据进行变换，使得变换后的模型误差项是同方差的。然后再使用 OLS 法，这实际上等同于 WLS 法。当然，要获得恰当的变换形式需要一定的技巧和经验。如果不进行变换，异方差问题则无法得到解决。但是，如果样本容量足够大，则可以根据怀特方法得到异方差修正后的标准误。

关键术语和概念

同方差(等方差)

异方差

a)截面数据

b)规模效应

异方差的诊断

a)残差图

b)帕克检验

c)格莱泽检验

d)怀特一般异方差检验

异方差的其他检验

a)Spearman 秩相关检验

b)Goldfeld-Quandt 检验

c)Bartlett 方差齐次性检验

d)Peak 检验

e)Breusch-Pagan 检验

f)CUSUMSQ 检验

加权最小二乘估计量

平方根变换

方差平稳变换

怀特异方差修正后的标准误和 t 统计量

问 题

9.1 异方差的含义是什么?它对下面各项有什么影响?

a. OLS 估计量及其方差

b. 置信区间

c. 显著性 t 检验和 F 检验

9.2 判断对错,并简单说明理由。

a. 在存在异方差情况下,OLS 估计量是有偏的和无效的。

b. 如果存在异方差,常用的 t 检验和 F 检验是无效的。

c. 在异方差情况下,常用的 OLS 法总是高估了估计量的标准误。

d. 如果从 OLS 回归中估计的残差呈现系统模式,则意味着数据中存在异方差。

e. 没有哪种异方差检验方法能够脱离误差项与某个变量相关的假设。

9.3 在下面的回归中是否存在异方差?

Y	X	样本
(a)公司利润	净产值	财富 500 强
(b)公司利润的对数	净产值的对数	财富 500 强
(c)道琼斯工业均值	时间	1960~1990(年平均)
(d)婴儿死亡率	人均收入	100 个发达和发展中国家
(e)通货膨胀率	货币增长率	美国、加拿大和 15 个拉美国家

9.4 直观上解释,当存在异方差时,为什么加权最小二乘法(WLS)优于 OLS 法?

9.5 简要解释下列异方差诊断方法:

a. 图形法

b. 帕克检验

c. 格莱泽检验

习　题

9.6 在双变量总体回归函数中，假设误差方差结构如下：

$$E(u_i^2) = \sigma^2 X_i^4$$

如何通过模型变换实现同方差？如何估计变换后的模型？列出估计步骤。

9.7 考虑如下两个回归模型(根据1946～1975年美国的数据[26])(括号中给出的是标准误)：

$$C_t = 26.19 + 0.6248 GNP_t - 0.4398 D_t$$

$$\text{se} = (2.73) \quad (0.0060) \quad (0.0736) \quad R^2 = 0.999$$

$$\left(\frac{C}{GNP}\right)_t = 25.92 \frac{1}{GNP_t} + 0.6246 - 0.4315 \frac{D}{GNP_t}$$

$$\text{se} = (2.22) \quad (0.0068) \quad (0.0597) \quad R^2 = 0.875$$

其中，C——总私人消费支出；GNP——国民生产总值；D——国防支出；t——时间。

哈努谢克(Hanushek)和杰克逊(Jackson)想要确定国防支出对经济中其他支出的影响。

a. 将第一个方程变换成第二个方程的原因是什么？

b. 如果变换的目的是为了消除或者减弱异方差，那么对误差项要做哪些假定？

c. 如果第一个方程存在异方差，第二个方程是否成功地消除了异方差？为什么？

d. 变换后的回归方程是否一定是通过原点的回归？为什么？

e. 能否比较两个回归方程中的R^2？为什么？

9.8 在研究"人口密度"对"离中心商业区距离"的回归函数中，马达拉(Maddala)根据1970年巴尔的摩地区39个人口普查区的有关数据得到如下回归结果：[27]

$$\ln Y_i = 10.093 - 0.239 X_i$$

$$t = (54.7) \quad (-12.28) \quad R^2 = 0.803$$

$$\frac{\ln Y_i}{\sqrt{X_i}} = 9.932 \frac{1}{\sqrt{X_i}} - 0.2258 \sqrt{X_i}$$

$$t = (47.87) \quad (-15.10)$$

其中，Y——普查区的人口密度，X——离中心商业区的距离(英里)。

a. 作者在数据中对异方差做了哪些假定？

b. 从变换后的(WLS)回归函数中，如何确认异方差已被消除或减弱了？

c. 如何解释回归结果？它是否有经济意义？

9.9 参考表9-2(参见网上教材)给出的工资数据。回归方程(9-30)给出了对数形式的回归

---

26 结果来自 Eric A. Hanushek and John E. Jackson, *Statistical Methods for Social Scientists*, Academic, New York, 1977, p. 160.

27 G. S. Maddala, *Introduction to Econometrics*, Macmillan, New York, 1988, pp. 175-177.

结果。

a. 根据表9-2提供的数据，验证这个回归结果。

b. 分别将残差的绝对值和残差的平方对教育作图。是否存在异方差？

c. 对回归的残差进行帕克检验和格莱泽检验，得出什么结论？

d. 如果在双对数模型中发现了异方差，你会选择用哪种WLS变换来消除它？

e. 如果有证据表明在线性回归函数(9-3)中存在异方差，而在双对数模型中不存在异方差，那么你将选择哪个模型？为什么？

f. 能够比较两个回归方程的 R^2 吗？为什么？

9.10 继续利用表9-2中的工资数据，考虑如下回归方程：

$$\text{Wage}_i = A_1 + A_2 \text{experience}_i + u_i$$

$$\ln \text{Wage}_i = B_1 + B_2 \ln \text{experience}_i + u_i$$

a. 估计这两个回归方程。

b. 求每个回归方程残差的绝对值和残差平方，并分别将它们对解释变量作图。是否诊断到异方差？

c. 用格莱泽检验和帕克检验验证(b)的分析结论？

d. 如果有迹象表明存在异方差，如何变换数据以削弱异方差？给出必要的计算步骤。

9.11 考虑图9-10，该图描绘了1974~1985年部分国家国内生产总值(GDP)增长率与投资/GDP之间的关系。[28]这些国家分为三类——正利率国家、适度负利率国家以及严重负利率国家。

a. 建立合适的模型解释GDP增长率与投资/GDP之间的关系。

b. 从图中能否发现数据中存在异方差？如何诊断异方差？

c. 如果怀疑存在异方差，那么如何变换回归函数以消除异方差？

d. 假设想要通过加入虚拟变量扩展模型以考虑三类国家“质”的不同，写出该回归方程。如果根据数据能够估计这一模型，那么扩展后的模型存在异方差吗？为什么？

9.12 1964年，曾经对9 966名经济学家进行了调查，数据如下：

年龄	工资中值(美元)	年龄	工资中值(美元)
20~24	7 800	50~54	15 000
25~29	8 400	55~59	15 000
30~34	9 700	60~64	15 000
35~39	11 500	65~69	14 500
40~44	13 000	70+	12 000
45~49	14 800		

资料来源："The Structure of Economists' Employment and Salaries," Committee on the National Science Foundation Report on the Economics Profession, *American Economics Review*, vol. 55, no. 4, December 1965, p. 36.

a. 建立适当的模型解释工资与年龄的关系。为了进行回归，假设工资中值对应于年龄区间的中点。

28 参见 *World Development Report*, 1989, the World Bank, Oxford University Press, New York, p. 33。

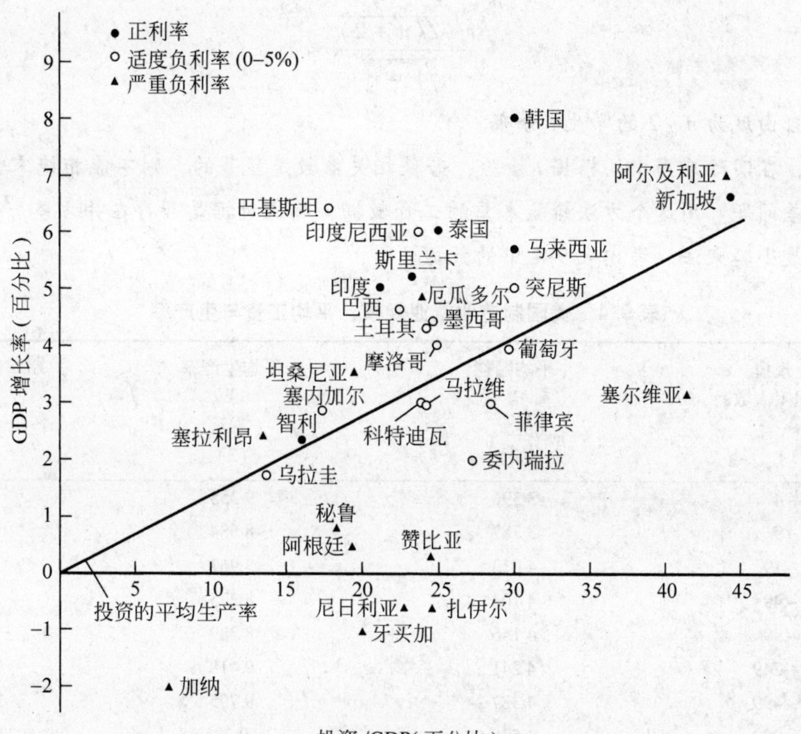

图 9-10　1974 ~ 1985 年 33 个发展中国家的实际利率、投资、生产率和增长率

注：直线表示样本均值。

资料来源：World Development Report，1989. Copyright © by the International Bank for Reconstruction & Development/ The World Bank. Reprinted by permission of the Oxford University Press，Inc.，p. 33.

b. 假设误差方差与年龄成比例变动，变换数据，求 WLS 回归。

c. 假设误差方差与年龄的平方成比例变动，求 WLS 回归。

d. 哪一个假设看来更可行？

9.13　异方差的 Spearman 秩相关检验。我们用工资回归方程(9-3)说明该检验步骤。

a. 从回归方程(9-3)中求得残差 e_i。

b. 求残差的绝对值 $|e_i|$。

c. 将教育 X_i 和 $|e_i|$ 按降序(从高到低)或升序(从低到高)排列。

d. 对于每个观察值，取两列间的差，称为 d_i。

e. 计算 Spearman 秩相关系数 r_s，定义为：

$$r_s = 1 - 6\left[\frac{\sum d_i^2}{n(n^2-1)}\right]$$

其中，n 表示样本观察值的个数。

如果在 $|e_i|$ 和 X_i 之间存在系统关系，则二者之间的秩相关系数是统计显著的，这种情况下可能存在异方差。

给定零假设：真实总体秩相关系数为零，且 $n > 8$，则可以证明

$$\frac{r_s\sqrt{(n-2)}}{\sqrt{1-r_s^2}} \sim t_{n-2}$$

服从自由度为 $n-2$ 的学生 t 分布。

因此，在实际应用中，根据 t 检验，若秩相关系数是显著的，则不能拒绝零假设：存在异方差问题。用这个方法检验本章的工资数据，确认数据是否存在异方差。

9.14 加权最小二乘法。考虑表9-4 中的数据。

表 9-4 美国制造业就业规模、平均工资与生产率

企业规模 （平均职工人数） （1）	平均赔偿 Y （美元） （2）	平均生产率 X （美元） （3）	赔偿的标准差 σ_i （美元） （4）
1 ~ 4	3 396	9 355	744
5 ~ 9	3 787	8 584	851
10 ~ 19	4 013	7 962	728
20 ~ 49	4 104	8 275	805
50 ~ 99	4 146	8 389	930
100 ~ 249	4 241	9 418	1 081
250 ~ 499	4 387	9 795	1 243
500 ~ 999	4 538	10 281	1 308
1 000 ~ 2 499	4 843	11 750	1 112

资料来源：Data from *The Census of Manufacturing*, U. S. Department of Commerce, 1958.（表中的数据由作者计算得到）

a. 估计 OLS 回归

$$Y_i = B_1 + B_2X_i + u_i$$

b. 估计 WLS

$$\frac{Y_i}{\sigma_i} = B_1\frac{1}{\sigma_i} + B_2\frac{X_i}{\sigma_i} + \frac{u_i}{\sigma_i}$$

（务必做过原点的 WLS）计算两个回归结果。哪个回归方程更好？为什么？

9.15 证明方程(9-27)中的误差项 v_i 是同方差的。

9.16 在平均工资对就业人数的回归分析中(包括30个公司的随机样本)，得到如下回归结果：[29]

$$\hat{W} = 7.5 + 0.009N$$
$$t = \text{N. A.}\ (16.10) \quad R^2 = 0.90 \tag{1}$$

$$\frac{\hat{W}}{N} = 0.008 + 7.8\frac{1}{N}$$
$$t = (14.43)\,(76.58) \quad R^2 = 0.99 \tag{2}$$

a. 如何解释这两个回归？

b. 从方程(1)到(2)做了哪些假设？是否担心存在异方差？

c. 能否把两个回归方程中的斜率和截距联系起来？

29 参见 Dominick Salvatore, *Managerial Economics*, McGraw-Hill, New York, 1989, p. 157。

d. 能否比较两个回归方程中的 R^2？为什么？

9.17　根据 NYSE 总成本函数(9-31)，如何推导出平均成本函数、边际成本函数？如果方程(9-32)是真实的(即经异方差调整)总成本函数，则如何推导出相应的平均成本函数和边际成本函数？解释两个模型之间的差异。

9.18　表 9-5(参见网上教材)给出了 20 个国家五项社会经济指标的有关数据，样本分为四个收入等级：低收入(人均年收入 500 美元以下)，中等偏低收入(人均年收入在 500 ~ 2 200美元之间)，中等偏上收入(人均年收入在 2 200 ~ 5 500 美元之间)，以及高收入(人均年收入超过 5 500 美元)。表中前 5 个国家属于低收入国家，接下来的五个国家属于中等偏低收入国家，以此类推。

a. 建立一个包括所有 5 个解释变量的回归模型。先验地，你认为人口增长率 X_4 和每日卡路里吸收量 X_5 对婴儿死亡率有什么样的影响？

b. 对回归方程进行估计，并检验你的预期是否正确。

c. 如果在上述方程中遇到了多重共线性问题，该怎么办？可以采取任何你认为正确的措施。

9.19　如果在习题 9.18 的模型中不包括 X_4 和 X_5 两个解释变量，对回归结果进行异方差检验，按照怀特异方差检验方法，得到如下回归结果：(注：为了节省篇幅，只给出了 t 统计量和它们的 p 值。这些结果通过 EViews 软件实现)

$$e_i^2 = -15.76 + 0.381\,0X_{2i} - 4.564\,1X_{3i} + 0.000\,005X_{2i}^2 + 0.132\,8X_{3i}^2 - 0.005\,0X_{2i}X_{3i}$$

$$t = (-0.01)\quad (0.60)\quad (-0.13)\quad (0.87)\quad (0.56)\quad (-0.85)$$

$$p\text{value} = (0.989)\quad (0.556)\quad (0.895)\quad (0.394)\quad (0.581)\quad (0.400)$$

$$R^2 = 0.23$$

a. 如何解释上述回归方程？

b. 回归方程是否表明存在异方差问题。

c. 如果方程存在异方差，如何消除异方差？

9.20　a. 利用表 9-5(参见网上教材)提供的数据建立一个多元回归模型解释每日卡路里吸收量。

b. 模型是否存在着异方差问题？给出必要的检验。

c. 如果存在异方差，求怀特异方差校正后的标准误和 t 统计量，并与(a)中的结果相比较。

9.21　再来看第 7 章平均寿命一例(例 7-4)。考虑表 7-1 的模型，这些模型是否存在异方差问题？表 9-6 给出了原始数据(参见网上教材)。你使用了哪些诊断检验？采取了什么样的补救措施？给出必要的计算步骤，并给出怀特异方差校正后的结果。通过本题，能够得出什么样的结论？

9.22　利用 Exper 和 Wagef 作为缩减因子估计方程(9-10)到方程(9-12)。

9.23　描述布鲁尔什 - 培甘(BP)检验。利用 BP 检验验证方程(9-33)是否存在异方差。

9.24　利用 Wagef 作为缩减因子估计方程(9-27a)。

9.25　解释方程(9-33)中虚拟变量的系数。

9.26　表 9-7(参见网上教材)提供了 R&D 支出与销售收入的数据。

a. 建立一个标准的 LIV 模型，给出回归结果。

b. 利用软件计算怀特异方差修正后的回归结果。

c. (a)和(b)的结果有很大不同吗?

9.27　表 9-8(参见网上教材)给出了《财富》500 强企业中的 447 个高管薪水数据。Salary 表示 1999 年薪水和奖金；totcomp 表示 1999 年 CEO 总薪水；tenure 表示任职 CEO 的年数；age 表示 CEO 的年龄；sale 表示 1998 年公司销售收入；profit 表示 1998 年公司利润；assets 表示 1998 年公司总资产。

a. 利用表中提供的数据估计下面的方程，并利用布鲁尔什 - 培甘检验是否存在异方差。

$$Salary_i = B_1 + B_2 tenure_i + B_3 age_i + B_4 sales_i + B_5 profits + B_6 assets_i + u_i$$

异方差是一个严重的问题吗?

b. 利用 ln*Salary* 作为应变量建立回归模型。异方差有所改善吗?

c. 做薪水对各个解释变量的散点图。能否看出哪些变量导致了异方差问题? 你将采取什么样的方法? 最终选择什么样的模型?

d. 求怀特稳健标准误。有什么明显不同吗?

9.28　表 9-9(参见网上教材)给出了 81 辆小轿车的 MPG(平均英里/加仑)、HP(马力)，VOL(驾驶室空间，立方英尺)、SP(最高时速，英里/小时)以及 WT(车重，100 磅)的数据。

a. 考虑下面的模型:

$$MPG_i = B_1 + B_2 SP_i + B_3 HP_i + B_4 WT_i + u_i$$

估计模型的参数，并解释回归结果。回归结果有经济意义吗?

b. 你预计模型的误差方差是异方差的吗?

c. 利用怀特检验模型是否存在异方差?

d. 求怀特异方差校正后的标准误和 t 值，并与 OLS 回归结果进行比较。

e. 如果存在异方差，需要怎样的数据变换解决异方差问题? 给出必要的计算步骤。

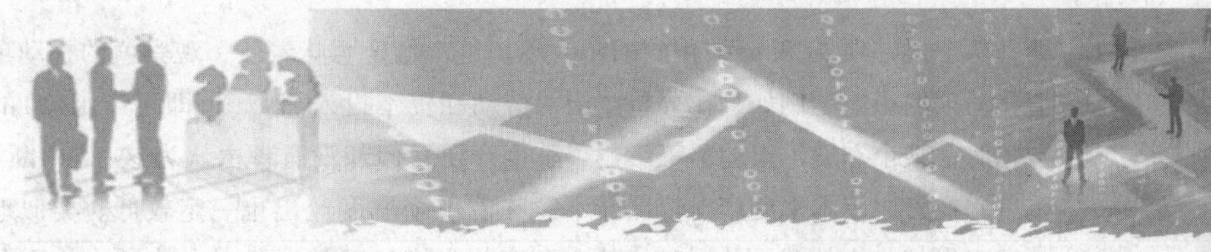

第 10 章

自相关：如果误差项相关会有什么结果

第 9 章讨论了放松古典线性回归模型(CLRM)假定之一——同方差假定的后果。本章考虑放松 CLRM 的另一假定——总体回归函数(PRF)的扰动项 u_i 无**序列相关**(serial correlation)或无**自相关**(autocorrelation)。第 3 章曾简单讨论过这个假定，本章将深入讨论这个问题，并试图回答：

(1)自相关有什么性质?

(2)自相关的理论与实际后果是什么?

(3)由于无自相关假定与 u_i(不能直接观察)有关，那么，如何判断是否存在自相关呢? 简言之，实践中如何诊断自相关?

(4)如果发现自相关的后果比较严重，如何采取措施加以补救?

本章的许多结论与第 9 章类似。在存在异方差和自相关的情况下，普通最小二乘法估计量，尽管是线性的和无偏的，但却不是有效的，即它们都不是最优线性无偏估计量。

本章重点讨论自相关问题，因此假设 CLRM 中的其他假定保持不变。

10.1 自相关的性质

自相关的定义为，"按时间(如时间序列数据)或者空间(如截面数据)排列的观察值之间的相关关系"。[1]

异方差的产生通常与截面数据有关，自相关通常与时间序列数据有关(即数据按照时间顺序排列)。但根据自相关的定义，截面数据中也可能产生自相关问题，这称为**空间相关**(spatial correlation)。

在古典线性回归模型中假定扰动项 u_i 不存在自相关。用符号表示为：

$$E(u_i u_j) = 0 \quad i \neq j \tag{10-1}$$

1 Maurice G. Kendall and William R. Buckland, *A Dictionary of Statistical Terms*, Hafner, New York, 1971, p. 8.

即，两个误差项 u_i 和 u_j 乘积的期望为零。[2]这个假定意味着任一观察值的扰动项不受其他观察值扰动项的影响。例如，在分析产出对劳动和资本投入回归(也即生产函数)的季度时间序列数据时，某个季度工人的罢工影响了季度产出，但却没有理由认为这一"中断"会持续到下个季度。换言之，本季度产出较低并不意味着下个季度产出也一定较低。类似地，在分析家庭消费支出与收入的截面数据时，某个家庭收入增加对其消费支出的影响并不会影响另一家庭的消费支出。

但如果存在这种依赖关系，就产生了自相关问题。用符号表示：

$$E(u_i u_j) \neq 0 \quad i \neq j \tag{10-2}$$

在这种情形下，本季度由于罢工引起的生产"中断"会对下个季度的产出产生影响(事实上，产出可能增加，以弥补上一季度生产的不足)；由于相互攀比，某个家庭消费支出的增加可能迫使另一个家庭也增加消费支出(这就是空间相关的例子)。

图 10-1 给出了自相关和无自相关的几种类型。纵轴同时给出了 u_i(总体扰动项)及相应的 e_i(残差)。与异方差情形相同，由于无法观察到 u_i，因而只能通过 e_i 推断 u_i 的变化。

图 10-1a ~ 图 10-1d 表明 u 中存在明显模式，而图 10-1e 则表明 u 中不存在系统模式，这也是式(10-1)无自相关假定的几何解释。

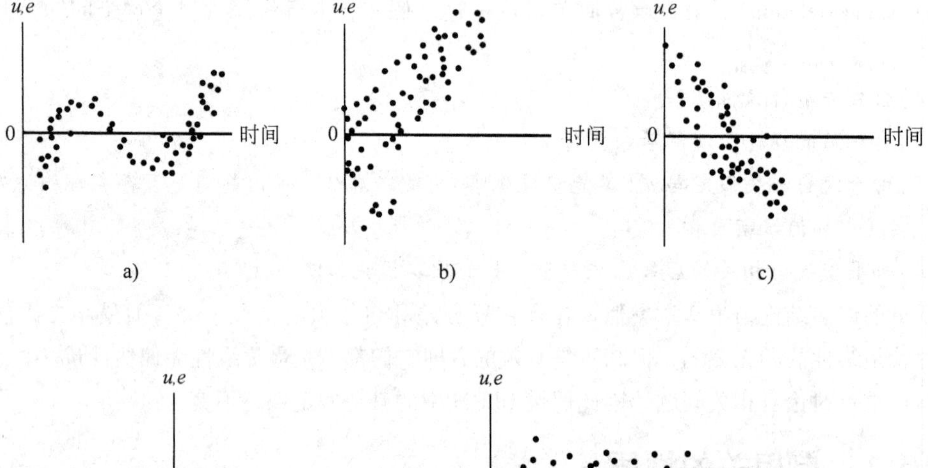

图 10-1 自相关的模式

为什么会产生自相关呢？产生自相关的原因如下。

---

2 如果 $i=j$，式(10-1)变为 $E(u_i^2)$，即 u_i 的方差，根据同方差假定，等于 σ^2。

10.1.1　惯性

大多数经济时间序列的一个显著特征就是**惯性**(inertia)或者说是**粘滞性**(sluggishness)。众所周知，诸如国内生产总值(GDP)、就业、货币供给、价格指数等时间序列都呈现出周期性(经济活动中的循环或自持式波动)。当经济复苏时，经济序列由谷底向上移动。在上移过程中，序列在某一时点的值会大于其前期值。因此，存在一种力量推动序列上移，直到某个事件发生(例如增加税收或者提高利率，或者同时增加税收和提高利率)，从而减缓了序列上升的趋势。因此，在涉及时间序列数据的回归方程中，连续的观察值之间很可能是互相依赖或是相关的。

10.1.2　模型设定误差

有时候，形如图 10-1a ~ 图 10-1d 的自相关并不是由于连续观察值之间相互关联产生的，而是因为回归模型没有"正确地"设定。第 7 章中曾讨论过，不正确的模型设定是指本应纳入模型的重要变量未纳入模型(这是过低设定的情形)，或是模型选择了错误的函数形式，如本应使用对数线性模型却采用了变量线性模型(LIV)。如果发生这样的**模型设定误差**(model specification errors)，得到的残差则会呈现出系统模式。一个简单的检验方法是将遗漏变量纳入模型，判定残差是否仍然呈现系统模式。如果不存在系统模式，则序列相关可能是由于模型设定错误。

10.1.3　蛛网现象

许多农产品的供给都表现出所谓的**蛛网现象**(the cobweb phenomenon)，即供给对价格的反应滞后一期，因为供给决策的实现需要一定时间(有一酝酿期)。因此，农户今年的计划要受去年价格的影响，其供给函数为：

$$\text{供给}_t = B_1 + B_2 P_{t-1} + u_t \tag{10-3}$$

假设在 t 期末，P_t 低于 P_{t-1}，农户们决定在$(t+1)$期比 t 期减产一些。这种情形下的扰动项 u_i 不是随机的，因为，如果农民在第 t 年生产多了，则他们很可能会在第$(t+1)$年少生产一些，这就形成了蛛网模式。

10.1.4　数据处理

在实证分析中，原始数据通常需要加工，**数据处理**(data manipulation)。例如，在利用季度数据进行回归分析时，季度数据往往是通过月度数据推导而来的，即把 3 个月的数据加总再除以 3。这样平均的结果消除了月度数据的波动性。因此，季度数据看起来比月度数据更平滑一些，但这种"平滑"过程本身就可能导致扰动项呈现某种系统模式，从而引入了自相关。[3]

在继续讨论之前，需要指出的是：自相关可正可负。由于大多数经济时间序列在某个时期内会向上或者向下运动(受经济周期的影响)，因而表现出正的自相关，而不像图 10-2b 那

3　需要指出的是：由于周和月数据往往受测量误差的影响，所以常常采用平均或其他数据处理过程，从而得到更准确的估计值。但不幸的是，这个过程很可能引入自相关。

样表现为恒定的上下运动。

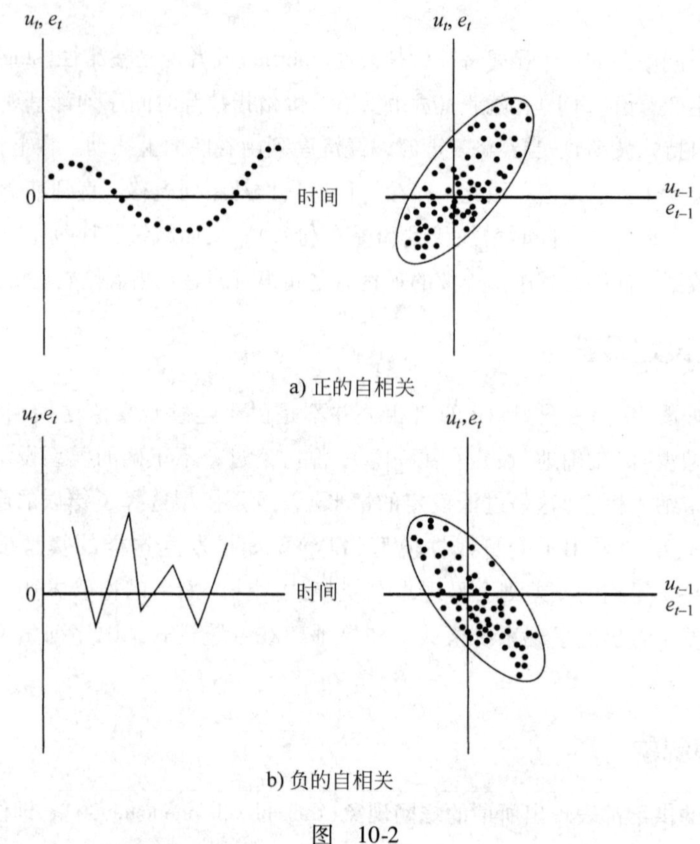

a) 正的自相关

b) 负的自相关

图 10-2

10.2 自相关的后果

假设误差项呈现出图 10-1a ~ 图 10-1d 或图 10-2 所示的某种模式，那么会产生什么后果呢？换言之，在放松假定(10-1)下使用 OLS 会导致什么后果呢？[4]

(1)最小二乘估计量仍然是线性的和无偏的。

(2)但最小二乘估计量不是有效的。即与考虑了自相关过程相比，OLS 估计量的方差不是最小的。简言之，普通最小二乘(OLS)估计量并不是最优线性无偏估计量(BLUE)。

(3)OLS 估计量的方差是有偏的。有时候，用来计算方差和 OLS 估计量标准误的公式会严重低估真实的方差和标准误，从而导致 t 值变大，因此回归系数表面上看显著不为零，但事实却并非如此。

(4)通常所用的 t 检验和 F 检验是不可靠的。

(5)计算得到的误差方差，$\hat{\sigma}^2 = RSS/d.f.$(残差平方和/自由度)，是真实 σ^2 的有偏估计量，并且很可能低估了真实的 σ^2。

(6)通常计算的 R^2 不能测度真实的 R^2。

4 证明参考 Gujarati and Porter, *Basic Econometrics*, 5th ed., Mc Graw-Hill, New York, 2009, Chapter 12。

(7) 通常计算的预测方差和标准误也是无效的。

可见，自相关的后果与异方差相似，也是严重的。因此，与异方差情形相同，在实际应用中必须确定是否存在自相关问题。

10.3　自相关的诊断

自相关的诊断(detcting autocorrelation)同样遇到了异方差时的两难选择，即无法得知误差方差 σ^2 的真实值，因为真实的 u_i 是不可观测的。还有一个问题就是，不但不知道真实的 u_i 是什么，而且也不知道自相关产生的机制，仅仅知道残差 e_i。因此，与异方差时的情形相同，需要根据从标准 OLS 得到的 e_i 判断是否存在自相关。按照这个思路，接下来考虑自相关的几种诊断方法，并通过若干实例加以说明。

例 10-1
Example

美国商业部门真实工资与生产率的关系(1959～2006)

宏观经济学理论表明真实工资与(劳动)生产率正相关——在其他条件不变的情况下，劳动生产率越高，真实工资就越高。我们利用表 3-3(参见网上教材)的数据加以说明，表中给出了 1959～2006 年美国商业部门真实工资(真实小时工资)和劳动生产率(所有工人的小时产出)的时间序列数据(第 3 章最后一例使用了相同的数据，见表 3-3)。

真实工资对生产率回归结果如下，为了方便讨论，称为工资 - 生产率回归：

$$\text{真实工资}_i = 33.636\,0 + 0.661\,4\ \text{生产率}_i$$
$$\text{se} = (1.400\,1)\,(0.015\,6)$$
$$t = (24.024\,3)\,(42.292\,8)$$
$$r^2 = 0.974\,9;\ d = 0.146\,3 \qquad (10\text{-}4)$$

注：d 是下面讨论的德宾 - 沃森统计量。

根据常规标准，回归结果看起来不错。与预期相同，真实工资和生产率之间呈正相关。估计的 t 值和 R^2 都很高。在接受这些回归结果之前，需要警惕可能存在自相关。因此，回归结果可能不可靠。■

下面考虑自相关的三种检验方法：①(相对简单的)图形法；②著名的德宾 - 沃森 d 统计量；③游程检验(附录 10A)。

10.3.1　图形法

与异方差情形相同，通过直接观察 OLS 残差 e 来判断误差项 u 中是否存在自相关。有多种不同的残差图形的检验方法。可以用残差对时间作图，如图 10-3 所示，它描绘了式(10-4)回归的残差(见表 10-2)。这种图形称为**时序图**(time-sequence plot)。

从图 10-3 可以看出：残差 e 并不是如图 10-1e 所示的随机分布，而是呈现出明显的变动模式——开始是负的，接着变成正的，然后是负的，再然后是正的，最后又是负的。如果将表 10-2 中第 1 列的 e_t 对第二列中的 e_{t-1} 描图，如图 10-4 所示，则看得更清楚。

图形展示了这样一种趋势：残差的递差之间正相关，表明序列存在着正的自相关。大多数残差都分布在第一象限(东北方向)和第三象限(西南方向)。

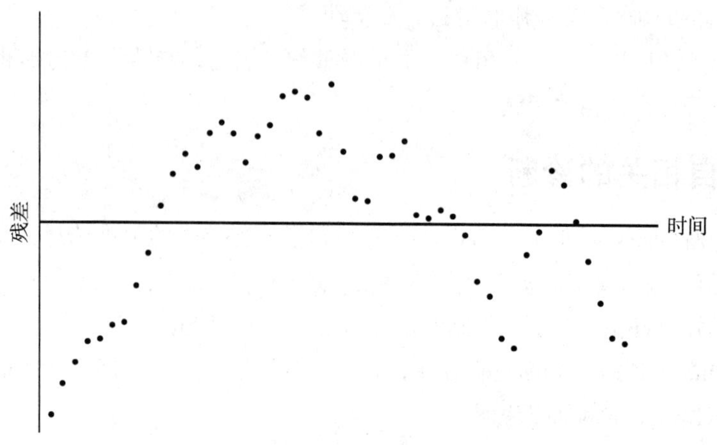

图 10-3 回归方程(10-4)的残差

表 10-2 工资 - 生产率一例的残差及相关数据

e_t	e_{t-1}	$D=e_t-e_{t-1}$	D^2	e_t^2	e 的符号
-5.531 5	—	—	—	30.598 0	-
-4.639 5	-5.531 5	0.892 0	0.795 8	21.525 0	-
-4.029 3	-4.639 5	0.610 2	0.372 4	16.235 1	-
-3.422 5	-4.029 3	0.606 8	0.368 2	11.713 6	-
-3.349 4	-3.422 5	0.073 1	0.005 3	11.218 4	-
-2.954 3	-3.349 4	0.395 0	0.156 1	8.728 2	-
-2.864 2	-2.954 3	0.090 2	0.008 1	8.203 6	-
-1.819 1	-2.864 2	1.045 1	1.092 3	3.309 0	-
-0.883 1	-1.819 1	0.936 0	0.876 1	0.779 8	-
0.478 7	-0.883 1	1.361 8	1.854 5	0.229 2	+
1.382 7	0.478 7	0.904 0	0.817 2	1.911 9	+
1.972 1	1.382 7	0.589 4	0.347 4	3.889 4	+
1.600 4	1.972 1	-0.371 7	0.138 2	2.561 3	+
2.568 7	1.600 4	0.968 3	0.937 6	6.598 2	+
2.869 4	2.568 7	0.300 7	0.090 4	8.233 2	+
2.558 0	2.869 4	-0.311 4	0.096 9	6.543 4	+
1.736 2	2.558 0	-0.821 8	0.675 3	3.014 5	+
2.484 9	1.736 2	0.748 6	0.560 4	6.174 5	+
2.805 4	2.484 9	0.320 5	0.102 7	7.870 1	+
3.634 2	2.805 4	0.828 9	0.687 0	13.207 6	+
3.771 1	3.634 2	0.136 9	0.018 7	14.221 5	+
3.602 0	3.771 1	-0.169 1	0.028 6	12.974 4	+
2.578 8	3.602 0	-1.023 2	1.046 9	6.650 4	+
3.987 5	2.578 8	1.408 7	1.984 5	15.900 5	+
2.054 4	3.987 5	-1.933 1	3.736 9	4.220 7	+
0.711 7	2.054 4	-1.342 8	1.803 0	0.506 5	+
0.641 7	0.711 7	-0.070 0	0.004 9	0.411 8	+
1.919 3	0.641 7	1.277 6	1.632 3	3.683 7	+
1.953 0	1.919 3	0.033 7	0.001 1	3.814 3	+
2.364 9	1.953 0	0.411 8	0.169 6	5.592 6	+
0.246 2	2.364 9	-2.118 6	4.488 6	0.060 6	+
0.152 6	0.246 2	-0.093 7	0.008 8	0.023 3	+
0.394 5	0.152 6	0.241 9	0.058 5	0.155 6	+
0.219 6	0.394 5	-0.174 9	0.030 6	0.048 2	+
-0.323 8	0.219 6	-0.543 3	0.295 2	0.104 8	-

（续）

e_t	e_{t-1}	$D=e_t-e_{t-1}$	D^2	e_t^2	e 的符号
-1.6487	-0.3238	-1.3250	1.7555	2.7183	-
-2.0793	-1.6487	-0.4306	0.1854	4.3235	-
-3.2736	-2.0793	-1.1943	1.4265	10.7168	-
-3.5533	-3.2736	-0.2796	0.0782	12.6258	-
-0.8740	-3.5533	2.6793	7.1787	0.7638	-
-0.2214	-0.8740	0.6525	0.4258	0.0490	-
1.5511	-0.2214	1.7725	3.1418	2.4058	+
1.1339	1.5511	-0.4172	0.1740	1.2857	+
0.0733	1.1339	-1.0606	1.1248	0.0054	+
-1.0582	0.0733	-1.1315	1.2803	1.1198	-
-2.2556	-1.0582	-1.1974	1.4338	5.0878	-
-3.2529	-2.2556	-0.9973	0.9945	10.5812	-
-3.4127	-3.2529	-0.1598	0.0255	11.6462	-

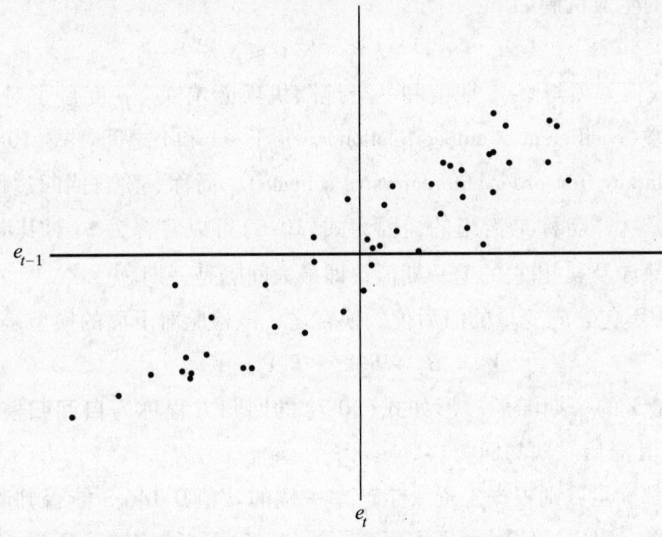

图 10-4　回归方程(10-4)的残差 e_t 和 e_{t-1}

10.3.2　德宾 - 沃森 d 检验[5]

诊断自相关最著名的检验是由德宾（Durbin）和沃森（Watson）提出的**德宾 - 沃森 d 统计量**（Durbin-Watson $d$statistic），定义为：

$$d=\frac{\sum_{t=2}^{n}(e_t-e_{t-1})^2}{\sum_{t=1}^{n}e_t^2} \tag{10-5}$$

即残差递差的平方和与残差平方和的比值。注意：在计算 d 统计量分子时，其样本容量为

5　J. Durbin and G. S. Watson, "Testing for Serial Correlation in Least-Squares Regression," *Biometrika*, vol. 38, 1951, pp. 159-177.

$(n-1)$，因为在求残差递差时失去了一个观察值。

d 统计量的一个最大优点是简单易行，它以 OLS 残差为基础，许多回归软件都给出了回归的残差。因此，在报告回归结果时，在给出 R^2、校正的 $R^2(\bar{R}^2)$、t 值、F 值的同时，也给出了德宾 - 沃森 d 统计量(见式(10-4))。

对工资 - 生产率一例，利用表 10-2 的数据，很容易计算出 d 统计量。首先，将该表第 1 列的残差减去第 2 列残差的滞后值，再将差的平方求和，然后除以表中第 5 列残差的平方和。表 10-2 给出了计算 d 所需的原始数据。当然，这一切可用计算机来实现。本例计算的 d 值为 0.146 3。

在说明如何利用 d 值判定自相关是否存在之前，先了解有关 d 统计量的假设：

(1)回归模型包括截距项。因此，d 统计量无法判断过原点回归模型的自相关问题。[6]

(2)变量 X 是非随机变量，即在重复抽样中变量 X 取值是固定的。

(3)扰动项 u_i 的生成机制如下：

$$u_t = \rho u_{t-1} + v_t \qquad -1 \leqslant \rho \leqslant 1 \tag{10-6}$$

表明 t 期的扰动项或误差项与 $t-1$ 期值和一个纯随机项 v_t 有关。ρ 度量了对前期值的依赖程度，称为**自相关系数**(coefficient of autocorrelation)，介于 -1 和 1 之间。式(10-6)称为**马尔可夫一阶自回归过程**(Markov first-order autoregressive scheme)，简称一阶自回归过程，通常记为 ***AR*(1)过程**。"自回归"这一名称是恰当的，因为式(10-6)可以解释为 u_i 对其滞后一期的回归。这里是一阶，因为只涉及 u_i 和它的上一期值，即最大间隔是一期。[7]

(4)解释变量中不包含应变量的滞后值。换言之，该检验对下面的模型是不适用的：

$$Y_t = B_1 + B_2X_t + B_3Y_{t-1} + u_t \tag{10-7}$$

式中，Y_{t-1}是应变量 Y 的一期滞后。形如式(10-7)的回归方程称为**自回归模型**(autoregressive models)——变量对其滞后一期的回归。

如果上述条件都满足，则根据工资 - 生产率一例的 d 值 0.146 3 能否判断存在自相关呢？在回答这个问题之前，可以证明对大样本而言，式(10-5)可近似为(见题 10-19)：

$$d \approx 2(1-\hat{\rho}) \tag{10-8}$$

式中，≈表示近似；且

$$\hat{\rho} = \frac{\sum_{t=2}^{n} e_t e_{t-1}}{\sum_{t=1}^{n} e_t^2} \tag{10-9}$$

它是式(10-6)中 $AR(1)$ 自相关系数 ρ 的一个估计量。由于 $-1 \leqslant \hat{\rho} \leqslant 1$，因此，式(10-8)包含如下关系：

---

6 但是，R. W. Farebrother 计算了不包含截距项的 d 值。参见他的论文"The Durbin-Watson Test for Serial Correlation When There Is No Intercept in the Regression," *Econometrica*, vol. 48, 1980, pp. 1553-1563。

7 如果模型是 $u_t = \rho_1 u_{t-1} + \rho_2 u_{t-2} + v_t$，则是一个 $AR(2)$或二阶自回归过程。需要指出的是，如果不对 u 的生成机制做出假定，那么解决自相关问题非常困难。这种情况与异方差情形类似，那里对不可观察误差方差 σ^2 的生成做了若干假定。实践证明，自相关服从 $AR(1)$过程的假设非常有用。

	$\hat{\rho}$ 值	d 值(近似)
1	$\hat{\rho}=-1$(完全负相关)	$d=4$
2	$\hat{\rho}=0$(无自相关)	$d=2$
3	$\hat{\rho}=1$(完全正相关)	$d=0$

简言之

$$0 \leqslant d \leqslant 4 \tag{10-10}$$

即计算的 d 值必须介于 0 和 4 之间。

从上面的讨论可以看出：如果计算的 d 值接近于零，则表明存在着正的自相关；如果接近于 4，则表明存在着负的自相关；d 值越接近于 2，则说明越倾向于无自相关。当然，这只是宽泛的临界点，是否存在一个像 t 分布和 F 分布中那样的临界 d 值，从而对自相关做出明确的判定呢？

遗憾的是，与 t 分布和 F 分布不同，这里有两个而不是一个临界的 d 值。[8]德宾和沃森给出了下限 d_L 和上限 d_U，所以，如果根据式(10-5)计算出的 d 值位于这些临界值之外，就可以判定是否存在正的或负的序列相关。这些上限和下限，或者说上临界值和下临界值与观察值个数 n 和解释变量个数 k 有关。德宾和沃森给出了在 1% 和 5% 的显著水平下的 D-W 表，n 取 6 到200；k 最大可达 20，参见附录 E 中表 E-5。图 10-5 解释了德宾 – 沃森检验机制。

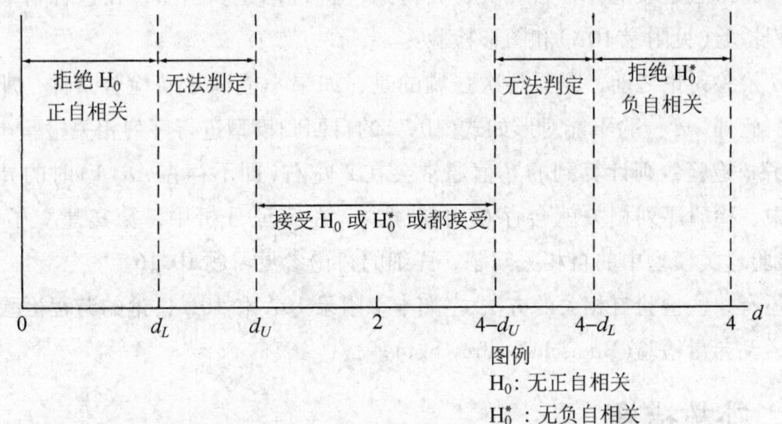

图 10-5　德宾 – 沃森 d 统计量

德宾 – 沃森检验步骤如下：

(1)进行 OLS 回归并获得残差 e_i。

(2)根据式(10-5)计算 d 值(大多数计算机软件能够实现)。

(3)根据样本容量及解释变量的个数，从 D-W 表中查到临界的 d_L 和 d_U。

(4)按照表 10-3 中的规则进行判定，见图 10-5。

8　需要指出的是，准确的临界 d 值与解释变量取值有关，样本不同，d 值也明显不同。

表 10-3 德宾 – 沃森 d 检验：判定规则

零假设	判断	如果
无正自相关	拒绝	$0 < d < d_L$
无正自相关	无法判断	$d_L \leqslant d \leqslant d_U$
无负自相关	拒绝	$4 - d_L < d < 4$
无负自相关	无法判断	$4 - d_U \leqslant d \leqslant 4 - d_L$
无正或负自相关	接受	$d_U < d < 4 - d_U$

回到例 10-1 中，$d = 0.146\ 3$。根据 D-W 表，对于 $n = 50$（最接近本例的样本容量 48），$k = 1$，在 5% 的显著水平下，$d_L = 1.503$ 和 $d_U = 1.585$。由于 0.146 3 远低于下临界值 1.503，根据表 10-3 中的判定规则，我们可得出结论：在工资 – 生产率回归方程的残差中存在正的自相关。根据图形检验（图 10-3 和图 10-4）可以得出同样的结论。

尽管 d 检验运用得十分广泛，但它有一个缺点：如果计算的 d 值落入无法判定区域或者说是盲区（见图 10-5），那么就不能对自相关做出判断。为了解决这一问题，一些学者[9]提出了 d 检验的修正方法，但相对复杂，已超出了本书范围。计算机软件 SHAZAM 能够进行精确的 d 检验（即给出了真实的临界值），如果 d 统计量落入了无法判定区域，则可以使用这个软件。正如我们看到的那样，自相关的后果可能非常严重，因此，如果 d 统计量落入了无法判定区域，那么谨慎的做法是假定存在自相关，并对条件进行修正。当然，在这种情形下也可以使用非参数游程检验（见附录 10A）和图形检验。

在结束 d 检验讨论之前，需要再次强调的是：如果不能满足 d 检验条件，那么就无法使用这种方法。此外，d 检验不能对形如式（10-7）的自回归模型进行序列相关检验。如果在这类模型中应用了 d 检验，则计算到的 d 值通常会在 2 左右（即不存在 $AR(1)$ 时的 d 值）。因此，在这类模型中，检验序列相关就会存在内在偏误。在实证分析中，德宾建立了 **h 统计量**（h statistic）以检验这类模型中的自相关问题，详细的讨论参见习题 10.16。

此外，还有一些检验自相关的方法，[10]如本章附录 10A 和 10B 讨论的**游程检验**（run test）以及**布鲁尔什 – 戈弗雷检验**（Breusch-Godfrey test）。

10.4 补救措施

由于序列相关可能导致非常严重的后果，而且进一步检验的成本也很高，因此，如果根据前面讨论的一种或者多种诊断检验发现存在自相关问题，则有必要寻找一些补救措施。补救措施取决于对误差项 u_t 性质的了解以及对 u_t 的假设。为了便于讨论，仍以双变量模型为例：

$$Y_t = B_1 + B_2X_t + u_t \tag{10-11}$$

9 一些学者仍把 d_U，德宾 – 沃森 d 的上限值，作为真实的上限。因此，如果计算的 d 值低于 d_U，则认为存在正自相关。参见 E. J. Hannan and R. D. Terrell, "Testing for Serial Correlation after Least Squares Regression," *Econometrica*, vol. 36, no. 2, 1968, pp. 133-150.

10 进一步讨论参见 Gujarati and Porter, *Basic Econometrics*, 5th ed., Mc Graw-Hill, New York, 2009, Chapter 11。

并假设误差项服从 $AR(1)$ 过程：

$$u_t = \rho u_{t-1} + v_t \quad -1 \leqslant \rho \leqslant 1$$

式中，v 满足 OLS 假定，并且 ρ 是已知的。

如果能够对式(10-11)做变换，使得变换后模型的误差项是序列独立的，那么再用 OLS 法估计得到的估计量则是 BLUE 估计量。当然，也需要满足 CLRM 的其他假定。在处理异方差问题时曾使用了同样的方法，目的是使变换后模型的误差项是同方差的。

为了弄清楚如何通过模型变化消除误差项中的自相关性，我们把式(10-11)写成滞后一期的形式：

$$Y_{t-1} = B_1 + B_2 X_{t-1} + u_{t-1} \tag{10-12}$$

式(10-12)两边同乘以 ρ，得到：

$$\rho Y_{t-1} = \rho B_1 + \rho B_2 X_{t-1} + \rho u_{t-1} \tag{10-13}$$

把式(10-13)与式(10-11)相减得到：

$$(Y_t - \rho Y_{t-1}) = B_1(1-\rho) + B_2(X_t - \rho X_{t-1}) + v_t \tag{10-14}$$

其中利用了式(10-6)。

由于式(10-14)中的残差项 v_t 满足标准的 OLS 假定，所以式(10-14)就是一种变换形式，变换后的模型无序列相关。如果把式(10-14)写成：

$$Y_t^* = B_1^* + B_2 X_t^* + v_t \tag{10-15}$$

式中，Y_t^*——$(Y_t - \rho Y_{t-1})$；X_t^*——$(X_t - \rho X_{t-1})$；B_1^*——$B_1(1-\rho)$。

对变换后的变量 Y^* 和 X^* 使用 OLS 法，得到的估计量具有 BLUE 性质。[11]对变换后的模型使用 OLS 得到的估计量称为**广义最小二乘**(generalized least squares，GLS)估计量。上一章处理异方差时也应用了 GLS，只不过在那里称为 WLS(加权最小二乘法)。

式(10-14)或式(10-15)称为**广义差分方程**(generalized difference equation)。随后我们将讨论广义差分方程的特殊情形，即 p 取特殊值的情形。广义差分方程中 Y 对 X 的回归，不是用初始形式，而是以差分形式，即变量当期值减去前期值的一个比例($=p$)。例如，若 $p=0.5$，就用变量当期值减去前期值的 0.5 倍。在这个差分变换中，由于第一个样本观察值不存在前期值，因而失去一个样本值。为了避免丢失这个样本值，可对 Y 和 X 的第一个观察值做如下变换：

$$Y_1^* = \sqrt{1-\rho^2}(Y_1)$$

$$X_1^* = \sqrt{1-\rho^2}(X_1) \tag{10-16}$$

这一变换称为**普瑞斯－文斯顿变换**(Prais-Winsten transformation)。在实践中，如果样本容量足够大，则无须进行这种变换，可以直接使用式(10-14)($n-1$ 个观察值)。但是对于小样本而方，排除第一个观察值很可能会影响到回归结果。

在广义差分方程变换中，需要指出：首先，虽然这里考虑的仅仅是双变量模型，但是这

11　需要指出的一个技术要点是，由于 $B_1^* = B_1(1-\rho)$，$B_1 = B_1^*/(1-\rho)$，所以可能得不到初始截距的无偏估计。但在很多情况下，截距没有具体的经济意义。

种差分变换可以推广到多个解释变量的情形(参见习题10.18)。其次,到目前为止,仅仅假设了 $AR(1)$ 过程,如式(10-6),但差分变换很容易推广到高阶过程,例如 $AR(2)$、$AR(3)$,等等;变换过程并不涉及新的问题,只不过计算相对复杂。

看起来广义差分方程(10-14)中的自相关问题已经有了"解决方法"。不过,还有一个问题:要成功地应用差分过程,必须知道真实的自相关参数 ρ。当然,它是未知的。因此要使用式(10-14),必须通过一些方法估计未知的 ρ。这一情形与异方差类似。在那里,真实的 σ_i^2 是未知的,因此不得不做一些可行的假设。当然,如果它是已知的,就可以直接使用加权最小二乘法(WLS)。

10.5 如何估计ρ

ρ 的估计方法不是唯一的,下面介绍其中的几种。

10.5.1 ρ=1:一阶差分法

既然 ρ 介于0和±1之间,所以可以假设 ρ 取-1到+1之间的任何值,并使用广义差分方程(10-14)。希尔德雷斯(Hildreth)和陆(Lu)就提出过这样的方法。[12]但究竟选择什么样的 ρ 值呢?因为即使是在-1和+1之间,ρ 也有成百上千个。在应用经济计量学中,通常采用 $\rho=1$,即误差项之间是完全正自相关,这对有些经济时间序列来说是正确的。如果可以接受这个假设,则广义差分方程(10-14)就变为**一阶差分方程**(first difference equation):

$$Y_t - Y_{t-1} = B_2(X_t - X_{t-1}) + v_t$$

或

$$\Delta Y_t = B_2 \Delta X_t + v_t \tag{10-17}$$

Δ 是一阶差分算子符号(就像期望算子 E 一样)。在估计方程(10-17)时,首先需对应变量和解释变量求差分,然后再对变换后的模型进行回归。

注意,一阶差分方程(10-17)的一个重要特征:模型中没有截距。因此,要估计式(10-17),需要在计算软件中选择过原点的模型。在这种情形下无法直接估计出截距项(但注意:$b_1=\bar{Y}-b_2\bar{X}$)。

10.5.2 从德宾-沃森 d 统计量中估计ρ

前面已经建立了 d 与 ρ 之间的近似关系:

$$d \approx 2(1-\hat{\rho})$$

则有:

$$\hat{\rho} \approx 1 - \frac{d}{2} \tag{10-18}$$

既然 d 统计量可由大多数回归软件计算给出,则可以根据式(10-18)得到 ρ 的近似估计值。

---

12 G. Hildreth and J. Y. Lu, "Demand Relations with Autocorrelated Disturbances," Michigan State University, *Agricultural Experiment Station*, Technical Bulletin 276, November 1960.

一旦从式(10-18)中估计出ρ值，就可将其代入广义差分方程(10-14)。对工资-生产率一例，$d=0.1463$。因此，

$$\hat{\rho} = 1 - \frac{0.1463}{2} = 0.9268 \tag{10-19}$$

这一ρ值显然不等于一阶差分方程的假定$\rho=1$。利用这个ρ值，根据式(10-14)可以进行数据变换。

当样本容量足够大时，这种方法简单易行，而且可以得到ρ的理想估计值。对于小样本，泰尔(Theil)和纳加(Nagar)给出了建立在d基础上ρ的另一个估计值。参见习题10.20。

10.5.3　从 OLS 残差 e_t 中估计 ρ

回顾一阶自回归过程：

$$u_t = \rho u_{t-1} + v_t$$

由于无法直接观察得到u，因此可以用样本误差e代替，并进行如下回归：

$$e_t = \hat{\rho} e_{t-1} + v_t \tag{10-20}$$

式中，$\hat{\rho}$是ρ的估计量。

统计理论表明，尽管对小样本而言，$\hat{\rho}$是真实ρ的有偏估计量，但是随着样本容量的增加，这个偏差会逐渐消失。[13]因此，如果样本容量足够大，可以利用从式(10-20)中得到的$\hat{\rho}$进行数据变换。式(10-20)的优点在于简单易行，可以利用 OLS 得到残差。表10-2给出了回归所需的数据，式(10-20)回归结果如下：

$$\hat{e}_t = 0.8915 e_{t-1}$$

$$\text{se} = (0.0552) \quad r^2 = 0.8499 \tag{10-21}$$

因此，估计的ρ约为0.89。(见表10-4)。

表10-4　工资-生产率回归：原始和变换后的数据($\rho=0.8713$)

RWAGES	RWAGES (−1)	RLAGY	YDIF	PRODUCT	PRODUCT (−1)	RLAGX	XDIF
59.871 0	—	—	—	48.026 0	—	—	—
61.318 0	59.871 0	53.375 0	7.943 0	48.865 0	48.026 0	42.815 2	6.049 8
63.054 0	61.318 0	54.665 0	8.389 0	50.567 0	48.865 0	43.563 1	7.003 9
65.192 0	63.054 0	56.212 6	8.979 4	52.882 0	50.567 0	45.080 5	7.801 5
66.633 0	65.192 0	58.118 7	8.514 3	54.950 0	52.882 0	47.144 3	7.805 7
68.257 0	66.633 0	59.403 3	8.853 7	56.808 0	54.950 0	48.987 9	7.820 1
69.676 0	68.257 0	60.851 1	8.824 9	58.817 0	56.808 0	50.644 3	8.172 7
72.300 0	69.676 0	62.116 2	10.183 8	61.204 0	58.817 0	52.435 4	8.768 6
74.121 0	72.300 0	64.455 5	9.665 6	62.542 0	61.204 0	54.563 4	7.978 6
76.895 0	74.121 0	66.078 9	10.816 1	64.677 0	62.542 0	55.756 2	8.920 8
78.008 0	76.895 0	68.551 9	9.456 1	64.993 0	64.677 0	57.659 5	7.333 5
79.452 0	78.008 0	69.544 1	9.907 9	66.285 0	64.993 0	57.941 3	8.343 7
80.886 0	79.452 0	70.831 5	10.054 5	69.015 0	66.285 0	59.093 1	9.921 9

13　人们更专业地称$\hat{\rho}$是ρ的一致估计量。

（续）

RWAGES	RWAGES(-1)	RLAGY	YDIF	PRODUCT	PRODUCT(-1)	RLAGX	XDIF
83.328 0	80.886 0	72.109 9	11.218 1	71.243 0	69.015 0	61.526 9	9.716 1
85.062 0	83.328 0	74.286 9	10.775 1	73.410 0	71.243 0	63.513 1	9.896 9
83.988 0	85.062 0	75.832 8	8.155 2	72.257 0	73.410 0	65.445 0	6.812 0
84.843 0	83.988 0	74.875 3	9.967 7	74.792 0	72.257 0	64.417 1	10.374 9
87.148 0	84.843 0	75.637 5	11.510 5	77.145 0	74.792 0	66.677 1	10.467 9
88.335 0	87.148 0	77.692 4	10.642 6	78.455 0	77.145 0	68.774 8	9.680 2
89.736 0	88.335 0	78.750 7	10.985 3	79.320 0	78.455 0	69.942 6	9.377 4
89.863 0	89.736 0	79.999 6	9.863 4	79.305 0	79.320 0	70.713 8	8.591 2
89.592 0	89.863 0	80.112 9	9.479 1	79.151 0	79.305 0	70.700 4	8.450 6
89.645 0	89.592 0	79.871 3	9.773 7	80.778 0	79.151 0	70.563 1	10.214 9
90.637 0	89.645 0	79.918 5	10.718 5	80.148 0	80.778 0	72.013 6	8.134 4
90.591 0	90.637 0	80.802 9	9.788 1	83.001 0	80.148 0	71.451 9	11.549 1
90.712 0	90.591 0	80.761 9	9.950 1	85.214 0	83.001 0	73.995 4	11.218 6
91.910 0	90.712 0	80.869 7	11.040 3	87.131 0	85.214 0	75.968 3	11.162 7
94.869 0	91.910 0	81.937 8	12.931 2	89.673 0	87.131 0	77.677 3	11.995 7
95.207 0	94.869 0	84.575 7	10.631 3	90.133 0	89.673 0	79.943 5	10.189 5
96.527 0	95.207 0	84.877 0	11.650 0	91.506 0	90.133 0	80.353 6	11.152 4
95.005 0	96.527 0	86.053 8	8.951 2	92.408 0	91.506 0	81.577 6	10.830 4
96.219 0	95.005 0	84.697 0	11.522 0	94.385 0	92.408 0	82.381 7	12.003 3
97.465 0	96.219 0	85.779 2	11.685 8	95.903 0	94.385 0	84.144 2	11.758 8
100.000 0	97.465 0	86.890 0	13.110 0	100.000 0	95.903 0	85.497 5	14.502 5
99.712 0	100.000 0	89.150 0	10.562 0	100.386 0	100.000 0	89.150 0	11.236 0
99.024 0	99.712 0	88.893 2	10.130 8	101.349 0	100.386 0	89.494 1	11.854 9
98.690 0	99.024 0	88.279 9	10.410 1	101.495 0	101.349 0	90.352 6	11.142 4
99.478 0	98.690 0	87.982 1	11.495 9	104.492 0	101.495 0	90.482 8	14.009 2
100.512 0	99.478 0	88.684 6	11.827 4	106.478 0	104.492 0	93.154 6	13.323 4
105.173 0	100.512 0	89.606 4	15.566 6	109.474 0	106.478 0	94.925 1	14.548 9
108.044 0	105.173 0	93.761 7	14.282 3	112.828 0	109.474 0	97.596 1	15.231 9
111.992 0	108.044 0	96.321 2	15.670 8	116.117 0	112.828 0	100.586 2	15.530 8
113.536 0	111.992 0	99.840 9	13.695 1	119.082 0	116.117 0	103.518 3	15.563 7
115.694 0	113.536 0	101.217 3	14.476 7	123.948 0	119.082 0	106.161 6	17.786 4
117.709 0	115.694 0	103.141 2	14.567 8	128.705 0	123.948 0	110.499 6	18.205 4
118.949 0	117.709 0	104.937 6	14.011 4	132.390 0	128.705 0	114.740 5	17.649 5
119.692 0	118.949 0	106.043 0	13.649 0	135.021 0	132.390 0	118.025 7	16.995 3
120.447 0	119.692 0	106.705 4	13.741 6	136.404 0	135.021 0	120.371 2	16.032 8

注：RWAGES——真实工资；
RWAGES(-1)——滞后一期真实工资；
RLAGY——0.891 5 × RWAGES(-1)；
YDIF——rwages-rlagy；
PRODUCT——生产率；
PRODUCT(-1)——滞后一期的生产率；
RLAGX——0.891 5 × PRODUCT(-1)；
XDIF——product-rlagx。

10.5.4 ρ 的其他估计方法

除了上述方法之外，还有一些估计 ρ 的方法：

(1) 科克伦－奥克特（Cochrane-Orcutt）迭代法；

(2) 科克伦－奥克特两步法；

(3) 德宾两步法；

(4)希尔德雷斯－陆搜索法；

(5)极大似然法。

本书不再讨论这些方法，有兴趣的读者可以查阅有关文献。[14]无论使用哪种方法，都要利用得到的ρ值，根据式(10-14)进行数据变换，然后做 OLS 回归。[15]大多数计算机软件都能实现变换，但我们还是在表 10-4 中列出了变换后的数据。

最后，比较一下应用一阶差分变换和根据式(10-21)变换得到的工资－生产率回归结果。回归结果见表 10-5(也可参见图 10-6 和图 10-7)。通过比较，可以看出：

表 10-5　根据各种变换得到的工资－生产率回归结果

变换方法	估计的ρ	截距	斜率	r^2	自相关?
原始回归	$\rho=0$	33.636 0	0.661 4	0.974 9	是
	(假设)	(1.400 1)	(0.015 6)		
一阶差分	$\rho=1$	*	0.646 9	0.695 0**	否!
			(0.063 2)		
式(10-21)!!	$\rho=0.891\ 5$	4.813 1†	0.561 7	0.804 0	否!
		(0.478 3)	(0.041 3)		
式(10-21)!!!	$\rho=0.891\ 5$	2.975 5†	0.742 1	0.732 6	否!
		(0.784 9)	(0.066 1)		

注：括号内的数字是估计的标准差。

* 回归中没有截距项。(为什么?)

! 根据估计残差的游程检验。

!! 不包括第一个观察值。

** 各个r^2值不能直接比较。

† 变换后回归的截距项是$B_1^*=B_1(1-\rho)$。原始截距项则为$B_1=B_1^*/(1-\rho)$。

(1)初始回归存在着自相关，但是根据游程检验，各种变换以后的回归不再有自相关问题。[16]

(2)尽管一阶差分变换的ρ值与从式(10-21)估计的ρ值并不相同，但如果回归分析不包括第一个观察值的话，则估计的斜率系数差别不大，截距和斜率的估计值却显著不同于 OLS 回归结果。

(3)然而，如果通过普瑞斯－文斯顿变换纳入第一个观察值，则情况发生显著变化。变换后的斜率系数非常接近于初始的 OLS 斜率，并且变换后模型的截距更接近于初始的截距。因此，对小样本而言，包括第一个观察值是很重要的。否则，变换后模型的估计系数不如包括第一个观察值的模型那样有效(即标准误较大)。

14　有关这三种方法的讨论，参见 Gujarati and Porter，*Basic Econometrics*，4 th ed.，McGraw-Hill，New York，2003，Chapter 12。

15　对于大样本，各种方法计算得到的ρ差别不大。

16　我们也能够得到变换后回归模型的德宾－沃森d统计量。但是，经济计量理论表明，变换后回归的d统计量不适合用于自回归检验，因为初始的误差项可能不服从$AR(1)$过程，比如，可能服从$AR(2)$过程。附录 10A 讨论的游程检验不会受此影响，因为它是一个非参数检验。

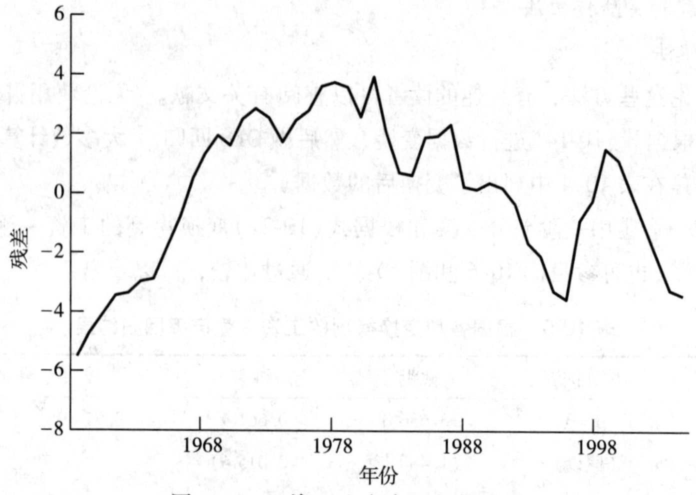

图 10-6 工资 - 生产率回归的残差

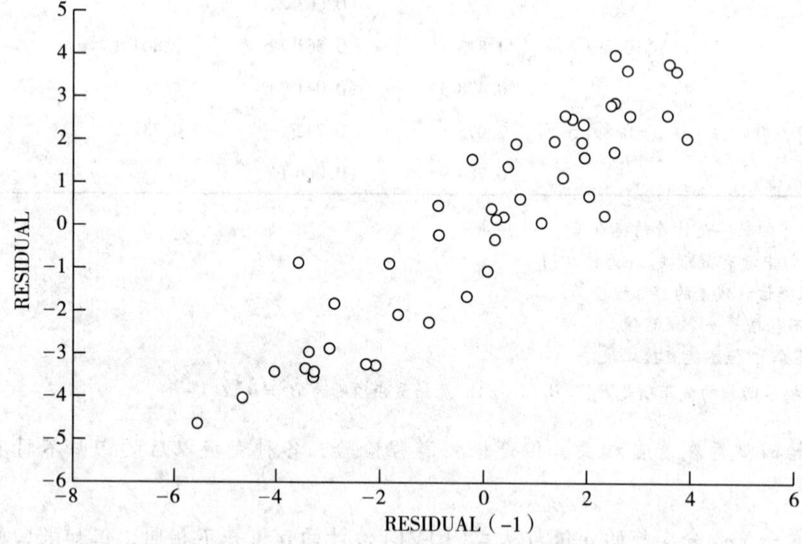

图 10-7 工资 - 生产率回归的残差与其滞后残差

(4)各种回归中的 r^2 值不能直接比较，因为各模型中的解释变量是不一样的。此外，对于不包含截距项的一阶差分模型，通常计算的 r^2 是没有意义的。

如果接受了普瑞斯 - 文斯顿变换后的回归结果(工资 - 生产率一例)，并与受自相关困扰的初始回归结果相比较，可以看到，初始的截距和斜率系数的 t 值(绝对值)在变换后的回归中有所下降。这从另一个方面说明初始模型的标准误被低估了。根据自相关的理论后果，这样的结论并非意料之外。幸运的是，在这个例子中，即使校正了自相关，估计的 t 值依然是统计显著的。[17]当然，情况并不总是这样。

17 严格地说，如果样本容量足够大，则这种表述是正确的。因为我们不知道真实的 ρ，需要估计出 ρ。经济计量理论表明，当用估计的 ρ 对数据变换时，通常的统计检验过程对于大样本是有效的。

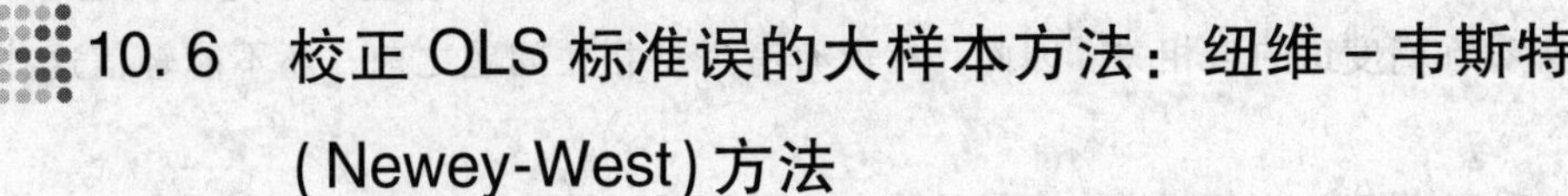

10.6 校正 OLS 标准误的大样本方法：纽维－韦斯特(Newey-West)方法

与通过变量变换解决自相关问题的方法不同，纽维和韦斯特建立了一种计算 OLS 标准误的方法来校正自相关问题。[18]

这里不再介绍 NW 检验的数学推导，[19]但需要指出的是，严格地说，这个检验只对大样本有效。大样本的界定要视具体问题而定。现代统计软件大都包括了 NW 检验，也称为 HAC(异方差和自相关一致的)标准误，简称 NW 标准误。注意：HAC 并没有改变 OLS 估计量的值，仅仅是对标准误进行了修正。

我们用表 10-6(参见网上教材)美国 1947 年第一季度至 2007 年第四季度的宏观经济数据(共 244 个季度观察值)说明 NW 检验。建立如下回归模型：

$$lDividend = B_1 + B_2 lCP + B_3 Time + u_t \tag{10-22}$$

其中，l 表示自然对数。

模型中的时间或趋势变量考虑到了两个时间变量的向上趋势。在方程(10-22)中，B_2 给出了红利对利润的弹性，B_3 给出了红利的跨期增长。

利用 EViews6，得到回归结果如下：

Dependent Variable：LDIVIDEND
Method：Least Squares

Sample：1947Q1 2007Q4
Included observations：244
Newey-West HAC Standard Errors & Covariance(lag truncation = 4)

	系数	标准误	t 统计量	概率
C	0.435 764	0.192 185	2.267 414	0.024 3
LCP	0.424 535	0.077 733	5.461 456	0.000 0
Time	0.012 691	0.001 421	8.930 795	0.000 0
R-squared	0.991 424	Mean dependent var	3.999 717	
Adjusted R-squared	0.991 353	S. D. dependent var	1.430 724	
S. E. of regression	0.133 041	Akaike info criterion	-1.184 093	
Sum squared resid	4.265 706	Schwarz criterion	-1.141 095	
Log likelihood	147.459 4	Hannan-Quinn criter.	-1.166 776	
F-statistic	13 930.73	Durbin-Watson stat	0.090 181	
Prob(F-statistic)	0.000 000			

按照通常的标准，结果看起来不错。所有的系数各自都是高度显著的(p 值几乎为 0)，R^2

18 W. K. Newey and K. West, "A Simple Positive Semi-Definite Heteroscedasticity and Autocorrelation Consistent Covariance Matrix," *Econometrics*, Vol. 55, 1987, pp. 703－708.

19 详细讨论参见 Gujarati and Porter, *Basic Econometrics*, 5th ed., McGraw-Hill, New York, 2009, pp. 447-448。

也非常高。红利对利润的弹性约为0.42，红利季度增长率约为1.26%。美中不足的就是DW统计量表明残差存在高度正的自相关。因此，在没有考虑自相关问题之前，还不能轻信这些回归结果。

244个样本观察值跨度61年，样本容量足够大，因此可以利用HAC方法。

利用EViews6，得到如下结果：

Dependent Variable：LDIVIDEND
Method：Least Squares

Sample：1947Q1 2007Q4
Included observations：244
Newey-West HAC Standard Errors & Covariance（lag truncation = 4）

	系数	标准误	t统计量	概率
C	0.435 764	0.192 185	2.267 414	0.024 3
LCP	0.424 535	0.077 733	5.461 456	0.000 0
T	0.012 691	0.001 421	8.930 795	0.000 0
R-squared	0.991 424		Mean dependent var	3.999 717
Adjusted R-squared	0.991 353		S. D. dependent var	1.430 724
S. E. of regression	0.133 041		Akaike info criterion	-1.184 093
Sum squared resid	4.265 706		Schwarz criterion	-1.141 095
Log likelihood	147.459 4		Hannan-Quinn criter.	-1.166 776
F-statistic	13 930.73		Durbin-Watson stat	0.090 181
Prob(F-statistic)	0.000 000			

可以看出，利用HAC方法得到的回归系数值与OLS回归系数值相同，但是标准误有了很大的变化。看来OLS标准误低估了真实的标准误，因而膨胀了t值。但即便如此，估计的回归系数也是高度显著的。这个例子表明，自相关并不一定否认OLS结果，但是对于时间序列数据必须检查自相关问题。

HAC结果还表明，DW值与OLS估计下的DW值是相同的。但不必担心，因为在计算标准误的时候，HAC方法已经考虑到了这个问题。

10.7 小结

本章要点如下：

1. 自相关条件下的OLS估计量，尽管是无偏的，但不是有效的。简言之，它不是最优线性无偏估计量。

2. 在马尔可夫一阶自回归、$AR(1)$假定下，通常计算的OLS估计量的方差和标准误可能是严重有偏的。

3. 因此，标准t显著性检验和F显著性检验可能存在着严重的误导。

4. 因此，判断是否存在自相关至关重要。本章考虑了三种自相关诊断方法：

a. 残差图形检验

b. 游程检验

c. 德宾－沃森 d 检验

5. 如果发现了自相关，建议通过适当变换消除自相关。我们用几个具体例子说明了自相关修正机制。

关键术语和概念

序列相关或自相关

a）空间相关

自相关的原因

a）惯性

b）模型设定错误

c）蛛网现象

d）数据处理

自相关的诊断

a）时序图

b）德宾－沃森 d 检验；

自相关系数

马尔科夫一阶自回归或 $AR(1)$ 过程

自回归模型

h 统计量

序列相关的补救措施

a）广义最小二乘(GLS)（广义差分方程）

b）普瑞斯－文斯顿变换

ρ 的估计

a）一阶差分方程

b）德宾－沃森 d 统计量

c）OLS 残差

校正 OLS 标准误的大样本方法

a）纽维－韦斯特方法(NW 方法)；HAC；NW 标准误

问　题

10.1　解释下列概念：

a 自相关；b 一阶自相关；c 空间相关。

10.2　马尔可夫一阶自相关假定有何重要意义？

10.3　在 $AR(1)$ 假定下，古典线性回归模型的假定之一，总体概率分布函数中的误差项不相关的后果是什么？

10.4　在存在 $AR(1)$ 自相关的情形下，用什么估计方法能够得到 BLUE 估计量？简述这个方法的具体步骤。

10.5　在 $AR(1)$ 的情形下，估计自相关参数 ρ 有哪些不同的方法？

10.6　诊断自相关有哪些不同的方法？说明每种方法的假设条件。

10.7　德宾－沃森 d 统计量有什么缺陷？

10.8　判断正误并说明理由。

a. 当存在自相关时，OLS 估计量是有偏的而且也是无效的。

b. 在形如式(10-7)的自回归模型中，即模型中的一个解释变量是应变量的一期滞后，德宾－沃森 d 统计量是无效的。

c. 德宾－沃森 d 统计量检验假设误差项 u_t 是同方差的。

d. 消除自相关的一阶差分变换假定自相关系数 ρ 必须等于 -1。

e. 两个模型，一个是一阶差分形式，一个是水平形式，这两个模型的 R^2 值不可以直接比较。

10.9 普瑞斯－文斯顿变换有什么重要作用？

习 题

10.10 完成下表：

样本容量	解释变量个数	德宾－沃森 d	自相关
25	2	0.83	是
30	5	1.24	—
50	8	1.98	—
60	6	3.72	—
200	20	1.61	—

10.11 利用游程检验检验以下情形中的自相关（利用 Swed-Eisenhart 表，见附录 10A）。

样本容量	个数 +	个数 −	游程个数	自相关(?)
18	11	7	2	—
30	15	15	24	—
38	20	18	6	—
15	8	7	4	—
10	5	5	1	—

10.12 第 5 章给出的菲利普斯曲线式（5-29）中，估计的 d 统计量为 0.6394。

a. 残差中是否存在一阶自相关？如果有，是正的还是负的？

b. 如果存在自相关，根据 d 统计量估计自相关系数。

c. 利用估计的 ρ 值，对表 5-6 的数据进行变换，并估计广义差分方程（10-15）（即对变换后的数据用 OLS 法）。

d. 在（c）中，估计的回归存在自相关吗？使用哪一种检验方法？

10.13 为了研究制造业增加值中生产工人份额即劳动力份额的变化，根据 1949～1964 年间美国的数据，[20]得到如下回归结果：（括号中给出了 t 值）

模型 A：$\hat{Y}_t = 0.4529 - 0.0041t$；$r^2 = 0.5284$；$d = 0.8252$

$t = \quad (-3.9608)$

模型 B：$\hat{Y}_t = 0.4786 - 0.00127t + 0.0005t^2$；$R^2 = 0.6629$；$d = 1.82$

$t = \quad (-3.2724) \quad (2.7777)$

式中，Y——劳动份额；t——时间。

---

20 参见 Damondar N. Gujarati, "Labor's Share in Manufacturing Industries," *Industrial and Labor Relations Review*, vol. 23, no. 1, October 1969, pp. 65-75。

a. 在模型 A 中存在序列相关吗？模型 B 呢？

b. 如果在模型 A 中存在序列相关而模型 B 中不存在，则前者存在序列相关的原因是什么？

c. 这个例子告诉我们在自相关的检验中，d 统计量有哪些用途？

10.14　德宾两阶段法估计 ρ。[21] 广义差分方程(10-14)写成如下等价形式：

$$Y_t = B_1(1-\rho) + B_2X_t - \rho B_2X_{t-1} + \rho Y_{t-1} + v_t$$

第一阶段，德宾建议以 Y 作为应变量，X_t、X_{t-1} 和 Y_{t-1} 作为解释变量进行回归。Y_{t-1} 的系数提供了 ρ 的一个估计量，因此得到的 ρ 是一致估计量；也就是说，对大样本，它是真实 ρ 的一个好的估计值。

第二阶段，利用从第一阶段中获得的 ρ 对数据变换，并估计广义差分方程(10-14)。

利用德宾两阶段法估计第 7 章讨论的美国进口支出数据，并将得到的结果与初始回归结果做比较。

10.15　考虑如下回归模型：[22]

$$\hat{Y}_t = -49.4664 + 0.88544X_{2t} + 0.09253X_{3t};\quad R^2 = 0.9979;\ d = 0.8755$$

$$t = (-2.2392)\quad (70.2936)\quad (2.6933)$$

式中，Y——个人消费支出（1982 年美元价，10 亿美元）；X_2——个人可支配收入（1982 年美元价，10 亿美元）(PDI)；X_3——道·琼斯工业平均股票指数。

回归利用了 1961～1985 年间美国数据。

a. 回归残差存在一阶自相关吗？你是如何知道的？

b. 利用德宾两阶段方法，将上述回归转换成式(10-15)，结果如下：

$$\hat{Y}_t^* = -17.97 + 0.89X_{2t}^* + 0.09X_{3t}^*;\quad R^2 = 0.9816;\quad d = 2.28$$

$$t = \qquad\qquad (30.72)\quad (2.66)$$

自相关的问题解决了吗？你是如何知道的？

c. 比较初始回归和变换后的回归，PDI 的 t 值急剧下降，这一变化表明了什么？

d. 根据变换后模型获得的 d 值能否确定变换后的数据存在自相关？

10.16　德宾 h 统计量。在形如式(10-7)的自回归模型中：

$$Y_t = B_1 + B_2X_t + B_3Y_{t-1} + v_t$$

通常的 d 统计量不适合用于诊断自相关。对于这类模型，德宾建议用 h 统计量来代替 d 统计量，h 统计量定义为：

$$h \approx \hat{\rho}\sqrt{\frac{n}{1-n\cdot \mathrm{var}(b_3)}}$$

式中，n——样本容量；$\hat{\rho}$——自相关系数 ρ 的估计量；$\mathrm{var}(b_3)$——滞后变量 Y 的系数 B_3 的估计量的方差。

德宾证明了对于大样本而言，若零假设 $\rho=0$，h 统计量服从均值为 0、方差为 1 的标

21　*Royal Statistical Society*, series B, vol. 22, 1960, pp. 139-153.

22　参见 Dominick Salvatore, *Managerial Economics*, McGraw-Hill, New York, 1989, pp. 138, 148。

准正态分布：

$$h \sim N(0,1)$$

因此，如果计算的 h 统计量超过了 h 的临界值，则拒绝 $\rho=0$ 这一零假设；如果没有超过临界的 h 值，则不能拒绝无（一阶）自相关的零假设。此外，h 公式中的 $\hat{\rho}$ 可以利用本章讨论的任意一种方法获得。

现在考虑 1948～1949 年到 1964～1965 年间印度的货币需求函数：

$$\ln M_t = 1.6027 - 0.1024\ln R_t + 0.6869\ln Y_t + 0.5284\ln M_{t-1}$$

$$\text{se} = (1.2404) \quad (0.3678) \quad (0.3427) \quad (0.2007) \quad R^2 = 0.9227$$

$$d = 1.8624$$

式中，M——实际现金余额；R——长期利率；Y——实际国民收入。

a. 求 h 统计量，并检验假设：上述回归中不存在一阶自相关。

b. 德宾 - 沃森 d 统计量为 1.8624。说明为什么本例不适合用 d 统计量，但可以用 d 统计量估计 $\rho(\hat{\rho}=1-d/2)$。

10.17 考虑表 10-7（参见网上教材）给出的 1980～2006 年间股票价格和 GDP 的数据。

a. 估计 OLS 回归：

$$Y_t = B_1 + B_2X_t + u_t$$

b. 根据 d 统计量判定数据中是否存在一阶自相关。

c. 如果存在，用 d 值估计自相关参数 ρ。

d. 利用估计的 ρ 对数据变换，用 OLS 法估计广义差分方程（10-14）：①舍去第一个观察值；②包括第一个观察值。

e. 重复（b），根据形如式（10-20）的残差估计 ρ 值。利用估计的 ρ 值，估计广义差分方程（10-14）。

f. 利用一阶差分方法将模型变换成方程（10-17）的形式，并对变换后的模型进行估计。

g. 比较（d）、（e）和（f）的回归结果。你能得出什么结论？在变换后模型中还存在自相关吗？你是如何知道的？

10.18 考虑如下模型：

$$Y_t = B_1 + B_2X_{2t} + B_3X_{3t} + B_4X_{4t} + u_t$$

假设误差项服从式（10-6）的 $AR(1)$ 过程。如何变换模型消除自相关？

10.19 建立方程（10-8）（提示：扩展式（10-5）并利用式（10-9）。对于大样本而言，$\sum e_{t-1}^2$ 与 $\sum e_t^2$ 近似相同。）

10.20 根据 d 统计量估计的泰尔 - 纳加尔（Theil-Nagar）ρ。泰尔和纳加尔认为，在小样本中不应用（$1-d/2$）来估计 ρ，而是用：

$$\hat{\rho} = \frac{n^2(1-d/2)+k^2}{n^2-k^2}$$

式中，n——样本数；d——德宾 - 沃森 d 统计量；k——待估系数的个数（包括截距项）。

证明：当 n 充分大时，ρ 的估计值等于用简单公式 $(1-d/2)$ 估计的 ρ 值。

10.21 在例 7-3 进口支出(Y)对个人可支配收入(X)回归中，考虑如下模型：

	模型 1	模型 2	模型 3
截距	-136.16	22.69	12.18
X	0.208 2	0.297 5	0.038 2
Time	—	-18.525	-3.045
Time-squared	—	—	0.965 9
校正的 R^2	0.969	0.984	0.994
d	0.216	0.341	1.611

a. 这些结果表明是否存在自回归？

b. 如何解释模型 3 的时间项和时间平方项？

注：在5%或更低的显著水平下，上面三个模型的系数都是统计显著的。

10.22 蒙特卡洛(Monte Carlo)试验。考虑如下模型：

$$Y_t = 1.0 + 0.9X_t + u_t \tag{1}$$

式中，X 取值为 1，2，3，4，5，6，7，8，9，10。

假设：

$$u_t = \rho u_{t-1} + v_t = 0.9u_{t-1} + v_t \tag{2}$$

式中，$v_t \sim N(0, 1)$。假设 $u_0 = 0$。

a. 生成 10 个 v_t 值，再根据方程(2)生成 10 个 u_t 值。

b. 利用 10 个 X 值和上一步生成 10 个 u_t 值，生成 10 个 Y 值。

c. 用(b)生成的 10 个 Y 值对 10 个 X 值进行回归，求出 b_1 和 b_2。

d. 把计算的 b_1 和 b_2 分别与其真实值 1 和 0.9 相比较，结果如何？

e. 从这个例子中得出什么结论？

10.23 继续习题 10.22。现在假设 $\rho = 0.1$，观察到什么结果？从习题 10.22 和 10.23 中能够得出什么结论？

附录 10A 游程检验

游程检验[23]

为了说明这个检验，记录下残差的符号(+或者-)。假定样本中有 20 个观察值，得到如下残差序列：

$$(++)(-------------)(+++++) \tag{10A-1}$$

游程(run)定义为相同符号或属性(例如+或-)的一个不间断序列。进一步定义**游程长度**

23 这是一个非参数检验，因为对观察值的分布没做任何假设。

(length of the run)为游程中“单元”的个数。在式(10A-1)所示的序列中共有3个游程——一个两个“+”的游程(即长度为2)，一个13个“-”的游程(即长度为13)和一个5个“+”的游程(即长度为5)。为了便于观察，用括号区分开不同的游程。

通过检查一个严格随机序列中游程的变化模式，可以推导出随机游程检验。问题是：与一个包含20个观察值的严格随机序列中的游程个数相比，本例中的3个游程是太多了还是太少了？如果游程太多了，它意味着 e 在频繁地变换着符号，表明存在负的序列相关(比较图10-2b))。类似地，如果游程太少，则意味着正的自相关，如图10-2a)所示。

令 N——观察值的总个数($=N_1+N_2$)；

N_1——+号(也就是正的残差)的个数；

N_2——-号(也就是负的残差)的个数；

k——游程个数。

在残差相互独立的零假设下，史威德(Swed)和艾森哈特(Eisenhart)给出了由 N 个观察值组成的随机序列的游程临界值。见附录E中的表E-6。

史威德-艾森哈特临界游程检验

为了说明如何使用游程检验临界值表，再来看式(10A-1)的序列。$N=20$，$N_1=7$(7个加号)，$N_2=13$(13个减号)以及 $k=3$。对于 $N_1=7$，$N_2=13$，5%的游程临界值为5和15。如果实际游程个数等于或小于5，或者大于或等于15，则拒绝零假设，即式(10A-1)中序列的残差 e 是随机的。本例中实际的游程数是3。因此，式(10A-1)的序列不是随机的。

史威德-艾森哈特表中观察值个数最多为40个——20个正号和20个负号。如果实际样本更大，则不能使用这些游程检验表。但在这种情况下，可以证明：如果 $N_1>10$，$N_2>10$，零假设为连续观察值(本例中是残差)之间相互独立，则游程数 k 渐近服从正态分布：

$$\text{均值}:E(k)=\frac{2N_1N_2}{N}+1 \tag{10A-2}$$

$$\text{方差}:\sigma_k^2=\frac{2N_1N_2(2N_1N_2-N)}{N^2(N-1)} \tag{10A-3}$$

如果零假设是合适的，则根据正态分布的性质得

$$\text{Prob}[E(k)-1.96\sigma_k \leqslant k \leqslant E(k)+1.96\sigma_k]=0.95 \tag{10A-4}$$

即上述区间包括 k 的概率是95%。

判断规则

如果游程个数 k 位于式(10A-4)区间内，则不能拒绝零假设(95%的置信度)；如果游程个数 k 位于式(10A-4)区间外，则拒绝零假设(注：显著水平可自由选则)。

附录 10B　自相关的一般性检验：布鲁尔什－戈弗雷(BG)检验

统计学家布鲁尔什(Breusch)和戈弗雷(Godfrey)提出了检验自相关的一般性方法。[24]之所以称之为一般性方法，原因在于该检验考虑了：(1)随机回归元，例如应变量的滞后值；(2)高阶自回归，例如 $AR(1)$，$AR(2)$ 等；(3)纯随机误差项的简单或高阶移动平均，例如 v_{t-1}，v_{t-2}等。

为了说明这个检验，再来看 10.6 节的"红利－公司利润"一例。在这个例子中，我们建立了红利对数对利润对数和趋势变量的回归模型。根据德宾－沃森检验，发现存在自相关问题。下面的 BG 检验也验证了这个结论：

1. 求回归模型(10－22)的残差 e_t。

2. 现在做如下回归：

$$e_t = A_1 + A_2 lCP_t + A_3 Time + C_1 e_{t-1} + C_2 e_{t-2} + \cdots + C_k e_{t-k} + v_t$$

即做残差对初始回归元的回归，并且包括截矩项和残差的 $t-k$ 期滞后。根据赤池和施瓦茨信息标准选择 k 。计算得到回归的 R^2。这个回归称为**辅助回归**(auxiliary regression)。

3. 计算 nR^2，即样本容量 n 与 R^2 的乘积。在零假设"滞后项所有系数同时为零"下，可以证明，对于大样本有

$$nR^2 \sim \chi^2_k$$

即样本容量 n 与 R^2的乘积服从自由度为 k (滞后残差项的个数)的 χ^2分布。在经济计量学文献中，BG 检验也被称为**拉格朗日乘子检验**(lagrange multiplier test)。

"红利－公司利润"一例的 BG 检验结果如下(为了说明 BG 检验，这里引入了三个滞后残差项，虽然只有第一个残差项是统计显著的)：

Breusch-Godfrey Serial Correlation LM Test：

F-statistic	823.087 5	Prob. F(3, 238)	0.000 0
Obs * R-squared	222.549 5	Prob. Chi-Square(3)	0.000 0

Test Equation：
Dependent Variable：RESID
Method：Least Squares
Sample：1947Q1 2007Q4
Included observations：244
Presample missing value lagged residuals set to zero.

	Coefficient	Std. error	*t*-Statistic	Prob.
C	－0.020 423	0.031 482	－0.648 726	0.517 1
LCP	0.007 548	0.012 027	0.627 611	0.530 9
Time	－0.000 121	0.000 214	－0.565 962	0.572 0
RESID(－1)	0.907 903	0.064 654	14.042 47	0.000 0
RESID(－2)	－0.021 374	0.087 434	－0.244 459	0.807 1
RESID(－3)	0.074 971	0.064 785	1.157 217	0.248 3

24　T. S. Breusch, "Testing for Autocorrelation in Dynamic Linear Models," *Australian Economic Paper*, vol. 17, 1978, pp. 334-335. L. G. Godfrey, "Testing Aaginst General Autoregressive and Moving Average Error Models When the Regressand Includes Lagged Dependent Variables," *Econometrics*, vol. 46, 1978, pp. 1293-1302.

(续)

	Coefficient	Std. error	t-Statistic	Prob.
R-squared	0.912 088	Mean dependent var		-1.10E-15
Adjusted R-squared	0.910 241	S. D. dependent var		0.132 493
S. E. of regression	0.039694	Akaike info criterion		-3.590 926
Sum squared resid	0.375 005	Schwarz criterion		-3.504 930
Log likelihood	444.092 9	Hannan-Quinn criter.		-3.556 291
F-statistic	493.852 5	Durbin-Watson stat		2.021 935
Prob(F-statistic)	0.000 000			

可以看出，$nR^2 \sim 222.54 = \chi_3^2$，得到这个 χ^2 值(或大于这个值)的概率几乎为 0。因此，可以拒绝零假设 $C_1 = C_2 = C_3 = 0$ 。即误差项存在自相关。因此，BG 检验验证了 DW 检验的结果。但别忘了，BG 检验是一个一般性检验方法，而 DW 检验针对的仅仅是一阶序列相关。

第三部分

经济计量学高级专题

本部分包括两章内容。对初学者而言，这是经济计量理论的两个高级专题。但是，在教师的帮助下，学生们通过自身的努力完全能够掌握这部分内容。

第 11 章讨论了联立方程模型。本书前两部分主要讨论了单方程回归模型，这类模型在经济和商业领域中得到了广泛的应用。在单方程回归模型中，一个变量(应变量，Y)可以表示为一个或多个变量(解释变量，X)的线性函数。其中隐含的一个假设是，Y 和 X 之间的因果关系是单向的(如果存在的话)。解释变量是因，应变量是果。

但有些时候，经济变量之间的影响还可能是双向的。即，一个经济变量影响其他的经济变量，反过来也受其他经济变量的影响。因而，在货币(M)对利率(r)的回归中，单方程回归隐含的假设是，利率是固定的(比如说由美联储确定)，要求利率水平变动所引起的货币需求量的变动。在这个例子中，利用条件回归分析或许并不适合，因为 M 依赖于 r，r 也依赖于 M。这就需要考虑联立方程模型——模型包括不止一个回归方程，即变量之间的影响是相互的。

第 11 章介绍了联立方程模型最基本的内容，有关联立模型更深入的讨论可以参阅相关文献。

第 12 章讨论了时间序列经济计量学的若干内容。时间序列经济计量学已变得越来越重要。在包含时间序列的回归分析中，运用标准古典回归假设时要非常谨慎。时间序列分析中的一个关键概念是**平稳时间序列**(stationary time series)。在这一章中，我们将直观介绍这个概念，并指出平稳性检验的重要性。

本章还讨论了**分对数模型**(logit model)。第 6 章曾介绍了一个或多个 X 变量是虚拟变量(取值 0 或 1)的模型。在分对数模型中考虑的是应变量 Y 是虚拟变量的情形。例如，研究生入学就是一个虚拟变量，因为只有考取和落榜两种结果。虽然这类模型可以用标准最小二乘法(OLS)估计，但是由于存在估计问题，所以通常并不建议使用这种方法。

本书自始至终都坚持用实例解释各种概念，这两章也不例外。

第 11 章

联立方程模型

到目前为止，我们讨论的所有回归模型都是单方程回归模型，即单个应变量(Y)可以表示为一个或多个解释变量(X)的函数。经济理论决定了Y为什么是应变量，X为什么是决定或原因变量。换句话说，在单方程回归模型中，如果存在因果关系，那么是从X到Y。因此，在婴儿死亡率一例中，社会经济理论表明了个人收入(X_2)和女性识字率(X_3)是影响婴儿死亡率的主要因素。

但有些时候，Y与X之间并不常能维持这种单向关系。很可能的情形是，不仅X影响Y，而且Y也影响X。如果这样的话，Y与X之间就存在着**双向关系**(bilateral)或**反馈关系**(feedback)。显然，在这种情况下，前面讨论的单方程建模就无法满足，有时甚至是不适当的，因为这很可能导致(统计意义上的)有偏的结果。因此，要考虑Y和X之间的这种双向关系就需要不止一个回归方程。我们把包含多个回归方程，并且变量之间存在反馈关系的回归模型称为**联立方程模型**(simultaneous equation regression model)。本章将讨论联立方程模型的性质。本章的讨论是启发式的，更详细的讨论参阅相关文献。[1]

11.1 联立方程模型的性质

我们用几个经济学中的实例说明联立方程模型。

例 11-1 Example

凯恩斯收入决定模型

经济学初学者都会接触到简单的凯恩斯收入决定模型。按照宏观经济学教科书的规定，用C表示消费(支出)，Y表示收入，I表示投资(支出)，S表示储蓄。简单凯恩斯收入决定模型包括以下两个方程：

$$\text{消费函数}: C_t = B_1 + B_2 Y_t + u_t \tag{11-1}$$

1 详细讨论参阅，Gujarati and Porter，*Basic Econometrics*，5th ed.，McGraw-Hill，New York，2009，Chapters 18-20。

$$收入恒等式: Y_t = C_t + I_t \tag{11-2}$$

式中，t 是时间下标；u 是随机误差项；$I_t = S_t$。

简单的凯恩斯模型假定了一个不包括政府支出的封闭经济体（即没有对外贸易）[通常的收入恒等式为：$Y_t = C_t + I_t + G_t + NX_t$。式中，$G_t$ 表示政府支出；NX_t 表示净出口（出口－进口）]。模型还假定了投资支出是外生决定的，比如由私人部门决定。■

消费函数表明消费支出与收入线性相关；函数中加入了随机误差项以反映经验分析中两者之间的一种近似关系。（国民收入）恒等式表明总收入等于消费支出与投资支出之和，而后者又等于储蓄。消费函数中的斜率 B_2 代表了边际消费倾向（MPC），即每增加一美元收入所引起的额外消费支出。凯恩斯假定 MPC 为正且小于 1，这个假定是合理的，因为人们可能会将增加的收入部分地用于储蓄。

现在就能够看出消费支出与收入之间的反馈或联立关系。根据式(11-1)，收入影响消费支出，但根据式(11-2)，消费又是收入的组成部分。因此，消费和收入是相互影响的。我们想知道收入和消费是如何同时决定的。因而，消费和收入是联合相关变量。用联立方程建模的语言，这类联合相关变量称为**内生变量**（endogenous variable）。在简单凯恩斯模型中，投资 I 不是内生变量，其值是独立决定的，所以称之为**外生变量**（exogenous variable）或**预定变量**（predetermined variable）。在更复杂的凯恩斯模型中，投资也可以是内生的。

一般地，内生变量是“系统内在的组成部分，并且是由系统内部决定的”。换句话说，“在一个因果系统内，内生变量是由其他变量所引致的。外生变量是“系统之外决定的变量，外生变量不受因果系统的影响。”[2]

式(11-1)和式(11-2)表示了一个包含两个内生变量（C 和 Y）的两个方程的模型。如果有更多个内生变量，则有更多个方程，每一个内生变量对应一个方程。系统中有些方程是**结构**（structural）方程或**行为**（behavioral）方程，有些则是**恒等式**（identity）。在简单的凯恩斯模型中，式(11-1)就是结构方程或行为方程，因为它描述了经济中某个部门的结构或行为，这里是指消费部门。结构方程中的系数（或参数），例如 B_1、B_2，称为**结构系数**（structural coefficient）。式(11-2)是一个收入恒等式（定义式）：总收入等于总消费加上总投资。

例 11-2
Example

需求和供给模型

学过经济学的人都知道，商品的价格 P 与需求量 Q 是由其需求曲线和价格曲线的交点决定的。这里简单地假定需求曲线和供给曲线与价格和随机项 u_1、u_2 线性相关，得到下面的需求函数和供给函数，

$$需求函数: Q_t^d = A_1 + A_2 P_t + u_{1t} \tag{11-3}$$

$$供给函数: Q_t^s = B_1 + B_2 P_t + u_{2t} \tag{11-4}$$

$$均衡条件: Q_t^d = Q_t^s \tag{11-5}$$

2　W. Paul Vogt, *Dictionary of Statistics and Methodology: A Nontechnical Guide for the Social Sciences*, Sage Publications, California, 1993, pp. 81, 85.

式中，Q_t^d——需求量；Q_t^s——供给量；t——时间。

根据经济理论，预期 A_2 为负(向下倾斜的需求曲线)，B_2 为正(向上倾斜的供给曲线)。式(11-3)和式(11-4)都是结构方程，前者描述了消费者行为，后者描述了供给者行为。A、B 是结构系数。

现在就不难理解为什么价格 P 与需求量 Q 之间存在联立或双向关系了。举个例子，由于影响需求的其他变量发生变化(例如收入、财富和偏好)使得 u_{1t}[式(11-3)]发生变化，如果 u_{1t} 为正，则需求曲线向上移动；如果 u_{1t} 为负，则需求曲线向下移动。图 11-1 表明，需求曲线的移动导致了 P 和 Q 发生变化。类似地，u_{2t}(由于罢工、天气、飓风)的变化使得供给曲线移动，也将影响 P 和 Q。因此，两个变量之间存在双向或联立关系。P 和 Q 是联合相关变量或内生变量。这就是所谓的联立问题。■

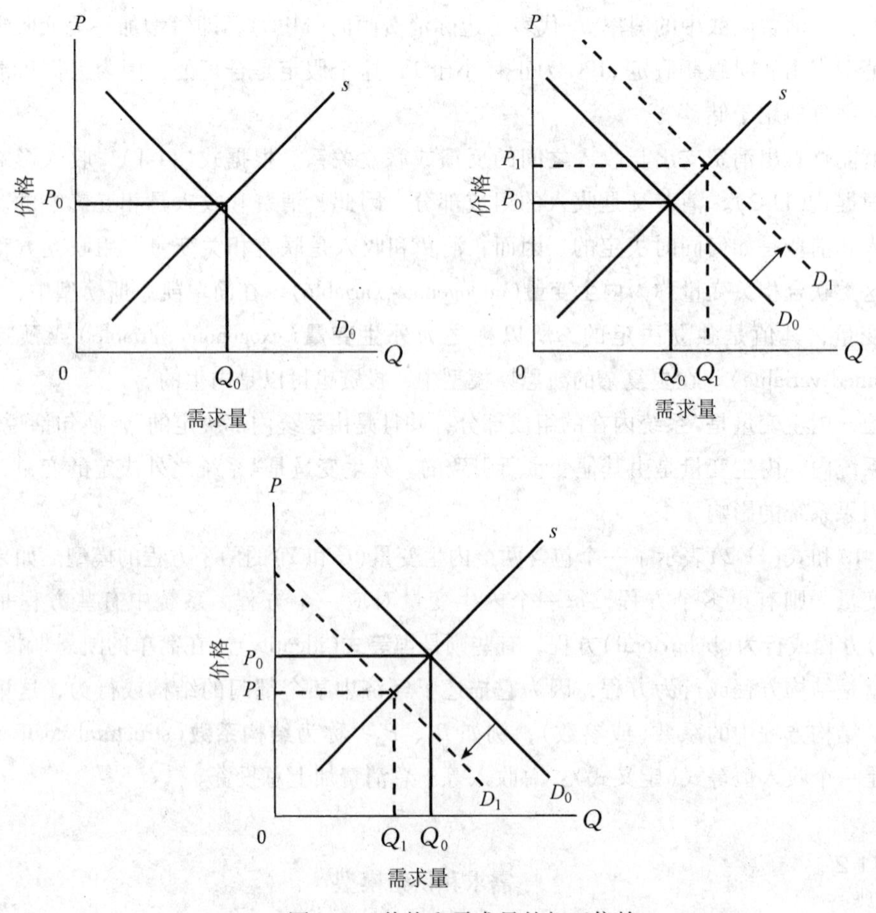

图 11-1 价格和需求量的相互依赖

11.2 联立方程的偏误：OLS 估计量的非一致性

为什么存在联立问题呢？为了理解这个问题的性质，再回到例 11-1 的简单凯恩斯收入决定模型。假设暂时忽略消费支出和收入之间的联立性，利用普通最小二乘法仅仅估计消费函数。利用 OLS 公式得到

$$b_2 = \frac{\sum (C_t - \bar{C})(Y_t - \bar{Y})}{\sum (Y_t - \bar{Y})^2} = \frac{\sum c_t y_t}{\sum y_t^2} \tag{11-6}$$

在第 3 章曾讨论过，如果满足古典线性回归模型(CLRM)的基本假定，那么得到的 OLS 估计量是最优线性无偏估计量(BLUE)。式(11-6)中的 b_2 是真实边际消费倾向 B_2 的最优线性无偏估计量吗？可以证明：一般地，当存在联立问题时，普通最小二乘估计量不是最优线性无偏估计量。在这个例子中，b_2 就不是 B_2 的最优线性无偏估计量，而是 B_2 的有偏估计量；平均地看，它高估或低估了真实的 B_2。详细的证明参见附录 11A。不过从直观上可以很容易看出为什么 b_2 不是最优线性无偏估计量。

在 3.1 节中曾讨论过古典线性回归模型的假定之一：随机误差项 u 与解释变量不相关。因而，如果要用普通最小二乘法估计消费函数式(11-1)中的各个参数，则要求在凯恩斯消费函数中，Y(收入)与误差项 u_t 不相关。但在这里却不是这样

$$
\begin{aligned}
Y_t &= C_t + I_t \\
&= (B_0 + B_1 Y_t + \mu_t) + I_t \qquad \text{把式(11-1) 中的 } C_t \text{ 代入} \\
&= B_0 + B_1 Y_t + \mu_t + I_t
\end{aligned}
$$

把 $B_1 Y_t$ 项移到等式左边，合并同类项，整理得

$$Y_t = \frac{B_0}{1 - B_1} + \frac{1}{1 - B_1} I_t + \frac{1}{1 - B_1} u_t \tag{11-7}$$

注意这个等式的一个有趣特点：国民收入 Y 不但取决于投资 I，还取决于随机误差项 u！随机误差项 u 代表了未明确包括在模型之中的各个影响因素。假定消费者信心(用密执安大学建立的消费者信心指数度量)是其中一个影响因素。若消费者由于股票市场的繁荣(比如美国 1996 年，1997 年)而对经济持乐观态度，则消费者将增加消费支出，根据收入恒等式(11-2)，它将影响到收入 Y。根据消费函数，收入的增加又导致新一轮消费的增加，如此继续。这个过程的最终结果是什么呢？熟悉宏观经济学的学生会意识到，最终结果将取决于乘数 $\left(\frac{1}{1 - B_2}\right)$ 的大小。举个例子，如果 MPC(B_2)是 0.8(也就是说，每增加 1 美元将有 80 美分用于消费)，则乘数为 5。

需要指出的是，在式(11-1)中，Y 与 u 是相关的，所以不能用 OLS 估计消费函数中的参数。如果坚持要用，那么估计量将是有偏的，而且甚至是不一致的(证明见附录 11A)。根据附录 D 中的讨论，即使随样本容量的不断增大，估计量也不接近参数的真实值，那么这个估计量就称为非一致估计量(inconsistent estimator)。总而言之，由于 Y 与 u 相关，估计量 b_2 是有偏的(对小样本)和不一致的(对大样本)。这正是对联立方程模型使用最小二乘法失效的原因。这就需要探究新的估计方法，我们将在下一节中详细讨论。顺便指出的是，如果回归方程中解释变量与该方程中的随机误差项相关，那么这个解释变量实质上也就成了一个随机变量。在前面考虑的大部分回归模型中，或者假设解释变量取固定值，或者(如果解释变量是随机变量)假设解释变量与随机误差项不相关。而本例却不是这两种情形。

注意式(11-7)的特点：收入 Y 是外生变量投资 I 和随机项 u 的函数。像这样把内生变量表示为外生变量和随机项的方程称为**简化方程**(reduced form equation)。随后将会看到这种简化方程的作用。

如果将式(11-7)中的 Y 代入消费函数式(11-1)，就得到简化形式的消费函数方程：

$$C_t = \frac{B_1}{1-B_2} + \frac{B_2}{1-B_2}I_t + \frac{1}{1-B_2}u_t \tag{11-8}$$

式(11-8)表明：内生变量 C(消费)仅仅是外生变量 I 和随机项 u 的函数。

11.3 间接最小二乘法

从上面的讨论中可看出，由于 Y 与 u 相关，不能用普通最小二乘法估计消费函数式(11-1)中的参数 B_1 和 B_2。还有其他的方法吗？从式(11-8)可以发现另一种方法。为什么不用普通最小二乘法做 C 对 I 的回归呢？的确可以，因为 I 是外生决定的，与 u 不相关；这与原始的消费函数式(11-1)不同。

但是，怎样通过回归方程(11-8)估计原始消费函数(11-1)中的参数呢？这正是我们感兴趣的问题。其实很简单，把方程(11-8)重写为

$$C_t = A_1 + A_2 I_t + v_t \tag{11-9}$$

式中，$A_1 = B_1/(1-B_2)$；$A_2 = B_2/(1-B_2)$；$v_t = u_t/(1-B_2)$。与 u 一样，v 也是随机误差项，只不过是 u 的一个倍数。A_1、A_2 称为简化系数，因为它们是简化模型中的参数。不难发现，简化系数是原始消费函数式(11-1)中结构系数的(非线性)组合。

根据上面给出的 A、B 系数之间的关系，很容易验证：

$$B_1 = \frac{A_1}{1+A_2} \tag{11-10}$$

$$B_2 = \frac{A_2}{1+A_2} \tag{11-11}$$

因此，一旦估计出 A_1、A_2，就很容易"推导出" B_1 和 B_2。

消费函数式(11-1)中参数的这种估计方法称为**间接最小二乘法**(indirect least squares, ILS)。首先用普通最小二乘法估计出简化方程(11-9)，然后间接地求出原始参数的估计值。间接最小二乘估计量有什么统计性质呢？间接最小二乘估计量是一致估计量，也就是说，随着样本容量的无限增大，间接最小二乘估计量收敛于真实总体值。但是，对于小样本或有限样本，间接最小二乘估计量是有偏的。与间接最小二乘估计量相比，普通最小二乘估计量是有偏的和非一致的。[3]

11.4 间接最小二乘：一则实例

我们通过一个实例说明间接最小二乘法。表11-1(参见网上教材)提供了美国1959~2006年消费、收入和投资的数据，单位为亿美元。需要指出的是，为了与简单的凯恩斯收入决定模型保持一致，收入仅是消费和投资支出之和。

按照上面讨论的间接最小二乘法，首先估计出简化回归方程式(11-8)。利用表11-1提供的数据，得到下面的回归结果；用形如式(3-46)的标准形式给出回归结果。

$$\hat{C}_t = -97.464\,1 + 4.276\,7 I_t$$

3 证明参阅 Gujarati and Porter, *Basic Econometrics*, 5th ed., McGraw-Hill, New York, 2009, Chapter 18。

$$se = (69.4198)(0.0729)$$

$$t = (-1.4040) \quad (58.6475) \quad r^2 = 0.9868 \tag{11-12}$$

因而，简化方程式(11-8)中的系数 A_1、A_2 的估计值分别为 $a_1 = -97.4641$，$a_2 = 4.2767$。现在，根据式(11-10)和式(11-11)求出消费函数式(11-1)中的参数 B_1、B_2 的估计值为

$$b_1 = \frac{a_1}{1 + a_2} = \frac{-97.4641}{1 + 4.2767} = -18.4707 \tag{11-13}$$

$$b_2 = \frac{a_2}{1 + a_2} = \frac{4.2767}{1 + 4.2767} = 0.8105 \tag{11-14}$$

这就是消费函数中参数的间接最小二乘估计值。估计的消费函数为

$$\hat{C}_t = -18.4707 + 0.8105Y_t \tag{11-15}$$

因此，估计的边际消费倾向(MPC)约为 0.81。

为了比较，我们给出用普通最小二乘法估计得到的回归模型，即直接做 C 对 Y 的回归：

$$\hat{C}_t = -24.6841 + 0.8121Y_t$$

$$se = (12.8715) \quad (0.0026) \tag{11-16}$$

$$t = (-1.9177) \quad (312.8214) \quad r^2 = 0.9995$$

观察消费函数的间接最小二乘估计值与普通最小二乘估计值的差别。虽然边际消费倾向没有明显的差别，但是估计的截距值却相差很大。究竟相信哪个结果呢？应该相信根据 ILS 方法估计得到的结果，因为此例中由于联立问题的存在，用普通最小二乘法得到的结果不仅是有偏的，而且还是不一致的。[4]

看来，总能够利用间接最小二乘法估计联立方程模型中的参数。问题是能否从简化形式的估计值中得到原始的结构参数。有时候可以，有时候却不能。答案取决于模型是否可识别。下一节将讨论这个问题，在随后的章节中还将介绍估计联立方程模型参数的其他方法。

11.5 模型识别问题

回到例 11-2 的需求和供给模型。假定仅仅根据 P 和 Q 的数据估计需求函数，做 Q 对 P 的回归。如何知道这个回归确实估计了需求函数呢？你或许会说，如果估计的斜率为负，它就是需求函数，因为价格和需求量之间呈反向变动的关系。但是，如果斜率为正，又会怎样呢？你是否会说它是供给函数呢？因为价格和需求量之间是正向关系。

你会发现在需求量对价格简单回归中的一个潜在问题：给定的一组 P_t 和 Q_t 表示了供给曲线和需求曲线的交点，因为均衡条件是供给等于需求。为了更清楚地看到这一点，考虑图 11-2。

图 11-2a 给出了 P 对 Q 的散点图。每一个点都表示了需求曲线和供给曲线的交点，见图 11-2b。现在考虑单独的一个点，见图 11-2c。在通过该点的一簇曲线中，如何确定哪一条

4 注意：在式(11-16)中给出了 OLS 估计的标准误和 t 值，但在式(11-15)的 ILS 估计中并未给出。这是因为，根据式(11-13)和式(11-14)得到的系数是 a_1 和 a_2 的非线性函数，没有一种简单的方法得到非线性函数的标准误。

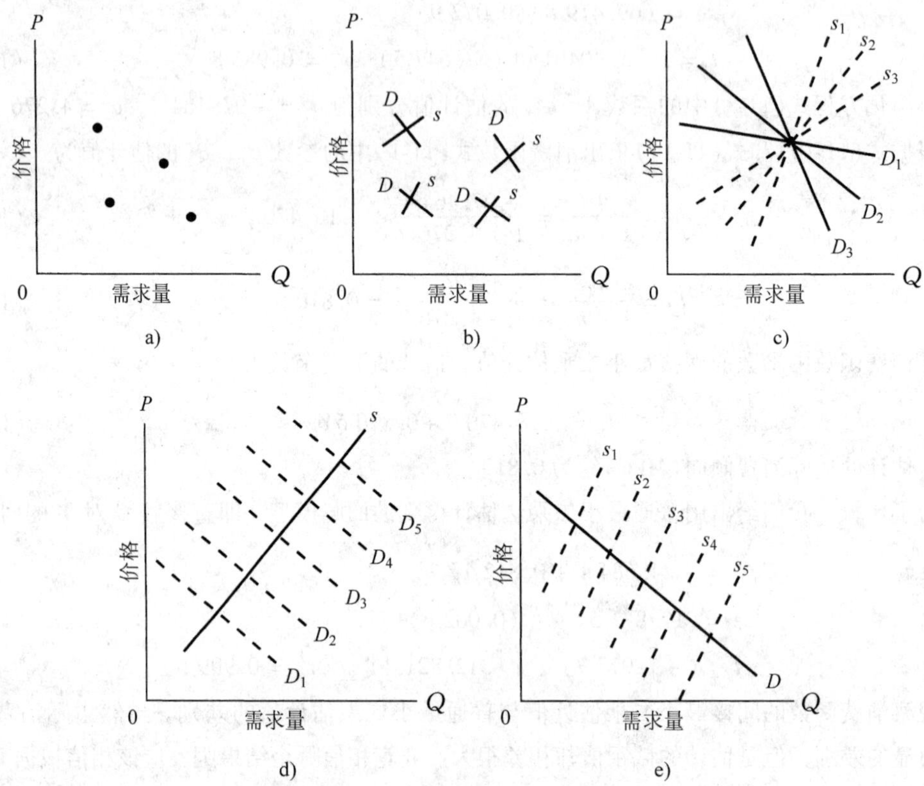

图 11-2 供需函数与识别问题

是需求曲线，哪一条是供给曲线？显然，需要知道额外的一些关于需求曲线和供给曲线特性的信息。例如，如果由于收入、偏好等因素导致需求曲线的移动，但供给曲线保持相对稳定，见图 11-2d，这些散点就描绘了供给曲线。这种情形下，我们说供给曲线是可识别的；也就是说，能够唯一地估计出供给曲线的参数。同样地，如果由于天气（假设是农产品）或其他外生因素导致供给曲线发生移动，但需求曲线保持相对稳定，见图 11-2e，这些散点就描绘了需求曲线。这种情形下，我们说需求曲线是可识别的；也就是说，能够唯一地估计出需求曲线的参数。

识别问题（identification problem）强调了能否唯一估计出方程（需求函数或供给函数）的参数。如果能够唯一地估计出参数，那么就称该方程**恰度识别**（exactly identified）。如果不能估计出参数，就称该方程**不可识别**（unidentified，or underidentified）。有时，方程中的一个或几个参数有若干个估计值，就称该方程是**过度识别的**（overidentified）。下面详细讨论每种情况。

11.5.1 不可识别

再来看例 11-2。根据均衡条件，供给等于需求，得到

$$A_1 + A_2P_t + u_{1t} = B_1 + B_2P_t + u_{2t} \tag{11-17}$$

求解方程（11-17），得到均衡价格

$$P_t = \pi_1 + v_{1t} \tag{11-18}$$

式中

$$\pi_1 = \frac{B_1 - A_1}{A_2 - B_2} \tag{11-19}$$

$$v_{1t} = \frac{u_{2t} - u_{1t}}{A_2 - B_2} \tag{11-20}$$

v_1 是随机误差项，它是 u 的线性组合。符号 π 用来表示简化形式的回归系数。

将式(11-18)中的 P_t 代入例 11-2 中的需求或供给方程，得到均衡的需求量：

$$Q_t = \pi_2 + u_{2t} \tag{11-21}$$

式中

$$\pi_2 = \frac{A_2 B_1 - A_1 B_2}{A_2 - B_2} \tag{11-22}$$

$$v_{2t} = \frac{A_2 u_{2t} - B_2 u_{1t}}{A_2 - B_2} \tag{11-23}$$

v_2 也是随机误差项。

式(11-19)和式(11-21)是简化形式的回归方程。需求和供给模型有 4 个结构参数 A_1、A_2、B_1 和 B_2，但是通过简化形式的系数 π_1 和 π_2，没有唯一的方法可以估计出这些参数。根据代数知识，估计 4 个未知数必须有 4 个(独立的)方程。顺便指出，如果运行简化回归方程(11-19)和方程(11-21)，我们发现没有解释变量，只有常量 π，这些常量给出了价格和需求量的平均值。(为什么?)根据这两个均值根本无法求出 4 个结构参数。简言之，需求和供给函数都是不可识别的。

11.5.2　恰度识别

在上一节讨论的利用间接最小二乘法估计凯恩斯消费函数就是恰度识别的情形。根据简化形式的回归方程(11-12)，可以得到消费函数参数的唯一值[参见式(11-13)和式(11-14)]。

为了进一步说明恰度识别，仍以需求和供给模型为例，但现在对模型做如下修正：

$$\text{需求函数}: Q_t^d = A_1 + A_2 P_t + A_3 X_t + u_{1t} \tag{11-24}$$

$$\text{供给函数}: Q_t^s = B_1 + B_2 P_t + u_{2t} \tag{11-25}$$

式中，增加的变量 X 定义为消费者的收入。因而，需求函数表明，需求量是价格和消费者收入的函数；需求理论一般将价格和收入作为决定需求量的两个主要因素。把收入变量纳入模型可以提供消费者行为额外的信息。这里假定消费者收入是内生决定的。

根据市场出清机制，需求量 = 供给量，得到

$$A_1 + A_2 P_t + A_3 X_t + u_{1t} = B_1 + B_2 P_t + u_{2t} \tag{11-26}$$

求解式(11-26)得到均衡的 P_t

$$P_t = \pi_1 + \pi_2 X_t + v_{1t} \tag{11-27}$$

简化形式的系数为

$$\pi_1 = \frac{B_1 - A_1}{A_2 - B_2} \tag{11-28}$$

$$\pi_2 = -\frac{A_3}{A_2 - B_2} \tag{11-29}$$

$$v_{1t} = \frac{u_{2t} - u_{1t}}{A_2 - B_2} \tag{11-30}$$

将均衡的 P_t 值代入上面的需求函数和供给函数，得到市场出清或均衡的需求量：

$$Q_t = \pi_3 + \pi_4 X_t + v_{2t} \tag{11-31}$$

式中

$$\pi_3 = \frac{A_2 B_1 - A_1 B_2}{A_2 - B_2} \tag{11-32}$$

$$\pi_4 = -\frac{A_3 B_2}{A_2 - B_2} \tag{11-33}$$

$$v_{2t} = \frac{A_2 u_{2t} - B_2 u_{1t}}{A_2 - B_2} \tag{11-34}$$

由于式(11-27)和式(11-31)都是简化形式的回归方程，因此，可以用普通最小二乘法估计它们的参数。问题是能否从简化形式的系数中唯一地估计出结构方程的参数呢?

观察需求模型式(11-24)和供给模型式(11-25)，共包括5个结构系数，A_1、A_2、A_3、B_1 和 B_2。但是仅有4个方程，即4个简化形式的系数(4个 π)。因此，无法求得所有5个结构系数的唯一值。但是，哪一个系数可以唯一确定呢？读者可以验证，供给函数的参数能够唯一确定

$$B_1 = \pi_3 - B_2 \pi_1 \tag{11-35}$$

$$B_2 = \frac{\pi_4}{\pi_2} \tag{11-36}$$

因此，供给函数是恰度识别的。但需求函数却是不可识别的，因为不存在估计其参数(系数 A)的唯一方法。

一个有意思的事实是：正是由于需求函数中这个增加的变量才使得供给函数可以识别。为什么呢？把收入变量纳入需求函数提供了一些关于函数变动的额外信息，参见图11-2d。该图表明，稳定的供给曲线与移动的需求曲线的交点是如何描绘出(识别)供给曲线的。

怎样使需求曲线可识别呢？假定把滞后一期的价格 P_{t-1} 作为增加变量纳入供给函数式(11-25)中。即供给不仅依赖于当期价格，还依赖于上期价格。对许多农产品而言，这并不是一个不合理的假定。由于在 t 期，已经知道 P_{t-1} 的值，我们可把它看做外生变量或预定变量。因而，新的模型为

$$需求函数：Q_t^d = A_1 + A_2 P_t + A_3 X_t + u_{1t} \tag{11-37}$$

$$供给函数：Q_t^s = B_1 + B_2 P_t + B_3 P_{t-1} + u_{2t} \tag{11-38}$$

在市场出清的条件下，利用式(11-37)和式(11-38)可以求得简化形式的回归方程并能验证此时的需求和供给函数都是可识别的；每一个简化方程包括 X_t 和 P_{t-1} 两个解释变量，由于这两个变量都是外生决定的，因而它们与随机误差项不相关。注意变量的引入或排除是如何帮助我们识别模型的，也即如何得到唯一的参数值。因而，正如将变量 X_t(收入)排除在供给函数

之外以便能够识别供给函数一样，将变量 P_{t-1} 排除在需求函数之外也是为了能够识别需求函数。我们可以得到这样一个推论：在联立方程系统中，如果一个方程包含了系统内的所有变量(内生的和外生的)，那么它将不能识别。随后将给出一个简单的识别规则来概括这一思想(参见 11.6 节)。

11.5.3 过度识别

虽然从方程中排除某些变量可能达到识别的目的，但有时也会出现过度的情况，导致了过度识别问题，即模型中某个方程的参数可能有不止一个的估计值。我们来看这种情况是如何发生的。

仍以需求-供给模型为例，

$$\text{需求函数：} Q_t^d = A_1 + A_2 P_t + A_3 X_t + A_4 W_t + u_{1t} \tag{11-39}$$

$$\text{供给函数：} Q_t^s = B_1 + B_2 P_t + B_3 P_{t-1} + u_{2t} \tag{11-40}$$

式中，增加的变量 W_t 表示消费者财富。对于许多商品而言，收入和财富是决定需求的重要因素。把式(11-37)、式(11-38)的需求和供给模型与式(11-39)、式(11-40)模型相比较。原始的供给函数仅仅排除了收入变量，而新的供给模型不仅排除了收入变量，还排除了财富变量。从供给函数中排除收入变量达到了识别的目的，而从供给函数中将收入和财富都排除出去，则导致了过度识别，即供给参数 B_2 有两个估计值，证明如下。

令式(11-39)与式(11-40)相等，得到下面的简化方程：

$$P_t = \pi_1 + \pi_2 X_T + \pi_3 W_t + \pi_4 P_{t-1} + v_{1t} \tag{11-41}$$

$$Q_t = \pi_5 + \pi_6 X_t + \pi_7 W_t + \pi_8 P_{t-1} + v_{2t} \tag{11-42}$$

式中

$$\begin{aligned}
\pi_1 &= \frac{B_1 - A_1}{A_2 - B_2} & \pi_2 &= -\frac{A_3}{A_2 - B_2} \\
\pi_3 &= -\frac{A_4}{A_2 - B_2} & \pi_4 &= \frac{B_3}{A_2 - B_2} \\
\pi_5 &= \frac{A_2 B_1 - A_1 B_2}{A_2 - B_2} & \pi_6 &= -\frac{A_3 B_2}{A_2 - B_2} \\
\pi_7 &= -\frac{A_4 B_2}{A_2 - B_2} & \pi_8 &= \frac{A_2 B_3}{A_2 - B_2} \\
v_{1t} &= \frac{u_{2t} - u_{1t}}{A_2 - B_2} & v_{2t} &= \frac{A_2 u_{2t} - B_2 u_{1t}}{A_2 - B_2}
\end{aligned} \tag{11-43}$$

在需求供给模型中，共考虑了 7 个结构系数——4 个 A 和 3 个 B。但在简化模型式(11-43)中共有 8 个系数。方程的个数比未知参数多，显然，参数有不止一个的解。很容易验证，B_2 实际上有两个值：

$$B_2 = \frac{\pi_7}{\pi_3} \quad \text{或} \quad B_2 = \frac{\pi_6}{\pi_2} \tag{11-44}$$

没有任何理由认为这两个估计值是相等的。

在式(11-43)中，所有简化方程系数的分母中都出现了 B_2，因此，B_2 的不确定导致了其他结构参数的不确定。为什么得到这个结果呢？看来是由于信息太多了——排除收入变量或财富变量的其中一个就足以识别供给方程了。这与不可识别的情形相反，那里是信息太少了。需要指出的是：并非信息越多越好！但是，过度识别问题并不是随意增加变量的缘故。有些时候，经济理论会告诉我们哪些变量应该从模型中排除或是引入模型之中，然后判定模型是不可识别的还是可识别的（恰度识别或过度识别）。

总之，联立方程模型中的方程或是不可识别的，或是恰度识别的，或是过度识别的。对于不可识别的模型我们无能为力，只有假定它是正确的。不可识别不是一个可以通过增大样本容量就可以解决的统计问题。你能够观察到图 11-2a 中的 4 个点，但却无法知道生成这 4 个点的需求和供给曲线的斜率。如果方程是恰度识别的，可利用间接最小二乘法估计参数。如果方程是过度识别的，利用间接最小二乘法得不到唯一的参数值。幸运的是，可以利用**两阶段最小二乘法**（two-stage least squares，2SLS）来估计过度识别方程的参数。在介绍 2SLS 之前，先来看是否存在系统的方法来判定方程是不可识别的、恰度识别的或是过度识别的。用简化方程判定识别问题相当麻烦，尤其是当模型包括多个方程的时候。

11.6 识别规则：识别的阶条件

为了理解**识别的阶条件**（order condition of identification），首先介绍下面的符号：

m——模型中内生变量（联合相关）的个数；

k——不包括在该方程中的所有变量（内生变量和外生变量）的个数。

则

1. 若 $k=m-1$，方程恰度识别。
2. 若 $k>m-1$，方程过度识别。
3. 若 $k<m-1$，方程不可识别。

运用阶条件，只需要数清楚模型中内生变量的个数（＝模型中方程的个数）以及不包括在该方程中变量的总数（内生变量和外生变量）。虽然，识别的阶条件仅仅是必要条件而非充分条件，但在实际中还是非常有用的。

对式（11-39）和式（11-40）的供给和需求模型应用阶条件，$m=2$，供给函数不包括变量 X_t 和 $W_t(k=2)$。由于 $k>m-1$，所以供给方程是过度识别的。需求函数不包括 P_{t-1}，由于 $k=m-1$，所以需求方程是恰度识别的。但现在的情形稍显复杂，如果想根据简化模型式（11-43）中的系数来估计需求函数的参数，则估计值不是唯一的，因为进入计算的 B_2 有两个取值［见式（11-43）］，但利用两阶段最小二乘法就可避免出现这种情况。

11.7 过度识别方程的估计：两阶段最小二乘法

为了说明两阶段最小二乘法，考虑如下模型：

$$\text{收入函数}: Y_t = A_1 + A_2 M_t + A_3 I_t + A_4 G_t + u_{1t} \tag{11-45}$$

$$\text{货币供给函数}: M_t = B_1 + B_2 Y_t + u_{2t} \tag{11-46}$$

式中，Y——收入；M——货币存量；I——投资支出；G——政府的商品和劳务支出；u_1，

u_2——随机误差项。

在这个模型中，假定 I 和 G 是外生给定的。

根据货币数量论和凯恩斯收入决定理论，收入是由货币供给、投资支出和政府支出决定的，货币供给是由联邦储备银行根据收入水平决定的。显然，这是一个联立问题，因为收入和货币供给之间存在着反馈。

利用识别的阶条件，可以判定收入方程是不可识别的(因为它包括了所有变量)，货币供给方程却是过度识别的，因为它排除了系统内的两个变量(在这个模型中，$m=2$)。

由于收入方程是不可识别的，因此无法估计其参数。货币供给方程如何呢？由于它是过度识别的，所以如果用间接最小二乘法估计其参数，则不能得到唯一的估计值；事实上，B_2 有两个值。如果用普通最小二乘法又会怎样呢？由于 Y 与随机误差项 u_2 之间可能相关，根据前面的讨论，OLS 估计值是不一致的。那么，我们选择什么方法呢？

假定在货币供给函数式(11-46)中，找到一个替代变量(surrogate or proxy variable)或工具变量(instrumental variable)来代替 Y，这个变量虽与 Y 类似，但却与 u_2 不相关。如果能得到这样一个替代变量，就可直接用 OLS 估计货币供给函数中的参数了(为什么?)但是，如何得到这样的一个工具变量呢？答案是用两阶段最小二乘法(2SLS)。正如其名，这种方法分两个阶段应用 OLS：

第一阶段 首先做 Y 对整个模型中所有预定变量的回归(不只是该方程的)，以剔除 Y 与随机误差项 u_2 之间可能存在的相关因素。在此例中，就是做 Y 对 I(国内私人总投资)和 G(政府支出)的回归：

$$Y_t = \pi_1 + \pi_2 I_t + \pi_3 G_t + w_t \tag{11-47}$$

其中，w 是随机误差项。根据式(11-47)，得到

$$\hat{Y}_t = \hat{\pi}_1 + \hat{\pi}_2 I_t + \hat{\pi}_3 G_t \tag{11-48}$$

$\hat{Y}_t$ 是在给定 I 和 G 值条件下 Y 的估计均值。注意，π 系数上的 ∧ 表明它们是真实的 π 的估计值。

因此，可以把式(11-47)写为

$$Y_t = \hat{Y}_t + w_t \tag{11-49}$$

式(11-49)表明(随机的)Y 由两部分组成：$\hat{Y}_t$[根据式(11-48)，它是预定变量 I 和 G 的线性组合]和随机部分 w_t。根据 OLS 理论，$\hat{Y}_t$ 和 w_t 不相关(为什么？参见习题 2.25)。

第二阶段 过度识别的货币供给函数可写为

$$M_t = B_1 + B_2(\hat{Y}_t + w_t) + u_{2t} = B_1 + B_2\hat{Y}_t + (u_{2t} + B_2 w_t) = B_1 + B_2\hat{Y}_t + v_t \tag{11-50}$$

式中，$v_t = u_{2t} + B_2 w_t$。

比较式(11-50)和式(11-46)，看起来很相像，唯一不同的是用 $\hat{Y}_t$ 代替 Y_t，这种形式有什么优点呢？能够证明，虽然在原始的货币供给函数式(11-46)中 Y 可能与随机误差项 u_2 相关(因而导致 OLS 失效)，但式(11-50)中的 $\hat{Y}_t$ 与 v_t 却是渐近无关的(对于大样本，或更准确地，随着样本容量无限增大)。因此，可对式(11-50)使用 OLS 得到货币供给函数式(11-46)参数的一致估计值。这是对式(11-46)直接使用 OLS 的改进，因为在那种情况下，估计值可能是有偏

的和不一致的。[5]

11.8 2SLS：一个数字例子

继续货币供给式(11-45)和收入模型式(11-46)一例。习题11.18中的表11-2给出了Y(收入，用GDP度量)、M(货币供给，用M_2度量)、I(投资，用国内私人总投资GDPI度量)和G(联邦政府支出)的数据。单位为10亿美元。利率以百分比形式给出(用6月期国债利率度量)。所有的数据都是年度数据，从1965年到2006年。

第一阶段回归 为了估计货币供给函数式(11-46)中的参数，首先做随机变量Y(收入)对替代变量I和G的回归，这里I和G是外生决定的。回归结果如下：

$$\hat{Y}_t = -162.0426 + 2.6019 I_t + 3.2250 G_t$$
$$\text{se} = (54.0655) \quad (0.3278) \quad (0.2869)$$
$$t = (-2.9972) \quad (7.9377) \quad (11.2397) \quad R^2 = 0.9975 \qquad (11\text{-}51)$$

可以按照常规解释回归结果。所有的系数在5%的显著水平上都是统计显著的。

第二阶段回归 估计货币供给函数式(11-46)，做M对估计出的Y回归，而不是对原始Y回归。结果如下：

$$\hat{M}_t = 151.1360 + 0.5163 \hat{Y}_t$$
$$\text{se} = (35.9740) \quad (0.0057)$$
$$t = (4.2013) \quad (89.9646) \quad r^2 = 0.9951 \qquad (11\text{-}52)$$[6]

注：方程右边的Y上有一个“∧”。

OLS回归 为了进行比较，我们给出OLS(用OLS是不合适的)回归结果：

$$\hat{M}_t = 159.3544 + 0.5147 Y_t$$
$$\text{se} = (47.7531) \quad (0.0076)$$
$$t = (3.3370) \quad (67.5898) \quad r^2 = 0.9913 \qquad (11\text{-}53)$$

比较2SLS和OLS的结果，你或许会说回归结果没有太大的差别。在这个例子中可能如此，但是不能保证所有的情况都是这样。此外，从理论上说，2SLS比OLS要好，尤其是对大样本而言。

在结束联立方程模型的讨论之前，还需要指出的是，除了2SLS和OLS之外，还有其他估计这类模型的方法。但是，这些方法(例如，完全信息的最大似然法)已经超出了本书讨论的范围。[7]本章的目的在于介绍联立方程模型的基本框架，让读者意识到我们遇到的不仅仅是单方程模型。

---

5 进一步的讨论参阅Gujarati and Porter，*Basic Econometrics*，5th ed.，McGraw-Hill，New York，2009，Chapter 20。

6 这些修正后的标准误反映了误差项v_t的性质。这是一个技术问题，参阅Gujarati and Porter，*Basic Econometrics*，5th ed.，McGraw-Hill，New York，2009，p.736。

7 参阅William H. Greene，*Econometric Analysis*，3rd ed.，Prentice-Hall，New Jersey，1997，Chapter 16。

11.9　小结

与前面几章讨论的单方程模型相比，对于联立方程模型，在某个方程中的应变量(内生变量)却以解释变量的形式出现在另一个方程中。因此，变量之间存在着反馈关系。这种反馈就产生了联立问题，导致 OLS 不适合估计各个方程的系数。这是因为，以解释变量形式出现的内生变量在另一个方程中可能与该方程的随机误差项相关。这就违背了 OLS 的假定之一：解释变量要么是固定的或非随机的，要么是随机的、但与误差项不相关。正是由于这个原因，如果使用 OLS，得到的估计值则是有偏的和不一致的。

除了联立问题以外，联立方程模型还有识别问题。识别问题是指不能唯一估计方程中的参数。因此，在估计联立方程模型之前，必须判定模型中的方程是否可识别。

一种判定模型是否可识别的繁琐方法是利用模型的简化形式。简化方程描述了应变量仅仅是外生变量或预定变量(即变量的值由模型之外决定)的函数。如果简化形式的系数与原始方程的系数之间一一对应，那么原始方程就是可识别的。

判定模型是否可识别的一种简单方法就是利用识别的阶条件。阶条件就是数清模型中方程的个数以及模型中变量的个数(内生变量和外生变量之和)。然后根据方程中排除变量(但包括在模型其他方程中)的个数，利用阶条件判定模型是不可识别的、恰度识别还是过度识别的。如果不能估计出方程的参数值，则该方程是不可识别的；如果能够得到唯一的参数值，则该方程是恰度识别的。另一方面，如果方程中的一个或多个参数有不止一个估计值，则该方程是过度识别的。

如果方程是不可识别的，那么我们就无能为力了，只有改变模型的设定(即建立一个新的模型)。如果模型是恰度识别的，利用间接最小二乘法(ILS)能够估计该方程。ILS 分两个步骤：第一步是对模型的简化形式应用 OLS，然后根据简化形式的系数求出原始的结构系数。间接最小二乘估计量是一致的，即随着样本容量的无限增加，估计量将收敛于其真实值。

过度识别方程的参数可利用两阶段最小二乘法(2SLS)估计。其基本思想是用一个与随机误差项不相关的变量代替与误差项相关的解释变量。这个变量称为替代变量或工具变量。与 ILS 估计量一样，2SLS 估计量也是一致估计量。

关键术语和概念

联立方程回归模型	识别问题
内生变量	a)恰度识别
外生变量或预定变量	b)不可识别
结构和行为方程	c)过度识别
恒等式	两阶段最小二乘(2SLS)
联立问题	识别规则
简化形式方程	识别的阶条件
间接最小二乘(ILS)	

问 题

11.1 什么是联立问题？

11.2 什么是内生变量和外生变量？

11.3 为什么 OLS 一般不适于估计联立方程模型中的单方程？

11.4 如果用 OLS 方法估计联立方程模型中的方程，结果会怎样？

11.5 什么是简化形式的方程？它有什么作用？

11.6 什么是结构方程或行为方程？

11.7 什么是间接最小二乘法？什么时候使用它？

11.8 什么是识别问题？为什么它很重要？

11.9 什么是识别的阶条件？

11.10 为什么说识别的阶条件是必要而非充分条件？

11.11 解释概念：①不可识别；②恰度识别；③过度识别。

11.12 如何估计不可识别方程？

11.13 用什么方法估计恰度识别方程？

11.14 2SLS 用于估计哪类方程？

11.15 2SLS 也能用于估计恰度识别的方程吗？

习 题

11.16 考虑下面的双方程模型：

$$Y_{1t} = A_1 + A_2 Y_{2t} + A_3 X_{1t} + u_{1t}$$

$$Y_{2t} = B_1 + B_2 Y_{1t} + B_3 X_{2t} + u_{2t}$$

式中，Y 是内生变量；X 是外生变量；u 是随机误差项。

a. 求简化形式的回归模型。

b. 判定哪个方程是可识别的。

c. 对于可识别方程，使用哪种方法进行估计，为什么？

d. 假定先验地知道 $A_3 = 0$。上述问题的答案有什么变化，为什么？

11.17 考虑下面的模型：

$$Y_{1t} = A_1 + A_2 Y_{2t} + A_3 X_{1t} + u_{1t}$$

$$Y_{2t} = B_1 + B_2 Y_{1t} + u_{2t}$$

式中，Y 是内生变量；X 是外生变量；u 是随机误差项。根据这个模型，得到简化形式的回归模型如下：

$$Y_{1t} = 6 + 8X_{1t}$$

$$Y_{2t} = 4 + 12X_{1t}$$

a. 从这些简化方程中，你能估计出哪些结构系数？

b. 如果先验地知道 $A_2 = 0$ 和 $A_1 = 0$，那么答案有什么改变？

11.18　考虑下面的模型：

$$R_t = A_1 + A_2M_t + A_3Y_t + u_{1t}$$

$$Y_t = B_1 + B_2R_t + u_{2t}$$

式中，Y——收入（用国内总产出 GDP 度量）；R——利率（用 6 月期国债利率度量,%）；M——货币供给（用 M_2 度量）。假定 M 外生给定。

a. 模型背后隐含的经济原理是什么？（提示：参阅有关宏观经济学教科书）

b. 上述方程可识别吗？

c. 利用表 11-2（参见网上教材）给出的数据，估计可识别方程的参数。

11.19　考虑习题 11.18 修改后的模型：

$$R_t = A_1 + A_2M_t + A_3Y_t + u_{1t}$$

$$Y_t = B_1 + B_2R_t + B_3I_t + u_{2t}$$

其中，I 为增加的变量，代表投资（用国内私人总投资 GDPI 度量）。假定 M 和 I 外生给定。

a. 哪个方程是可识别的？

b. 利用表 11-2 提供的数据，估计可识别方程的参数。

c. 你对本题和上一题的不同结果有什么看法？

11.20　考虑第 9 章用过的工资数据集（参见网上教材表 9-2）。Wage = 美元/小时；Occupation = 职业；Sector = 1（制造业），2（建筑业），0（其他）；Union = 1（工会会员），0（其他）；Education = 教育年限；Experience = 工作年限；Ages = 年龄；性别 = 1（女）；婚姻状况 = 1（已婚）；种族 = 1（其他），2（西班牙裔），3（白种人）；地区 = 1（居住在南方）。

考虑如下简单的工资决定模型：

$$\ln W = B_1 + B_2 Educ + B_3 Exper + B_4 Exper^2 + u_1 \qquad (1)$$

假定教育和工资一样是内生的。在方程（1）中如何判定教育是内生的？利用表中给出的数据进行分析。

11.21　考虑如下商业银行贷款的需求和供给模型：

$$\text{需求：}Q_t = Q_t = \alpha_1 + \alpha_2 R_t + \alpha_2 RD_t + \alpha_4 IPI_t + u_{1t}$$

$$\text{供给：}Q_t = \beta_1 + \beta_2 R_t + \beta_3 RS_t + \beta_4 TBD_t + u_{2t}$$

其中，Q = 商业银行总贷款（亿美元），R = 平均最低利率；RS = 3 月期国债利率；RD = AAA 公司债券评级；IPI = 工业生产指数；TBD = 银行存款。

a. 通过 www.economagic.com，圣路易斯联邦储备银行的网站等各种渠道，收集 1980 ~ 2009 年上面这些变量的数据。

b. 需求和供给函数是可识别的吗？哪些变量是内生的，哪些是外生的？

c. 如何估计需求和供给函数？给出必要的计算。

d. 为什么 R 和 RS 都包括在模型中？在模型中变量 IPI 有什么作用？

附录 11A　OLS 估计量的非一致性

为了证明 OLS 估计量 b_2 是 B_2 的非一致估计量（由于 Y_t 与 u_t 相关），首先看 OLS 估计量式(11-6)：

$$b_2=\frac{\sum(C_t-\bar{C})(Y_t-\bar{Y})}{\sum(Y_t-\bar{Y})^2}=\frac{\sum C_t y_t}{\sum y_t^2} \tag{11A-1}$$

式中，$y_t=(Y_t-\bar{Y})$。

现将式(11-1)中的 C_t 代入，得：

$$b_2=\frac{\sum(B_1+B_2Y_t+u_t)y_t}{\sum y_t^2}=B_2+\frac{\sum y_t u_t}{\sum y_t^2} \tag{11A-2}$$

最后一步用到，$\sum y_t=0$，$\sum Y_t y_t/\sum y_t^2=1$(为什么?)

对式(11A-2)取期望，

$$E(b_2)=B_2+E\left[\frac{\sum y_t u_t}{\sum y_t^2}\right] \tag{11A-3}$$

由于期望 E 是一个线性算子，所以不能轻易估计出式(11A-3)中第二项的期望[注：$E(A/B)\neq E(A)/E(B)$]。但可以很清楚地看出，除非式(11A-3)中的第二项为零，否则 b_2 是 B_2 的有偏估计量。

b_2 不仅是有偏的，而且还是不一致的。估计量称为一致估计量，如果它的概率极限等于其真实(总体)值。[8]运用概率极限的性质，[9]可以得到

$$\begin{aligned}\text{plim}(b_2)&=\text{plim}(B_2)+\text{plim}\left[\frac{\sum y_t u_t}{\sum y_t^2}\right]\\&=B_2+\text{plim}\left[\frac{\sum y_t u_t/n}{\sum y_t^2/n}\right]\\&=B_2+\frac{\text{plim}\left(\sum y_t u_t/n\right)}{\text{plim}\left(\sum y_t^2/n\right)}\end{aligned} \tag{11A-4}$$

这里利用了 plim 算子的性质——常数(比如 B_2)的概率极限等于常数本身，比值的概率极限等于概率极限的比值。

随着 n 的无限增大，可以证明

$$\text{plim}(b_2)=B_2+\frac{1}{1-B_2}\left(\frac{\sigma^2}{\sigma_y^2}\right) \tag{11A-5}$$

式中，σ^2 是 u 的方差；σ_y^2 是 Y 的方差。

由于 B_2(MPC)位于0和1之间，且方程(11A-5)中的两个方差均为正，所以 b_2 的概率极限显然比 B_2 大；也就是说，b_2 高估了 B_2，而且，无论样本容量多大，这个偏差总是存在的。

---

8 如果极限概率 $n\to\infty\{|b_2-B_2|<d\}=1$，式中，$d>0$，$n$ 为样本容量，则称 b_2 是 B_2 的一致估计量。简单表示为，当 $n\to\infty$ 时，$\text{plim}(b_2)=B_2$。详细的讨论参阅 Gujarati and Porter，*Basic Econometrics*，5th ed.，McGraw-Hill，New York，2009，pp. 829-831。

9 虽然，但 $E(A/B)\neq E(A)/E(B)$，但 $\text{plim}(A/B)=\text{plim}(A)/\text{plim}(B)$。

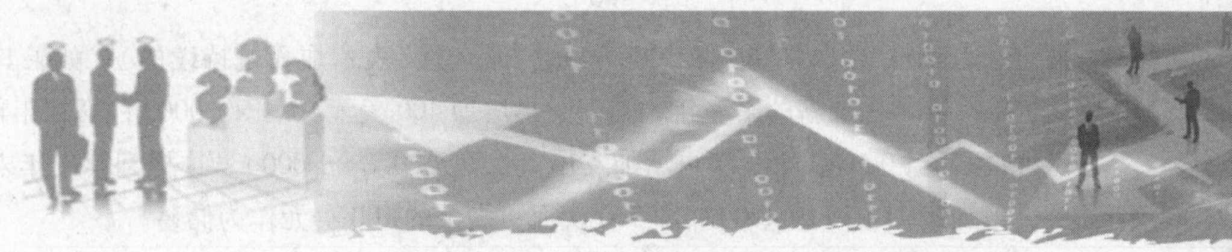

第 12 章 单方程回归模型的几个专题

本章主要介绍实证研究中非常重要的几个专题，包括：

1. 动态经济模型；
2. 伪回归：非平稳时间序列；
3. 平稳性检验；
4. 协整时间序列；
5. 随机游走模型；
6. 分对数模型。

我们将通过具体实例介绍上述内容。

12.1 动态经济模型：自回归和分布滞后模型

迄今为止所讨论的回归模型都假设应变量 Y 与解释变量 X 是同时期(contemporaneous)的；即在同一时点上，这一假设对截面数据是合适的，但对时间序列数据却不适合。例如，在消费支出对个人可支配收入(PDI)的回归中(涉及时间序列数据)，消费支出不仅依赖于当期的PDI，而且与前期的 PDI 有关。也就是说，Y 和 X 之间不仅仅是同期关系，还可能存在滞后关系。

令 $Y_t = t$ 期消费支出，$X_t = t$ 期 PDI，$X_{t-1} = t-1$ 期 PDI，$X_{t-2} = t-2$ 期 PDI。考虑模型：

$$Y_t = A + B_0X_t + B_1X_{t-1} + B_2X_{t-2} + u_t \tag{12-1}$$

模型表明，由于存在滞后项 X_{t-1} 和 X_{t-2}，消费支出与 PDI 之间的关系不是同期的。形如式(12-1)的模型称为**动态模型**(dynamic models)(即涉及跨期变动)，因为解释变量单位变动的影响分布到几个时期，在模型(12-1)中是三个时期。

更专业地，形如式(12-1)的动态模型称为**分布滞后模型**(distributed lag models)，因为解释变量单位变化的影响散布或分布到多个时期。为了进一步说明，考虑以下消费函数：

$$Y_t = 常数 + 0.4X_t + 0.3X_{t-1} + 0.2X_{t-2} \tag{12-2}$$

假定某人获得“永久性”加薪 1 000 美元(“永久性”表示加薪是持续的)。如果其消费函数形是式(12-2)，则在加薪的第一年，消费支出增加 400 美元(0.4×1 000)，第二年再增加支出 300 美元(0.3×1 000)，第三年再增加支出 200 美元(0.2×1 000)。这样到第三年末，其消费支出将会增加(200+300+400)，即 900 美元；剩余的 100 美元作为储蓄。

把消费函数式(12-2)与下面的消费函数相比：

$$Y_t = \text{常数} + 0.9X_{t-1} \tag{12-3}$$

尽管两种情形下增加 1 000 美元收入对消费的最终影响是相同的，但在方程(12-3)中这种影响只滞后了一年，而在方程(12-2)中这种影响却分布到三年。因而，称形如式(12-2)的模型被称为分布滞后模型。从图 12-1 中可以清楚地看到这一点。

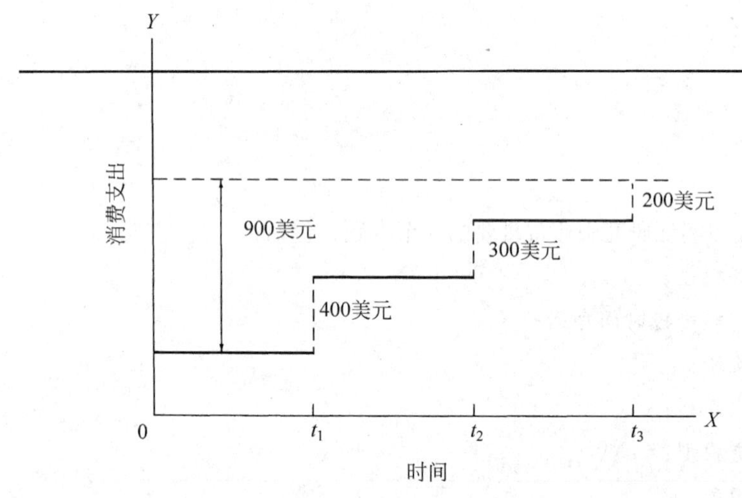

图 12-1 分布滞后模型一例

12.1.1 滞后的原因

很自然会提出这样一个问题：为什么出现滞后呢？即为什么应变量会对解释变量的单位变化有一个时滞反应呢？有以下几个原因：

1. 心理上的原因

由于惯性作用(惰性)，即便是价格下降或收入增加，人们也不会立即改变他们的消费习惯。例如，那些因中彩而顷刻间成为百万富翁的人不可能立即改变他长期习惯了的生活方式，因为他还不知道该如何应付这突如其来的巨额财富，更不用说去应付那些闻风而来的理财经理、新认的亲戚、税务律师等。

2. 技术上的原因

个人电脑(PC)的每次更新，都会导致市场上现有 PC 价格的急剧下降。因而，一些消费者就心存观望，等新款 PC 上市后以更便宜的价格购买现款 PC。同样的情况也发生在汽车选购上。比方说，随着 2010 款汽车的面世，2009 款汽车就会大幅降价。那些想要替换旧车的消费者就会等待 2010 新款上市，然后以较低价格购买 2009 款汽车。

3. 制度上的原因

由于大多数集体议价都是多年期契约，因此，工会工人们不得不等待现有契约到期后再商谈一个新的工资水平，即使签约以来通货膨胀率一直大幅度上升。类似地，一个职业球员也不得不等待其合同期满后方可商谈下一个新合同，即使签约以来他的“能力”有了很大的提高。当然，也有球员尝试重新商谈合同，并且如愿以偿。

由于上述以及其他一些原因，“滞后”在经济学中有着重要作用。经济学中的短期/长期方法论就清楚地反映了这一点。短期的价格或者收入弹性(绝对值)通常会小于长期的价格或收入弹性，因为需要花时间做必要的调整以适应解释变量的变化。

将式(12-1)一般化，得到 k 期分布滞后模型：

$$Y_t = A + B_0X_t + B_1X_{t-1} + B_2X_{t-2} + \cdots + B_kX_{t-k} + u_t \tag{12-4}$$

在这个方程中，解释变量单位变化的影响分布到了 k 个时期。[1]在回归方程(12-4)中，Y 不仅对变量 X 当期值的变化有反应，还对变量 X 若干前期值的变化有反应。

在回归方程(12-4)中，系数 B_0 称为**短期或冲击乘数**(short-run or impact, multiplier)，给出了变量 X 同期单位变化所引起 Y 的平均变化量。如果 X 继续保持同样的变动水平，则$(B_0 + B_1)$给出了下一时期 Y 的平均变化量，同理，$(B_0 + B_1 + B_2)$则给出了再下一时期 Y 的平均变化量，以此类推。这样的分期加总称为**中期或中间乘数**(interim, or intermediate, multiplier)。在 k 期后，得到

$$\sum_{i=0}^{k} B_i = B_0 + B_1 + B_2 + \cdots + B_k \tag{12-5}$$

称为**长期乘数**(long-run multiplier)或者**总乘数**(total multiplier)。因而，在消费函数(12-2)中，短期乘数为 0.4，中期乘数为(0.4 + 0.3) = 0.7，长期乘数为(0.4 + 0.3 + 0.2) = 0.9。长期地看(这里为三个时期)，平均而言，PDI 的单位变化将导致消费支出改变 0.9 个单位。简言之，长期边际消费倾向(MPC)为 0.9，而短期 MPC 仅为 0.4，中期 MPC 为 0.7。由于解释变量的远期影响小于中期或近期，所以一般而言，预期 B_0 大于 B_1，B_1 大于 B_2，如此等等。换言之，预期各个 B 值从当期向前依次递减，在分布滞后模型的估计中，这一点非常有用。

12.1.2　分布滞后模型的估计

如何估计形如式(12-4)的分布滞后模型呢？能否使用常用的普通最小二乘法(OLS)？原则上说是可以的，因为如果假设 X_t 是非随机的，或者是固定的，则 X_{t-1} 及其他所有 X 的滞后值也都是非随机的或固定的。所以，模型式(12-4)本身并没有违背古典线性回归模型(CLRM)的任何假定，但在实证中也存在一些问题。

(1)如何确定解释变量的滞后期？因为依据经济理论并不足以判断滞后的最大长度。

(2)如果引入了太多的滞后值，则自由度可能成为一个严重问题。如果有 20 个观察值，

1　术语“时期”可以是天、周、月、季、年或任何一个合适的时间段。

引入 10 个滞后变量，则自由度仅为 8(10 个滞后变量就损失 10 个自由度)。当期变量损失一个自由度，截距也损失一个自由度。显然，随着自由度的减少，统计推断就会变得越来越不可靠。如果模型中的解释变量多于一个，并且每个解释变量都有分布滞后结构，则问题会变得更加复杂。在这种情形下，将很快地"消耗"自由度。注意：每估计一个系数，就失去一个自由度。

(3)即便是在大样本情形下，虽无须过多考虑自由度，但可能会遇到多重共线性问题，因为大多数经济变量的连续值很可能是相关的，有时相关程度还很高。第 8 章中曾经指出，多重共线性会导致估计不准确，即估计系数的标准误会变大。因此，根据常规计算的 t 值，往往会认为滞后系数是统计不显著的。另一个问题是滞后项系数的符号会出现正负交错的情况，这就很难对系数做出合理的解释，从下面的例子中就会看到这一点。

例 12-1 Example

圣·路易斯模型

名义国民生产总值(GNP)是由货币供给(货币主义学派)决定的还是由政府支出(凯恩斯学派)决定的？为了回答这个问题，圣·路易斯联邦储备银行建立了一个模型，即著名的圣·路易斯模型，其中的一个版本是：

$$\dot{Y}_t = \text{constant} + \sum_{i=0}^{i=4} A_i \dot{M}_{t-i} + \sum_{i=0}^{i=4} B_i \dot{E}_{t-i} + u_t \tag{12-6}$$

式中，$\dot{Y}_t$——t 期名义 GNP 增长率；$\dot{M}_t$——t 期货币供给(M_1)增长率；$\dot{E}_t$——t 期充分就业或高就业下政府支出增长率。

按照惯例，变量上面加一点表示增长率$\left(\text{例如，} \dot{Y}_t = \frac{1}{Y}\frac{\mathrm{d}Y}{\mathrm{d}t}\text{，可参看第 5 章的对数线性模型}\right)$。样本使用了从 1953 年第一季度到 1976 年第四季度的季度数据，$\dot{M}$和$\dot{E}$各使用了四期滞后值。[2]为了阅读的方便，用表格形式给出回归结果(表 12-1)。

表 12-1 圣·路易斯模型

函数	估计值	系数	函数	估计值	系数
A_0	0.40	(2.96)①	B_0	0.08	(2.26)①
A_1	0.41	(5.26)①	B_1	0.06	(2.52)①
A_2	0.25	(2.14)①	B_2	0.00	(0.02)
A_3	0.06	(0.71)	B_3	-0.06	(-2.20)
A_4	-0.05	(-0.37)	B_4	-0.07	(-1.83)①
	1.06	(5.59)①		0.01	(0.40)
	$R^2=0.40$；		$d=1.78$		

注：括号内的数值为 t 值。

①显著水平为 5%(单边)。原文没有给出截距值。■

2 结果来自(符号略有改变) Keith M. Carlson, "Does the St. Louis Equation Now Believe in Fiscal Policy", *Review*, Federal Reserve Bank of St. Louis, vol. 60, no. 2, February 1978, Table IV, p. 17。

注：$\sum_{i=0}^{4} A_i \dot{M}_{t-i} = A_0 \dot{M}_t + A_1 \dot{M}_{t-1} + A_2 \dot{M}_{t-2} + A_3 \dot{M}_{t-3} + A_4 \dot{M}_{t-4}, 4\sum_{i=0} B_i \dot{E}_{t-i}$，可类似展开。

对于表 12-1 给出的结果有几点需要注意：

(1)根据常规的 t 检验，并非所有的滞后系数都是统计显著的，但是无法判断这些系数确实是不显著的，还是受多重共线性的影响?

(2)$\dot{M}$的第 4 个滞后变量符号为负，这在经济学上很难解释，因为货币供给的其他滞后系数都对$\dot{Y}$产生了正向影响。这一负值是统计不显著的，但无法得知这是否是多重共线性所致。$\dot{E}$的第三和第四个滞后变量不仅为负，而且是统计显著的。同样，经济理论难以解释这样的负值，即无法解释为什么政府支出增长率会在第三和第四期对 GNP 产生负的影响，而在前两期的影响却是正的。

(3)$\dot{M}$单位变化对名义 GNP 的短期影响为 0.40，而长期影响为 1.06(即各个 A 系数加总)，并且它是统计显著的。对此的解释是，货币供给持续增长 1%，名义 GNP 在五个季度的增长率约为 1%。类似地，政府支出每增长 1%，对名义 GNP 的短期影响约为 0.08，并且是统计显著的，但其长期影响仅为 0.01(B 系数的加总)，并且还是统计不显著的。

这表明，货币供给增长率的变化对 GNP 增长率的变化有着持久的影响(几乎是一比一)，但政府支出增长率的变化却并非如此。简言之，圣・路易斯模型支持了货币主义的理论，所以圣・路易斯模型常常被称为货币主义模型。

从统计的观点来看，一个明显的问题是：为什么圣・路易斯模型的每个解释变量仅包括四期滞后值呢？一些不显著的系数是否是由多重共线性所致？在没有检验初始数据，确定引入更多滞后项会产生什么结果之前，我们无法回答这个问题。但是可以设想，沿着这个方向探索下去不会有丰硕的结果，因为一旦引入了多个滞后项，就难免会出现多重共线性问题。显然，需要另一种方法——不仅能够避免多重共线性问题，还能明示模型中可以包括多少个滞后变量。

12.1.3　分布滞后模型的估计方法：夸克模型，适应性预期模型和存货调整模型[3]

一种既能减少分布滞后模型中滞后项个数又能解决多重共线性问题的方法称为**夸克模型，适应性预期模型，部分或存货调整模型**(Koyck，the adaptive expectations，and the partial or stock adjustment models)。这些模型的一个显著特点是：形如式(12-4)的分布滞后模型都可以约化为如下的“简单”模型：[4]

$$Y_t = C_1 + C_2X_t + C_3Y_{t-1} + v_t \tag{12-7}$$

v 为误差项。这个模型称为**自回归模型**(autoregressive model)，因为应变量的滞后值作为解释变量出现在方程的右边(回顾第 10 章)。在回归方程(12-4)中，需要对截距、解释变量的当期及

3　理性预期模型参见，L. M. Koyck，*Distributed Lags and Investment Analysis*，North-Holland，Amsterdam，1954；P. Cagan，“The Monetary Dynamics of Hyper Inflations，” in M. Friedman (ed.)，*Studies in the Quantity Theory of Money*，University of Chicago Press，Chicago，1956.；部分或存货调整模型参见，Marc Nerlove，*Distributed Lags and Demand for Agricultural and Other Commodities*，Handbook No. 141，U. S Department of Agriculture，June 1958。

4　技术细节参见 Gujarati and Porter，*Basic Econometrics*，5th ed.，McGraw-Hill，New York，2009，Chapter 17。

k期滞后项进行估计。因此，如果$k=15$，需要估计17个参数，自由度的损失是相当大的，尤其当样本容量不太大时。但在回归方程(12-7)中，只需估计三个未知变量，截距及两个斜率系数，大大节省了自由度。也就是说，回归方程(12-4)中的所有滞后项都由单独的一个Y的滞后值来代替。

当然，没有"免费的午餐"。在把模型式(12-4)中估计参数减少到只有三个的过程中，模型式(12-7)也产生了一些新的问题。首先，由于Y_t是随机的，Y_{t-1}也是随机的。因此，要用OLS来估计模型，必须确保误差项v_t与滞后变量Y_{t-1}不相关；否则，可以证明，OLS估计量不仅是有偏的，而且也是不一致的。如果v_t和Y_{t-1}不相关，可以证明，OLS估计量是有偏的(对小样本而言)，但偏差会随样本容量的增大而逐渐消失。即对大样本而言，OLS估计量是(渐近)一致估计量；其次，如果v_t是序列相关的(例如，服从一阶马尔可夫过程，$v_t=\rho v_{t-1}+w_t$，$-1\leqslant\rho\leqslant 1$，且误差项$w_t$满足OLS假定)，则OLS估计量是有偏的和不一致的，传统的t检验和F检验也是无效的。因此，在形如式(12-7)的自回归模型中，非常重要的一点是确定误差项v_t是否服从第10章讨论的一阶马尔可夫或者AR(1)过程；第三，在第10章中曾指出，在自回归模型中，传统的德宾－沃森d检验不再适用。在这种情况下，可以利用习题10.16中的德宾h统计量检验一阶自回归，或者进行游程检验。

在继续解释模型(12-7)之前，需要指出的是：变量X_t的系数C_2给出了单位X_t变化对Y_t均值的**短期影响**(short-run impact)，而$C_2/(1-C_3)$则给出了单位X_t的(持续)变化对Y_t均值的**长期影响**(long-run impact)；这等同于将模型式(12-4)中的所有B的系数加总，即式(12-5)。[5]换句话说，回归模型式(12-7)中Y滞后项的作用等同于模型式(12-4)中X所有滞后项。

例12-2 Example　美国基础货币增长率对名义GNP增长率的影响，1960～1988年

为了弄清楚名义GNP增长率($\dot{Y}$)与基础货币增长率($\dot{AMB}$)[6]之间的关系，约瑟夫H. 哈斯拉戈(Joseph H. Haslag)和斯科特E. 海因(Scott E. Hein)[7]得到了以下回归结果：

$$
\begin{aligned}
\dot{Y}_t &= 0.004 + 0.238\dot{AMB}_{t-1} + 0.759\dot{Y}_{t-1}\\
se &= (0.004)\quad(0.067)\qquad\quad(0.054)\\
t &= (1.000)\quad(3.552)\qquad\quad(14.056)\\
&Durbin\ h = 3.35
\end{aligned}
\tag{12-8}
$$

注：作者没有给出R^2值。变量上面一点表示增长率。■

5 详细讨论参阅，Gujarati and Porter，*Basic Econometrics*，5th ed.，McGraw-Hill，New York，2009，Chapter 17.

6 基础货币(MB)，也称为高能货币。美国的基础货币包括现金和全部商业银行储备金。AMB考虑了联邦储备银行准备金率规定的变化。在美国，所有的商业银行必须持有一定的现金或现金等价物。准备金率是现金或现金等价物占总存款(即银行债务)的比例。联邦储备系统不断地调整准备金率以达到政策目标，比如抑制通货膨胀或利率。

7 参阅，Joseph H. Haslag and Scott. E Hein "Reserve Requirements，the Monetary Base and Economic Activity，" *Economic Review*，Federal Reserve Bank of Dallas，March 1989，p. 13。给出的回归结果采用了模型式(7-46)的格式。

在解释结果之前需要注意的是，这里哈斯拉戈和海因使用了滞后一期（一年）的 $\dot{\text{AMB}}$ 作为解释变量，而没有使用当期的 $\dot{\text{AMB}}$，这么做并不会产生任何问题，因为 $\dot{\text{AMB}}$ 在很大程度上是由联邦储备系统决定的。此外，如果 $\dot{\text{AMB}}_t$ 是非随机的，$\dot{\text{AMB}}_{t-1}$ 也是非随机的，则满足标准的 CLRM 假定。

从式(12-8)可知，$\dot{\text{AMB}}$ 的短期影响是 0.238，也即 $\dot{\text{AMB}}$ 每变化一个百分点，平均而言，导致名义 $\dot{\text{GNP}}$ 变动 0.238 个百分点。这一影响是统计显著的，因为计算的 t 值是显著的。长期影响为

$$\frac{0.238}{(1-0.759)}=0.988$$

接近于 1。因此，长期来看，$\dot{\text{AMB}}$（持续）变动 1%，导致名义 $\dot{\text{GNP}}$ 变动大约 1 个百分点；也就是说，AMB 增长率与名义 GNP 增长率之间存在着一比一的关系。

模型式(12-8)只有一个问题：估计的 h 值是统计显著的。习题 10.16 曾指出，对于大样本，h 统计量服从标准正态分布。因此，在 5% 显著水平下，双边检验的 Z 临界值（标准正态）为 1.96，在 1% 的显著水平下，双边检验的 Z 临界值约为 2.58。由于观察到的 h 值为 3.35，超过了这些临界值，看来回归模型(12-8)中的残差存在自相关，因此模型(12-8)给出的结果需谨慎对待。但注意到，h 统计量是一个大样本统计量，而模型(12-8)的样本容量为 29，并不算很大。别忘了，模型(12-8)只不过是一个例子，用以说明用夸克、适应性预期和存量调整模型估计分布滞后模型的内在机制。

例 12-3
Example

保证金与股票市场波动性

为了估算保证金对股票市场波动性的短期和长期影响，吉卡斯 A. 哈都维利斯（Gikas A. Hardouvelis）[8] 利用 1931 年 12 月～1987 年 12 月，共 673 个月标准普尔股票指数估计了以下回归模型：

$$\hat{\sigma}_t=0.112-0.112m_t+0.186\sigma_{t-1}$$
$$\text{se}=(0.015)\,(0.024)\quad(\quad)^{①}\qquad R^2=0.44 \tag{12-9}$$

①作者没有给出标准误。

式中，σ_t = 从 $(t-11)$ 期到 t 期计算的月度超额名义股票收益率（名义收益率 - 上月末 1 月期国债收益率）的标准差，这是股票波动性的一个度量指标；m_t = 从 $(t-11)$ 期到 t 期的官方平均保证金；括号中的数字是经异方差和自相关校正后的标准误。遗憾的是，哈都维利斯并没有给出滞后波动系数的标准误和 h 统计量，但作者已对自相关进行了校正。■

与预期相同，保证金系数的符号为负，表明当保证金增加时，股票市场上的投机活动就会减少，从而减少了波动性。-0.112 表明，如果保证金增加一个百分点，则标准普尔股票的

8　参见 Gikas A. Hardouvelis，"Margin Requirements and Stock Market Volatility"，*Quarterly Review*，Federal Reserve Bank of New York，vol. 13，no. 2，Summer 1988，Table 4，p. 86，and footnote 21，p. 88。

波动性会减少0.11个百分点。当然，这是短期影响。长期影响为

$$-\frac{0.112}{(1-0.186)}\approx -0.138$$

显然高于(绝对值)短期影响，但是高出的幅度并不大。

动态建模的方法很多，处理这类模型的新的经济计量技术也在不断出现。以上简单介绍了动态建模的基本概念，有关动态建模更详细的讨论可参阅相关文献。[9]

12.2 伪回归现象：非平稳时间序列

有些时候，包含时间序列数据的回归模型给出的结果是虚假的，或是可疑的。表面上看回归结果很好，但进一步研究就值得怀疑。我们通过一个具体例子来说明**伪回归**(spurious regression)现象。表12-2(参见网上教材)给出了从1970年第一季度到2008年第四季度美国国内生产总值(GDP)，个人可支配收入(PDI)，个人消费支出(PCE)，利润、红利等数据(共156个观察值)。数据单位是2万亿美元。

这里重点考虑PCE和PDI，表中给出的其他数据将在本章习题中用到。

利用表12-2提供的数据做PCI对PDI的回归，回归结果如下：

$$\begin{aligned}\text{PCE}_t &= -470.52 + 1.0006\text{PDI}_t \qquad R^2 = 0.998; \qquad d = 0.3975 \\ t &= (-22.03) \qquad (264.76)\end{aligned} \tag{12-10}$$

回归结果令人“难以置信”；R^2值非常高，PDI的t值也非常高，消费对PDI的边际倾向(MPC)为正，而且很高。唯一的缺陷是德宾-沃森d值较低。格兰杰(Granger)和纽博尔德(Newbold)提出了一种简单的判断方法：若$R^2>d$，则很可能存在伪回归现象，也就是说，PCE和PDI之间实际上可能不存在任何有意义的关系。[10]

为什么式(12-10)的结果可能是虚假的呢？要回答这个问题需要引入**平稳时间序列**(stationary time series)的概念。为了理解这个概念，首先根据表12-2中PCE和PDI的数据作散点图，见图12-2。

从图12-2可以看出，在样本期内时间序列PCE和PDI呈逐渐上升趋势。这样的图形通常表明时间序列可能是非平稳的。这是什么意思呢？

一般地说，如果随机过程的均值和方差为常数，且两个时期的协方差仅与时间“距离”或时滞有关，而与计算协方差的时点无关，则称该随机过程是平稳的。[11]

令Y_t代表随机时间序列，如果它满足以下条件，则该时间序列是平稳的：[12]

---

9 一本好的参考书是，A. C. Harvey，*The Econometric Analysis of Time Series*，2nd ed.，MIT，Cambridge，Mass.，1990。对于初学者来说，本书有一定难度。

10 C. W. J. Granger and P. Newbold，“Spurious Regression in Econometrics，” *Journal of Econometrics*，vol. 2，no. 2，July 1974，pp. 111-120.

11 任何时间序列都可以认为是生成于某个随机过程。表12-2给出的数据集可看做随机过程的一个具体实现(即一个样本)。

12 在时间序列文献中，这样一个随机过程称为弱平稳过程。在实际应用中，弱平稳是一个非常有用的假设。强平稳过程需要考虑PDF的高阶距。

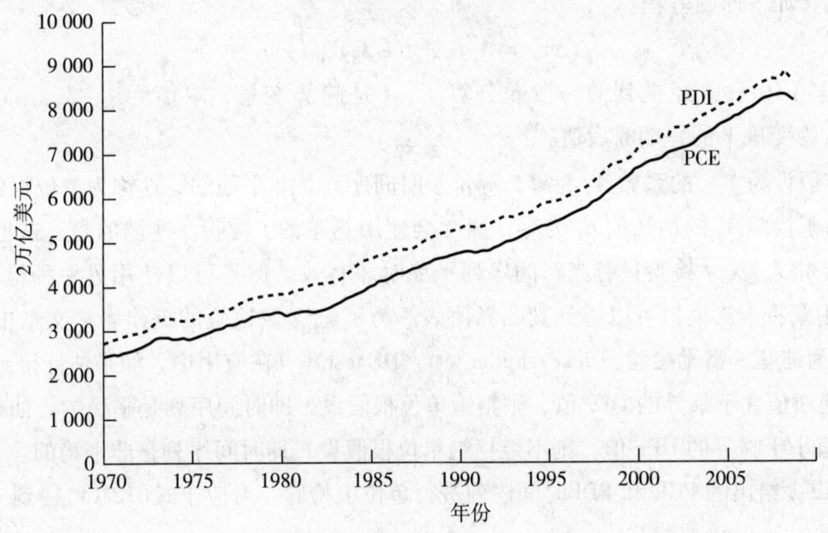

图 12-2　1970 ~ 2008 年美国季度 PDI 和 PCE

$$均值:E(Y_t) = \mu \tag{12-11}$$

$$方差:E(Y_t - \mu)^2 = \sigma^2 \tag{12-12}$$

$$协方差:\gamma_k = E[(Y_t - \mu)(Y_{t+k} - \mu)] \tag{12-13}$$

式中，γ_k 是滞后 k 期的协方差(或自协方差)，即 Y_t 与 Y_{t+k} 的协方差(或相隔 k 期两个 Y 值的协方差)。如果 $k=0$，则为 γ_0，这就是 Y 的方差($=\sigma^2$)；如果 $k=1$，则 γ_1 是两个相邻 Y 值之间的协方差，即第 10 章讨论自相关时遇到的协方差类型。

假设把 Y 的始点从 Y_t 移到 Y_{t+m}(例如，本例中从 1970- Ⅰ 移到 1974- Ⅰ)。若 Y_t 是平稳的，则 Y_{t+m} 的均值、方差和自协方差应该与 Y_t 相同。简言之，无论度量的时点如何，平稳时间序列的均值、方差和自协方差保持不变。

如果时间序列不是上述定义的平稳时间序列，则称为非平稳时间序列。(这里讨论的仅仅是弱平稳性)。

观察图 12-2 中 PCE 和 PDI 时间序列，感觉这两个时间序列不是平稳的。如果的确如此，那么在回归式(12-10)中是以一个非平稳时间序列拟合另一个非平稳时间序列，就会产生伪回归现象。

现在的问题是如何验证这种“感觉”——PCE 和 PDI 是否是非平稳时间序列？这是下一节需要回答的问题。

12.3　平稳性检验

文献中有多种平稳性检验方法。这里介绍其中的一种检验方法——**单位根检验**(unit root test)。单位根检验步骤如下。[13]设 Y_t 代表某个随机时间序列(例如 PCE)。

13　详细讨论参考 Gujarati and Porter，*Basic Econometrics*，5th ed.，McGraw-Hill，New York，2009，Chapter 21。

(1)估计如下回归方程：

$$\Delta Y_t = A_1 + A_2 t + A_3 Y_{t-1} + u_t \tag{12-14}$$

式中，Δ 是第 10 章曾经提到的一阶差分算子；t 是趋势变量，取值为 1，2，…(本例取到 156)；Y_{t-1}为变量 Y 的一期滞后值。[14]

(2)零假设为 Y_{t-1}的系数 A_3 为零，等价于时间序列是非平稳的，这称为单位根假设。[15]

(3)为了检验 A_3 的估计值 a_3 为零，通常会使用熟悉的 t 检验。遗憾的是，这里不能这么做，因为严格来说，t 检验只有当时间序列平稳时才有效。但是可以使用另一种检验方法，τ 检验，利用蒙特卡洛模拟可以得到其临界值表。为了纪念该检验的提出者，文献中把 τ 检验(τ test)称为**迪基－富勒检验**(Dickey-Fuller test，DF test)。[16]在应用中，如果估计得到A_3 的 t 值(τ 值)的绝对值大于临界的 DFτ 值，则拒绝单位根假设，即时间序列是平稳的。如果计算的 τ 值的绝对值小于临界的 DFτ 值，则不能拒绝单位根假设，即时间序列是非平稳的。

对表 12-2 给出的 PCE 和 PDI 时间序列进行单位根检验。对应于式(12-14)得到

$$\begin{aligned} \Delta\ \mathrm{PCE}_t &= 42.04 + 0.6596t - 0.0117\ \mathrm{PCE}_{t-1} \\ t(=\tau) &= (2.83) \quad (2.18) \quad (-1.52) \qquad R^2 = 0.099 \\ \Delta\ \mathrm{PDI}_t &= 74.19 + 1.0482t - 0.02209\mathrm{PDI}_{t-1} \\ t(=\tau) &= (1.88) \quad (1.58) \quad (-1.31) \qquad R^2 = 0.035 \end{aligned} \tag{12-15}$$

现在关注的是滞后 PCE 和 PDI 的 t 值。麦金农(MacKinnon)计算在 1%、5%、10% 显著水平下，临界的 DF 值分别为 -4.04，-3.45 和 -3.2447。[17]滞后 PCE 和 PDI 的 τ 值(绝对值)比上面任何一个 τ 值都小，由此得出结论：PCE 和 PDI 是非平稳时间序列(即有一个单位根)。所以，式(12-10)给出的 OLS 回归结果可能是虚假的(即没有意义)。顺便指出：如果对回归方程(12-15)运用通常的 t 检验，则滞后 PDI 的 t 值是统计显著的。但是根据 τ 检验(存在非平稳性)，这一结论是错误的。

12.4 协整时间序列

回归方程(12-10)是伪回归这一结论表明所有类似式(12-10)的时间序列回归都是虚假的，因此在分析时间序列回归时需要特别谨慎。但也不必绝望，即使时间序列 PCE 和 PDI 是非平稳的，但这两个变量之间仍可能存在一种(长期)稳定或均衡的关系。如果是这样的话，就称

---

14 回归方程可以不包括截距和趋势项。

15 为了直观地了解为什么用单位根这个词，我们看如下过程：$Y_t = A_1 + A_2 t + CY_{t-1} + u_t$。方程两边减去 Y_{t-1}，$(Y_t - Y_{t-1}) = A_1 + A_2 t + CY_{t-1} - Y_{t-1}$，即 $\Delta Y_t = A_1 + A_2 t + (C-1)Y_{t-1} = A_1 + A_2 t + A_3 Y_{t-1}$。式中，$A_3 = (C-1)$。如果 C 等于 1，则回归方程(12-14)中的 A_3 等于 0，因此称为单位根。

16 D. A. Dickey and W. A. Fuller，"Distribution of Estimators for Autoregressive Time Series with a Unit Root，" *Journal of the American Statistical Association*，vol. 74，June 1979，pp. 427-431.

17 J. G. MacKinnon，"Critical Values of Cointegration Tests，" in R. F. Engle and C. W. J. Granger，eds.，*Long-run Economic Relationships*：*Readings in Cointegration*，Oxford University Press，New York，1991，Chapter 13. 计算机软件，比如 EViews，可以计算临界 τ 值。

时间序列是**协整的**(cointegrated)。[18]如何确定这一点呢？可以按照以下步骤进行。

回到 PCE-PDI 回归方程(12-10)中，得到方程残差 e_t：

$$e_t = \text{PCE}_t + 470.52 - 1.0006\text{PDI}_t \tag{12-16}$$

把 e_t 看做一个时间序列，利用单位根检验(参见方程(12-14))，得到如下结果(注：回归中无须引入截距和趋势变量)。(为什么?)

$$\Delta e_t = 0.2096 e_{t-1} \tag{12-17}$$

$$t(=\tau) = (-4.35) \qquad r^2 = 0.1094$$

附录 E 给出恩格尔和格兰杰计算的临界 τ 值为 −4.04(1%)，−3.37(5%)和 −3.03(10%)。[19]计算的 τ 的绝对值为 4.35，超过了这些临界 τ 值。由此得出结论：时间序列 e_t 是平稳的。因此，尽管时间序列 PCE 和 PDI 不是平稳的，但它们的线性组合(方程(12-16))却是平稳的。也就是说，这两个时间序列是协整的，换言之，两个变量之间存在着长期的或均衡的关系。这是一个令人欣慰的结果，表明回归结果式(12-10)是真实的而不是虚假的。

总之，在处理时间序列数据时，必须确保每个时间序列是平稳的，或者它们是协整的，否则就可能陷入伪(无意义的)回归。

在结束非平稳时间序列讨论前，考虑非平稳时间序列的另一个例子——随机游走模型。在金融、投资和国际贸易领域，随机游走模型非常有用。

12.5　随机游走模型

金融时间序列，例如标准普尔 500 股票指数、道琼斯指数、外汇汇率等，通常被认为服从“随机游走”，即根据变量今天的值并不能预测出变量明天的值。因此，知道今天股票的价格(比如戴尔或 IBM)，很难预知明天会是多少。也就是说，股票价格的波动是随机的——今天的价格等于昨天的价格加上一个随机冲击。[20]

为了理解**随机游走模型**(random walk model)，考虑如下简单模型：

$$Y_t = Y_{t-1} + u_t \tag{12-18}$$

随机误差 u_t 的均值为零，方差为 σ^2。假定从 0 时刻开始，上式可写为

$$Y_{t-1} = Y_{t-2} + u_{t-1} \tag{12-19}$$

利用递归关系得到

$$Y_t = Y_0 + \sum u_t \tag{12-20}$$

式中，$\sum$ 表示从 $t=1$ 到 $t=T$ 加总；T 是观察次数。由于每个 u_t 的期望值都为零，因而很容易验证

18　协整讨论的文献非常丰富，而且技术性很强。这里的讨论仅仅是启发式的。最常引用的协整例子是“酒鬼和他的爱犬”。离开酒馆的酒鬼漫无目的徘徊，他的爱犬也嬉戏徘徊，但小狗从来没有离开过主人。所以说，他们的漫步是协整的。

19　R. F. Engle and C. W. J. Granger, *Long-run Economic Relationships: Readings in Cointegration*, Oxford University Press, New York, 1991, Chapter 13.

20　随机游走通常比喻为醉汉行走。离开酒馆，醉汉在 t 时刻移动了随机距离 u_t，如果他无限期地走下去，则他最终离酒馆越来越远。

$$E(Y_t) = Y_0 \tag{12-21}$$

也容易验证

$$\text{var}(Y_t) = \text{var}(u_1 + u_2 + \cdots + u_T) = T\sigma^2 \tag{12-22}$$

其中利用了 u 是随机的，每个 u 有相同的方差 σ^2。

式(12-22)表明 Y_t 的方差不仅不是固定的，而且随着 T 的增加不断地变大。因此，依据前面给出的平稳时间序列定义，式(12-18)中的(随机游走)变量 Y_t 是非平稳时间序列(这里指方差非平稳)。但是，式(12-18)中随机游走模型有一个有意思的特征：

$$\Delta Y_t = (Y_t - Y_{t-1}) = u_t \tag{12-23}$$

式中，Δ 是一阶差分算子。Y 的一阶差分是平稳的，因为 $E(\Delta Y_t) = E(u_t) = 0$，并且，$\text{var}(\Delta Y_t) = \text{var}(u_t) = \sigma^2$。因此，如果式(12-18)中的 Y 表示股票价格，那么这些价格是非平稳的，但它们的一阶差分却是一个纯随机过程。

随机游走模型式(12-18)可以修改为如下形式：

$$Y_t = d + Y_{t-1} + u_t \tag{12-24}$$

式中，d 为一常数。这就是**带漂移项的随机游走模型**(random walk model with drift)，d 为漂移参数。

留给读者证明：

$$E(Y_t) = Y_0 + Td \tag{12-25}$$

$$\text{var}(Y_t) = T\sigma^2 \tag{12-26}$$

带漂移项的随机游走模型，其均值和方差都随着时间不断增加。如果 d 为正，从式(12-24)中可以看出，Y 的均值会随着时间不断增加。如果 d 为负，则 Y 的均值会不断减少。这两种情况下 Y 的方差都随着时间不断增大。如果随机变量的均值和方差与时间有关，则它服从一个**随机趋势**(stochastic trend)。与第 5 章讨论的线性趋势模型(参见式(5-23))不同，那里假设变量 Y 服从一个**确定性趋势**(deterministic trend)。

如果利用随机游走模型进行预测，则得到形如图 12-3 所示的图形。

图 12-3a 表示不带漂移项的随机游走模型，图 12-3b 表示带漂移项的随机游走模型。从图 12-3a 中可以看出，预测均值在整个未来都保持着 Y_T 水平，但由于方差不断变大，围绕均值的置信区间在不断扩大。在图 12-3b 中，假定漂移参数 d 为正，则预测均值随时间不断增大，预测误差也是如此。

总之，本节旨在提醒读者在利用时间序列数据建模时需要谨慎。如果应变量 Y 和解释变量 X 是非平稳的，则较高的 R^2 和较高的 t 值会使你误以为找到了两者之间的某种关系。事实上，较高的 R^2 可能仅仅反映出两个变量具有相同的趋势，它们之间可能没有任何真正关系。这就是伪回归现象。格兰杰和纽博尔德指出判断伪回归的一个依据是：时间序列回归的 R^2 值远大于德宾 - 沃森 d 值。

12.6 分对数模型

在第 6 章虚拟变量的讨论中曾简单介绍了用**线性概率模型**(Linear Probability Model，LPM)

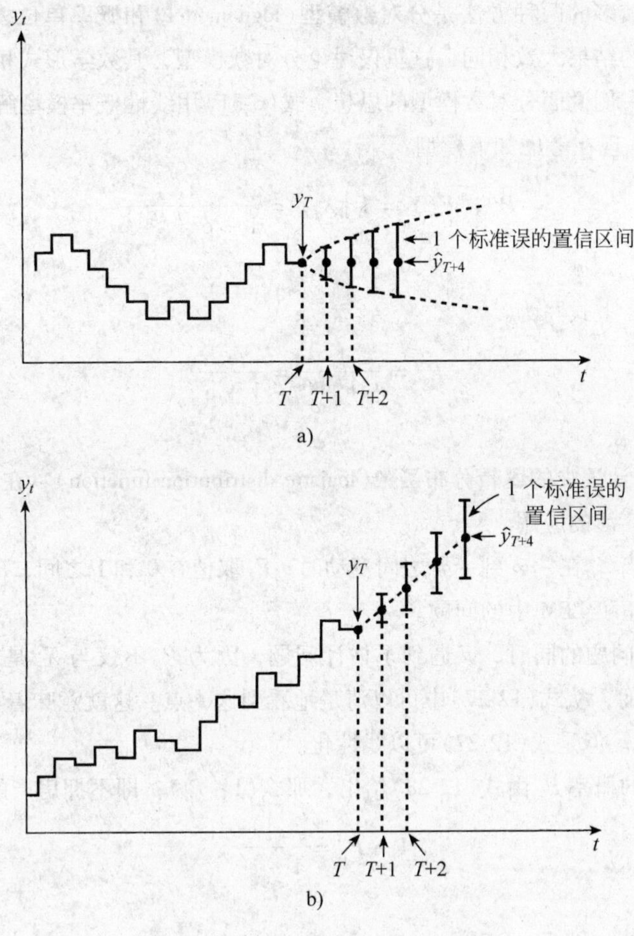

图 12-3　利用随机游走模型进行预测

资料来源：节选自 Robert S. Pindyck and Daniel L. Rubinfeld, *Econometric Models and Economic Forecasts*, 4th ed., McGraw-Hill, New York, 1998, pp. 491-492.

估计应变量取值 0 或 1 的二分变量模型。1 代表具备某种性质（已婚、女性、进入劳动力市场），0 代表不具备某种性质（未婚、男性、未进入劳动力市场）。LPM 模型中解释变量可以是二分变量、虚拟变量或是定量变量。

虽然这类模型可以用常用的 OLS 估计，但也要避免盲目使用，因为它存在 4 个主要问题。①*Y* 可以取 0 或 1，但不能保证估计的 *Y* 值介于 0 和 1 之间。估计的 *Y* 值可能为负，也可能超过 1，例如第 6 章讨论的住房一例。②由于 *Y* 是二分变量，模型中的误差项也是二分的。事实上，误差项服从二项分布。因此，严格地说，不能假设这类模型的误差项服从正态分布。③误差项存在异方差。④LPM 最重要的一个缺陷是模型假设 *Y* 发生的概率随解释变量线性增加。

如果样本容量足够大，问题②可以解决，因为随着样本容量增加，二项分布接近正态分布。问题③也能够利用第 9 章讨论的方法加以解决。但问题①和问题④不容易解决。因此，在应变量是二分变量的模型中，LPM 不是最佳选择。还有其他的方法吗？

在文献中讨论较多的两种方法是**分对数模型**(logit model)和**概率单位模型**(probit model)。由于两个模型给出的结果大致相同，这里仅讨论分对数模型，其数学形式相对简单。

我们仍用住房一例说明分对数模型的思想。式(6-31)用线性概率模型解释了拥有住房(Y)与收入(X)的关系。现在考虑如下模型：

$$P_i = E(Y = 1 \mid X_i) = \frac{1}{1 + e^{-(B_1 + B_2 X_i)}} \tag{12-27}$$

P_i 代表概率。

为了便于说明，上式写为

$$P_i = \frac{1}{1 + e^{-Z_i}} = \frac{e^z}{1 + e^z} \tag{12-28}$$

式中，$Z_i = B_1 + B_2 X_i$。

式(12-28)是统计学中的**逻辑分布函数**(logistic distribution function)，在人口、GDP 和货币供给增长分析中有广泛的应用。

很容易验证，当 Z_i 在 $-\infty$ 到 $+\infty$ 之间变动时，P_i 取值在 0 和 1 之间，P_i 与 Z_i(也即 X_i)非线性相关，因而修正了 LPM 中的问题。

但在修正 LPM 问题的同时，又遇到了估计问题，因为 P_i 不仅与 X_i 是非线性的，而且与参数 B 也是非线性的，从式(12-27)中可以清楚地看到这一点。这就意味着不能使用 OLS 估计式(12-27)中的参数。但是式(12-27)可以线性化。

如果拥有住房的概率 P_i 由式(12-28)给出，那么$(1 - P_i)$，即不拥房产的概率为

$$1 - P_i = \frac{1}{1 + e^{Z_i}} \tag{12-29}$$

因此

$$\frac{P_i}{1 - P_i} = \frac{1 + e^{Z_i}}{1 + e^{-Z_i}} = e^{Z_i} \tag{12-30}$$

则 $P_i/(1 - P_i)$表示用拥有住房的**机会比**(odds ratio)——有住房对没有住房的比率。因此，如果 $P_i = 0.8$，那么拥有住房的机会为 4∶1。

如果对式(12-30)取自然对数，则得到一个非常有意思的结果，

$$L_i = \ln\left(\frac{P_i}{1 - P_i}\right) = Z_i = B_1 + B_2 X_i \tag{12-31}$$

即机会比的对数 L，不仅对 X 是线性的，对参数也是线性的。L 称为**分对数**(logit)，形如式(12-31)的模型称为**分对数模型**(logit model)。

分对数模型有如下性质：

(1)随着 P 值在 0，1 之间变动(即，Z 在 $-\infty$ 到 $+\infty$ 之间变动)，L 在 $-\infty$ 到 $+\infty$ 之间变动。即，虽然概率在 0，1 之间，但是 L 却没有边界。

(2)虽然 L 对 X 是线性的，但它们的概率却不是线性的。这与 LPM 不同，LPM 的概率随 X 线性增加。

(3)式(12-31)中只有一个变量 X，但模型可以根据经济理论纳入多个解释变量。解释变量也可以是虚拟变量。

(4)如果 L 是正的，这意味着 Y 等于 1(事件发生)的机会比随着解释变量的增加而增加。如果 L 是负的，Y 等于 1(事件发生)的机会比随着解释变量的增加而减少。也可以表述为，随着机会比从 1 减少到 0，L 为负，绝对值越来越大；随着机会比从 1 到无穷大，L 为正，且越来越大。

(5)分对数模型(12-31)的规范解释是：斜率 B_2 度量 X 的单位变化引起 L 的改变量。即斜率 B_2 度量了收入变动一个单位(比如说 1 000 美元)，拥有住房的机会比对数改变了多少？截距 B_1 是当收入为零时拥有住房的机会比对数。与许多截距的解释一样，这里的截距或许没有实际意义。

(6)LPM 假定 P_i 与 X_i 线性相关，分对数模型假定机会比对数与 X_i 线性相关。

(7)给定具体的收入水平 X^*，如果想要估计拥有住房的概率而不是机会比，那么，一旦估计出 B_1 和 B_2，可以直接根据式(12-28)得到。但是，如何估计这些参数呢？下一节回答这个问题。

分对数模型的估计

为了估计参数，重写式(12-31)：

$$L_i = \ln\left(\frac{P_i}{1-P_i}\right) = B_1 + B_2X_i + u_i \tag{12-32}$$

随后讨论误差项 u_i 的性质。

要估计式(12-32)，除了需要 X_i 以外，还需要 L_i 的值。这与分析问题的数据类型有关。我们区分两类数据：①个体或微观数据；②分组或重复数据。

1. 个体数据

如果是个体家庭数据(参见网上教材表 6-10)，则对式(12-32)进行 OLS 估计是不可行的。很容易说明这一点。根据表 6-10 给出的数据，如果家庭有住房，则 $P_i = 1$；如果家庭没住房，则 $P_i = 0$。如果直接把这些数据代入 L_i，得到

$$L_i = \ln\left(\frac{1}{0}\right) \quad \text{如果家庭有住房}$$

$$L_i = \ln\left(\frac{0}{1}\right) \quad \text{如果家庭没有住房}$$

显然，这些表达式没有意义。因此，无法根据个体数据利用标准的 OLS 法估计式(12-32)。在这种情况下，可以采取**极大似然方法**(method of maximum likelihood，ML)。这种方法比较复杂，可以参考相关文献。[21] EViews、MINITAB、LIMDEP、SHAZAM、STATA 和 MICROFIT 等软件都能够估计个体数据的分对数模型。

2. 分组或重复数据

表 12-3 提供了不同收入水平下家庭的分组数据或重复数据(X 的重复观测值)，包括总家

21　详细讨论参考，Gujarati and Porter，*Basic Econometrics*，5th ed.，McGraw-Hill，New York，2009，Chapter 15。

庭个数和拥有住房的家庭个数。对应每个收入水平 X_i，有 N_i 个家庭，n_i 个家庭有住房($n_i \leq N_i$)。因此，如果计算

$$\hat{P}_i = \frac{n_i}{N_i} \tag{12-33}$$

即频率，可以把它作为对应每个 X_i 的真实 P_i 的估计值。如果 N_i 足够大，$\hat{P}_i$ 则是 P_i 的一个相当好的估计值(参见附录 A 有关概率的讨论)。估计的 P_i 见表 12-3。利用估计的 P_i 值计算得到估计的 L，

$$\hat{L}_i = \ln\left(\frac{\hat{P}_i}{1-\hat{P}_i}\right) \tag{12-34}$$

然后进行回归

$$\hat{L}_i = B_1 + B_2 X_i + u_i \tag{12-35}$$

利用表 12-3 中的数据，估计方程(12-35)，得到如下回归结果：

$$\begin{aligned} \ln\frac{\hat{P}_i}{1-\hat{P}_i} &= -3.2438 + 0.0792X_i \\ \text{se} &= (0.1708) \quad (0.0041) \\ t &= (-18.992) \ (19.317) \qquad R^2 = 0.9791 \end{aligned} \tag{12-36}$$

结果表明：收入每增加一个单位(这里是 1 000 美元)，拥有住房的机会比对数提高近 0.08 个单位。当然，可以计算任何收入水平下拥有住房的概率。例如，令 $X=26$，得到：

$$\ln\left(\frac{P_i}{1-P_i}\right) = -1.1846 \tag{12-37}$$

因此，根据式(12-28)

$$P_i(\text{given } X = 26) = 0.2342 \tag{12-38}$$

而实际的概率是 0.20(见表 12-3)。其他概率可类似计算得到(见习题 12.12)。

表 12-3 X_i(收入)，N_i(X_i 收入水平下的家庭个数)，n_i(有住房的家庭个数)

X(千美元)	N_i	n_i	$P_i = \frac{n_i}{N_i}$
(1)	(2)	(3)	(4)
26	40	8	0.20
28	50	12	0.24
30	60	18	0.30
33	80	28	0.35
35	100	45	0.45
40	70	36	0.51
45	65	39	0.60
50	50	33	0.66
55	40	30	0.75
60	25	20	0.80
	580	269	

在结束(分组)分对数模型讨论之前，需要指出一个与式(12-35)中误差项 u_i 性质有关的技

术要点。可以证明这个误差项是异方差的，方差为$\left(\frac{1}{N_i P_i(1-P_i)}\right)$。因此，需要利用第 9 章讨论的加权最小二乘法修正异方差。[22]本例异方差修正后的回归结果与式(12-36)给出的回归结果差别不大。

利用分对数模型很容易处理应变量是虚拟变量或二分变量的情形。事实上，可以对应变量和所有解释变量都是虚拟变量的模型进行回归。不仅如此，我们甚至能够考虑应变量是三分变量或更多分类变量的回归。这类模型称为多项式回归模型，但已超出本书研究的范围。[23]

下面给出分对数模型的一个具体应用。

例 12-4
Example

预测银行倒闭

根据 1982 年 12 月 ~1984 年 12 月间 6 869 次例行检查得出的银行财政报告数据，罗伯特 · 阿维莱(Robert Avery)和特伦斯 · 贝尔顿(Terrence Belton)估计了一个风险指数(即一个分对数函数)用于预测银行倒闭。如果在例行检查后一年之内破产的话，则认为银行已经倒闭了。表 12-4 给出了回归结果。

表 12-4　分对数模型：预测银行倒闭

解释变量	系数	t 值	解释变量	系数	t 值
常数	−2.420	3.07	RENEGA	0.269	1.07
KTA	−0.501	−4.89	NCOFSA	0.223	1.60
PD090MA	0.428	5.16	NETINCA	0.331	2.68
LNNACCA	4.310	4.31			

注：KTA——原始资本占总资产的百分比；
PD090MA——超过 90 天的贷款占总资产的百分比；
LNNACCA——非增值贷款占总资产的百分比；
RENEGA——重议贷款占总资产的百分比；
NCOFSA——净贷款冲销占总资产的百分比；
NETINCA——净收入占总资产的百分比。

资料来源：Robert B. Avery and Terrence M Belton, "Comparison of Risk-Based Capital and Risk-Based Deposit Insurance," *Economic Review*, Federal Reserve Bank of Cleveland, 1987, fourth quarter, pp. 20-30.

回归结果表明，在其他条件不变的情况下，如果原始资本(也就是股东股票)占总资产的比率(KTA)每增加一个百分点，则银行倒闭的机会比对数增加 0.501，这是一个比较合理的结果。类似地，如果 LNNACCA，即非增值贷款占总资产的百分比每增加一个百分点，则银行倒闭的机会比对数增加 4.310。其他系数可以类似解释。RENEGA 和 NCOFSA 都是统计不显著的，并且 NCOFSA 的符号也不正确。(为什么?)

罗伯特和特伦斯的结论是：模型总体拟合效果表明，预测银行倒闭是很困难的，但是，平均而言，预测样本中破产银行破产的概率为 0.24，这一数字比预测样本中非破产银行破产的概率高 69 倍。因此，这一模型显然具有区分高风险银行和低风险银行的能力。■

22　详细讨论参考，Gujarati and Porter, *Basic Econometrics*, 5th ed., McGraw-Hill, New York, 2009, pp. 557-558。

23　有关逻辑模型的讨论可以参考，David W. Hosmer and Stanley Lemesshow, *Applied Logistic Regression*, Wiley, New York, 1988。

在实践中，分对数模型应用非常广泛。例如，银行利用模型预测抵押毁约，信用卡公司利用模型预测信用卡贷款违约，一些教育机构利用模型预测高等教育录用等。据说税务部门(IRS)也利用这类模型预测哪些纳税人更应该被审计。

例 12-5 Example

吸烟与不吸烟

我们通过下面这个例子结束有关分对数模型的讨论。考虑吸烟或不吸烟这个决策问题。样本包括1 196个个体(参见网上教材表12-5)。[24]应变量是个二分变量，吸烟赋值为1，不吸烟赋值为0。解释变量包括年龄、教育(教育年限)、家庭收入和香烟价格。

由于是个体数据，因此需要使用极大似然(ML)方法估计模型中的参数。利用 EViews6 得到如下回归结果：

Dependent Variable: SMOKER
Method: ML—Binary Logit(Quadratic hill climbing)

Sample: 11 196
Included observations: 1196
Convergence achieved after 3 iterations
Covariance matrix computed using second derivatives

	Coefficient	Std. Error	*t*-Statistic	Prob.
C	2.745 077	0.829 196	3.310 529	0.000 9
AGE	−0.020 853	0.003 739	−5.577 290	0.000 0
EDUC	−0.090 973	0.020 666	−4.402 100	0.000 0
INCOME	4.72E-06	7.17E-06	0.658 284	0.510 4
PCIGS79	−0.022 319	0.012 472	−1.789 469	0.073 5
McFadden *R*-squared	0.029 748	Mean dependent var		0.380 435
S. D. dependent var	0.485 697	S. E. of regression		0.477 407
Akaike info criterion	1.297 393	Sum squared resid		271.449 5
Schwarz criterion	1.318 658	Log likelihood		−770.840 9
Hannan-Quinn criter.	1.305 405	Restr. log likelihood		−794.474 8
LR statistic	47.267 85	Avg. log likelihood		−0.644 516
Prob(LR statistic)	0.000 000			
Obs with Dep = 0	741	Total obs		1 196
Obs with Dep = 1	455			

先验地，年龄、教育和香烟价格对分对数有正的影响，收入对分对数有负的影响。回归结果与预期一致，但收入的系数是统计不显著的。香烟价格的系数在7%的水平上是统计显著的。样本观察值有1 196个，样本容量相当大。因此，这里利用Z检验(标准正态检验)而不是t检验。如果检验假设，所有斜率系数同时为0，那么需要使用似然比(LR)检验(服从自由度为4的χ^2分布)。得到LR值约为47的概率为0。因此，拒绝零假设，即至少有一个回归元是统计显著的。

如果应变量只能取值1或0，那么很难计算传统回归分析中的R^2。上面给出的是麦克法登R^2，但在实践中不要过分夸大它的作用。

再回到上面对各个斜率系数的解释。在LPM模型中，我们无法解释回归元单位变化所引起的概率变化。这里是回归元单位变化所引起的分对数(机会比对数)的变化。因而，教育系数 −0.09 表明，在其他

24 数据来自 Michael P. Murray, *Econometrics*: *A Modern Approach*, Person/Addison Wesley, Boston, 2006. 数据可以从 www.aw-bc.com/murray 下载。这些数据也可以从网上教材表12-5获得。

变量保持不变的条件下，教育年限每增加一年，分对数将降低 -0.09。

分对数的表述多少让人觉得有些费解。可以换一种方式，比如用“吸烟对不吸烟的机会比”。在这个例子中可以表述为：在教育、收入和香烟价格保持不变的条件下，年龄每增加 1 岁，$\frac{\text{吸烟的概率}}{\text{不吸烟的概率}}$ 的相对比为 $e^{-0.020\,852}=0.020\,7$ 或 2.07%。类似地，我们可以解释其他回归元的机会比。

留给读者验证教育、收入和香烟价格的机会比分别为 -8.7%、0% 和 -2.21%.

如果想要计算吸烟的概率，而不是机会比，那么可以根据式(12-28)得到。手工计算每个个体(1 196 个)吸烟的概率当然是非常烦琐的，不过 STATA 和 EViews 软件可以按程序输出这些结果。

下面给出了 LPM 的回归结果。读者可以比较一下 LPM 模型和分对数模型的不同。

Dependent Variable：SMOKER
Method：Least Squares
Sample：1 1 196
Included observations：1 196

	Coefficient	Std. Error	*t*-Statistic	Prob.
C	1.123 089	0.188 356	5.962 575	0.000 0
AGE	-0.004 726	0.000 829	-5.700 952	0.000 0
EDUC	-0.020 613	0.004 616	-4.465 272	0.000 0
INCOME	1.03E-06	1.63E-06	0.628 522	0.529 8
PCIGS79	-0.005 132	0.002 852	-1.799 076	0.072 3
R-squared	0.038 770	F-statistic	12.009 27	
Adjusted *R*-squared	0.035 541	Prob(F-statistic)	0.000 000	
S. E. of regression	0.476 988			
Sum squared resid	270.972 9			

这里给出的 R^2 要谨慎对待，因为应变量只能取 0 和 1 两个值。F 统计量检验了“所有斜率系数同时为 0”的假设。由于 F 的 p 值几乎为 0，所以拒绝这个假设。虽然一些系数是统计不显著的，但总体上看它们对吸烟的抉择有重要的作用。■

12.7　小结

本章讨论了实践中非常重要的几个专题。

第一个专题讨论的是动态建模，即在分析中明确考虑了时间或滞后影响。在这类模型中，当期应变量与解释变量的一期或多期滞后有关。这种相关性可能是由于心理的、技术的或制度的原因。这类模型被称为分布滞后模型。虽然模型纳入解释变量的一期或多期滞后项不会违背标准的 CLRM 假定，但是并不建议用 OLS 法估计这类模型，因为存在多重共线性和自由度问题，多增加一个估计系数意味着损失一个自由度。

因此，在对这类模型进行估计时，通常对参数施加一些约束(例如，各类滞后系数值向前递减)。夸克模型、适应性预期模型和部分或存货调整模型采用了这种方法。这类模型的一个独特之处在于仅用应变量的一个滞后值代替解释变量的所有滞后值。由于在解释变量中存在应变量的滞后值，所以这类模型称为自回归模型。虽然在估计分布滞后系数方面自回归模型实现了节约，但也不可避免地带来一些统计问题，尤其需要防止误差项中可能存在自相关，因为自相关条件下的OLS估计量是有偏的和不一致的。

在动态模型的讨论中，我们指出了如何利用动态模型估计解释变量对应变量的长、短期影响。

接下来讨论了伪回归(或无意义回归)现象。当用一个非平稳变量对一个或多个非平稳变量进行回归时就产生了伪回归问题。时间序列称为(弱)平稳的，如果其均值、方差和各期滞后协方差与时间无关。通常利用单位根检验判断时间序列的平稳性。如果单位根检验(或其他检验)表明时间序列是平稳的，那么根据这些时间序列进行的回归才不是伪回归。

本章还介绍了协整的概念。两个或多个时间序列称为协整的，如果它们之间存在稳定、长期的关系，即使单个时间序列是非平稳的。如果存在协整关系，那么包含这些时间序列的回归就不是伪回归。

接下来讨论了带有或不带漂移项的随机游走模型。许多金融时间序列服从随机游走过程，即它们的均值、方差、或均值和方差都是非平稳的。具有这样特征的变量服从随机趋势。股票价格是随机游走的一个典型例子。知道今天股票的价格很难预知明天股票的价格。最好的猜测是今天的价格加上或减去一个随机误差项(或称为冲击)。如果能准确预测出明天的股票价格，那不知道会有多少百万富翁!

本章还讨论了取值0和1的虚拟应变量。虽然可以利用OLS法估计这类线性概率模型(LMP)，但是并不建议这么做，因为估计的概率值可能为负或者超过1。因此，可以通过分对数或概率单位模型估计这类问题。本章利用几个具体例子说明了分对数模型。许多计算机软件的出现使得估计分对数和概率单位模型不再神秘和困难。

关键术语和概念

动态经济模型
- a)分布滞后模型
- b)短期或冲击乘数
- c)中期或中间乘数
- d)长期或总乘数

估计分布滞后模型
- a)滞后值
- b)夸克模型
- c)适应预期模型
- d)部分或存货调整模型
- e)自回归模型

伪回归

平稳时间序列

单位根检验

迪基－富勒(DF)检验(或 τ 检验)

协整

随机游走模型

带漂移项的随机游走模型

随机趋势

确定性趋势

分对数模型和概率单位模型
- a)逻辑分布函数
- b)机会比
- c)极大似然法(ML)

问　题

12.1　解释下列术语：

a. 动态模型

b. 分布滞后模型

c. 自回归模型

12.2 应变量受一个或多个解释变量滞后影响的原因有哪些？给出分布滞后模型的一些例子。

12.3 为什么说在分布滞后模型中这种确定滞后项个数的策略是错误的？即如果增加滞后项的 t 值是统计显著的，就继续加入后继滞后变量。换言之，只要增加滞后项的 t 值是统计显著的，就继续加入滞后项。

12.4 由于在分布滞后模型中连续滞后项之间很可能是共线性的，因此，在这样的模型中不必担心单个滞后系数的统计显著性，而应考虑加总滞后系数的统计显著性。你有什么评论？

12.5 尽管分对数模型和概率单位模型优于 LPM 模型，但在实践中，根据简单优于复杂的原则，应该选择 LPM。你同意这个论断吗？为什么？

12.6 判断正误：分对数越大，事件发生的概率越大。

12.7 协整和伪回归有什么联系？

习 题

12.8 表 12-6(参见网上教材)给出了 1970 ~ 2007 年间美国个人消费支出(PCE)和个人可支配收入(PDI)数据(单位是 10 亿美元)。

估计下列模型：

$$\text{PCE}_t = A_1 + A_2\text{PDI}_t + u_t$$

$$\text{PCE}_t = B_1 + B_2\text{PDI}_t + B_3\text{PCE}_{t-1} + v_t$$

a. 解释上述回归。

b. 短期和长期边际消费倾向(MPC)是多少？

12.9 利用 12.8 题中的数据，考虑以下模型：

$$\ln\text{PCE}_t = A_1 + A_2\ln\text{PDI}_t + u_t$$

$$\ln\text{PCE}_t = B_1 + B_2\ln\text{PDI}_t + B_3\ln\text{PCE}_{t-1} + v_t$$

a. 解释上述回归。

b. PCE 对于 PDI 短期和长期弹性是多少？

12.10 为了估计设备利用率对通货膨胀的影响，托马斯 A. 吉廷斯(Thomas A. Gittings)[25]根据 1971 ~ 1988 年的美国数据得到如下回归：

$$\hat{Y}_t = -30.12 + 0.1408X_t + 0.2360X_{t-1}$$

$$t = (-6.27) \quad (2.60) \quad (4.26) \qquad R^2 = 0.727$$

式中，Y——GNP 平减指数,%(通货膨胀率的一种度量)；X_t——制造业设备利用率,%；X_{t-1}——滞后一年的设备利用率,%。

a. 解释上述回归。先验地，为什么通货膨胀和设备利用率之间存在正相关？

25 Thomas A. Gittings, "Capacity Utilization and Inflation," *Economic Perspectives*, Federal Reserve Bank of Chicago, May/June 1989, pp. 2-9.

b. 设备利用率对通货膨胀的短期影响是多少？长期影响又是多少？

c. 每个斜率系数是统计显著的吗？

d. 是否会拒绝零假设：两个斜率系数同时为零？使用哪种检验？

e. 收集近期的数据验证吉廷斯的分析是否仍然正确。

12.11 表12-7给出了喷射不同浓度的洛特纳对菊花蚜虫影响的实验数据。

表12-7 习题12.11数据

浓度(千克/升) X	$\log(X)$	合计 N_i	死亡 n_i	$P_i=\frac{n_i}{N_i}$
2.6	0.4150	50	6	0.120
3.8	0.5797	48	16	0.333
5.1	0.7076	46	24	0.522
7.7	0.8865	49	42	0.857
10.2	1.0086	50	44	0.880

注：对数是以10为底的常用对数。

数据来源：D. J. Finney, *Probit Analysis*, Cambridge University Press, London, 1964。

建立一个合适的模型表示死亡率对 $\log X$(浓度的对数)的函数，并解释回归。

12.12 根据回归式(12-36)和表12-3，计算不同水平下拥有住房的概率。

12.13 根据20对夫妇的样本，巴巴拉·邦德·杰克逊(Barbara Bund Jackson)[26]得到如下回归：

$$\ln \frac{P_i}{1-P_i}=-9.456+0.3638\text{收入}_i-1.107\text{保姆}_i$$

注：作者没有给出标准误。

式中，P表示到餐馆就餐的概率，餐馆就餐，取值为1，否则为0；如果雇用了保姆，取值为1，否则为0。

在20对夫妇中，有11对夫妇经常去餐馆就餐，6对雇用保姆。收入范围从17 000美元到44 000美元。

a. 解释上述分对数回归的结果。

b. 在44 000美元水平下，夫妇需要保姆的分对数是多少。

c. 同样收入水平的夫妇，他们去餐馆就餐的概率是多少。

12.14 根据表12-2中的数据(参见网上教材)。

a. 做利润和红利的散点图，直观地判断这两个时间序列是否是平稳的。

b. 利用单位根检验判断这两个时间序列是否是平稳的。

c. 如果利润和红利时间序列是非平稳的，那么利润对红利的回归是伪回归吗？为什么？如何判定？说明必要的计算结果。

d. 取这两个时间序列的一阶差分，判断一阶差分时间序列是否是平稳的。

26 参见Barbara Bund Jackson, *Multivariate Data Analysis: An Introduction*, Irwin, 1983, p. 92。

12.15 蒙特卡洛试验。考虑以下随机游走模型：

$$Y_t = Y_{t-1} + u_t$$

假设 $Y_0 = 0$，u_t 是独立正态分布，均值为 0，方差为 9。生成 100 个 u_t 值，利用这些值生成 100 个 Y_t 值。对得到的 Y 值作散点图。根据散点图能够得出什么结论？

12.16 蒙特卡洛试验。现假设有如下模型：

$$Y_t = 4 + Y_{t-1} + u_t$$

式中，$Y_0 = 0$；u_t 与习题 12.15 中所述相同。重复习题 12.15 的过程。这个实验与上面的实验有何区别？

12.17 考虑表 6-10 给出的数据(参见网上教材)。由于表中给出的是个体数据，因此，如果利用这些数据拟合分对数模型，则需要使用极大似然法估计参数。利用 Eviews 或 MINITAB 软件估计分对数模型，并对结果进行评论。

12.18 表 12-8(参见网上教材)给出了应变量，中级宏观经济学期末考试成绩(Y)的数据，如果分数是 A，则 $Y = 1$，如果分数是 B 或 C，则 $Y = 0$；解释变量 GPA = 学生入学平均分；TUCE = 学期开始时宏观经济学摸底考试分数；如果使用了新的个性化教学方法，则 PSI = 1，否则为 0。数据共涉及 32 位同学。分析的主要目的是想评估 PSI 对期末分数的影响。

a. 利用表 12-8 的数据估计线性概率模型。

b. 利用相同数据估计分对数模型。

c. 比较(a)和(b)的结果。

12.19 收集 1980 ~ 2007 年美元对英镑的汇率月度数据，它是否服从一个随机游走过程？如果是，那么对预测 US/UK 汇率有什么意义？

12.20 表 12-9(参见网上教材)给出了 2004 ~ 2008 年间美元/欧元(U.S/EU)日汇率的数据。

a. 做 U.S/EU 的散点图。根据散点图能得出什么样的结论？

b. 对数据做一阶差分，对差分序列做散点图。根据散点图，能否认为原始序列(U.S/EU)是平稳的？

c. 做如下回归：

$$\Delta Y_t = AY_{t-1} + u_t$$

根据这个模型，能否认为原始序列(U.S/EU)是一个随机游走过程。

d. 现将常数项引入模型

$$\Delta Y_t = A_1 + A_2 Y_{t-1} + u_t$$

这个结果是否表明 Y_t 是一个带漂移项的随机游走过程。

e. 估计如下带有漂移项和趋势变量的模型

$$\Delta Y_t = A_1 + A_2 t + A_3 Y_{t-1} + u_t$$

f. 这些回归结果能否说明 Y_t 的平稳性？

12.21 表 12-10(参见网上教材)给出了对 2 000 名妇女的调查数据，涉及工作状况、年龄、婚姻(1 = 已婚，0 = 其他)、生育子女个数、教育程度(受教育年限)等指标。在总共 2 000 名被调查妇女中，有 657 人没有工资收入。

a. 利用这些数据，估计一个分对数模型。

b. 每个变量的边际影响是怎样的？所有这些变量都是统计显著的吗？

12.22 下载网上教材表12-11中的数据。被解释变量“癌症”是一个虚拟变量，1 = 患有乳腺癌，0 = 未患乳腺癌。[27]解释变量包括：年龄、体重、HIGH(最高学历)、CHK(0 = 没有定期检查，1 = 定期检查)、SGPI(初孕年龄)、流产次数。建立一个逻辑回归模型预测妇女是否患有癌症。

27 数据包括50名被诊断出患有良性乳腺癌的妇女以及150名同龄妇女。调查者通过标准化问卷收集相关信息(参见Pastides等[1983]、[1985])。

附　录

概率论与统计学基础

附录 A、B、C 和 D 主要回顾了统计理论的基础知识，这对于理解本书讨论的经济计量理论和实践是非常必要的。

附录 A 讨论了概率、概率分布和随机变量等基本概念。

附录 B 讨论了概率分布的主要特征，比如期望、方差、协方差、相关、条件期望、条件方差、偏度和峰度等，并介绍了在实践中如何度量这些特征量。

附录 C 讨论了实践中广泛应用的四个重要概率分布：(1) 正态分布；(2) t 分布；(3) χ^2 分布；(4) F 分布。概括了上述四个分布的主要特征，并通过几个具体例子阐明了为什么说概率分布是统计理论的基石。

附录 D 讨论了古典统计学的两个分支：**估计**(estimation)与**假设检验**(hypothesis testing)。

附录用通俗的语言介绍了统计学的基础知识，但包含的信息量相当丰富。四部分内容自成体系，相对完整地介绍了统计学这门学科。我们将通过若干实例说明附录中出现的一些概念。

附录 A

统计学回顾 Ⅰ：概率和概率分布

附录主要回顾了一些基本的统计概念，这对于理解《经济计量学精要》十分必要。对于有一定统计学基础的学生来说，这四部分内容可作为复习课程。对于那些淡忘了统计学知识的学生来说，附录与本书主体部分构成了经济计量学的一个统一框架。对于那些统计知识较薄弱的学生，建议在学习过程中阅读一些相关的参考文献。需要指出的是，附录不能替代统计学基础教程，它仅仅是通向经济计量学的一座桥梁。

A.1 一些符号

我们可以用缩写符号表示本部分出现的一些数学表达式。

A.1.1 求和符号

通常用希腊字符 $\sum$ 表示求和或连加，其表达式为：

$$\sum_{i=1}^{i=n} X_i = X_1 + X_2 + \cdots + X_n$$

其中，i 为求和指数，等式左边表示“把变量 X 从第一个值$(i=1)$加到第 $n(i=n)$个值”。X_i 表示变量 X 的第 i 个值。

$$\sum_{i=1}^{i=n} X_i \left(或 \sum_{i=1}^{n} X_i \right)$$

通常缩写为：

$$\sum X_i$$

当已知或容易确定求和的上、下限时，可表示为：

$$\sum_{X} X$$

即对所有 X 取值求和。我们将交替使用这些符号。

A.1.2　求和算子的性质

Σ的一些重要性质如下：

1. 若 k 为常数，

$$\sum_{i=1}^{n} k = nk$$

即常数的 n 次求和等于该常数的 n 倍。因而：

$$\sum_{i=1}^{4} 3 = 4 \times 3 = 12$$

其中，$n=4$，$k=3$。

2. 若 k 为常数，

$$\sum kX_i = k\sum X_i$$

即可把常数放在求和符号前。

3.
$$\sum (X_i + Y_i) = \sum X_i + \sum Y_i$$

即对两个变量的和求和等于对两个变量分别求和的和。

4.
$$\sum (a + bX_i) = na + b\sum X_i$$

其中 a，b 为常数，利用性质 1、性质 2 和性质 3 可得。

本书经常使用到求和符号。

下面讨论概率论中的一些重要概念。

A.2　实验、样本空间、样本点和事件

A.2.1　实验

第一个重要概念是**统计实验**(statistical experiment)或**随机实验**(random experiment)。在统计学中，随机实验是指至少有两个可能结果，但不确定哪一个结果会出现的某个观察或测度过程。

例 A-1
Example

抛一枚硬币、掷一颗骰子和从一副纸牌中抽取一张，都是随机实验的例子。下一个季度可口可乐的销售量也可以看做是一个随机实验，虽然这与前面列举的例子看起来完全不同。因为不知道结果是什么，销量取不同的值。在这些随机实验中，隐含地假定了必须满足一定的条件。例如，抛一枚硬币可能出现正面朝上或正面朝下，掷一颗骰子，朝上的一面可能是 1，2，3，4，5 或 6。可口可乐的销量可能取无穷多个值。注意，实验之前并不能确定出现哪种结果。通过这样的实验或许可以建立一条规律(比如抛一枚硬币1 000 次，正面朝上有多少次)，或是检验硬币是否注铅(如果抛币 100 次，正面朝上 70 次，你会认为该枚硬币注铅了吗)。■

A. 2. 2 样本空间或总体

实验所有可能结果的集合称为**总体**(population)或**样本空间**(sample space)。1931 年，奥地利数学家、工程师米塞斯首先提出了样本空间的概念。

例 A-2
Example

考虑这样一个实验，抛两枚同样的硬币，H 代表正面朝上，T 代表正面朝下，则有 4 种结果：HH，HT，TH，TT。其中，HH 代表第一枚硬币和第二枚硬币都正面朝上，HT 代表第一枚硬币正面朝上，第二枚硬币正面朝下。依此类推。■

在这个例子中，全部的结果或样本空间(总体)为 4——除此之外，再没有其他合乎逻辑的可能结果(不必担心硬币会立起来)。

例 A-3
Example

纽约大都会球队计划参加两赛两场，O_1 表示两场全部获胜；O_2 表示第一场获胜，第二场失败；O_3 表示第一场失败，但第二场获胜；O_4 表示两场均失败。这里，样本空间由 4 个结果组成：O_1，O_2，O_3，O_4。■

A. 2. 3 样本点

样本空间(或总体)的每个元素或每种结果称为**样本点**(sample point)。在例 A-2 中，HH，HT，TH 和 TT 都是一个样本点。在例 A-3 中，每个结果，O_1，O_2，O_3 和 O_4 是一个样本点。

A. 2. 4 事件

实验结果组成的集合称为**事件**(events)，它是样本空间的一个子集。

例 A-4
Example

事件 A 表示抛两枚硬币一枚正面朝上，一枚正面朝下。从例 A-2 中可以看到，只有 HT 和 TH 属于事件 A(注：HT 和 TH 是样本空间 HH，HT，TH 和 TT 的一个子集)。事件 B 表示两枚均正面朝上。很明显，只有 HH 属于事件 B(HH 也是样本空间 HH，HT，TH 和 TT 的一个子集)。■

如果两个事件不能同时发生，则称为**互斥的**(mutually exclusive)。在例 A-3 中，如果 O_1 发生，即大都会队在两场比赛中均获胜，那么其他三种结果就不可能发生。如果确信一个事件发生的可能性与另一个事件相同，则两个事件称为**等可能的**(equally likely)。例如，抛一枚硬币，正面朝上和正面朝下是等可能出现的。如果可穷举实验的所有可能结果，则称事件是**完**

备的(collectively exhaustive)。在抛两枚硬币的例子中，因为 *HH*，*HT*，*TH* 和 *TT* 是所有可能结果，因此它是一个完备事件。同样，在大都会球队一例中，O_1，O_2，O_3 和 O_4 是仅有的可能结果，因此它也是一个完备事件。当然，除非遇到下雨或自然灾害，比如 1989 年在旧金山举行世界锦标赛期间就发生了地震。

A. 2. 5 文氏图

一个简单的绘图工具，称为**文氏图**(Venn diagram)，最早是由文恩在他的《符号逻辑学》(1981 年出版)中引入的，文氏图可以描绘样本点、样本空间、事件及相关概念，见图 A-1。在图 A-1 中，每个矩形代表了样本空间 *S*，两个圆形代表事件 *A* 和事件 *B*。图 A-1 描述了不同情形。

图 A-1a 表示结果属于 *A* 和结果不属于 *A*(用符号 A'表示)，A'称为 *A* 的互补事件。

图 A-1b 表示 *A* 和 *B* 的合并(即相加)，即事件的结果属于 *A* 或 *B*。利用集合论的符号，通常表示为 $A\cup B$(读做 *A* 并 *B*)，等同于 $A+B$。

图 A-1c 中的阴影表示事件结果既属于 *A* 又属于 *B*，用 $A\cap B$ 表示(读做 *A* 交 *B*)，等同于乘积 *AB*。

最后，图 A-1d 表示两个互斥事件，因为事件没有共同的结果。用集合符号表示为 $A\cap B=0$(或 $AB=0$)。

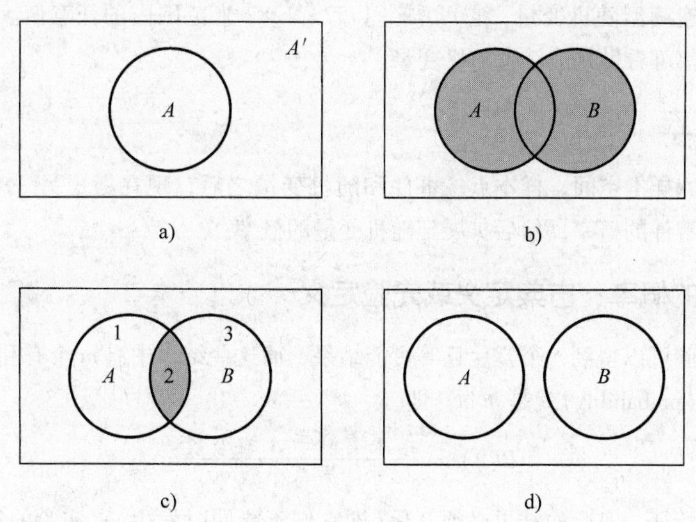

图 A-1 文氏图

A. 3 随机变量

虽然实验的结果可用文字来描述，比如正面朝上或正面朝下，或是黑桃 A 等，但如果把实验的结果数量化，即把实验结果和具体数字对应起来，则更为简单。随后将会看到，这种表示非常实用。

例 A-5
Example

再来看例 A-2。我们不用 *HH*、*HT*、*TH* 和 *TT* 描述实验结果，考虑“变量”抛两枚硬币正面朝上的个数。有如下情况：

第一枚硬币	第二枚硬币	正面朝上的个数	第一枚硬币	第二枚硬币	正面朝上的个数
T	*T*	0	*H*	*T*	1
T	*H*	1	*H*	*H*	2

称变量“正面朝上的个数”为一**随机变量**(random variable，用符号 r. v. 表示)。更一般地，把取值由实验结果决定的变量称为随机变量。在上例中，随机变量 r. v. ，正面朝上的个数，可取 3 个不同的值 0，1 或 2。在大都会球队一例中，随机变量(获胜的次数)同样可取 3 个不同的值 0，1 或 2。■

习惯上，用大写字母 X，Y，Z 等表示随机变量，这些变量的取值通常用小写字母表示。因此，如果 X 表示一个随机变量，那么 x 就表示 X 的一个取值。随机变量可能是连续的，也可能是离散的。**离散型随机变量**(discrete random variable)只能取到有限多个数值(或可罗列出有限个数值)。抛两枚硬币，正面朝上的次数仅能取 0，1 或 2，所以它是一个离散型随机变量。与此类似，获胜的场次也是一个离散型随机变量，因为它仅能取 0，1 或 2 三个值。另一方面，**连续型随机变量**(continuous random variable)可以取某一区间范围内的任意值。例如，人的身高就是一个连续型随机变量，它可取在 1. 52 ~ 1. 82 米范围内的任意值。类似地，体重、降雨量、温度等都可看做是连续型随机变量。

A. 4 概率

定义了实验、样本空间、样本点、事件和随机变量之后，现在考虑另一个重要概念——概率。首先定义事件的概率，然后扩展到随机变量的概率。

A. 4. 1 事件的概率：古典定义或先验定义

如果随机实验可以得到 n 个互斥且等可能结果，而这些结果中有 m 个有利于事件 A，则事件 A 发生的**概率**(probability)就是 m/n。即

$$P(A) = \frac{\text{结果有利于 } A \text{ 的个数}}{\text{结果总个数}} \tag{A-1}$$

这个定义有两个特征：实验的结果必须互斥(即它们不能同时发生)；实验的每个结果等可能发生(例如掷一颗骰子，出现任何一个数字的机会相等)。

例 A-6
Example

掷一颗骰子，有六种可能的结果：1，2，3，4，5 或 6。这些结果互斥，因为不可能同时出现两个或更多个数字同时朝上的情形。而且，这六种结果等可能发生。因此，根据古典概率的定义，任何一个数字朝上的概率为 1/6——因为共有六种可能结果，每种结果等可能发生，这里，$n=6$，$m=1$。■

类似地，抛一枚硬币，正面朝上的概率为 1/2。因为共有两种可能的结果，H 和 T，而且每一种结果等可能发生。同样，在一副有 52 张牌的扑克中，抽取任意一张的概率为 1/52。(为什么?)抽取一张是黑桃的概率为 13/52。(为什么?)

上述例子说明为什么概率的古典定义又称为**先验定义**(priori definition)。因为这些概率纯粹源自演绎推理。没有必要抛一枚硬币来证明正面朝上的概率为 1/2，因为它是合乎逻辑的、唯一可能的结果。

但古典定义有其缺陷。如果实验结果不是有限的或不是等可能发生的，又会怎样呢？举个例子，明年 GDP 达到某个数值的概率是多少？或者明年经济衰退的概率有多大？古典定义无法回答类似这样的问题。一个更广泛使用的定义——概率的频率定义，能够解决诸如此类的问题。

A. 4. 2　概率的频率定义或经验定义

为了介绍这个概念，先来看下面这个例子。

例 A-7
Example

表 A-1 给出了 200 个学生微观经济学的考试成绩分布。表 A-1 就是一个**频率分布**(frequency distribution)的例子，表示了考试分数这一随机变量的分布。表中第 3 列的数字称为**频数**(absolute frequencies)，即事件发生的个数，第 4 列的数字称为**频率**(relative frequencies)，即频数除以事件发生的总数(在本例中为 200)。因此，分数位于 70 ~ 79 之间的频数为 45，但频率为 0. 225，即用 45 除以 200。■

表 A-1　200 个学生微观经济学考试分数的分布

分数(1)	区间中点(2)	频数(3)	频率(4) = (3)/200
0 ~ 9	5	0	0
10 ~ 19	15	0	0
20 ~ 29	25	0	0
30 ~ 39	35	10	0. 050
40 ~ 49	45	20	0. 100
50 ~ 59	55	35	0. 175
60 ~ 69	65	50	0. 250
70 ~ 79	75	45	0. 225
80 ~ 89	85	30	0. 150
90 ~ 99	95	10	0. 050
	合计	200	1. 000

我们能把频率当做概率吗？直观地看，如果观察次数足够多，把频率作为概率是合理的。这正是概率的经验(或频率)定义本质所在。

更规范地，如果在 n 次实验(或 n 个观察值)中，m 次有利于事件 A，假定实验的次数 n 足够大(技术上讲是有限的)，那么事件 A 的概率 $P(A)$ 就等于 m/n(即频率)。[1]需要注意的是，与概率的古典定义不同，无须要求实验的结果互斥，也不要求每种结果等可能发生。

1　多少才足够大呢？这取决于研究的问题。有时，30 就认为是足够大了。在美国总统选举中，800 张选票组成的样本就足以准确预测最终选取结果了，虽然实际选票数以百万计。

简言之，如果实验的次数足够多，频率就很好地测度了（事件发生的）真实概率。因此，在表 A-1 中，第 4 列中的频率可看做概率。[2]

概率的性质 事件的概率有如下一些重要性质：

1. 事件的概率在 0 ~ 1 之间。因而，事件 A 的概率 $P(A)$ 满足：

$$0 \leqslant P(A) \leqslant 1 \tag{A-2}$$

$P(A)=0$，事件 A 不会发生；$P(A)=1$，事件 A 必然发生。概率值介于 0 ~ 1 之间，如表 A-1 中的概率值。

2. 若事件 A，B，$C\cdots$为互斥事件，则任何一个事件发生的概率等于单个事件发生的概率之和，用符号表示为：

$$P(A+B+C+\cdots) = P(A)+P(B)+P(C)+\cdots \tag{A-3}$$

其中，等式左边表示 A 或 B 或 C 等发生的概率。[3]

3. 若事件 A，B，$C\cdots$为互斥事件，且为一完备事件集，则各事件发生概率之和为 1。用符号表示为：

$$P(A+B+C+\cdots) = P(A)+P(B)+P(C)+\cdots = 1 \tag{A-4}$$

例 A-8
Example

在例 A-6 中，我们知道任一数字朝上的概率均为 1/6，因为共有六种可能结果发生。由于 1，2，3，4，5 和 6 构成一完备事件集，则 $P(1+2+3+4+5+6)=1$。1，2，3，…表示数字 1，2，3，…出现的概率。因为掷一颗骰子不会出现两个数字同时朝上的结果，因此 1，2，…，6 为互斥事件。$P(1+2+3+4+5+6)=P(1)+P(2)+\cdots+P(6)=1/6+1/6+1/6+1/6+1/6+1/6=1$。■

顺便介绍下面一些概率规则：

1. 事件 A，B，$C\cdots$称为统计独立的，如果事件同时发生的概率等于各个事件概率的积。用符号表示，

$$P(ABC\cdots) = P(A)P(B)P(C)\cdots \tag{A-5}$$

其中，$P(ABC\cdots)$表示事件 A，B，$C\cdots$同时发生或联合发生。[4]因此，$P(ABC\cdots)$称为联合概率。与之对应，$P(A)$，$P(B)$等称为边缘概率，详细的讨论参见 A.6 节。

例 A-9
Example

假设同时抛两枚硬币，那么两枚均正面朝上的概率是多少？令事件 A 表示第一枚正面朝上，事件 B 表示第二枚正面朝上。求概率 $P(AB)$。根据常识，第一枚正面朝上的概率独立于第二枚正面朝上的概率，

---

2 还有一种概率定义，称为主观概率，它是古典统计学竞争理论——贝叶斯统计学的基础。在主观概率或“信任度”概率定义下，会问这样的问题：“伊拉克拥有民主政府的概率是多少？”“芝加哥 Cubs 棒球队在明年世锦赛获胜的概率有多大？”或“2010 年股票市场崩盘的概率是多少？”

3 用集合论的符号表示为 $P(A\cup B\cup C\cdots)$。

4 用集合论符号表示为 $P(A\cap B\cap C\cdots)$。

因而有 $P(AB)=P(A)P(B)=(1/2)(1/2)=1/4$，这里抛币一次正面朝上的概率为 1/2。■

2. 如果事件 A，B，$C\cdots$不是互斥事件，则式(A-3)需要修正。若事件 A，B 不是互斥事件，则有：

$$P(A+B)=P(A)+P(B)-P(AB) \tag{A-6}$$

其中，$P(AB)$为事件 A，B 同时发生的联合概率(参见图 A-1c)。[5]当然，如果 A、B 互斥，则 $P(AB)=0$(为什么?)，即为式(A-3)。很容易把式(A-6)推广到两个以上事件的情形。

3. 对应任一事件 A，都有互补事件 A'，并且，

a. $P(A+A')=1$

b. $P(AA')=0$

根据图 A-1a 很容易验证这些性质。

例 A-10
Example

从一副扑克中抽取一张，是红桃或是皇后的概率是多少？很显然，抽红桃和抽皇后不是互斥事件，因为 4 张皇后中有一张是红桃。因而有，

$$\begin{aligned}P(\text{或是红桃或是皇后}) &= P(\text{红桃})+P(\text{皇后})-P(\text{红桃皇后})\\ &= 13/52+4/52-1/52\\ &= 4/13\end{aligned}$$ ■

令 A、B 表示两个事件。求在事件 B 发生情况下，事件 A 发生的概率。这种概率称为在事件 B 发生条件下事件 A 的**条件概率**(conditional probability)。用符号 $P(A|B)$表示，计算公式如下，

$$P(A|B)=\frac{P(AB)}{P(B)};\quad P(B)>0 \tag{A-7}$$

即给定事件 B，事件 A 发生的条件概率等于事件 A、B 的联合概率与事件 B 的边缘概率之比。同样地，

$$P(B|A)=\frac{P(AB)}{P(A)};\quad P(A)>0 \tag{A-8}$$

我们可以通过文氏图 A-1c 想象一下式(A-7)。从图中可以看出，区域 2 和 3 代表了事件 B，区域 1 和 2 代表了事件 A。因为区域 2 是两个事件的共同部分，由于发生事件 B，如果区域 2 除以区域 2 和 3 的和，就得到已知事件 B 发生条件下事件 A 发生的(条件)概率。

例 A-11
Example

会计入门班有 500 个学生，其中男生 300 人，女生 200 人。在这些学生中，100 个男生和 60 个女生计划主修会计学。现在随机抽取一人，发现这个学生计划主修会计学。那么，这个学生是男生的概率是多少？

令事件 A 代表学生是男生，事件 B 代表主修会计学的学生。因此，要求概率 $P(A|B)$。根据条件概

---

5 为了避免图 A-1c 中阴影部分的重复计算，必须在等式右边减去 $P(AB)$。

率计算公式得，

$$P(A \mid B) = \frac{P(AB)}{P(B)} = \frac{100/500}{160/500} = 0.625$$

根据前面给出的数据，很容易得到 $P(A) = 300/500 = 0.6$，即抽取一人是男生的非条件概率为 0.6，显然与上面求得的 0.625 不同。■

这个例子告诉我们一个非常重要的结论：条件概率通常不等于非条件概率。但是，如果两个事件相互独立，则根据式(A-7)可知，

$$P(A \mid B) = \frac{P(AB)}{P(B)} = \frac{P(A)P(B)}{P(B)} = P(A) \tag{A-9}$$

注意：当两事件相互独立时，$P(AB) = P(A)P(B)$。在这种情形下，给定事件 B，事件 A 的条件概率等于 A 的非条件概率，因此，事件 A 的概率与事件 B 发生与否无关。

条件概率的一个非常重要的应用就是著名的**贝叶斯定理**(Bayes' Theorem)，最初由英格兰 Turnbridge Wells 的一位古怪牧师托马斯·贝叶斯(1701—1761)提出。这个定理在他去世后才被发表，后来被称为统计学的贝叶斯学派(与古典统计学派相对立)，在世界许多大学的统计学教学中，贝叶斯学派至今仍占主流地位。贝叶斯定理的精髓是，可以根据已经发生的事件 B 修正或更新事件 A 发生的概率。

为了解释这个理论，令事件 A，B 的概率为正。贝叶斯定理认为：[6]

$$P(A \mid B) = \frac{P(B \mid A)P(A)}{P(B \mid A)P(A) + P(B \mid A')P(A')} \tag{A-10}$$

其中，A'是事件 A 的互补事件，表示 A 不可能发生。

贝叶斯定理表明，如何通过条件概率 $P(B \mid A)$ 和事件 A 的初始概率 $P(A)$ 得到最终概率 $P(A \mid B)$。注意条件事件(B)和结果事件(A)的"角色"是如何互换的。我们用下面这个例子说明贝叶斯定理。

例 A-12
Example

假定有位女士手提包中有两枚硬币。一枚是规则的，另一枚是两面头像的。她从手提袋中随机取出一枚投掷。如果头像向上，那么它是两面头像硬币的概率是多少？

令事件 A 代表两面头像的硬币，A'表示规则硬币。挑选任一硬币的概率为 $P(A) = P(A') = 1/2$。令事件 B 代表出现一个头像，如果硬币是两面头像的，则 B 一定发生，因此，$(B \mid A) = 1$。但如果硬币是规则的，则 $P(B \mid A') = 0.5$。因此，根据贝叶斯定理，有

$$P(A \mid B) = \frac{P(B \mid A)P(A)}{P(B)} = \frac{(1)(0.5)}{0.75} = \frac{2}{3} \approx 0.66 ■$$

用贝叶斯语言表述，$P(A)$称为先验概率(prior probability)(即事发之前)，$P(A \mid B)$称为**修**

---

6 如果样本空间划分为 A(事件 A 发生)和 A'(事件 A 不发生)，那么对任何事件 B，$P(B) = P(BA) + P(BA')$；也就是说，事件 B 发生的概率等于事件 B 与事件 A 和 A'共同发生概率之和。这一结论可以推广到 A 划分为若干部分的情形。从文氏图中很容易理解这一结果。

正或后验概率(posterior probability)(即事发之后)。根据已经发生的事件 B，重新评估或修正 A 的(先验)概率。

你或许有些迷惑，直觉上认为这个概率应该是 1/2。但是，如果这样看问题就会发现：有三种情形可以使头像朝上，但其中的两种会是朝下的一面也是头像。

注意贝叶斯定理的另一个重要特征。在古典统计学中，假设投掷的硬币是规则的；而在贝叶斯统计学中，却对假设提出了质疑。

A. 4. 3 随机变量的概率

我们给出了一个样本空间中样本结果或事件的概率，同样也可给出随机变量的概率。因为随机变量只不过是样本空间基本结果的数值表示，比如例 A-5。本书重点关注随机变量，比如 GDP、货币供给、价格、工资等。如何给出随机变量的概率呢？这就需要研究随机变量的概率分布，这正是下面将要讨论的内容。

A. 5 随机变量及其概率分布

根据随机变量的概率分布，可以知道变量的可能取值及与之相对应的概率。为了便于理解，首先考虑离散型随机变量的概率分布，然后再考虑连续型随机变量的概率分布。这两个概率分布有所不同。

A. 5. 1 离散型随机变量的概率分布

前面讲过，离散型随机变量仅可取有限个(或有限可列个)数值。

令随机变量 X 取离散值 x_1，x_2，…，函数 f 定义如下：

$$\begin{aligned} f(X = x_i) &= P(X = x_i) \quad i = 1,2,\cdots, \\ &= 0 \quad \text{如果} \quad x \neq x_i \end{aligned} \tag{A-11}$$

称为**概率质量函数**(probability mass function，PMF)，或简称**概率函数**(probability function，PF)，$P(X = x_i)$ 表示离散型随机变量 X 取值 x_i 时的概率。[7]式(A-11)定义的 PMF 有如下性质：

$$0 \leqslant f(x_i) \leqslant 1 \tag{A-12}$$

$$\sum_x f(x_i) = 1 \tag{A-13}$$

其中，求和扩展到整个 X 取值。这些性质与前面讨论的概率性质相似。

考虑下面这个例子。

例 A-13
Example

随机变量 X 代表抛两次硬币正面朝上的次数，考虑下表：

---

7 离散型随机变量取值通常称为质点，$f(X = x_i)$ 表示与质点 x_i 关联的质。

正面朝上的次数 X	$PFf(X)$	正面朝上的次数 X	$PFf(X)$
0	1/4	2	1/4
1	1/2	求和	1.00

在这个例子中，随机变量 X(正面朝上的次数)取 3 个不同的值 $X=0$，1 或 2。X 取 0 值的概率为 1/4(即抛两次硬币没有一次正面朝上)，因为共有 4 种可能结果，没有一次正面朝上的结果只有 1 个，*TT*。同样地，在 4 种可能结果中，只有一个结果是"两次均正面朝上"，因而其概率也为 1/4。另一方面，事件"有一次正面朝上"有两种结果 *HT* 和 *TH*，因而其概率为 2/4 = 1/2。这里是用概率的古典定义给出这些概率值。■

图 A-2 给出了本例中 PMF 的几何解释。

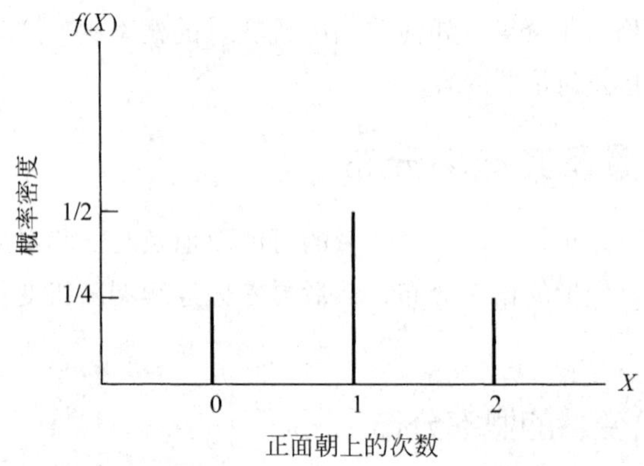

图 A-2 抛币两次(例 A-13)正面朝上次数的概率质量函数(PMF)

A. 5. 2 连续型随机变量的概率分布

从概念上看，**连续型随机变量**(continuous random variable)的概率分布与离散型随机变量类似，所不同的是，现在度量的是随机变量在某一特定范围或区间内的概率，称为**概率密度函数**(probability density function，PDF)，而不是 PMF。我们通过下面这个例子说明两者之间的差别。

令 X 代表身高这一连续型随机变量，单位是英寸，求某人身高在某个区间内(比如说 60 ~ 68 英寸)的概率，进一步假定随机变量"身高"的概率密度函数如图 A-3 所示。

图 A-3 中的阴影部分给出了身高在 60 ~ 68 英寸区间内的概率(附录 C 将会讨论如何度量这个概率)。顺便指出，由于一个连续型随机变量可能取无限多个值，因此它取某一特定值(比如取值 63 英寸)的概率总为 0。我们总是度量连续型随机变量在一个区间内的概率，比如说，在区间 62.5 ~ 63.5 英寸内。

更规范地，连续型随机变量 X 的概率密度函数(PDF)$f(X)$ 记为，

$$P(x_1 < X < x_2) = \int_{x_1}^{x_2} f(x)\,\mathrm{d}x \tag{A-14}$$

其中，$x_1 < x_2$，$\int$ 是微积分学中的积分符号，等同于离散型随机变量所有取值的加总符号(Σ)，$\mathrm{d}x$ 代表一个很小的 x 取值区间。

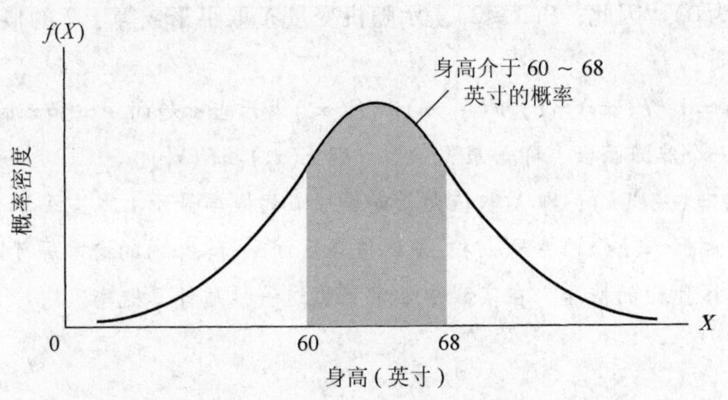

图 A-3 连续型随机变量的PDF

概率密度函数有如下一些性质：

(1)式(A-14)给出的$f(x)$曲线下总面积为1。

(2)$P(x_1<X<x_2)$等于x_1和x_2之间曲线下的面积，其中$x_2>x_1$。

(3)由于连续型随机变量取某个值的概率为0，因此，度量的是连续型随机变量在某个区间的概率。因此，式(A-14)左边可以表示为以下任何一种形式：

$$P(x_1\leqslant X\leqslant x_2)=P(x_1<X\leqslant x_2)=P(x_1\leqslant X<x_2)=P(x_1<X<x_2)$$

连续型PDF的一个重要例子就是**正态概率密度函数**(normal probability density function)，附录C将详细讨论，在随后的内容中，我们将介绍和不断使用到正态PDF。

例 A-14
Example

连续型随机变量X的PDF为

$$f(x)=\frac{x^2}{9}\quad 0\leqslant x\leqslant 3$$

求$P(0<x<1)$。

为了得到这个答案，需要计算上述PDF在指定区间的积分，即

$$\int_0^1\frac{x^2}{9}\mathrm{d}x=\frac{1}{9}\int_0^1 x^2\mathrm{d}x=\frac{1}{9}\left[\frac{x^3}{3}\right]_0^1=\frac{1}{27}$$

即x在0~1区间内的概率是1/27。$\left(\text{注：} x^2 \text{ 的积分是}(x^3/3)\text{，很容易验证，对后者求导，}\frac{\mathrm{d}}{\mathrm{d}x}\left(\frac{x^3}{3}\right)=x^2\text{。}\right)$

如果计算在整个区间(0~3)上的PDF，则有$\int_0^3\frac{x^2}{9}\mathrm{d}x=1$。(为什么?)当然，对0~3区间内的所有$x$值，$f(x)\geqslant 0$。■

A.5.3 累积分布函数(CDF)

与随机变量X的PMF或PDF相对应，$F(X)$称为**累积分布函数**(cumulative distribution function，CDF)，定义如下：

$$F(X)=P(X\leqslant x)\tag{A-15}$$

其中，$P(X\leqslant x)$表示随机变量X取值小于或等于x的概率。(当然，对于连续型随机变量取某

一特定值的概率为0)。因此，$P(X \leqslant 2)$表示随机变量 X 取小于或等于 2 的概率。累积分布函数有如下一些性质：

(1)$F(-\infty)=0$，$F(\infty)=1$，$F(-\infty)$和$F(\infty)$表示当 x 趋向 $-\infty$ 和∞ 时 $F(X)$的极限。

(2)$F(x)$是一个非降函数，即如果 $x_2<x_1$，则 $F(x_2) \geqslant F(x_1)$。

(3)$P(X \geqslant k)=1-F(k)$；即 X 取值大于或等于 k 的概率等于 1 减去 X 取值小于 k 的概率。

(4)$P(x_1 \leqslant X \leqslant x_2)=F(x_2)-F(x_1)$；$X$ 取值在区间 x_1 和 x_2 内的概率等于 X 取值小于 x_2 的概率减去 X 取值小于 x_1 的概率。在实践中常常根据这一性质计算概率。

例 A-15
Example

抛币 4 次，求随机变量(正面朝上的次数)的 PMF 和 CDF?

PMF 和 CDF 函数如下：

正面朝上次数 X	PDF		CDF	
	X 取值	PDF $f(X)$	X 取值	CDF $f(X)$
0	$0 \leqslant X<1$	1/16	$X \leqslant 0$	1/16
1	$1 \leqslant X<2$	4/16	$X \leqslant 1$	5/16
2	$2 \leqslant X<3$	6/16	$X \leqslant 2$	11/16
3	$3 \leqslant X<4$	4/16	$X \leqslant 3$	15/16
4	$4 \leqslant X$	1/16	$X \leqslant 4$	1

根据 CDF 的定义，CDF 是当 X 取值小于或等于给定 x 时 PDF 的“累积”或简单求和，即

$$F(X)=\sum^{x} f(x) \tag{A-16}$$

$\sum^{x} f(X)$ 表示 X 取值小于或等于给定 x 的所有 PMF 之和。因此，在本例中，X 取值小于 2 的概率为 5/16，但 X 取值小于 3 的概率为 11/16。当然，X 取值小于 4 的概率为 1。(为什么?)

例 A-15 CDF 的几何表示见图 A-4。由于本例中是离散型随机变量，因此 CDF 是非连续函数，称为**阶梯函数**(step function)。如果是连续型随机变量，则 CDF 是一条连续曲线，如图 A-5 所示。[8]

例 A-16
Example

考虑例 A-15，求 X 取值在 2 和 3 之间的概率? 这里要求 $F(X=3)-F(X=2)$。根据例 A-15 给出的表，$F(X \leqslant 3)=15/16$，$F(X \leqslant 2)=11/16$，因此，X 取值在 2 和 3 之间的概率是 $4/16=1/4$。■

A.6 多元概率密度函数

到目前为止一直关注的是单变量或一元随机变量的概率分布函数。例 A-5 的 PMF 和例

8 如果 x 是连续的，$f(x)$是 PDF，则 $F(x)=\int_{-\infty}^{x} f(x)\,\mathrm{d}x$，$f(x)=F'(x)$，$F'(x)$是 $F(x)$的导数，$F(x)=\frac{\mathrm{d}}{\mathrm{d}x}F(x)$。

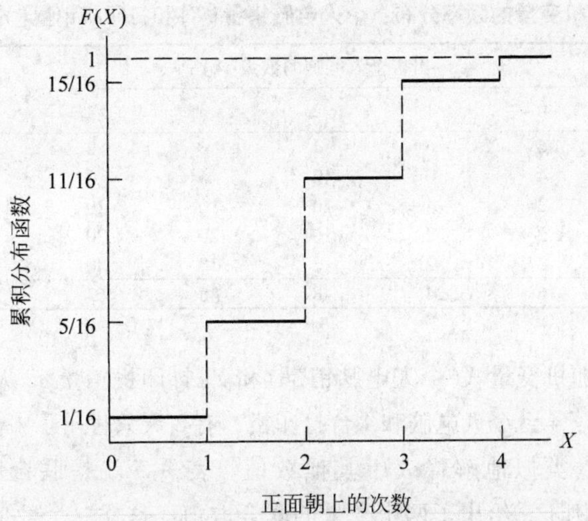

图 A-4　离散型随机变量（例 A-15）的累积分布函数（CDF）

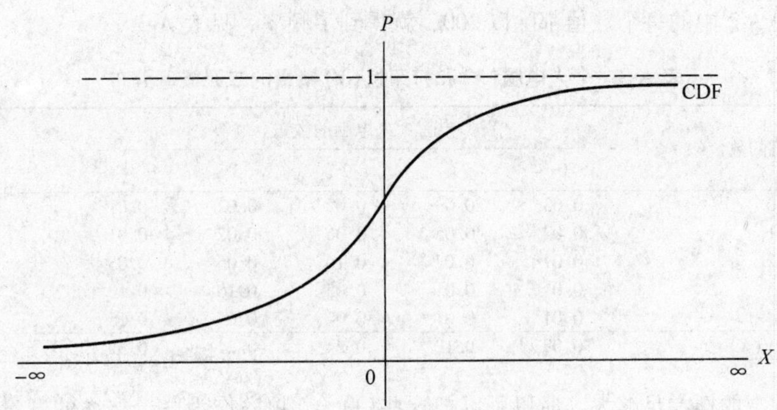

图 A-5　连续型随机变量的 CDF

A-13 的 PDF 考虑的都是单变量情形，比如说“抛两枚硬币正面朝上的次数”或“抛币四次正面朝上的次数”。但不必仅限于此，因为可能用不止一个随机变量描述实验结果，在这种情况下，就需要知道它们的概率分布。这种概率分布被称为**多元概率分布**（multivariate probability distributions）。二元 PMF 和 PDF 是最简单的多元概率分布。我们用一个具体例子来说明。[9]

例 A-17
Example

计算机零售店出售个人电脑和打印机。每天售出的电脑和打印机数量不同。店主记录了过去 200 天每天的销售状况，见表 A-2。■

9　This example is adapted from Ron C. Mittelhammer, *Mathematical Statistics for Economics and Business*, Springer, New York, 1995, p. 107.

表 A-2 两个随机变量的频率分布：个人电脑销量(X)和打印机销量(Y)

出售打印机的数量(Y)	出售个人电脑的数量(X)					总计
	0	1	2	3	4	
0	6	6	4	4	2	22
1	4	10	12	4	2	32
2	2	4	20	10	10	46
3	2	2	10	20	20	54
4	2	2	2	10	30	46
总计	16	24	48	48	64	200

在这个例子中，有两个随机变量 X(个人电脑销量)和 Y(打印机销量)。从上表可知，在 200 天内，有 30 天同时售出了 4 台个人电脑和 4 台打印机，有 2 天只售出了 4 台个人电脑，而没有打印机售出。我们可以类似地解释表中其他数值。表 A-2 就是**联合频率分布**(joint frequency distribution)的一个例子，给出了两个变量的联合取值，这样一个数值称为频数。表 A-2 中所有数值都是频数。

我们把表 A-2 中的每个数值都除以 200，就得到了频率，见表 A-3。

表 A-3 个人电脑(X)和打印机(Y)销量的二元概率分布

出售打印机的数量(Y)	出售个人电脑的数量(X)					总计 $f(Y)$
	0	1	2	3	4	
0	0.03	0.03	0.02	0.02	0.01	0.11
1	0.02	0.05	0.06	0.02	0.01	0.16
2	0.01	0.02	0.10	0.05	0.05	0.23
3	0.01	0.01	0.05	0.10	0.10	0.27
4	0.01	0.01	0.01	0.05	0.15	0.23
总计 $f(X)$	0.08	0.12	0.24	0.24	0.32	1.00

由于本例中的样本足够大，所以可以把这些(联合)频率作为联合概率的度量，即概率的频率定义。因此，计算机零售店售出 3 台个人电脑和 3 台打印机的概率是 0.10，或 10%。表中的其他数值可以做类似解释。

由于两个变量都是离散的，所以表 A-3 就是一个**二元**(bivariate)或**联合概率质量函数**(joint probability mass function)。

更规范的，令 X，Y 是两个离散型随机变量，那么函数

$$\begin{aligned} f(X,Y) &= P(X=x,Y=y) \\ &= 0 \quad 当 X \neq x, Y \neq y \end{aligned} \tag{A-17}$$

称为联合 PMF。它给出了当 X 取值 x，且 Y 取值 y 的联合概率，其中 x，y 为某个给定值。联合 PMF 有如下一些性质：

(1)对所有的 X，Y，$f(X, Y) \geqslant 0$，因为所有的概率不能为负。

(2)$\sum_x \sum_y f(X,Y) = 1$，即所有联合结果的概率和为 1。由于考虑的是双变量，所以这里使用了两个求和符号。如果是三变量，则需要使用三个求和符号等。

两个连续型随机变量的联合概率可类似定义，只是数学表达式比较复杂，对数学感兴趣的读者可通过本章的习题进行推导。

A.6.1　边缘概率函数

我们已经学习了单变量概率函数 $f(X)$，$f(Y)$，二元或联合概率函数 $f(X, Y)$。这两者之间有联系吗？答案是肯定的。

与 $f(X, Y)$ 相对应，$f(X)$ 和 $f(Y)$ 称为**单变量、非条件、单个或边缘 PMF** 或 **PDF**(univariate, unconditional, individual, or marginal PMFs or PDFs)。更规范地，当 X 取给定值(例如取 2)，而无论 Y 取何值时的概率称为 X 的边缘概率，其概率分布称为 X 的边缘 PMF。如何计算边缘 PMF 或 PDF 呢？看表 A-3 总计这一列，X 取 1，而不论 Y 取值如何时的概率为 0.12,；X 取 2，而不论 Y 取值如何时的概率为 0.24，等等。因此，X 的边缘 PMF 见表 A-4。表 A-4 同时给出了 Y 的边缘 PMF。需要指出的是，每个 PF($f(X)$，$f(Y)$)的和为 1。(为什么?)

表 A-4　个人电脑(X)和打印机(Y)销量的边缘概率分布

X 值	$f(X)$	Y 值	$f(Y)$
0	0.08	0	0.11
1	0.12	1	0.16
2	0.24	2	0.23
3	0.24	3	0.27
4	0.32	4	0.23
	总计 1.00		1.00

读者很容易注意到：求 X 的边缘概率仅需将给定 X(无论 Y 取值如何)相对应的联合概率相加，即把表 A-3 中的各列相加。同样地，求 Y 的边缘概率仅需将给定 Y(无论 X 取值如何)相对应的联合概率相加，即把表 A-3 中的各行相加。一旦计算出边缘概率，就可以直接求出边缘 PMF。更规范地，如果 $f(X, Y)$ 是随机变量 X，Y 的联合 PMF，那么 X，Y 的边缘 PF 为，

$$f(X) = \sum_y f(X,Y)\text{，对所有 } X \tag{A-18}$$

$$f(Y) = \sum_x f(X,Y)\text{，对所有 } Y \tag{A-19}$$

如果两个变量是连续的，则用积分符号替代求和符号。例如，如果 $f(X, Y)$ 代表一个联合 PDF，要求 X 的边缘 PDF，则将联合 PDF 对 Y 积分；要求 Y 的边缘 PDF，则将联合 PDF 对 X 积分(参见习题 A.20)。

A.6.2　条件概率函数

继续例 A-17，求已知售出 4 台个人电脑条件下，售出 4 台打印机的概率。换句话说，求在 $X=4$ 条件下，$Y=4$ 的概率？这就是**条件概率**(conditional probability)(回忆一下前面讨论的事件的条件概率)。可以从下面定义的**条件概率质量函数**(conditional probability mass function)中求此概率，

$$f(Y \mid X) = P(Y = y \mid X = x) \tag{A-20}$$

$f(Y \mid X)$ 代表 Y 的条件 PMF，即已知 X 取 x(个人电脑的销量)条件下，Y 取 y(打印机的销量)的概率。类似地，

$$f(X \mid Y) = P(X = x \mid Y = y) \tag{A-21}$$

给出了 X 的条件 PMF。

以上是两个离散型随机变量 Y 和 X 的条件概率函数，因此称为离散型条件 PMF。连续型条件 PDF 可类似定义，只不过数学表达式有些复杂(参见习题 A. 20)。

下面讨论计算条件 PF 的一种简单方法：

$$f(Y \mid X) = \frac{f(X,Y)}{f(X)} = \frac{X\text{和}Y\text{的联合概率}}{X\text{的边缘概率}} \tag{A-22}$$

$$f(X \mid Y) = \frac{f(X,Y)}{f(Y)} = \frac{X\text{和}Y\text{的联合概率}}{Y\text{的边缘概率}} \tag{A-23}$$

即在给定其他变量取值条件下，其中一个变量的条件 PMF 等于这两个变量的联合概率与另一变量的边缘或非条件概率函数之比(比较一下，在事件 B 发生条件下事件 A 的条件概率，即 $P(X \mid Y)$)。

来看这个例子，求 $f(Y=4 \mid X=4)$，

$$f(Y = 4 \mid X = 4) = \frac{f(Y = 4, X = 4)}{f(X = 4)} = \frac{0.15}{0.32}(\text{由表 2-3}) \approx 0.47 \tag{A-24}$$

根据表 A-3，Y 取 4 的边缘或非条件概率是 0. 23，但在已知售出 4 台个人电脑的条件下，售出 4 台打印机的概率增加到 0. 47。通过这个例子可以看到，已知其他事件(条件事件)的信息是如何改变对概率的估计。这就是贝叶斯统计的精髓。

第 2 章曾指出，回归分析关注的是某个变量(股票价格)基于另一个变量(利率)的行为变化，或是在某个水平条件下(教育水平)变量(女性生育率)的变化。因此，有关条件 PMF 或 PDF 的知识对于建立回归分析非常重要。

A. 6. 3 统计独立性

在回归分析中，另一个非常重要的概念是**独立随机变量**(independent random variables)，它与前面讨论过的事件独立性有关。我们用一个具体例子解释这个概念。

例 A-18
Example

一个袋子中放有三个球，标有 1，2，3。从袋子中有放回地随机抽取两球(即每次抽取一个，然后放回再抽取一个)。令变量 X 代表第一次抽取球的数字，Y 代表第二次抽取球的数字。表 A-5 给出了这两个变量的联合 PMF 和边缘 PMF。■

表 A-5 两随机变量的统计独立性

		X			$f(Y)$
	1	2	3		
	1	1/9	1/9	1/9	3/9
Y	2	1/9	1/9	1/9	3/9
	3	1/9	1/9	1/9	3/9
$f(X)$		3/9	3/9	3/9	1

现考虑概率 $f(X=1, Y=1)$，$f(X=1)$ 和 $f(Y=1)$。由表 A-5 可知，概率值分别为 1/9，1/3和 1/3。其中，第一个为联合概率，另外两个为边缘概率。但是，此例中联合概率等于两

个边缘概率之积。在这种情况下，称这两个变量是**统计独立的**(statistically independent)。更一般地，两个变量 X 和 Y 称为统计独立的，当且仅当它们的联合 PMF 或 PDF 可以表示为其边缘 PMF 或 PDF 之积。用符号表示为：

$$f(X,Y) = f(X)f(Y) \tag{A-25}$$

读者容易验证：在表 A-5 中给出的其他任意 X 和 Y 值的组合，其联合 PF 等于各自的边缘 PF 之积；也即这两个变量是统计独立的。需要牢记的是：对于所有的 X 和 Y 值组合，式(A-25)必须成立。

例 A-19
Example

在例 A-17 中，个人电脑销量和打印机销量是独立的随机变量吗？我们利用式(A-25)给出了独立性定义判断。令 $X=3$(售出 3 台个人电脑)，$Y=2$(售出 2 台打印机)。根据表 A-3，$f(X=3,\ Y=2)=0.05$，$f(X=3)=0.24$，$f(Y=2)=0.23$。显然，$0.05 \neq (0.24)(0.23)$。因此，在本例中，个人电脑销量和打印机销量不是独立变量。这也不足为奇，尤其是那些初次购买电脑的顾客。有时，商店会对同时购买电脑和打印机的顾客提供额外的折扣。■

A.7 总结

在经济计量学中，数理统计学起着重要作用。数理统计学的基础是概率论，因此，如果没有概率论背景知识，很难领会经济计量技术背后的理论。

这就是为什么介绍概率论基本概念的缘由。附录介绍了样本空间、样本点、事件、随机变量和随机变量的概率分布等概念。经济计量学重点研究(经济)变量之间的关系，因此必须考虑这些变量的联合概率分布。这就引发了对联合事件、联合变量及其概率分布、条件概率分布、非条件概率分布和统计独立性等概念的讨论。条件概率分布的一个重要应用就是贝叶斯定理，它告诉我们实验结果如何用于修正概率。

附录通过若干例子解释了上述一些概念。这些概念经常出现在本书学习过程中，读者可以随时翻至附录查阅相关内容。

关键术语和概念

统计和随机实验
总体和样本空间
  a)样本点
  b)事件——互斥的
        等可能的
        完备的
文氏图
随机变量
  a)离散型随机变量
  b)连续型随机变量
概率及其特征
概率的先验定义(古典定义)
频率分布；频数；频率
互补
条件概率
贝叶斯定理

先验概率

后验概率

概率质量函数(PMF)

概率函数(PF)，概率密度函数(PDF)

正态概率密度函数

离散型随机变量的 PMF 和连续型随机变量的 PDF

累积分布函数(CDF)

阶梯函数

多元 PDF

a)二元或联合 PMF 和 PDF；联合频率分布

b)边缘(或单变量的、非条件的或单个的)PMF 和 PDF

c)条件概率；条件 PDF

统计独立性；独立随机变量

参考文献

正如前面所言，附录只是简单、直观地介绍了统计学的一些基本概念，而不是统计学基本教程的替代。因此，建议读者手边准备一两本统计学教科书，下面列出这方面的相关参考文献：

1. Newbold, Paul. *Statistics for Business and Economics*(latest ed.). Prentice-Hall, Englewood Cliffs, N. J. This is a comprehensive nonmathematical introduction to statistics with lots of worked-out examples.

2. Hoel, Paul G. *Introduction to Mathematical Statistics*(latest ed.). Wiley, New York. This book provides a fairly simple introduction to various aspects of mathematical statistics.

3. Mood, Alexander M., Franklin A. Graybill, and Duane C. Boes. *Introduction to the Theory of Statistics*. McGraw-Hill, New York, 1974. This is a standard but mathematically advanced book.

4. Mosteller, F., R. Rourke, and G. Thomas. *Probability with Statistical Applications* (latest ed.). Addison-Wesley, Reading, Mass.

5. DeGroot, Morris H. *Probability and Statistics*(3rd ed.). Addison-Wesley, Reading, Mass.

6. Ron C. Mittelhammer. *Mathematical Statistics for Economics and Business*. Springer, New York, 1999.

问 题

A.1 解释概念

a. 样本空间　b. 样本点　c. 事件　d. 互斥事件

e. PMF 和 PDF　f. 联合 PDF　g. 边缘 PDF　h. 条件 PDF

i. 统计独立性

A.2 事件 A，B 能否既为互斥事件同时又相互独立？

A.3 对于任一事件 A，都有互补事件 A'(表示 A 不会发生)，下面的判断是否正确？

a. $P(A+A')$ 或 $P(A\cup A')=1$

b. $P(AA')$ 或 $P(A\cap A')=0$

A.4 四位经济学家预测了下个季度 GDP 的增长率：

$E_1=$低于 2%；$E_2=$2% 或大于 2%，但低于 4%；$E_3=$4% 或大于 4%，但低于 6%；$E_4=$6% 或更高。

令 A_i 表示按上述分类实际的GDP增长率(%)(例如，A_1 = 经济增长率低于2%)。

a. 事件 E_i 是互斥事件吗？它们是完备事件吗？

b. 下面事件表示什么？

(i) E_1A_2(或 $E_1 \cap A_2$)，　(ii) $E_2 + A_3$(或 $E_2 \cup A_3$)，

(iii) $E_i + A_i$(或 $E_i \cup A_i$)(其中 $i = 1, \cdots, 4$)，(iv) E_iA_j(或 $E_i \cap A_j$)(其中 $i > j$)

A.5　PDF和PMF有什么区别？

A.6　连续型随机变量和离散型随机变量的CDF有什么区别？

A.7　根据条件概率公式，有

(1) $P(A \mid B) = \dfrac{P(AB)}{P(B)}$

(2) $P(B \mid A) = \dfrac{P(AB)}{P(A)} \rightarrow P(AB) = P(B \mid A)P(A)$

如果把式(2)右边的 $P(AB)$ 代入式(1)的分子，得到什么样的表达式？如何解释这个结果？

习　题

A.8　下列各式代表什么？

a. $\sum_{i=1}^{4} x^{i-1}$　　e. $\sum_{i=1}^{4} (i+4)$

b. $\sum_{i=2}^{6} ay_i$，a 是常数　　f. $\sum_{i=1}^{3} 3^i$

c. $\sum_{i=1}^{2} (2x_i + 3y_i)$　　g. $\sum_{i=1}^{10} 2$

d. $\sum_{i=1}^{3} \sum_{j=1}^{2} x_i y_j$　　h. $\sum_{x=1}^{3} (4x^2 - 3)$

A.9　用求和符号表示下列各式：

a. $x_1 + x_2 + x_3 + x_4 + x_5$

b. $x_1 + 2x_2 + 3x_3 + 4x_4 + 5x_5$

c. $(x_1^2 + y_1^2) + (x_2^2 + y_2^2) + \cdots + (x_k^2 + y_k^2)$

A.10　可以证明 $\sum_{k=1}^{n} k = \dfrac{n(n+1)}{2}$，利用这个公式计算求

a. $\sum_{k=1}^{500} k$　　b. $\sum_{k=10}^{100} k$　　c. $\sum_{k=10}^{100} 3k$

A.11　可以证明 $\sum_{k=1}^{n} k^2 = \dfrac{n(n+1)(2n+1)}{6}$，利用这个公式计算求

a. $\sum_{k=1}^{10} k^2$　　b. $\sum_{k=10}^{20} k^2$　　c. $\sum_{k=11}^{19} k^2$　　d. $\sum_{k=1}^{10} 4k^2$

A.12　随机变量的概率密度函数如表A-6所示

a. 求 b。为什么？

b. 求 $P(X \leqslant 2)$；$P(X \leqslant 3)$；$P(2 \leqslant X \leqslant 3)$。

A. 13 表 A-7 给出了两个随机变量 X 和 Y 的联合概率分布 $f(X, Y)$。

表 A-6

X	$f(X)$
0	b
1	$2b$
2	$3b$
3	$4b$
4	$5b$

表 A-7

Y	X		
	1	2	3
1	0. 03	0. 06	0. 06
2	0. 02	0. 04	0. 04
3	0. 09	0. 18	0. 18
4	0. 06	0. 12	0. 12

a. 求 X 和 Y 的边缘分布(非条件分布)$f(X)$ 和 $f(Y)$。

b. 求条件 PDF，$f(X \mid Y)$ 和 $f(Y \mid X)$。

A. 14 100 人中，有 50 个民主党员，40 个共和党员，10 个无党派人士。三类人中阅读《华尔街日报》的比例分别是 30%，60%，40%。若有一人正在阅读《华尔街日报》，那么，这个人是共和党员的概率是多少?

A. 15 令事件 A 表示某人居住在纽约，$P(A) = 0.5$。令事件 B 表示某人不住在纽约，但在纽约工作，$P(B) = 0.4$。那么，某人居住在纽约，或不住在纽约但在纽约工作的概率是多少?

A. 16 根据 500 名已婚妇女的随机样本，表 A-8 给出了与有无子女相对应工作状况的 PMF。[10]

表 A-8 美国妇女孩子和工作状况

	外出工作	未外出工作	总计
有子女	0. 2	0. 3	0. 5
无子女	0. 4	0. 1	0. 5
总计	0. 6	0. 4	1. 0

a. 有无子女与外出工作是互斥事件吗?

b. 外出工作和有无子女是相互独立的事件吗?

A. 17 表 A-9 给出了 X 和 Y 的联合概率，X 代表个人的贫困状况(低于或高于美国政府规定的贫困线)，Y 代表个人的种族特征(白人、黑人、西班牙裔和亚洲人)。

表 A-9 美国贫困状况，2007 年

Y	X	
	贫困线下	贫困线上
白人	0. 054 6	0. 615 3
黑人	0. 031 5	0. 096 9
西班牙裔	0. 033 7	0. 122 8
亚洲人	0. 004 6	0. 040 6

资料来源：These data are derived from the U. S. Census Bureau, Current Population Reports, *Poverty in the United States*: 2007, September 2008, Table 1. Although the poverty line varies by several socioeconomic characteristics, for a family of four in 2007, the dividing line was about \$21, 302. Families below this income level can be classified as poor.

10 Adapted from Barry R. Chiswick and Stephen J. Chiswick, *Statistics and Econometrics*: *A Problem Solving Approach*, University Park Press, Baltimore, 1975.

a. 计算$f(X \mid Y=$白人$)$；$f(X \mid Y=$黑人$)$；$f(X \mid Y=$西班牙裔$)$，X代表贫困线以下。根据计算结果得出什么结论？

b. 种族和贫困状况是独立变量吗？

A. 18 表 A-10 给出了"手机通话"与"在十字路口正常停车"的联合概率。

表 A-10

	未能在十字路口停车	在十字路口正常停车
通话	0.047	0.016
未通话	0.201	0.736

a. 求司机在通话条件下未能在十字路口停车的概率。

b. 求司机在未通话条件下未能在十字路口停车的概率。

c. 求司机在通话条件下在十字路口正常停车的概率。

d. "手机通话"与"未能在十字路口正常停车"是相互独立的吗？为什么？

*A. 19 连续型随机变量X的 PDF 如下：

$$f(X) = c(4x - 2x^2) \quad 0 \leqslant x \leqslant 2$$
$$= 0 \quad \text{其他}$$

a. 如果上式是一个密度函数，求c值？

b. 求$P(1<x<2)$

c. 求$P(x>2)$

*A. 20 考虑如下联合 PDF：

$$f(x,y) = \frac{12}{5}x(2-x-y); \quad 0<x<1; \quad 0<y<1$$
$$= 0 \quad \text{其他}$$

a. 求$P(x>0.5)$和$P(Y<0.5)$

b. 求给定$Y=y$，X的条件密度，其中$0<y<1$？

* 选作题。

附录 B

概率分布的特征

PMF(PDF)表示了随机变量(r. v.)的取值及其相应概率，但通常我们关注的并不是整个PMF。因此，在例 A-13 的 PMF 中，我们或许并不想知道“没有正面朝上”，“一次正面朝上”或“两次正面朝上”的概率，而是抛币若干次正面朝上的平均次数。换句话说，感兴趣的是一些综合特征(characteristics)，更专业地，称为概率分布的**矩**(moments)。最常用的两个矩是期望(概率分布的一阶矩)和方差(概率分布的二阶矩)。有时也需要用到概率分布的高阶矩，这也是本章讨论的内容之一。

B. 1 期望：集中趋势的度量

离散型随机变量 X 的**期望**(expected value)，用符号 $E(X)$ 表示(读作 X 的 E)，定义为：

$$E(X) = \sum_X xf(X) \tag{B-1}$$

其中，$f(X)$ 是 X 的 PMF，$\sum_X$ 表示对 X 所有取值求和。[1]

随机变量的期望是其可能取值的加权平均，权重为各可能取值对应的概率。或者，随机变量的期望就是该变量可能取值与其对应概率之积的加总。随机变量的期望也称为均值，更准确地可称为**总体均值**(population mean value)。

例 B-1
Example

掷骰子若干次。求每个数字出现的期望？参见前面讨论的例 A-6，出现的各种情形见表 B-1。

根据式(B-1)期望值的定义，求得期望值为 3.5。■

---

1 连续型随机变量的期望可类似定义。用积分符号代替求和符号，即：$E(X) = \int xf(x)\,dx$，其中，积分是对 X 的所有取值。

表 B-1　随机变量 X(正面朝上数字)的期望

显示数字(1)X	概率(2)$f(X)$	数字×概率(3)$Xf(X)$
1	1/6	1/6
2	1/6	2/6
3	1/6	3/6
4	1/6	4/6
5	1/6	5/6
6	1/6	6/6
		$E(X)=21/6=3.5$

这样的结果奇怪吗？因为这是一个离散型随机变量，仅能在 1，2，3，4，5，6 中取一个值。本例中期望或均值为 3.5，表示如果掷骰子若干次，平均而言，得到的数字为 3.5(介于 3～4 之间)。如果和某人打赌，赌金就是每次正面朝上的数字，那么掷骰子若干次，可以预期平均每次得到 3.5 美元。

图 B-1 给出了期望的几何解释。

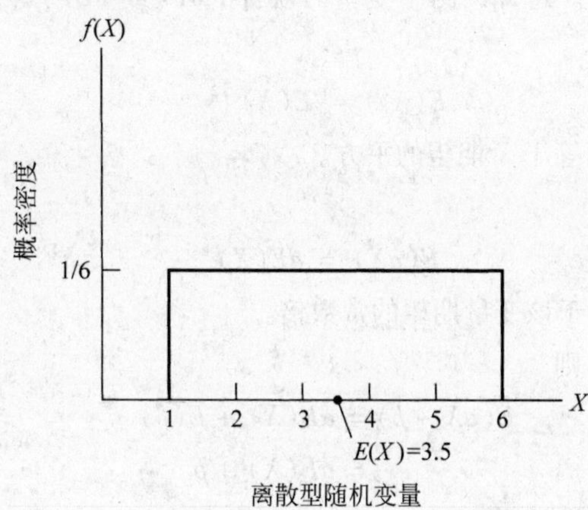

图 B-1　离散型随机变量(例 B-1)的期望，$E(X)$

例 B-2
Example

在电脑/打印机销售一例中(例 A-17)，电脑销量的期望是多少？根据表 A-4，把电脑销量 X 的值与其对应概率(即 $f(X)$)相乘再加总，很容易得到这个期望，

$$E(X) = 0(0.08) + 1(0.12) + 2(0.24) + 3(0.24) + 4(0.32) = 2.60$$

即电脑每天平均销量为 2.6 台，注意“平均”的含义。任意一天的电脑销量在 0～4 台之间。

很容易验证 $E(Y)=2.35$；即每天打印机的平均销售量为 2.35 台。■

B.1.1　期望的性质

下面给出期望的一些重要性质：

(1)常数的期望是其自身。若 b 为一常数，则有：

$$E(b) = b \qquad \text{(B-2)}$$

例如，若 $b=2$，则 $E(2)=2$。

(2)两随机变量和的期望等于两变量期望的和。因此，对随机变量 X 和 Y,[2]

$$E(X+Y)=E(X)+E(Y) \tag{B-3}$$

(3)但是，

$$E(X/Y)\neq\frac{E(X)}{E(Y)} \tag{B-4}$$

即两随机变量之比的期望不等于这两个变量的期望之比。

(4)同样地，

$$E(XY)\neq E(X)E(Y) \tag{B-5}$$

即两个随机变量积的期望通常不等于两变量期望之积。但也有例外的情况，如果随机变量 X 和 Y 相互独立，则有：

$$E(XY)=E(X)E(Y) \tag{B-6}$$

回想一下变量 X 和 Y 相互独立的概念：对所有 X 和 Y 的取值，当且仅当 $f(X,\ Y)=f(X)f(Y)$ 时，X 和 Y 称为相互独立的。也即，两个变量的联合 PMF(或 PDF)等于各个变量的 PMF(或 PDF)的乘积。

(5)

$$E(X^2)\neq[E(X)]^2 \tag{B-7}$$

即随机变量 X 平方的期望不等于 X 期望的平方。

(6)如果 a 是常数，则

$$E(aX)=aE(X) \tag{B-8}$$

即随机变量常数倍的期望等于该变量期望的常数倍。

(7)如果 a，b 为常数，则

$$\begin{aligned}E(aX+b)&=aE(X)+E(b)\\&=aE(X)+b\end{aligned} \tag{B-9}$$

利用性质(1)、(2)和(6)可推导出(7)。

因而，

$$E(4X+7)=4E(X)+E(7)=4E(X)+7$$

根据式(B-9)可以看出，E 是一个线性算子。

B. 1. 2 多元概率分布的期望

随机变量期望的概念很容易推广到多元 PMF 或 PDF 的情形。对于双变量 PMF，

$$E(XY)=\sum_x\sum_y xyf(X,Y) \tag{B-10}$$

即取每一对 X 和 Y 的值，乘以它们的联合概率，然后对所有 X 和 Y 取值加总。

例 B-3
Example

继续个人电脑/打印机销售一例，利用式(B-10)，得到，

2 这条性质可以推广到多于两个变量的情形。因此，$E(X+Y+W+Z)=E(X)+E(Y)+E(W)+E(Z)$。

$$
\begin{aligned}
E(XY) &= (1)(1)(0.05) + (1)(2)(0.06) + (1)(3)(0.02) + (1)(4)(0.01) + \cdots \\
&\quad + (4)(0)(0.01) + 4(1)(0.01) + 4(2)(0.01) + (4)(3)(0.05) + (4)(4)(0.15) \\
&= 7.06
\end{aligned}
$$

即为两随机变量乘积的期望。■

如果两个随机变量是独立的，它们乘积的期望等于各变量期望的乘积。即，$E(XY) = E(X)E(Y)$。上面这个例子满足这个等式吗？在例 B-2 中，$E(X) = 2.60$，$E(Y) = 2.35$。因此，$E(X)E(Y) = (2.60)(2.35) = 6.11 \neq E(XY) = 7.06$，表明这两个变量不是独立的。

顺便指出，式(B-10)是两个离散型随机变量乘积的期望公式。对于连续型随机变量，式(B-10)中的两个求和符号用二重积分符号代替。

B.2 方差：离散程度的度量

期望仅仅给出了随机变量的重心，并没有表明单个值在均值附近是如何分散或分布的。数值度量这种分散程度最常用的工具就是**方差**(variance)。下面给出方差的定义。

$E(X)$为随机变量 X 的期望，用符号 μ_x 表示(μ 为希腊字母)。X 的方差定义为，

$$\operatorname{var}(X) = \sigma_x^2 = E(X - \mu_x)^2 \tag{B-11}$$

其中，$\mu_x = E(X)$，希腊字母 σ_x^2 是常用的方差符号。式(B-11)表明，随机变量 X 的方差等于变量与其均值之差的平方的期望。因而，方差表明了随机变量 X 的取值与其期望或均值的偏离程度。如果 X 的所有取值恰好都等于 $E(X)$，则方差为零，但如果 X 的取值偏离均值幅度很大，则方差也相对较大，如图 B-2 所示。注意方差不能为负。(为什么?)

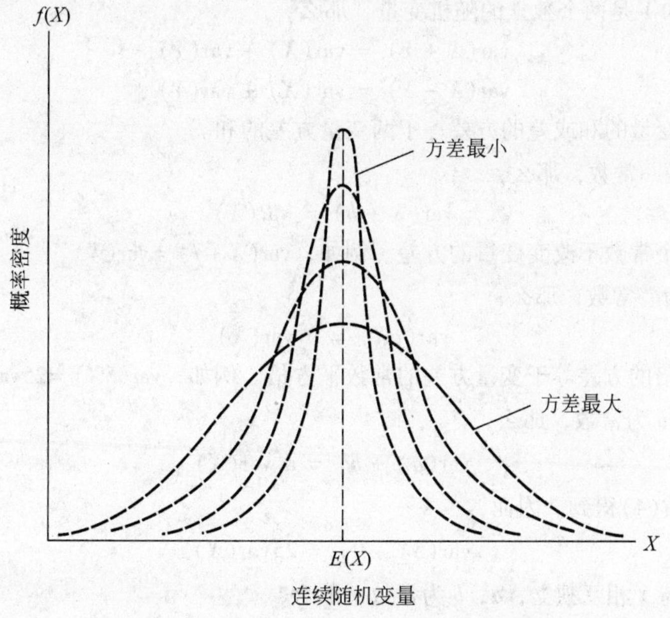

图 B-2 同期望连续型随机变量假定的 PDF

σ_x^2 的正的平方根 σ_x 称为**标准差**(standard deviation, s. d.)。

式(B-11)是方差的定义式。若 X 是离散型随机变量，通常利用下式计算方差，

$$\operatorname{var}(X) = \sum_X (X - \mu_x)^2 f(X) \tag{B-12}$$

对于连续型随机变量，用积分符号替代求和符号。

式(B-12)表明，为了计算离散型随机变量的方差，先求变量的某个给定值与期望之差，然后对差值平方，再把差值平方乘以相对应的概率，对 X 的每个取值重复上述过程，最后对每个乘积值加总。我们用下面这个例子说明。

例 B-4
Example

继续例 B-1，变量(重复掷骰子正面出现的数字)的期望为 3.5，要求其方差，建立表 B-2。

表 B-2 随机变量 X(骰子正面出现的数字)的方差

正面出现数字的概率		
X	$f(X)$	$(X-\mu_X)^2 f(X)$
1	1/6	$(1-3.5)^2(1/6)$
2	1/6	$(2-3.5)^2(1/6)$
3	1/6	$(3-3.5)^2(1/6)$
4	1/6	$(4-3.5)^2(1/6)$
5	1/6	$(5-3.5)^2(1/6)$
6	1/6	$(6-3.5)^2(1/6)$
		总计 = 2.916 7

因此，本例的方差为 2.916 7。取方差的正平方根，得到标准差 1.707 8。■

B.2.1 方差的性质

方差有如下一些重要性质：

(1)常数的方差为零。根据定义，一个常数没有变异性。

(2)如果 X 和 Y 是两个独立的随机变量，那么，

$$\operatorname{var}(X+Y) = \operatorname{var}(X) + \operatorname{var}(Y)$$
$$\operatorname{var}(X-Y) = \operatorname{var}(X) + \operatorname{var}(Y) \tag{B-13}$$

即，两独立随机变量的和或差的方差等于两变量方差的和。

(3)如果 b 是一常数，那么，

$$\operatorname{var}(X+b) = \operatorname{var}(X) \tag{B-14}$$

即将变量加上一个常数不改变变量的方差。例如，$\operatorname{var}(X+7)=\operatorname{var}(X)$。

(4)如果 a 为一常数，那么，

$$\operatorname{var}(aX) = a^2\operatorname{var}(X) \tag{B-15}$$

即随机变量常数倍的方差等于变量方差的常数平方倍。例如，$\operatorname{var}(5X)=25\operatorname{var}(X)$。

(5)如果 a，b 为常数，那么，

$$\operatorname{var}(aX+b) = a^2\operatorname{var}(X) \tag{B-16}$$

由性质(3)和性质(4)得到。因而，

$$\operatorname{var}(5X+9) = 25\operatorname{var}(X)$$

(6)如果 X 与 Y 相互独立，a，b 为常数，那么，

$$\operatorname{var}(aX+bY) = a^2\operatorname{var}(X) + b^2\operatorname{var}(Y) \tag{B-17}$$

可由前面的性质得到。因而，

$$\operatorname{var}(3X+5Y) = 9\operatorname{var}(X) + 25\operatorname{var}(Y)$$

(7)为了计算方便，方差公式(B-11)也可写为，

$$\mathrm{var}(X) = E(X^2) - [E(X)]^2 \tag{B-18}$$

即离散型随机变量 X 的方差等于 X 平方的期望减去 X 期望平方。[3]对于连续型随机变量，用积分符号替代求和符号。

$$E(X^2) = \sum_x x^2 f(X) \tag{B-19}$$

上面的各个表达式可以根据方差的基本定义得到(参见本章习题)。

B.2.2 切比雪夫不等式

期望和方差能否充分描述随机变量的 PMF 或 PDF 呢？即已知随机变量的这两个数字特征，能否计算 X 落在某个区间的概率呢？俄国数学家切比雪夫(Pafnuty Lvovich Chebyshev)(1881—1984)给出了肯定回答，这就是著名的切比雪夫不等式。

如果随机变量 X 的均值为 μ_x，方差为 σ_x^2，则对于任意给定正常数 c，X 落在区间$[\mu_x - c\sigma_x, \mu_x + c\sigma_x]$内的概率小于等于 $1-\frac{1}{c^2}$，即

$$P[|X-\mu_x| \leqslant c\sigma_x] \leqslant 1 - \frac{1}{c^2} \tag{B-20}$$

符号| |表示绝对值。[4]

这个不等式最显著的特点是无须知道随机变量的 PDF 或 PMF。当然，如果知道了实际的 PDF 或 PMF，则很容易根据式(B-20)计算概率。随后讨论特殊概率分布时，将进一步说明(见附录C)。

例 B-5 Example

切比雪夫不等式一例

一个油炸圈饼店每天上午 8 到 9 点平均卖出油炸圈饼 100 个，方差为 25。那么，某天 8 到 9 点卖出油炸圈饼在 90~110 个间的概率是多少？

根据切比雪夫不等式，有：

$$\begin{aligned} P[|X-\mu_x| \leqslant c\sigma_x] &= 1 - \frac{1}{c^2} \\ P[|X-100| \leqslant 5c] &= 1 - \frac{1}{c^2} \end{aligned} \tag{B-21}$$

由于，$(110-100)=(100-90)=10$，$5c=10$，所以，$c=2$。因而，$\left(1-\frac{1}{2^2}\right)=\frac{3}{4}=0.75$。即，早上 8 点至 9 点卖出油炸圈饼在 90~110 个的概率至少是 75%。同样可以计算出早上 8 点至 9 点卖出油炸圈饼超

---

3 证明：

$$\begin{aligned} E(X-\mu_x)^2 &= E(X^2 - 2X\mu_x + \mu_x^2) = E(X^2) - 2\mu_x E(X) + E(\mu_x^2) \\ &= E(X^2) - 2\mu_x^2 + \mu_x^2 = E(X^2) - \mu_x^2 \end{aligned}$$

4 如果 $c>1$，不等式同样成立。

过 110 个或少于 90 个的概率是 25%。■

B.2.3 变异系数

由于标准差(或方差)与度量单位有关，因此，如果度量单位不同，很难对两个或多个标准差进行比较。为了解决这个困难，可以利用**变异系数**(coefficient of variation，V)度量相对变动，定义如下：

$$V = \frac{\sigma_X}{\mu_X} \cdot 100 \tag{B-22}$$

即 V 是随机变量 X 的标准差与其均值的比值再乘以 100。由于随机变量的标准差和均值度量单位相同，所以 V 无量纲，是一个纯数值。因此，可以直接比较两个或多个随机变量的 V 值。

例 B-6
Example

讲师教授两个班的初级经济计量学课程，每班各 15 名学生。在期中考试中，A 班平均 83 分，标准差为 10，B 班平均 88 分，标准差为 16。哪个班成绩更好呢？如果利用式(B-22)定义的 V，得到：

$$V_A = \frac{10}{83} \times 100 = 12.048, \quad V_B = \frac{16}{88} \times 100 = 18.181$$

由于 A 班的相对变动小，所以说 A 班的成绩比 B 班略好。■

B.3 协方差

期望和方差是描述单变量 PMF(或 PDF)最常用的两个数字特征。期望给出了重心值，方差度量了单个值围绕重心周围的分布程度。但是，一旦超出了单变量范围(比如例 B-2 的 PMF)，就需要考虑除期望和方差之外的其他特征，比如**协方差**(covariance)、**相关系数**(correlation)。

令随机变量 X 和 Y 的期望分别为 $E(X) = \mu_x$，$E(Y) = \mu_y$。两个变量的协方差为：

$$\begin{aligned} \operatorname{cov}(X,Y) &= E[(X - \mu_x)(Y - \mu_y)] \\ &= E(XY) - \mu_x\mu_y \end{aligned} \tag{B-23}$$

式(B-23)表明，协方差是一种特殊形式的期望，度量了两个变量是如何共同变动的(参见例 B-7)。从式(B-23)可以看出，要求两个变量的协方差，首先需知道每个变量与其均值的差，然后求两个差值乘积的期望。实践中如何计算协方差呢？

两个随机变量的协方差可正、可负或者为 0。如果两个变量同方向变动(比如，同时增加)，则协方差为正，例 B-7 就是协方差为正的情形；如果两个变量反方向变动(比如一个增加，另一个减少)，则协方差为负；如果两个变量的协方差为 0，则表明变量之间不存在(线性)关系。

利用下面公式计算式(B-23)定义的协方差，假设 X，Y 是离散型随机变量：

$$\operatorname{cov}(X,Y) = \sum_x \sum_y (X - \mu_X)(Y - \mu_y) f(X,Y)$$

$$= \sum_x \sum_y XYf(X,Y) - \mu_X\mu_y \qquad \text{(B-24)}$$
$$= E(XY) - \mu_X\mu_y$$

其中，$E(XY)$根据式(B-10)计算得到。

注意这个公式中出现了两个求和符号，因为协方差是对两个变量的所有取值求和。对于连续型随机变量，可用类似的公式计算协方差，只不过用积分符号代替求和符号。

例 B-7
Example

再一次回到个人电脑/打印机一例。利用式(B-24)计算电脑销售量(X)和打印机销售量(Y)的协方差。在例 B-3 中，已经计算出公式右边第一项为 7.06，并且知道$\mu_x = 2.60$，$\mu_y = 2.35$。因此，本例中的协方差为

$$\text{cov}(X,Y) = 7.06 - (2.60)(2.35) = 0.95$$

表明电脑销量和计算机销量是正相关的。■

协方差的性质

协方差有如下一些重要性质：

(1)如果随机变量X，Y相互独立，则协方差为零。很容易验证这条性质。如果两个变量是独立的，

$$E(XY) = E(X)E(Y) = \mu_x\mu_y$$

把上式带到式(B-23)中，得到两个变量的协方差为零。

(2)
$$\text{cov}(a + bX,\ c + dY) = bd\,\text{cov}(X,\ Y) \qquad \text{(B-25)}$$

其中，a、b、c、d为常数。

(3)
$$\text{cov}(X,\ X) = \text{var}(X) \qquad \text{(B-26)}$$

即变量与其自身的协方差就是变量的方差，可以根据方差和协方差的定义验证。

(4)如果两个随机变量X，Y不一定相互独立，那么式(B-13)给出的方差公式修正为：

$$\text{var}(X + Y) = \text{var}(X) + \text{var}(Y) + 2\text{cov}(X,Y) \qquad \text{(B-27)}$$
$$\text{var}(X - Y) = \text{var}(X) + \text{var}(Y) - 2\text{cov}(X,Y) \qquad \text{(B-28)}$$

当然，如果两个变量相互独立，式(B-27)、式(B-28)与式(B-13)一致。

B.4　相关系数

在上面讨论的个人电脑/打印机一例中，电脑销量和打印机销量的协方差为 0.95，表明这两个变量正相关。但是，计算结果 0.95 并未表明两个变量之间的正相关程度有多大。因为协方差的取值是没有边界的(即$-\infty < \text{cov}(x,\ y) < +\infty$)。我们可以用如下定义的**(总体)相关系数**((population) coefficient of correlation)度量变量之间的相关程度：

$$\rho = \frac{\text{cov}(X,Y)}{\sigma_x\sigma_y} \qquad \text{(B-29)}$$

其中，希腊字母ρ表示相关系数。

从式(B-29)可以清楚地看到，两个变量的相关系数等于它们的协方差除以其各自的标准差。因此，相关系数度量了两个随机变量的线性关系，即两个变量之间线性相关程度有多大。

B.4.1 相关系数的性质

相关系数有如下一些重要性质：

(1)与协方差相同，相关系数可正可负。如果两个变量之间的协方差为正，则其相关系数为正；反之，若两个变量之间的协方差为负，则其相关系数为负。简言之，相关系数与协方差同号。

(2)相关系数度量了两个变量的线性关系。

(3)相关系数介于 -1 到 1 之间。用符号表示为：

$$-1 \leqslant \rho \leqslant 1 \tag{B-30}$$

如果相关系数为 1，则表示两变量完全正相关，如果相关系数为 -1，则表示两变量完全负相关。通常 ρ 介于 -1 和 1 之间。

(4)相关系数是一个纯数值，没有量纲。概率分布的其他数字特征，例如期望、方差、协方差都与变量的度量单位有关。

(5)如果两个变量是(统计)独立的，则协方差为 0，因此，相关系数为 0。但反之不成立，如果两个变量的相关系数为 0，并不意味着它们相互独立。因为，相关系数度量了两个变量的线性关联或线性关系。例如，如果 $Y=X^2$，两个变量的相关系数可能为 0，但它们决不是相互独立的。这里，Y 是 X 的非线性函数。

(6)相关并不一定意味着存在因果关系。发现肺癌和吸烟之间正相关，并不一定意味着吸烟引起肺癌。

图 B-3 给出了相关系数的一些典型图形。

例 B-8
Example

继续个人电脑/打印机一例。已知两个变量的协方差为 0.95，根据表 A-4 中的数据很容易验证，$\sigma_x=1.2649$ 和 $\sigma_y=1.4124$。利用式(B-29)，得到：

$$\rho=\frac{0.95}{(1.2649)(1.4124)}=0.5317$$

因此，虽然相关系数不大，但两个变量正相关。这个结果不足为奇，因为不是每个买电脑的人都会购买打印机。■

相关系数的应用已在第 3 章回归分析中进行了讨论。

顺便指出，式(B-29)也可以写为，

$$\operatorname{cov}(X,Y)=\rho\sigma_x\sigma_y \tag{B-31}$$

即两个变量的协方差等于相关系数与这两个变量标准差的乘积。

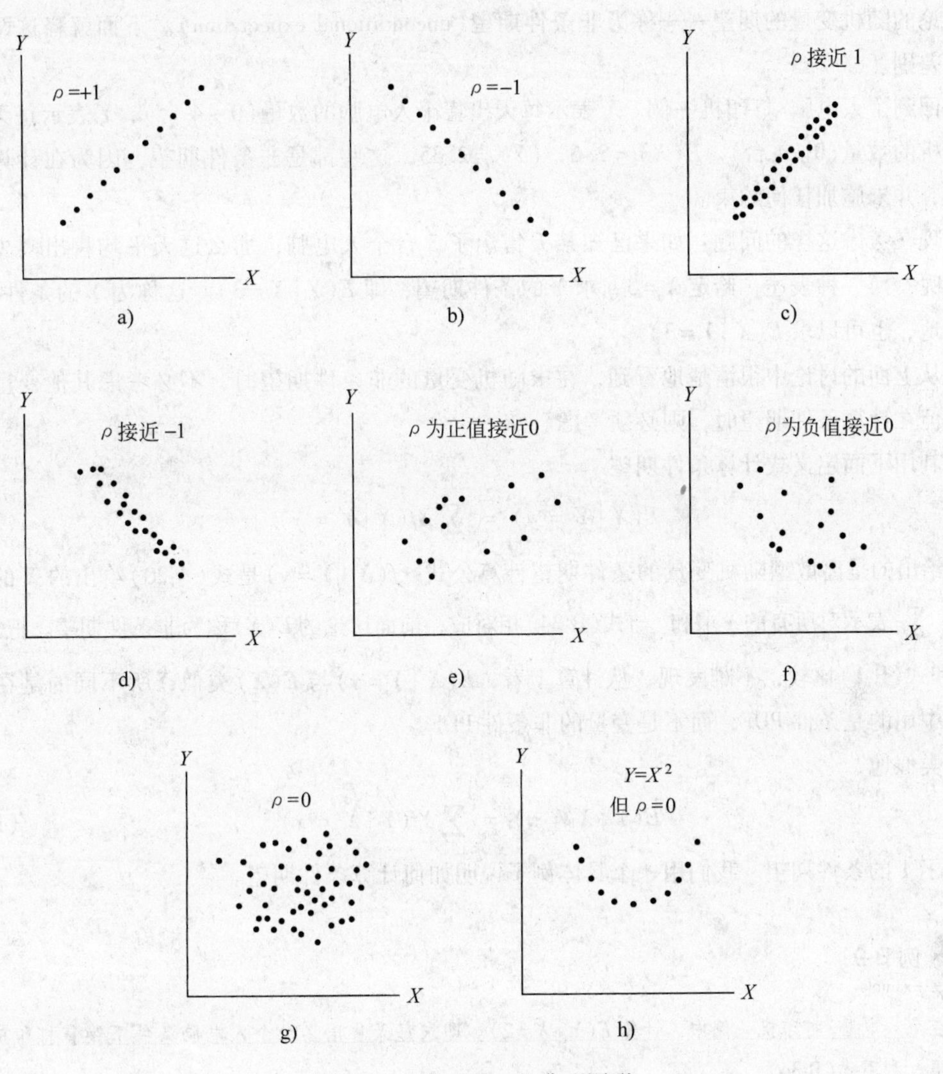

图 B-3　相关系数 ρ 的典型图形

B.4.2　相关变量的方差

式(B-27)和(B-28)给出了两个变量(并不一定是独立的)方差的计算式。已知变量的协方差和相关系数，可以把这些公式表示成如下形式：

$$\operatorname{var}(X+Y)=\operatorname{var}(X)+\operatorname{var}(Y)+2\rho\sigma_x\sigma_y \tag{B-32}$$

$$\operatorname{var}(X-Y)=\operatorname{var}(X)+\operatorname{var}(Y)-2\rho\sigma_x\sigma_y \tag{B-33}$$

当然，如果变量的相关系数为0，则 $\operatorname{var}(X+Y)$ 和 $\operatorname{var}(X-Y)$ 都等于 $\operatorname{var}(X)+\operatorname{var}(Y)$。

留给读者练习：求个人电脑/打印机一例中 $(X+Y)$ 的方差。

B.5　条件期望

在回归分析中，另一个特别重要的概念是**条件期望**(conditional expectation)，它不同于前面讨论的随机变量的期望——称为**非条件期望**(unconditional expectation)。下面解释这两个概念的差别。

回到个人电脑/打印机一例。X 表示每天出售个人电脑的数量(0~4 台),Y 表示每天出售打印机的数量(0~4 台)。$E(X)=2.6$,$(Y)=2.35$,这些都是非条件期望,因为在计算这些值时,并未施加任何约束。

现在考虑这样的问题:如果已知某天售出了 3 台个人电脑,那么这天平均售出多少台打印机呢?换一种表述,给定 $X=3$,求 Y 的条件期望,即 $E(Y\mid X=3)$。这称为 Y 的条件期望。类似地,也可以求 $E(X\mid Y=3)$。

从上面的讨论中很清楚地看到,在求随机变量的非条件期望时,不必考虑其他变量的信息,但在计算条件期望时,则必须考虑。

利用下面定义式计算条件期望

$$E(X\mid Y=y)=\sum_X Xf(X\mid Y=y) \tag{B-34}$$

这里给出的是离散型随机变量的条件期望计算公式,$f(X\mid Y=y)$是式(A-20)给出的 X 的条件 PDF,$\sum_X$ 表示对所有的 X 求和。与式(B-34)相对应,前面讨论的 $E(X)$称为非条件期望。把式(B-34)和式(B-1)比较,不难发现,从计算上看,$E(X\mid Y=y)$与 $E(X)$类似,所不同的是在条件期望中用的是条件 PDF,而不是变量的非条件 PDF。

类似地,

$$E(Y\mid X=x)=\sum_Y Yf(Y\mid X=x) \tag{B-35}$$

给出了 Y 的条件期望。我们用一个具体例子说明如何计算条件期望。

例 B-9
Example

在个人电脑/打印机一例中,计算 $E(Y\mid X=2)$。即求每天售出 2 台个人电脑条件下销售打印机的条件期望。利用式(B-34),得

$$\begin{aligned}E(Y\mid X=2)&=\sum_0^4 Yf(Y\mid x=2)\\&=f(Y=1\mid X=2)+2f(Y=2\mid X=2)\\&\quad+3f(Y=3\mid X=2)+4f(Y=4\mid X=2)\\&=1.875\end{aligned}$$

注:$f(Y=1\mid X=2)=\dfrac{f(Y=1,\ X=2)}{f(X=2)}$,等等(见表 A-3)。

计算表明,在给定 $X=2$ 条件下,Y 的条件期望约为 1.88,而在前面计算过,Y 的非条件期望为 2.35。正如条件 PDF 通常不同于边缘 PDF,条件期望一般也不同于非条件期望。当然,如果两个变量相互独立,那么条件期望与非条件期望相同。(为什么?)■

条件方差

我们还可以计算随机变量的**条件方差**(conditional variance),$\text{var}(Y\mid X)$。在例 B-9 中,求

给定 $X=2$ 下的 $\mathrm{var}(Y \mid X=2)$？利用式(B-11)得到 X 的方差，此外还要利用 Y 的条件期望和条件 PDF。具体求解参见习题 B.23。顺便指出，式(B-11)给出的方差公式称为 X 的**非条件方差**(unconditional variance)。

正如随机变量的条件和非条件期望不同，条件方差和非条件方差通常也不相同。但是，当两个随机变量相互独立时，条件方差等于非条件方差。

在第 2 章以及随后的章节中已看到，条件期望和条件方差的概念在经济计量学中有着重要作用。回到第 1 章曾讨论的城市劳动力参与率(CLFPR)和城市劳动力失业率(CUNR)一例，已知 CUNR 条件下的 CLFPR 的条件期望与非条件期望相同吗？如果相同，那么已知 CUNR 的信息对于预测 CLFPR 没什么特殊作用。而另一方面，如果知道 CUNR 的信息比不知道 CUNR 的信息更有助于预测 CLFPR，那么回归分析就是一个有价值的研究工具。

B.6 偏度和峰度

在结束有关概率分布特征的讨论之前，再来看另外两个概念——概率分布的偏度和峰度。**偏度**(skewness)和**峰度**(kurtosis)是用于描述概率分布形状的数字特征。偏度(S)度量了 PDF 的对称性，峰度(K)度量了 PDF 的高低或胖瘦，见图 B-4。

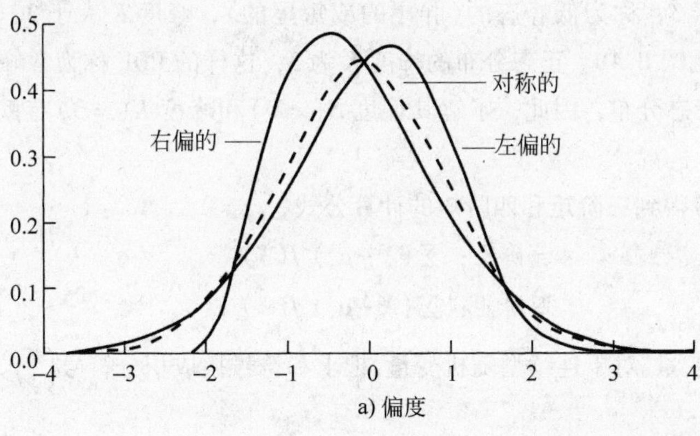

a) 偏度

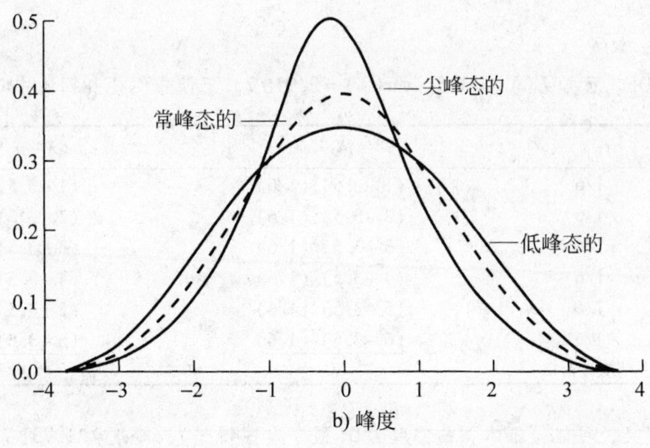

b) 峰度

图 B-4

要获得偏度和峰度，需要知道 PMF(或 PDF)的三阶矩和四阶矩。随机变量 X 的一阶矩 $E(X)=\mu_x$，即 X 的均值，二阶中心矩为 $E(X-\mu_x)^2$(即 X 的方差)。按照这种形式，三阶中心矩和四阶中心矩可以表示为：

$$\text{三阶矩}:E(X-\mu_x)^3 \tag{B-36}$$

$$\text{四阶矩}:E(X-\mu_x)^4 \tag{B-37}$$

一般地，r 阶中心矩可表示为，

$$r\text{ 阶矩}:E(X-\mu_x)^r \tag{B-38}$$

给出这些定义后，通常运用下列公式计算偏度和峰度：

$$S=\frac{E(X-\mu_x)^3}{\sigma_x^3}=\frac{\text{三阶中心矩}}{\text{标准差的立方}} \tag{B-39}$$

$$K=\frac{E(X-\mu_X)^4}{[E(X-\mu_X)^2]^2}=\frac{\text{四阶矩}}{\text{二阶矩的平方}} \tag{B-40}$$

对于一个对称的 PDF，其三阶矩为 0，因此，其偏度 S 为 0。一个最重要的例子就是正态分布(附录 C 详细讨论)。如果 S 的值为正，则 PDF 为正偏或右偏；如果 S 的值为负，则其 PDF 为负偏或左偏(参见图 B-4a)。

PDF 的峰度 K 小于 3，称为低峰态的(胖尾的或短尾的)，峰度 K 大于 3，称为尖峰态的(瘦尾的或长尾的)，见图 B-4b。正态分布的峰度 K 为 3，这样的 PDF 称为常峰态的。

随后将大量使用正态分布，因此，了解其偏度 $S(=0)$ 和峰度 $K(=3)$ 有助于与其他 PDF 做比较。

直接扩展式(B-11)得到三阶矩和四阶矩的计算公式，

$$\text{三阶矩}:\sum(X-\mu_x)^3f(X) \tag{B-41}$$

$$\text{四阶矩}:\sum(X-\mu_x)^4f(X) \tag{B-42}$$

其中，X 是离散型随机变量。对于连续型随机变量，把求和符号换成积分符号$\left(\int\right)$。

例 B-10
Example

考虑表 B-1 给出的 PDF。已知 $E(X)=3.5$，$\text{var}(X)=2.9167$。三阶中心矩和四阶中心矩的计算如下：

X	$f(X)$	$(X-\mu_X)^3f(X)$	$(X-\mu_x)^4f(X)$
1	1/6	$(1-3.5)^3(1/6)$	$(1-3.5)^4(1/6)$
2	1/6	$(2-3.5)^3(1/6)$	$(2-3.5)^4(1/6)$
3	1/6	$(3-3.5)^3(1/6)$	$(3-3.5)^4(1/6)$
4	1/6	$(4-3.5)^3(1/6)$	$(4-3.5)^4(1/6)$
5	1/6	$(5-3.5)^3(1/6)$	$(5-3.5)^4(1/6)$
6	1/6	$(6-3.5)^3(1/6)$	$(6-3.5)^4(1/6)$
	总计 =	0	14.732

根据偏度和峰度的定义，可以验证本例的偏度为 0(很令人惊讶吗)，峰度为 1.7317。因此，虽然这个 PDF 是以均值为中心对称的，但却是低峰态分布，比正态分布略“胖”，见图 B-4b。■

B.7　从总体到样本

为了计算概率分布的特征，比如期望、方差、协方差、相关系数、条件期望等，显然需要知道 PMF(或 PDF)，即整个样本空间或总体。因此，要想了解某一时点上居住在纽约所有居民的平均收入，显然需要知道纽约居民总体的信息。虽然从理论上说某一时点上居住在纽约的居民是有限总体，但实际中很难收集到总体中每个成员的信息(用概率的语言，即结果)。实践中所能做到的是从总体中抽取一个“有代表性的”或“随机的”样本，然后计算抽取样本的人均收入。[5]

但是，从样本中得到的平均收入等于总体真实的平均收入吗？很可能不同。类似地，从抽样样本计算的收入方差等于总体真实的方差吗？同样也可能不同。

如果仅有来自总体的一两个样本，怎样才能知道总体的这些特征呢，比如期望、方差等？通览全书，你会发现，我们都无一例外地依赖于来自总体的一个或多个样本。

对这个重要问题的回答将是附录 D 讨论的重点。但同时，必须求出与各种总体特征相对应的**样本矩**(sample moments)。

B.7.1　样本均值

令随机变量 X 代表某汽车商每天汽车销量。假设随机变量 X 服从某个 PDF。现在要求每月前十天汽车的平均销量(即期望)。该汽车商已从业十年，但在过去的十年里，没有细看每月前十天的销售数据。汽车商从过去的数据中随机抽取某月数据，并记下该月前十天汽车销售量为：9，11，11，14，13，9，8，9，14，12。这就是一个包括十个样本值的样本。注意，该汽车商共有 120 个月的数据，如果决定抽取另外一个月，则可能得到另外十个不同值。

汽车商把十个样本值求和再除以 10(样本容量)，就得到了**样本均值**(sample mean)。

随机变量 X 的样本均值通常用符号 $\bar{X}$ 表示，定义如下：

$$\bar{X} = \sum_{i=1}^{n} \frac{X_i}{n} \qquad \text{(B-43)}$$

其中，$\sum_{i=1}^{n} X_i$ 表示从 1 到 n 对所有 X 值加总，n 为样本容量。

上面定义的样本均值就是总体均值 $E(X)$ 的一个**估计量**(estimator)。估计量可以简单理解为估计总体(比如总体均值)的规则或公式。附录 D 将讨论怎样用样本均值 $\bar{X}$ 估计期望值 $E(X)$。

在上面一例中，样本均值为，

$$\bar{X} = \frac{9 + 11 + 11 + \cdots + 12}{10} = \frac{110}{10} = 11$$

称为总体均值的一个**估计值**(estimate)。估计值就是估计量的某个取值，例如上例中的 11。在这个例子中，每月前十天汽车平均销量为 11，需要提醒注意的是，这个值并不一定等于 $E(X)$。要计算 $E(X)$，需要考虑其他 119 个月前十天的汽车销量。简言之，需要考虑汽车销售量的整个 PDF。但在附录 D 中将会看到，一般而言，样本估计值(比如 11)是真实 $E(X)$ 的一个很好的“替代”。

5　随机样本的准确定义见附录 C。

B.7.2 样本方差

在上例中给出的10个样本值并不全都等于样本均值11。这种变异性可用**样本方差**(sample variance)S_x^2 度量，它是总体方差 σ_x^2 的一个估计量。样本方差的定义如下：

$$S_x^2 = \sum_{i=1}^{n} \frac{(X_i - \bar{X})^2}{n-1} \tag{B-44}$$

即样本方差等于每个 X 与其均值之差的平方除以 $n-1$ 再求和。[6] $n-1$ 称为**自由度**(degrees of freedom)，其准确定义将在附录C中给出。S_x^2 的正的平方根 S_x 称为**样本标准差**(sample standard deviation, Sample s. d.)。

根据上例给出的10个样本值求得样本方差为：

$$S_x^2 = \frac{(9-11)^2 + (11-11)^2 + \cdots + (12-11)^2}{9} = \frac{44}{9} = 4.89$$

样本标准差，$S_x = \sqrt{4.89} \approx 2.21$。注意：4.89是总体方差的估计值，2.21是总体标准差的估计值。再一次强调，估计值是样本估计量某一取值。

B.7.3 样本协方差

例 B-11
Example

假定二元总体有两个变量 X(股票价格)和 Y(消费者价格)。进一步假定有一个来自二元总体的随机样本，见表B-3的第一、第二列。本例中，股票价格用道-琼斯指数度量，消费者价格用消费者价格指数(CPI)度量。表中的其他变量随后讨论。

表B-3 1998~2007年道-琼斯指数(X)与消费者价格指数(Y)的样本协方差及其样本相关系数

年份	道指 Y(1)	$CPI\ X$ (2)	$(Y-\bar{Y})(X-\bar{X})$(3)
1998	8 625.52	163.00	(8 625.5 - 10 367.8)(163 - 183.6)
1999	10 464.88	166.60	(10 464.9 - 10 367.8)(166.6 - 183.6)
2000	10 734.90	172.20	— —
2001	10 189.13	177.10	— —
2002	9 226.43	179.90	— —
2003	8 993.59	184.00	— —
2004	10 317.39	188.90	— —
2005	10 547.67	195.30	— —
2006	11 408.67	201.60	(11 408.7 - 10 367.8)(201.6 - 183.6)
2007	13 169.98	207.34	(13 170 - 10 367.8)(207.3 - 183.6)
总和	103 678.16	1 835.94	≈121 992.73

$\bar{Y} = \frac{103\ 678.16}{10} = 10\ 367.8$ Sample var(Y) = 1 708 150

$\bar{X} = \frac{1\ 835.94}{10} = 183.594$ Sample var(X) = 216.898

资料来源：Data on X and Y are from the *Economic Report of the President*, 2008, Tables B-95, B-96, and B-60, respectively.

---

6 如果样本容量足够大，可以除以 n 而不是 $n-1$。

类似总体协方差的定义式(B-23)，随机变量 X 和 Y 的**样本协方差**(sample covariance)定义如下：

$$\text{样本 cov}(X,\ Y)=\frac{\sum(X_i-\bar{X})(Y_i-\bar{Y})}{n-1} \tag{B-45}$$

即样本协方差就是两个随机变量与其各自(样本)均值差的积，再除以自由度$(n-1)$(如果样本容量足够大，可用 n 做除数)。式(B-45)定义的样本协方差是总体协方差的估计量。本例中给出的样本协方差是总体协方差的估计值。

表 B-3 给出了计算样本协方差必要的参量值。本例中，

$$\text{样本 cov}(X,Y)=\frac{121\ 992.73}{9}=13\ 554.75$$

因此，本例中股票价格与消费者价格的协方差为正。一些分析家认为，投资股票可以预防通货膨胀，也就是说，当通货膨胀加剧时，股票价格也会上升。虽然这个结论缺乏经验证据，但 1998～2007 年的情形的确是这样。■

B.7.4　样本相关系数

式(B-29)定义了两个随机变量的总体相关系数。对应的样本相关系数定义如下，通常用符号 r 表示：

$$r=\frac{\sum_{i=1}^{n}(X_i-\bar{X})(Y_i-\bar{Y})/(n-1)}{S_xS_y}=\frac{\text{样本 cov}(X,Y)}{\text{s. d. }(X)\text{s. d. }(Y)} \tag{B-46}$$

因此，**样本相关系数**(sample correlation)与总体相关系数 ρ 有相同的性质，都位于 -1 到 1 之间。

根据表 B-3 中的数据很容易计算出 X，Y 的样本标准差，因而能够计算出 ρ 的估计值——样本相关系数 r，

$$r=\frac{13\ 554.75}{(14.727)(1\ 306.962)}=0.704\ 2$$

本例中股票价格与消费者价格高度相关，因为计算出的相关系数接近于 1。

B.7.5　样本偏度与样本峰度

利用样本三阶矩和四阶矩(与式(B-36)和式(B-37)相比较)计算**样本偏度**(sample skewness)和**样本峰度**(sample kurtosis)。样本三阶矩(与样本方差的计算公式相比较)为，

$$\frac{\sum(X-\bar{X})^3}{(n-1)} \tag{B-47}$$

样本四阶矩为：

$$\frac{\sum(X-\bar{X})^4}{(n-1)} \tag{B-48}$$

利用表 B-3 中的数据计算样本三阶矩和四阶矩，然后验证道－琼斯指数的样本偏度和峰度分别为 0.687 3 和 2.944 7，表明道－琼斯指数的分布是正偏的，比正态分布略“胖”一些。

B.8　小结

附录 A 介绍了概率、随机变量、概率分布等一些基本概念，附录 B 讨论了随机变量概率

分布的一些主要特征或矩，例如期望、方差、协方差、相关、偏度、峰度、条件期望和条件方差，还讨论了著名的切比雪夫不等式。本部分的目的并不是教授统计学，而是复习和回顾本书涉及的一些基本统计概念。

本部分给出了一些重要公式。这些公式告诉我们如何计算随机变量的概率，以及如何估计概率分布的特征，比如期望(均值)、方差、协方差、相关系数、条件期望等。在介绍公式的同时，区分了总体矩与样本矩的不同，并给出了相应的计算公式。因此，随机变量的期望 $E(X)$ 是总体矩，即总体所有取值已知情况下 X 的均值。而 $\overline{X}$ 是样本矩，即来自于总体的某个样本，而并非全部总体的均值。在统计学中，区分总体和样本非常重要，因为，在实际应用中，仅有来自于总体的一两个样本，而且常常是通过这些样本矩来推断总体矩。附录 C 和附录 D 将讨论如何利用样本对总体进行推断。

关键术语和概念

单变量 PMF 的特征(矩)
- a)期望(总体均值)
- b)方差
- c)标准差(*s. d.*)
- d)变异系数(V)
- e)偏度(S)
- f)峰度(K)

多元 PDF 的特征
- a)协方差
- b)相关
- c)(总体)相关系数
- d)条件期望
- e)非条件期望
- f)条件方差
- g)非条件方差

总体与样本
- a)样本矩
- b)样本均值
- c)估计量；估计值
- d)样本方差
- e)自由度
- f)样本标准差
- g)样本协方差
- h)样本相关
- i)样本偏度
- j)样本峰度

问　题

B.1　什么是 PDF 的矩？最常用的矩有哪些？

B.2　解释概念

a. 期望　b. 方差　c. 标准差

d. 协方差　e. 相关　f. 条件期望

B.3　解释概念

a. 样本均值　b. 样本方差　c. 样本标准差

d. 样本协方差　e. 样本相关

B.4　为什么说区分总体矩和样本矩很重要？

B.5　按照(a)的形式填空。

a. 期望或均值是集中趋势的度量。

b. 方差是________的度量。

c. 协方差是________的度量。

d. 相关系数是________的度量。

B.6 随机变量 X 的均值为50美元，标准差为5美元，则方差是25美元的平方。对吗？为什么？

B.7 判断正误并解释原因。

a. 虽然随机变量的期望可正可负，但其方差总为正。

b. 两个变量的协方差与相关系数同号。

c. 随机变量的条件期望和非条件期望是一个意思。

d. 如果两个变量相互独立，则其相关系数必定为0。

e. 如果两个变量的相关系数为0，则它们相互独立。

f. $E\left(\frac{1}{X}\right)=\frac{1}{E(X)}$

g. $E[X-\mu_X]^2=[E(X-\mu_X)]^2$

习 题

B.8 参考习题A.12。

a. 求 X 的期望值。

b. 求 X 的方差和标准差。

c. 求 X 的变异系数。

d. 求 X 的偏度和峰度。

B.9 表B-4给出了某项投资一年后预期的回报率及相应概率。

a. 求投资回报率的期望值。

b. 求投资回报率的方差和标准差。

c. 求偏度系数和峰度系数。

d. 求累积概率分布函数(CDF)及回报率小于等于10%的概率。

表B-4 投资一年后预期的回报率

回报率(X)%	$f(X)$
-20	0.10
-10	0.15
10	0.45
25	0.25
30	0.05
总计	1.00

B.10 表B-5给出了随机变量 X, Y 的联合PDF，其中，

X——投资项目A一年期回报率；

Y——投资项目B一年期回报率。

表B-5 两项投资的回报率

	X(%)			
Y(%)	-10	0	20	30
20	0.27	0.08	0.16	0.00
50	0.00	0.04	0.10	0.35

a. 求 Y 和 X 的边缘分布。

b. 计算项目 B 预期的投资回报率。

c. 求给定 $X=20$，Y 的条件分布。

d. X 和 Y 相互独立吗？为什么？提示：$E(XY)=\sum_{X=1}^{4}\sum_{Y=1}^{2}X_iY_jf(X_i,Y_i)$

B.11 已知 $E(X)=8$，$\operatorname{var}(X)=4$，求下列各式的期望及方差？

a. $Y=3X+2$

b. $Y=0.6X-4$

c. $Y=X/4$

d. $Y=aX+b$，其中 a，b 是常数

e. $Y=3X^2+2$

如何表述上面这些公式？

B.12 考虑式(B-32)和(B-33)。令 X 代表投资 IBM 股票的回报率，Y 代表投资另一只股票的回报率，比如通用磨坊。令 $s_X^2=16$，$s_Y^2=9$，$r=-0.8$。求 $\operatorname{var}(X+Y)$？它比 $\operatorname{var}(X)+\operatorname{var}(Y)$ 大还是小？在本例中，是同时投资两只股票好，还是只投资其中的一只好？这个问题实质上是金融投资理论的核心。（参见 Richard Brealey，Steward Myers，*Principles of Corporate Finance*，McGraw-Hill，New York，latest edition）

B.13 表 B-6 给出了美国 1984～1995 年新成立公司个数(Y)与破产公司个数(X)的数据。

表 B-6 美国 1984～1995 年新成立公司个数(X)与破产公司个数(Y)数目

年份	Y	X	年份	Y	X
1984	634 991	52 078	1990	647 366	60 747
1985	664 235	57 253	1991	628 604	88 140
1986	702 738	61 616	1992	666 800	97 069
1987	685 572	61 111	1993	706 537	86 133
1988	685 095	57 097	1994	741 778	71 558
1989	676 565	50 361	1995	766 988	71 128

资料来源：*Economic Report of the President*，2004，Table B-96，p. 395.

a. 求 Y 的均值和方差。

b. 求 X 的均值和方差。

c. 求 X 与 Y 的协方差与相关系数。

d. 这两个变量相互独立吗？

e. 如果两个变量相关，是否可以认为一个变量是另一个变量的“原因”。是新公司的进入导致原有公司的破产，还是原有公司的破产导致新公司的进入？

B.14 在例 A-13 中，求 $\operatorname{var}(X+Y)$。如何解释这个方差？

B.15 参考习题 1.6 中的表 1-2。

a. 计算 S&P500 指数与 CPI，以及 CPI 与 3 月期国债利率的协方差。这是样本协方差还是总体协方差？

b. 计算 S&P500 指数与 CPI，以及 CPI 与 3 月期国债利率的相关系数。先验地，你认为

这些相关系数是正还是负，为什么？

c. 如果 CPI 与 3 月期国债利率正相关，是否意味着以 CPI 衡量的通货膨胀是导致国债利率提高的原因？

B. 16　参考习题 1. 7 中的表 1-3。令 ER 代表英镑对美元的汇率(即一美元兑换多少英镑)，RPR 代表美国消费者价格指数与英国消费者价格指数之比。ER 与 RPR 是正相关还是负相关？为什么？写出计算步骤。如果知道 ER 与 1/RPR 的相关关系，你会改变答案吗？为什么？

选作题

B. 17　求下面 PDF 的期望值：

$$f(X) = \frac{X^2}{9} \quad 0 \leqslant x \leqslant 3$$

B. 18　证明：

a. $E(X^2) \geqslant [E(X)]^2$　提示：根据方差的定义。

b. $\operatorname{cov}(X, Y) = E[(X-\mu_X)(Y-\mu_Y)] = E(XY) - \mu_X\mu_Y$

其中，$\mu_X = E(X)$，$\mu_Y = E(Y)$。

如何用语言表述上面的公式？

B. 19　验证式(B-15)。提示：$\operatorname{var}(aX) = E[aX - E(aX)]^2$

B. 20　验证式(B-17)。提示：$\operatorname{var}(aX+bY) = E[(aX+bY) - E(aX+bY)]^2$

B. 21　根据切比雪夫不等式，求当(a)$c=2.5$，(b)$c=8$ 时的概率值。

B. 22　证明：$E(X-k)^2 = \operatorname{var}(X) + [E(X)-k]^2$，当 k 取何值时，$E(X-k)^2$ 最小？

B. 23　对个人电脑/打印机一例，计算给定 $X=2$(销售两台电脑)条件下 Y(销售打印机数量)的条件期望。提示：根据例 B-9 给出的条件期望，并利用公式：

$$\operatorname{var}(Y \mid X=2) = \sum [Y_i - E(Y \mid X=2)]^2 f(Y \mid X=2)$$

B. 24　计算习题 A. 19 中 PDF 的期望值和方差。

附录 C

一些重要的概率分布

前面曾经指出，随机变量可以用其概率函数(PDF 或 PMF)的一些特征或矩来描述，比如期望和方差。但由于随机变量种类繁多，因而假设知道其 PDF 事实上是较高的要求。但在实践中，经常出现的那些随机变量，统计学家能够确定其 PDF，并归纳其性质特征，本部分主要讨论 PDF。在标准的统计学教科书上，你还会发现其他一些 PDF，但这里主要讨论如下四种概率分布：

(1)正态分布；

(2)t 分布；

(3)χ^2 分布；

(4)F 分布。

这些概率分布不仅本身很重要，更为重要的是，它们有助于我们寻求估计量(比如样本均值和样本方差)的概率分布。需要注意的是，估计量是随机变量。具备了这些知识，就能够对真实总体值做出推断。例如，如果知道了样本均值 $\bar{X}$ 的概率分布，就能够对总体均值进行推断。类似地，如果知道了样本方差 S_X^2 的概率分布，就能够对总体方差进行推断。这就是统计推断的基本思想，即根据样本对总体特征(或矩)做出推断。附录 D 将详细介绍统计推断的内容。下面讨论四种概率分布的重要特征。

C.1 正态分布

对于连续型随机变量，**正态分布**(normal distribution)是最重要的一种概率分布。稍具统计知识的读者都会熟悉其“钟型”形状(见图 A-3)。经验表明：对于其值依赖于众多因素，且每个因素都有或正或负微弱影响的连续型随机变量来说，正态分布是一个相当好的描述模型。比如体重这个随机变量就近似服从正态分布，因为遗传、骨骼结构、饮食、锻炼、新陈代谢等都对体重有影响，但又没有哪种因素起绝对主导作用。与此相类似，身高、考试分数等都近似地服从正态分布。

正态分布随机变量表示为：

$$X \sim N(\mu_X,\ \sigma_X^2) \tag{C-1}$$ [1]

其中，符号 ~ 表示“分布于”，N 表示正态分布，括号内表示分布的参数，称为(总体)均值(或期望)μ_X 和方差 σ_X^2。注意：X 是一个连续型随机变量，可取区间$(-\infty,\ +\infty)$内的任意值。

C.1.1　正态分布的性质

(1)正态分布曲线(见图 A-3)以均值 μ_X 为中心对称。

(2)正态分布的 PDF 中间高、两边低，在均值处 μ_X 达到最高，向两边逐渐降低，即随机变量在远离均值处取值的概率逐渐变小。例如，某人身高超过 7.5 英寸的概率非常小。

(3)事实上，正态曲线下约有 68% 的面积位于$(\mu_X \pm \sigma_X)$之间；约有 95% 的面积位于$(\mu_X \pm 2\sigma_X)$之间；而约有 99.7% 的面积位于$(\mu_X \pm 3\sigma_X)$之间。见图 C-1。这些区域可用于度量概率。整个曲线下的面积为 1 或 100%。

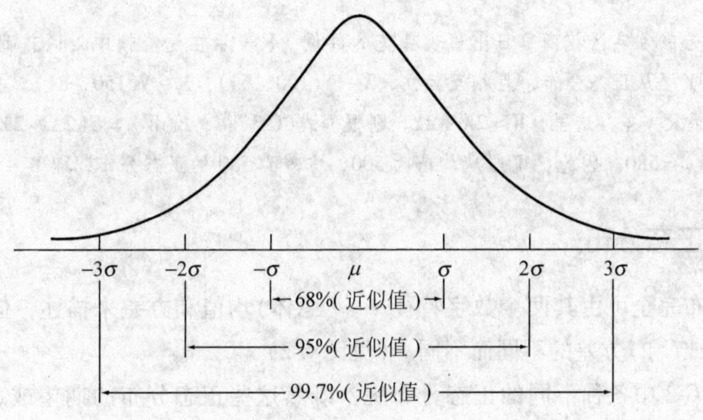

图 C-1　正态曲线下的面积

(4)正态分布可由两个参数 μ_X 和 σ_X^2 来描述，即一旦知道了这两个参数值，就可以根据本章脚注 1 的数学公式求得随机变量 X 落入某个区间的概率。幸运的是，无须利用这个公式进行计算，可以根据附录 E 中的表 E-1 直接查到这些概率值。我们随后解释如何使用正态分布表。

(5)两个(或多个)正态分布随机变量的线性组合仍服从正态分布——在经济计量学中，这是正态分布的一个特别重要的性质。令：

$$X \sim N(\mu_X, \sigma_X^2)$$
$$Y \sim N(\mu_Y, \sigma_Y^2)$$

1　对于数学基础较好的学生，这里给出正态分布随机变量 X 的 PDF 数学公式，

$$f(X) = \frac{1}{\sigma_X\sqrt{2\pi}}\exp\left\{-\frac{1}{2}\left(\frac{X-\mu_X}{\sigma_X}\right)^2\right\}$$

其中，exp{ }表示以 e 为底{ }的幂，$e \approx 2.718\ 28$(自然对数的底)，$\pi = 3.141\ 59$。μ_X，σ_X^2 称为分布的参数，分别是分布的均值(期望值)和方差。

并且假定 X 和 Y 相互独立。[2]

现在考虑这两个变量的线性组合：$W = aX + bY$，其中 a，b 为常数（例如，$W = 2X + 4Y$）。则，

$$W \sim N[\mu_W, \sigma_W^2] \tag{C-2}$$

其中，

$$\begin{aligned} \mu_W &= (a\mu_X + b\mu_Y) \\ \sigma_W^2 &= (a^2\sigma_X^2 + b^2\sigma_Y^2) \end{aligned} \tag{C-3}$$

在式(C-3)中，利用了附录B讨论过的独立随机变量期望算子E和方差的一些性质(见B.2节)。[3]

顺便指出，可把式(C-3)直接推广到两个以上随机变量线性组合的情形。

(6)正态分布的偏度(S)为零，峰度(K)为3。

例 C-1
Example

令 X 表示在曼哈顿住宅区花商每日出售玫瑰花的数量，Y 表示在曼哈顿中心区花商每日出售玫瑰花的数量，假定 X 和 Y 服从正态分布，且相互独立，$X \sim N(100, 64)$，$Y \sim N(150, 81)$。求两天内两花商出售玫瑰花数量的期望及方差？这里，$W = 2X + 2Y$。则根据式(C-3)得，$E(W) = E(2X + 2Y) = 500$，$\text{var}(W) = 4\text{var}(X) + 4\text{var}(Y) = 580$。因此，$W$ 服从均值为500，方差为580的正态分布，即 $W \sim N(500, 580)$。■

C.1.2 标准正态分布

虽然正态分布完全可由其两个数字特征——(总体)均值和方差来描述，但是，两个正态分布可能因期望或(和)方差的不同而不同。(见图C-2)

如何比较图C-2中各种不同的正态分布呢？既然这些正态分布的期望或(和)方差不同，不妨定义一个新的变量 Z：

$$Z = \frac{X - \mu_X}{\sigma_X} \tag{C-4}$$

如果变量 X 的均值为 μ_X，方差为 σ_X^2，则可以证明变量 Z 的均值为0，方差为1(证明见习题C.26)。在统计学中，Z 称为**单位**(unit)或**标准化变量**(standardized variable)。

如果 $X \sim N(\mu_X, \sigma_X^2)$，则式(C-4)定义的变量 Z 就是**单位**(unit)或**标准正态变量**(standard normal variable)，即正态变量的均值为0，方差为1，用符号表示为：

$$Z \sim N(0,1) \tag{C-5}$$ [4]

因此，任何一个给定均值和方差的正态变量都可转化为标准正态变量，这种标准化大大简化了概率计算。

图C-3a和C-3b分别给出了标准正态分布的PDF和CDF(累积分布函数)(见A.5节中PDF和

---

2 两个变量是独立分布的，如果它们的联合PDF等于各个边缘PDF的乘积。即对所有的 X，Y，$f(X, Y) = f(X)f(Y)$。

3 如果 X 和 Y 服从正态分布，但不相互独立，W 仍服从正态分布，均值由式(C-3)给出，但方差为：$\sigma_w^2 = a^2\sigma_X^2 + b^2\sigma_Y^2 + 2ab\text{cov}(X, Y)$。

4 很容易根据正态分布的性质证明，正态分布变量的线性函数仍服从正态分布。给定 μ_X 和 σ_X^2，Z 是 X 的线性函数。

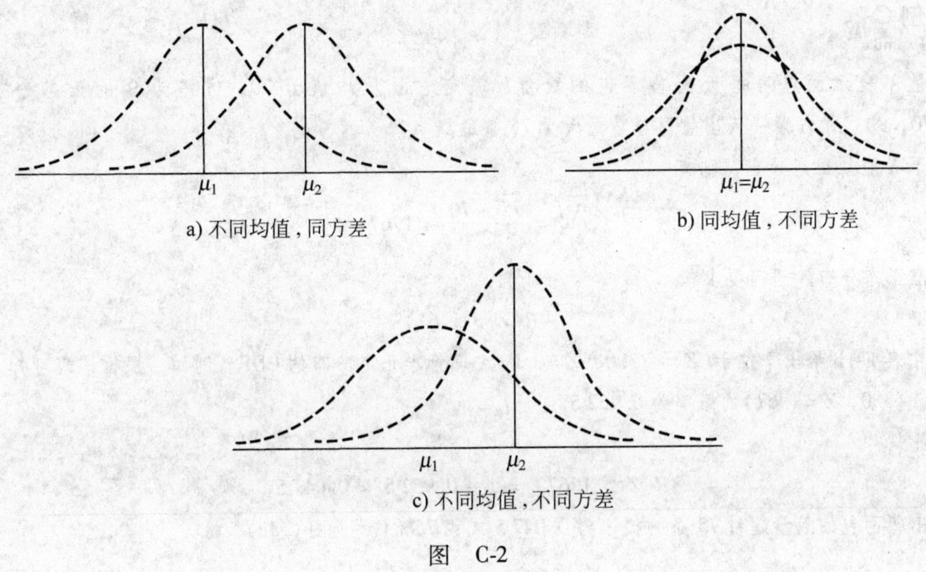

图 C-2

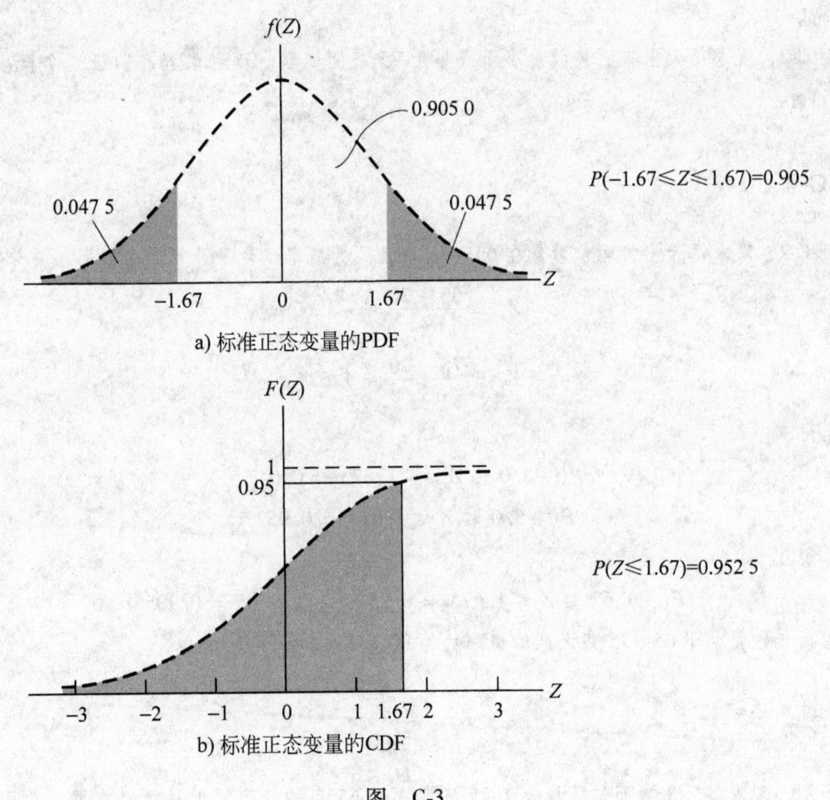

图 C-3

CDF 的定义，还可参见附录 E 中的表 E-1a 和 E-1b)。与其他 CDF 一样，标准正态分布的 CDF 给出了标准正态变量取值小于或等于 z 的概率，即 $P(Z\leqslant z)$。其中 z 为 Z 的某个特定值。

下面通过几个具体例子说明如何利用标准正态分布计算各种概率。

例 C-2
Example

变量X表示面包房每天出售面包的数量，假定它服从均值为70，方差为9的正态分布，即$X \sim N(70, 9)$。求任意一天出售面包数量大于75条的概率？

由于X服从正态分布，则有

$$Z = \frac{75 - 70}{3} \approx 1.67$$

服从标准正态分布。因而要求[5]

$$P(Z > 1.67)$$

附录E中表E-1b给出了位于$(Z = -3.0, Z = 3.0)$之间标准正态分布的CDF。例如，根据该表可知，Z位于区间$(-3.0, Z = 1.67)$的概率为0.952 5。

因此，

$$P(Z > 1.67) = 1 - 0.952\,5 = 0.047\,5$$

即每天出售面包的数量超过75条的概率为0.047 5或4.75%(参见图C-3a)。■

例 C-3
Example

继续例C-2，现求每天出售面包数量小于或等于75条的概率。读者很容易验证这个概率为0.952 5。(见图C-3b)■

例 C-4
Example

继续例C-2，现求每天出售面包数量在65~75条之间的概率。为了计算这个概率，首先要计算，

$$Z_1 = \frac{65 - 70}{3} \approx -1.67$$

$$Z_2 = \frac{75 - 70}{3} \approx 1.67$$

根据表E-1得，

$$P(-3.0 \leqslant Z \leqslant -1.67) = 0.047\,5$$
$$P(-3.0 \leqslant Z \leqslant 1.67) = 0.952\,5$$

因此，

$$P(-1.67 \leqslant Z \leqslant 1.67) = 0.952\,5 - 0.047\,5 = 0.905\,0$$

即每天出售面包数量介于65~75条之间的概率约为90.5%。(见图C-3a)■

例 C-5
Example

继续上例，现求每天出售面包数量大于75条或小于65条的概率。如果已经掌握了前面各例，则很容易求此概率为0.095 0。(见图C-3a)。■

---

5 注：无论写成$P(Z>1.67)$，还是$P(Z\leqslant 1.67)$都无关紧要，因为连续型随机变量取某个特殊值(例如，1.67)的概率总为0。

上面的例子表明：一旦知道某个正态变量的期望与方差，先将其转化为标准正态变量，然后根据正态分布表(表 E-1)求得相应的概率。的确很神奇，仅仅通过一个标准正态分布表就能够处理任何正态分布变量，而无论其均值和方差是多少。

在前面曾指出，正态分布是最重要的理论概论分布，因为许多(连续型)随机变量都服从正态分布或近似正态分布，我们将在 C.2 节中详细讨论。在此之前，先来看处理正态分布时遇到的一些实际问题。

C.1.3 从正态总体中随机抽样

在理论和实证统计学中，正态分布运用得十分广泛，因此，知道怎样从正态总体中抽取随机样本十分重要。假设要从均值为 0，方差为 1 的正态分布(即标准正态分布，$N(0,1)$)中抽取一个由 25 个观察值组成的随机样本。如何做到呢?

许多统计软件都具备了从常用的概率分布中获取随机样本的功能，称之为**随机数生成器**(random number generators)。例如，利用 MINITAB 统计软件从 $N(0,1)$ 正态总体中得到 25 个随机数，见表 C-1 的第 1 列。表第 2 列是来自正态总体 $N(2,4)$ 的另一个包括 25 个观察值的随机样本。[6]当然，可以利用其他统计软件生成多个随机样本。

表 C-1 来自 $N(0,1)$ 和 $N(2,4)$ 的 25 个随机数

$N(0,1)$	$N(2,4)$	$N(0,1)$	$N(2,4)$
-0.485 24	4.251 81	0.229 68	0.214 87
0.462 62	0.013 95	-0.007 19	-0.477 26
2.230 92	0.090 37	-0.712 17	1.320 07
-0.236 44	1.969 09	-0.531 26	-1.254 06
1.106 79	1.622 06	-1.026 64	3.092 22
-0.820 70	1.176 53	-1.295 35	1.053 75
0.865 53	2.787 22	-0.615 02	0.581 24
-0.401 99	2.411 38	-1.807 53	1.558 53
1.136 67	2.582 35	0.206 87	1.710 83
-2.055 85	0.407 86	-0.196 53	0.901 93
2.989 62	0.245 96	2.494 63	-0.147 26
0.616 74	-3.453 79	0.946 02	-3.692 38
-0.328 33	3.290 03		

C.1.4 样本均值 $\bar{X}$ 的抽样分布或概率分布

附录 B 曾介绍了样本均值是总体均值的估计量(见式(B-43))。但由于样本均值来自某个给定样本，因而其值会因样本不同而变化。即，样本均值可看做随机变量，并且有其自己的 PDF。能否求出样本均值的 PDF 呢？如果样本是随机抽取的，答案则是肯定的。

在附录 B 中曾直观地描述了随机抽样的概念，即总体中的每个个体等可能地被选入样本。

6 MINITAB 可以从已知期望和方差的正态总体中生成一个随机样本。事实上，一旦得到一个来自标准正态分布(即 $N(0,1)$)的随机样本，则很容易把它转化成不同均值和方差的正态分布。令 $Y=a+bZ$，其中 $Z\sim N(0,1)$，a，b 为常数。由于 Y 是正态分布变量的线性组合，所以 Y 本身也服从正态分布，均值 $E(Y)=E(a+bZ)=a$，$\operatorname{var}(a+bZ)=b^2\operatorname{var}(Z)=b^2$，因而，$Y\sim N(a,b^2)$。因此，如果 Z 乘以 b，再加上 a，就得到均值为 a，方差为 b^2 的正态分布。如果 $a=2$，$b=2$，则有 $Y\sim N(2,4)$。

但在统计学中，**随机抽样**(random sampling)有更特殊的意义。如果所有的X独立抽取于同一概率分布(即每个X具有相同的PDF)，称X_1，X_2，…，X_n构成一个容量为n的随机样本。因而，抽取的X称为**独立同分布**(independently and identically distributed，*i. i. d.*)随机变量。因此，以后术语"随机样本"表示独立同分布随机变量的样本。为了简便起见，有时用*i. i. d.*样本表示独立同分布随机样本。

因此，如果$X_i \sim N(\mu_X, \sigma_X^2)$，且每个$X_i$独立抽取得到，则称$X_1$，$X_2$，…，$X_n$是*i. i. d.*随机变量，正态PDF是它们共同的概率分布。对于这个定义，需要注意两点：一是样本中的每个X有相同的PDF；二是样本中的每个X独立抽取得到。

定义了随机抽样这一重要概念之后，接下来建立统计学中另一个非常重要的概念——**估计量**(比如样本均值$\bar{X}$)的**抽样或概率分布**(sampling, or probability distribution of an estimator)。正确理解这一概念对于掌握附录D中的统计推断以及本书其他内容十分重要。许多学生对这一概念还有些迷惑，这里不妨用具体实例加以说明。

例 C-6 Example

正态分布的均值为10，方差为4，即$N(10, 4)$。从这个正态总体中抽取20个随机样本，每个样本包括20个观察值。求得每个样本的样本均值$\bar{X}$。因而共有20个样本均值，见表C-2。

表C-3给出了20个样本均值的频率分布，称为样本均值的经验抽样分布或概率分布。[7]图C-4描绘了样本均值的经验分布。

表 C-2　来自 $N(10, 4)$ 的 20 个样本均值

样本均值($\bar{X}_i$)	
9.641	10.134
10.040	10.249
9.174	10.321
10.840	10.399
10.480	9.404
11.386	8.621
9.740	9.739
9.937	10.184
10.250	9.765
10.334	10.410

注：20个样本均值和 = 201.05

$$\bar{\bar{X}} = \frac{\sum \bar{X}_i}{n} = \frac{201.05}{20} = 10.052$$

$$\text{var}(\bar{X}_i) = \frac{\sum(\bar{X}_i - \bar{\bar{X}})^2}{19} = 0.339 \blacksquare$$

表 C-3　20 个样本均值的频率分布

样本均值范围	绝对频率	相对频率
8.5～8.9	1	0.05
9.0～9.4	1	0.05
9.5～9.9	5	0.25
10.0～10.4	8	0.40
10.5～10.9	4	0.20
11.0～11.4	1	0.05
合计	20	1.00

如果把图中各条线的顶点相连，就得到了频率多边形，形状与正态分布类似。如果列出更多这样的样本，那么频率多边形是否呈现正态分布的钟形曲线呢？即样本均值的抽样分布

7　估计量的抽样分布就像随机变量的概率分布，只不过这里的随机变量恰好是一个估计量或统计量。换种表述，抽样分布就是当随机变量是估计量(比如样本均值或样本方差)时的概率分布。

确实服从正态分布吗？的确如此。

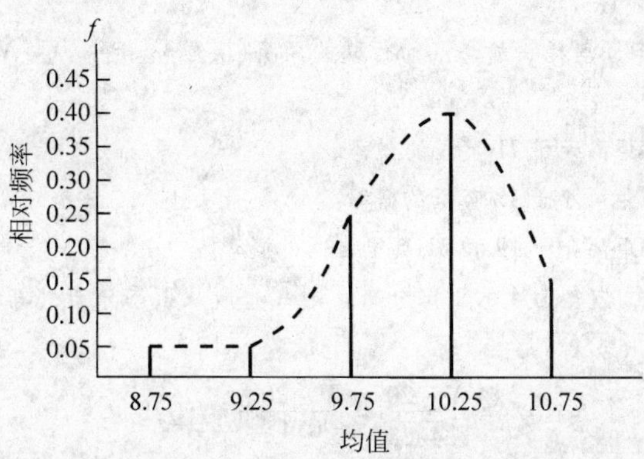

图 C-4　来自 $N(10,4)$ 总体的 20 个样本均值的分布

这里依据的统计理论是：如果随机样本 X_1，X_2，…，X_n 来自均值为 μ_X，方差为 σ_X^2 的正态总体，则样本均值 $\bar{X}$ 也服从正态分布，其均值为 μ_X，方差为 σ_X^2/n，即

$$\bar{X} \sim N\left(\mu_X, \frac{\sigma_X^2}{n}\right) \tag{C-6}$$

换句话说，样本均值 $\bar{X}$(μ_X 的估计量)的抽样(或概率)分布也服从正态分布。其均值与每个 X_i 的均值相同，但方差等于每个 X_i 的方差(σ_X^2)除以样本容量 n(证明见习题 C. 25)。当 $n>1$ 时，样本均值的方差比任意一个 X_i 的方差都小。

如果取样本均值 $\bar{X}$ 方差的(正的)平方根，得到 $\sigma_X/\sqrt{n}$，称为 $\bar{X}$ 的**标准误**(standard error, se)，与标准差的概念类似。随机变量方差的平方根称为标准差，而估计量方差的平方根称为标准误。由于估计量也是随机变量，所以没必要区分这两个术语。之所以区分这两个概念，是因为在统计学中这两个概念已经根深蒂固。

回到刚才的例子，$\bar{X}_i$ 的期望值，$E(\bar{X}_i)$ 为 10，方差为 $4/20=0.20$。表 C-2 中 20 个样本的样本均值(称为总平均 $\bar{\bar{X}}$)接近于 $E(\bar{X}_i)$，样本方差近似等于 0. 20。从表 C-2 中可知，$\bar{\bar{X}}=10.052$，约等于期望值 10，方差 $\text{var}(\bar{X}_i)=0.339$，却与 0. 20 相差甚远，为什么呢？

注意，表 C-2 中仅仅给出了 20 个样本数据。前面曾指出，如果有更多个样本(每一样本有 20 个观察值)，那么得到的结果将接近理论均值 10 和方差 0. 2。有这样的一个理论结果是令人鼓舞的，无须再做表 C-2 那样的实验，太消耗时间了。仅仅根据一个来自正态分布的随机样本就能说样本均值的期望等于真实的均值 μ_X。在附录 D 中将会看到，知道某个估计量服从某个概率分布有助于建立从样本到总体之间的联系。顺便指出，由式(C-6)可得

$$Z=\frac{(\bar{X}-\mu_X)}{\frac{\sigma_X}{\sqrt{n}}} \sim N(0,1) \tag{C-7}$$

即 Z 是一个标准正态变量。因此，很容易根据标准正态分布表计算给定样本均值大于或小于某一总体均值的概率。来看下面这个例子。

例 C-7
Example

令 X 代表某一型号汽车每消耗一加仑汽油行驶的距离(英里)。已知 $X \sim N(20, 4)$。对于一个由 25 辆汽车组成的随机样本,

(a)每加仑行驶的平均距离大于 21 英里的概率。

(b)每加仑行驶的平均距离小于 18 英里的概率。

(c)每加仑行驶的平均距离介于 19 和 21 英里之间的概率。

由于 X 服从均值为 20, 方差为 4 的正态分布, 则 $\bar{X}$ 也服从正态分布, 其均值为 20, 方差为 4/25。因此,

$$Z = \frac{\bar{X} - 20}{\sqrt{4/25}} = \frac{\bar{X} - 20}{0.4} \sim N(0,1)$$

即 Z 服从标准正态分布。因此, 要求:

$$P(\bar{X} > 21) = P\left(Z > \frac{21 - 20}{0.4}\right) = P(Z > 2.5)$$

$$= 0.0062 \quad (\text{根据表 E-1(b)})。$$

$$P(\bar{X} < 18) = P\left(Z < \frac{18 - 20}{0.4}\right) = P(Z < -5) \approx 0$$

$$P(19 \leqslant \bar{X} \leqslant 21) = P(-2.5 \leqslant Z \leqslant 2.5) = 0.9876$$■

表 C-2 进行的抽样实验称为**蒙特卡洛实验**(Monte Carlo experiments)或**蒙特卡洛模拟**(Monte Carlo simulations)。对于研究各种统计模型的性质, 尤其是当进行实际试验耗时费力时, 蒙特卡洛实验是一种非常经济实用的方法。

C.1.5 中心极限定理

前面已经证明了来自正态总体样本的样本均值也服从正态分布。但如果样本来自其他总体, 情况又如何呢? 法国数学家拉普拉斯(Laplace)提出的统计学中著名的**中心极限定理**(central limit theorem, CLT)表明, 如果随机样本 $X_1, X_2, \cdots, X_n$ 来自均值为 μ_X, 方差为 σ_X^2 的任一总体, 随着样本容量无限增大, 则样本均值 $\bar{X}$ 趋于正态分布, 其均值为 μ_X, 方差为 σ_X^2/n。[8]当然, 如果 X 恰好来自正态总体, 则不论样本容量如何, 样本均值服从正态分布。见图 C-5。

C.2 t 分布

本书运用最广泛的一个概率分布是 ***t* 分布**(*t* distribution), 又称为**学生 *t* 分布**(student's *t* distribution), [9]它与正态分布密切相关。

如果 $\bar{X} \sim N(\mu_X, \sigma_X^2/n)$, 则变量 Z 服从标准正态分布, 即

$$Z = \frac{(\bar{X} - \mu_X)}{\sigma_X/\sqrt{n}} \sim N(0,1)$$

8 在实践中, 无论概率分布如何, 只要样本观察值大于 30, 则样本均值都近似于正态分布。

9 "学生"是 W. S. Gosset 的笔名, 他是都柏林 Guinness's Brewery 的统计学家, 于 1908 年发现了这个概率分布。

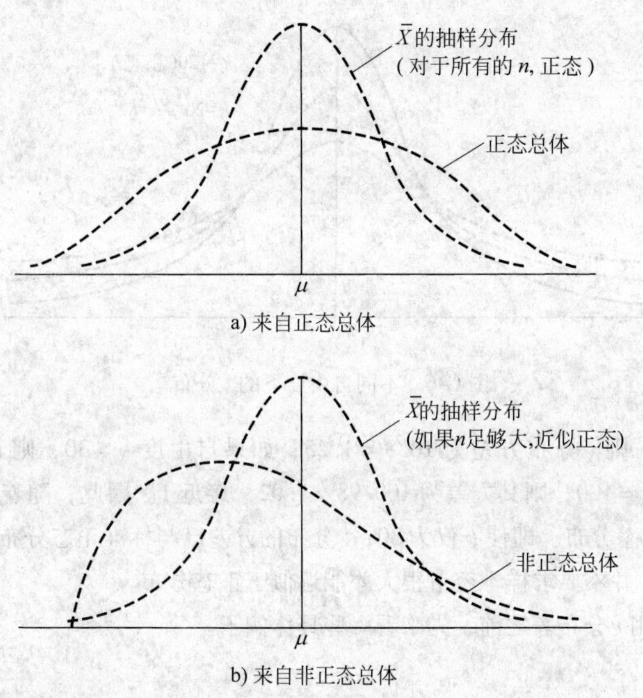

图 C-5　中心极限定理

这里假定 μ_X 和 σ_X^2 已知。但如果仅知道 μ_X，用样本估计量 $S_x^2 = \frac{\sum(X_i - \bar{X})^2}{n-1}$ (见式(B-44))代替 σ_X^2，用样本标准差 S_x 代替总体标准差 σ_X，则得到一个新的变量，

$$t = \frac{\bar{X} - \mu_X}{S_x / \sqrt{n}} \tag{C-8}$$

统计理论表明：t 变量服从自由度为$(n-1)$的学生 t 分布。如同均值和方差是正态分布的参数，t 分布只有一个参数，即自由度。这里的自由度为 $n-1$。注：在计算 S_x^2 之前，首先要计算样本均值 $\bar{X}$。但由于是用同样的样本计算 $\bar{X}$，所以只有 $n-1$ 个，而非 n 个独立的观察值来计算 S_x^2，也就是说失去了一个自由度。

总之，如果从正态总体中抽取随机样本，其均值为 μ_X，但方差 σ_X^2 用其估计量 S_x^2 代替，则其样本均值 $\bar{X}$ 服从 t 分布。t 分布随机变量通常表示为 t_k，k 表示自由度(为了避免与样本容量 n 混淆，一般用下标 k 表示自由度)。附录 E 中表 E-2 给出了不同自由度的 t 分布值。稍后将介绍如何使用 t 分布表。

t 分布的性质

(1) 与正态分布类似，t 分布是对称的，见图 C-6。

(2) 与标准正态分布相同，t 分布均值为0，但方差为 $k/(k-2)$。因此，在求 t 分布的方差时自由度必须大于 2。

标准正态分布方差总为 1，t 分布方差总比标准正态分布方差大，见图 C-6。换句话说，t 分布比正态分布略“胖”一些。但随着 k 逐渐增大，t 分布的方差接近于标准正态分布方差 1。

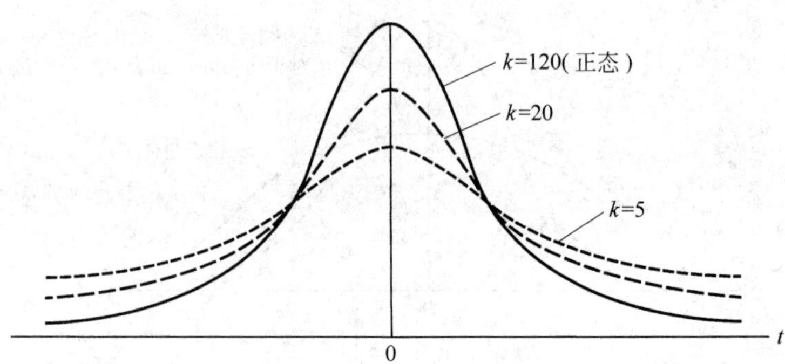

图 C-6 不同自由度下的 t 分布

如果自由度 $k=10$，则 t 分布方差为 $10/8=1.25$；如果自由度 $k=30$，则其方差为 $30/28=1.07$；如果自由度 $k=100$，则其方差为 $100/98=1.02$，接近 1。因此，随着自由度逐渐增大，t 分布近似于标准正态分布。即使 k 仅为 30，t 分布的方差已与标准正态分布方差相差不多了。因此，对于 t 分布，并不要求样本容量很大才能近似于正态分布。

在说明如何使用 t 分布表之前，先来看一些具体例子。

例 C-8 Example

继续例 C-2。在 15 天内，每天出售面包的平均数量为 74 条，样本标准差为 4 条。假定真实平均销售量为 70 条，求某天销售面包数量为 74 条的概率？

如果知道真实的 σ，则可用标准正态分布变量 Z 回答这个问题。但是现在仅知道真实 σ 的估计量 S，利用式(C-8)计算 t 值，并根据附录 E 中的表 E-2 回答这个问题：

$$t=\frac{74-70}{4/\sqrt{15}}=3.873$$

注意，在本例中的自由度为 $14=(15-1)$（为什么?）。

当自由度为 14 时查表 E-2，得 t 值大于等于 2.145 的概率为 0.025(2.5%)，t 值大于等于 2.624 的概率为 0.01(1%)，t 值大于等于 3.787 的概率为 0.001(0.1%)，因此，t 值大于等于 3.873 的概率小于 0.001。■

例 C-9 Example

上例中其他条件保持不变，现假定 15 天内出售面包的平均数量为 72 条，求获此数量的概率？

按照上例步骤，读者容易求得此时的 t 值为 1.936，再查表 E-2 得，当自由度为 14 时，t 值大于等于 1.761 的概率为 0.05(5%)，大于等于 2.145 的概率为 0.025(2.5%)；因此，t 值大于等于 1.936 的概率位于 2.5% 与 5% 之间。■

例 C-10 Example

现假定 15 天内出售面包的平均数量为 68 条，样本方差为 4。如果真实的平均出售量为 70 条，求一天出售面包平均数量为 68 条的概率？

将相应数字代入式(C-8)，得到此时 t 值为 -1.936。由 t 分布的对称性可知，t 值小于等于 -1.936 的概率与 t 值大于等于 1.936 的概率相同，则根据上例可知，所求概率在 2.5% ~5% 之间。■

例 C-11
Example

继续上例，现求每天面包的平均销售量大于 72 条或小于 68 条的概率？

根据例 C-9 和 C-10 可知，平均销售量大于 72 或小于 68 的概率与 t 值大于 1.936 或小于 -1.936 的概率相同。[10] 从前几例可知，这两个概率都介于 2.5% ~5% 之间。因此，总的概率值介于 0.05 ~ 0.10(或 5% ~10%)之间。因此，本例要求 $|t| > 1.936$ 的概率，其中，$|t|$ 表示 t 的绝对值，即不考虑 t 值的符号。(例如，2 的绝对值是 2，-2 的绝对值也是 2。)■

从上面的例子可以看出，一旦根据式(C-8)计算出 t 值，且自由度已知，就可利用 t 分布表计算出获得某个 t 值的概率。

例 C-12
Example

下面给出了 1972 ~2007 年间学生能力测试(S. A. T)分数表：

	男	女
语文(平均)	510.03	503.00
	(36.54)	(51.09)
数学(平均)	524.83	486.36
	(48.31)	(102.07)

注：括号内为方差。

由 10 位男生 S. A. T 分数组成的随机样本，其样本均值和方差分别为 510.12 和 41.08，若真实均值为 514.03(全部 1972 ~2007 年间)，求样本均值为 510.03 的概率？

根据 t 分布的知识，很容易回答这个问题。把相应数值代入式(C-8)得，

$$t = \frac{510.12 - 510.03}{\sqrt{\frac{41.08}{10}}} = 0.0444$$

这个 t 值服从自由度为 9 的 t 分布。(为什么？)从表 E-2 得到获此 t 值的概率大于 0.25(25%)。■

关于 t 表的使用(表 E-2) 随着统计软件和电子统计表的出现，表 E-2 的局限性逐渐凸显出来，因为表 E-2 只提供了有限个自由度下的概率值。附录 E 中的其他表存在同样的问题。而利用统计软件可以更精确地计算各个不同自由度水平下的概率值。

C.3 χ^2 概率分布

既然可以推导出样本均值 $\bar{X}$ 的抽样分布(如果真实标准差已知，则 $\bar{X}$ 服从正态分布，如果用样本标准差替代，则 $\bar{X}$ 服从 t 分布)，能否推导出样本方差 $S^2 = \frac{\sum (X_i - \bar{X})^2}{n-1}$ 的抽样分布呢？答案是肯定的。这个概率分布就是 **χ^2 概率分布**(χ^2 probability distribution)，它与正态分布关系

10 注意，-2.0 比 -1.936 小，-2.3 比 -2.0 小。

密切。与样本均值一样，样本方差也随样本变化而变化，即样本方差也是一个随机变量。但是对于一个给定的样本，样本均值和样本方差是固定的。

如果随机变量 X 服从均值为 μ_X，方差为 σ_X^2 的正态分布，即 $X \sim N(\mu_X,\ \sigma_X^2)$，则随机变量 $Z=(X-\mu_X)/\sigma_X$ 是标准正态变量，即 $Z \sim N(0,\ 1)$。统计理论表明：标准正态变量的平方服从自由度为 1 的 χ^2 概率分布。用符号表示为，

$$Z^2 = \chi^2_{(1)} \tag{C-9}$$

其中，χ^2 的下标(1)表示自由度($d.f.$)为 1。与 t 分布一样，$d.f.$ 是 χ^2 分布的参数。在式(C-9)中，自由度为 1，因为这里考虑的是标准正态变量的平方。

自由度 自由度的个数通常是指用于计算统计量(比如样本均值和样本方差)独立观察值的个数。例如，随机变量的样本方差定义为 $S^2=\dfrac{\sum(X_i-\overline{X})^2}{n-1}$，这种情形下的自由度是$(n-1)$，因为如果用同样的样本计算样本均值 $\overline{X}$，则失去一个自由度，即只有$(n-1)$个独立观察值。例如，X 有三个值：1、2 和 3。样本均值为 2。由于 $\sum(X_i-\overline{X})=0$ 总成立，在三个离差$(1-2)$，$(2-2)$和$(3-2)$中，只有两个可以任意选择，第三个必须满足条件 $\sum(X_i-\overline{X})=0$。[11]因此，本例中虽然有三个观察值，但自由度仅为 2。

令 Z_1，Z_2，…，Z_k 为 k 个独立的标准正态变量(即零均值、单位方差的正态变量)。对所有变量 Z 求平方，则它们的平方和服从自由度为 k 的 χ^2 分布。即

$$\sum Z_i^2 = Z_1^2 + Z_2^2 + \cdots + Z_k^2 \sim \chi^2_{(k)} \tag{C-10}$$

这里的自由度为 k，因为式(C-10)的平方和中有 k 个独立的观察值。

χ^2 分布的几何图形见图 C-7。

χ^2分布的性质

(1)如图 C-7 所示，与正态分布不同，χ^2 分布只取正值(它是平方和的分布)，取值范围从 0 到无穷大。

(2)如图 C-7 所示，与正态分布不同，χ^2 分布是斜分布，其偏度取决于自由度的大小，自由度越小，越向右偏，但随着自由度的增大，逐渐对称并接近正态分布。

(3) χ^2 分布的期望为 k，方差为 $2k$，k 为自由度。这是 χ^2 分布的一条特殊性质，即 χ^2 分布的方差是其均值的两倍。

(4)若 Z_1，Z_2 分别是自由度为 k_1 和 k_2 的两个独立 χ^2 变量，则其和(Z_1+Z_2)也是一个 χ^2 变量，其自由度为(k_1+k_2)。

附录 E 中表 E-4 给出了 χ^2 分布表。随后将讨论 χ^2 分布在回归分析中的应用，这里首先介绍如何使用 χ^2 分布表。

---

11 $\sum(X_i-\overline{X})=\sum X_i-\sum\overline{X}=n\overline{X}-n\overline{X}=0$。因为 $\overline{X}=\sum X_i/n$，$\sum\overline{X}=n\overline{X}$。

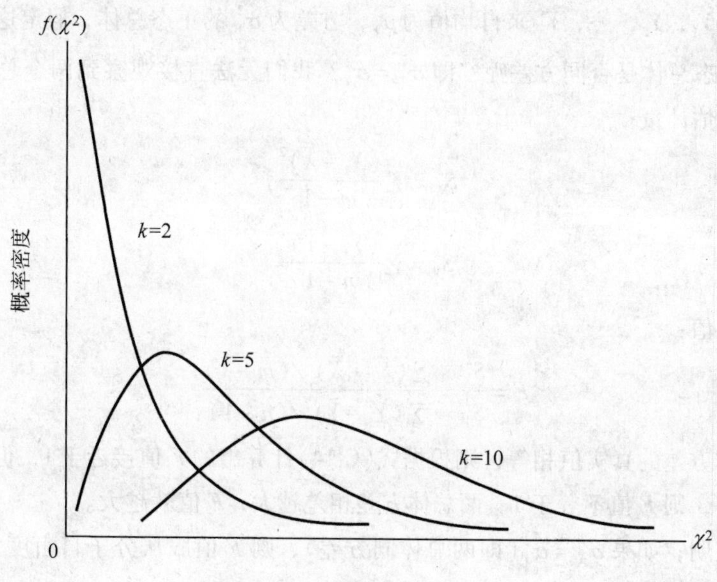

图 C-7　χ^2 变量的密度函数

例 C-13
Example

若自由度为 30，求观察到的χ^2 值大于 13.78 的概率？或大于 18.49 的概率？或大于 50.89 的概率？

根据附录 E 中表 E-4 可得所求概率分别为 0.995，0.95 和 0.01。因而，当自由度为 30 时，χ^2 值接近 51 的概率非常小，仅为 1%，但对于同样的自由度，χ^2 值接近 14 的概率就非常大，约为 99.5%。■

例 C-14
Example

如果随机样本来自方差为 σ^2 的正态总体，样本容量为 n，样本方差为 S^2。可以证明：

$$(n-1)\left(\frac{S^2}{\sigma^2}\right) \sim \chi^2_{(n-1)} \tag{C-11}$$

即样本方差与总体方差的比值乘以自由度$(n-1)$，服从自由度为$(n-1)$的χ^2 分布。假定有来自正态总体$(\sigma^2=8)$的某个随机样本，样本容量为 20，样本方差 $S^2=16$。求得此样本方差的概率是多少？

把相应的数值代入上式，即 19(16/8) = 38。根据附录 E 中表 E-4 得，当自由度为 19 时，如果真实方差 $\sigma^2=8$，则获此χ^2 值(约为 38)的概率为 0.005。问题是：这个随机样本是否来自方差为 8 的正态总体呢？附录 D 将详细讨论。■

在附录 D 中，我们将介绍如何利用式(C-11)根据样本方差 S^2 对真实总体方差 σ^2 进行假设检验。

C.4　*F* 分布

经济计量学中另一种重要的概率分布是 **F 分布**(*F* distribution)。*F* 分布的基本思想是：令样本容量为 m 的随机样本 X_1，X_2，…，X_m 来自均值为 μ_X，方差为 σ_X^2 的正态总体。样本容量

为 n 的随机样本 Y_1，Y_2，…，Y_n 来自均值为 μ_Y，方差为 σ_Y^2 的正态总体，假定这两个样本相互独立。这两个正态总体是否同方差呢？即 $\sigma_X^2=\sigma_Y^2$？我们无法直接观察到两个总体的方差，但能够得到它们的估计量：

$$S_X^2=\sum\frac{(X_i-\overline{X})^2}{m-1} \tag{C-12}$$

$$S_Y^2=\sum\frac{(Y_i-\overline{Y})^2}{n-1} \tag{C-13}$$

考虑下面这个比值：

$$F=\frac{S_X^2}{S_Y^2}=\frac{\sum(X_i-\overline{X})^2/(m-1)}{\sum(Y_i-\overline{Y})^2/(n-1)} \tag{C-14}$$[12]

如果两总体方差的真实值相等，则根据式(C-14)计算出的 F 值接近于1，但如果两总体方差真实值不相等，则 F 值不等于1；两总体方差相差越大，F 值就越大。

统计理论表明；如果 $\sigma_X^2=\sigma_Y^2$(即两总体同方差)，则 F 值服从分子自由度为$(m-1)$，分母自由度为$(n-1)$的 F 分布。[13]由于 F 分布常用于比较两(近似正态)总体方差，因此，F 分布也称为**方差比分布**(variance ratio distribution)。F 值通常用符号 F_{k_1,k_2}表示，其中双下标分别表示了**分子和分母自由度**(本例中 $k_1=(m-1)$，$k_2=n-1$)。[14]

F分布的性质

(1)与χ^2 分布类似，F 分布向右倾斜，取值在0到无穷大之间(见图C-8)。

(2)与 t 分布和χ^2 分布类似，当自由度 k_1，k_2 逐渐增大时，F 分布近似正态分布。

(3)自由度为 k 的 t 分布变量的平方服从分子自由度为1，分母自由度为 k 的 F 分布，即

$$t_k^2=F_{1,k} \tag{C-15}$$

第4章曾介绍这条性质的重要作用。

(4)正如 F 分布与 t 分布之间存在联系一样，F 分布也与χ^2 存在联系，

$$F_{(m,n)}=\frac{\chi^2}{m}\quad as\ n\to\infty \tag{C-16}$$

即χ^2 变量除以其自由度 m 接近分子自由度为 m，分母自由度无限大的 F 分布。因此，对于大

---

12 按照惯例，在计算 F 值时，通常把方差值较大的放在分子上。这就是为什么 F 值总大于或等于1的原因。如果变量 W 服从分子自由度和分母自由度分别为 m，n 的 F 分布，则变量$(1/W)$服从分子自由度和分母自由度分别为 n，m 的 F 分布。即，

$$F_{(1-\alpha),m,n}=\frac{1}{F_{\alpha,n,m}}$$

其中，α 表示显著水平，详细讨论参见第5章。

13 更准确地说，$\dfrac{S_x^2/\sigma_X^2}{S_y^2/\sigma_y^2}$服从 F 分布。但如果 $\sigma_X^2=\sigma_y^2$，就得到了式(C-14)F 值。注意，在计算两个样本方差时，分别失去了一个自由度，因为利用了同样的样本计算样本均值，各自消耗了一个自由度。

14 F 分布有两组自由度，因为统计理论表明，F 分布是两个独立χ^2 变量除以各自自由度后的比值。

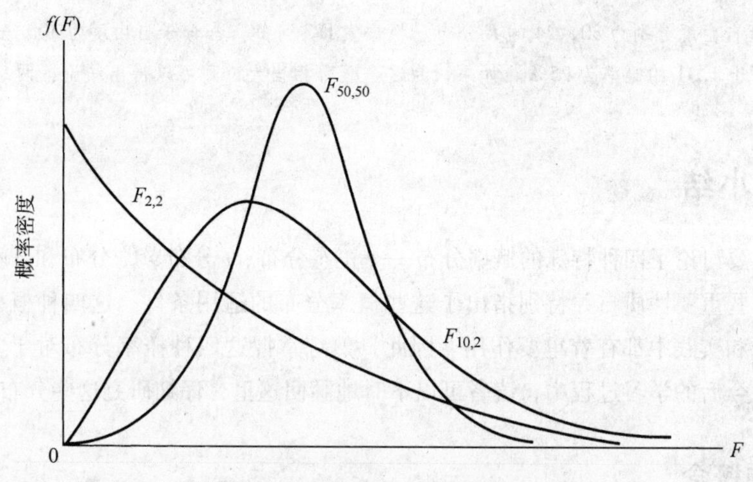

图 C-8　不同自由度下的 F 分布

样本，可以用χ^2 分布表替代 F 分布表，反之亦然。式(C-16)还可写成，

$$m \cdot F_{(m,n)} = \chi^2_m \quad as\ n \to \infty \tag{C-17}$$

即当分母自由度充分大时，分子自由度乘以 $F_{m,n}$ 等于自由度为 m 的χ^2 分布。

附录 E 中表 E-3 给出了 F 分布表。在随后的回归分析中将会看到 F 分布的特殊用途，下面首先介绍 F 分布表的使用。

例 C-15
Example

回到 S. A. T 一例(例 C-12)，假定男、女生的分数服从正态分布，进一步假定其均值和方差来自于一个更大总体。根据两个样本方差，能否认为两总体同方差呢？

由于男、女生的分数是两个正态变量，因此，根据式(C-14)计算 F 值，

$$F = \frac{51.09}{36.54} = 1.3982$$

服从分子自由度为 35，分母自由度为 35 的 F 分布(在计算 F 值时，通常把方差值大的放在分子上)。虽然附录 E 中表 E-3 并未给出自由度为 35 时的 F 值，但当分子、分母自由度为 30 时，F 值为 1.4 的概率介于 10% ~25%之间。如果认为这个概率值太小(详细讨论见附录 D)，因此没有充分证据表明两总体方差不相等，即男、女生分数的总体方差没有差异。记住：如果两总体方差相等，则 F 值为 1。但若不相等，则 F 值将大于 1。■

例 C-16
Example

两个班级进行同样的经济计量学测试。一个班级共有 100 名学生，另一个班级共有 150 名学生。从第一个班级随机抽取 25 个学生，从第二个班级随机抽取 31 个学生，得到两个班级 GPA(平均积分点)的样本方差分别为 100 和 132。假设 GPA 这一随机变量服从正态分布，那么是否认为两班级的 GPA 同方差呢？

因为这两个随机样本来自两个正态分布。根据式(C-14)，得

$$F = \frac{132}{100} = 1.32$$

服从分子和分母自由度分别为30，24的F分布。根据表E-3可知，当分子自由度为30、分母自由度为24时，F值大于等于1.31的概率为25%。如果认为这个概率相当大，则可以得出结论：两总体同方差。■

C.5 小结

本部分主要讨论了四种特殊的概率分布——正态分布、t分布、χ^2分布和F分布，概括了各种分布的一些重要性质，并特别指出了这些概率分布的适用条件。这四种概率分布在整个经济计量理论和实践中都有着重要作用。因此，熟练掌握这四种概率分布对于学习本书内容至关重要。在今后的学习过程中，读者可以不时地翻回这里，仔细研究这些分布的特殊性质。

关键术语和概念

正态分布
(a)单位或标准化变量
(b)单位或标准正态变量
随机数生成器
随机抽样；独立同分布随机变量
估计量的抽样或概率分布
标准误
蒙特卡洛实验或模拟
中心极限定理
t分布(学生t分布)
χ^2概率分布
自由度
F分布
(a)方差比分布
(b)分子和分母自由度

问 题

C.1 解释概念
(a)自由度
(b)估计量的抽样分布
(c)标准误

C.2 若随机变量$X \sim N(8, 16)$，判断正误：
(a)$P(X>12)=0.16$
(b)$P(12<X<14)=0.09$
(c)$P[(X-\bar{X})>2.5\sigma]=0.0062$

C.3 继续上题
(a)求样本均值$\bar{X}$的概率分布。
(b)题(a)的答案与样本容量有关吗？为什么？
(c)假设样本容量为25，求获得样本均值为6的概率？

C.4 正态分布与t分布有什么区别？什么时候使用t分布？

C.5 假定随机变量服从t分布。
(a)当自由度为20，求t值大于1.325的概率。

(b)求 t 值小于 -1.325 的概率。

(c)求 t 值大于或小于 1.325 的概率。

(d)"求 t 的绝对值大于 1.325 的概率"与(c)有区别吗?

C.6　判断正误。若自由度充分大，则 t 分布、χ^2 分布、F 分布都近似于标准正态分布。

C.7　如果自由度足够大，χ^2 分布近似于正态分布：$Z=\sqrt{2\chi^2}-\sqrt{2k-1}\sim N(0,\ 1)$，令 $k=50$。

(a)利用 χ^2 分布表求 χ^2 值大于 80 的概率。

(b)利用正态近似求此概率。

(c)假定自由度为 100，利用 χ^2 分布表(或正态分布)计算上述各概率。通过正态近似得出什么样的结论?

C.8　在统计学中，中心极限定理有何重要作用?

C.9　列举运用 χ^2 分布和 F 分布的例子。

习　题

C.10　某行业利润(由 100 个公司组成)(X)服从均值为 150 万美元，标准差为 12 万美元的正态分布。计算：

(a)$P(X<100$ 万美元)。

(b)$P(80$ 万美元$\leqslant X\leqslant 130$ 万美元)。

C.11　在习题 C.10 中，若有 10% 的公司超过某一利润值，求此利润值。

C.12　假定经济计量学考试的 GPA 服从均值为 75 的正态分布。在一个随机样本中，有 10% 学生的 GPA 大于 80，求 GPA 的标准差。

C.13　一支牙膏的重量服从均值为 6.5 盎司，标准差为 0.8 盎司的正态分布。生产每支牙膏的成本为 50 美分。如果在质检中发现其中一支牙膏的重量低于 6 盎司，则重新填充的平均成本为 20 美分。如果一支牙膏的重量高于 7 盎司，则公司损失 5 美分的利润。如果检查 1 000 支牙膏，

(a)有多少支牙膏的重量少于 6 盎司?

(b)在(a)情况下，重新填充需要耗费多少成本?

(c)有多少支牙膏重量多于 7 盎司? 在此情况下，将损失多少利润?

C.14　如果 $X\sim N(10,\ 3)$，$Y\sim N(15,\ 8)$，且 X 和 Y 相互独立，求下列各式概率分布。

(a)$X+Y$　　(b)$X-Y$　　(c)$3X$　　(d)$4X+5Y$

C.15　继续习题 C.14，现假设 X 与 Y 正相关，相关系数为 0.6，求上面各式的概率分布。

C.16　令 X，Y 代表两只股票的收益率(百分比)。如果 $X\sim N(15,\ 25)$，$Y\sim N(8,\ 4)$，且 X 与 Y 的相关系数为 -0.4。假设你持有两只股票的比例相同。求投资组合收益率的概率分布。是投资于其中一只股票的收益大，还是同时持有两只股票的收益大? 为什么?

C.17　回到例 C-12。如果 10 位女生 S. A. T 数学分数组成的随机样本的样本方差为 142。已知真实方差为 102.07。求获此样本方差的概率。你使用了哪个概率分布? 用此分布有哪

些假定条件？

C.18 10位经济学家预测来年真实GNP的增长率。假定随机变量“预测值”服从正态分布。

(a)如果预测值的样本方差比总体方差大 X 个百分点的概率是0.10，求 X。

(b)如果样本方差介于总体方差 (X, Y) 个百分点的概率是0.95，求 X 和 Y。

C.19 10个谷箱组成一个随机样本，每个谷箱的重量如下：(单位：盎司)

16.13	16.02	15.90	15.83	16.00
15.79	16.01	16.04	15.96	16.20

(a)求样本均值和样本方差。

(b)如果每箱重量的真实均值为16盎司，则获此样本均值的概率是多少？你使用了哪种概率分布？为什么？

C.20 两所大学微观经济学考试成绩如下：

$\overline{X}_1 = 75$,　$S_1^2 = 9.0$,　$n_1 = 50$

$\overline{X}_2 = 70$,　$S_2^2 = 7.2$,　$n_2 = 40$

其中，$\overline{X}_S$ 表示样本的平均分数；S_S^2 表示样本方差；n_S 表示样本容量。如何检验假设：两总体同方差？你将使用哪种概率分布？用此分布有哪些假定条件？

C.21 蒙特卡洛模拟。从自由度为10的 t 分布中抽取25个随机样本，每个样本包括25个观察值。计算每个样本的样本均值。求样本均值的抽样分布，并用图形加以说明。

C.22 重复习题C.21，但现在是自由度为8的 χ^2 分布。

C.23 重复习题C.21，但现在是分子自由度为10，分母自由度为15的 F 分布。

C.24 利用式(C-16)，比较 $\chi^2_{(10)}$ 与 $F_{10,10}$，$F_{10,20}$，$F_{10,60}$。你得出什么结论？

C.25 如果 $X \sim N(\mu_X, \sigma_X^2)$，证明：$\overline{X} \sim N(\mu_X, \sigma_X^2/n)$。提示：$\mathrm{var}(\overline{X}) = \mathrm{var}\left(\frac{x_1 + x_2 + \cdots + x_n}{n}\right)$，利用附录B讨论的方差的性质，注意 X_i 是独立同分布变量。

C.26 证明：$Z = \left(\frac{X - \mu_X}{\sigma_X}\right)$ 的均值为0，方差为1(无论 Z 是否服从正态分布)。提示：$E(Z) = E\left(\frac{X - \mu_X}{\sigma_X}\right) = \frac{1}{\sigma_X}E(X - \mu_X)$。

附录 D

统计推断：估计与假设检验

具备了概率、随机变量、概率密度、概率密度特征(比如期望、方差、协方差、相关、条件期望)的基础知识之后，本部分将讨论统计学的另一个重要内容：**统计推断**(statistical inference)。概括地说，统计推断就是根据来自总体的某个随机样本对总体(例如正态总体)的某些特征做出推论。因此，如果认为某个样本来自正态总体，能否根据计算出的样本均值和样本方差推断真实总体的均值和方差呢?

D.1 统计推断的含义[1]

前面已经讲过，总体和样本是统计学中两个非常重要的概念。总体是指现象可能结果的全体(例如纽约的人口)。样本是总体的一个子集(例如居住在曼哈顿的人口，曼哈顿是纽约的五大城区之一)。更宽泛地说，统计推断研究的是总体与来自总体的样本之间的关系。下面通过一个具体例子说明统计推断的含义。

表 D-1 给出了 2004 年 2 月 2 日纽约股票交易市场(NYSE)上 28 家上市公司的价格收益比(P/E)数据。[2]假定这是一个来自 NYSE(约 3 000 家上市公司)的随机样本。例如，表中列出的 Alcoa(AA)的 P/E 值为 27.96，表示当天股票以 28 倍年收益的价格售出。P/E 值是股票市场的重要投资指标之一。

我们关注的并不是某只股票的 P/E 值，而是全部 NYSE 上市股票(总体)的平均 P/E 值。原则上可以得到 NYSE 所有上市股票的 P/E 值，因而很容易计算出平均的 P/E 值，但这种做法费时费力。能否利用表 D-1 的数据计算出 28 家上市公司的平均 P/E 值，并把它作为 NYSE

1 概括地说，统计推断有两种方法，贝叶斯方法和古典方法。古典方法是由统计学家奈曼(Neyman)和皮尔森(Pearson)提出的，也是统计学初学者一般采用的方法。虽然两种方法在方法论上存在差异，但是推断的结果差别不大。

2 即使收益不变，但由于股票价格每天都发生变化，每天的 P/E 值也不同。表中列出的股票称为道(Dow)30。现实的情况是，股市开盘后，股票价格变动得非常频繁，大多数报纸给出的是营业日当天收盘时的 P/E 值。

所有上市公司平均P/E值(总体均值)的一个估计值呢？即，如果X=P/E值，$\overline{X}$=28家上市公司的平均P/E值，那么，NYSE总体的P/E期望，$E(X)$是多少呢？从样本值(例如$\overline{X}$)概括出总体值(例如$E(X)$)的这一过程就是统计推断的基本思想。下面详细讨论这个问题。

表D-1 纽约股票交易市场上28家上市公司的价格收益比(P/E)

公司	P/E	公司	P/E
AA	27.96	INTC	36.02
AXP	22.90	IBM	22.94
T	8.30	JPM	12.10
BA	49.78	JNJ	22.43
CAT	24.68	MCD	22.13
C	14.55	MRK	16.48
KO	28.22	MSFT	33.75
DD	28.21	MMM	26.05
EK	34.71	MO	12.21
XOM	12.99	PG	24.49
GE	21.89	SBC	14.87
GM	9.86	UTX	14.87
HD	20.26	WMT	27.84
HON	23.36	DIS	37.10
均值=23.25，方差=90.13，标准差=9.49			

资料来源：www.stockselector.com.

D.2 估计和假设检验：统计推断的两个孪生分支

从上面的讨论中可以看到统计推断的路线是：首先有某个总体，比如说NYSE的上市股票，并要研究该总体的某个特征，比如说P/E值。当然，并不是研究每只股票的P/E值，而是平均的P/E值。由于收集所有股票P/E值需要花费大量的时间和精力，因此可以抽取一个随机样本，并得到每只样本股票的P/E值，然后再计算样本的平均P/E值$\overline{X}$。$\overline{X}$就是一个**估计量**(estimator)，也称为总体平均P/E值$E(X)$的一个样本统计量，$E(X)$称为(总体)**参数**(parameter)(见附录B)。例如，均值和方差是描述正态分布的参数，估计量的某一取值称为估计值(例如$\overline{X}$值为23)。因此，估计是统计推断的第一步。得到参数的估计值后，接下来就要判定估计值的"优度"，因为估计值很可能不等于真实的参数值。如果有两个或更多个随机样本，计算这些样本的均值$\overline{X}$，则得到的估计值很可能不同。不同样本估计值的差异被称为抽样变异或抽样误差。[3]是否存在一个判定估计量"优度"的标准呢？D.4节将讨论判定估计量优劣的一些常用标准。

估计是统计推断的一个方面，假设检验则是统计推断的另一方面。在假设检验中，会对参数的某个假定值有一个先验判断或预期。比如说，先验知识或专家意见告诉我们NYSE股票总体的真实平均P/E值是20。假定根据样本容量为28的某个随机样本计算出P/E的估计值为

3 注意抽样误差并不是故意的。抽样误差的发生常常是由于样本是随机的，并且样本中的元素也因样本不同而不同。建立在样本基础上的统计分析都无法避免这个问题。

23。那么，23 接近于假设值 20 吗？显然，两个数值并不相等。但这里有一个重要问题：23 与 20 在统计上是不同的吗？由于抽样误差的存在，样本估计值很可能与总体真实值不同。从统计上说，23 可能与 20 没有不同，在此情况下，不能拒绝假设：真实平均 P/E 值为 20。这就是假设检验的基本思想，D.5 节将详细讨论。

介绍完这些基本知识之后，接下来详细讨论估计和假设检验。

D.3　参数估计

附录 C 讨论了几种理论概率分布。通常假定随机变量 X 服从某种概率分布，但并不知道分布的参数值。例如，如果 X 服从正态分布，我们想知道它的两个参数，均值 $E(X)=\mu_X$ 和方差 σ^2。为了估计这些未知参数，一般假定有来自某个概率分布总体，样本容量为 n 的随机样本，根据样本估计总体的未知参数。可用样本均值作为总体均值(或期望)的估计量，样本方差作为总体方差的估计量。这个过程称为估计问题。估计问题分为两类：**点估计**和**区间估计**。

假定随机变量 X(P/E 值)服从某个正态分布，均值和方差未知。如果有来自该正态总体的一个随机样本(28 个 X 值)，见表 D-1，如何根据这些样本数据计算总体的 $\mu_X=E(X)$和方差 σ^2 呢？更具体地，假定现在仅仅关注 μ_X，[4]那么，如何计算 μ_X 呢？根据表 D-1 的数据，28 个 P/E 的样本均值为 23.25，显然可以选择 $\bar{X}$作为 μ_X 的估计值。这个单一的数值就称为 μ_X 的**点估计值**(point estimate)，计算点估计值的公式 $\bar{X}=\sum_{1}^{28}X_i/n$ 称为点估计量或统计量。注意：点估计量是一个随机变量，因为其值随样本的不同而不同(回顾例 C-6 的抽样试验)。那么，这个特殊估计值(比如 23.25)的可信度有多大呢？换句话说，能在多大程度上依靠这样一个真实总体均值的估计值呢？虽然 $\bar{X}$可能是总体均值"最好的"单个估计值，但是某个区间，比如 19～24，更可能包括总体均值 μ_X。这正是**区间估计**(interval estimation)的基本思想。下面讨论区间估计。

区间估计的主要思想源于估计量(例如样本均值 $\bar{X}$)的**抽样分布或概率分布**。附录 C 曾指出，如果随机变量 $X\sim N(\mu_X,\ \sigma_X^2)$，则

$$\bar{X}\sim\left(\mu_X,\frac{\sigma_X^2}{n}\right)\tag{D-1}$$

或

$$Z=\frac{(\bar{X}-\mu_X)}{\sigma_X/\sqrt{n}}\sim N(0,1)\tag{D-2}$$

即样本均值的抽样分布也服从正态分布。[5]

附录 C 曾指出，通常 σ_X^2 是未知的，但如果使用估计量 $S_X^2=\sum(X_i-\bar{X})^2/(n-1)$，则有：

4　可用同样的步骤估计 σ_X^2。

5　如果 X 不服从正态分布，若样本容量 n 足够大，则根据中心极限定理，$\bar{X}$ 服从正态分布。

$$t = \frac{(\bar{X} - \mu_X)}{S_x / \sqrt{n}} \tag{D-3}$$

服从自由度为$(n-1)$的t分布。

如何利用式(D-3)得到P/E一例μ_X的区间估计值呢？这里共有28个样本观察值，但自由度为27。根据附录E中的t分布表(表E-2)，当自由度为27时，

$$P(-2.052 \leqslant t \leqslant 2.052) = 0.95 \tag{D-4}$$

见图D-1。即区间$(-2.052, 2.052)$包括从式(D-3)计算的t值的概率为95%。[6]这些t值称为**临界*t*值**(critical t value)，表示了在临界值区间内位于t分布曲线下区域的比例(t分布曲线下的总面积为1)，见图D-1。$t=-2.052$称为下临界t值，$t=2.052$称为上临界t值。

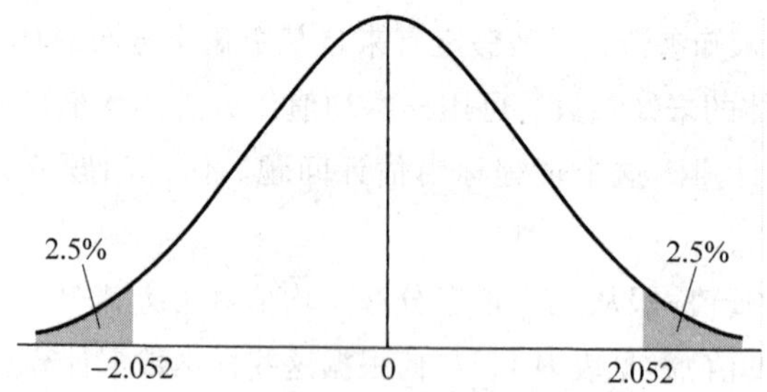

图D-1 t分布(自由度为27)

把式(D-3)代到式(D-4)中，得到：

$$P\left(-2.052 \leqslant \frac{(\sqrt{\bar{X}} - \mu_X)}{S_x / \sqrt{n}} \leqslant 2.052\right) \tag{D-5}$$

经过简单的数学变换，式(D-5)可以等价地表示为：

$$P\left(\bar{X} - 2.052 \frac{S_x}{\sqrt{n}} \leqslant \mu_X \leqslant \bar{X} + 2.052 \frac{S_x}{\sqrt{n}}\right) = 0.95 \tag{D-6}$$

式(D-6)就是真实μ_X的一个区间估计量。

在统计学中，称式(D-6)为未知总体均值μ_X的一个95%的**置信区间**(confidence interval, CI)。0.95称为**置信系数**(confidence coefficient)。式(D-6)表示随机区间$(\bar{X} \pm 2.052 S_x \sqrt{n})$包括真实$\mu_X$的概率为0.95。$\bar{X} - 2.052 S_x \sqrt{n}$称为**区间的下限**(lower limit)，$\bar{X} + 2.052 S_x \sqrt{n}$称为**区间的上限**(upper limit)。参见图D-2。

需要特别强调的是：式(D-6)给出的区间是**随机区间**(random interval)，因为它依赖于$\bar{X}$和$S_x/\sqrt{n}$的取值，而$\bar{X}$和$S_x/\sqrt{n}$的值随样本的不同而变化。虽然总体均值μ_X是未知的，但它取某一固定值，因而是非随机的。因此，不能说μ_X位于这个区间的概率是0.95，只能说随机区间式(D-6)包括真实μ_X的概率是0.95。简言之，区间是随机的，而参数μ_X不是随机的。

回到P/E一例，根据表D-1可知，$n=28$，$\bar{X}=23.25$，$S_x=9.49$。把这些值代入式(D-6)，得到：

---

6 无须赘言，这些值与自由度和概率水平有关。例如，对于同样的自由度，$P(-2.771 \leqslant t \leqslant 2.771) = 0.99$。

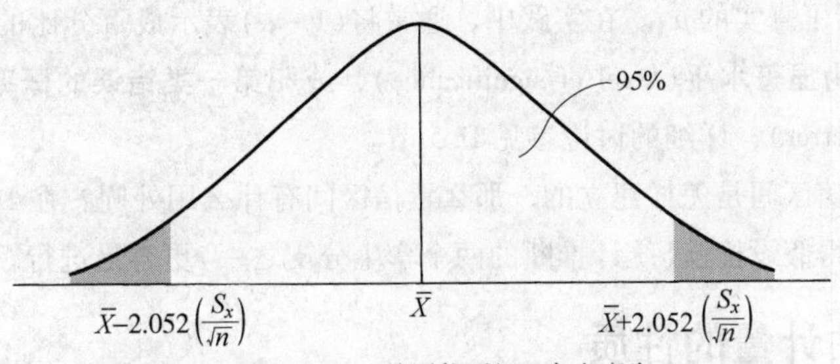

a) μ_X95% 的置信区间（自由度为 27）

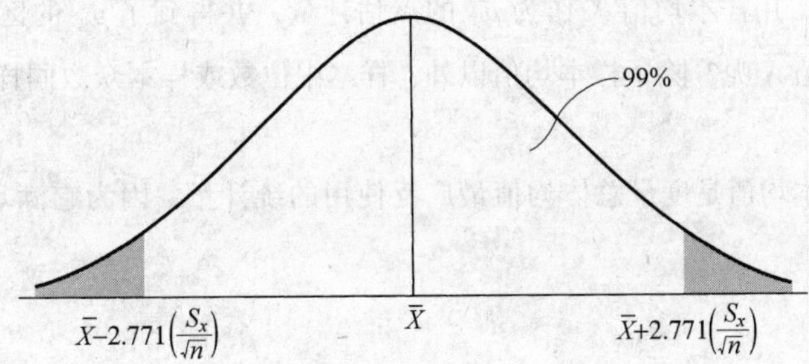

b) μ_X99% 的置信区间（自由度为 27）

图　D-2

$$23.25-\frac{(2.052)(9.49)}{\sqrt{28}} \leqslant \mu_X \leqslant 23.25+\frac{(2.052)(9.49)}{\sqrt{28}}$$

即 μ_X95% 的置信区间为

$$19.57 \leqslant \mu_X \leqslant 26.93（近似值） \tag{D-7}$$

式(D-7)表明，如果建立类似式(D-7)这样的置信区间 100 次，将有 95 个区间包括真实的 μ_X。[7]顺便指出，P/E 一例的下限和上限分别为 19.57 和 26.93。

因此，与点估计值(23.25)相比，区间估计提供了某一置信水平下(如 95%)包括真实参数的区间范围。如果要给出真实均值最好的一个估计值，那么就是点估计值 23.25；如果要求的不那么精确，则在某一置信水平下(比如 95%)区间(19.57，26.93)最可能包括真实均值。

更一般地，假定随机变量 X 服从某一概率分布函数(PDF)。如果要对参数进行估计，比如说，总体均值 μ_X。要实现这个目标，选取容量为 n 的随机样本 X_1，X_2，…，X_n，根据样本计算两个统计量(或估计量)L 和 U：

$$P(L \leqslant \mu_X \leqslant U)=1-\alpha \quad 0<\alpha<1 \tag{D-8}$$

即从 L 到 U 的随机区间包括真实 μ_X 的概率为$(1-\alpha)$。L 称为区间的下限，U 称为区间的上限。这个区间称为 μ_X 的置信区间，$(1-\alpha)$称为置信系数。如果 $\alpha=0.05$，则置信系数为 0.95，表示如果建立一个置信系数为 95% 的置信区间，那么重复建立这样的区间 100 个，预

7　再次提醒注意的是：不能说某个区间包括真实 μ_X 的概率是 0.95。在古典假设检验方法中，类似 $P(19.5 \leqslant \mu_X \leqslant 26.93)=0.95$ 这样的表述是不允许的。形如式(D-7)的区间应该从重复抽样的角度加以解释，即如果建立这样的区间足够多次，那么其中 95% 的区间包括真实均值。区间式(D-7)只是区间估计量式(D-6)的一个具体实现。

期其中的95个包括了真实的μ_X。在实践中，通常将$(1-\alpha)$表示成百分比的形式，例如95%。在统计学中，α称为**显著水平**(level of significance)，或**犯第一类错误的概率**(the probability of committing a type I error)，详细的讨论参见D.5节。

既然知道了置信区间是怎样建立的，那么置信区间有什么用处呢？在D.5节中将会看到，置信区间的建立使得假设检验(统计推断的两个孪生分支之一)更容易进行。

D.4 点估计量的性质

在P/E一例中，用样本均值$\bar{X}$作为μ_X的点估计量，并得到了μ_X的区间估计量。但是，为什么选择样本均值$\bar{X}$呢？除了样本均值以外，样本中位数或样本众数同样可用做μ_X的点估计量。[8]

在实践中，样本均值是度量总体均值最广泛使用的统计量，因为它满足下面的一些统计性质：

(1)线性；

(2)无偏性；

(3)最小方差性；

(4)有效性；

(5)最优线性无偏估计量(BLUE)；

(6)一致性。

下面讨论这些性质。

D.4.1 线性

若估计量是样本观察值的线性函数，则称该估计量是**线性估计量**(linear estimator)。显然，样本均值是一个线性估计量，因为$\bar{X}$是观察值X的线性函数：(注：X仅以一次幂的形式出现。)

$$\bar{X}=\sum_{i=1}^{n}\frac{X_i}{n}=\frac{1}{n}(X_1+X_2+\cdots+X_n)$$

在统计学中，处理线性估计量比非线性估计量更为容易。

D.4.2 无偏性

如果总体参数有若干个估计量(即可用几种不同的方法估计参数)，且其中的一个或几个估计量与参数真实值一致，就称这些估计量是参数的**无偏估计量**(unbiased estimator)。换种说法，如果重复使用某种方法得到估计量的均值与真实参数值一致，那么这个估计量就是无偏

8 中位数是指随机变量这样的一个取值，把总体PDF二等分为两部分，使得总体的一半值超过它，而另一半值低于它。为了计算样本的中位数，将观察值按升序排列，中位数就是次序的中值。例如，如果有观察值7，3，6，11，5，按照升序重新排列，即3，5，6，7，11。这里的中位数就是6。众数是随机变量出现最频繁的数值。例如，如果有观察值3，5，7，5，8，5，9，则众数就是5，因为它出现的次数最多。

估计量。更正规地，估计量比如 $\overline{X}$，称为 μ_X 的无偏估计量，如果满足：

$$E(\overline{X}) = \mu_X \tag{D-9}$$

参见图 D-3。如果情况不是这样，则称估计量是有偏估计量，如图 D-3 中的估计量 X^*。

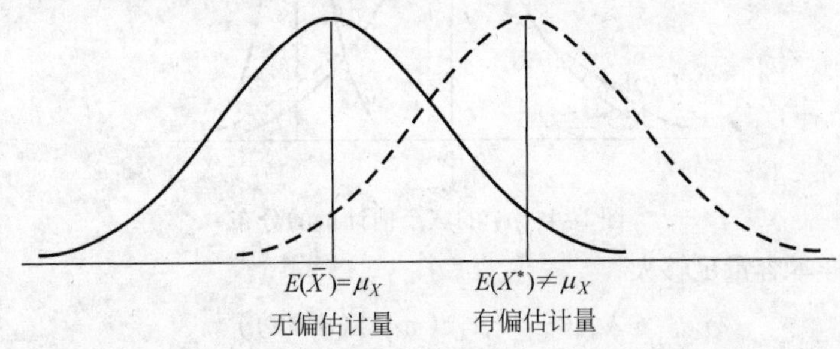

图 D-3　总体均值 μ_X 的无偏估计量 $\overline{X}$ 和有偏估计量 X^*

例 D-1
Example

令 $X_i \sim N(\mu_X, \sigma_X^2)$，$\overline{X}$ 是来自该总体的某个随机样本(样本容量为 n)的均值，$E(\overline{X}) = \mu_X$，$\text{var}(\overline{X}) = \sigma_X^2/n$。因此，样本均值 $\overline{X}$ 是真实 μ_X 的无偏估计量。如果从正态总体中重复抽取样本容量为 n 的样本，并计算每个样本的样本均值 $\overline{X}$，则平均而言，$\overline{X}$ 与真实的 μ_X 一致。但需注意的是，不能仅仅通过一个样本(比如表 D-1)就认为计算的样本均值 22.27 一定等于真实的均值。■

例 D-2
Example

令 $X_i \sim N(\mu_X, \sigma_X^2)$，假定从该正态总体中抽取容量为 n 的随机样本。令 X_{med} 表示样本中位数，可以证明 $E(X_{\text{med}}) = \mu_X$，即样本中位数也是真实均值的无偏估计量。注意：无偏性是一个重复抽样性质；也就是说，如果抽取若干个容量为 n 的随机样本，计算每个样本中位数，则样本中位数的平均值接近 μ_X。■

D.4.3　最小方差性

图 D-4 给出了 μ_X 的三个不同估计量，$\hat{\mu}_1$，$\hat{\mu}_2$，$\hat{\mu}_3$ 的抽样分布。

如果其方差比 μ_X 的其他任何估计量的方差都小，估计量 μ_X 称为**最小方差估计量**(minimum-variance)。从图 D-4 可以看出，在三个估计量中，$\hat{\mu}_3$ 的方差最小。因此，$\hat{\mu}_3$ 就是最小方差估计量。但要注意，$\hat{\mu}_3$ 是有偏估计量。(为什么?)

D.4.4　有效性

虽然无偏性是一条理想的性质，但它本身并不充分。如果参数有两个或更多个无偏估计量，那该如何选择呢?

假定随机变量 X 的 n 个取值构成一个随机样本。$X \sim N(\mu_X, \sigma_X^2)$。令 $\overline{X}$ 和 X_{med} 分别表示样本均值和样本中位数，则有，

$$\overline{X} \sim N(\mu_X, \sigma^2/n) \tag{D-10}$$

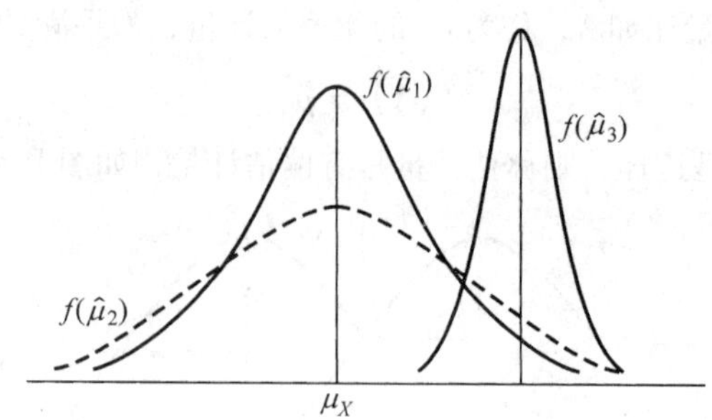

图 D-4 μ_X 的三个估计量的分布

可以证明，如果样本容量足够大，

$$X_{med} \sim N(\mu_X, (\pi/2)(\sigma^2/n)) \tag{D-11}$$

其中，$\pi = 3.142$（近似值）。也即，对大样本而言，样本中位数也服从均值为 μ_X 的正态分布，但方差是样本均值 $\bar{X}$ 方差的 $(\pi/2)$ 倍，见图 D-4。实际上，如果求样本均值和中位数方差之比：

$$\frac{\operatorname{var}(X_{med})}{\operatorname{var}(\bar{X})} = \frac{\pi}{2}\frac{\sigma^2/n}{\sigma^2/n} = \frac{\pi}{2} = 1.571 \quad (\text{近似值}) \tag{D-12}$$

表明样本中位数的方差比样本均值方差大 57%。

根据图 D-5 及上述讨论，究竟选择哪个估计量呢？一般会选择 $\bar{X}$，因为虽然两个估计量都是无偏估计量，但 $\bar{X}$ 的方差比 X_{med} 的方差小。所以，在重复抽样中，用 $\bar{X}$ 估计 μ_X 比用 X_{med} 更精确。简言之，$\bar{X}$ 提供了一个比 X_{med} 更为精确的总体均值的估计值。用统计语言，称 $\bar{X}$ 是**有效估计量**（efficient estimator）。更正规地：如果仅仅考虑参数的无偏估计量，则方差最小的估计量称为最优或有效估计量。

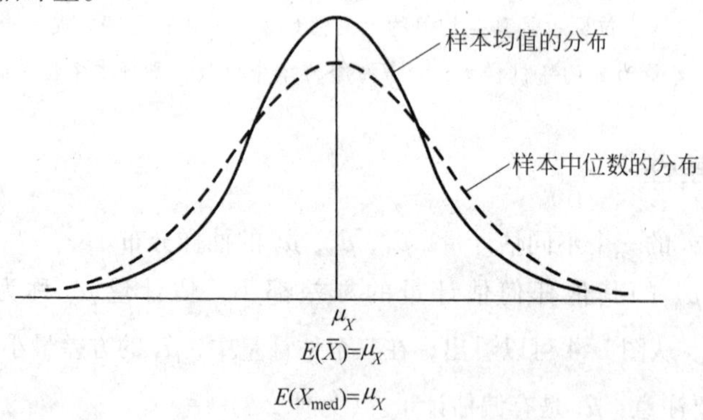

图 D-5 有效估计量一例（样本均值）

D.4.5 最优线性无偏估计量（BLUE）

在经济计量学中，最常遇到的一个统计性质就是**最优线性无偏估计量**（best linear unbiased estimator，BLUE）。如果一个估计量是线性的和无偏的，并且在参数的所有线性无偏估计量中，这个估计量的方差最小，则称这个估计量是最优线性无偏估计量。显然，这条性质包括了线性、无偏性及最小方差性，在第 3 章和第 4 章中曾介绍这一性质的重要作用。

D. 4. 6 一致性

为了解释一致性，假定 $X \sim N(\mu_X, \sigma_X^2)$，从该正态总体中抽取容量为 n 的随机样本。考虑 μ_X 的两个估计量：

$$\bar{X} = \sum \frac{X_i}{n} \tag{D-13}$$

$$X^* = \sum \frac{X_i}{n+1} \tag{D-14}$$

第一个估计量就是常用的样本均值。则有，

$$E(\bar{X}) = \mu_X$$

可以证明：

$$E(X^*) = \left(\frac{n}{n+1}\right)\mu_X \tag{D-15}$$

由于 $E(X^*)$ 不等于 μ_X，显然 X^* 是一个有偏估计量（证明见习题 D. 21）。

但如果增加样本容量，情况又会怎样呢？估计量 $\bar{X}$ 与 X^* 的差别仅仅在于前者的分母为 n 而后者的分母为 $n+1$。但是随着样本容量的增大，两个估计量的差别逐渐缩小。即，随着样本容量的增加，X^* 也将接近真实的 μ_X。在统计学中，称这样的估计量为**一致估计量**（consistent estimator）。更正规地：估计量（比如 X^*）称为一致估计量，如果随着样本容量的增加，估计量接近参数的真实值。在后面的章节中将会看到，有些时候或许不能得到参数的无偏估计量，却能够得到一致估计量。[9]图 D-6 描绘了估计量的一致性。

D. 5 统计推断：假设检验

在详细研究了统计推断的分支——参数估计之后，接下来讨论统计推断的另一重要分支——假设检验。前面已经简单介绍过假设检验的一般性质，这里将更深入地讨论假设检验。

再来看表 D-1 的 P/E 一例。在 D. 3 节中，根据由 28 个 P/E 值组成的随机样本，建立了 μ_X（NYSE 上市股票总体真实但未知的平均 P/E 值）的一个 95% 的置信区间。现在转变一下策略，不是建立一个置信区间，而是假设真实的 μ_X 取某一特定值（比如 $\mu_X = 18.5$）。现在的任务是检验这个假设。[10]如何检验这个假设呢？——是接受还是拒绝？

用假设检验的语言，类似 $\mu_X = 18.5$ 的假设称为**零假设**（null hypothesis），通常用符号 H_0 表示。因而，H_0：$\mu_X = 18.5$。零假设通常对立于**备择假设**（alternative hypothesis），用符号 H_1 表示。备择假设有以下几种形式：

---

9 注意无偏估计量和一致估计量的关键区别。如果样本容量固定，随机变量服从某一概率分布，从总体中抽取若干随机样本用以估计总体分布的参数，那么，无偏估计量要求能够得到参数的真实值。而另一方面，一致性反映了随样本容量增加估计量的变化。如果样本容量足够大，且估计量接近参数的真实值，则估计量是一致估计量。

10 《韦伯斯特词典》对假设的解释是，“something considered to be true for the purpose of investigation or argument”。《牛津英文词典》对假设的解释是“supposition made as a basis for reasoning, or as a starting point for further investigation from known facts”。

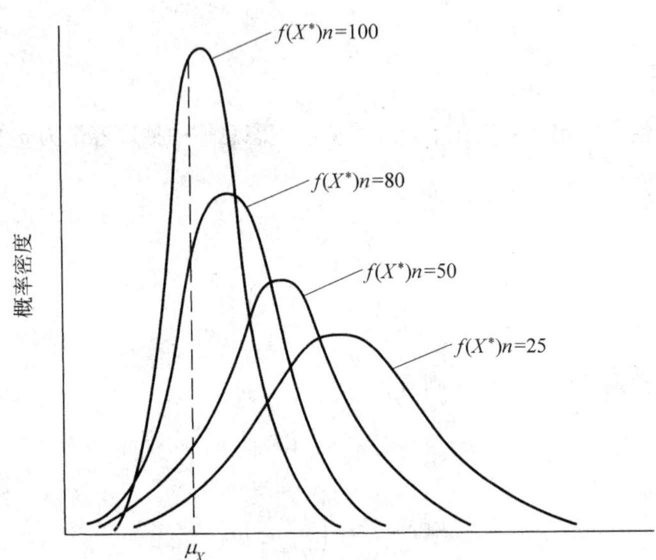

图 D-6 一致性：随着样本容量的增加，总体均值 μ_X 的估计量 X^* 的变化

H_1：$\mu_X>18.5$，称为**单边**(one-sided)或**单尾**(one-tailed)备择假设。

H_1：$\mu_X<18.5$，也称为单边或单尾备择假设。

H_1：$\mu_X\neq18.5$，称为**双边**(two-sided)或**双尾**(two-tailed)备择假设。即真实均值大于或小于 18.5。[11]

为了检验零假设(对应于备择假设)，需要根据样本数据(比如，根据表 D-1 得到的样本平均 P/E 值 23.25)以及统计理论建立判定规则来判断样本信息是否支持零假设。如果样本信息支持零假设，则不能拒绝 H_0，如果不支持零假设，则拒绝 H_0。在后一种情况下，接受备择假设 H_1。

如何建立判定规则呢？有两个互补的方法：①置信区间法；②显著性检验法。我们将通过 P/E 一例说明这两种方法。假定

$$H_0: \mu_X = 18.5$$

$$H_1: \mu_X \neq 18.5 \quad (\text{双边检验})$$

D.5.1 假设检验的置信区间法

根据表 D-1 的样本数据计算出样本均值为 23.25。从 D.3 节可知，样本均值服从均值为 μ_X，方差为 σ_X^2/n 的正态分布。但由于真实方差是未知的，所以用样本方差代替，这种情况下的样本均值服从 t 分布，见式(D-3)。根据 t 分布，得到如下一个 95% 的置信区间：

$$19.57 \leqslant \mu_X \leqslant 26.93 \tag{D-16}$$

置信区间提供了某一置信度下(比如 95%)包括真实 μ_X 的取值范围。因此，如果这个区间不包括零假设值，比如 $\mu_X=18.5$，则会拒绝零假设吗？是的，以 95% 的置信度拒绝零假设。

从上面的讨论中可以清楚地看到，置信区间与假设检验密切相关。用假设检验的语言，

11 有多种表示零假设和备择假设的方法。例如，H_0：$\mu_X\geqslant13$ 且 H_1：$\mu_X<13$。

不等式(D-7)描述的置信区间称为**接受区域**(acceptance region)(参见图D-2)，接受区域以外的称为零假设的**临界区域**(critical region)或**拒绝区域**(the region of rejection)。接受区域的上界和下界称为**临界值**(critical values)。用假设检验的语言表述为：在零假设下，如果接受区域包括参数值，则不拒绝零假设。但如果参数值落在接受区域以外(即落在拒绝区域内)，则拒绝零假设。本例中拒绝零假设$\mu_X = 18.5$，因为式(D-7)给出的接受区域不包括零假设值。现在就清楚为什么接受区域的边界称为临界值了，因为它们是接受或拒绝零假设的分界线。

D.5.2　第一类错误和第二类错误

在P/E一例中，我们拒绝H_0：$\mu_X = 18.5$，因为样本均值$\overline{X} = 23.25$看似与零假设值不一致。这是否意味着表D-1中的样本不是来自于均值为18.5的正态总体呢？我们不能确定，因为不等式(D-7)给出的置信区间是95%，而非100%。如果真的如此，那么拒绝H_0：$\mu_X = 18.5$，就可能犯错误。在这种情况下，称犯了**第一类错误**(type I error)，即弃真错误。同样的原因，假定零假设H_0：$\mu_X = 21$，在这种情况下，根据不等式(D-7)，应该不拒绝这个零假设。但表D-1的样本很可能不是来自均值为21的正态总体。因此，就会犯**第二类错误**(type II error)，即取伪错误。

	拒绝H_0	不拒绝H_0
H_0为真	第一类错误	正确判断
H_0不为真	正确判断	第二类错误

理想的做法是尽可能减小这两种错误。但遗憾的是，在样本容量既定的条件下，[12]不可能做到两种错误同时最小化。解决这一问题的古典方法是假定实际中第一类错误比第二类错误更严重(由统计学家奈曼和皮尔森提出的)。因此，首先把犯第一类错误的概率保持在一个很低的水平上，比如说0.01或0.05，然后再使犯第二类错误的概率尽可能最小。[13]

文献中，犯第一类错误的概率通常用α表示，称为**显著水平**(level of significance)，[14]犯第二类错误的概率用β表示。用符号表示为，

$$\text{第一类错误} = \alpha = \text{犯弃真错误的概率}$$

$$\text{第二类错误} = \beta = \text{犯取伪错误的概率}$$

不犯第二类错误的概率就是$(1-\beta)$，即当H_0不为真时拒绝H_0。$(1-\beta)$称为**检验功效**(power of the test)。

假设检验的标准或古典方法是：给定某一水平α，比如0.01或0.05，然后使检验的功效最大，也即使β最小。这个求解过程很复杂，有兴趣的同学可以参阅有关参考书。[15]需要指出的是：实践中，古典方法仅仅给出了α值，而没过多考虑β值。在显著水平和检验功效之间存在两

12　降低第一类错误的同时又不增加第二类错误的唯一方法就是增加样本容量，但这并不总是容易做到。

13　贝叶斯统计学家则认为这种方法太随意了，因为没有仔细考虑两类错误的相对严重性。详细的讨论参见Robert L. Winkler, *Introduction to Bayesian Inference and Decision*, Holt, Rinehart and Winston, New York, 1972, Chap. 7.

14　α也称为统计检验的规模。

15　详细讨论参见Gujarati and Porter, *Basic Econometrics*, 5th ed., McGraw-Hill, New York, 2009, pp. 833-835。Minitab等统计软件能够计算显著水平α下的检验功效。

难选择，即在样本容量确定的条件下，如果想要减少犯第一类错误的概率，则必定增加犯第二类错误的概率，因而降低了检验功效。因此，当拒绝 H_0 时，选择1%的显著水平比5%的显著水平更有把握；但当不能拒绝 H_0 时，选择1%的显著水平比5%的显著水平更缺乏信心。

上述这一点非常重要。在P/E值一例中，式(D-7)给出了一个95%的置信区间。仍然假设 H_0：$\mu_X=18.5$，但现在 $\alpha=1\%$，得到一个99%的置信区间(对于99%的置信区间，临界的 t 值为(-2.771，2.771)，自由度为27)，

$$18.28 \leqslant \mu_X \leqslant 28.22 \tag{D-17}$$

图D-2也给出了这个99%的置信区间。显然这个区间比95%的置信区间宽。由于这个区间包括了零假设值18.5，所以不能拒绝零假设，而根据95%的置信区间式(D-7)，则拒绝了零假设。这说明什么呢？犯第一类错误的概率从5%降低到1%，但却增加了犯第二类错误的概率。也就是说，在根据式(D-17)不能拒绝零假设的过程中，可能错误地接受了真实 μ_X 为18.5的假设。总之，别忘了第一类错误和第二列错误之间的两难选择。

前面讨论的**置信系数**$(1-\alpha)$就是1减去"犯第一类错误的概率"。因此，95%的置信系数表示接受零假设犯第一类错误的概率至多为5%。简言之，5%的显著水平与95%的置信水平(或置信度)的意义相同。

下面用另一个例子进一步说明假设检验的置信区间法。

例 D-3
Example

坛子里的花生重量服从正态分布，但均值和标准差是未知的，均值和标准差的度量单位为盎司。随机选取20个坛子，得到样本均值和样本标准差分别是6.5盎司和2盎司。检验零假设：真实均值为7.5盎司。备择假设：真实均值不是7.5盎司。给定显著水平 $\alpha=1\%$。

令 X 代表坛子中花生的重量，$X\sim N(\mu_X,\sigma_X^2)$，两个参数均是未知的。由于真实方差是未知的，如果用其估计量 S_x^2 代替，则它服从自由度为19的 t 分布：

$$t=\frac{\overline{X}-\mu_X}{S_x/\sqrt{n}}\sim t_{19}$$

根据附录E中表E-2的 t 分布表可知，自由度为19时，

$$P(-2.861 \leqslant t \leqslant 2.861)=0.99$$

根据式(D-6)得：

$$P\left(\overline{X}-2.861\frac{S_x}{\sqrt{20}} \leqslant \mu_X \leqslant \overline{X}+2.861\frac{S_x}{\sqrt{20}}\right)=0.99$$

把 $\overline{X}=6.5$，$S_x=2$，$n=20$ 代入不等式，得到 μ_X 的一个99%的置信区间。

$$5.22 \leqslant \mu_X \leqslant 7.78 \quad (\text{近似值}) \tag{D-18}$$

由于这个区间包括了零假设值7.5，因此不拒绝零假设：真实的 $\mu_X=7.5$。■

在P/E一例中，零假设为 $\mu_X=18.5$，备择假设为 $\mu_X\neq 18.5$(双边假设)。如何处理单边备择假设 $\mu_X<18.5$ 或 $\mu_X>18.5$ 呢？利用置信区间法很容易建立单边置信区间，但实践中利用显著性检验方法更为容易，下面讨论假设检验的显著性检验方法。

D.5.3 假设检验的显著性检验方法

显著性检验是假设检验的另一种方法。仍用 P/E 一例说明这种方法的基本要点。我们知道，

$$t = \frac{\overline{X} - \mu_X}{S_x/\sqrt{n}} \tag{D-19}$$

服从自由度为$(n-1)$的 t 分布。在具体应用中，可知 $\overline{X}$，S_x，n。唯一未知的是 μ_X。但如果设定 μ_X 为某一值(如零假设值)，则式(D-3)右边就是已知的，因而得到唯一的 t 值。由于式(D-3)中的 t 服从自由度为$(n-1)$的 t 分布，因此，根据 t 分布表很容易求得获此 t 值的概率。

如果 $\overline{X}$ 与 μ_X 差别很小(绝对值)，则根据式(D-3)可知，$|t|$也会很小($|t|$表示 t 的绝对值)。如果 $\overline{X}=\mu_X$，则 t 值为 0，在此情况下，不能拒绝零假设。因此，随着$|t|$值逐渐偏离 0，则趋向拒绝零假设。根据 t 分布表，对于给定自由度，$|t|$值越大，则获此$|t|$值的概率就越小。因而，随着$|t|$值逐渐增大，就越来越倾向于拒绝零假设。但在能够拒绝零假设之前，最大的$|t|$值是多少呢？答案取决于置信水平 α，即犯第一类错误的概率，以及自由度。

这就是假设检验的显著性检验方法的基本思想。这里的关键之处是检验统计量(t 统计量)及其在假定的 μ_X 下的概率分布。由于本例中用的是 t 分布，所以检验是 t 检验。(t 分布的详细讨论参见 C.2 节)

在 P/E 一例中，$\overline{X}=23.25$，$S_x=9.49$，$n=28$。H_0：$\mu_X=18.5$ 和 H_1：$\mu_X\neq18.5$。因此，

$$t = \frac{23.25 - 18.5}{9.49/\sqrt{28}} = 2.6486 \tag{D-20}$$

根据这个 t 值能否拒绝零假设呢？在没有设定犯弃真错误的概率之前，无法回答这个问题。换句话说，要回答这个问题必须设定 α，即犯第一类错误的概率。假定 $\alpha=5\%$。由于备择假设是双边假设，因而要把犯第一类错误的风险均分在 t 分布的双边——两个临界区域，因此，如果计算的 t 值位于任何一个拒绝区域，则可以拒绝零假设。

当自由度为 27 时，5% 显著水平下临界的 t 值为 -2.052 和 2.052，见图 D-1。获此 t 值小于或等于 -2.052 的概率为 2.5%，获此 t 值大于或等于 2.052 的概率也是 2.5%(犯第一类错误的总概率是 5%)。

图 D-1 表明，本例中计算的 t 值约为 2.6，显然该 t 值位于 t 分布的右侧临界区域。因此拒绝零假设，即真实的平均 P/E 值为 18.5。如果该假设为真，则获此 t 值的概率不超过 5%——犯第一类错误的概率。实际上，这个概率小于 2.5%。(为什么?)

用显著性检验的语言，经常遇到下面两个术语：

(1)检验(统计量)是统计显著的。

(2)检验(统计量)是统计不显著的。

当我们说检验是统计显著的，是指能够拒绝零假设。即观察到的样本值与假设值不同的概率非常小，小于 α(犯第一类错误的概率)。出于同样的原因，当我们说检验是统计不显著的，是指不能拒绝零假设。在此情况下，观察到的样本值与假设值不同很可能是由于抽样变异，或者仅仅是意外(即观察到样本值与真实值不同的概率大于 α)。

当拒绝零假设时，则是统计显著的；当不能拒绝零假设时，则不是统计显著的。

单边检验或双边检验

到目前为止，在所考虑的例子中，备择假设都是双边的，或双尾的。因此，如果零假设是“平均 P/E 值等于 18.5”，则备择假设就是“平均 P/E 值大于或小于 18.5”。在这种情况下，如果检验统计量落在任何一侧拒绝区域，则拒绝零假设，参见图 D-7a。

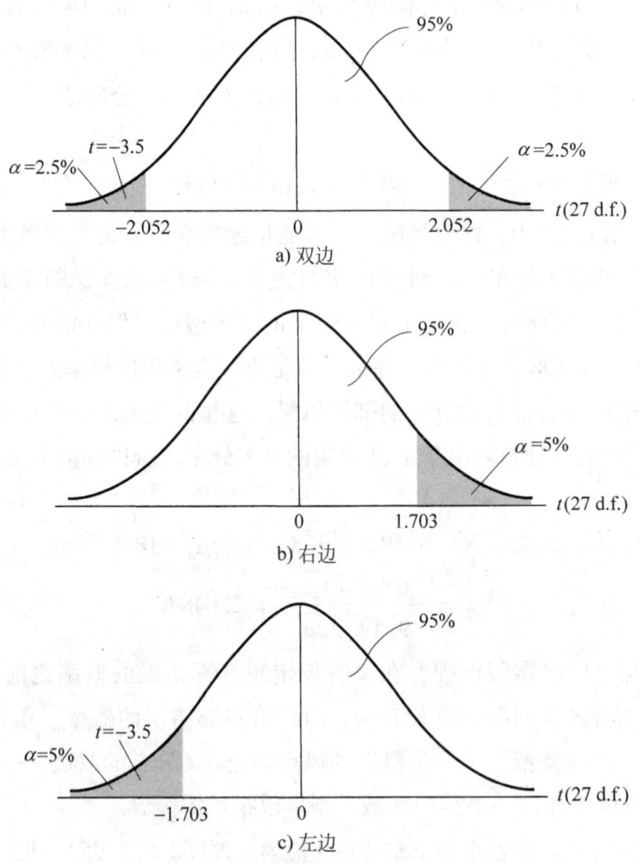

图 D-7　t 检验的显著性

但有些时候，零假设和备择假设可能都是单边假设。例如，在 P/E 一例中，如果 H_0：$\mu_X \leqslant 18.5$ 和 H_1：$\mu_X > 18.5$，备择假设是单边的，那么如何检验这个假设呢？

单边检验与前面讨论过的双边检验类似，只是在单边检验中，仅仅需要决定统计量单一的临界值，而不是两个临界值，见图 D-7。从图 D-7 可以看出，现在犯第一类错误的概率仅仅集中在概率分布（t 分布）的一侧。当自由度为 27 时，在 5% 的显著水平下，根据 t 分布表，得到单边 t 临界值为 1.703（右侧）或 −1.703（左侧），如图 D-7 所示。在 P/E 一例中，计算的 t 值约为 2.43。由于该 t 值位于图 D-7b 的临界区域内，因此这个 t 值是统计显著的。即拒绝零假设：真实 P/E 值等于（或小于）18.5；发生概率比犯第一类错误的概率（5%）小得多。

表 D-2 总结了检验双边和单边零假设的显著性（t）检验方法。

表 D-2　t 检验小结

零假设 H_0	备择假设 H_1	临界区域拒绝 H_0，如果
$\mu_X=\mu_0$	$\mu_X>\mu_0$	$t=\dfrac{\overline{X}-\mu_0}{S_x/\sqrt{n}}>t_{\alpha,d.f.}$
$\mu_X=\mu_0$	$\mu_X<\mu_0$	$t=\dfrac{\overline{X}-\mu_0}{S_x/\sqrt{n}}<-t_{\alpha,d.f.}$
$\mu_X=\mu_0$	$\mu_X\neq\mu_0$	$\lvert t\rvert=\dfrac{\overline{X}-\mu_0}{S_x/\sqrt{n}}>t_{\alpha/2,d.f.}$

注：μ_0 表示在零假设下的 μ_X 的某个取值。
最后一列 t 统计量的第一个下标代表了显著水平，第二个下标代表了自由度。这些都是 t 临界值。

在实践中，是用置信区间法还是显著性检验法，主要取决于个人的选择与习惯。

在置信区间方法中，是对真实参数设定一个合理的区间值(即置信区间)，并确认这个置信区间是否包括参数的假设值。如果是，就不能拒绝零假设，但如果落在置信区间外，则拒绝假设。

在显著性检验方法中，不是对未知参数设定一个合理的区间，而是通过零假设给参数设定一个特殊值，再计算检验统计量，比如 t 统计量，并求其抽样分布以及获得这个特殊值的概率。如果这个概率很低，比如说小于5%或1%，则拒绝零假设，如果概率值大于所选择的显著水平 α，则不拒绝零假设。

接受或拒绝零假设

本书使用的术语是“拒绝”或“不拒绝”零假设，而不是“拒绝”或“接受”假设。这类似于陪审团在法庭审判上的裁决，他们只说被告是犯罪或没有犯罪，而不会说犯罪是清白的。某人没有犯罪并不意味着他是清白的。类似地，不能拒绝零假设不一定意味着零假设为真，因为另一个零假设可能同样适合数据。例如在 P/E 一例，根据式(D-7)，显然 μ_X 取 19.57 与 26.93 之间任何一个数值都是一个“可接受”的假设。

D.5.4　选择显著水平 α 与 p 值

假设检验的古典方法的不足之处在于选择 α 的随意性。虽然，一般常用的 α 值有1%、5%和10%，但是这些值并不是固定不变的。前面曾指出，只有在检查犯第一类错误和第二类错误后果的时候，才选择相应的 α。在实践中，最好是用 p 值(即概率值)，也称为统计量的精确显著水平。p 值定义为拒绝零假设最低的显著水平。

我们用一个例子说明。当自由度为20时，计算得到 t 值为3.552。根据附录 E 中 t 分布表(表 E-2)，求出得此 t 值的概率值(p 值)为0.001(单边)或0.002(双边)。即在0.001(单边)或0.002(双边)水平下，这个 t 值是统计显著的。

对于 P/E 一例，在零假设“真实的 P/E 值为18.5”下，得到 t 值为2.43。如果备择假设是真实的 P/E 值大于18.5，则根据附录 E 中的表 E-1，得到 $P(t>2.43)$ 约为0.01。这就是 t 统计量的 p 值。我们说在0.01或1%的显著水平下，这个 t 值是统计显著的。换句话说，如果给定 $\alpha=0.01$，则在这个显著水平下，能够拒绝零假设：$\mu_X=18.5$。当然，这是一个非常小的概率，它比常用的 α 值(5%)小得多。因此，如果选择 $\alpha=0.05$，则更确定地拒绝零假设。作为一条规律：p 值越小，越能拒绝零假设。

用p值的优点是避免了选择显著水平α(1%，5%，10%)时的随意性。举个例子，如果检验统计量的p值为0.135，如果接受$\alpha=13.5\%$，那么这个p值就是统计显著的(即在这个显著水平下拒绝零假设)。弃真错误的概率就是13.5%。

许多统计软件都能计算各种统计量的p值，建议在回归结果中报告出p值。

D.5.5 χ^2和F显著性检验

除了前面讨论过的t显著性检验外，本书中还经常遇到建立在χ^2分布和F分布上的显著性检验。由于这些检验的基本原理相同，因此这里仅用一两个例子加以说明。

χ^2检验

在附录C中(见例C-14)已经证明，如果S^2是来自正态总体(方差为σ^2)的一个随机样本(容量为n)的样本方差，那么，

$$(n-1)\left(\frac{S^2}{\sigma^2}\right)\sim\chi^2_{(n-1)} \tag{D-21}$$

即样本方差与总体方差的比值乘以自由度$(n-1)$服从自由度为$(n-1)$的χ^2分布。如果自由度n和样本方差S^2已知，总体方差σ^2未知，则根据χ^2分布可以建立未知总体方差σ^2的一个$(1-\alpha)\%$的置信区间，其机制与根据t检验建立置信区间相类似。

如果在零假设H_0下，设定了σ^2一个具体值，则利用式(D-21)可以直接计算χ^2值，并根据附录E中的表E-4检验其显著性(相对于临界的χ^2值)。来看下面这个例子。

例 D-4
Example

假定随机样本来自正态总体，样本容量为31，样本方差$S^2=12$。检验零假设：真实的方差为9；备择假设：真实的方差不等于9。$\alpha=5\%$。

这里，H_0：$\sigma^2=9$；H_1：$\sigma^2\neq9$。

把相应数字代入式(D-21)，得：$\chi^2=30(12/9)=40$。根据附录E中表E-4得此χ^2值大于或等于40的概率为0.10或10%(自由度为30)。由于这个概率值大于5%的显著水平，所以不能拒绝零假设：真实方差值为9。■

表D-3总结了各种类型的零假设和备择假设下的χ^2检验。

表 D-3 χ^2检验小结

零假设 H_0	备择假设 H_1	临界区域拒绝 H_0，如果
$\sigma^2_X=\sigma^2_0$	$\sigma^2_X>\sigma^2_0$	$\frac{(n-1)S^2}{\sigma^2_0}>\chi^2_{\alpha,(n-1)}$
$\sigma^2_X=\sigma^2_0$	$\sigma^2_X<\sigma^2_0$	$\frac{(n-1)S^2}{\sigma^2_0}<\chi^2_{(1-\alpha),(n-1)}$
$\sigma^2_X=\sigma^2_0$	$\sigma^2_X\neq\sigma^2_0$	$\frac{(n-1)S^2}{\sigma^2_0}>\chi^2_{\alpha/2,(n-1)}$ 或 $<\chi^2_{(1-\alpha/2),(n-1)}$

注：σ^2_0是零假设下σ^2_X的取值。最后一列给出了临界的χ^2值。χ^2第一个下标表示显著水平，第二个下标代表了自由度。

F 显著性检验

附录 C 曾讨论过，如果 X，Y 是来自两个正态总体的随机样本，自由度分别为 m 和 n，则

$$F=\frac{S_X^2}{S_Y^2}=\frac{\sum(X_i-\overline{X})^2/(m-1)}{\sum(Y_i-\overline{Y})^2/(n-1)} \tag{D-22}$$

服从自由度为 $(m-1)$ 和 $(n-1)$ 的 F 分布。这里假定两正态总体同方差。换句话说，零假设是 $\sigma_X^2=\sigma_Y^2$。用式(D-22)给出的 F 检验来检验这个假设。来看下面这个例子。

例 D-5
Example

参考男女学生 S. A. T 数学分数一例（例 C-12 和例 C-15）。男女学生 S. A. T 分数的方差分别为 48.31 和 102.07。样本观察值分别为 36 和 35。假设这些方差代表了来自于某个总体的一个样本。检验假设：男女生 S. A. T 数学分数总体同方差。($\alpha=1\%$)

这里，F 值为 102.07/48.31 = 2.112 8（近似值）。这个 F 值服从自由度均为 35 的 F 分布，根据附录 E 中的表 E-3，当自由度为 35 时（表中未给出自由度为 35 的值），在 1% 的显著水平下，临界的 F 值为 2.39。由于观察到的 F 值为 2.112 8，小于 2.39，所以它不是统计显著的。即在 $\alpha=1\%$ 下，不能拒绝两总体同方差的假设。■

例 D-6
Example

在上例中，获得 F 值 2.112 8 的 p 值是多少呢？利用 Minitab 可知，在分子和分母自由度为 35 时，获得 F 值大于等于 2.112 8 的概率是 0.014 92（或约为 10.5%）。这就是获得 F 值大于等于 2.112 8 的 p 值。换句话说，这是拒绝零假设“两总体同方差”的最低概率水平。因此，本例中如果拒绝零假设“两总体同方差”，那么犯弃真错误的概率是 10.5%。■

例 D-5 和例 D-6 给出了实践中假设检验的策略。可以给定某个显著水平 α（例如，1%，5% 或 10%），也可以计算出检验统计量的 p 值。如果估计的 p 值小于选择的显著水平，则拒绝零假设。而另一方面，如果估计的 p 值大于选择的显著水平，则不能拒绝零假设。

表 D-4 总结了 F 检验。

表 D-4　F 统计量小结

零假设 H_0	备择假设 H_1	临界区域拒绝 H_0，如果
$\sigma_1^2=\sigma_2^2$	$\sigma_1^2>\sigma_2^2$	$\frac{S_1^2}{S_2^2}>F_{\alpha,\text{ndf},\text{ddf}}$
$\sigma_1^2=\sigma_2^2$	$\sigma_1^2\neq\sigma_2^2$	$\frac{S_1^2}{S_2^2}>F_{\alpha/2,\text{ndf},\text{ddf}}$ 或 $<F_{(1-\alpha/2),\text{ndf},\text{ddf}}$

注：1. σ_1^2，σ_2^2 是两总体方差。
2. S_1^2，S_2^2 是两样本方差。
3. $n$df，$d$df 分别代表了分子自由度和分母自由度。
4. 在计算 F 值时，将样本方差值较大的放在分子上。
5. 表中最后一列给出了临界的 F 值。在 F 下标中，第一个表示显著水平，第二个表示分子和分母自由度。
6. $F_{(1-\alpha/2),\text{ndf},\text{ddf}}=\frac{1}{F_{\alpha/2,\text{ddf},\text{ndf}}}$。

最后，总结假设检验步骤如下：

第一步： 陈述零假设 H_0 和备择假设 H_1（例如，H_0：$\mu_X = 18.5$；H_1：$\mu_X \neq 18.5$）。

第二步： 选择检验统计量（例如，$\bar{X}$）。

第三步： 确定检验统计量的概率分布（例如，$\bar{X} \sim N(\mu_X, \sigma_X^2/n)$）。

第四步： 选择显著水平 α，即犯第一类错误的概率（别忘了有关 p 值的讨论）。

第五步： 选择置信区间法或显著性检验方法。

置信区间法 根据检验统计量的概率分布，建立一个 $100(1-\alpha)\%$ 的置信区间。如果该区间（即接受区域）包括零假设值，则不能拒绝零假设。但如果该区间不包括零假设值，则拒绝零假设。

显著检验法 根据这一检验方法，在零假设下，得到相关的统计量（例如 t 统计量），并根据相应的概率分布（比如 t 分布、F 分布或 χ^2 分布）计算检验统计量获得某一特殊值的概率。如果这一概率值小于事先选择的显著水平 α 值，则拒绝零假设，但如果大于 α，则不能拒绝零假设。如果不事先选择 α，则需报告该统计量的 p 值。

需提醒注意的是，无论是用置信区间法或是显著性检验法，错误地拒绝或接受零假设的概率为 $\alpha\%$（或 p 值）。

D.6 小结

根据样本信息估计总体参数和借助样本信息进行假设检验是（古典）统计推断的两个主要分支。本部分主要讨论了这两个分支的基本特性。

关键术语和概念

统计推断

参数估计

- a）点估计
- b）区间估计

抽样（概率）分布

临界 t 值

置信区间

- a）置信系数
- b）随机区间（下限，上限）

显著水平

犯第一类错误的概率

估计量的性质

- a）线性
- b）无偏性
- c）最小方差
- d）有效性（有效估计量）
- e）最优线性无偏估计量（BLUE）
- f）一致性（一致估计量）

假设检验

- a）零假设
- b）备择假设
- c）单边或单尾
- d）双边或双尾

置信区间（假设检验的方法之一）

- a）接受区域
- b）临界区域；拒绝区域
- c）临界值

第一类错误（α）

  置信系数（$1-\alpha$）

第二类错误（β）

  检验功效（$1-\beta$）

显著性检验（假设检验的方法之一）

a) 检验统计量；t 统计量；t 检验　　c) F 检验

b) χ^2 检验　　p 值

问　题

D.1　区别概念

a. 点估计量与区间估计量　b. 零假设与备择假设　c. 第一类错误与第二类错误

d. 置信系数与显著水平　e. 第二类错误与检验功效

D.2　解释概念

a. 统计推断　b. 抽样分布　c. 接受区域

d. 检验统计量　e. 检验临界值　f. 显著水平

g. p 值

D.3　解释概念

a. 无偏估计量　b. 最小方差估计量　c. 最优或有效估计量

d. 线性估计量　e. 最优线性无偏估计量(BLUE)

D.4　判断正误，并说明理由。

a. 参数的估计量是随机变量，但参数本身是非随机的或是固定的。

b. 参数的无偏估计量总是等于参数本身。

c. 最小方差估计量不一定是无偏的。

d. 有效估计量的方差最小。

e. 估计量是最优线性无偏估计量，仅当抽样分布是正态分布时成立。

f. 接受区域与置信区间是同一回事。

g. 当拒绝可能为假的零假设时，才发生第一类错误。

h. 当拒绝可能为真的零假设时，才发生第二类错误。

i. 随着自由度无限增大，t 分布接近正态分布。

j. 中心极限定理表明样本均值总是服从正态分布。

k. 显著水平与 p 值是同一回事。

D.5　阐述置信区间法与显著性检验法的不同之处。

D.6　假定样本的自由度为40，得到 t 值为1.35。由于 p 值介于显著水平5%与10%之间(单边)，所以它不是统计显著的。你认为这句话对吗？为什么？

习　题

D.7　求下列临界 Z 值：

a. $\alpha=0.05$(双边检验)　b. $\alpha=0.05$(单边检验)

c. $\alpha=0.01$ (双边检验)　d. $\alpha=0.02$ (单边检验)

D.8　求下列临界 t 值：

a. $n=4$，$\alpha=0.05$(双边检验)　b. $n=4$，$\alpha=0.05$(单边检验)

c. $n=14$，$\alpha=0.01$(双边检验)　　d. $n=14$，$\alpha=0.01$(单边检验)

e. $n=60$，$\alpha=0.05$(双边检验)　　f. $n=200$，$\alpha=0.05$(双边检验)

D.9 假定一个国家居民人均收入服从均值$\mu=1\,000$美元，方差$\sigma^2=10\,000$美元平方的正态分布。

a. 求人均收入介于800~1 200美元之间的概率。

b. 求人均收入超过1 200美元的概率。

c. 求人均收入低于800美元的概率。

d. "人均收入超过5 000美元的概率几乎为零"为真吗?

D.10 继续习题D.9，假设现有容量为1 000的随机样本，样本平均收入$\bar{X}$为900美元。

a. 若$\mu=1\,000$美元，求获此样本均值的概率。

b. 根据样本均值，建立μ的一个95%的置信区间，该区间是否包括$\mu=1\,000$?如果不包括，得出什么结论?

c. 利用显著性检验方法，是否拒绝假设$\mu=1\,000$美元?用什么检验?为什么?

D.11 假定坛子中花生的重量服从均值为μ，方差为σ^2的正态分布。不同时期的质量检验表明：有5%的坛子花生重量不到6.5盎司，10%的坛子花生重量超过6.8盎司。

a. 求μ，σ^2。

b. 求花生重量大于7盎司的比例。

D.12 下面的随机样本来自均值为μ，方差为2的正态总体：

8，9，6，13，11，8，12，5，4，14

a. 检验：$\mu=5$，对$\mu\neq5(\alpha=5\%)$。

b. 检验：$\mu=5$，对$\mu>5(\alpha=5\%)$。

c. 求(a)的p值。

D.13 假定有一来自正态总体(均值为μ，标准差为σ)的随机样本，样本容量为10。经计算得样本均值$\bar{X}=8$，样本标准差$=4$，建立总体均值的一个95%的置信区间。使用哪种概率分布?为什么?

D.14 如果$X\sim N(\mu_X=8,\ \sigma_X^2=36)$。根据25个样本观察值，得到样本均值$\bar{X}=7.5$。

a. 求$\bar{X}$的抽样分布　　b. 求$P(\bar{X}\leqslant7.5)$

c. 根据(b)的计算结果，这个样本值是否来自上述总体?

D.15 计算下列各p值。

a. $t\geqslant1.72$，d.f. $=24$　　b. $Z\geqslant2.9$

c. $F\geqslant2.59$，d.f. $=3$和20　　d. $\chi^2\geqslant19$，d.f. $=30$

注：如果不能得到精确的p值，尝试利用Minitab软件求得。

D.16 经计算得到t统计量为0.68(d.f. $=30$)。即使在10%的显著水平下，该t值仍不是统计显著的，因此可以安全地接受相关假设。你认为对吗?求获此统计量的p值。

D.17 如果$X\sim N(\mu_X,\ \sigma_X^2)$，来自该总体的随机样本包括三个观察值。考虑如下$\mu$的估计量：

$$\hat{\mu}_1=\frac{X_1+X_2+X_3}{3},\quad \hat{\mu}_2=\frac{X_1}{6}+\frac{X_2}{3}+\frac{X_3}{2}$$

a. $\hat{\mu}_1$是μ_X的无偏估计量吗?$\hat{\mu}_2$呢?

b. 如果$\hat{\mu}_1$和$\hat{\mu}_2$是μ_X的无偏估计量，则选择哪个估计量?(提示：比较两估计量的方差)。

D.18　参考附录C中的习题C.10。假定现有10个公司组成的随机样本，平均利润为900 000美元，标准差为100 000美元。

a. 对整个行业的真实平均利润建立95%的置信区间。

b. 使用了哪种概率分布？为什么？

D.19　参考附录C中的例C-14。

a. 建立真实σ^2的一个95%的置信区间。

b. 检验假设：真实方差为8.2。

D.20　16辆汽车先用标准燃料，再用石油燃料(这种汽油中混有甲烷)。一氧化氮(NO_x)排放量结果如下：

燃料类型	平均NO_x	NO_x标准差
标准燃料	1.075	0.579 6
石油燃料	1.159	0.613 4

资料来源：Michael O. Finkelstein and Bruce Levin, *Statistics for Lawyers*, Springer-Verlag, New York, 1990, p. 230.

a. 如何检验假设：两总体的标准差相同？

b. 使用了什么检验？用此检验有哪些基本假定？

D.21　证明式(D-14)给出的估计量是有偏的。(提示：展开式(D-14)，并对每一项求期望，每一个X_i的期望都是μ_X。)

D.22　**单边置信区间**。考虑本章P/E一例，式(D-7)给出了双边95%的置信区间。如何建立一个单边置信区间(上限或下限)？(提示：求出单边临界t值。)

附录 E

统计表

表 E-1a　标准正态分布下的面积

表 E-1b　标准正态分布的累积概率

表 E-2　t 分布的百分点

表 E-3　F 分布的上端百分点

表 E-4　χ^2分布的上端百分点

表 E-5a　德宾 - 沃森 d 统计量：5% 显著水平下 d_L 和 d_U 的显著点

表 E-5b　德宾 - 沃森 d 统计量：1% 显著水平下 d_L 和 d_U 的显著点

表 E-6　游程检验的临界游程值

表 E-1a　标准正态分布下的面积

例

Pr(0≤Z≤1.96) = 0.475 0

Pr(Z≥1.96) = 0.5 − 0.475 0 = 0.025

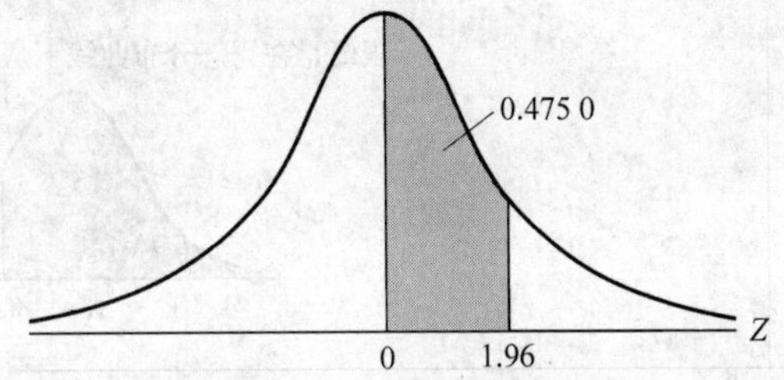

Z	0.00	0.01	0.02	0.03	0.04	0.05	0.06	0.07	0.08	0.09
0.0	0.000 0	0.004 0	0.008 0	0.012 0	0.016 0	0.019 9	0.023 9	0.027 9	0.031 9	0.035 9
0.1	0.039 8	0.043 8	0.047 8	0.051 7	0.055 7	0.059 6	0.063 6	0.067 5	0.071 4	0.075 3
0.2	0.079 3	0.083 2	0.087 1	0.091 0	0.094 8	0.098 7	0.102 6	0.106 4	0.110 3	0.114 1
0.3	0.117 9	0.121 7	0.125 5	0.129 3	0.133 1	0.136 8	0.140 6	0.144 3	0.148 0	0.151 7
0.4	0.155 4	0.159 1	0.162 8	0.166 4	0.170 0	0.173 6	0.177 2	0.180 8	0.184 4	0.187 9
0.5	0.191 5	0.195 0	0.198 5	0.201 9	0.205 4	0.208 8	0.212 3	0.215 7	0.219 0	0.222 4
0.6	0.225 7	0.229 1	0.232 4	0.235 7	0.238 9	0.242 2	0.245 4	0.248 6	0.251 7	0.254 9
0.7	0.258 0	0.261 1	0.264 2	0.267 3	0.270 4	0.273 4	0.276 4	0.279 4	0.282 3	0.285 2
0.8	0.288 1	0.291 0	0.293 9	0.296 7	0.299 5	0.302 3	0.305 1	0.307 8	0.310 6	0.313 3
0.9	0.315 9	0.318 6	0.321 2	0.323 8	0.326 4	0.328 9	0.331 5	0.334 0	0.336 5	0.338 9
1.0	0.341 3	0.343 8	0.346 1	0.348 5	0.350 8	0.353 1	0.355 4	0.357 7	0.359 9	0.362 1
1.1	0.364 3	0.366 5	0.368 6	0.370 8	0.372 9	0.374 9	0.377 0	0.379 0	0.381 0	0.383 0
1.2	0.384 9	0.386 9	0.388 8	0.390 7	0.392 5	0.394 4	0.396 2	0.398 0	0.399 7	0.401 5
1.3	0.403 2	0.404 9	0.406 6	0.408 2	0.409 9	0.411 5	0.413 1	0.414 7	0.416 2	0.417 7
1.4	0.419 2	0.420 7	0.422 2	0.423 6	0.425 1	0.426 5	0.427 9	0.429 2	0.430 6	0.431 9
1.5	0.433 2	0.434 5	0.435 7	0.437 0	0.438 2	0.439 4	0.440 6	0.441 8	0.442 9	0.444 1
1.6	0.445 2	0.446 3	0.447 4	0.448 4	0.449 5	0.450 5	0.451 5	0.452 5	0.453 5	0.454 5
1.7	0.445 4	0.456 4	0.457 3	0.458 2	0.459 1	0.459 9	0.460 8	0.461 6	0.462 5	0.463 3
1.8	0.464 1	0.464 9	0.465 6	0.466 4	0.467 1	0.467 8	0.468 6	0.469 3	0.469 9	0.470 6
1.9	0.471 3	0.471 9	0.472 6	0.473 2	0.473 8	0.474 4	0.475 0	0.475 6	0.476 1	0.476 7
2.0	0.477 2	0.477 8	0.478 3	0.478 8	0.479 3	0.479 8	0.480 3	0.480 8	0.481 2	0.481 7
2.1	0.482 1	0.482 6	0.483 0	0.483 4	0.483 8	0.484 2	0.484 6	0.485 0	0.485 4	0.485 7
2.2	0.486 1	0.486 4	0.486 8	0.487 1	0.487 5	0.487 8	0.488 1	0.488 4	0.488 7	0.489 0
2.3	0.489 3	0.489 6	0.489 8	0.490 1	0.490 4	0.490 6	0.490 9	0.491 1	0.491 3	0.491 6
2.4	0.491 8	0.492 0	0.492 2	0.492 5	0.492 7	0.492 9	0.493 1	0.493 2	0.493 4	0.493 6
2.5	0.493 8	0.494 0	0.494 1	0.494 3	0.494 5	0.494 6	0.494 8	0.494 9	0.495 1	0.495 2
2.6	0.495 3	0.495 5	0.495 6	0.495 7	0.495 9	0.496 0	0.496 1	0.496 2	0.496 3	0.496 4
2.7	0.496 5	0.496 6	0.496 7	0.496 8	0.496 9	0.497 0	0.497 1	0.497 2	0.497 3	0.497 4
2.8	0.497 4	0.497 5	0.497 6	0.497 7	0.497 7	0.497 8	0.497 9	0.497 9	0.498 0	0.498 1
2.9	0.498 1	0.498 2	0.498 2	0.498 3	0.498 4	0.498 4	0.498 5	0.498 5	0.498 6	0.498 6
3.0	0.498 7	0.498 7	0.498 7	0.498 8	0.498 8	0.498 9	0.498 9	0.498 9	0.499 0	0.499 0

注：本表给出了分布的右侧（即 Z≥0）面积。但由于正态分布是以 Z=0 呈对称分布的，所以左侧面积与相应的右侧面积相同。例如，P(−1.96≤Z≤0) = 0.475 0，因此，P(−1.96≤Z≤1.96) = 2(0.475 0) = 0.95。

表 E-1b 标准正态分布的累积概率

表值是在正态分布曲线下从 $-\infty$ 到 $Z(A)$ 的面积 A

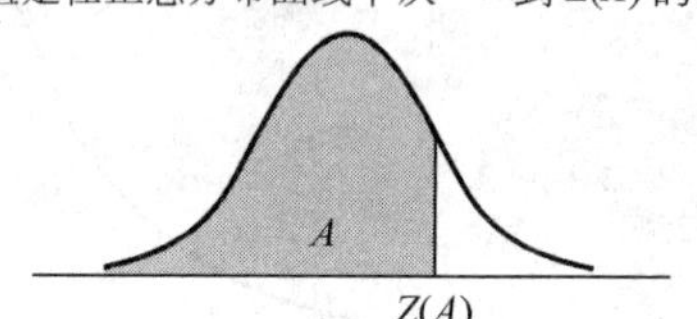

Z	0.00	0.01	0.02	0.03	0.04	0.05	0.06	0.07	0.08	0.09
0.0	0.500 0	0.504 0	0.508 0	0.512 0	0.516 0	0.519 9	0.523 9	0.527 9	0.531 9	0.535 9
0.1	0.539 8	0.543 8	0.547 8	0.551 7	0.555 7	0.559 6	0.563 6	0.567 5	0.571 4	0.575 3
0.2	0.579 3	0.583 2	0.587 1	0.591 0	0.594 8	0.598 7	0.602 6	0.606 4	0.610 3	0.614 1
0.3	0.617 9	0.621 7	0.625 5	0.629 3	0.633 1	0.636 8	0.640 6	0.644 3	0.648 0	0.651 7
0.4	0.655 4	0.659 1	0.662 8	0.666 4	0.670 0	0.673 6	0.677 2	0.680 8	0.684 4	0.687 9
0.5	0.691 5	0.695 0	0.698 5	0.701 9	0.705 4	0.708 8	0.712 3	0.715 7	0.719 0	0.722 4
0.6	0.725 7	0.729 1	0.732 4	0.735 7	0.738 9	0.742 2	0.745 4	0.748 6	0.751 7	0.754 9
0.7	0.758 0	0.761 1	0.764 2	0.767 3	0.770 4	0.773 4	0.776 4	0.779 4	0.782 3	0.785 2
0.8	0.788 1	0.791 0	0.793 9	0.796 7	0.799 5	0.802 3	0.805 1	0.807 8	0.810 6	0.813 3
0.9	0.815 9	0.818 6	0.821 2	0.823 8	0.826 4	0.828 9	0.831 5	0.834 0	0.836 5	0.838 9
1.0	0.841 3	0.843 8	0.846 1	0.848 5	0.850 8	0.853 1	0.855 4	0.857 7	0.859 9	0.862 1
1.1	0.864 3	0.866 5	0.868 6	0.870 8	0.872 9	0.874 9	0.877 0	0.879 0	0.881 0	0.883 0
1.2	0.884 9	0.886 9	0.888 8	0.890 7	0.892 5	0.894 4	0.896 2	0.898 0	0.899 7	0.901 5
1.3	0.903 2	0.904 9	0.906 6	0.908 2	0.909 9	0.911 5	0.913 1	0.914 7	0.916 2	0.917 7
1.4	0.919 2	0.920 7	0.922 2	0.923 6	0.925 1	0.926 5	0.927 9	0.929 2	0.930 6	0.931 9
1.5	0.933 2	0.934 5	0.935 7	0.937 0	0.938 2	0.939 4	0.940 6	0.941 8	0.942 9	0.944 1
1.6	0.945 2	0.946 3	0.947 4	0.948 4	0.949 5	0.950 5	0.951 5	0.952 5	0.953 5	0.954 5
1.7	0.955 4	0.956 4	0.957 3	0.958 2	0.959 1	0.959 9	0.960 8	0.961 6	0.962 5	0.963 3
1.8	0.964 1	0.964 9	0.965 6	0.966 4	0.967 1	0.967 8	0.968 6	0.969 3	0.969 9	0.970 6
1.9	0.971 3	0.971 9	0.972 6	0.973 2	0.973 8	0.974 4	0.975 0	0.975 6	0.976 1	0.976 7
2.0	0.977 2	0.977 8	0.978 3	0.978 8	0.979 3	0.979 8	0.980 3	0.980 8	0.981 2	0.981 7
2.1	0.982 1	0.982 6	0.983 0	0.983 4	0.983 8	0.984 2	0.984 6	0.985 0	0.985 4	0.985 7
2.2	0.986 1	0.986 4	0.986 8	0.987 1	0.987 5	0.987 8	0.988 1	0.988 4	0.988 7	0.989 0
2.3	0.989 3	0.989 6	0.989 8	0.990 1	0.990 4	0.990 6	0.990 9	0.991 1	0.991 3	0.991 6
2.4	0.991 8	0.992 0	0.992 2	0.992 5	0.992 7	0.992 9	0.993 1	0.993 2	0.993 4	0.993 6
2.5	0.993 8	0.994 0	0.994 1	0.994 3	0.994 5	0.994 6	0.994 8	0.994 9	0.995 1	0.995 2
2.6	0.995 3	0.995 5	0.995 6	0.995 7	0.995 9	0.996 0	0.996 1	0.996 2	0.996 3	0.996 4
2.7	0.996 5	0.996 6	0.996 7	0.996 8	0.996 9	0.997 0	0.997 1	0.997 2	0.997 3	0.997 4
2.8	0.997 4	0.997 5	0.997 6	0.997 7	0.997 7	0.997 8	0.997 9	0.997 9	0.998 0	0.998 1
2.9	0.998 1	0.998 2	0.998 2	0.998 3	0.998 4	0.998 4	0.998 5	0.998 5	0.998 6	0.998 6
3.0	0.998 7	0.998 7	0.998 7	0.998 8	0.998 8	0.998 9	0.998 9	0.998 9	0.999 0	0.999 0
3.1	0.999 0	0.999 1	0.999 1	0.999 1	0.999 2	0.999 2	0.999 2	0.999 2	0.999 3	0.999 3
3.2	0.999 3	0.999 3	0.999 4	0.999 4	0.999 4	0.999 4	0.999 4	0.999 5	0.999 5	0.999 5
3.3	0.999 5	0.999 5	0.999 5	0.999 6	0.999 6	0.999 6	0.999 6	0.999 6	0.999 6	0.999 7
3.4	0.999 7	0.999 7	0.999 7	0.999 7	0.999 7	0.999 7	0.999 7	0.999 7	0.999 7	0.999 8

选择的百分比

累积分布 A：	0.90	0.95	0.975	0.98	0.99	0.995	0.999
$Z(A)$：	1.282	1.645	1.960	2.054	2.326	2.576	3.090

表 E-2　*t* 分布的百分点

例

Pr(t > 2. 086) = 0. 025

Pr(t > 1. 725) = 0. 05　自由度 = 20

Pr(| t | > 1. 725) = 0. 10

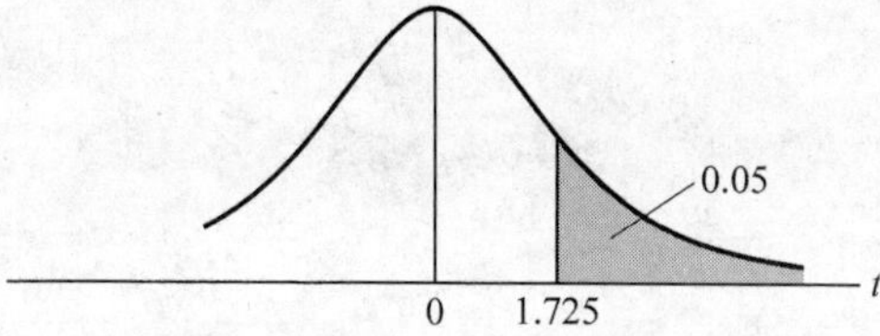

df \ Pr	0. 25 0. 50	0. 10 0. 20	0. 05 0. 10	0. 025 0. 05	0. 01 0. 02	0. 005 0. 010	0. 001 0. 002
1	1. 000	3. 078	6. 314	12. 706	31. 821	63. 657	318. 31
2	0. 816	1. 886	2. 920	4. 303	6. 965	9. 925	22. 327
3	0. 765	1. 638	2. 353	3. 182	4. 541	5. 841	10. 214
4	0. 741	1. 533	2. 132	2. 776	3. 747	4. 604	7. 173
5	0. 727	1. 476	2. 015	2. 571	3. 365	4. 032	5. 893
6	0. 718	1. 440	1. 943	2. 447	3. 143	3. 707	5. 208
7	0. 711	1. 415	1. 895	2. 365	2. 998	3. 499	4. 785
8	0. 706	1. 397	1. 860	2. 306	2. 896	3. 355	4. 501
9	0. 703	1. 383	1. 833	2. 262	2. 821	3. 250	4. 297
10	0. 700	1. 372	1. 812	2. 228	2. 764	3. 169	4. 144
11	0. 697	1. 363	1. 796	2. 201	2. 718	3. 106	4. 025
12	0. 695	1. 356	1. 782	2. 179	2. 681	3. 055	3. 930
13	0. 694	1. 350	1. 771	2. 160	2. 650	3. 012	3. 852
14	0. 692	1. 345	1. 761	2. 145	2. 624	2. 977	3. 787
15	0. 691	1. 341	1. 753	2. 131	2. 602	2. 947	3. 733
16	0. 690	1. 337	1. 746	2. 120	2. 583	2. 921	3. 686
17	0. 689	1. 333	1. 740	2. 110	2. 567	2. 898	3. 646
18	0. 688	1. 330	1. 734	2. 101	2. 552	2. 878	3. 610
19	0. 688	1. 328	1. 729	2. 093	2. 539	2. 861	3. 579
20	0. 687	1. 325	1. 725	2. 086	2. 528	2. 845	3. 552
21	0. 686	1. 323	1. 721	2. 080	2. 518	2. 831	3. 527
22	0. 686	1. 321	1. 717	2. 074	2. 508	2. 819	3. 505
23	0. 685	1. 319	1. 714	2. 069	2. 500	2. 807	3. 485
24	0. 685	1. 318	1. 711	2. 064	2. 492	2. 797	3. 467
25	0. 684	1. 316	1. 708	2. 060	2. 485	2. 787	3. 450
26	0. 684	1. 315	1. 706	2. 056	2. 479	2. 779	3. 435
27	0. 684	1. 314	1. 703	2. 052	2. 473	2. 771	3. 421
28	0. 683	1. 313	1. 701	2. 048	2. 467	2. 763	3. 408
29	0. 683	1. 311	1. 699	2. 045	2. 462	2. 756	3. 396
30	0. 683	1. 310	1. 697	2. 042	2. 457	2. 750	3. 385
40	0. 681	1. 303	1. 684	2. 021	2. 423	2. 704	3. 307
60	0. 679	1. 296	1. 671	2. 000	2. 390	2. 660	3. 232
120	0. 677	1. 289	1. 658	1. 980	2. 358	2. 617	3. 160
∞	0. 674	1. 282	1. 645	1. 960	2. 326	2. 576	3. 090

注：每列顶头较小的概率是单侧面积，较大面积是双侧面积。

资料来源：From E. S Pearson and H. O. Hartley, eds. , *Biometrika Tables for Statisticians*, vol. 1, 3rd ed. , table 12, Cambridge University Press, New York, 1966. Reproduced by permission of the editors and trustees of *Biometrika*.

表 E-3 *F* 分布的

例

Pr(F > 1. 59) = 0. 25
Pr(F > 2. 42) = 0. 10　　for df N_1 = 10
Pr(F > 3. 14) = 0. 05　　and N_2 = 9
Pr(F > 5. 26) = 0. 01

分母自由度 N_2	分子自由度 N_1												
	Pr	1	2	3	4	5	6	7	8	9	10	11	12
	0. 25	5. 83	7. 50	8. 20	8. 58	8. 82	8. 98	9. 10	9. 19	9. 26	9. 32	9. 36	9. 41
1	0. 10	39. 9	49. 5	53. 6	55. 8	57. 2	58. 2	58. 9	59. 4	59. 9	60. 2	60. 5	60. 7
	0. 05	161	200	216	225	230	234	237	239	241	242	243	244
	0. 25	2. 57	3. 00	3. 15	3. 23	3. 28	3. 31	3. 34	3. 35	3. 37	3. 38	3. 39	3. 39
2	0. 10	8. 53	9. 00	9. 16	9. 24	9. 29	9. 33	9. 35	9. 37	9. 38	9. 39	9. 40	9. 41
	0. 05	18. 5	19. 0	19. 2	19. 2	19. 3	19. 3	19. 4	19. 4	19. 4	19. 4	19. 4	19. 4
	0. 01	98. 5	99. 0	99. 2	99. 2	99. 3	99. 3	99. 4	99. 4	99. 4	99. 4	99. 4	99. 4
	0. 25	2. 02	2. 28	2. 36	2. 39	2. 41	2. 42	2. 43	2. 44	2. 44	2. 44	2. 45	2. 45
3	0. 10	5. 54	5. 46	5. 39	5. 34	5. 31	5. 28	5. 27	5. 25	5. 24	5. 23	5. 22	5. 22
	0. 05	10. 1	9. 55	9. 28	9. 12	9. 01	8. 94	8. 89	8. 85	8. 81	8. 79	8. 76	8. 74
	0. 01	34. 1	30. 8	29. 5	28. 7	28. 2	27. 9	27. 7	27. 5	27. 3	27. 2	27. 1	27. 1
	0. 25	1. 81	2. 00	2. 05	2. 06	2. 07	2. 08	2. 08	2. 08	2. 08	2. 08	2. 08	2. 08
4	0. 10	4. 54	4. 32	4. 19	4. 11	4. 05	4. 01	3. 98	3. 95	3. 94	3. 92	3. 91	3. 90
	0. 05	7. 71	6. 94	6. 59	6. 39	6. 26	6. 16	6. 09	6. 04	6. 00	5. 96	5. 94	5. 91
	0. 01	21. 2	18. 0	16. 7	16. 0	15. 5	15. 2	15. 0	14. 8	14. 7	14. 5	14. 4	14. 4
	0. 25	1. 69	1. 85	1. 88	1. 89	1. 89	1. 89	1. 89	1. 89	1. 89	1. 89	1. 89	1. 89
5	0. 10	4. 06	3. 78	3. 62	3. 52	3. 45	3. 40	3. 37	3. 34	3. 32	3. 30	3. 28	3. 27
	0. 05	6. 61	5. 79	5. 41	5. 19	5. 05	4. 95	4. 88	4. 82	4. 77	4. 74	4. 71	4. 68
	0. 01	16. 3	13. 3	12. 1	11. 4	11. 0	10. 7	10. 5	10. 3	10. 2	10. 1	9. 96	9. 89
	0. 25	1. 62	1. 76	1. 78	1. 79	1. 79	1. 78	1. 78	1. 78	1. 77	1. 77	1. 77	1. 77
6	0. 10	3. 78	3. 46	3. 29	3. 18	3. 11	3. 05	3. 01	2. 98	2. 96	2. 94	2. 92	2. 90
	0. 05	5. 99	5. 14	4. 76	4. 53	4. 39	4. 28	4. 21	4. 15	4. 10	4. 06	4. 03	4. 00
	0. 01	13. 7	10. 9	9. 78	9. 15	8. 75	8. 47	8. 26	8. 10	7. 98	7. 87	7. 79	7. 72
	0. 25	1. 57	1. 70	1. 72	1. 72	1. 71	1. 71	1. 70	1. 70	1. 69	1. 69	1. 69	1. 68
7	0. 10	3. 59	3. 26	3. 07	2. 96	2. 88	2. 83	2. 78	2. 75	2. 72	2. 70	2. 68	2. 67
	0. 05	5. 59	4. 74	4. 35	4. 12	3. 97	3. 87	3. 79	3. 73	3. 68	3. 64	3. 60	3. 57
	0. 01	12. 2	9. 55	8. 45	7. 85	7. 46	7. 19	6. 99	6. 84	6. 72	6. 62	6. 54	6. 47
	0. 25	1. 54	1. 66	1. 67	1. 66	1. 66	1. 65	1. 64	1. 64	1. 63	1. 63	1. 63	1. 62
8	0. 10	3. 46	3. 11	2. 92	2. 81	2. 73	2. 67	2. 62	2. 59	2. 56	2. 54	2. 52	2. 50
	0. 05	5. 32	4. 46	4. 07	3. 84	3. 69	3. 58	3. 50	3. 44	3. 39	3. 35	3. 31	3. 28
	0. 01	11. 3	8. 65	7. 59	7. 01	6. 63	6. 37	6. 18	6. 03	5. 91	5. 81	5. 73	5. 67
	0. 25	1. 51	1. 62	1. 63	1. 63	1. 62	1. 61	1. 60	1. 60	1. 59	1. 59	1. 58	1. 58
9	0. 10	3. 36	3. 01	2. 81	2. 69	2. 61	2. 55	2. 51	2. 47	2. 44	2. 42	2. 40	2. 38
	0. 05	5. 12	4. 26	3. 86	3. 63	3. 48	3. 37	3. 29	3. 23	3. 18	3. 14	3. 10	3. 07
	0. 01	10. 6	8. 02	6. 99	6. 42	6. 06	5. 80	5. 61	5. 47	5. 35	5. 26	5. 18	5. 11

上端百分点

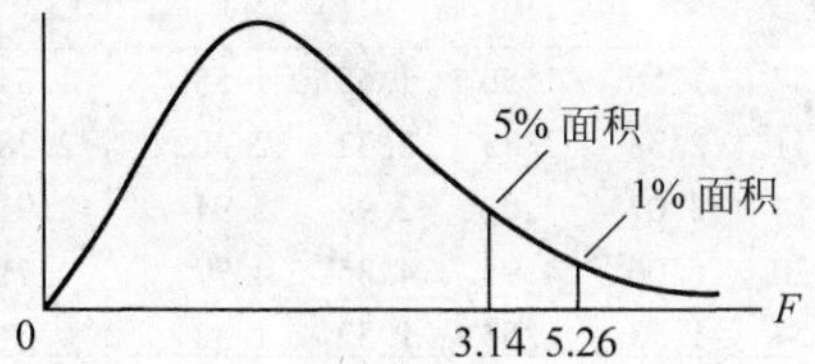

分子自由度 N_1													分母自由度 N_2
15	20	24	30	40	50	60	100	120	200	500	∞	Pr	
9.49	9.58	9.63	9.67	9.71	9.74	9.76	9.78	9.80	9.82	9.84	9.85	0.25	
61.2	61.7	62.0	62.3	62.5	62.7	62.8	63.0	63.1	63.2	63.3	63.3	0.10	1
246	248	249	250	251	252	252	253	253	254	254	254	0.05	
3.41	3.43	3.43	3.44	3.45	3.45	3.46	3.47	3.47	3.48	3.48	3.48	0.25	
9.42	9.44	9.45	9.46	9.47	9.47	9.47	9.48	9.48	9.49	9.49	9.49	0.10	
19.4	19.4	19.5	19.5	19.5	19.5	19.5	19.5	19.5	19.5	19.5	19.5	0.05	2
99.4	99.4	99.5	99.5	99.5	99.5	99.5	99.5	99.5	99.5	99.5	99.5	0.01	
2.46	2.46	2.46	2.47	2.47	2.47	2.47	2.47	2.47	2.47	2.47	2.47	0.25	
5.20	5.18	5.18	5.17	5.16	5.15	5.15	5.14	5.14	5.14	5.14	5.13	0.10	
8.70	8.66	8.64	8.62	8.59	8.58	8.57	8.55	8.55	8.54	8.53	8.53	0.05	3
26.9	26.7	26.6	26.5	26.4	26.4	26.3	26.2	26.2	26.2	26.1	26.1	0.01	
2.08	2.08	2.08	2.08	2.08	2.08	2.08	2.08	2.08	2.08	2.08	2.08	0.25	
3.87	3.84	3.83	3.82	3.80	3.80	3.79	3.78	3.78	3.77	3.76	3.76	0.10	
5.86	5.80	5.77	5.75	5.72	5.70	5.69	5.66	5.66	5.65	5.64	5.63	0.05	4
14.2	14.0	13.9	13.8	13.7	13.7	13.7	13.6	13.6	13.5	13.5	13.5	0.01	
1.89	1.88	1.88	1.88	1.88	1.88	1.87	1.87	1.87	1.87	1.87	1.87	0.25	
3.24	3.21	3.19	3.17	3.16	3.15	3.14	3.13	3.12	3.12	3.11	3.10	0.10	
4.62	4.56	4.53	4.50	4.46	4.44	4.43	4.41	4.40	4.39	4.37	4.36	0.05	5
9.72	9.55	9.47	9.38	9.29	9.24	9.20	9.13	9.11	9.08	9.04	9.02	0.01	
1.76	1.76	1.75	1.75	1.75	1.75	1.74	1.74	1.74	1.74	1.74	1.74	0.25	
2.87	2.84	2.82	2.80	2.78	2.77	2.76	2.75	2.74	2.73	2.73	2.72	0.10	
3.94	3.87	3.84	3.81	3.77	3.75	3.74	3.71	3.70	3.69	3.68	3.67	0.05	6
7.56	7.40	7.31	7.23	7.14	7.09	7.06	6.99	6.97	6.93	6.90	6.88	0.01	
1.68	1.67	1.67	1.66	1.66	1.66	1.65	1.65	1.65	1.65	1.65	1.65	0.25	
2.63	2.59	2.58	2.56	2.54	2.52	2.51	2.50	2.49	2.48	2.48	2.47	0.10	
3.51	3.44	3.41	3.38	3.34	3.32	3.30	3.27	3.27	3.25	3.24	3.23	0.05	7
6.31	6.16	6.07	5.99	5.91	5.86	5.82	5.75	5.74	5.70	5.67	5.65	0.01	
1.62	1.61	1.60	1.60	1.59	1.59	1.59	1.58	1.58	1.58	1.58	1.58	0.25	
2.46	2.42	2.40	2.38	2.36	2.35	2.34	2.32	2.32	2.31	2.30	2.29	0.10	
3.22	3.15	3.12	3.08	3.04	2.02	3.01	2.97	2.97	2.95	2.94	2.93	0.05	8
5.52	5.36	5.28	5.20	5.12	5.07	5.03	4.96	4.95	4.91	4.88	4.86	0.01	
1.57	1.56	1.56	1.55	1.55	1.54	1.54	1.53	1.53	1.53	1.53	1.53	0.25	
2.34	2.30	2.28	2.25	2.23	2.22	2.21	2.19	2.18	2.17	2.17	2.16	0.10	
3.01	2.94	2.90	2.86	2.83	2.80	2.79	2.76	2.75	2.73	2.72	2.71	0.05	9
4.96	4.81	4.73	4.65	4.57	4.52	4.48	4.42	4.40	4.36	4.33	4.31	0.01	

分母自由度 N_2	分子自由度 N_1												
	Pr	1	2	3	4	5	6	7	8	9	10	11	12
10	0.25	1.49	1.60	1.60	1.59	1.59	1.58	1.57	1.56	1.56	1.55	1.55	1.54
	0.10	3.29	2.92	2.73	2.61	2.52	2.46	2.41	2.38	2.35	2.32	2.30	2.28
	0.05	4.96	4.10	3.71	3.48	3.33	3.22	3.14	3.07	3.02	2.98	2.94	2.91
	0.01	10.0	7.56	6.55	5.99	5.64	5.39	5.20	5.06	4.94	4.85	4.77	4.71
11	0.25	1.47	1.58	1.58	1.57	1.56	1.55	1.54	1.53	1.53	1.52	1.52	1.51
	0.10	3.23	2.86	2.66	2.54	2.45	2.39	2.34	2.30	2.27	2.25	2.23	2.21
	0.05	4.84	3.98	3.59	3.36	3.20	3.09	3.01	2.95	2.90	2.85	2.82	2.79
	0.01	9.65	7.21	6.22	5.67	5.32	5.07	4.89	4.74	4.63	4.54	4.46	4.40
12	0.25	1.46	1.56	1.56	1.55	1.54	1.53	1.52	1.51	1.51	1.50	1.50	1.49
	0.10	3.18	2.81	2.61	2.48	2.39	2.33	2.28	2.24	2.21	2.19	2.17	2.15
	0.05	4.75	3.89	3.49	3.26	3.11	3.00	2.91	2.85	2.80	2.75	2.72	2.69
	0.01	9.33	6.93	5.95	5.41	5.06	4.82	4.64	4.50	4.39	4.30	4.22	4.16
13	0.25	1.45	1.55	1.55	1.53	1.52	1.51	1.50	1.49	1.49	1.48	1.47	1.47
	0.10	3.14	2.76	2.56	2.43	2.35	2.28	2.23	2.20	2.16	2.14	2.12	2.10
	0.05	4.67	3.81	3.41	3.18	3.03	2.92	2.83	2.77	2.71	2.67	2.63	2.60
	0.01	9.07	6.70	5.74	5.21	4.86	4.62	4.44	4.30	4.19	4.10	4.02	3.96
14	0.25	1.44	1.53	1.53	1.52	1.51	1.50	1.49	1.48	1.47	1.46	1.46	1.45
	0.10	3.10	2.73	2.52	2.39	2.31	2.24	2.19	2.15	2.12	2.10	2.08	2.05
	0.05	4.60	3.74	3.34	3.11	2.96	2.85	2.76	2.70	2.65	2.60	2.57	2.53
	0.01	8.86	6.51	5.56	5.04	4.69	4.46	4.28	4.14	4.03	3.94	3.86	3.80
15	0.25	1.43	1.52	1.52	1.51	1.49	1.48	1.47	1.46	1.46	1.45	1.44	1.44
	0.10	3.07	2.70	2.49	2.36	2.27	2.21	2.16	2.12	2.09	2.06	2.04	2.02
	0.05	4.54	3.68	3.29	3.06	2.90	2.79	2.71	2.64	2.59	2.54	2.51	2.48
	0.01	8.68	6.36	5.42	4.89	4.56	4.32	4.14	4.00	3.89	3.80	3.73	3.67
16	0.25	1.42	1.51	1.51	1.50	1.48	1.47	1.46	1.45	1.44	1.44	1.44	1.43
	0.10	3.05	2.67	2.46	2.33	2.24	2.18	2.13	2.09	2.06	2.03	2.01	1.99
	0.05	4.49	3.63	3.24	3.01	2.85	2.74	2.66	2.59	2.54	2.49	2.46	2.42
	0.01	8.53	6.23	5.29	4.77	4.44	4.20	4.03	3.89	3.78	3.69	3.62	3.55
17	0.25	1.42	1.51	1.50	1.49	1.47	1.46	1.45	1.44	1.43	1.43	1.42	1.41
	0.10	3.03	2.64	2.44	2.31	2.22	2.15	2.10	2.06	2.03	2.00	1.98	1.96
	0.05	4.45	3.59	3.20	2.96	2.81	2.70	2.61	2.55	2.49	2.45	2.41	2.38
	0.01	8.40	6.11	5.18	4.67	4.34	4.10	3.93	3.79	3.68	3.59	3.52	3.46
18	0.25	1.41	1.50	1.49	1.48	1.46	1.45	1.44	1.43	1.42	1.42	1.41	1.40
	0.10	3.01	2.62	2.42	2.29	2.20	2.13	2.08	2.04	2.00	1.98	1.96	1.93
	0.05	4.41	3.55	3.16	2.93	2.77	2.66	2.58	2.51	2.46	2.41	2.37	2.34
	0.01	8.29	6.01	5.09	4.58	4.25	4.01	3.84	3.71	3.60	3.51	3.43	3.37
19	0.25	1.41	1.49	1.49	1.47	1.46	1.44	1.43	1.42	1.41	1.41	1.40	1.40
	0.10	2.99	2.61	2.40	2.27	2.18	2.11	2.06	2.02	1.98	1.96	1.94	1.91
	0.05	4.38	3.52	3.13	2.90	2.74	2.63	2.54	2.48	2.42	2.38	2.34	2.31
	0.01	8.18	5.93	5.01	4.50	4.17	3.94	3.77	3.63	3.52	3.43	3.36	3.30
20	0.25	1.40	1.49	1.48	1.46	1.45	1.44	1.43	1.42	1.41	1.40	1.39	1.39
	0.10	2.97	2.59	2.38	2.25	2.16	2.09	2.04	2.00	1.96	1.94	1.92	1.89
	0.05	4.35	3.49	3.10	2.87	2.71	2.60	2.51	2.45	2.39	2.35	2.31	2.28
	0.01	8.10	5.85	4.94	4.43	4.10	3.87	3.70	3.56	3.46	3.37	3.29	3.23

（续）

分子自由度 N_1													分母自由度 N_2
15	20	24	30	40	50	60	100	120	200	500	∞	Pr	
1.53	1.52	1.52	1.51	1.51	1.50	1.50	1.49	1.49	1.49	1.48	1.48	0.25	
2.24	2.20	2.18	2.16	2.13	2.12	2.11	2.09	2.08	2.07	2.06	2.06	0.10	10
2.85	2.77	2.74	2.70	2.66	2.64	2.62	2.59	2.58	2.56	2.55	2.54	0.05	
4.56	4.41	4.33	4.25	4.17	4.12	4.08	4.01	4.00	3.96	3.93	3.91	0.01	
1.50	1.49	1.49	1.48	1.47	1.47	1.47	1.46	1.46	1.46	1.45	1.45	0.25	
2.17	2.12	2.10	2.08	2.05	2.04	2.03	2.00	2.00	1.99	1.98	1.97	0.10	11
2.72	2.65	2.61	2.57	2.53	2.51	2.49	2.46	2.45	2.43	2.42	2.40	0.05	
4.25	4.10	4.02	3.94	3.86	3.81	3.78	3.71	3.69	3.66	3.62	3.60	0.01	
1.48	1.47	1.46	1.45	1.45	1.44	1.44	1.43	1.43	1.43	1.42	1.42	0.25	
2.10	2.06	2.04	2.01	1.99	1.97	1.96	1.94	1.93	1.92	1.91	1.90	0.10	12
2.62	2.54	2.51	2.47	2.43	2.40	2.38	2.35	2.34	2.32	2.31	2.30	0.05	
4.01	3.86	3.78	3.70	3.62	3.57	3.54	3.47	3.45	3.41	3.38	3.36	0.01	
1.46	1.45	1.44	1.43	1.42	1.42	1.42	1.41	1.41	1.40	1.40	1.40	0.25	
2.05	2.01	1.98	1.96	1.93	1.92	1.90	1.88	1.88	1.86	1.85	1.85	0.10	13
2.53	2.46	2.42	2.38	2.34	2.31	2.30	2.26	2.25	2.23	2.22	2.21	0.05	
3.82	3.66	3.59	3.51	3.43	3.38	3.34	3.27	3.25	3.22	3.19	3.17	0.01	
1.44	1.43	1.42	1.41	1.41	1.40	1.40	1.39	1.39	1.39	1.38	1.38	0.25	
2.01	1.96	1.94	1.91	1.89	1.87	1.86	1.83	1.83	1.82	1.80	1.80	0.10	14
2.46	2.39	2.35	2.31	2.27	2.24	2.22	2.19	2.18	2.16	2.14	2.13	0.05	
3.66	3.51	3.43	3.35	3.27	3.22	3.18	3.11	3.09	3.06	3.03	3.00	0.01	
1.43	1.41	1.41	1.40	1.39	1.39	1.38	1.38	1.37	1.37	1.36	1.36	0.25	
1.97	1.92	1.90	1.87	1.85	1.83	1.82	1.79	1.79	1.77	1.76	1.76	0.10	15
2.40	2.33	2.29	2.25	2.20	2.18	2.16	2.12	2.11	2.10	2.08	2.07	0.05	
3.52	3.37	3.29	3.21	3.13	3.08	3.05	2.98	2.96	2.92	2.89	2.87	0.01	
1.41	1.40	1.39	1.38	1.37	1.37	1.36	1.36	1.35	1.35	1.34	1.34	0.25	
1.94	1.89	1.87	1.84	1.81	1.79	1.78	1.76	1.75	1.74	1.73	1.72	0.10	16
2.35	2.28	2.24	2.19	2.15	2.12	2.11	2.07	2.06	2.04	2.02	2.01	0.05	
3.41	3.26	3.18	3.10	3.02	2.97	2.93	2.86	2.84	2.81	2.78	2.75	0.01	
1.40	1.39	1.38	1.37	1.36	1.35	1.35	1.34	1.34	1.34	1.33	1.33	0.25	
1.91	1.86	1.84	1.81	1.78	1.76	1.75	1.73	1.72	1.71	1.69	1.69	0.10	17
2.31	2.23	2.19	2.15	2.10	2.08	2.06	2.02	2.01	1.99	1.97	1.96	0.05	
3.31	3.16	3.08	3.00	2.92	2.87	2.83	2.76	2.75	2.71	2.68	2.65	0.01	
1.39	1.38	1.37	1.36	1.35	1.34	1.34	1.33	1.33	1.32	1.32	1.32	0.25	
1.89	1.84	1.81	1.78	1.75	1.74	1.72	1.70	1.69	1.68	1.67	1.66	0.10	18
2.27	2.19	2.15	2.11	2.06	2.04	2.02	1.98	1.97	1.95	1.93	1.92	0.05	
3.23	3.08	3.00	2.92	2.84	2.78	2.75	2.68	2.66	2.62	2.59	2.57	0.01	
1.38	1.37	1.36	1.35	1.34	1.33	1.33	1.32	1.32	1.31	1.31	1.30	0.25	
1.86	1.81	1.79	1.76	1.73	1.71	1.70	1.67	1.67	1.65	1.64	1.63	0.10	19
2.23	2.16	2.11	2.07	2.03	2.00	1.98	1.94	1.93	1.91	1.89	1.88	0.05	
3.15	3.00	2.92	2.84	2.76	2.71	2.67	2.60	2.58	2.55	2.51	2.49	0.01	
1.37	1.36	1.35	1.34	1.33	1.33	1.32	1.31	1.31	1.30	1.30	1.29	0.25	
1.84	1.79	1.77	1.74	1.71	1.69	1.68	1.65	1.64	1.63	1.62	1.61	0.10	20
2.20	2.12	2.08	2.04	1.99	1.97	1.95	1.91	1.90	1.88	1.86	1.84	0.05	
3.09	2.94	2.86	2.78	2.69	2.64	2.61	2.54	2.52	2.48	2.44	2.42	0.01	

分母自由度 N_2	分子自由度 N_1												
	Pr	1	2	3	4	5	6	7	8	9	10	11	12
	0.25	1.40	1.48	1.47	1.45	1.44	1.42	1.41	1.40	1.39	1.39	1.38	1.37
22	0.10	2.95	2.56	2.35	2.22	2.13	2.06	2.01	1.97	1.93	1.90	1.88	1.86
	0.05	4.30	3.44	3.05	2.82	2.66	2.55	2.46	2.40	2.34	2.30	2.26	2.23
	0.01	7.95	5.72	4.82	4.31	3.99	3.76	3.59	3.45	3.35	3.26	3.18	3.12
	0.25	1.39	1.47	1.46	1.44	1.43	1.41	1.40	1.39	1.38	1.38	1.37	1.36
24	0.10	2.93	2.54	2.33	2.19	2.10	2.04	1.98	1.94	1.91	1.88	1.85	1.83
	0.05	4.26	3.40	3.01	2.78	2.62	2.51	2.42	2.36	2.30	2.25	2.21	2.18
	0.01	7.82	5.61	4.72	4.22	3.90	3.67	3.50	3.36	3.26	3.17	3.09	3.03
	0.25	1.38	1.46	1.45	1.44	1.42	1.41	1.39	1.38	1.37	1.37	1.36	1.35
26	0.10	2.91	2.52	2.31	2.17	2.08	2.01	1.96	1.92	1.88	1.86	1.84	1.81
	0.05	4.23	3.37	2.98	2.74	2.59	2.47	2.39	2.32	2.27	2.22	2.18	2.15
	0.01	7.72	5.53	4.64	4.14	3.82	3.59	3.42	3.29	3.18	3.09	3.02	2.96
	0.25	1.38	1.46	1.45	1.43	1.41	1.40	1.39	1.38	1.37	1.36	1.35	1.34
28	0.10	2.89	2.50	2.29	2.16	2.06	2.00	1.94	1.90	1.87	1.84	1.81	1.79
	0.05	4.20	3.34	2.95	2.71	2.56	2.45	2.36	2.29	2.24	2.19	2.15	2.12
	0.01	7.64	5.45	4.57	4.07	3.75	3.53	3.36	3.23	3.12	3.03	2.96	2.90
	0.25	1.38	1.45	1.44	1.42	1.41	1.39	1.38	1.37	1.36	1.35	1.35	1.34
30	0.10	2.88	2.49	2.28	2.14	2.05	1.98	1.93	1.88	1.85	1.82	1.79	1.77
	0.05	4.17	3.32	2.92	2.69	2.53	2.42	2.33	2.27	2.21	2.16	2.13	2.09
	0.01	7.56	5.39	4.51	4.02	3.70	3.47	3.30	3.17	3.07	2.98	2.91	2.84
	0.25	1.36	1.44	1.42	1.40	1.39	1.37	1.36	1.35	1.34	1.33	1.32	1.31
40	0.10	2.84	2.44	2.23	2.09	2.00	1.93	1.87	1.83	1.79	1.76	1.73	1.71
	0.05	4.08	3.23	2.84	2.61	2.45	2.34	2.25	2.18	2.12	2.08	2.04	2.00
	0.01	7.31	5.18	4.31	3.83	3.51	3.29	3.12	2.99	2.89	2.80	2.73	2.66
	0.25	1.35	1.42	1.41	1.38	1.37	1.35	1.33	1.32	1.31	1.30	1.29	1.29
60	0.10	2.79	2.39	2.18	2.04	1.95	1.87	1.82	1.77	1.74	1.71	1.68	1.66
	0.05	4.00	3.15	2.76	2.53	2.37	2.25	2.17	2.10	2.04	1.99	1.95	1.92
	0.01	7.08	4.98	4.13	3.65	3.34	3.12	2.95	2.82	2.72	2.63	2.56	2.50
	0.25	1.34	1.40	1.39	1.37	1.35	1.33	1.31	1.30	1.29	1.28	1.27	1.26
120	0.10	2.75	2.35	2.13	1.99	1.90	1.82	1.77	1.72	1.68	1.65	1.62	1.60
	0.05	3.92	3.07	2.68	2.45	2.29	2.17	2.09	2.02	1.96	1.91	1.87	1.83
	0.01	6.85	4.79	3.95	3.48	3.17	2.96	2.79	2.66	2.56	2.47	2.40	2.34
	0.25	1.33	1.39	1.38	1.36	1.34	1.32	1.31	1.29	1.28	1.27	1.26	1.25
200	0.10	2.73	2.33	2.11	1.97	1.88	1.80	1.75	1.70	1.66	1.63	1.60	1.57
	0.05	3.89	3.04	2.65	2.42	2.26	2.14	2.06	1.98	1.93	1.88	1.84	1.80
	0.01	6.76	4.71	3.88	3.41	3.11	2.89	2.73	2.60	2.50	2.41	2.34	2.27
	0.25	1.32	1.39	1.37	1.35	1.33	1.31	1.29	1.28	1.27	1.25	1.24	1.24
∞	0.10	2.71	2.30	2.08	1.94	1.85	1.77	1.72	1.67	1.63	1.60	1.57	1.55
	0.05	3.84	3.00	2.60	2.37	2.21	2.10	2.01	1.94	1.88	1.83	1.79	1.75
	0.01	6.63	4.61	3.78	3.32	3.02	2.80	2.64	2.51	2.41	2.32	2.25	2.18

资料来源：From E. S. Pearson and H. O. Hartley, eds., *Biometrika Tables for Statisticians*, vol. 1, 3rd ed., table 18,

（续）

分子自由度 N_1													分母自由度 N_2
15	20	24	30	40	50	60	100	120	200	500	∞	Pr	
1.36	1.34	1.33	1.32	1.31	1.31	1.30	1.30	1.30	1.29	1.29	1.28	0.25	
1.81	1.76	1.73	1.70	1.67	1.65	1.64	1.61	1.60	1.59	1.58	1.57	0.10	22
2.15	2.07	2.03	1.98	1.94	1.91	1.89	1.85	1.84	1.82	1.80	1.78	0.05	
2.98	2.83	2.75	2.67	2.58	2.53	2.50	2.42	2.40	2.36	2.33	2.31	0.01	
1.35	1.33	1.32	1.31	1.30	1.29	1.29	1.28	1.28	1.27	1.27	1.26	0.25	
1.78	1.73	1.70	1.67	1.64	1.62	1.61	1.58	1.57	1.56	1.54	1.53	0.10	24
2.11	2.03	1.98	1.94	1.89	1.86	1.84	1.80	1.79	1.77	1.75	1.73	0.05	
2.89	2.74	2.66	2.58	2.49	2.44	2.40	2.33	2.31	2.27	2.24	2.21	0.01	
1.34	1.32	1.31	1.30	1.29	1.28	1.28	1.26	1.26	1.26	1.25	1.25	0.25	
1.76	1.71	1.68	1.65	1.61	1.59	1.58	1.55	1.54	1.53	1.51	1.50	0.10	26
2.07	1.99	1.95	1.90	1.85	1.82	1.80	1.76	1.75	1.73	1.71	1.69	0.05	
2.81	2.66	2.58	2.50	2.42	2.36	2.33	2.25	2.23	2.19	2.16	2.13	0.01	
1.33	1.31	1.30	1.29	1.28	1.27	1.27	1.26	1.25	1.25	1.24	1.24	0.25	
1.74	1.69	1.66	1.63	1.59	1.57	1.56	1.53	1.52	1.50	1.49	1.48	0.10	28
2.04	1.96	1.91	1.87	1.82	1.79	1.77	1.73	1.71	1.69	1.67	1.65	0.05	
2.75	2.60	2.52	2.44	2.35	2.30	2.26	2.19	2.17	2.13	2.09	2.06	0.01	
1.32	1.30	1.29	1.28	1.27	1.26	1.26	1.25	1.24	1.24	1.23	1.23	0.25	
1.72	1.67	1.64	1.61	1.57	1.55	1.54	1.51	1.50	1.48	1.47	1.46	0.10	30
2.01	1.93	1.89	1.84	1.79	1.76	1.74	1.70	1.68	1.66	1.64	1.62	0.05	
2.70	2.55	2.47	2.39	2.30	2.25	2.21	2.13	2.11	2.07	2.03	2.01	0.01	
1.30	1.28	1.26	1.25	1.24	1.23	1.22	1.21	1.21	1.20	1.19	1.19	0.25	
1.66	1.61	1.57	1.54	1.51	1.48	1.47	1.43	1.42	1.41	1.39	1.38	0.10	40
1.92	1.84	1.79	1.74	1.69	1.66	1.64	1.59	1.58	1.55	1.53	1.51	0.05	
2.52	2.37	2.29	2.20	2.11	2.06	2.02	1.94	1.92	1.87	1.83	1.80	0.01	
1.27	1.25	1.24	1.22	1.21	1.20	1.19	1.17	1.17	1.16	1.15	1.15	0.25	
1.60	1.54	1.51	1.48	1.44	1.41	1.40	1.36	1.35	1.33	1.31	1.29	0.10	60
1.84	1.75	1.70	1.65	1.59	1.56	1.53	1.48	1.47	1.44	1.41	1.39	0.05	
2.35	2.20	2.12	2.03	1.94	1.88	1.84	1.75	1.73	1.68	1.63	1.60	0.01	
1.24	1.22	1.21	1.19	1.18	1.17	1.16	1.14	1.13	1.12	1.11	1.10	0.25	
1.55	1.48	1.45	1.41	1.37	1.34	1.32	1.27	1.26	1.24	1.21	1.19	0.10	120
1.75	1.66	1.61	1.55	1.50	1.46	1.43	1.37	1.35	1.32	1.28	1.25	0.05	
2.19	2.03	1.95	1.86	1.76	1.70	1.66	1.56	1.53	1.48	1.42	1.38	0.01	
1.23	1.21	1.20	1.18	1.16	1.14	1.12	1.11	1.10	1.09	1.08	1.06	0.25	
1.52	1.46	1.42	1.38	1.34	1.31	1.28	1.24	1.22	1.20	1.17	1.14	0.10	200
1.72	1.62	1.57	1.52	1.46	1.41	1.39	1.32	1.29	1.26	1.22	1.19	0.05	
2.13	1.97	1.89	1.79	1.69	1.63	1.58	1.48	1.44	1.39	1.33	1.28	0.01	
1.22	1.19	1.18	1.16	1.14	1.13	1.12	1.09	1.08	1.07	1.04	1.00	0.25	
1.49	1.42	1.38	1.34	1.30	1.26	1.24	1.18	1.17	1.13	1.08	1.00	0.10	∞
1.67	1.57	1.52	1.46	1.39	1.35	1.32	1.24	1.22	1.17	1.11	1.00	0.05	
2.04	1.88	1.79	1.70	1.59	1.52	1.47	1.36	1.32	1.25	1.15	1.00	0.01	

Cambridge University Press, New York, 1966. Reproduced by permission of the editors and trustees of *Biometrika*.

表 E-4 χ^2 分布的

例

$Pr(\chi^2 > 10.85) = 0.95$

$Pr(\chi^2 > 23.83) = 0.25$ 自由度 = 20

$Pr(\chi^2 > 31.41) = 0.05$

自由度 \ 概率	.995	.990	.975	.950	.900
1	$392\,704 \times 10^{-10}$	$157\,088 \times 10^{-9}$	$982\,069 \times 10^{-9}$	$393\,214 \times 10^{-8}$	0.015 8
2	.010 0	.020 1	.050 6	.102 6	.210 7
3	.071 7	.114 8	.215 8	.351 8	.584 4
4	.207 0	.297 1	.484 4	.710 7	1.063 6
5	.411 7	.554 3	.831 2	1.145 5	1.610 3
6	.675 7	.872 1	1.237 3	1.635 4	2.204 1
7	.989 3	1.239 0	1.689 9	2.167 4	2.833 1
8	1.344 4	1.646 5	2.179 7	2.732 6	3.489 5
9	1.734 9	2.087 9	2.700 4	3.325 1	4.168 2
10	2.155 9	2.558 2	3.247 0	3.940 3	4.865 2
11	2.603 2	3.053 5	3.815 8	4.574 8	5.577 8
12	3.073 8	3.570 6	4.403 8	5.226 0	6.303 8
13	3.565 0	4.106 9	5.008 7	5.891 9	7.041 5
14	4.074 7	4.660 4	5.628 7	6.570 6	7.789 5
15	4.600 9	5.229 4	6.262 1	7.260 9	8.546 8
16	5.142 2	5.812 2	6.907 7	7.961 6	9.312 2
17	5.697 2	6.407 8	7.564 2	8.671 8	10.085 2
18	6.264 8	7.014 9	8.230 8	9.390 5	10.864 9
19	6.844 0	7.632 7	8.906 6	10.117 0	11.650 9
20	7.433 9	8.260 4	9.590 8	10.850 8	12.442 6
21	8.033 7	8.897 2	10.282 9	11.591 3	13.239 6
22	8.642 7	9.542 5	10.982 3	12.338 0	14.041 5
23	9.260 4	10.195 7	11.688 5	13.090 5	14.847 9
24	9.886 2	10.856 4	12.401 1	13.848 4	15.658 7
25	10.519 7	11.524 0	13.119 7	14.611 4	16.473 4
26	11.160 3	12.198 1	13.843 9	15.379 1	17.291 9
27	11.807 6	12.878 6	14.573 3	16.151 3	18.113 8
28	12.461 3	13.564 8	15.307 9	16.927 9	18.939 2
29	13.121 1	14.256 5	16.047 1	17.708 3	19.767 7
30	13.786 7	14.953 5	16.790 8	18.492 6	20.599 2
40	20.706 5	22.164 3	24.433 1	26.509 3	29.050 5
50	27.990 7	29.706 7	32.357 4	34.764 2	37.688 6
60	35.534 6	37.484 8	40.481 7	43.187 9	46.458 9
70	43.275 2	45.441 8	48.757 6	51.739 3	55.329 0
80	51.172 0	53.540 0	57.153 2	60.391 5	64.277 8
90	59.196 3	61.754 1	65.646 6	69.126 0	73.291 2
100*	67.327 6	70.064 8	74.221 9	77.929 5	82.358 1

* 当自由度大于100时，表达式 $\sqrt{2\chi^2} - \sqrt{(2k-1)} = Z$ 服从标准正态分布，其中，k 表示自由度。

资料来源：Abridged from E. S. Pearson and H. O. Hartley, eds., *Biometrika Tables for Statisticians*, vol. 1, 3rd ed.,

上端百分点

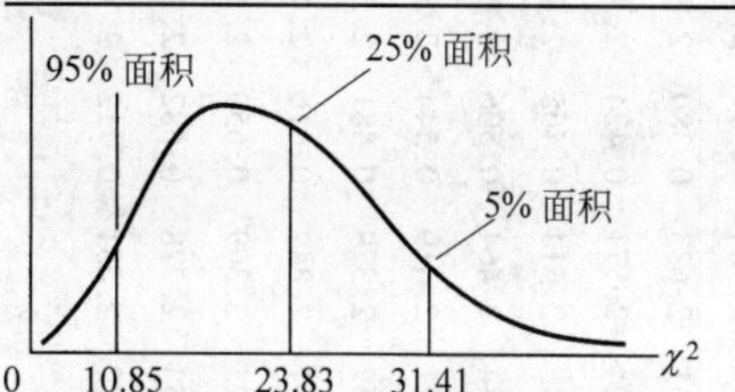

.750	0.500	0.250	.100	.050	.025	.010	.005
.101 5	.454 9	1.323 3	2.705 5	3.841 5	5.023 9	6.634 9	7.879 4
.575 4	1.386 3	2.772 6	4.605 2	5.991 5	7.377 8	9.210 3	10.596 6
1.212 5	2.366 0	4.108 4	6.251 4	7.814 7	9.348 4	11.344 9	12.838 1
1.922 6	3.356 7	5.385 3	7.779 4	9.487 7	11.143 3	13.276 7	14.860 2
2.674 6	4.351 5	6.625 7	9.236 4	11.070 5	12.832 5	15.086 3	16.749 6
3.454 6	5.348 1	7.840 8	10.644 6	12.591 6	14.449 4	16.811 9	18.547 6
4.254 9	6.345 8	9.037 2	12.017 0	14.067 1	16.012 8	18.475 3	20.277 7
5.070 6	7.344 1	10.218 8	13.361 6	15.507 3	17.534 6	20.090 2	21.955 0
5.898 8	8.342 8	11.388 7	14.683 7	16.919 0	19.022 8	21.666 0	23.589 3
6.737 2	9.341 8	12.548 9	15.987 1	18.307 0	20.483 1	23.209 3	25.188 2
7.584 1	10.341 0	13.700 7	17.275 0	19.675 1	21.920 0	24.725 0	26.756 9
8.438 4	11.340 3	14.845 4	18.549 4	21.026 1	23.336 7	26.217 0	28.299 5
9.299 1	12.339 8	15.983 9	19.811 9	22.362 1	24.735 6	27.688 3	29.819 4
10.165 3	13.339 3	17.117 0	21.064 2	23.684 8	26.119 0	29.141 3	31.319 3
11.036 5	14.338 9	18.245 1	22.307 2	24.995 8	27.488 4	30.577 9	32.801 3
11.912 2	15.338 5	19.368 8	23.541 8	26.296 2	28.845 4	31.999 9	34.267 2
12.791 9	16.338 1	20.488 7	24.769 0	27.587 1	30.191 0	33.408 7	35.718 5
13.675 3	17.337 9	21.604 9	25.989 4	28.869 3	31.526 4	34.805 3	37.156 4
14.562 0	18.337 6	22.717 8	27.203 6	30.143 5	32.852 3	36.190 8	38.582 2
15.451 8	19.337 4	23.827 7	28.412 0	31.410 4	34.169 6	37.566 2	39.996 8
16.344 4	20.337 2	24.934 8	29.615 1	32.670 5	35.478 9	38.932 1	41.401 0
17.239 6	21.337 0	26.039 3	30.813 3	33.924 4	36.780 7	40.289 4	42.795 6
18.137 3	22.336 9	27.141 3	32.006 9	35.172 5	38.075 7	41.638 4	44.181 3
19.037 2	23.336 7	28.241 2	33.196 3	36.415 1	39.364 1	42.979 8	45.558 5
19.939 3	24.336 6	29.338 9	34.381 6	37.652 5	40.646 5	44.314 1	46.927 8
20.843 4	25.336 4	30.434 5	35.563 1	38.885 2	41.923 2	45.641 7	48.289 9
21.749 4	26.336 3	31.528 4	36.741 2	40.113 3	43.194 4	46.963 0	49.644 9
22.657 2	27.336 3	32.620 5	37.915 9	41.337 2	44.460 7	48.278 2	50.993 3
23.566 6	28.336 2	33.710 9	39.087 5	42.556 9	45.722 2	49.587 9	52.335 6
24.477 6	29.336 0	34.799 8	40.256 0	43.772 9	46.979 2	50.892 2	53.672 0
33.660 3	39.335 4	45.616 0	51.805 0	55.758 5	59.341 7	63.690 7	66.765 9
42.942 1	49.334 9	56.333 6	63.167 1	67.504 8	71.420 2	76.153 9	79.490 0
52.293 8	59.334 7	66.981 4	74.397 0	79.081 9	83.297 6	88.379 4	91.951 7
61.698 3	69.334 4	77.576 6	85.527 1	90.531 2	95.023 1	100.425	104.215
71.144 5	79.334 3	88.130 3	96.578 2	101.879	106.629	112.329	116.321
80.624 7	89.334 2	98.649 9	107.565	113.145	118.136	124.116	128.299
90.133 2	99.334 1	109.141	118.498	124.342	129.561	135.807	140.169

table 8, Cambridge University Press, New York, 1966. Reproduced by permission of the editors and trustees of *Biometrika*.

表 E-5a 德宾–沃森 d 统计量:5% 显著水平下 d_L 和 d_U 的显著点

n	k′=1		k′=2		k′=3		k′=4		k′=5		k′=6		k′=7		k′=8		k′=9		k′=10	
	d_L	d_U	d_L	d_U	d_L	d_U	d_L	d_U	d_L	d_U	d_L	d_U	d_L	d_U	d_L	d_U	d_L	d_U	d_L	d_U
6	0.610	1.400	–	–	–	–	–	–	–	–	–	–	–	–	–	–	–	–	–	–
7	0.700	1.356	0.467	1.896	–	–	–	–	–	–	–	–	–	–	–	–	–	–	–	–
8	0.763	1.332	0.559	1.777	0.368	2.287	–	–	–	–	–	–	–	–	–	–	–	–	–	–
9	0.824	1.320	0.629	1.699	0.455	2.128	0.296	2.588	–	–	–	–	–	–	–	–	–	–	–	–
10	0.879	1.320	0.697	1.641	0.525	2.016	0.376	2.414	0.243	2.822	–	–	–	–	–	–	–	–	–	–
11	0.927	1.324	0.658	1.604	0.595	1.928	0.444	2.283	0.316	2.645	0.203	3.005	–	–	–	–	–	–	–	–
12	0.971	1.331	0.812	1.579	0.658	1.864	0.512	2.177	0.379	2.506	0.268	2.832	0.171	3.149	–	–	–	–	–	–
13	1.010	1.340	0.861	1.562	0.715	1.816	0.574	2.094	0.445	2.390	0.328	2.692	0.230	2.985	0.147	3.266	–	–	–	–
14	1.045	1.350	0.905	1.551	0.767	1.779	0.632	2.030	0.505	2.296	0.389	2.572	0.286	2.848	0.200	3.111	0.127	3.360	–	–
15	1.077	1.361	0.946	1.543	0.814	1.750	0.685	1.977	0.562	2.220	0.447	2.472	0.343	2.727	0.251	2.979	0.175	3.216	0.111	3.438
16	1.106	1.371	0.982	1.539	0.857	1.728	0.734	1.935	0.615	2.157	0.502	2.388	0.398	2.624	0.304	2.860	0.222	3.090	0.155	3.304
17	1.133	1.381	1.015	1.536	0.897	1.710	0.779	1.900	0.664	2.104	0.554	2.318	0.451	2.537	0.356	2.757	0.272	2.975	0.198	3.184
18	1.158	1.391	1.046	1.535	0.933	1.696	0.820	1.872	0.710	2.060	0.603	2.257	0.502	2.461	0.407	2.667	0.321	2.873	0.244	3.073
19	1.180	1.401	1.074	1.536	0.967	1.685	0.859	1.848	0.752	2.023	0.649	2.206	0.549	2.396	0.456	2.589	0.369	2.783	0.290	2.974
20	1.201	1.411	1.100	1.537	0.998	1.676	0.894	1.828	0.792	1.991	0.692	2.162	0.595	2.339	0.502	2.521	0.416	2.704	0.336	2.885
21	1.221	1.420	1.125	1.538	1.026	1.669	0.927	1.812	0.829	1.964	0.732	2.124	0.637	2.290	0.547	2.460	0.461	2.633	0.380	2.806
22	1.239	1.429	1.147	1.541	1.053	1.664	0.958	1.797	0.863	1.940	0.769	2.090	0.677	2.246	0.588	2.407	0.504	2.571	0.424	2.734
23	1.257	1.437	1.168	1.543	1.078	1.660	0.986	1.785	0.895	1.920	0.804	2.061	0.715	2.208	0.628	2.360	0.545	2.514	0.465	2.670
24	1.273	1.446	1.188	1.546	1.101	1.656	1.013	1.775	0.925	1.902	0.837	2.035	0.751	2.174	0.666	2.318	0.584	2.464	0.506	2.613
25	1.288	1.454	1.206	1.550	1.123	1.654	1.038	1.767	0.953	1.886	0.868	2.012	0.784	2.144	0.702	2.280	0.621	2.419	0.544	2.560
26	1.302	1.461	1.224	1.553	1.143	1.652	1.062	1.759	0.979	1.873	0.897	1.992	0.816	2.117	0.735	2.246	0.657	2.379	0.581	2.513
27	1.316	1.469	1.240	1.556	1.162	1.651	1.084	1.753	1.004	1.861	0.925	1.974	0.845	2.093	0.767	2.216	0.691	2.342	0.616	2.470
28	1.328	1.476	1.255	1.560	1.181	1.650	1.104	1.747	1.028	1.850	0.951	1.958	0.874	2.071	0.798	2.188	0.723	2.309	0.650	2.431
29	1.341	1.483	1.270	1.563	1.198	1.650	1.124	1.743	1.050	1.841	0.975	1.944	0.900	2.052	0.826	2.164	0.753	2.278	0.682	2.396
30	1.352	1.489	1.284	1.567	1.214	1.650	1.143	1.739	1.071	1.833	0.998	1.931	0.926	2.034	0.854	2.141	0.782	2.251	0.712	2.363

31	1.363	1.496	1.297	1.570	1.229	1.650	1.160	1.735	1.090	1.825	1.020	1.920	0.950	2.018	0.879	2.120	0.810	2.226	0.741	2.333
32	1.373	1.502	1.309	1.574	1.244	1.650	1.177	1.732	1.109	1.819	1.041	1.909	0.972	2.004	0.904	2.102	0.836	2.203	0.769	2.306
33	1.383	1.508	1.321	1.577	1.258	1.651	1.193	1.730	1.127	1.813	1.061	1.900	0.994	1.991	0.927	2.085	0.861	2.181	0.795	2.281
34	1.393	1.514	1.333	1.580	1.271	1.652	1.208	1.728	1.144	1.808	1.080	1.891	1.015	1.979	0.950	2.069	0.885	2.162	0.821	2.257
35	1.402	1.519	1.343	1.584	1.283	1.653	1.222	1.726	1.160	1.803	1.097	1.884	1.034	1.967	0.971	2.054	0.908	2.144	0.845	2.236
36	1.411	1.525	1.354	1.587	1.295	1.654	1.236	1.724	1.175	1.799	1.114	1.877	1.053	1.957	0.991	2.041	0.930	2.127	0.868	2.216
37	1.419	1.530	1.364	1.590	1.307	1.655	1.249	1.723	1.190	1.795	1.131	1.870	1.071	1.948	1.011	2.029	0.951	2.112	0.891	2.198
38	1.427	1.535	1.373	1.594	1.318	1.656	1.261	1.722	1.204	1.792	1.146	1.864	1.088	1.939	1.029	2.017	0.970	2.098	0.912	2.180
39	1.435	1.540	1.382	1.597	1.328	1.658	1.273	1.722	1.218	1.789	1.161	1.859	1.104	1.932	1.047	2.007	0.990	2.085	0.932	2.164
40	1.442	1.544	1.391	1.600	1.338	1.659	1.285	1.721	1.230	1.786	1.175	1.854	1.120	1.924	1.064	1.997	1.008	2.072	0.952	2.149
45	1.475	1.566	1.430	1.615	1.383	1.666	1.336	1.720	1.287	1.776	1.238	1.835	1.189	1.895	1.139	1.958	1.089	2.022	1.038	2.088
50	1.503	1.585	1.462	1.628	1.421	1.674	1.378	1.721	1.335	1.771	1.291	1.822	1.246	1.875	1.201	1.930	1.156	1.986	1.110	2.044
55	1.528	1.601	1.490	1.641	1.452	1.681	1.414	1.724	1.374	1.768	1.334	1.814	1.294	1.861	1.253	1.909	1.212	1.959	1.170	2.010
60	1.549	1.616	1.514	1.652	1.480	1.689	1.444	1.727	1.408	1.767	1.372	1.808	1.335	1.850	1.298	1.894	1.260	1.939	1.222	1.984
65	1.567	1.629	1.536	1.662	1.503	1.696	1.471	1.731	1.438	1.767	1.404	1.805	1.370	1.843	1.336	1.882	1.301	1.923	1.266	1.964
70	1.583	1.641	1.554	1.672	1.525	1.703	1.494	1.735	1.464	1.768	1.433	1.802	1.401	1.837	1.369	1.873	1.337	1.910	1.305	1.948
75	1.598	1.652	1.571	1.680	1.543	1.709	1.515	1.739	1.487	1.770	1.458	1.801	1.428	1.834	1.399	1.867	1.369	1.901	1.339	1.935
80	1.611	1.662	1.586	1.688	1.560	1.715	1.534	1.743	1.507	1.772	1.480	1.801	1.453	1.831	1.425	1.861	1.397	1.893	1.369	1.925
85	1.624	1.671	1.600	1.696	1.575	1.721	1.550	1.747	1.525	1.774	1.500	1.801	1.474	1.829	1.448	1.857	1.422	1.886	1.396	1.916
90	1.635	1.679	1.612	1.703	1.589	1.726	1.566	1.751	1.542	1.776	1.518	1.801	1.494	1.827	1.469	1.854	1.445	1.881	1.420	1.909
95	1.645	1.687	1.623	1.709	1.602	1.732	1.579	1.755	1.557	1.778	1.535	1.802	1.512	1.827	1.489	1.852	1.465	1.877	1.442	1.903
100	1.654	1.694	1.634	1.715	1.613	1.736	1.592	1.758	1.571	1.780	1.550	1.803	1.528	1.826	1.506	1.850	1.484	1.874	1.462	1.898
150	1.720	1.746	1.706	1.760	1.693	1.774	1.679	1.788	1.665	1.802	1.651	1.817	1.637	1.832	1.622	1.847	1.608	1.862	1.594	1.877
200	1.758	1.778	1.748	1.789	1.738	1.799	1.728	1.810	1.718	1.820	1.707	1.831	1.697	1.841	1.686	1.852	1.675	1.863	1.665	1.874

（续）

n	k′=11		k′=12		k′=13		k′=14		k′=15		k′=16		k′=17		k′=18		k′=19		k′=20	
	d_L	d_U	d_L	d_U	d_L	d_U	d_L	d_U	d_L	d_U	d_L	d_U	d_L	d_U	d_L	d_U	d_L	d_U	d_L	d_U
16	0.098	3.503	–	–	–	–	–	–	–	–	–	–	–	–	–	–	–	–	–	–
17	0.138	3.378	0.087	3.557	–	–	–	–	–	–	–	–	–	–	–	–	–	–	–	–
18	0.177	3.265	0.123	3.441	0.078	3.603	–	–	–	–	–	–	–	–	–	–	–	–	–	–
19	0.220	3.159	0.160	3.335	0.111	3.496	0.070	3.642	–	–	–	–	–	–	–	–	–	–	–	–
20	0.263	3.063	0.200	3.234	0.145	3.395	0.100	3.542	0.063	3.676	–	–	–	–	–	–	–	–	–	–
21	0.307	2.976	0.240	3.141	0.182	3.300	0.132	3.448	0.091	3.583	0.058	3.705	–	–	–	–	–	–	–	–
22	0.349	2.897	0.281	3.057	0.220	3.211	0.166	3.358	0.120	3.495	0.083	3.619	0.052	3.731	–	–	–	–	–	–
23	0.391	2.826	0.322	2.979	0.259	3.128	0.202	3.272	0.153	3.409	0.110	3.535	0.076	3.650	0.048	3.753	–	–	–	–
24	0.431	2.761	0.362	2.908	0.297	3.053	0.239	3.193	0.186	3.327	0.141	3.454	0.101	3.572	0.070	3.678	0.044	3.773	–	–
25	0.470	2.702	0.400	2.844	0.335	2.983	0.275	3.119	0.221	3.251	0.172	3.376	0.130	3.494	0.094	3.604	0.065	3.702	0.041	3.790
26	0.508	2.649	0.438	2.784	0.373	2.919	0.312	3.051	0.256	3.179	0.205	3.303	0.160	3.420	0.120	3.531	0.087	3.632	0.060	3.724
27	0.544	2.600	0.475	2.730	0.409	2.859	0.348	2.987	0.291	3.112	0.238	3.233	0.191	3.349	0.149	3.460	0.112	3.563	0.081	3.658
28	0.578	2.555	0.510	2.680	0.445	2.805	0.383	2.928	0.325	3.050	0.271	3.168	0.222	3.283	0.178	3.392	0.138	3.495	0.104	3.592
29	0.612	2.515	0.544	2.634	0.479	2.755	0.418	2.874	0.359	2.992	0.305	3.107	0.254	3.219	0.208	3.327	0.166	3.431	0.129	3.528
30	0.643	2.477	0.577	2.592	0.512	2.708	0.451	2.823	0.392	2.937	0.337	3.050	0.286	3.160	0.238	3.266	0.195	3.368	0.156	3.465
31	0.674	2.443	0.608	2.553	0.545	2.665	0.484	2.776	0.425	2.887	0.370	2.996	0.317	3.103	0.269	3.208	0.224	3.309	0.183	3.406
32	0.703	2.411	0.638	2.517	0.576	2.625	0.515	2.733	0.457	2.840	0.401	2.946	0.349	3.050	0.299	3.153	0.253	3.252	0.211	3.348
33	0.731	2.382	0.668	2.484	0.606	2.588	0.546	2.692	0.488	2.796	0.432	2.899	0.379	3.000	0.329	3.100	0.283	3.198	0.239	3.293
34	0.758	2.355	0.695	2.454	0.634	2.554	0.575	2.654	0.518	2.754	0.462	2.854	0.409	2.954	0.359	3.051	0.312	3.147	0.267	3.240
35	0.783	2.330	0.722	2.425	0.662	2.521	0.604	2.619	0.547	2.716	0.492	2.813	0.439	2.910	0.388	3.005	0.340	3.099	0.295	3.190
36	0.808	2.306	0.748	2.398	0.689	2.492	0.631	2.586	0.575	2.680	0.520	2.774	0.467	2.868	0.417	2.961	0.369	3.053	0.323	3.142
37	0.831	2.285	0.772	2.374	0.714	2.464	0.657	2.555	0.602	2.646	0.548	2.738	0.495	2.829	0.445	2.920	0.397	3.009	0.351	3.097
38	0.854	2.265	0.796	2.351	0.739	2.438	0.683	2.526	0.628	2.614	0.575	2.703	0.522	2.792	0.472	2.880	0.424	2.968	0.378	3.054

39	0.875	2.246	0.819	2.329	0.763	2.413	0.707	2.499	0.653	2.585	0.600	2.671	0.549	2.757	0.499	2.843	0.451	2.929	0.404	3.013
40	0.896	2.228	0.840	2.309	0.785	2.391	0.731	2.473	0.678	2.557	0.626	2.641	0.575	2.724	0.525	2.808	0.477	2.892	0.430	2.974
45	0.988	2.156	0.938	2.225	0.887	2.296	0.838	2.367	0.788	2.439	0.740	2.512	0.692	2.586	0.644	2.659	0.598	2.733	0.553	2.807
50	1.064	2.103	1.019	2.163	0.973	2.225	0.927	2.287	0.882	2.350	0.836	2.414	0.792	2.479	0.747	2.544	0.703	2.610	0.660	2.675
55	1.129	2.062	1.087	2.116	1.045	2.170	1.003	2.225	0.961	2.281	0.919	2.338	0.877	2.396	0.836	2.454	0.795	2.512	0.754	2.571
60	1.184	2.031	1.145	2.079	1.106	2.127	1.068	2.177	1.029	2.227	0.990	2.278	0.951	2.330	0.913	2.382	0.874	2.434	0.836	2.487
65	1.231	2.006	1.195	2.049	1.160	2.093	1.124	2.138	1.088	2.183	1.052	2.229	1.016	2.276	0.980	2.323	0.944	2.371	0.908	2.419
70	1.272	1.986	1.239	2.026	1.206	2.066	1.172	2.106	1.139	2.148	1.105	2.189	1.072	2.232	1.038	2.275	1.005	2.318	0.971	2.362
75	1.308	1.970	1.277	2.006	1.247	2.043	1.215	2.080	1.184	2.118	1.153	2.156	1.121	2.195	1.090	2.235	1.058	2.275	1.027	2.315
80	1.340	1.957	1.311	1.991	1.283	2.024	1.253	2.059	1.224	2.093	1.195	2.129	1.165	2.165	1.136	2.201	1.106	2.238	1.076	2.275
85	1.369	1.946	1.342	1.977	1.315	2.009	1.287	2.040	1.260	2.073	1.232	2.105	1.205	2.139	1.177	2.172	1.149	2.206	1.121	2.241
90	1.395	1.937	1.369	1.966	1.344	1.995	1.318	2.025	1.292	2.055	1.266	2.085	1.240	2.116	1.213	2.148	1.187	2.179	1.160	2.211
95	1.418	1.929	1.394	1.956	1.370	1.984	1.345	2.012	1.321	2.040	1.296	2.068	1.271	2.097	1.247	2.126	1.222	2.156	1.197	2.186
100	1.439	1.923	1.416	1.948	1.393	1.974	1.371	2.000	1.347	2.026	1.324	2.053	1.301	2.080	1.277	2.108	1.253	2.135	1.229	2.164
150	1.579	1.892	1.564	1.908	1.550	1.924	1.535	1.940	1.519	1.956	1.504	1.972	1.489	1.989	1.474	2.006	1.458	2.023	1.443	2.040
200	1.654	1.885	1.643	1.896	1.632	1.908	1.621	1.919	1.610	1.931	1.599	1.943	1.588	1.955	1.576	1.967	1.565	1.979	1.554	1.991

注：n = 观察值个数，k' = 不包含常数项的解释变量的个数。

资料来源：This table is an extension of the original Durbin-Watson table and is reproduced from N. E. Savin and K. J. White, "The Durbin-Watson Test for Serial Correlation with Extreme Small Samples or Many Regressors," *Econometrica*, vol. 45, November 1977, pp. 1989-96 and as corrected by R. W. Farebrother, *Econometrica*, vol. 48, September 1980, p. 1554. Reprinted by permission of the Econometric Society.

例 E-1
Example

如果 $n=40, k'=4$，则 $d_L=1.285, d_U=1.721$。如果计算的 d 值小于 1.285，则表明存在正的一阶序列相关。如果大于 1.721，则没有证据表明存在正的一阶序列相关。但如果 d 值位于上、下限之间，则无法判断是否存在正的一阶序列相关。■

表 E-5b 德宾–沃森 d 统计量：1%显著水平下 d_L 和 d_U 的显著点

n	$k'=1$		$k'=2$		$k'=3$		$k'=4$		$k'=5$		$k'=6$		$k'=7$		$k'=8$		$k'=9$		$k'=10$	
	d_L	d_U	d_L	d_U	d_L	d_U	d_L	d_U	d_L	d_U	d_L	d_U	d_L	d_U	d_L	d_U	d_L	d_U	d_L	d_U
6	0.390	1.142	–	–	–	–	–	–	–	–	–	–	–	–	–	–	–	–	–	–
7	0.435	1.036	0.294	1.676	–	–	–	–	–	–	–	–	–	–	–	–	–	–	–	–
8	0.497	1.003	0.345	1.489	0.229	2.102	–	–	–	–	–	–	–	–	–	–	–	–	–	–
9	0.554	0.998	0.408	1.389	0.279	1.875	0.183	2.433	–	–	–	–	–	–	–	–	–	–	–	–
10	0.604	1.001	0.466	1.333	0.340	1.733	0.230	2.193	0.150	2.690	–	–	–	–	–	–	–	–	–	–
11	0.653	1.010	0.519	1.297	0.396	1.640	0.286	2.030	0.193	2.453	0.124	2.892	–	–	–	–	–	–	–	–
12	0.697	1.023	0.569	1.274	0.449	1.575	0.339	1.913	0.244	2.280	0.164	2.665	0.105	3.053	–	–	–	–	–	–
13	0.738	1.038	0.616	1.261	0.499	1.526	0.391	1.826	0.294	2.150	0.211	2.490	0.140	2.838	0.090	3.182	–	–	–	–
14	0.776	1.054	0.660	1.254	0.547	1.490	0.441	1.757	0.343	2.049	0.257	2.354	0.183	2.667	0.122	2.981	0.078	3.287	–	–
15	0.811	1.070	0.700	1.252	0.591	1.464	0.488	1.704	0.391	1.967	0.303	2.244	0.226	2.530	0.161	2.817	0.107	3.101	0.068	3.374
16	0.844	1.086	0.737	1.252	0.633	1.446	0.532	1.663	0.437	1.900	0.349	2.153	0.269	2.416	0.200	2.681	0.142	2.944	0.094	3.201
17	0.874	1.102	0.772	1.255	0.672	1.432	0.574	1.630	0.480	1.847	0.393	2.078	0.313	2.319	0.241	2.566	0.179	2.811	0.127	3.053
18	0.902	1.118	0.805	1.259	0.708	1.422	0.613	1.604	0.522	1.803	0.435	2.015	0.355	2.238	0.282	2.467	0.216	2.697	0.160	2.925
19	0.928	1.132	0.835	1.265	0.742	1.415	0.650	1.584	0.561	1.767	0.476	1.963	0.396	2.169	0.322	2.381	0.255	2.597	0.196	2.813
20	0.952	1.147	0.863	1.271	0.773	1.411	0.685	1.567	0.598	1.737	0.515	1.918	0.436	2.110	0.362	2.308	0.294	2.510	0.232	2.714
21	0.975	1.161	0.890	1.277	0.803	1.408	0.718	1.554	0.633	1.712	0.552	1.881	0.474	2.059	0.400	2.244	0.331	2.434	0.268	2.625
22	0.997	1.174	0.914	1.284	0.831	1.407	0.748	1.543	0.667	1.691	0.587	1.849	0.510	2.015	0.437	2.188	0.368	2.367	0.304	2.548
23	1.018	1.187	0.938	1.291	0.858	1.407	0.777	1.534	0.698	1.673	0.620	1.821	0.545	1.977	0.473	2.140	0.404	2.308	0.340	2.479
24	1.037	1.199	0.960	1.298	0.882	1.407	0.805	1.528	0.728	1.658	0.652	1.797	0.578	1.944	0.507	2.097	0.439	2.255	0.375	2.417
25	1.055	1.211	0.981	1.305	0.906	1.409	0.831	1.523	0.756	1.645	0.682	1.776	0.610	1.915	0.540	2.059	0.473	2.209	0.409	2.362
26	1.072	1.222	1.001	1.312	0.928	1.411	0.855	1.518	0.783	1.635	0.711	1.759	0.640	1.889	0.572	2.026	0.505	2.168	0.441	2.313
27	1.089	1.233	1.019	1.319	0.949	1.413	0.878	1.515	0.808	1.626	0.738	1.743	0.669	1.867	0.602	1.997	0.536	2.131	0.473	2.269
28	1.104	1.244	1.037	1.325	0.969	1.415	0.900	1.513	0.832	1.618	0.764	1.729	0.696	1.847	0.630	1.970	0.566	2.098	0.504	2.229
29	1.119	1.254	1.054	1.332	0.988	1.418	0.921	1.512	0.855	1.611	0.788	1.718	0.723	1.830	0.658	1.947	0.595	2.068	0.533	2.193
30	1.133	1.263	1.070	1.339	1.006	1.421	0.941	1.511	0.877	1.606	0.812	1.707	0.748	1.814	0.684	1.925	0.622	2.041	0.562	2.160

31	1.147	1.273	1.085	1.345	1.023	1.425	0.960	1.510	0.897	1.601	0.834	1.698	0.772	1.800	0.710	1.906	0.649	2.017	0.589	2.131
32	1.160	1.282	1.100	1.352	1.040	1.428	0.979	1.510	0.917	1.597	0.856	1.690	0.794	1.788	0.734	1.889	0.674	1.995	0.615	2.104
33	1.172	1.291	1.114	1.358	1.055	1.432	0.996	1.510	0.936	1.594	0.876	1.683	0.816	1.776	0.757	1.874	0.698	1.975	0.641	2.080
34	1.184	1.299	1.128	1.364	1.070	1.435	1.012	1.511	0.954	1.591	0.896	1.677	0.837	1.766	0.779	1.860	0.722	1.957	0.665	2.057
35	1.195	1.307	1.140	1.370	1.085	1.439	1.028	1.512	0.971	1.589	0.914	1.671	0.857	1.757	0.800	1.847	0.744	1.940	0.689	2.037
36	1.206	1.315	1.153	1.376	1.098	1.442	1.043	1.513	0.988	1.588	0.932	1.666	0.877	1.749	0.821	1.836	0.766	1.925	0.711	2.018
37	1.217	1.323	1.165	1.382	1.112	1.446	1.058	1.514	1.004	1.586	0.950	1.662	0.895	1.742	0.841	1.825	0.787	1.911	0.733	2.001
38	1.227	1.330	1.176	1.388	1.124	1.449	1.072	1.515	1.019	1.585	0.966	1.658	0.913	1.735	0.860	1.816	0.807	1.899	0.754	1.985
39	1.237	1.337	1.187	1.393	1.137	1.453	1.085	1.517	1.034	1.584	0.982	1.655	0.930	1.729	0.878	1.807	0.826	1.887	0.774	1.970
40	1.246	1.344	1.198	1.398	1.148	1.457	1.098	1.518	1.048	1.584	0.997	1.652	0.946	1.724	0.895	1.799	0.844	1.876	0.749	1.956
45	1.288	1.376	1.245	1.423	1.201	1.474	1.156	1.528	1.111	1.584	1.065	1.643	1.019	1.704	0.974	1.768	0.927	1.834	0.881	1.902
50	1.324	1.403	1.285	1.446	1.245	1.491	1.205	1.538	1.164	1.587	1.123	1.639	1.081	1.692	1.039	1.748	0.997	1.805	0.955	1.864
55	1.356	1.427	1.320	1.466	1.284	1.506	1.247	1.548	1.209	1.592	1.172	1.638	1.134	1.685	1.095	1.734	1.057	1.785	1.018	1.837
60	1.383	1.449	1.350	1.484	1.317	1.520	1.283	1.558	1.249	1.598	1.214	1.639	1.179	1.682	1.144	1.726	1.108	1.771	1.072	1.817
65	1.407	1.468	1.377	1.500	1.346	1.534	1.315	1.568	1.283	1.604	1.251	1.642	1.218	1.680	1.186	1.720	1.153	1.761	1.120	1.802
70	1.429	1.485	1.400	1.515	1.372	1.546	1.343	1.578	1.313	1.611	1.283	1.645	1.253	1.680	1.223	1.716	1.192	1.754	1.162	1.792
75	1.448	1.501	1.422	1.529	1.395	1.557	1.368	1.587	1.340	1.617	1.313	1.649	1.284	1.682	1.256	1.714	1.227	1.748	1.199	1.783
80	1.466	1.515	1.441	1.541	1.416	1.568	1.390	1.595	1.364	1.624	1.338	1.653	1.312	1.683	1.285	1.714	1.259	1.745	1.232	1.777
85	1.482	1.528	1.458	1.553	1.435	1.578	1.411	1.603	1.386	1.630	1.362	1.657	1.337	1.685	1.312	1.714	1.287	1.743	1.262	1.773
90	1.496	1.540	1.474	1.563	1.452	1.587	1.429	1.611	1.406	1.636	1.383	1.661	1.360	1.687	1.336	1.714	1.312	1.741	1.288	1.769
95	1.510	1.552	1.489	1.573	1.468	1.596	1.446	1.618	1.425	1.642	1.403	1.666	1.381	1.690	1.358	1.715	1.336	1.741	1.313	1.767
100	1.522	1.562	1.503	1.583	1.482	1.604	1.462	1.625	1.441	1.647	1.421	1.670	1.400	1.693	1.378	1.717	1.357	1.741	1.335	1.765
150	1.611	1.637	1.598	1.651	1.584	1.665	1.571	1.679	1.557	1.693	1.543	1.708	1.530	1.722	1.515	1.737	1.501	1.752	1.486	1.767
200	1.664	1.684	1.653	1.693	1.643	1.704	1.633	1.715	1.623	1.725	1.613	1.735	1.603	1.746	1.592	1.757	1.582	1.768	1.571	1.779

（续）

n	$k'=11$		$k'=12$		$k'=13$		$k'=14$		$k'=15$		$k'=16$		$k'=17$		$k'=18$		$k'=19$		$k'=20$	
	d_L	d_U	d_L	d_U	d_L	d_U	d_L	d_U	d_L	d_U	d_L	d_U	d_L	d_U	d_L	d_U	d_L	d_U	d_L	d_U
16	0.060	3.446	–	–	–	–	–	–	–	–	–	–	–	–	–	–	–	–	–	–
17	0.084	3.286	0.053	3.506	–	–	–	–	–	–	–	–	–	–	–	–	–	–	–	–
18	0.113	3.146	0.075	3.358	0.047	3.357	–	–	–	–	–	–	–	–	–	–	–	–	–	–
19	0.145	3.023	0.102	3.227	0.067	3.420	0.043	3.601	–	–	–	–	–	–	–	–	–	–	–	–
20	0.178	2.914	0.131	3.109	0.092	3.297	0.061	3.474	0.038	3.639	–	–	–	–	–	–	–	–	–	–
21	0.212	2.817	0.162	3.004	0.119	3.185	0.084	3.358	0.055	3.521	0.035	3.671	–	–	–	–	–	–	–	–
22	0.246	2.729	0.194	2.909	0.148	3.084	0.109	3.252	0.077	3.412	0.050	3.562	0.032	3.700	–	–	–	–	–	–
23	0.281	2.651	0.227	2.822	0.178	2.991	0.136	3.155	0.100	3.311	0.070	3.459	0.046	3.597	0.029	3.725	–	–	–	–
24	0.315	2.580	0.260	2.744	0.209	2.906	0.165	3.065	0.125	3.218	0.092	3.363	0.065	3.501	0.043	3.629	0.027	3.747	–	–
25	0.348	2.517	0.292	2.674	0.240	2.829	0.194	2.982	0.152	3.131	0.116	3.274	0.085	3.410	0.060	3.538	0.039	3.657	0.025	3.766
26	0.381	2.460	0.324	2.610	0.272	2.758	0.224	2.906	0.180	3.050	0.141	3.191	0.107	3.325	0.079	3.452	0.055	3.572	0.036	3.682
27	0.413	2.409	0.356	2.552	0.303	2.694	0.253	2.836	0.208	2.976	0.167	3.113	0.131	3.245	0.100	3.371	0.073	3.490	0.051	3.602
28	0.444	2.363	0.387	2.499	0.333	2.635	0.283	2.772	0.237	2.907	0.194	3.040	0.156	3.169	0.122	3.294	0.093	3.412	0.068	3.524
29	0.474	2.321	0.417	2.451	0.363	2.582	0.313	2.713	0.266	2.843	0.222	2.972	0.182	3.098	0.146	3.220	0.114	3.338	0.087	3.450
30	0.503	2.283	0.447	2.407	0.393	2.533	0.342	2.659	0.294	2.785	0.249	2.909	0.208	3.032	0.171	3.152	0.137	3.267	0.107	3.379
31	0.531	2.248	0.475	2.367	0.422	2.487	0.371	2.609	0.322	2.730	0.277	2.851	0.234	2.970	0.196	3.087	0.160	3.201	0.128	3.311
32	0.558	2.216	0.503	2.330	0.450	2.446	0.399	2.563	0.350	2.680	0.304	2.797	0.261	2.912	0.221	3.026	0.184	3.137	0.151	3.246
33	0.585	2.187	0.530	2.296	0.477	2.408	0.426	2.520	0.377	2.633	0.331	2.746	0.287	2.858	0.246	2.969	0.209	3.078	0.174	3.184
34	0.610	2.160	0.556	2.266	0.503	2.373	0.452	2.481	0.404	2.590	0.357	2.699	0.313	2.808	0.272	2.915	0.233	3.022	0.197	3.126
35	0.634	2.136	0.581	2.237	0.529	2.340	0.478	2.444	0.430	2.550	0.383	2.655	0.339	2.761	0.297	2.865	0.257	2.969	0.221	3.071
36	0.658	2.113	0.605	2.210	0.554	2.310	0.504	2.410	0.455	2.512	0.409	2.614	0.364	2.717	0.322	2.818	0.282	2.919	0.244	3.019
37	0.680	2.092	0.628	2.186	0.578	2.282	0.528	2.379	0.480	2.477	0.434	2.576	0.389	2.675	0.347	2.774	0.306	2.872	0.268	2.969
38	0.702	2.073	0.651	2.164	0.601	2.256	0.552	2.350	0.504	2.445	0.458	2.540	0.414	2.637	0.371	2.733	0.330	2.828	0.291	2.923

39	0.723	2.055	0.673	2.143	0.623	2.232	0.575	2.323	0.528	2.414	0.482	2.507	0.438	2.600	0.395	2.694	0.354	2.787	0.315	2.879
40	0.744	2.039	0.694	2.123	0.645	2.210	0.597	2.297	0.551	2.386	0.505	2.476	0.461	2.566	0.418	2.657	0.377	2.748	0.338	2.838
45	0.835	1.972	0.790	2.044	0.744	2.118	0.700	2.193	0.655	2.269	0.612	2.346	0.570	2.424	0.528	2.503	0.488	2.582	0.448	2.661
50	0.913	1.925	0.871	1.987	0.829	2.051	0.787	2.116	0.746	2.182	0.705	2.250	0.665	2.318	0.625	2.387	0.586	2.456	0.548	2.526
55	0.979	1.891	0.940	1.945	0.902	2.002	0.863	2.059	0.825	2.117	0.786	2.176	0.748	2.237	0.711	2.298	0.674	2.359	0.637	2.421
60	1.037	1.865	1.001	1.914	0.965	1.964	0.929	2.015	0.893	2.067	0.857	2.120	0.822	2.173	0.786	2.227	0.751	2.283	0.716	2.338
65	1.087	1.845	1.053	1.889	1.020	1.934	0.986	1.980	0.953	2.027	0.919	2.075	0.886	2.123	0.852	2.172	0.819	2.221	0.786	2.272
70	1.131	1.831	1.099	1.870	1.068	1.911	1.037	1.953	1.005	1.995	0.974	2.038	0.943	2.082	0.911	2.127	0.880	2.172	0.849	2.217
75	1.170	1.819	1.141	1.856	1.111	1.893	1.082	1.931	1.052	1.970	1.023	2.009	0.993	2.049	0.964	2.090	0.934	2.131	0.905	2.172
80	1.205	1.810	1.177	1.844	1.150	1.878	1.122	1.913	1.094	1.949	1.066	1.984	1.039	2.022	1.011	2.059	0.983	2.097	0.955	2.135
85	1.236	1.803	1.210	1.834	1.184	1.866	1.158	1.898	1.132	1.931	1.106	1.965	1.080	1.999	1.053	2.033	1.027	2.068	1.000	2.104
90	1.264	1.798	1.240	1.827	1.215	1.856	1.191	1.886	1.166	1.917	1.141	1.948	1.116	1.979	1.091	2.012	1.066	2.044	1.041	2.077
95	1.290	1.793	1.267	1.821	1.244	1.848	1.221	1.876	1.197	1.905	1.174	1.934	1.150	1.963	1.126	1.993	1.102	2.023	1.079	2.054
100	1.314	1.790	1.292	1.816	1.270	1.841	1.248	1.868	1.225	1.895	1.203	1.922	1.181	1.949	1.158	1.977	1.136	2.006	1.113	2.034
150	1.473	1.783	1.458	1.799	1.444	1.814	1.429	1.830	1.414	1.847	1.400	1.863	1.385	1.880	1.370	1.897	1.355	1.913	1.340	1.931
200	1.561	1.791	1.550	1.801	1.539	1.813	1.528	1.824	1.518	1.836	1.507	1.847	1.495	1.860	1.484	1.871	1.474	1.883	1.462	1.896

注：n = 观察值个数，k' = 不包含常数项的解释变量的个数。

资料来源：Savin and White, op. cit., by permission of Econometric Society.

表 E-6a 游程检验的临界游程值(1)

N_1	N_2																		
	2	3	4	5	6	7	8	9	10	11	12	13	14	15	16	17	18	19	20
2											2	2	2	2	2	2	2	2	2
3					2	2	2	2	2	2	2	2	2	3	3	3	3	3	3
4				2	2	2	3	3	3	3	3	3	3	3	4	4	4	4	4
5			2	2	3	3	3	3	3	4	4	4	4	4	4	4	5	5	5
6		2	2	3	3	3	3	4	4	4	4	5	5	5	5	5	5	6	6
7		2	2	3	3	3	4	4	5	5	5	5	5	6	6	6	6	6	6
8		2	3	3	3	4	4	5	5	5	6	6	6	6	6	7	7	7	7
9		2	3	3	4	4	5	5	5	6	6	6	7	7	7	7	8	8	8
10		2	3	3	4	5	5	5	6	6	7	7	7	7	8	8	8	8	9
11		2	3	4	4	5	5	6	6	7	7	7	8	8	8	9	9	9	9
12	2	2	3	4	4	5	6	6	7	7	7	8	8	8	9	9	9	10	10
13	2	2	3	4	5	5	6	6	7	7	8	8	9	9	9	10	10	10	10
14	2	2	3	4	5	5	6	7	7	8	8	9	9	9	10	10	10	11	11
15	2	3	3	4	5	6	6	7	7	8	8	9	9	10	10	11	11	11	12
16	2	3	4	4	5	6	6	7	8	8	9	9	10	10	11	11	11	12	12
17	2	3	4	4	5	6	7	7	8	9	9	10	10	11	11	11	12	12	13
18	2	3	4	5	5	6	7	8	8	9	9	10	10	11	11	12	12	13	13
19	2	3	4	5	6	6	7	8	8	9	10	10	11	11	12	12	13	13	13
20	2	3	4	5	6	6	7	8	9	9	10	10	11	12	12	13	13	13	14

注：表 E-6a 和 E-6b 给出了不同 N_1（+号）和 N_2（-号）下游程 n 的临界值。对一个样本的游程检验，等于或小于表 E-6a 或等于或大于 E-6b 的任何 n 值，在5%的显著水平下都是显著的。

资料来源：Sidney Siegel, *Nonparametric Statistics for the Behavioral Sciences*, McGraw-Hill, New York, 1956, table F, pp. 252-253. The tables have been adapted by Siegel from the original source: Frieda S. Swed and C. Eisenhart, "Tables for Testing Randomness of Grouping in a Sequence of Alternatives," *Annals of Mathematical Statistics*, vol. 14, 1943. Used by permission of McGraw-Hill Book Company and *Annals of Mathematical Statistics*.

表 E-6b　游程检验的临界游程值(2)

N_1	N_2																		
	2	3	4	5	6	7	8	9	10	11	12	13	14	15	16	17	18	19	20
2																			
3																			
4				9	9														
5			9	10	10	11	11												
6			9	10	11	12	12	13	13	13	13								
7				11	12	13	13	14	14	14	14	15	15	15					
8				11	12	13	14	14	15	15	16	16	16	16	17	17	17	17	17
9					13	14	14	15	16	16	16	17	17	18	18	18	18	18	18
10					13	14	15	16	16	17	17	18	18	18	19	19	19	20	20
11					13	14	15	16	17	17	18	19	19	19	20	20	20	21	21
12					13	14	16	16	17	18	19	19	20	20	21	21	21	22	22
13						15	16	17	18	19	19	20	20	21	21	22	22	23	23
14						15	16	17	18	19	20	20	21	22	22	23	23	23	24
15						15	16	18	18	19	20	21	22	22	23	23	24	24	25
16							17	18	19	20	21	21	22	23	23	24	25	25	25
17							17	18	19	20	21	22	23	23	24	25	25	26	26
18							17	18	19	20	21	22	23	24	25	25	26	26	27
19							17	18	20	21	22	23	23	24	25	26	26	27	27
20							17	18	20	21	22	23	24	25	25	26	27	27	28

例 E-2
Example

在一个由20个+号(N_1)和10个-号(N_2)组成的30个观察值序列中，在5%的显著水平下，游程的临界值是9和20，见表E-6a和E-6b。因此，如果实践中发现游程个数小于或等于9，或大于或等于20，则(在5%的显著水平下)拒绝观察序列是随机的这一假设。■

附录 F

EViews、MINITAB、Excel 和 STATA 的计算机输出结果

附录 F 给出了回归分析中常用软件 EViews、MINITAB、Excel 和 STATA 的输出结果。我们用表 1-1 的数据加以说明。表 1-1 给出了美国 1980～2007 年城市劳动力参与率(CLFPR)，城市失业率(CUNR)和以 1982 年美元价计的真实平均小时工资(AHE82)的数据。

虽然，在许多方面统计软件的基本输出结果大致相同，但在输出形式上还是略有差别的。有的软件给出了数值的精确结果，而有的仅给出了近似值(四五位数)。有的软件直接给出了方差分析表(ANVOA)，有的则需要进一步推导才能得到 ANVOA 表。不同软件给出的统计量也不尽相同。这里不再一一列举这些统计软件输出结果的差异。可以通过互联网查阅这些软件更详细的信息。

EViews

利用 EViews6，做 CLFPR 对 CUNR 和 AHE82 的回归，回归结果见图 F-1。

这是 EViews 的标准输出格式。第一部分数字给出了回归系数，估计的标准误，零假设下(相应的总体系数值为零)的 t 值，获此 t 值的 p 值，然后是 R^2 和校正的 R^2。第一部分还给出了相应的回归标准误，残差平方和(RSS)，检验假设(所有斜率系数同时为零)的 F 值，用于模型选择的赤池和施瓦茨信息标准(其值越低，模型越好)。极大似然值(ML)是最小二乘法的替代方法。在 OLS 估计中，要求残差平方和最小的估计量，与此类似，在 ML 估计中，要求观察到样本概率最大的估计量。在误差项服从正态分布的假设下，OLS 和 ML 估计的回归系数相同。德宾 - 沃森统计量用于判断误差项是否存在一阶序列相关。

EViews 输出结果的第二部分给出了应变量的实际值和拟合值，以及二者之间的差异(残差)。同时给出了残差图，垂直线表示 0。在垂直线右边的点表示正的残差，在垂直线左边则表示负的残差。

输出结果的第三部分是残差直方图及其相应的统计量。雅克 - 贝拉统计量用于检验残差的正态性，同时还给出了获此统计量的概率值。获得 JB 统计量的概率值越高，越能支持零假设：

Dependent Variable: CLFPR
Method: Least Squares
Date: 04/08/09 Time: 18:08
Sample: 1980–2007
Included observations: 28

Variable	Coefficient	Std. Error	*t*-Statistic	Prob.
C	81.22673	3.395574	23.92136	0.0000
CUNR	−0.638362	0.071509	−8.927018	0.0000
AHE82	−1.444883	0.413692	−3.492654	0.0018

R-squared	0.766322	Mean dependent var	65.92143
Adjusted R-squared	0.747628	S.D. dependent var	1.050699
S.E. of regression	0.527836	Akaike info criterion	1.660893
Sum squared resid	6.965260	Schwarz criterion	1.803629
Log likelihood	−20.25250	Hannan-Quinn criter.	1.704529
F-statistic	40.99252	Durbin-Watson stat	0.784562
Prob(*F*-statistic)	0.000000		

Obs	Actual	Fitted	Residual	Residual Plot
1980	63.8000	65.1353	−1.33530	
1981	63.9000	64.9799	−1.07987	
1982	64.0000	63.6646	0.33540	
1983	64.0000	63.5936	0.40642	
1984	64.4000	64.9341	−0.53414	
1985	64.8000	65.1883	−0.38826	
1986	65.3000	65.2425	0.05752	
1987	65.6000	65.8928	−0.29285	
1988	65.9000	66.4168	−0.51676	
1989	66.5000	66.6492	−0.14919	
1990	66.5000	66.5829	−0.08290	
1991	66.2000	65.9240	0.27597	
1992	66.4000	65.5302	0.86985	
1993	66.3000	65.9312	0.36877	
1994	66.6000	66.4347	0.16530	
1995	66.6000	66.7599	−0.15990	
1996	66.8000	66.8454	−0.04543	
1997	67.1000	66.9864	0.11359	
1998	67.1000	66.9540	0.14602	
1999	67.1000	66.9781	0.12188	
2000	67.1000	67.0576	0.04237	
2001	66.8000	66.4892	0.31083	
2002	66.6000	65.6040	0.99605	
2003	66.2000	65.4293	0.77068	
2004	66.0000	65.8063	0.19370	
2005	66.0000	66.1471	−0.14713	
2006	66.2000	66.3844	−0.18443	
2007	66.0000	66.2582	−0.25820	

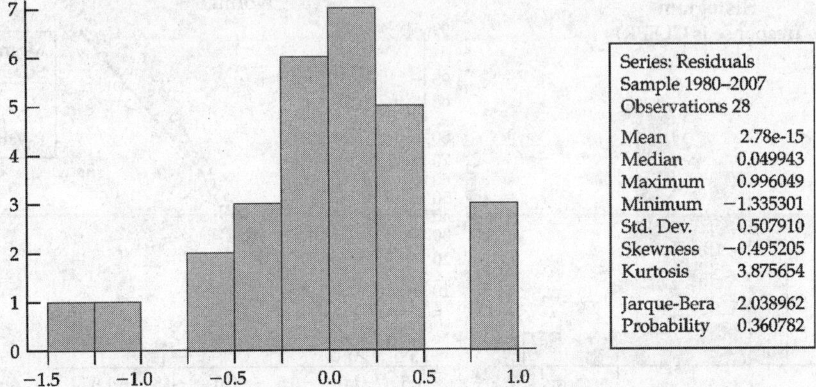

图 F-1　城市劳动力参与率回归的 EViews 输出结果

误差项服从正态分布。

EViews 并未直接给出方差分析表，但是根据残差平方和、总平方和(根据应变量的标准差推导得到)及其相应自由度的数据很容易建立方差分析表。这里给出的 F 值应与第一部分给出的 F 值相同。

MINITAB

根据相同的数据，利用 MINITAB14 得到回归结果见图 F-2。

Regression Analysis: CLFPR versus CUNR, AHE82

The regression equation is
CLFPR = 81.3 − 0.639 CUNR − 1.45 AHE82

Predictor	Coef	SE Coef	T	P
Constant	81.286	3.404	23.88	0.000
CUNR	−0.63877	0.07146	−8.94	0.000
AHE82	−1.4521	0.4148	−3.50	0.002

S = 0.527351 R-Sq = 76.7% R-Sq(adj) = 74.8%

Analysis of Variance

Source	DF	SS	MS	F	P
Regression	2	22.855	11.427	41.09	0.000
Residual Error	25	6.952	0.278		
Total	27	29.807			

Source	DF	Seq SS
CUNR	1	19.446
AHE82	1	3.408

Unusual Observations

Obs	CUNR	CLFPR	Fit	SE Fit	Residual	St Resid
1	7.10	63.8000	65.1342	0.1346	−1.3342	−2.62R
2	7.60	63.9000	64.9745	0.1461	−1.0745	−2.12R
23	5.80	66.6000	65.6016	0.1727	0.9984	2.00R

R denotes an observation with a large standardized residual.

Durbin-Watson statistic = 0.786311

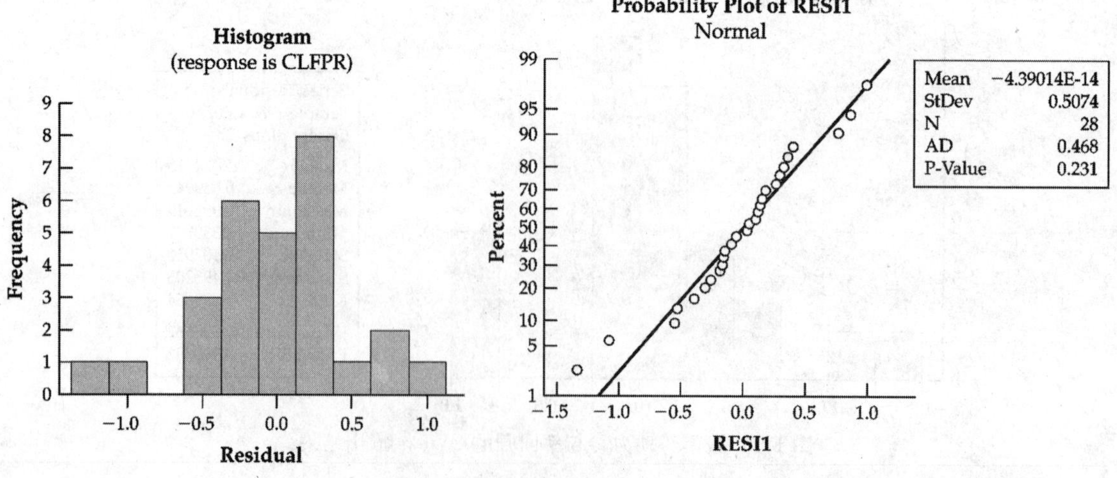

图 F-2 城市劳动力参与率的 MINITAB 输出结果

MINITAB 首先给出了估计的回归结果，列出了解释变量，估计的回归系数，标准误，$T(=t)$ 值和 p 值。在输出结果中，S 表示了估计值的标准误，R^2 和校正的 R^2 是以百分比的形式给出。

随后给出了方差分析表。方差分析表的一个特点是分解了的回归(或解释)平方和。因而，在总回归平方和 22.855 中，CUNR 是 19.446，AHE82 是 3.408。

MINITAB 输出结果的一个特点是它报告了"不规则"的观察值，即与样本其他观察值明显不同的值。在 EViews 给出残差图中，或许会有印象，观察值 1 和 23 明显偏离了"0"垂直线。MINITAB 也给出了与 EViews 类似的残差图。"St Resid"表示标准化的残差，即残差除以估计值的标准误 S。

与 EViews 一样，MINITAB 也给出了德宾 - 沃森统计量和残差直方图。如果残差直方图的形状类似正态分布，则残差可能服从正态分布。正态分布图也是这样一个检测工具。如果估计的残差近似落在一条直线上，则表明残差服从正态分布。作为正态图的辅助判断，安德森 - 达林(A^2)统计量检验了假设：变量(这里指残差)服从正态分布。如果计算得到的 AD 统计量的 p 值很大，比如超过了 0.10，则认为变量服从正态分布。本例中，AD 统计量为 0.468，获此 AD 值的 p 值为 0.231 或 23.1%，因此，来自回归模型的残差服从正态分布。

Excel

利用 Microsoft Excel 2007 得到回归结果见表 F-1。

表 F-1　城市劳动力参与率的 Excel 输出结果

SUMMARY OUTPUT						
Regression Statistics						
Multiple R	0.875 398					
R Square	0.766 322					
Adjusted R Square	0.747 628					
Standard Error	0.527 836					
Observations	28					
ANOVA						
	df	SS	MS	F	Significance F	
Regression	2	22.841 88	11.420 94	40.992 51	1.281E-08	
Residual	25	6.965 270	0.278 610			
Total	27	29.807 14				
	Coefficients	Standard Err	t Stat	P-value	Lower 95%	Upper 95%
Intercept	81.226 73	3.395 574	23.921 36	9.543E-19	74.233 42	88.220 05
CUNR	-0.638 362	0.071 509	-8.927 018	3.008E-09	-0.785 637	-0.491 09
AHE82	-1.444 883	0.413 692	-3.492 654	0.001 798	-2.296 9	-0.592 868

Excel 首先给出了统计量，例如 R^2、多元 R、校正的 R^2 以及估计值的标准误。然后给出了方差分析表，随后是估计的系数值、标准误、估计系数的 t 值、获此 t 值的 p 值。Excel 还给出了应变量的实际值和估计值，残差图以及正态概率图。

Excel 的一个特点是给出了估计系数真实值的一个 95%(或任何规定水平)的置信区间。因此，CUNR 系数的估计值是 -0.638 362，CUNR 系数真实值的置信区间是（-0.785 637，-0.491 09）。这个信息对于假设检验十分重要。

STATA

利用 STATA8 得到回归结果见表 F-2。

STATA 首先给出了方差分析表和统计量，比如 R^2、校正的 R^2、均方误差（MSE）的根（即回归标准误）。

表 F-2 城市劳动力参与率 STATA 输出结果

STATA™

Statistics/Data Analysis

Project: Data of Table 1.1

regress CLFPR CUNR AHE82

Source	SS	df	MS
Model	22.8546532	2	11.4273266
Residual	6.95246119	25	.278098448
Total	29.8071144	27	1.1039672

Number of obs	=	28
F(2, 25)	=	41.09
Prob > F	=	0.0000
R-squared	=	0.7668
Adj R-squared	=	0.7481
Root MSE	=	.52735

CLFPR	Coef.	Std. Err.	t	P > |t|	[95% Conf. Interval]	
CUNR	−.6387723	.0714642	−8.94	0.000	−.7859556	−.491589
AHE82	−1.452054	.4147668	−3.50	0.002	−2.306282	−.5978256
_cons	81.28589	3.404245	23.88	0.000	74.27472	88.29706

然后给出了系数的估计值、标准误、t 值、获此 t 值的 p 值、每个回归系数 95% 的置信区间。

小结

以上给出了城市劳动力参与率一例的不同软件的基本输出结果。需要指出的是，有些软件，比如 EViews 和 STATA 的功能十分强大，包含许多本书讨论的经济计量技术。一旦知道了如何运行这些软件，那么使用其他子程序只不过是一个实践问题。如果想深入学习经济计量学，购买相关软件是必须的。

参考文献

www. eviews. com

www. stata. com

www. minitab. com

www. microsoft. com/excel

R. Carter Hill, William E. Griffiths, George G. Judge, *Using Excel for Undergraduate Econometrics*, John Wiley, New York, 2001.

参 考 文 献

初级

Frank, C. R., Jr.: *Statistics and Econometrics,* Holt, Rinehart and Winston, New York, 1971.

Hu, Teh-Wei: *Econometrics: An Introductory Analysis,* University Park Press, Baltimore, 1973.

Katz, David A.: *Econometric Theory and Applications,* Prentice-Hall, Englewood Cliffs, N.J., 1982.

Klein, Lawrence R.: *An Introduction to Econometrics,* Prentice-Hall, Englewood Cliffs, N.J., 1962.

Koop, Gary: *Analysis of Economic Data,* Wiley, U.K., 2000.

Walters, A. A.: *An Introduction to Econometrics,* Macmillan, London, 1968.

中级

Aigner, D. J.: *Basic Econometrics,* Prentice-Hall, Englewood Cliffs, N.J., 1971.

Dhrymes, Phoebus J.: *Introductory Econometrics,* Springer-Verlag, New York, 1978.

Dielman, Terry E.: *Applied Regression Analysis for Business and Economics,* PWS-Kent Publishing Company, Boston, 1991.

Draper, N. R. and H. Smith: *Applied Regression Analysis,* 2nd ed., John Wiley, New York, 1981.

Dutta, M.: *Econometric Methods,* South-Western, Cincinnati, 1975.

Goldberger, A. S.: *Topics in Regression Analysis,* Macmillan, New York, 1968.

Gujarati, Damodar N. and Dawn C. Porter: *Basic Econometrics,* 5th ed., McGraw-Hill, New York, 2009.

Huang, D. S.: *Regression and Econometric Methods,* John Wiley, New York, 1970.

Judge, George G., Carter R. Hill, William E. Griffiths, Helmut Lütkepohl, and Tsoung-Chao Lee: *Introduction to the Theory and Practice of Econometrics,* John Wiley, 1982.

Kelejian, H. A. and W. E. Oates: *Introduction to Econometrics: Principles and Applications,* 2nd ed., Harper & Row, New York, 1981.

Koutsoyiannis, A.: *Theory of Econometrics,* Harper & Row, New York, 1973.

Mark, Stewart B. and Kenneth F. Wallis: *Introductory Econometrics,* 2nd ed., John Wiley, New York, 1981. A Halsted Press Book.

Murphy, James L.: *Introductory Econometrics,* Richard D. Irwin, Homewood, IL , 1973.

Netter, J. and W. Wasserman: *Applied Linear Statistical Models,* Richard D. Irwin, Homewood, IL , 1974.

Pindyck, R. S. and D. L. Rubinfeld: *Econometric Models and Econometric Forecasts,* 4th ed.,

McGraw-Hill, New York, 1998.

Sprent, Peter: *Models in Regression and Related Topics*, Methuen, London, 1969.

Stock James H. and Mark W. Watson : *Introduction to Econometrics*, Addison-Wesley, Boston, 2003.

Tintner, Gerhard: *Econometrics*, John Wiley (science ed.), New York, 1965.

Valavanis, Stefan: *Econometrics: An Introduction to Maximum-Likelihood Methods*, McGraw-Hill, New York, 1959.

Wonnacott, R. J. and T. H. Wonnacott: *Econometrics*, 2nd ed., John Wiley, New York, 1979.

Wooldridge, Jeffrey M.: *Introductory Econometrics*, 2nd ed., Thomson Learning, 2003.

高级

Chow, Gregory C.: *Econometric Methods*, McGraw-Hill, New York, 1983.

Christ, C. F.: *Econometric Models and Methods*, John Wiley, New York, 1966.

Davidson, Russell and James G. MacKinnon : *Econometric Theory and Methods*, Oxford University Press, New York, 2004.

Dhrymes, P. J.: *Econometrics: Statistical Foundations and Applications*, Harper & Row, New York, 1970.

Fomby, Thomas B., Carter R. Hill, and Stanley R. Johnson: *Advanced Econometric Methods*, Springer-Verlag, New York, 1984.

Gallant, Ronald A.: *An Introduction to Econometric Theory*, Princeton University Press, Princeton, N J , 1997.

Goldberger, A. S.: *Econometric Theory*, John Wiley, New York, 1964.

Goldberger, A. S.: *A Course in Econometrics*, Harvard University Press, Cambridge, MA., 1991.

Greene, William H.: *Econometric Analysis*, Macmillan, New York, 1990.

Harvey, A. C.: *The Econometric Analysis of Time Series*, 2nd ed., MIT, Cambridge, MA., 1990.

Johnston, J.: *Econometric Methods*, 3rd ed., McGraw-Hill, New York, 1984.

Judge, George G., Carter R. Hill, William E. Griffiths, Helmut Lütkepohl, and Tsoung-Chao Lee: *Theory and Practice of Econometrics*, John Wiley, New York, 1980.

Klein, Lawrence R.: *A Textbook of Econometrics*, 2nd ed., Prentice-Hall, Englewood Cliffs, N J , 1974.

Kmenta, Jan: *Elements of Econometrics*, 2nd ed., Macmillan, New York, 1986.

Madansky, A.: *Foundations of Econometrics*, North-Holland Publishing Company, Amsterdam, 1976.

Maddala, G. S.: *Econometrics*, McGraw-Hill, New York, 1977.

Malinvaud, E.: *Statistical Methods of Econometrics*, 2nd ed., North-Holland Publishing Company, Amsterdam, 1976.

Peracchi, Franco: *Econometrics*, John Wiley, New York, 2001.

Theil, Henry: *Principles of Econometrics*, John Wiley, New York, 1971.

专题

Belsley, David A., Edwin Kuh, and Roy E. Welsh: *Regression Diagnostics: Identifying Influential Data and Sources of Collinearity*, John Wiley, New York, 1980.

Dhrymes, P. J.: *Distributed Lags: Problems of Estimation and Formulation*, Holden-Day, San Francisco, 1971.

Goldfeld, S. M. and R. E. Quandt: *Nonlinear Methods of Econometrics*, North-Holland Publishing Company, Amsterdam, 1972.

Graybill, F. A.: *An Introduction to Linear Statistical Models*, vol. 1, McGraw-Hill, New York, 1961.

Rao, C. R.: *Linear Statistical Inference and Its Applications*, 2nd ed., John Wiley, New York, 1975.

Zellner, A.: *An Introduction to Bayesian Inference in Econometrics*, John Wiley, New York, 1971.

应用

Berndt, Ernst R.: *The Practice of Econometrics: Classic and Contemporary*, Addison-Wesley, 1991.

Bridge, J. I.: *Applied Econometrics*, North-Holland Publishing Company, Amsterdam, 1971.

Brooks, Chris: *Introductory Econometrics for Finance*, Cambridge University Press, New York, 2002.

Cramer, J. S.: *Empirical Econometrics*, North-Holland Publishing Company, Amsterdam, 1969.

Desai, Meghnad: *Applied Econometrics*, McGraw-Hill, New York, 1976.

Kennedy, Peter: *A Guide to Econometrics*, 3rd ed., MIT Press, Cambridge, MA, 1992.

Leser, C. E. V.: *Econometric Techniques and Problems*, 2nd ed., Hafner Publishing Company, 1974.

Rao, Potluri and Roger LeRoy Miller: *Applied Econometrics*, Wadsworth, Belmont, CA, 1971.

Note: For a list of the seminal articles on the various topics discussed in this book, please refer to the extensive bibliography given at the end of the chapters in Fomby et al., cited previously.

数理统计及相关课程

课程名称	书号	书名、作者及出版时间	版别	定价
统计学	978-7-111-33687-7	统计学（强森）（2011年）	外版	49
数据、模型与决策	978-7-111-38280-5	数据、模型与决策：管理科学篇（第13版）（安德森）（2012年）	外版	75
数据、模型与决策	978-7-111-49612-0	数据、模型与决策：基于电子表格的建模和案例研究方法（第5版）（希利尔）（2015年）	外版	89
数据、模型与决策	978-7-111-48099-0	数据、模型与决策：基于电子表格的建模和案例研究方法（英文版·第4版）	外版	85
时间序列分析	978-7-111-33864-2	时间序列分析:预测与控制（第4版）（博克斯）（2011年）	外版	59
时间序列分析	978-7-111-38801-2	应用计量经济学：时间序列分析（第3版）（恩德斯）（2012年）	外版	69
商务与经济统计	978-7-111-37641-5	商务与经济统计（第11版）（安德森）（2012年）	外版	108
商务与经济统计	即将出版	商务与经济统计（第12版）（安德森）（2015年）	外版	109
商务与经济统计	978-7-111-24366-3	商务与经济统计（第6版）（纽博尔德）（2008年）	外版	90
商务与经济统计	978-7-111-35029-3	商务与经济统计（英文版·第11版）（安德森）（2011年）	外版	109
商务与经济统计	978-7-111-38666-7	商务与经济统计精要（第6版）（安德森）（2012年）	外版	59
商务与经济统计	978-7-111-40479-8	商务与经济统计精要（英文版·第6版）（安德森）（2012年）	外版	69
经济决策模型	978-7-111-26846-8	经济决策的概率模型（迈尔森）（2009年）	外版	48
计量经济学学习指导	978-7-111-31370-0	经济计量学精要（第4版）习题集（古扎拉蒂）（2010年）	外版	29
计量经济学	978-7-111-30817-1	经济计量学精要（第4版）（古扎拉蒂）（2010年）	外版	49
计量经济学	978-7-111-35537-3	应用计量经济学（第6版）（施图德蒙德）（2011年）	外版	59
运筹学	978-7-111-44029-1	运筹学（第3版）（精品课）（熊伟）（2014年）	本版	35
运筹学	978-7-111-44298-1	运筹学（李峰）（2014年）	本版	39
统计学学习指导	978-7-111-22168-5	应用统计学习指导（精品课）（孙炎）（2007年）	本版	19
统计学	978-7-111-48630-5	统计学（第2版）（张兆丰）（2014年）	本版	35
统计学	978-7-111-47889-8	统计学（第4版）（精品课）（李金昌）（"十二五"普通高等教育本科国家级规划教材）（2014年）	本版	39
统计学	978-7-111-21720-9	统计学（精品课）（郑珍远）（2007年）	本版	32
统计学	978-7-111-42075-0	统计学（卢小广）（2013年）	本版	35
统计学	978-7-111-42504-5	统计学（向蓉美）（2013年）	本版	39
统计学	978-7-111-31321-2	统计学（曾五一）（2010年）	本版	35
统计学	978-7-111-45966-8	统计学原理（宫春子）（2014年）	本版	35
统计学	978-7-111-29041-4	应用统计基础（精品课）（曾艳英）（2009年）	本版	38
统计学	978-7-111-47018-2	应用统计学（第2版）（精品课）（"十二五"职业教育国家规划教材）（孙炎）（2014年）	本版	35
统计学	978-7-111-44677-4	应用统计学（精品课）（谢忠秋）（2014年）	本版	35
统计、计量分析软件	978-7-111-20747-4	Eviews使用指南与案例（张晓峒）（2007年）	本版	35
数量经济学	978-7-111-26575-7	应用数量经济学（"十一五"国家级规划教材）（张晓峒）（2009年）	本版	45
数据、模型与决策	即将出版	数据、模型与决策（梁樑）（2015年）	本版	40
计量经济学	978-7-111-48459-2	计量经济学（第2版）（李宝仁）（2014年）	本版	39
计量经济学	978-7-111-42076-7	计量经济学基础（ 张兆丰 ）（2013年）	本版	35
计量经济学	即将出版	计量经济学及其应用（第2版）（杜江）（2015年）	本版	39
计量经济学	978-7-111-29842-7	计量经济学及其应用（杜江）（2010年）	本版	29
高级运筹学	978-7-111-24349-6	高级运筹学（马良）（2008年）	本版	30
概率论和数理统计	978-7-111-26974-8	应用概率统计（彭美云）（2009年）	本版	27
概率论和数理统计	978-7-111-28975-3	应用概率统计学习指导与习题选解（彭美云）（2009年）	本版	18